新阅读

中学生语文素养
例 测

主　编 ◎ 陈军
副主编 ◎ 陶雨婷　石莉　陈天娇

图书在版编目(CIP)数据

新阅读：中学生语文素养例测 / 陈军主编；陶雨婷，石莉，陈天娇副主编. -- 上海：上海大学出版社，2024.10. -- ISBN 978-7-5671-5077-5

Ⅰ.G634.333

中国国家版本馆 CIP 数据核字第 2024W68Z06 号

责任编辑　颜颖颖
封面设计　缪炎栩
技术编辑　金　鑫　钱宇坤

新阅读：中学语文素养例测

主编　陈　军

副主编　陶雨婷　石　莉　陈天娇

上海大学出版社出版发行
(上海市上大路99号　邮政编码200444)
(https://www.shupress.cn　发行热线 021-66135112)
出版人　余　洋

*

南京展望文化发展有限公司排版
上海普顺印刷包装有限公司印刷　各地新华书店经销
开本 889mm×1194mm　1/16　印张 33.5　字数 872千
2024年10月第1版　2024年10月第1次印刷
ISBN 978-7-5671-5077-5/G·3638　定价　69.00元

版权所有　侵权必究
如发现本书有印装质量问题请与印刷厂质量科联系
联系电话：021-36522998

目录

初中部分

古诗词

- 一 自然之景 ⋯⋯⋯⋯⋯⋯⋯⋯⋯⋯⋯⋯⋯⋯⋯⋯⋯⋯⋯⋯⋯⋯⋯⋯⋯⋯⋯⋯ 1
- 二 骨肉亲情 ⋯⋯⋯⋯⋯⋯⋯⋯⋯⋯⋯⋯⋯⋯⋯⋯⋯⋯⋯⋯⋯⋯⋯⋯⋯⋯⋯⋯ 7
- 三 家国情怀 ⋯⋯⋯⋯⋯⋯⋯⋯⋯⋯⋯⋯⋯⋯⋯⋯⋯⋯⋯⋯⋯⋯⋯⋯⋯⋯⋯⋯ 14
- 四 民风民俗 ⋯⋯⋯⋯⋯⋯⋯⋯⋯⋯⋯⋯⋯⋯⋯⋯⋯⋯⋯⋯⋯⋯⋯⋯⋯⋯⋯⋯ 20
- 五 情操志趣 ⋯⋯⋯⋯⋯⋯⋯⋯⋯⋯⋯⋯⋯⋯⋯⋯⋯⋯⋯⋯⋯⋯⋯⋯⋯⋯⋯⋯ 26

文言文

- 一 家国情怀 ⋯⋯⋯⋯⋯⋯⋯⋯⋯⋯⋯⋯⋯⋯⋯⋯⋯⋯⋯⋯⋯⋯⋯⋯⋯⋯⋯⋯ 32
- 二 情操志趣 ⋯⋯⋯⋯⋯⋯⋯⋯⋯⋯⋯⋯⋯⋯⋯⋯⋯⋯⋯⋯⋯⋯⋯⋯⋯⋯⋯⋯ 38
- 三 中华美德 ⋯⋯⋯⋯⋯⋯⋯⋯⋯⋯⋯⋯⋯⋯⋯⋯⋯⋯⋯⋯⋯⋯⋯⋯⋯⋯⋯⋯ 44
- 四 山水游记 ⋯⋯⋯⋯⋯⋯⋯⋯⋯⋯⋯⋯⋯⋯⋯⋯⋯⋯⋯⋯⋯⋯⋯⋯⋯⋯⋯⋯ 51
- 五 修身正己 ⋯⋯⋯⋯⋯⋯⋯⋯⋯⋯⋯⋯⋯⋯⋯⋯⋯⋯⋯⋯⋯⋯⋯⋯⋯⋯⋯⋯ 59
- 六 亭台楼阁 ⋯⋯⋯⋯⋯⋯⋯⋯⋯⋯⋯⋯⋯⋯⋯⋯⋯⋯⋯⋯⋯⋯⋯⋯⋯⋯⋯⋯ 65

现代文

- 一 凡人小事 ⋯⋯⋯⋯⋯⋯⋯⋯⋯⋯⋯⋯⋯⋯⋯⋯⋯⋯⋯⋯⋯⋯⋯⋯⋯⋯⋯⋯ 72
- 二 伟人与英雄 ⋯⋯⋯⋯⋯⋯⋯⋯⋯⋯⋯⋯⋯⋯⋯⋯⋯⋯⋯⋯⋯⋯⋯⋯⋯⋯⋯ 83
- 三 少年成长 ⋯⋯⋯⋯⋯⋯⋯⋯⋯⋯⋯⋯⋯⋯⋯⋯⋯⋯⋯⋯⋯⋯⋯⋯⋯⋯⋯⋯ 94
- 四 人类与动物 ⋯⋯⋯⋯⋯⋯⋯⋯⋯⋯⋯⋯⋯⋯⋯⋯⋯⋯⋯⋯⋯⋯⋯⋯⋯⋯⋯ 105
- 五 至爱与亲情 ⋯⋯⋯⋯⋯⋯⋯⋯⋯⋯⋯⋯⋯⋯⋯⋯⋯⋯⋯⋯⋯⋯⋯⋯⋯⋯⋯ 116
- 六 事物之理 ⋯⋯⋯⋯⋯⋯⋯⋯⋯⋯⋯⋯⋯⋯⋯⋯⋯⋯⋯⋯⋯⋯⋯⋯⋯⋯⋯⋯ 127

七	文明的印记	137
八	科学与技术	153
九	社会现象	157
十	学习之道	166
十一	人生修行	176

名著经典

一	《朝花夕拾》	185
二	《骆驼祥子》	190
三	《海底两万里》	196
四	《红星照耀中国》	199
五	《经典常谈》	203
六	《艾青诗选》	206
七	《西游记》	209
八	《水浒传》	213
九	《钢铁是怎样炼成的》	215

高中部分

社科文

一	学习之道	217
二	探索与创新	225
三	使命与抱负	235
四	求真求实	246
五	理论的价值	255
六	语言与思维	266
七	整本书阅读	274
八	跨媒介阅读与交流	283

现当代文学

一	青春激昂	293
二	人与自然	302
三	观察与批判	310
四	苦难与复兴	319

五	困境与超越	330
六	自我和自由	339
七	时代镜像	348
八	良知与悲悯	357

古 诗 词

一	羁旅思乡	366
二	即景抒怀	372
三	赠友送别	379
四	咏史怀古	385
五	咏物言志	391
六	山水田园	398
七	边塞军旅	403
八	爱情婚姻	410

史传类文言文

一	帝王	415
二	酷吏	421
三	良吏	427
四	列女	435
五	文苑	442
六	武将	451
七	孝义	460
八	隐逸	468

论说文言文

一	杂记	474
二	书信	482
三	事理	489
四	史论	497
五	序跋	503
六	赠序	512
七	政论	518
八	传状碑志	524

古诗词

一 自然之景

选文一

【甲】
宿建德江
（唐）孟浩然

移舟泊烟渚,日暮客愁新。
野旷天低树,江清月近人。

【乙】
宿桐庐江寄广陵旧游
（唐）孟浩然

山暝听猿愁,沧江急夜流。
风鸣两岸叶,月照一孤舟。
建德非吾土,维扬忆旧游。
还将两行泪,遥寄海西头。

知识卡片

两首诗的作者都是唐朝著名诗人孟浩然。孟浩然(689年—740年),字浩然,号孟山人,襄州襄阳(今湖北襄阳)人,唐代著名的山水田园派诗人,世称"孟襄阳"。孟浩然是唐代第一个创作山水诗的诗人,和王维并称为"田园诗派"的代表人物,他也是"兴象"创作的先行者。

阅读指津

阅读此类诗歌,要理解诗中的独特意象,整体感知诗歌的情感基调,再关注诗歌中的关键字词,深入体会其背后表达的情感,进而理解作者用词用语的匠心。如《宿建德江》中的"烟""日暮""野旷"等意象,就勾勒出一幅日落黄昏、烟雾蒙蒙的画面,诗中的"客愁"一词则流露出作者的情感;而《宿桐庐江寄广陵旧游》中"山暝""风鸣""孤舟"等意象,勾勒出一幅日暮山深的画面,诗中"忆旧游""两行泪"等语词,将作者情感表露了出来。

拓展练习

1. 从诗歌体裁来看,甲诗是_____,乙诗是_____。
2. 请解释以下加点字的意思。
(1) 移舟泊烟渚(　　　　);(2) 风鸣两岸叶(　　　　　)
3. 这两首诗中相同的景物有_____,两首诗都表达了_____的情感,不同的是甲诗主要从_____角度写景,乙诗主要从_____角度写景。

参考答案

1. 五言绝句;五言律诗
2. (1) 停船夜宿;(2) 使发出鸣声
3. 舟、江、月;思乡怀友;视觉;听觉

选文二

【甲】

回乡偶书(其一)

(唐) 贺知章

少小离家老大回,乡音无改鬓毛衰。
儿童相见不相识,笑问客从何处来。

【乙】

回乡偶书(其二)

(唐) 贺知章

离别家乡岁月多,近来人事半消磨。
惟有门前镜湖水,春风不改旧时波。

知识卡片

作者贺知章(约659年—约744年),字季真,晚年自号"四明狂客""秘书外监",越州永兴(今浙江杭州萧山区)人。唐代诗人、书法家。

贺知章在天宝三载(744)辞去朝廷官职,告老还乡时已八十六岁,此时距他离乡已有五十多个年头,无限感慨油然而生,这两首诗即诞生于这样的背景之下。

阅读指津

从标题可知,这两首诗有特定的写作背景,即"回乡"。阅读此类诗词,既要关注诗中特定的人、事、物,并以知人论世的方法了解诗人经历和诗歌背景,结合诗中独特的语言形式,推断诗人寄予其中的情感。如甲诗中的"儿童"与"客"、乙诗中的"镜湖"等,都是作者情感的流露。

拓展练习

1. 这两首诗的作者都是唐朝著名诗人贺知章,请你再写出一首他的诗歌作品:_____。
2. 甲乙两首诗中都有一组"变与不变"的关系,请分别提炼:
甲诗:_____ 乙诗:_____
3. 从这两组"变与不变"的关系中可以推断,诗人在这两首诗中都表达了一种_____的感慨。
4. 请根据"儿童相见不相识,笑问客从何处来"一句,展开合理想象,以诗人的身份说说当时的心理感受。

参考答案

1.《咏柳》
2. 甲诗:乡音未变,诗人鬓发变白。乙诗:镜湖未变,人事已变。
3. 物是人非
4. 例:"真没想到,明明是回乡,却无人相识,还被孩子们当作异乡来客,这样的'反主为宾'当真可笑又可叹啊!看来这些年我真是老迈衰颓了。"

选文三

【甲】
山居秋暝
（唐）王　维

空山新雨后,天气晚来秋。
明月松间照,清泉石上流。
竹喧归浣女,莲动下渔舟。
随意春芳歇,王孙自可留。

【乙】
辋川闲居赠裴秀才迪
（唐）王　维

寒山转苍翠,秋水日潺湲。
倚杖柴门外,临风听暮蝉。
渡头馀落日,墟里上孤烟。
复值接舆醉,狂歌五柳前。

知识卡片

两首诗的作者都是唐朝诗人王维。王维(701年—761年,一说699年—761年),字摩诘,号摩诘居士。河东蒲州(今山西运城)人,祖籍山西祁县。他不仅参禅悟理,学庄信道,还精通诗、书、画、音乐等,以诗名盛于开元、天宝年间,尤长五言,多咏山水田园,与孟浩然合称"王孟",有"诗佛"之称。

阅读指津

苏轼曾评价王维说:"味摩诘之诗,诗中有画;观摩诘之画,画中有诗。因此,读王维的诗,要先领略诗中之"画",可以从形、声、色、味、意等角度来把握诗中景物的特点,再结合独特的语言形式与特定的创造背景,来推断诗人想要表达的感情。

拓展练习

1. 甲乙两首诗在体裁上都属于_____。
2. 请解释以下加点字的意思。
   (1) 随意春芳歇(　　　　);(2) 墟里上孤烟(　　　　　　)
3. 这两首诗写的都是_____(季节)、_____(地点)的景致,且在写景中都利用了空间的变化,如甲诗中的"_____"和"_____",以及乙诗中的"_____"和"_____"等句都以空间变化使诗中景物更加丰富而有层次。
4. 从"王孙自可留"和"狂歌五柳前"两句不难看出,两首诗都表达了作者_____的人生追求。

参考答案

1. 五言律诗
2. (1) 消散;(2) 升起
3. 秋天;山中。"清泉石上流";"莲动下渔舟"。"渡头馀落日";"墟里上孤烟"。
4. 远离世俗、超然物外

选文四

【甲】

渡荆门送别

(唐)李　白

渡远荆门外,来从楚国游。
山随平野尽,月涌大江流。
月下飞天镜,云生结海楼。
仍怜故乡水,万里送行舟。

【乙】

秋下荆门

(唐)李　白

霜落荆门江树空,布帆无恙挂秋风。
此行不为鲈鱼脍,自爱名山入剡中。

知识卡片

李白(701年—762年),字太白,号青莲居士,祖籍陇西成纪(今甘肃省秦安县),唐朝伟大的浪漫主义诗人,著有《李太白集》,代表作有《望庐山瀑布》《行路难》《蜀道难》《将进酒》《早发白帝城》等。李白所作词赋,就其开创意义及艺术成就而言,享有极为崇高的地位。后世誉其为"诗仙",与"诗圣"杜甫并称"李杜"。

阅读指津

李白的诗雄奇飘逸,不拘一格。因此,读李白的诗不但要按照读诗的一般策略:关注意象、分析语言、知人论世、推断主旨,更要结合其独特的个人风格,深入理解其诗作的价值。如阅读这两首写荆门的诗,可以通过捕捉诗中的意象领略荆门的景致,还要结合诗中巧妙的用典、特别的手法来推断诗人的表情达意。

拓展练习

1. 从体裁来看,甲诗属于_____,乙诗属于_____。
2. 这两首诗都是李白船出三峡,渡过荆门时所作,但写法各有亮点:甲诗中有一句绝妙比喻,请你摘录该句:_____;乙诗中有一处用典独具匠心,请你摘录该句:_____。
3. 两诗中都呈现了秋风万里送行舟的画面,但寄予的情感有所不同,其中甲诗表达了_____;乙诗表达了_____。

参考答案

1. 五言律诗;七言绝句
2. 月下飞天镜,云生结海楼;此行不为鲈鱼脍。
3. 思乡之情;对理想的追求与向往。

选文五

【甲】

春　望

(唐) 杜　甫

国破山河在,城春草木深。
感时花溅泪,恨别鸟惊心。
烽火连三月,家书抵万金。
白头搔更短,浑欲不胜簪。

【乙】

月夜忆舍弟

(唐) 杜　甫

戍鼓断人行,边秋一雁声。

露从今夜白,月是故乡明。
有弟皆分散,无家问死生。
寄书长不达,况乃未休兵。

知识卡片

杜甫(712年—770年),字子美,自号少陵野老,唐代伟大的现实主义诗人,与李白合称"李杜"。出生于河南巩县,原籍湖北襄阳。杜甫在中国古典诗歌中的影响非常深远,他创作的《登高》《春望》《北征》以及"三吏""三别"等名作达到极高的艺术成就。他被后世尊称为"诗圣",他的诗被称为"诗史"。

阅读指津

杜甫的诗反映当时社会矛盾和人民疾苦,记录了唐代由盛转衰的历史巨变,表现出强烈的忧国忧民意识,也因此使其诗风沉郁顿挫。读杜甫的诗,除了赏析其高超的表现手法之外,更要结合诗人当时的人生境遇与时代背景,深入理解文字背后的深重情感。如这两首诗,其写作背景都是在安史之乱爆发,诗人经历国破家亡、颠沛流离之时。理解了这样的处境,才能真正理解诗中伤痛之情。

拓展练习

1. 这两首诗在体裁上都属于_____。
2. 两首诗都表现了战乱使人民家破难圆,生死未卜,甲诗中最能表现这一点的诗句是:_____;乙诗中最能表现这一点的诗句是:_____。
3. 这两首诗的颔联用语精妙,含义丰富,请任选一句进行赏析。

答:我选"_____"这句,它妙在:_____

参考答案

1. 五言律诗

2. 烽火连三月,家书抵万金;有弟皆分散,无家问死生。

3. 示例一:"感时花溅泪,恨别鸟惊心";这句话形象地表现了诗人触景生情的心境,花、鸟作为春景的代表,本来使人愉悦,在诗中却反而勾起了诗人的伤感惊痛,这种反差更体现了诗人内心的痛苦。

示例二:"露从今夜白,月是故乡明";这句话写的虽是"今夜露白、故乡月明"这些常见之景,却巧妙地通过词序的颠倒,使得这些客观景物自然地融入了自己的主观情感,更有力地表达了诗人对故乡的深重思念。

(杨蔚昀)

二　骨肉亲情

选文一

【甲】

蓼　莪

《诗经·小雅》

蓼蓼①者莪，匪莪伊蒿。哀哀父母，生我劬劳。

蓼蓼者莪，匪莪伊蔚。哀哀父母，生我劳瘁②。

瓶之罄③矣，维罍之耻。鲜民之生，不如死之久矣。

无父何怙④？无母何恃？出则衔恤⑤，入则靡至⑥。

父兮生我，母兮鞠⑦我。拊我畜我，长我育我，顾我复我，出入腹⑧我。欲报之德，昊天罔极！

南山烈烈，飘风发发。民莫不穀⑨，我独何害！

南山律律，飘风弗弗。民莫不穀，我独不卒⑩！

【注释】

① 蓼蓼：长大貌。② 劳瘁：劳累。③ 罄：尽。④ 怙：依靠。⑤ 衔恤：含有忧愁。⑥ 入则靡至：入门茫然不知道在何处停步。⑦ 鞠：养育。⑧ 腹：怀抱。⑨ 穀：善；良。民莫不穀，大家没有不幸的事。⑩ 卒：指养老送终。

【乙】

游子吟

（唐）孟　郊

慈母手中线，游子身上衣。

临行密密缝，意恐迟迟归。

谁言寸草心，报得三春晖。

知识卡片

《诗经》是中国第一部诗歌总集，由采诗官收录、加工、编订而成，又被称为"诗三百"。风、雅、颂、赋、

7

比、兴,合称"诗经六义"。雅分为"小雅"和"大雅"。《小雅》是《诗经》组成部分之一。"大约《雅》可分为小大,或由于下列二事:一、乐之不同;二、用之不同""《小雅》为周室大夫士阶级之乐章"。(傅斯年《诗经讲义稿》)

 阅读指津

阅读甲诗要先辨别诗中的赋比兴。兴,先言他物以引起所咏之辞。比,可理解为比喻。赋,即铺陈直叙。本诗一共六章,前三章是先比后赋,第四章是赋,后两章是先兴后赋。前两章从诗人错认植物说起,将蒿与蔚错当高大的莪,于是联系自己与父母的关系,生发感慨。蒿和蔚结合其植物特点比喻不成材、不能尽孝的人,诗人借以自责,慨叹父母养育过程辛劳但自己却来不及报恩。阅读三四两章可关注诗人直抒情感的句子。诗人表达了失去父母的孤独无助,以及对父母养育之恩的感激。诗中连用九个动词描述父母对"我"的教养过程,字字泣血。最后两章以巍峨的南山和呼啸而至的风声营造肃杀悲凉的气氛,凸显悲怆伤痛之感。

拓展练习

1. 甲诗第三章中动词_____与动词_____表明父母是"我"的支柱,失去支柱后"我"感到_____。
2. 甲诗所言"母兮鞠我"在乙诗中的具体表现是:_____。
3. 甲诗"瓶之罄矣,维罍之耻",瓶从罍中取水,以瓶喻父母,以罍自喻,以这组关系表达诗人因_____而羞耻。而乙诗中以"_____"(事物)和"_____"(事物)之间的关系来比喻母子关系,表达诗人_____之情。

 参考答案

1. 怙;恃;孤独无助/悲伤。
2. 为游子用心织衣物。
3. 没有很好地赡养父母/未尽孝心。寸草;三春晖(春天灿烂的阳光);对母亲的感恩/孝子报恩。

选文二

【甲】

归 家

(唐) 杜 牧

稚子牵衣问,归来何太迟。
共谁争岁月,赢得鬓边丝。

【乙】

北征(节选)

(唐) 杜 甫

况我堕胡尘①,及归尽华发。经年至茅屋,妻子衣百结②。

恸哭松声回,悲泉共幽咽。平生所娇儿③,颜色白胜雪。
见耶背面啼④,垢腻脚不袜。床前两小女,补绽才过膝。
海图坼波涛⑤,旧绣移曲折。天吴及紫凤⑥,颠倒在短褐。
老夫情怀恶,呕泄卧数日。那无囊中帛,救汝寒凛栗。
<u>粉黛亦解包,衾裯⑦稍罗列。瘦妻面复光,痴女头自栉⑧。</u>
<u>学母无不为,晓妆随手抹。移时施朱铅⑨,狼藉画眉阔。</u>
生还对童稚,似欲忘饥渴。问事竞挽须,谁能即嗔喝。
翻思在贼愁,甘受杂乱聒。新归且慰意,生理⑩焉能说。

【注释】

① 堕胡尘:指的是杜甫落在安禄山叛军手中。② 衣百结:指衣服打满了补丁。③ 所娇儿:娇,此处指疼爱。④ 见耶背面啼:耶,同"爷",父亲。⑤ 海图坼波涛:坼,裂开。此句指拆下海图波涛部分来补缀衣物。⑥ 天吴及紫凤:天吴神和紫凤鸟图样被剪下来在衣衫上打补丁。⑦ 衾裯:指被褥床帐等卧具。⑧ 栉:梳。⑨ 朱铅:胭脂铅粉。⑩ 生理:指今后的生存。

知识卡片

1. 杜牧,字牧之,号樊川居士,宰相杜佑之孙,杜荀鹤之父。后人称他为"小杜"。他与李商隐并称"小李杜"。杜牧在晚唐诗歌方面成就颇高。

2. 《北征》是杜甫在至德二年(757)写的长篇叙事诗,共一百四十行。这年,任左拾遗的杜甫向唐肃宗汇报自己旅途中的见闻以及归家后的感受,郁结着哀伤,情感深沉,充满忧国忧民的情思。

阅读指津

所选的两首诗歌都写了诗人归家后的见闻和感受。阅读时可关注诗中的人物描写:妻儿的动作、语言和神态。由此来想象、体会家人对远行归家者的情感,也能理解远行人在久别家庭后对家人的观察以及对家人的愧疚。比如甲诗中稚子"牵衣"询问父亲归来为何如此之迟,不难想象这句话的语气带有喜悦,也可能有埋怨和不解。再如乙诗中对妻女破烂衣衫的描写,可想象其独自生活时的艰辛,她们乍见家人归来,欣喜万分,于是动手梳妆打扮,喜迎丈夫和父亲。其次,阅读时要关注诗人直抒胸臆的文字,其中有对家人的情感、对人生的感喟。比如甲诗"共谁争岁月,赢得鬓边丝"中的"争"与"赢"有自嘲、自伤之意。

拓展练习

1. 以上两首作品可以同时选入哪部集子?(　　)
　　A.《唐人律诗菁华》　　B.《唐人绝句集萃》　　C.《杜诗选》　　D.《唐诗选》

2. 两诗中孩子见到久别归家的父亲反应不同,甲诗中的孩子_____(用自己的话概括),乙诗中的孩子_____(用自己的话概括)。

3. 乙诗中细致展现妻女见到诗人后的变化。赏析乙诗中的画线部分。

4. 甲诗"共谁争岁月,赢得鬓边丝"吐露诗人_____的情感;乙诗"_____"一句直接抒发归家后的快意。

参考答案

1. D
2. 牵着父亲的衣角,询问父亲为何归家迟/牵着父亲的衣角埋怨父亲归家迟;恢复活力,模仿母亲梳妆打扮,喜迎父亲归家
3. 画线句是关于妻子和女儿的动作描写。见到诗人后,妻子容光焕发,整理卧具,梳妆打扮。女儿模仿母亲的举动,稚嫩地梳头、涂粉、描眉。细写女儿的动作就是在侧面表现母亲的举动,两者的举动反映迎回诗人后内心无比喜悦,激发了生活情趣。描写中流露出的童真童趣,含有诗人的怜爱之情,令读者动容。
4. 为时光飞逝而无奈自嘲,为久别家人而后悔;似欲忘饥渴/新归且慰意

选文三

示三子

(宋) 陈师道

去远即相忘,归近不可忍。
儿女已在眼,眉目略不省。
喜极不得语,泪尽方一哂。
了知不是梦,忽忽心未稳。

知识卡片

陈师道,字履常,号后山居士。北宋时期大臣、文学家,"苏门六君子"之一,江西诗派重要作家。元丰七年(1084),陈师道家境贫穷,养不活家口,将妻子以及孩子们送到在四川做官的岳父处寄食。三四年后妻子儿女才回到徐州。这首诗写的是久别乍逢。

阅读指津

诗人将久别重逢时的瞬间感受细细写来,字字关情。与前一组诗歌不同的是,此处没有太多对妻儿的描写,重点落在自身情感的剖析与坦白。阅读时要关注一些不起眼的字词对抒情的作用,例如"即""略""极""尽""方"。"即"写出相忘之快,距离即隔膜,此乃人之常情,即便亲情亦如此。此句紧接着"归近不可忍",使情感起伏更剧烈。"略"字表似乎,诗人努力辨认儿女长大的细节,可见爱意。"极""尽"将悲喜的情感浓度推到极致,写出大喜大悲,可见内心复杂。"方"字可见情绪起伏波动时间之长。这些字词初看无甚意义,实则对诗人抒发重逢时激烈起伏的情绪、复杂穿插的情感有重要的作用。

拓展练习

1. 本诗的体裁是_____。
2. 根据全诗以及背景,"喜极"的原因是_____,"泪"是为_____而流。"哂"的意思是_____,诗人可能的心理活动是_____。

3. 本诗是如何抒发久别重逢之情的,请加以分析。

参考答案

1. 五言古体诗。

2. 终于见到妻儿,孩子长大;长期分居错过儿女成长过程,内心歉疚;微笑;苦尽甘来,终于与家人相守。

3. 首联以远离时忘记哀伤,归期将近时难忍感伤之情形成鲜明对比,直写对于儿女的思念与深爱;

颔联写儿女在眼前时,由于过去的时间久,长相已经有些不认得了,带有久别重逢的感慨、前几年无法养育儿女的愧疚与看见儿女长大的喜悦之情;

颈联写欢喜到了极点,一句话也说不出来,哭完了才微笑起来,肖像描写生动真实地刻画了久别重逢的极度喜悦与感慨伤感;

尾联写自己对于这是不是梦境的恍惚与担忧,更突出对于儿女的珍视与疼爱。

全诗善于写情,多角度写来,既有所见之人物描写,又有直抒胸臆之处,极富感染力。

选文四

戊子三月二十一日殇小女称称三首

(宋)梅尧臣

其一

生汝父母喜,死汝父母伤。
我行岂有亏,汝命何不长。
鸦雏春满窠,蜂子夏满房。
毒螫与恶噪,所生遂飞扬。
理固不可诘,泣泪向苍苍。

其二

蓓蕾树上花,莹洁昔婴女。
春风不长久,吹落便归土。
娇爱命亦然,苍天不知苦。
慈母眼中血,未干同两乳。

其三

高广五寸棺,埋此千岁恨。
至爱割难断,刚性锉以钝。
泪伤染衣斑,花惜落蒂嫩。
天地既许生,生之何遽困。

知识卡片

梅尧臣,字圣俞,世称宛陵先生,北宋著名诗人。欧阳修在《梅圣俞墓志铭》中论梅的诗歌风格:"然圣俞之诗实发源于东野,东野诗幽峭刻深处,圣俞未尝不能;然攻东野,不专东野,有时能为平淡清婉之作"

"盖圣俞诗有王、孟之清幽,而自然中却在在见其用心之处。东坡五古多趣,而圣俞则淡冶而入古,直是唐音""公所言清丽闲肆平淡,久则涵演深远,间亦琢刻以出怪巧,然气完力余,益老以劲,真知言哉!"从中可见其诗歌风格的丰富度。

阅读指津

诗人为一事反复咏叹,阅读时要关注组诗之间的关系,把握不同作品的侧重点。标题中"殇"字点出具体事由:稚子夭折,父母大恸。第一首写难以用理智解释幼女夭折之因,直抒悲伤。第二首回忆幼女短暂的一生,从慈母的角度抒发悲情。第三首情感更强烈,更深沉,最终向天地发出质问:"既然天地赐予女儿生命,为何又立刻终结了她的生命?"三组诗由"伤"而"恨"。

诗歌中有一些观察和想象只有挚爱之眼才能看到,悲恸之心才能感受到,可细加体会,如"高广五寸棺,埋此千岁恨",其中"高广""五寸""千岁"之间有强大的情感张力。

拓展练习

1. 这三首诗的体裁相同吗?请判断。
2. 第二首诗中"蓓蕾树上花"用了_____的修辞手法,写出了幼女_____的特点。如花朵般的女孩的结局是"_____"(用原句回答)。
3. 女儿逝去后诗人万分悲恸。悲恸中有自责,如"_____,_____";也有_____,如"天地既许生,生之何遽困"。
4. 选择你认为最有感染力的两句诗进行赏析。

参考答案

1. 相同,都是古体诗。
2. 比喻;娇嫩可爱;吹落便归土
3. 我行岂有亏,汝命何不长;对命运的诘问/无能为力之感
4. 示例一:"高广""五寸"两词看似矛盾,实际上"五寸"一词强调了梅尧臣女儿的幼小,其早夭的事实令读者感到同情。而"高广"则与之形成对比,这是诗人的主观印象——娇小幼女在棺椁中的孤独冷落,体现了父亲对女儿的深爱。"千岁"一词以夸张的手法体现了梅尧臣心中对女儿逝世沉痛的遗"恨"和惋惜,令读者深深地被他的父爱所感动。这一联诗句能够让读者与梅尧臣共情,相当有感染力。

示例二:理固不可诘,泣泪向苍苍。女儿已去,既成事实,苍天之理,无可挽回;虽心中之悲哀难以平复,然做父亲的能做的只是面对苍穹,眼泪汪汪,是多么悲戚而无力!事实与天理的冷酷,与慈父的丧子之刻骨之痛及面对命运的无能为力,形成残酷的对比,震撼人心;直抒胸中悲哀,而令读者久久回想。

选文五

【甲】

洗儿戏作

(宋)苏 轼

人皆养子望聪明,我被聪明误一生。

惟愿孩儿愚且鲁,无灾无难到公卿。

【乙】
冬夜读书示子聿
(宋)陆 游

古人学问无遗力,少壮工夫老始成。
纸上得来终觉浅,绝知此事要躬行。

知识卡片

《洗儿戏作》作于元丰六年(1083)。洗儿是一种风俗,婴儿出生后的第三天或者满月,亲戚朋友来道贺时要为婴儿洗澡。

陆子聿是陆游的儿子。陆游,字务观,号放翁,南宋爱国诗人。

阅读指津

结合《洗儿戏作》的创作时间元丰六年,乃知标题中的"戏"为何意。全诗通俗易懂,文字表层是满月酒时对小儿子的成长期待和祝愿,而文字底层也有对自身仕途经历的感慨与微嘲。"愚且鲁"怎可到"公卿"?这真是一句戏言了。

拓展练习

1. 苏轼,字_____。陆游,号_____。

2. 甲诗中父亲对孩子的期待是_____、无灾无病、_____;乙诗中父亲对孩子的要求是努力学习、_____、_____。

3. 甲诗围绕标题中的"戏"字展开。你读出了几层"戏"的意味?结合具体内容展开分析。

参考答案

1. 子瞻;放翁

2. 不要太聪明/鲁愚,位及公卿;持之以恒,躬身实践

3. 祝愿孩子不聪明,愚钝,这是戏言。愿孩子以愚钝的状态得公卿之位,这是不可能之事,是戏言。"我被聪明误一生",是苏轼经历贬谪后的自我调侃,是戏言。全诗在美好祝愿之外,含有对愚鲁公卿的嘲讽,是戏言。

(陈天娇)

三　家国情怀

选文一

塞下曲

（唐）王昌龄

蝉鸣空桑林，八月萧关①道。出塞入塞寒，处处黄芦草。

从来幽并客②，皆共尘沙老。莫学游侠儿，矜夸紫骝③好。

【注释】

本篇为唐代诗人王昌龄创作的组诗作品《塞下曲四首》中其一。① 萧关：关塞名，故址在宁夏回族自治区固原市。② 幽并客：指幽州、并州武勇之人。③ 紫骝：骏马名。

知识卡片

王昌龄（698年—757年），唐代诗人，字少伯，京兆（今陕西西安）人，一说太原人。七绝成就最高，与李白齐名，号称"七绝圣手"。王昌龄是盛唐边塞诗派的代表作家。他的边塞诗气势雄浑，格调高昂，意境悠远。唐代边事频仍，其中有抵御外族入侵的战争，也有许多拓地开边的非正义战争。这首小诗，是对后者的描绘。

阅读指津

品读诗句过程中要善于抓住诗中的主要景物，在忠实原诗的基础上进行联想和想象，感受这些景物所营造的情境氛围，最后根据意境氛围的特点来分析作者的思想感情。

这首诗可分前后两层意思。前四句为第一层，描绘边塞的秋景。寒蝉、桑林、萧关、边塞、秋草都是中国古代诗歌意象里悲情的代名词，为后文的反战主题作背景和情感上的铺垫。

拓展练习

1. 王昌龄，盛唐时期著名诗人，_____诗的代表人物，其诗以七绝见长，被后人誉为"_____"。代表作有《_____》《_____》等。

2. 下面对诗句理解和赏析不正确的一项是(　　)

A. 诗句开篇既点明了时令,又点明了具体地点,描绘了一幅空旷无垠的边塞秋景图。

B. "从来幽并客,皆共沙尘老"与"醉卧沙场君莫笑,古来征战几人回",可谓异曲同工,感人至深。

C. 诗人将戍边战士与"幽并客"作了正反对比,目的在于突出戍边战士长期驻守边塞的决心。

D. 此时写边塞秋景,有慷慨悲凉的建安遗韵;写戍边征人,又有汉乐府直抒胸臆的哀怨之情。

3. 诗人写"幽并客"与"游侠儿"这两种不同的人,用意何在?

1. 边塞;七绝圣手;《从军行》《出塞》
2. C
3. 构成对比,作者对保家卫国、献身沙场的"幽并客"这些勇武将士进行讴歌,对只知游荡街市炫耀自夸的"游侠儿"进行批评讽刺,这一"褒"一"贬"的强烈对比,表现了作者不畏艰险、以身许国的崇高责任感和强烈的爱国热情。

选文二

去 蜀①

(唐)杜 甫

五载客蜀郡,一年居梓州。如何关塞阻,转作潇湘游?
万事已黄发,残生随白鸥。安危大臣在,何必泪长流!

【注释】

① 公元765年,剑南节度使兼成都府尹严武去世,诗人失去在蜀地的依靠,结束相对安定的生活,被迫携家眷离开成都。

知识卡片

杜甫(712年—770年),唐代诗人,字子美,号少陵野老。唐代伟大的现实主义诗人,他的诗反映了唐代由盛转衰的广阔社会面貌,故被称为"诗史"。风格多样,而以沉郁顿挫为主,被后人誉为"诗圣",与李白并称"李杜"。

阅读指津

不少诗歌的题目对诗歌的内容和诗人情感起着重要的提示作用,品鉴古诗需紧扣诗题。作者即将离蜀,作诗总结几年的漂泊生涯,故题曰"去蜀"。首联写六年流寓之迹,万千感怀尽在其中。中间两联写已老迈之年,种种心愿皆难以实现,其痛苦悲愤可以想见。尾联尤为深警,意谓社稷安危自有大臣负荷,自己何必泪水长流,杞人忧天?此乃无可奈何,强作排遣之词,实则反言诗人心系国家安危,时刻为其忧心流泪的情况。其中有痛惜,有激愤,有宽慰,包蕴极丰。

1. 杜甫字_____,号_____,伟大的_____诗人。他的诗作在总体上反映了_____朝由

15

_____而_____的变化过程,号称"诗史"。

2. 下列对诗歌的理解和赏析,不正确的一项是(　　)

A. 首联回顾了在蜀地长达数载的生活,暗含不舍之情。"客"是客居、旅居的意思。

B. 颔联用设问表达在兵荒马乱之时举家迁居的无奈与悲凉。"如何"意为"为何"。

C. 颈联上句的"黄发"与《桃花源记》中"黄发垂髫"的"黄发"所传达的感情相同。

D. 颈联下句用"白鸥"这一意象表达离开蜀地后人似白鸥、转徙江湖的悲苦之情。

3. 明朝文学家王嗣奭评此诗"结语乃失意中自宽之词",请结合此句对尾联作简要分析。

参考答案

1. 子美;少陵野老;现实主义;唐;盛;衰

2. C

3. 尾联看似自我解脱、自我宽解,实是位卑忧国、理想难酬的失意之语。作者心怀"致君尧舜"的理想久遭扼杀,国之将覆,不能不忧心流泪。

选文三

清平乐·独宿博山王氏庵①

(宋)辛弃疾

绕床饥鼠,蝙蝠翻灯舞。屋上松风吹急雨,破纸窗间自语。

平生塞北江南,归来华发苍颜。布被秋宵梦觉,眼前万里江山。

【注释】

① 作者遭弹劾后,闲居上饶带湖时所作。

知识卡片

辛弃疾(1140年—1207年),南宋词人,字幼安,号稼轩,历城(今山东济南)人。少时曾聚众参加抗金义军,一生力主抗金,遭到投降派排斥。四十二岁遭谗落职,退居于江西上饶一带,郁郁而终。他是南宋著名的爱国词人,多抒写报国无门、壮志难酬的悲愤,慷慨纵横,雄浑豪放,与苏轼并称"苏辛",是豪放派的代表人物。

阅读指津

这首词作于宋孝宗淳熙十二年(1185年)。辛弃疾在淳熙八年被贬官为民,闲居于带湖。其间,他常到信州(今江西上饶)附近的名胜之处鹅湖、博山等地游览。一个清秋的夜晚,作者来到博山脚下一户姓王的人家投宿。这儿只有几间破旧的小草庵,屋后是一片竹林、环境十分荒凉冷落。词人即景生情,百感交集,在夜深人静的时候,写成了这首寄寓很深的小令。

拓展练习

1. 辛弃疾,字幼安,号_____,与苏轼并称"_____"。主要作品为《稼轩长短句》。他是宋词中成就卓异者,继承并发展了_____词风,开拓了词的表现范围。

2. 下面对本词的分析和鉴赏,最恰当的两项是(   )

A. 上片四句描绘夜宿王氏茅屋中的实景,声色形神兼绘,给人身临其境的感受。

B. "鼠"是"饥"的,可见这里已经长时间断了"烟火";蝙蝠翻舞,形象逼真地写出了眼中所见。屋外狂风暴雨,窗纸破烂,瑟瑟作响,用拟人手法写出了耳中所闻。

C. 下片抒写词人心理活动和无限感慨。动物猖獗,秋风凉薄,不能安然入睡,浮想联翩,焦急万分,怎不更加衰老呢?

D. 感慨不等于悲观,梦中醒来"眼前万里江山",看似闲愁实则旷远雄劲。

E. 本词语言平淡,纯用白描,笔墨干练,真切自然,别具一格,生动感人。

3. 古人评词有"乐景,哀情;哀景,乐情"之说。你认为这首词的景与情在感情基调上一致吗?请依据词意鉴赏。

参考答案

1. 稼轩;苏辛;豪放

2. BD

3. 不一致。面对如此破败凄凉的景象,词人并不因此伤感消沉,而是由此回忆起自己一生走遍南北、奔走国事、晚年罢官归隐、壮志未酬的经历,激发"眼里万里江山"的感慨,深刻表达了词人虽然英雄失意,仍念念不忘收复失地的伟大抱负。上片荒凉孤寂的景物为结语"眼里万里江山"的无限感慨起了很好的铺垫反衬作用,结语突兀的转笔突出了词人宽阔博大的胸襟。

选文四

诉衷情①

(宋)陆 游

青衫初入九重城,结友尽豪英。蜡封②夜半传檄,驰骑谕幽并③。

时易失,志难成,鬓丝生。平章④风月,弹压⑤江山,别是功名。

【注释】

① 作于诗人抗金失败后闲居山阴时。② 蜡封:用蜡固封以利保密的文书。③ 幽并:幽州和并州,这里指金国占领地区。④ 平章:品评。⑤ 弹压:描绘。

知识卡片

陆游(1125年—1210年),字务观,号放翁,越州山阴(今绍兴)人。南宋伟大的爱国诗人,词和散文的成就也很高。一生所写诗近万首,他的诗前期多为爱国诗,批评投降主义,主张抗战杀敌,收复故土,统一中国,风格慷慨激昂,雄浑豪放;后期多为田园诗,清新雅丽,平淡自然,有"小太白"之称。

阅读指津

此词回忆了作者一生中最值得怀念的一段岁月,通过今昔对比,反映了一位爱国志士的坎坷经历和

17

不幸遭遇,表达了作者壮志未酬、报国无门的悲愤不平之情。全词格调苍凉悲壮,语言明白晓畅,用典自然,不着痕迹,不加雕饰,如叹如诉,有较强的艺术感染力。

拓展练习

1. 陆游,字_____,号_____,越州山阴(今浙江绍兴)人。_____(朝代)著名爱国诗人。陆游是我国诗人中存诗数量最多的一个。

2. 下面对这首词的赏析,不恰当的两项是(　　)

A. 词的前两句写早年的政治生活。唐宋时九品官服色青,陆游以九品官入京,结识同辈多为一时俊彦,颇有意气风发之感。

B. "蜡封夜半传檄,驰骑谕幽并"写出了诗人当年不分昼夜奋力抗金的情形,暗讽了南宋朝廷在后方安逸享乐,无所作为。

C. 下片前三句既是词意的转折,接连三个三字句如走丸而下,表现出感慨百端的心情,也反映了他的政治经历的转折。

D. 全词运用了虚实结合的手法,上片回忆词人早年的政治、军事生活,下片实写词人闲居的现状,表现了词人晚年闲居生活的悠闲自在。

E. 全词率意而写,不假雕琢,语明而情真,体现了陆游晚年质朴而深沉的创作风格。

3. 请结合全词分析这首词表达了词人哪些感情?

参考答案

1. 务观;放翁;南宋
2. BD
3. 壮志难酬之情,词句"时易失,志难城"写时机失去,壮志难酬;感叹年华易逝,"鬓丝生"两鬓已经生白发;生活的无奈和愤懑之情,"平章风月,弹压江山,别是功名"写只好写文章品评风月,指点山川,建立另外一种"功名"。

选文五

新制布裘

(唐)白居易

桂①布白似雪,吴②绵软于云。布重绵且厚,为裘有馀③温。

朝拥坐至暮,夜覆眠达晨。谁知严冬月,支体暖如春。

中夕④忽有念,抚裘起逡巡⑤。丈夫贵兼济,岂独善一身。

安得万里裘,盖裹周四垠⑥。稳暖皆如我,天下无寒人。

【注释】

① 桂:地名。② 吴:地名。③ 馀:同"余"。④ 中夕:半夜。⑤ 逡巡:迟疑徘徊,欲行又止。⑥ 垠:边际。

知识卡片

白居易(772年—846年),唐代诗人,字乐天,号香山居士、醉吟先生,贞元十六年(800)进士。因上书言事,被贬为江州司马。长庆、宝历年间曾出任杭州、苏州刺史,官至刑部尚书。晚年退居洛阳,以诗酒自娱。他的诗风格平易浅近,明白通俗,在国内外流传很广。后人将李白、杜甫、白居易并称唐代三大诗人。

阅读指津

白居易主张诗文"为君、为臣、为民、为物、为事而作,不为文而作"(《新乐府序》)。这首诗完全体现了他的这种理论主张,既不为艺术而艺术,又不为自我而艺术。诗中反映出他能跨越自我、"兼济"天下的博大胸襟,表现了诗人推己及人、爱民"如我"的人道主义精神,以及封建社会开明官吏乐施"仁政"、惠及百姓的进步思想。

拓展练习

1. 白居易,字_____,号_____,是唐代"_____"的倡导者,主张"文章合为时而著,歌诗合为事而作"。

2. 下列对这首诗的理解和赏析,不正确的一项是(　　)

A. 诗歌前两句通过比喻、对比等手法,突出了新制的布裘洁白柔软的特点。

B. 在寒冬腊月布裘能够让人感觉温暖如春,这与其"重绵且厚"有关。

C. 诗人半夜突然惊醒,在卧室徘徊,主要是因为他思念亲人,难以入眠。

D. 本诗语言浅显、质朴,这也符合白居易诗歌通俗易懂、明白如话的特点。

3. 论者常把本诗与杜甫的《茅屋为秋风所破歌》相提并论。这两首诗中作者的境况不同,但抒发的情感有相同之处,都抒发了诗人怎样的情怀呢?

参考答案

1. 乐天;香山居士;"新乐府运动"

2. C

3. 推己及人的博大胸襟、忧国忧民的爱国精神和心系天下寒士的济世情怀。

(杜欢欢)

四　民风民俗

选文一

鹿鸣(节选)

《诗经·小雅》

呦呦鹿鸣,食野之苹②。我有嘉宾,鼓瑟吹笙。

呦呦鹿鸣,食野之蒿。我有嘉宾,德音孔昭③。

呦呦鹿鸣,食野之芩④。我有嘉宾,鼓瑟鼓琴。

【注释】

① 呦(yōu)呦：鹿的叫声。朱熹《诗集传》："呦呦,声之和也。" ② 苹：藾蒿。陆玑《毛诗草木鸟兽虫鱼疏》："藾蒿,叶青色,茎似箸而轻脆,始生香,可生食。" ③ 德音：美好的品德声誉。孔：很。 ④ 芩(qín)：草名,蒿类植物。

知识卡片

《雅》是周秦旧都的乐歌,一共有105篇,分为《小雅》和《大雅》。《小雅》本来有八十篇,分为八组,每组十篇,但是其中有六篇佚诗,有题目,无歌词。现在实存七十四篇,每组以第一篇命名。《小雅》音乐的风格,古人的评价是"思而不贰,怨言不言",反映了"周德之衰",但还有"遗民之风"的特征。

《鹿鸣》是《诗经》的"四始"诗之一,是古人在宴会上所唱的歌。据朱熹《诗集传》的说法,此诗原是君王宴请群臣时所唱,后来逐渐推广到民间。

阅读指津

《鹿鸣》描写宴会以美酒、音乐款待宾客,表现了待客的热情和礼仪。唐以后常用于举行招待乡试的考官和举子的宴会。诗以鹿鸣食苹起兴,不过正是表现适得其所的意思,客人得主人的礼遇。

拓展练习

1. 《诗经》是我国最早的一部_____。

2. 《鹿鸣》共三章,开头皆以鹿鸣起兴,此起彼应十分悦耳。而荣获2015年诺贝尔生理学或医学奖的我国科学家屠呦呦的名字就来自"呦呦鹿鸣,食野之苹",寄托了屠呦呦父母对女儿的美好期待。请根据这些信息,再通读全诗,感受诗篇营造了一种怎样的气氛?

3. 联系所学的《关雎》和《蒹葭》,谈谈《鹿鸣》在形式上有何特点?好处是?

参考答案

1. 诗歌总集

2. 和谐愉悦欢快的气氛。

3. 重章叠句,一咏三叹;各章结构大致相同,只是更换其中个别的字句,有助于营造一种和谐欢快的气氛,便于抒发内心的感情,可以给人留下深刻的印象。

选文二

芣苢①

《诗经·周南》

采采芣苢,薄言②采之。采采芣苢,薄言有③之。

采采芣苢,薄言掇④之。采采芣苢,薄言捋⑤之。

采采芣苢,薄言袺⑥之。采采芣苢,薄言襭⑦之。

【注释】

① 这是妇女们采集野菜时唱的民歌。芣苢:车前(草名),可食。② 薄、言:都是语助词,无实意。③ 有:得到。④ 掇:摘取、拾取。⑤ 捋:成把地握取。⑥ 袺:手持衣角盛物。⑦ 襭:把衣襟掖在腰带间装物。

知识卡片

《芣苢》是周代人们采集芣苢时所唱的歌谣,应是社会比较清明、阶级矛盾比较缓和、人们尚能安居乐业的周公时代的作品。

阅读指津

全诗三章,每章四句,全是重章叠句,仅仅只变换了少数几个动词,其余一概不变,反复咏唱,以鲜明轻快的节奏、和谐优美的音韵,抒发了纯真的思想感情,表现了人物的欢快情绪和赞美劳动的主题。

拓展练习

1. 《诗经》使用赋、比、兴手法,本诗使用的手法是_____。

2. 这首诗生动地表现了采集野菜的劳动过程。这种过程在诗中是怎样具体表现出来的?

3. 前人读这首诗说:反复讽咏,"自然生其气象"。你读这首诗,眼前出现了什么样的景象?请概括描述。

参考答案

1. 赋

2. 通过动词的变换表现出来的。

3. 妇女们在田野上边采野菜边唱歌,一派欢快的劳动景象。

选文三

七 夕
(唐)罗 隐

络角①星河菡萏天②,一家欢笑设红筵。
应倾谢女珠玑箧,尽写檀郎锦绣篇。
香帐簇成排窈窕,金针穿罢拜婵娟③。
铜壶漏报天将晓,惆怅佳期又一年。

【注释】

① 络角:角是二十八宿中的角宿;络是网络,指雾气网络在角宿上。② 菡萏天:是荷花盛开的天气。③ 婵娟:指织女星。

知识卡片

《七夕》是唐代诗人罗隐创作的一首七言律诗。"七夕"又称"女儿节",是女子穿针设筵以迎织女牛郎欢会,同时向织女"乞巧"的日子,要热闹整整一晚上。诗人作七律以描绘七夕晚上的风习。

阅读指津

首联用对照写法,分写天上、人间的景状,颔联专写人间的情景,颈联又是对照写法,"香帐簇成"指天上,"金针穿罢"指人间。尾联写天上惆怅,与首联的人间"欢笑"相对。全诗用语平实却情境优美,视角在天地之间自如切换,情感在神人之间流淌融通,情景交合,意蕴深长。

拓展练习

1. "七夕"在每年的农历_____。
2. 诗的最后两句是什么意思?表达了怎样的情感?
3. 下列对这首诗的赏析,不正确的一项是(　　)

A. 首联设想了牛郎织女在银河边看角宿、荷花,也写人间家庭布置筵席的欢乐场景。

B. 颔联写谢女倒空箧中的珠宝,要檀郎写出歌咏七夕的诗篇,表现人间七夕的活动。

C. 颈联上句写牛郎织女会面的香帐已制成,下句写妇女们已穿针引线拜织女星乞巧。

D. 一、五、七句写天上,二、三、四、六、八句写人间,表现天上的美好欢乐胜似人间。

参考答案

1. 七月初七

2. 第一问:铜壶漏显示天快要亮了,七夕即将过去;下一个相会的美好日子,还要等一年才能到来,令人惆怅忧伤。第二问:表达了对有情人团聚时刻的留恋不舍,对未来有情人天地相隔的惆怅,对有情人不能长相守的同情。

3. D

选文四

【甲】

游山西村

（宋）陆 游

莫笑农家腊酒浑,丰年留客足鸡豚。
山重水复疑无路,柳暗花明又一村。
箫鼓追随春社近,衣冠简朴古风存。
从今若许闲乘月,拄杖无时夜叩门。

【乙】

社 日①

（唐）王 驾

鹅湖山下稻粱肥,豚栅鸡栖半掩扉。
桑柘影斜春社散,家家扶得醉人归。

【注释】

① 社日:古时祭祀土神的日子,分为春社和秋社。在社日到来时,民众集会竞技,进行各种类型的作社表演,并集体欢宴,不但表达他们对减少自然灾害、获得丰收的良好祝愿,同时也借以开展娱乐。

知识卡片

《社日》是诗人王驾(一作张演)创作的一首七绝。王驾进士及第之后,官至礼部员外郎,后弃官归隐。此诗作于其归隐之后。

阅读指津

此诗写了鹅湖山下的一个村庄社日里的欢乐景象,描绘出一幅富庶、兴旺的江南农村风俗画。全诗虽没有一字正面描写社日的情景,却表达出了社日的热闹欢快,角度巧妙,匠心独运。

拓展练习

1. 南宋诗人陆游,字_____,号_____。

2. 结合下列诗句中加点的字词,分析甲、乙两诗中作者所表达的感情。
① 拄杖无时夜叩门。
② 家家扶得醉人归。

3. 甲、乙两诗都写了"社日"这一古老的乡土风俗,但在描写手法上有明显的不同。请结合诗句简要分析。

参考答案

1. 务观；放翁

2. ① 表达了诗人对家乡的热爱和与农民亲密无间的感情。② "醉"字蕴涵了农人的喜悦之情和诗人对农村生活的向往。

3. 示例：甲诗运用正面描写的手法来写社日的景象。通过描写农人们吹着箫，击着鼓，结队庆祝已临近的春社祭日的画面，展现了社日的喜庆热闹。乙诗运用侧面烘托的手法来写社日。诗人没有就社日表演的热闹场面着笔，却写春社散后，人声渐稀，到处都可以看到为庆祝社日而喝得醉醺醺的村民，被家人邻里搀扶着回家的情景。"家家"是夸张的说法，说明这种情形之普遍。不正面描写社日热闹与欢乐的场面，却选取这样一个高潮之后渐归宁静的尾声来表现它，是颇为别致的。

选文五

蝶恋花·上巳召亲族①

（宋）李清照

永夜恹恹欢意少。空梦长安②，认取长安道。为报今年春色好。花光月影宜相照。

随意杯盘虽草草。酒美梅酸，恰称人怀抱。醉里插花花莫笑。可怜春似人将老。

【注释】

① 上巳召亲族：在三月上旬巳日，古人有"修禊"的习俗，即召宴亲友，到水边嬉游，临水插花，以祛除不祥，祈求吉利。本词写于北宋灭亡作者南渡之后。② 长安：原为汉唐故都，这里代指北宋都城汴京。

知识卡片

宋钦宗靖康二年(1127年)四月，北宋灭亡。五月，钦宗之弟赵构即位，改元建炎，史称南宋。建炎二年(1128年)，李清照南渡抵达江宁(今江苏南京)，赵明诚时任江宁知府。第二年二月，赵被罢官。八月，赵明诚病逝。此后，在金人渡江南侵的形势下，词人长期处于飘零转徙中，这首《蝶恋花》很可能是她南渡之初生活安定时期召集亲族聚会饮宴后有感而作。

阅读指津

亲友团聚，以相慰安，但是美好的春光月色，意在消愁的酒宴，并未给词人带来欢快，相反更勾起对故国的深沉思念和旧家难归的惆怅。因为毕竟是在非常时期，词中流露出来的情绪是低沉的。

拓展练习

1. 李清照号_____，是宋代的_____派词人。

2. 下列对这首词的赏析，正确的一项是（　　）

A. 上片首句"永夜恹恹欢意少"采用了开门见山的手法。南渡以后，忧国伤时的激越情绪，使李清照的词作风格由隽永含蓄一变而为慷慨激昂。

B. "空梦长安，认取长安道"两句写词人长夜辗转，梦见汴京，看到汴京的宫阙城池，然而实不可到。

一个"空"字透露出词人的无奈与失望,以及对南宋小朝廷不思进取、安于半壁江山的不满。

C."为报今年春色好。花光月影宜相照"两句,写今年春天花光月影的美好景色,表明词人虽然无法回归故园,但也不愿辜负眼下江南的佳节美景,暂且赏乐。

D."随意杯盘虽草草。酒美梅酸,恰称人怀抱"三句承上启下,点明题旨,说明词人对上巳节的美酒佳肴极为满意,反映其惬意、愉快的心情。

3. 词的下片末尾一句"可怜春似人将老"表达了词人怎样的情感?请简要分析。

参考答案

1. 易安居士;婉约

2. B

3. 末句"可怜春似人将老"的意思是说最需要感伤的是春天也像人一样快要衰老了。"春"暗喻"国家社稷","春将老"暗喻"国将沦亡"。此句表面上好像是词人对自己的调侃,其实表达的是一种春将逝、人将老、国将丧的无奈之情,表达了词人对春天即将逝去、自己年华已逝、国土已经沦丧的无奈伤感之情。春"老"比喻春意阑珊,人"老"表明欢情减少,表面上是伤春,其实是感伤自己年华已逝,寄托忧国伤时之感。

(周 密)

五　情操志趣

选文一

辋川别业

（唐）王　维

不到东山②向一年，归来才及种春田。
雨中草色绿堪染，水上桃花红欲然③。
优娄比丘经论学，伛偻丈人乡里贤。
披衣倒屣④且相见，相欢语笑衡门⑤前。

【注释】

① 辋川别业：王维在辋川山谷中园林旧址上营建的山庄，既富自然之趣，又有诗情画意，以供其母参禅礼佛及诗人自身隐居。别业：别墅。② 东山：指辋川别业所在的蓝田山。③ 然：同"燃"。④ 倒屣：倒穿鞋子，表示急切。⑤ 衡门：横木为门，指简陋的房屋。

知识卡片

《辋川别业》是唐代诗人、画家王维的诗作。天宝三载(744)后王维买下宋之问位于辋川山谷（今陕西蓝田西南十余公里处）的辋川山庄，并在其基础上营建园林别墅，作为他母亲奉佛修行的隐居之地。王维隐居辋川别业期间，创作了许多山水田园诗，《辋川别业》是其中的一首。

阅读指津

《辋川别业》是一首写景言情的七律，写王维在辋川隐居时期的田园生活。与陶渊明的"相思则披衣，言笑无厌时"一样，表现了乡里间淳朴亲密的人际关系，与"人情翻覆似波澜"的官场形成鲜明的对比，表现了作者对乡间田园生活的喜爱。

拓展练习

1. 王维，字摩诘，号摩诘居士，唐朝诗人，有_____之称。
2. 本诗的颔联历来为人称道，其中"_____"和"_____"字化静为动，描绘出一幅_____（特点)的雨中郊野春景图。

3. 下列对这首诗的赏析不正确的一项是(　　)

A. 本诗是一首七言古体诗,写诗人在辋川隐居时的生活。

B. 一、二两句写诗人离开辋川已近一年,归时正遇春耕农忙。

C. 三、四两句写辋川沿途所见,合乎王维诗作"诗中有画"的特点。

D. 五、六道出邻里多为善谈经论的僧人和年迈的乡贤。

参考答案

1. 诗佛

2. "染";"然";绚丽/明艳/艳丽等

3. A

选文二

始闻秋风

(唐)刘禹锡

昔看黄菊与君别,今听玄蝉我却回。

五夜飕飗①枕前觉,一年颜状镜中来。

马思边草拳毛②动,雕眄青云睡眼开。

天地肃清堪四望,为君扶病上高台。

【注释】

① 飕飗(sōu liú):风声。② 拳毛:即蜷毛,马毛拳曲貌。

知识卡片

这首诗作于公元836至842年之间。是刘禹锡晚年作品。此时作者疾病缠身,却在诗歌中展现出积极进取,奋发不已的乐观精神,不愧被称为"诗豪"。

阅读指津

这首诗不同于一般封建文人的"悲秋"之作,而是一首高亢的秋歌。先写了秋风对诗人的谈话,再写诗人对秋风的言语,含蓄别致地表达了诗人对秋天的喜爱之情。诗歌展现的跌宕雄健的风格和积极健康的美学趣味,正是诗人那种"老骥伏枥,志在千里"的倔强进取精神和品格的艺术写照。

拓展练习

1. 刘禹锡是_____(朝代)的文人,我们曾学过他的《_____》。

2. 首联中的"君"是指_____,"我"是指_____。这两句主要运用了_____的修辞手法塑造形象,点题开篇。

3. 下列对这首诗的理解和赏析,不正确的一项是(　　)

A. 整首诗表达了诗人自强不息的意志,由失落转为老而弥坚的倔强顽强和积极进取的精神。

B. "看黄菊""听玄蝉",诗人借秋日特有的风物点出了秋风去而复还的时令,又借"玄蝉"表露了自己高洁自守的情怀。

C. 颔联写诗人自己,前一句从正面点出"始闻秋风",后一句是写由此而生发的感慨;和首联相接,仿佛是在畅叙别情。

D. 尾联中的"君"指秋风,而"扶病"二字暗扣第四句,解释了诗人"一年颜状镜中来"的原因,脉络清晰,结构完整。

参考答案

1. 唐朝;《陋室铭》/《浪淘沙》
2. 诗人;秋风;拟人
3. B(未有高洁自守的情怀)

选文三

赠从弟(其二)

(汉) 刘 桢

亭亭山上松,瑟瑟①谷中风。

风声一何盛,松枝一何劲②!

冰霜正惨凄,终岁常端正。

岂不罹③凝寒,松柏有本性。

【注释】

① 瑟瑟:形容风声或其他轻微的声音。 ② 劲(jìng):坚强有力。 ③ 罹(lí):遭受(困难或不幸)。

知识卡片

刘桢的诗刚劲挺拔,卓荦不凡。曹丕称"其五言诗之善者,妙绝时人"。《赠从弟》共三首,为其代表作,本诗是第二首。

阅读指津

这首诗看似咏物,实为言志。刘桢之从弟出身寒门,身罹乱世,诗人即以松柏之抗凝寒为喻,勉其常怀坚贞之节,全诗由表及里,由此及彼,寓意高远,气壮脱俗。激励堂弟,亦以自勉。

拓展练习

1. 根据相关文学常识可以判断,这首诗歌的体裁属于_____。

2. 开头两句写景,主要强调了_____和_____两者之间的冲突和对抗。

3. 对诗中松树形象的理解,正确的一项是( )

A. 全诗以"山上松"的坚韧反衬出"谷中风"的迅疾。

B. 肆虐的山风是摧毁人才的黑暗势力的象征,是诗人着力批判的对象。

C. 诗人用"惨凄"来描述冰霜,对冰霜寄予了极大的同情。

D. 诗人认为,松柏能够经寒不衰,其实是坚守自己的本性。

参考答案

1. 古体诗

2. 风;松

3. D

选文四

题画兰

（清）郑燮①

身在千山顶上头,突岩深缝妙香稠②。

非无脚下浮云闹③,来不相知去不留。

【注释】

① 郑燮(1693年—1765年):清代书画家、文学家,号板桥。② 稠:浓郁。③ 闹:喧哗。

知识卡片

郑燮,字克柔,号理庵,又号板桥,人称板桥先生,是"扬州八怪"重要代表人物。郑板桥擅画兰、竹、石、松、菊等,其诗书画,世称"三绝",是清代比较有代表性的文人画家。

阅读指津

本诗是借咏物,表达高人隐士的情操,孤芳自赏而不为世俗纷扰打动。诗文赞美了兰花在艰苦恶劣的环境里,卓尔独立的品行,歌咏了兰花淡泊的心态,借此表白自己坚持操守、淡薄自足、追求个性自由的情怀。抒发了作者淡泊名利,不随波逐流的高尚情操。全诗的重点在后两句,可以对照五柳先生陶渊明的"结庐在人境,而无车马喧,问君何能尔？心远地自偏"来理解。

拓展练习

1. 郑燮是_____(朝代)书画家、文学家,也是"_____"的代表人物,我们曾学过他的《_____》。

2. "千山顶"是兰花所在的_____;"_____"和"_____"是它的生长环境。

3. 对这首诗的理解有误的一项是( )

A. 赞美了兰花在艰苦恶劣的环境里,卓尔独立的品行。

B. 歌咏了兰花淡泊的心态,表白自己坚持操守、追求个性自由的情怀。

C. 表达了诗人对隐逸生活的向往与期待。

D. 抒发了诗人淡泊名利,不随波逐流的高尚情操。

参考答案

1. 清;扬州八怪;竹石
2. 位置;突岩深缝;脚下浮云
3. C

选文五

宣州谢朓楼饯别校书叔云①

弃我去者,昨日之日不可留;
乱我心者,今日之日多烦忧。
长风万里送秋雁,对此可以酣高楼。
蓬莱文章建安骨②,中间小谢又清发③。
俱怀逸兴壮思飞④,欲上青天揽明月。
抽刀断水水更流,举杯消愁愁更愁。
人生在世不称意⑤,明朝散发弄扁舟⑥。

【注释】

① 谢朓楼:又名北楼、谢公楼,谢朓任宣城太守时所建。校(jiào)书:官名,即校书郎,掌管朝廷的图书整理工作。叔云:诗人的叔叔李云。② 蓬莱:此指东汉时藏书之东观。建安骨:即建安风骨。③ 小谢:指谢朓,南朝齐诗人。后人将他和谢灵运并举,称为小谢、大谢。清发(fā):指清新焕发的诗风。④ 逸兴(xìng):飘逸豪放的兴致,多指山水游兴,超远的意兴。壮思:雄心壮志,豪壮的情思。⑤ 称(chèn)意:称心如意。⑥ 弄扁(piān)舟:乘小舟归隐江湖。

知识卡片

李白曾怀着远大的政治理想来到长安,后因被谗毁而离开朝廷,内心十分愤慨地重又开始了漫游生活。李白来到宣州,他的一位官为校书郎的族叔李云将要离去,为饯别行人而写成此诗。

阅读指津

诗中并不直言离别,而是重笔抒发自己怀才不遇的牢骚、愤懑。诗中抒发年华虚度、壮志难酬的苦闷,盛赞汉代文章、建安风骨及谢朓诗歌的豪情逸兴,最后流露出消极处世的情绪。全诗感情色彩浓烈,情绪如狂涛漫卷,笔势如天马行空。

拓展练习

1. 这首诗的作者是_____(朝代)的_____。
2. 这是一首送别诗。诗中写送别情景的诗句是:"_____,_____。"诗中揭示诗人"烦忧""愁"原因的语句是:"_____。"

3. 下列对这首诗的理解不恰当的一项是(　　)

　　A. 李白为他的一位官为校书郎的族叔李云饯别而作此诗,诗中不直言离别,而是重在抒发怀才不遇的愤懑。

　　B. "长风"句写景,以天高气爽、万里长风中雁群高飞的开阔之景,反衬出诗人在高楼买醉沉沦的郁闷之意。

　　C. "蓬莱"句自然地照应题目中的"谢朓楼"和"校书",是对饯别的主客双方之才学的高度赞誉。

　　D. 末两句说在当下无法实现理想,而将解除烦忧、获取自由的希望寄托在明天,表现出不甘沉沦的乐观精神。

答案

1. 唐朝;李白

2. 长风万里送秋雁,对此可以酣高楼;人生在世不称意

3. B(情感应是豪情逸兴)

（郭蕴青）

文言文

一　家国情怀

选文一

过江诸人①，每至美日，辄相邀新亭②，藉③卉④饮宴。周侯⑤中坐而叹曰："风景不殊，正自有山河之异。"皆相视流泪，唯王丞相⑥愀然⑦变色曰："当共戮力⑧王室，克复⑨神州⑩，何至作楚囚⑪相对！"

（选自《世说新语·言语》，中华书局2010年版）

【注释】

① 过江诸人：指从北方南渡的士大夫。② 新亭：故址在今南京南，三国时建。③ 藉：坐卧在上面。④ 卉：草。⑤ 周侯：即周顗，晋朝大臣，袭父爵武城侯，故称武侯。⑥ 王丞相：王导，晋朝大臣。⑦ 愀然：严肃的样子。⑧ 戮力：尽力，合力。⑨ 克复：收复失地。⑩ 神州：指中原。⑪ 楚囚：本指被俘的楚国人，后用以借指处境窘迫的人。

知识卡片

《世说新语》是南朝宋刘义庆组织编写的一部志人小说集，主要记载汉末至东晋士大夫的言谈、逸事。选文出自《言语》篇，是其中的第三十一篇。

西晋末，北方少数民族统治者乘西晋国力空虚，朝廷内乱，纷纷起兵攻击。为避战火，晋元帝率中原汉族臣民，渡江南下。

阅读指津

北方士人避乱南渡后，生活环境改变，但他们的生活方式一时间难以改变。他们习惯以宴饮、醉酒来排遣心中苦闷。一个风和日丽的日子，一些南渡士人相邀在新亭宴饮。周顗望景慨叹山河破碎，士大夫们都对视流泪。唯有王导严肃表达合力辅佐王室，恢复中原之愿。

选文以心理描写、肖像描写生动刻画人物形象，可关注周顗、众人、王导赏景时截然不同的表现，感受他们不同的品质特点。

拓展练习

1. 选文出自《世说新语》，编者是_____。
2. 请解释以下加点字的意思。

(1) 每至美日（　　　　）　　　　　　　　(2) 正自有山河之异（　　　　）

3. 王导"愀然变色"的原因是_____。

参考答案

1. 刘义庆

2. (1) 到；(2) 不同

3. 王导对周顗等人沉沦于丧失国土的悲伤之中的表现不满，认为应该振作起来，合力辅佐王室，恢复中原。

选文二

钱金玉官松江千总①，性刚果，尚廉节。道光壬寅②鸦片衅③起，钱方假归省亲④，闻讯，即束装起行。其亲友尼⑤之曰："军事方急，祸福不可知。君方在假，上官又未有文檄⑥趣⑦君往，何急急为⑧？"钱不听。既至吴淞，从守西炮台，与部卒同饮食卧起，以力战相勖⑨。及东炮台陷，弹丸咸集于西炮台。钱奋勇督战，喋血数小时，左臂中三弹，曾不少却。其近卒泣陈："公有老母在，不可死。"笑谢曰："焉有食国之禄而逃其难者乎？幸勿为吾母虑也！"未几，一弹来，中左乳，遂仆⑩。弥留之际，犹大呼"贼奴误国"不置。

(选自《清稗类钞》，中华书局 2017 年版)

【注释】

① 千总：清代武官名。② 道光壬寅：即 1842 年。③ 衅：祸端，此指战争。④ 省亲：回家乡看望父母。⑤ 尼：阻止。⑥ 文檄：古代用以征召、晓喻或声讨的文书。⑦ 趣：催促。⑧ 为：语气词。用于句尾表反问语气。⑨ 勖：勉励。⑩ 仆：向前扑倒。

知识卡片

《清稗类钞》是徐珂采录数百种清人笔记、文集、报章等材料编辑而成的。陈化成领导的 1842 年 6 月吴淞抗战是第一次鸦片战争中，长江下游抗英斗争中规模最大的战役。钱金玉在此次战役中壮烈牺牲。

阅读指津

鸦片战争爆发后，正在省亲的钱金玉，不顾亲友的劝阻立刻赶往前线。为了守住西炮台，钱金玉奋勇督战，虽负重伤，仍不退分毫。有人劝其上有老母保命要紧，钱金玉断然拒绝，最终为国捐躯。

选文立体地塑造了一个民族英雄的形象，当个人安危、虑母之孝与民族存亡产生冲突的时候，一个英雄做出了他无悔的壮烈选择。

拓展练习

1. 请解释以下加点字的意思。

(1) 军事方急（　　　　）　　　　　　　　(2) 弹丸咸集西炮台（　　　　）

2. 将下面的句子翻译成现代汉语。

焉有食国禄而逃其难者乎？

3. 对文意的理解，最恰当的一项是（　　）

33

A. 亲友劝阻钱金玉返前线因其未有文檄。　　B. 钱金玉近卒泣劝的原因是认为其不孝。
C. 钱金玉与部卒同饮食足见其"廉"。　　D. 钱金玉重伤不退终殉国见其舍生取义。

参考答案

1. (1) 正；(2) 都
2. 哪里有享受国家俸禄却在国难当头时逃避的道理呢？
3. D

选文三

初，援军还，将至，故人多迎劳①之。平陵人孟冀，名有计谋，于坐②贺援。援谓之曰："吾望子有善言，反同众人邪？昔伏波将军路博德③，开置七郡，裁封数百户；今我微劳，猥④飨⑤大县，功薄赏厚，何以能长久乎？先生奚⑥用相济⑦？"冀曰："愚不及。"援曰："方今匈奴、乌桓尚扰北边，欲自请击之。男儿要当死于边野，以马革⑧裹尸还葬耳，何能卧床上在儿女子手中邪？"冀曰："谅⑨为烈士，当如此矣。"

(选自《后汉书·马援列传》，中华书局 2009 年版)

【注释】

① 劳：慰劳。② 坐：同"座"，座位。③ 伏波将军路博德：西汉汉武帝时期将领。④ 猥：谦辞，鄙贱的意思。⑤ 飨：享受，享有。⑥ 奚：什么。⑦ 济：帮助。⑧ 马革：马皮。⑨ 谅：确实。

知识卡片

《后汉书》为南朝宋时期范晔编撰的纪传体史书，包括了东汉的汉光武帝建武元年(25)，到汉献帝建安二十五年(220)的史事。

公元 44 年秋，马援平定交趾，率军返回洛阳。月余，又领兵驻守襄国，继续为国征战。

阅读指津

凯旋而归后，面对赫赫战功，马援在自谦的同时直接表达了自己继续为国征战，不惧为国捐躯的豪情壮志。

本文通过语言描写，塑造出一个渴望杀敌建功，以身许国的爱国将领形象。关注语言描写，有助于人物形象的分析。

拓展练习

1. 选文出自《后汉书》，编者范晔和《世说新语》的编者刘义庆同为_____时期人。
2. 请解释以下加点字的意思。
　(1) 于坐贺援(　　　　)　　　　(2) 欲自请击之(　　　　)
3. 从"_____"句，可见马援视死如归的报国豪情，我们可用文中"_____"一词来赞叹。

参考答案

1. 南朝宋

2. (1) 在；(2) 想要

3. 男儿要当死于边野，以马革裹尸还葬耳；烈士

选文四

真卿①仕历元、肃、代、德四朝，虽至影迫桑榆②，不少懈其报国之心。故尝以正色公言，见③恶于元载、杨炎、卢杞诸奸，诬劾贬斥④，至于七、八。义不顾身，所志必达，而终为杞陷。李希烈反，诏遣宜慰⑤，公卿失色，拜命即行。在希烈所，斥朱滔等使之诱，以宰相责李元平之不能致命⑥。掘坎⑦欲坑，积薪⑧欲焚，多端迫胁而毫无怵⑨于心。凡阅二十月，卒缢杀之于蔡州。……

夫如真卿者，所谓从容就义，难也。

(选自《史林测义》，上海古籍出版社1996年版，有删改)

【注释】

① 真卿：颜真卿，唐代名臣，书法家。② 影迫桑榆：指晚年。③ 见：表被动，译为"被"。④ 诬劾贬斥：捏造罪名弹劾，遭到贬谪。⑤ 诏遣宜慰：下诏派遣适宜的人去劝慰李希烈。⑥ 致命：完成使命。⑦ 坎：坑。⑧ 薪：木柴。⑨ 怵：恐惧，害怕。

知识卡片

《史林测义》为清代计大受撰。以论人物为主，上起五帝，下至元代，所议总五百余则。

公元783年，淮西节度使李希烈叛乱，攻陷汝州。卢杞建议派颜真卿前往李希烈军中，传达朝廷旨意，唐德宗李适同意，颜真卿受命起行。

阅读指津

四朝老臣颜真卿，因性格刚正得罪奸臣。公元783年，淮西节度使李希烈叛乱。宰相卢杞建议派颜真卿前往劝降，李希烈生性残暴不可能被轻易劝降，故此实则为卢杞借刀杀人之奸计。颜真卿来到李希烈部后，痛骂朱滔、李元平等。面对活埋火烧的威胁毫不恐惧，铁骨铮铮。终因宁死不降而被勒死，享年76岁。

在阅读中，我们可以关注一些议论性语句。从这些语句中，我们既可以读出主人公的品质特点，也可以看出编者对其的态度。

阅读本文时，我们可以关注"不少懈其报国之心""义不顾身，所志必达""夫如真卿者，所谓从容就义，难也"这样的句子。

拓展练习

1. 请解释以下加点字的意思。

(1) 故尝以正色公言（　　　　）　　　　(2) 卒缢杀之于蔡州（　　　　）

2. 将下面的句子翻译成现代汉语。

虽至影迫桑榆，不少懈其报国之心。

3. 对文意的理解，最恰当的一项是（　　）

A. 颜真卿出使后，因其被囚，而痛斥李希烈诸人。

B. 作者认为颜真卿的"从容就义"对他是一种灾难。
C. "公卿失色"的原因是认为颜真卿没有能力劝降李希烈。
D. 颜真卿明知凶多吉少仍领命劝降体现了他"义不顾身,所志必达"。

参考答案

1. (1) 因为；(2) 最终
2. 即使到了晚年,颜真卿也没有稍稍松懈他的报国的心志。
3. D

选文五

姚长子者,山阴王氏佣①也。嘉靖间,倭寇②绍兴,由诸暨掩③至鉴湖铺。长子方踞④稻床打稻,见倭至,持稻叉与斗。被擒,以藤贯其肩,嘱长子曰:"引至舟山放侬"。长子误以为吴氏之州山也。道柯山,逾柯岭,至化人坛。自计曰:"化人坛四面皆水,断前后两桥,则死地矣,盍诱倭入?"乃私语乡人曰:"吾诱贼入化人坛矣,若辈亟往断前桥,俟倭过,即断后桥,则倭可擒矣。"及抵化人坛,前后桥断,倭不得去,乃寸脔⑤姚长子,筑土城自卫。困之数日,饥甚。我兵穴⑥舟室袽⑦以诱之。倭夜窃舟为走计,至中流,掣⑧所室舟沉,四合麿⑨之,百三十人尽歼焉。乡人义姚长子,裹其所磔⑩肉斋⑪,葬于钟堰之寿家岸。

无主后者⑫,纵为牛羊践踏之墟,邻农且日去一锸⑬,其不为田塍道路者几希⑭矣。余为立石清界,因作铭曰:

醢⑮一人,醢百三十人,功不足以齿;醢一人,活几千万人,功那得不思。仓卒之际,救死不暇,乃欲全桑梓之乡;旌义⑯之后,公道大著,乃不欲存盈尺之土。悲夫!

(选自《琅嬛文集》,岳麓书社1985年版)

【注释】
① 佣:被雇佣的人。② 寇:侵犯。③ 掩:趁其不备进攻,袭击。④ 踞:蹲。⑤ 脔:切成小块。⑥ 穴:在船上打洞。⑦ 室袽:用败絮塞住。⑧ 掣:拽。⑨ 麿:逼近。⑩ 磔:把肢体分裂。⑪ 斋:细末。⑫ 主后者:指后人。⑬ 去一锸:挖走一锹土。⑭ 几希:非常少。⑮ 醢:把人剁成酱。⑯ 旌义:表彰义举。

知识卡片

《琅嬛文集》由明末清初文学家、散文家、史学家张岱所著。

明嘉靖年间,倭寇横行,对当时的社会和民众造成了极其恶劣的影响。

阅读指津

姚长子打稻遇倭寇,被逼迫给其带路。路遇化人坛,姚长子于是心生一计,决定利用四面皆水的地理环境,困住敌人。敌人发现上当后,将姚长子残忍杀害。最终敌人被我军以破舟之计歼灭。乡人将姚长子遗骸带回下葬。但因姚长子没有后人,他的墓地没有得到保护。作者认为其"功那得不思",他以一人牺牲保全了乡人,他的义举应得表彰。

姚长子在被倭所俘、命在旦夕时,仍想着如何保全乡人,足见其大义。在阅读时,我们需要关注主人公做了什么,更要关注他是在什么情况下这么做的,这样有助于人物形象的分析。

拓展练习

1. 选文的作者是_____,我们曾学过他的散文名篇《湖心亭看雪》。

2. 请解释以下加点字的意思。

 (1) 乃私语乡人曰(　　　　) 　　　　(2) 因作铭曰(　　　　)

3. 对文意的理解,不恰当的一项是(　　)

 A. 本文是作者为抗倭英雄姚长子所作墓志铭。

 B. 本文记叙了姚长子带领乡人勇斗倭寇的事迹。

 C. 本文歌颂了姚长子牺牲自己保全乡里的大义。

 D. 作者希望后人保存好姚长子墓,铭记其大义。

参考答案

1. 张岱

2. (1) 告诉;(2) 于是

3. C

(陈思雨)

二　情操志趣

选文一

阮仲容①、步兵②居道南,诸阮居道北;北阮皆富,南阮贫。七月七日,北阮盛晒衣,皆纱罗锦绮;仲容以竿挂大布犊鼻裈③于中庭,人或怪之,答曰:"未能免俗,聊复尔耳!"

（选自《世说新语》,中华书局 2010 年版）

【注释】

① 阮仲容:阮咸,字仲容。② 步兵:指阮籍,曾任步兵校尉,故称。③ 大布犊鼻裈:一种粗布做的干杂活时穿的裤子,形状像牛鼻。

知识卡片

《世说新语》是南朝宋刘义庆组织编写的一部志人小说集,主要记载汉末至东晋士大夫的言谈、逸事。选文出自《任诞》篇,是其中的第十篇。

当时习俗,七月初七晒衣,后渐变成斗富之举。穷人家贫,通常无物可晒。

阅读指津

阮咸和阮籍贫穷,住在道南,而住在北边的阮氏富有。七月初七这天,北阮晒的都是绫罗绸缎,而阮咸用杆子在庭院中挂了一条形状像牛鼻的粗布裤子。有人对阮咸的表现感到奇怪。阮咸回答说:"我不能免除习俗,姑且再这样挂一次罢了。"

本文通过语言描写,表现出阮咸对竞奢斗富现象的鄙夷,也表现出他的淡泊旷达。关注语言描写,有助于人物形象的分析。

拓展练习

1. 选文出自《世说新语》是_____（作品类型）小说集,是_____朝刘义庆组织编写。
2. 请解释以下加点字的意思。
   (1) 皆纱罗锦绮（　　　　　）　　　　(2) 聊复尔耳（　　　　　）
3. 阮咸晒裤的原因是_____（用自己的话回答）,由此可见他对炫富之风_____的态度。

参考答案

1. 志人；南
2. (1) 都；(2) 罢了
3. 他认为自己虽不能改变七月七日晒衣炫富的不正之风，但可以以晒裈的实际行动来对抗；鄙视

选文二

林逋，字君复，杭州钱塘人。少孤，力学，不为章句。性恬淡好古①，弗趋荣利，家贫衣食不足，晏如②也。初放游江、淮间，久之归杭州，结庐西湖之孤山，二十年足不及城市。

逋善行书，喜为诗，其词澄浃峭特③，多奇句。既就稿，随辄弃之。或谓："何不录以示后世？"逋曰："吾方晦迹④林壑⑤，且不欲以诗名一时，况后世乎！"然好事者往往窃记之，今所传尚三百余篇。

(选自《宋史·林逋传》，中华书局 1977 年版)

【注释】

① 古：古朴。② 晏如：安定的样子。③ 澄浃峭特：清润峭拔独特。④ 晦迹：隐居匿迹。⑤ 壑：山谷。

知识卡片

《宋史》是二十四史之一，于元末至正三年(1343)由丞相脱脱和阿鲁图先后主持修撰，是二十四史中篇幅最庞大的一部官修史书。

林逋，北宋著名隐逸诗人，林逋善画，工行草，长为诗。隐居西湖孤山，终生不仕不娶，唯喜植梅养鹤，人称"梅妻鹤子"。

阅读指津

林逋善写诗，但写完即弃。有人劝他记录下来以传后世，林逋说他隐居山林，尚且不想在当世有诗名，何况后世！但由于好事者往往偷偷记下来，所以现在仍有三百多首诗传世。

"然好事者往往窃记之，今所传尚三百余篇"写的是当时的人对林逋及其诗的态度，从侧面表现出了林逋的淡泊名利、擅长写诗。

拓展练习

1. 请解释以下加点字的意思。

(1) 喜为诗（　　　　）　　　　　　　　　(2) 或谓（　　　　）

2. 对画线句意思的理解，正确的一项是（　　）

A. 林逋已经完成了诗稿，就随意把它丢弃在一边。

B. 林逋已经完成了诗稿，就随意嫌弃地丢在一边。

C. 林逋认为既然完成了诗稿，就随意嫌弃地放在一边就行了。

D. 林逋认为既然完成了诗稿，就随意把它丢弃在一边就行了。

3. 从文中看，林逋丢弃诗稿的原因是_____(用自己的话回答)，这体现了林逋_____的品质。

参考答案

1. (1) 写；(2) 有人
2. A
3. 不想自己的诗名流传；淡泊名利

选文三

十笏①茅斋，一方天井，修竹数竿，石笋数尺，其地无多，其费亦无多。而风中雨中有声，日中月中有影，诗中酒中有情，闲中闷中有伴，非唯我爱竹石，而竹石亦爱我也。

彼千金万金造园亭，或游宦②四方，终其身不能归享。而吾辈欲游名山大川，又一时不得即往，何如一室小景，有情有味，历久弥新乎？筹③此画构此境何难？敛之则退藏于密④，亦复放之可弥六合⑤也。

——郑燮题于《十笏茅斋竹石图》上

（选自《郑板桥集》，凤凰出版社 2012 年版）

【注释】

① 笏：量词，条、块。② 游宦：离开家乡去做官。③ 筹：谋划。④ 退藏于密：在隐秘处收藏。⑤ 六合：天地四方。

知识卡片

郑板桥，清代书画家、文学家，原名郑燮。官山东范县、潍县县令，勤政爱民，廉洁奉公。后客居扬州，以卖画为生，为"扬州八怪"之一。郑板桥画兰竹成就最高，工书法，自创六分半书，诗文风趣。其诗书画，世称"三绝"。

阅读指津

郑板桥认为茅斋虽小，却有修竹、石笋装点，有风、有雨、有日、有月、有诗、有酒，简洁而雅致。他又认为用千万金造园亭，却因离家做官，不得享受乐趣；追求名山大川的人无法一时实现，因此，都不如自己身处茅斋却能享受其中乐趣的好。

千万金修建的园亭、名山大川都不如自己的茅屋，这里用了托物言志的手法，表达茅屋主人郑板桥安贫乐道、淡泊名利的高尚情操。

拓展练习

1. 题《十笏茅斋竹石图》作者是_____代的_____（人名）。
2. 用现代汉语翻译下面的句子。

非唯我爱竹石，而竹石亦爱我也。

3. 本文运用托物言志的手法，借_____，表达自己_____的高尚情操。

参考答案

1. 清；郑燮

2. 不只是我爱竹石,竹石也爱我。
3. 茅斋;淡泊名利、安贫乐道

选文四

叔文败,坐①贬连州刺史。在道,贬朗州司马。地居②西南夷,士风僻陋,举目殊俗③,无可与言者。禹锡在朗州十年,唯以文章吟咏,陶冶情性。蛮俗好巫,每淫祠④鼓舞⑤,必歌俚辞⑥。禹锡或从事于其间,乃依骚人⑦之作,为新辞以教巫祝⑧。故武陵溪洞间夷歌,率⑨多禹锡之辞也。

(选自《旧唐书·刘禹锡传》,中华书局1975年版)

【注释】

① 坐:牵连治罪。② 居:处于。③ 殊俗:风俗不同。④ 淫祠:滥建的祠庙,不在祀典的祠庙。⑤ 鼓舞:纵情击鼓舞蹈。⑥ 俚辞:粗俗浅陋的言辞。⑦ 骚人:骚体诗人。⑧ 巫祝:向鬼神祈祷求福的人。⑨ 率:一般。

知识卡片

《旧唐书》成书于后晋开运二年(945),署名后晋刘昫等撰,实为后晋赵莹主持编修。被列为"二十四史"之一。

永贞革新是贞元末年士阶层中的有志之士以加强中央政权,革除政治弊端为目的的一次挽救唐王朝的政治改革,同时削弱藩镇势力,打击宦官专权。但由于遭到宦官和藩镇的联合反抗而以失败告终,历时只有一百四十六天。革新失败,王叔文被赐死。刘禹锡初被贬为连州(今广东省连州市)刺史,行至江陵途中,再被贬为朗州(今湖南常德)司马。

阅读指津

永贞革新失败后,刘禹锡被贬到朗州。此地为西南少数民族地区,风俗不同,刘禹锡只能用诗文陶冶性情。当地人喜欢祭祀时敲鼓跳舞,唱俚俗的歌词,刘禹锡于是仿照楚辞作家创作了新的歌词交给巫祝。因此,当地唱的歌一般多是刘禹锡写的。

永贞革新后,刘禹锡接连遭遇多次贬谪,这段经历对他产生了较大的影响。然他以文章吟咏,陶冶性情,表现出高雅的志趣。并且积极融入当地生活,写诗赠歌,展现出了他乐观豁达的胸襟。知人论世,是一种重要的走近人物的方法。

拓展练习

1. 请解释以下加点字的意思。
(1) 蛮俗好巫(　　　　)　　　　(2) 故武陵溪洞间夷歌(　　　　)
2. 将下面的句子翻译成现代汉语。
举目殊俗,无可与言者。
3. 对文意的理解,不恰当的一项是(　　　)
A. 刘禹锡通过吟咏文章,陶冶性情。
B. 刘禹锡创作的很多夷歌,在当地被广泛传唱。

C. 刘禹锡因风俗习惯不同,在朗州不与当地人交往。

D. 刘禹锡因参与王叔文的革新运动,失败后被贬谪。

参考答案

1. (1) 喜欢;(2) 所以

2. 刘禹锡满眼看到的都是不同的风俗,没有可以交流的人。

3. C

选文五

崇宁二年十一月,余谪处宜州半岁矣。官司谓余不当居关城中①,乃以是月甲戌②抱被入宿子城南,予所僦③舍"喧寂斋"。虽上雨傍风,无有盖障,市声喧愦④,人以为不堪其忧;余以为家本农耕,使不从进士,则田中庐舍如是,又可不堪其忧耶?既设卧榻,焚香而坐,与西邻屠牛之机⑤相直⑥。为资深⑦书此卷,实用三钱买鸡毛笔书。

——选自《黄庭坚全集》(中华书局 2021 年版)

【注释】

① 关城:关城离官衙很近。后面的"子城"位置相对偏远。② 甲戌:此指第十一天。③ 僦:租赁。④ 喧愦:嘈杂。⑤ 机:此指屠牛的案板。⑥ 直:对着。⑦ 资深:李定,字资深。

知识卡片

黄庭坚,字鲁直,号山谷道人、涪翁,北宋著名文学家、书法家,江西诗派开山之祖。

与张耒、晁补之、秦观都游学于苏轼门下,合称为"苏门四学士"。生前与苏轼齐名,世称"苏黄"。书法独树一格,为"宋四家"之一。

崇宁二年(1103),黄庭坚所写的《承天院塔记》被朝廷指"幸灾谤国",因此被贬到宜州。崇宁四年(1105)九月底黄庭坚卒于宜州南楼。

阅读指津

黄庭坚被贬谪到宜州,官司认为不当居住在相对较近的关城中,于是改租住在喧寂斋中。喧寂斋漏雨漏风,环境嘈杂,与屠牛之所相邻。但黄庭坚认为自己本就出身农家,如果不中进士,就是这样的环境,没有什么可忧虑的。在这样的环境中,他设塌焚香,用鸡毛笔写字赠友。

文中"人以为不堪其忧"句出自《论语》,孔子曾称赞其弟子颜回"一箪食,一瓢饮,在陋巷,人不堪其忧,回也不改其乐"。由此可见黄庭坚和颜回同样豁达开阔的心胸和安贫乐道的精神世界。

拓展练习

1. 请解释以下加点字的意思。

(1) 官司谓余不当居关城中(　　　　) (2) 人以为不堪其忧(　　　　)

2. 对画线句意思的理解,正确的一项是(　　)

A. 黄庭坚为了给李资深写书卷,用了三钱买的实用的鸡毛笔。

B. 黄庭坚给李资深写的书卷,实际上是用三钱买的鸡毛笔写的。

C. 黄庭坚为了给李资深写书卷,实际上用了三钱买的鸡毛笔。

D. 黄庭坚给李资深写的书卷,用了三钱买的实用的鸡毛笔。

3. 从文中看,黄庭坚不认为喧寂斋环境恶劣的原因是_____(用自己的话回答),这体现了黄庭坚_____的品质。

参考答案

1. (1) 认为;(2) 能忍受。

2. B

3. 他认为自己本就出身农家,如果不中进士,就是这样的环境;安贫乐道、豁达

(陈思雨)

三 中华美德

选文一

【甲】

郑玄①欲注《春秋传》,尚未成时,行与服子慎②遇,宿客舍,先未相识,服在外车上与人说己注《传》意。玄听之良久,多与己同。玄就车与语曰:"吾久欲注,尚未了。听君向言,多与吾同。今当尽以所注与君。"遂为服氏《注》。

【乙】

服虔既善《春秋》,将为注,欲参考同异;闻崔烈③集门生讲传,遂匿姓名,为烈门人赁作食④。每当至讲时,辄窃听户壁间。既知不能逾己,稍共诸生叙其短长。烈闻不测何人然素闻虔名意疑之。明蚤⑤往,及未寤,便呼:"子慎,子慎!"虔不觉惊应,遂相与友善。

(节选自《世说新语·文学》)

【注释】

① 郑玄:字康成,东汉经学的集大成者。② 服子慎:即服虔,字子慎,东汉经学家。③ 崔烈:字威考,东汉人,被誉为冀州"名士"。④ 赁作食:受雇给人做饭。⑤ 明蚤:第二天早晨。蚤,通"早"。

知识卡片

经学,又称两汉经学,是汉朝时期发展最为繁荣和昌盛的哲学体系,其核心是儒家思想。分为以研究《诗》《书》《礼》《易》《乐》《春秋》六经为代表的古文经学和以研究《公羊传》为代表的今文经学。两个派系相互争辩、互相渗透和整合,最后实现了经学的统一。

阅读指津

因服虔注《春秋传》而造就了两段"文人相重"的佳话。郑玄本已着手注释《左传》,无意中发现服虔的学术见解与自己多数相同,便无偿地把自己的劳动果实全部赠送给素昧平生的服虔。崔烈得知服虔偷听自己讲授《左传》并评论自己的短处和长处之后,不仅毫不介意,还主动拜访服虔并与之结为好友。

拓展练习

1. 请解释以下加点字的意思。

(1) 听君向言（　　　　）　　　　(2) 服虔既善《春秋》（　　　　）
(3) 闻崔烈集门生讲传（　　　　）　(4) 及未寤（　　　　）

2. 下列句子中，加点词的意思和用法不同的一项是（　　）
A. 郑玄欲注《春秋传》/欲参考同异　　B. 服虔既善《春秋》/既知不能逾己
C. 遂为服氏注/遂匿姓名　　　　　　D. 将为注/为烈门人赁作食

3. 用"/"为文中画波浪线的句子断句。（限3处）
烈 闻 不 测 何 人 然 素 闻 虔 名 意 疑 之

4. 将文中画直线的句子翻译成现代汉语。
玄就车与语曰："吾久欲注，尚未了。

5. 两段互学交友佳话中的郑玄、崔烈充分展现了魏晋名士的风度，但具体表现各不相同。甲文中的郑玄＿＿＿＿＿＿＿＿＿＿＿＿＿＿＿＿，可见他是一个＿＿＿＿＿＿＿的人；乙文中的崔烈不介意服虔偷听自己讲课并评论自己的短长，还＿＿＿＿＿＿＿＿＿＿＿＿，可见他是一个＿＿＿＿＿＿＿的人。

参考答案

1. (1) 刚才；(2) 善于，擅长；(3) 听说；(4) 趁着
2. D
3. 烈闻/不测何人/然素闻虔名/意疑之
4. 郑玄靠近车前和服子慎说："我早就想要注释《春秋》，还没有完成。
5. 无偿地把自己的研究成果全部赠送给服虔；大公无私/淡泊名利；主动拜访服虔并与之结为好友；心胸宽广

选文二

许由不仕
皇甫谧

尧让天下于许由，许由不受而逃去。尧又召为九州长，由不欲闻之，洗耳于颍水滨。时其友巢父牵犊欲饮之，见由洗耳，问其故。对曰："尧欲召我为九州长恶闻其声是故洗耳。"巢父曰："子若处高岸深谷，人道不通，谁能见子。子故浮游，欲闻求其名誉，污吾犊口。"牵犊上流饮之。由于是遁耕于中岳颍水之阳，箕山之下，终身无经天下色。

许由没，葬箕山之巅，亦名许由山，在阳城之南十余里。尧因就其墓，号曰箕山公神，以配食五岳，世世奉祀，至今不绝也。

（选自《高士传·许由》）

知识卡片

成语"巢由洗耳"常用来称颂隐逸之士志行高洁，不近尘俗。后世之人或谓巢父即许由，或把许由和巢父并称为巢由，代指隐居不仕的人；"洗耳"比喻不愿过问世事。"巢由洗耳"这一典故激励了许多后来者，或效仿巢由隐居不仕；或勉励自己保持高尚的节操；或以之体现的廉洁自持之意帮助君主治国。

45

阅读指津

本文展示了两位高蹈之士的不俗表现。许由结志养性,优游山林,听到尧让位给自己而感到耳朵受到了污染,于是临水洗耳;巢父却认为许由不过是沽名钓誉,以许由洗耳的水为秽浊,牵着牛犊去上游喝水。全文通过描写许由洗耳、巢父饮犊,向读者传达出中华优秀传统文化中坚持自我、超越世俗的隐逸情结。

拓展练习

1. 请解释以下加点字的意思。
(1) 问其故( ) (2) 颍水之阳( )
(3) 亦名许由山( ) (4) 至今不绝也( )

2. 下列句子中,加点"以"的用法与例句相同的一项是( )
例句:以配食五岳
A. 不以物喜《岳阳楼记》 B. 蒙辞以军中多务《孙权劝学》
C. 可以一战《核舟记》   D. 去以六月息者也《北冥有鱼》

3. 用"/"为文中画波浪线的句子断句。(限2处)
尧 欲 召 我 为 九 州 长 恶 闻 其 声 是 故 洗 耳

4. 将文中画直线的句子翻译成现代汉语。
子故浮游,欲闻求其名誉,污吾犊口。

5. 文中运用大量笔墨描写许由之友巢父言行的用意是什么?

参考答案

1. (1) 原因,缘故;(2) 水的北面;(3) 取名,命名;(4) 断
2. B
3. 尧欲召我为九州长/恶闻其声/是故洗耳
4. 你特意在世俗中游荡,想要听这样的话语追求名誉,简直是污染了我的牛的口。
5. 朋友之间是会相互影响,通过写巢父饮犊上流影响了许由隐居山林,进一步侧面烘托了许由淡泊名利的高士品质。

选文三

刘平期贼

范 晔

刘平字公子,楚郡彭城人也。王莽时为郡吏,政教①大行。其后每属县有剧贼,辄令平守之,所至皆理,由是一郡称其能。

更始时天下乱平弟仲为贼所杀其后贼复忽然而至,平扶侍其母,奔走逃难。仲遗腹女始一岁,平抱仲女而弃其子。母欲还取之,平不听,曰:"力不能两活,仲不可以绝类。"遂去不顾,与母俱匿野泽中。平朝出求食,逢饿贼,将亨②之。平叩头曰:"今旦为老母求菜,老母待旷为命,愿得先归,食母毕,还就死。"因

涕泣,贼见其至诚,哀而遣之。平还,既食母讫,因白曰:"属③与贼期,义不可欺。"遂还诣贼。众皆大惊,相谓曰:"常闻烈士④,乃今见之,子去矣,吾不忍食子。"于是得全。

(节选自《后汉书·刘平传》)

【注释】

① 政教:政令规章等。② 亨:通"烹",煮。③ 属:刚才。④ 烈士:忠勇正直、坚忍不屈的人。

知识卡片

《后汉书》是南朝宋范晔编撰的一部纪传体断代史,属"二十四史"之一,与《史记》《汉书》《三国志》合称"前四史"。《后汉书》有十纪、八十列传和八志,记载上起东汉汉光武帝建武元年(25),下至汉献帝建安二十五年(220),共195年的史事。《后汉书》大部分沿袭《史记》《汉书》的现成体例,但在成书过程中,范晔根据东汉时期一代历史的具体特点,又有所创新,有所变动。

阅读指津

本文主人公是封建时代典型的儒家知识分子的代表人物,从能、德、信等不同角度集中体现了刘平身上所具备的中华民族传统美德,尤其突出了他居难而操守不改,处变而笃行节义的儒家精神。

拓展练习

1. 请解释以下加点字的意思。

(1) 遂去不顾(   )　　(2) 平朝出求食(   )

(3) 食母毕(   )　　(4) 属与贼期(   )

2. 下列各组句子中,加点字的意思和用法全都相同的一项是(   )

　A. 由是一郡称其能　　先帝称之曰能(《出师表》)

　B. 时为郡吏　　天子为动(《周亚夫军细柳》)

　C. 乃今见之　　乃重修岳阳楼(《岳阳楼记》)

　D. 于是得全　　全石以为底(《小石潭记》)

3. 用"/"为文中画波浪线的句子断句。(限3处)

更 始 时 天 下 乱 平 弟 仲 为 贼 所 杀 其 后 贼 复 忽 然 而 至

4. 将文中画直线的句子翻译成现代汉语。

力不能两活,仲不可以绝类。

5. 下列句子能直接表明刘平"重诚信"的是(   )

A. 其后每属县有剧贼,辄令平守之……由是一郡称其能。

B. 平扶侍其母,奔走逃难……平抱仲女而弃其子。

C. 属与贼期,义不可欺,遂还诣贼。

D. 贼见其至诚,哀而遣之众皆大惊。

参考答案

1. (1) 回头看;(2) 寻找;(3) 同"饲",喂;(4) 约定

2. A

3. 更始时/天下乱/平弟仲为贼所杀/其后贼复忽然而至

4. 我们现有的力量不能同时使两个孩子活下来,刘仲不能因为这样而没有后代。

5. C

选文四

髯樵轶事

顾 彩

明季①吴县洞庭山乡,有樵子者,貌髯而伟,姓名不著,绝有力。每暮夜樵采,独行山中,不避蛇虎。所得薪,人负百斤而止,髯独负二百四十斤,然鬻于人,止取百斤价。人或讶问之,髯曰:"薪取之山,人各自食其力耳。彼非不欲多负,力不赡也。吾力倍蓰②而食不兼人,故贱其值。且值贱,则吾薪易售,不庸有利乎?"由是人颇异之,加刮目焉。

髯目不知书然好听人谈古今事常激于义出言辨是非,儒者无以难。尝荷薪至演剧所,观《精忠传》。所谓秦桧者出,髯怒,飞跃上台,摔桧殴,流血几毙。众咸惊救。髯曰:"若为丞相,奸似此,不殴杀何待?"众曰:"此戏也,非真桧。"髯曰:"吾亦知戏,故殴,若真,膏吾斧矣!"其性刚疾恶类如此。

(节选自《虞初新志·髯樵传》)

【注释】

① 明季:明朝末年。 ② 蓰:五倍。

知识卡片

《虞初新志》是清初张潮编辑的一部文言短篇小说集。"虞初"原是西汉武帝时人,曾据《周书》改写小说性质的《周说》900多篇,后被当作"小说"的代称。明代有人辑集南北朝至唐代的传奇小说31篇,取名《虞初志》,张潮认为《虞初志》所收作品的范围过窄,便广收当时80多家200多篇作品,辑成《虞初新志》。

阅读指津

选文塑造了一个个性鲜明的俗世奇人。以砍柴为生的髯樵,尽管目不识丁,但在他的身上依然闪烁着诸多中华民族的传统美德。文章通过记叙髯樵低价出售自己的柴草和怒殴出演秦桧的演员两件小事,从不同侧面凸显了他崇尚忠义的可贵品质。

拓展练习

1. 请解释以下加点字的意思。

(1) 止取百斤价(　　　) （2) 尝荷薪至演剧所(　　　)

(3) 众咸惊救(　　　) （4) 其性刚疾恶类如此(　　　)

2. 下列各组句子中,加点词的意思和用法全都相同的一项是(　　　)

A. 绝有力　　　　佛印绝类弥勒(《核舟记》)

B. 然鬻于人　　　屋舍俨然(《桃花源记》)

48

C. 由是人颇异之　　　或异二者之为(《岳阳楼记》)
D. 若为丞相　　　　　若无兴德之言(《出师表》)

3. 用"/"为文中画波浪线的句子断句。(限3处)

髯目不知书然好听人谈古今事常激于义出言辩是非

4. 将文中画直线的句子翻译成现代汉语。

且值贱,则吾薪易售,不庸有利乎?

5. 选文第一段"由是人颇异之,加刮目焉"运用_____的手法,突出了髯樵_____的可贵精神;结合第二段中髯樵的两处语言描写,可以看出他是一个_____的人。

1. (1) 只;(2) 背;(3) 都;(4) 像
2. D
3. 髯目不知书/然好听人谈古今事/常激于义/出言辩是非
4. 况且价钱压低了,那么我的柴容易卖,这难道不是有好处吗?
5. 侧面描写;重义轻财/不计小利;嫉恶如仇/智勇双全

省俭之法

沈　复

贫士起居服食以及器皿房舍,宜省俭而雅洁。省俭之法,曰"就事论事"。余爱小饮,不喜多菜。芸①为置一梅花盒:用二寸白磁深碟六只,<u>中置一只外置五只用灰漆就其形如梅花</u>。底盖均起四楞,盖之上有柄如花蒂。置之案头,如一朵墨梅覆桌;启盖视之,如菜装于瓣中。一盒六色,二三知己可以随意取食,食完再添。另做矮边圆盘一只,以便放杯箸酒壶之类,随处可摆,移掇亦便。即食物省俭之一端②也。余之小帽领袜皆芸自做,<u>衣之破者,移东补西,必整必洁</u>;色取暗淡,以免垢迹,既可出客,又可家常。此又服饰省俭之一端也。

(节选自《浮生六记》)

【注释】

① 芸:作者沈复的妻子陈芸。② 端:方面。

《浮生六记》是清朝沈复的自传体散文集。作品以作者夫妇的生活为主线,记录了二人简单平凡而饶有情趣的居家生活以及漫游经历。语言清新真率,平易简洁,情节伉俪情深,至死不复;始于欢乐甜蜜,终于悲切动人,富有极强的艺术感染力。

本文记叙了作者沈复生活贫苦省俭却不乏雅致高洁,内心丰盈美好、富有奇思妙想的妻子陈芸通过

自己的巧思和巧手为他精心准备了梅花状的盒子用来盛放食物,将并不宽裕的生活过出了闲散风雅的趣味。

拓展练习

1. 请解释以下加点字的意思。
(1) 置之案头(　　　　)　　　　　　(2) 启盏视之(　　　　)
(3) 食完再添(　　　　)　　　　　　(4) 皆芸自做(　　　　)

2. 下列各组句子中,加点字的意思和用法全都相同的一项是(　　　)
   A. 宜省俭而雅洁　　　　宜乎众矣(《爱莲说》)
   B. 芸为置一梅花盒　　　唐人尚未盛为之(《活板》)
   C. 盖之上有柄如花蒂　　盖以诱敌(《狼》)
   D. 既可出客　　　　　　既克,公问其故(《曹刿论战》)

3. 用"/"为文中画波浪线的句子断句。(限3处)
   中 置 一 只 外 置 五 只 用 灰 漆 就 其 形 如 梅 花

4. 将文中画直线的句子翻译成现代汉语。
   衣之破者,移东补西,必整必洁。

5. 根据选文中的人物陈芸为其丈夫精心准备的梅花盒来看,他们生活的"省俭"体现在_____,"雅洁"体现在_____。由此观之,陈芸是一个_____的人。

参考答案

1. (1) 放;(2) 打开;(3) 吃;(4) 亲自

2. A

3. 中置一只/外置五只/用灰漆就/其形如梅花

4. 破了的衣服,她总是移东面织补西面,一定让我的穿着保持整齐干净。

5. 盒中所装的小菜不多;盒子的造型设计精美;勤俭持家、贤惠聪明、情趣高雅

(刘　蕙)

四　山水游记

选文一

夷　陵

郦道元

江水出峡,东南流,迳故城洲。江南岸有山孤秀,从江中仰望,壁立峻绝。袁山松①为郡,尝登之嘱望焉。故其记云:"今自山南上至其岭,岭容十许人,四面望,诸山略尽其势,俯临大江如萦带焉,视舟如凫雁矣!"县北三十里,有石穴,名曰马穿。尝有白马出穴食人逐之入穴潜行出汉中。汉中人失马,亦尝出此穴,相去数千里。袁山松言江北多连山,登之望江南诸山,数十百重,莫识其名,高者千仞,多奇形异势,自非烟褰②雨霁,不辨见此远山矣。余尝往返十许过,正可再见远峰耳。江水又东迳白鹿岩。沿江有峻壁百余丈,猿所不能游。有一白鹿,陵峭登崖,乘岩而上,故世名此岩为白鹿岩。江水又东历荆门、虎牙之间。荆门在南,上合下开,暗彻山南,有门像,虎牙在北,石壁色红,间有白文③类牙形,并以物像受名。此二山,楚之西塞也。

(节选自《水经注》)

【注释】

① 袁山松:东晋吴郡太守、辞赋家。② 褰:开,散开。③ 文:花纹。

知识卡片

《水经注》是北魏郦道元撰写的一部古代最全面系统的综合性地理著作。看似为《水经》之注,实则以《水经》为纲,详细记载了一千多条大小河流及有关的历史遗迹、人物掌故、神话传说等。其资料丰富,文笔隽永,在历史学、金石学、语言学和文学等方面也具有很高的价值。

阅读指津

本文是一篇著名的山水之作。作者以凝练生动的笔墨,选取仰视、平视和俯视三种不同角度,描写出了夷陵的山绵延千里、奇形异势、陡峭险峻,更引用两则民间传说来交代山的得名缘由,为夷陵更添一份神秘感。

拓展练习

1. 请解释以下加点字的意思。
   (1) 相去数千里（　　　　）　　（2) 自非烟寒雨霁（　　　　）
   (3) 故世名此岩为白鹿岩（　　　　）　　(4) 并以物像受名（　　　　）

2. 下列句子中，加点"而"的用法与例句相同的一项是（　　）

   例句：乘岩而上

   A. 面山而居《愚公移山》　　　　B. 泉香而酒洌《醉翁亭记》

   C. 结友而别《孙权劝学》　　　　D. 舟中人两三粒而已《湖心亭看雪》

3. 用"/"为文中画波浪线的句子断句。（限2处）

   尝有白马出穴食人逐之入穴潜行出汉中

4. 将文中画直线的句子翻译成现代汉语。

   余尝往返十许过，正可再见远峰耳。

5. 选文介绍马穿和白鹿岩的得名缘由，有何作用？

参考答案

1. (1) 距离；(2) 如果；(3) 取名，命名；(4) 一并，一起

2. A

3. 尝有白马出穴食/人逐之入穴/潜行出汉中

4. 我曾经往返过夷陵十来次，正好能够多次看清这些远处的山峰罢了。

5. 马穿和白鹿岩的名称都来自民间故事，既凸显了夷陵的山连绵不断、陡峭险峻的特点，也为夷陵增添了一抹神秘的色彩。

选文二

游沙湖

苏　轼

黄州东南三十里为沙湖，亦曰螺师店。予买田其间，因往相田，得疾。闻麻桥人庞安常①善医而聋，遂往求疗。安常虽聋，而颖悟绝人，以纸画字，书不数字，辄深了人意。余戏之曰："余以手为口，君以眼为耳，皆一时异人也。"

疾愈，与之同游清泉寺。寺在蕲水郭门外二里许，有王逸少②洗笔泉，水极甘，下临兰溪，溪水西流。余作歌云："山下兰芽短浸溪，松间沙路净无泥，萧萧暮雨子规啼。谁道人生无再少？门前流水尚能西！休将白发唱黄鸡。"是日剧饮而归。

【注释】

① 庞安常：名安时，字安常，宋代蕲水人。世代从医，颇有名气。② 王逸少：东晋书法家王羲之，字逸少。

知识卡片

宋神宗元丰二年(1079),御史何正臣等上表弹劾苏轼,奏苏轼移知湖州到任后谢恩的上表中,用语暗藏讥刺朝政,随后又牵连出大量苏轼诗文为证。案件先由监察御史告发,后在御史台受审下狱。苏轼于当年十二月出狱,责受黄州团练副使,空挂虚名。因御史台中柏树众多,终年栖息数千乌鸦,所以又被称为"乌台"。苏东坡诗案于此审理,故称"乌台诗案"。

阅读指津

本文是作者因乌台诗案被贬谪到湖北黄州后的出行记游之作,又名《游兰溪》。文章开头以简约的笔法交代了沙湖的位置和作者出行的缘由,继而叙写结识名医庞安常,病愈后同游清泉寺,最后借一首《浣溪沙》抒发人生豪情。全文以文写人,以词记游,充分展现了作者虽遭朝廷放逐,但仍积极进取、乐观向上的旷达襟怀。

拓展练习

1. 请解释以下加点字的意思。

   (1) 书不数字(　　　　)　　　(2) 辄深了人意(　　　　)

   (3) 二里许(　　　　)　　　　(4) 下临兰溪(　　　　)

2. 下列各组句子中,加点字的意思和用法全都相同的一项是(　　)

   A. 予买田其间　　　　安陵君其许寡人《唐雎不辱使命》
   B. 以纸画字　　　　　所宝以百数《书戴嵩画牛》
   C. 余戏之曰　　　　　大兄何见事之晚乎《孙权劝学》
   D. 剧饮而归　　　　　方鼓琴而志在太山《伯牙鼓琴》

3. 用"/"为文中画波浪线的句子断句。(限2处)

   余以手为口君以眼为耳皆一时异人也

4. 将文中画直线的句子翻译成现代汉语。

   闻麻桥人庞安常善医而聋,遂往求疗。

5. 作者在文中戏称自己与庞安常同为"闲人",流露出_____的感慨;文末"作歌"一首,又体现了作者_____的人生态度。

参考答案

1. (1) 写;(2) 就;(3) 左右;(4) 临近
2. B
3. 余以手为口/君以眼为耳/皆一时异人也
4. 听说麻桥人庞安常善于医病,但是耳朵聋,于是我去他那里看病。
5. 知音难觅;积极旷达

选文三

炉峰月

张岱[①]

丁卯四月,余读书天瓦庵,午后同二三友人登绝顶,看落照。一友曰:"少需之,俟月出去。胜期难再得,纵遇虎,亦命也。且虎亦有道,夜则下山觅豚犬食耳,渠[②]上山亦看月耶?"语亦有理。四人踞坐金简石上。是日月正望日没月出山中草木都发光怪悄然生恐。月白路明,相与策杖而下。行未数武[③],半山噭[④]呼,乃余苍头[⑤]同山僧七八人,持火燎、勒刀、木棍,疑余辈遇虎失路,缘山叫喊耳。余接声应,奔而上,扶掖下之。

次日,山背有人言:"昨晚更定,有火燎数十把,大盗百余人,过张公岭,不知出何地?"吾辈匿笑不之语。谢灵运开山临澥[⑥],从者数百人,太守王琇惊骇,谓是山贼,及知为灵运,乃安。吾辈是夜不以山贼缚献太守,亦幸矣。

(节选自《陶庵梦忆》)

【注释】

① 张岱:一名维城,字宗子,又字石公,号陶庵、陶庵老人,晚年号六休居士,明清之际史学家、文学家。史学上,张岱与谈迁、万斯同、查继佐并称"浙东四大史家";文学创作上,张岱以小品文见长,以"小品圣手"名世。② 渠:它。此处指虎。③ 武:半步。④ 噭:叫喊。⑤ 苍头:奴仆。⑥ 澥:大海。

知识卡片

《陶庵梦忆》是明末清初散文家张岱在国破家亡后披发入山所著的代表作,收文123篇,堪称晚明小品文的集大成者。作者以回忆录的形式追述往昔繁华,所记大多是作者早年亲身经历过的生活琐事,涉及名士风流、城市胜概、山水游历、风俗人情、文学艺术等方方面面,表现了作者对新兴市民文化的欢迎赏悦和故国家园的深深追怀。

阅读指津

本文记叙了作者与友人登上香炉峰绝顶看月的奇险经历。即使香炉峰山势高绝,且有遇虎的危险,作者一行也毫不畏惧,执着于追求美景。文章短小精悍而波澜横生,结尾借助山背之人的议论,类比谢灵运被误作山贼的旧事,更添几分意趣。

拓展练习

1. 请解释以下加点字的意思。
   (1) 俟月出去(   )   (2) 胜期难再得(   )
   (3) 缘山叫喊耳(   )   (4) 吾辈匿笑不之语(   )

2. 下列各组句子中,加点词的意思和用法全都相同的一项是(   )
   A. 且虎亦有道   年且九十《愚公移山》
   B. 夜则下山觅豚犬食耳   此则岳阳楼之大观也《生于忧患,死于安乐》
   C. 余接声应,奔而上   得之心而寓之酒也《醉翁亭记》

D. 及知为灵运,乃安 乃悟前狼假寐,盖以诱敌《狼》

3. 用"/"为文中画波浪线的句子断句。(限4处)

是日月正望日没月出山中草木都发光怪悄然生恐

4. 将文中画直线的句子翻译成现代汉语。

月白路明,相与策杖而下。

5. 作者游历香炉峰的心境是_____,一是因为_____,二是因为_____。

1. (1) 等待;(2) 美好;(3) 沿着,顺着;(4) 偷偷地
2. D
3. 是日/月正望/日没月出/山中草木都发光怪/悄然生恐
4. 月色很亮(映得)道路很清楚,我们一起拄着拐杖下山。
5. 紧张又刺激;山上有虎;山势险峻/下山艰难

游三游洞记

刘大櫆[①]

出夷陵州治,西北陆行二十里,濒大江之左,所谓下牢[②]之关也。路狭不可行,舍舆登舟。舟行里许,闻水声汤汤,出于两崖之间。复舍舟登陆,循仄径曲折以上。穷山之巅,则又自上縋[③]危滑以下。其下地渐平,有大石覆压当道,乃伛俯径石腹以出。出则豁然平旷,而石洞穹起,高六十馀尺,广可十二丈。二石柱屹立其口,分为三门,如三楹之室焉。

中室如堂,右室如厨,左室如别馆。其中一石,乳[④]而下垂,扣之,其声如钟。而左室外小石突立正方,扣之如磬。其地石杂以土,撞之则逄逄然鼓音。背有石如床,可坐。予与二三子浩歌其间其声轰然如钟磬助之响者。下视深溪,水声泠然出地底。溪之外翠壁千寻,其下有径,薪采者负薪行歌,缕缕不绝焉。山川之胜,使其生于通都大邑[⑤],则好游者踵相接也;置之于荒遐僻陋之区,美好不外见,而人亦无以亲炙[⑥]其光。呜呼! 此岂一人之不幸也哉!

(节选自《海峰文集》)

【注释】

① 刘大櫆:字才甫,一字耕南,号海峰,清代"桐城派"代表作家。② 下牢:关名,陵郡治所在地。③ 縋:用绳子拴住人或物从上往下送。④ 乳:钙化,形成钟乳石。⑤ 通都大邑:四通八达的都会州郡。⑥ 炙:领略。

桐城派是我国清代文坛上最大的散文流派,亦称"桐城古文派",世通称"桐城派"。戴名世、方苞、刘大櫆、姚鼐被尊为桐城派"四祖"。文派以这四人共同的祖籍江南安庆府桐城而得名。基本理论是由方苞开始建立的。他继承归有光的"唐宋派"古文传统,提出"义法"主张。刘大櫆进一步探求了散文的艺术性,提出了"因声求气"说。姚鼐是桐城派的集大成者,他的古文主张提倡"义理、考据、辞章,三者不可偏废"。

阅读指津

本文记叙了作者游览三游洞的经过和原因,描写了三游洞清静幽美的自然景色,抒发了对地处僻远的三游洞"美好不外见"的无限感慨,含蓄地寄寓了作者对自己和一切怀才不遇者的深切叹惋。

拓展练习

1. 请解释以下加点字的意思。
(1) 闻水声汤汤(   )　　　　(2) 循仄径曲折以上(   )
(3) 缕缕不绝焉(   )　　　　(4) 美好不外见(   )

2. 下列各组句子中,加点字的意思和用法全都相同的一项是(　　)
　A. 出于两崖之间　　　　相与步于中庭(《记承天寺夜游》)
　B. 乃伛俯径石腹以出　　乃不知有汉(《桃花源记》)
　C. 出则豁然平旷　　　　满目萧然(《岳阳楼记》)
　D. 而左室外小石突立正方　隶而从者(《小石潭记》)

3. 用"/"为文中画波浪线的句子断句。(限2处)
予与二三子浩歌其间其声轰然如钟磬助之响者

4. 将文中画直线的句子翻译成现代汉语。
山川之胜,使其生于通都大邑,则好游者踵相接也。

5. 作者在文章开头不厌其详地叙述游三游洞前的旅途,有何作用?

参考答案

1. (1) 听到;(2) 顺着,沿着;(3) 断;(4) 同"现",显现
2. C
3. 予与二三子浩歌其间/其声轰然/如钟磬助之响者
4. 山川的美景,如果是在四通八达的都会州郡,那么喜好游玩的人就会争先恐后地去游玩。
5. 通过描写旅途的艰辛衬托出作者不畏艰难寻幽访胜的浓厚兴致,表现了三游洞位置的"荒遐僻陋",为文末的议论埋下了伏笔。

选文五

记超山梅花

林 纾

夏容伯同声①,嗜古士也,隐于栖溪。余与陈吉士、高啸桐买舟访之。约寻梅于超山。

由溪上易小舟,循浅濑②至超山之北。沿岸已见梅花。里许,遵陆至香海楼,观宋梅。梅身半枯,侧立水次;古干诘屈,苔蟠其身,齿齿作鳞甲。年久,苔色幻为铜青。旁列十余树,容伯言皆明产也。景物凄

黯无可纪,余索然将返。容伯导余过唐玉潜祠下,花乃大盛:纵横交纠,玉雪一色;步武③高下,沿梅得径。几四里始出梅窝,阴松列队,下闻溪声,余来船已停濑上矣。余以步船人以水沿溪行路尽适相值也。是晚仍归栖溪。

迟明,复以小舟绕出山南,花益多于山北。野水古木,渺森滞翳,小径岐出为八九道,抵梅而尽。至乾元观,容伯饭我观中。余举箸叹息,以生平所见梅花,咸不如此之多且盛也。容伯言:"冬雪霁后,花益奇丽,过于西溪。"然西溪余两至,均失梅候④。

(节选自《畏庐文集》)

【注释】

① 夏容伯同声:容伯是字,同声是名。② 濑:从沙石间流过的溪水。③ 步武:漫步。④ 梅候:梅花盛开的时节。

知识卡片

林纾,字琴南,号畏庐,又号冷红生,是中国近代翻译文学的奠基人。他精通古汉语,却不懂外文,和熟悉外语的魏易、曾钟巩、陈家麟等留洋人士合作翻译了200多种外国小说,被誉为"译届之王"。其代表译著有《巴黎茶花女遗事》《鲁宾逊漂流记》《黑奴吁天录》等。

阅读指津

本文记叙了作者与友人相约在杭州超山赏梅一事,描写了超山梅花盛放、风景绮丽的盛景,流露出作者对超山梅花的喜爱、赞美之情。文章运用了欲扬先抑的写法,先写四周景物的凄凉黯淡,与后文梅花的茂密繁盛形成对比。作者此行只看到了超山北面"玉雪一色""丛芬积缟"的壮丽景色,却未能得遇超山"冬雪霁后,花盖奇丽"的盛美景观,令人遗憾中更添几分期待。

拓展练习

1. 请解释以下加点字的意思。

(1) 由溪上易小舟(　　　　) (2) 遵陆至香海楼(　　　　)

(3) 下闻溪声(　　　　) (4) 咸不如此之多且盛也(　　　　)

2. 下列句子中,加点"之"的用法与例句相同的一项是(　　)

例句:循浅濑至超山之北

A. 予独爱莲之出淤泥而不染《爱莲说》　　B. 久之,目似瞑,意暇甚《狼》

C. 实是欲界之仙都《答谢中书书》　　D. 闻之,欣然规往《桃花源记》

3. 用"/"为文中画波浪线的句子断句。(限3处)

余 以 步 船 人 以 水 沿 溪 行 路 尽 适 相 值 也

4. 将文中画直线的句子翻译成现代汉语。

冬雪霁后,花益奇丽,过于西溪。

5. 超山梅花,栽培已有一千多年的历史,素有"超山梅花天下奇"的美誉。请根据文本内容,简要概括超山梅花"奇"在何处。

超山梅花天下奇:(1)　　　　　;(2)　　　　　;(3)　　　　　。

参考答案

1. (1) 变换；(2) 沿着；(3) 听到；(4) 都
2. C
3. 余以步/船人以水/沿溪行/路尽适相值也
4. 冬天雪后放晴，这里的梅花更加奇特清丽，超过西溪的梅花。
5. (1) 年代久远；(2) 数量繁盛；(3) 品质奇丽

（刘　蕙）

五　修身正己

选文一

吴隐之传(节选)

广州包带山海,珍异所出,一箧①之宝,可资数世,故前后刺史皆多黩货②。朝廷欲革岭南之弊,以隐之广州刺史。未至州二十里,地名石门,有水曰贪泉,饮者怀无厌之欲。隐之既至,语其亲人曰:"不见可欲,使心不乱。越岭丧清,吾知之矣。"乃至泉所,酌而饮之,因赋诗曰:"古人云此水,一歃③怀千金。试使夷齐④饮,终当不易心。"及在州,清操逾厉,常食不过菜及干鱼而已,帷帐器服皆付外库,时人颇谓其矫,然亦终始不易。

【注释】
① 箧(qiè):小箱子。② 黩货:贪污纳贿。③ 歃(shà):用嘴吸取。④ 夷齐:指伯夷、叔齐。武王灭商后,他们耻食周粟,采薇而食,饿死于首阳山。

知识卡片

吴隐之,字处默,东晋濮阳鄄城(今山东鄄城)人,东晋大臣。

阅读指津

本文节选自《吴隐之传》。阅读本文,首先应借助注释、结合日常积累的文言实词,了解文章内容。通过文中的"清操"一词,可以初步把握人物的形象特点。接着要进一步分析作者如何表现人物的精神品质,可以从事件发生的背景、主要人物的言行及次要人物的表现等方面进行思考。

拓展练习

1. 请解释以下加点字的意思。
(1) 不见可欲(　　　　　)　　　　　(2) 然亦终始不易(　　　　　)
2. 吴隐之之所以贪泉是因为_____。
3. 文中画线句的作用是_____。
4. 吴隐之的"清操"表现在"_____""_____",面对他人的质疑,他能

"_____",由此可以看出他是一个_____的人。

参考答案

1.（1）看见；（2）改变
2. 他想要证明一个人是贪得无厌还是清正廉洁与是否饮用贪泉并无关系，而是取决于人的品性与节操。
3. 画线句交代了广州地区倚山靠海，出产奇珍异宝，一小箱珍宝便可供人生活数世，因此前后几任刺史都贪污纳贿的背景，为下文作铺垫，进一步突出吴隐之廉洁品质的可贵。
4. 常食不过菜及干鱼而已；帷帐器服皆付外库；(然亦)终始不易；清正廉洁、坚定不移

选文二

齐桓公①、管仲②、鲍叔③、宁戚④相与饮。酒酣，桓公谓鲍叔曰："何不起为寿？"鲍叔奉杯而进曰："使公毋忘出奔在于莒也，使管仲毋忘束缚而在于鲁也，使宁戚毋忘其饭牛而居于车下。"桓公避席再拜曰："寡人与大夫能皆毋忘夫子之言，则齐国之社稷幸于不殆矣！"当此时也，桓公可与言极言矣。可与言极言，故可与为霸。

（选自《吕氏春秋》）

【注释】

① 齐桓公：春秋五霸之首。成为国君之前，曾在莒国逃亡。② 管仲：春秋时期齐国政治家。曾因辅佐公子纠争夺王位获罪，在鲁国被捕。后经鲍叔牙举荐，辅佐齐桓公。③ 鲍叔牙：春秋时期齐国大夫。推荐管仲为相，与其共同辅佐齐桓公。④ 宁戚：春秋时卫人，曾在齐国东门外喂牛，待齐桓公出，扣牛角而歌，后被齐桓公赏识任用。

知识卡片

《吕氏春秋》又称《吕览》，是战国时期秦国相邦吕不韦集合门客们编撰的一部杂家名著。

阅读指津

本文记叙了齐桓公、管仲、鲍叔牙、宁戚四人宴饮时交谈的场景，文章内容以人物对话为主。阅读本文，要结合注释重点理解鲍叔牙"奉杯而进"时所说的话的用意，还要关注齐桓公听到此话后的反应，联系鲍叔牙和齐桓公的身份，把握人物的形象特点。

拓展练习

1. 请解释以下加点字的意思。
（1）当此时也（   ）　　　（2）故可与为霸（   ）
2. 本文选自《吕氏春秋》，教材中的_____一文也出自这本著作。
3. 鲍叔牙说这些话的目的是_____。
4. 齐桓公听了鲍叔牙的话之后，他的表现是_____（用自己的话概括），由此可见，齐桓公是一个_____的人。

参考答案

1. (1) 在；(2) 所以
2. 《伯牙鼓琴》
3. 希望齐桓公、管仲、宁戚不要忘记曾经艰难困苦的经历，能够居安思危，为国家社稷筹谋。
4. 齐桓公离开座位向鲍叔牙拜了两次并对他的话表示认同；礼贤下士、善于听取他人建议

选文三

宗悫传（节选）

宗悫，字元干，南阳人也。叔父炳，高尚不仕。悫年少时，炳问其志，悫曰："愿乘长风破万里浪。"……孝建中，累迁豫州刺史，监五州诸军事。先是，乡人庾业①，家甚富豪，方丈②之膳，以待宾客；而悫至，设以菜菹③粟饭，谓客曰："宗军人，惯啖粗食。"悫致饱而去。至是，业为悫长史，带梁郡，悫待之甚厚，不以前事为嫌。

（选自《宋书·宗悫传》）

【注释】
① 庾业：人名。② 方丈：一丈见方，此指菜肴罗列多。③ 菹（zū）：腌菜。

知识卡片

宗悫（què），字元干，南阳涅阳（今河南省邓州市）人，东晋书画家宗炳之侄，南朝宋名将。

阅读指津

本文节选自《宗悫传》，阅读本文首先要理解文言词句，把握文章内容。其次，要结合宗悫这一人物的言行表现，了解他为人处世的态度。此外，还要分析文言虚词在文中的作用，进而深入理解人物的形象特点。

拓展练习

1. 请解释以下加点字的意思。
   (1) 悫致饱而去（　　　　）　　　　（2）业为悫长史（　　　　）
2. 画线句表现出宗悫是一个_____的人，李白《行路难》（其一）中的"_____，_____。"一句也借用了宗悫所说的话来表达自己的情感态度。
3. 文中加点字"而"的意思是_____，在文中的作用是_____
4. 请你结合宗悫对待庾业的具体表现，说说宗悫是一个怎样的人。

参考答案

1. (1) 离开；(2) 担任
2. 志向远大；长风破浪会有时，直挂云帆济沧海。
3. 但是/然而；"而"表示转折，强调了庾业仅用简单粗劣的饭食招待宗悫，与其平时的待客之道形成

鲜明对比,体现其故意为之。

4. 同乡人庾业招待宗悫时,故意怠慢他,让他吃粗劣的饭食,但宗悫不计前嫌,待庾业十分厚道。可见,宗悫心胸宽广的人。

选文四

梁大夫有宋就者,尝为边县令,与楚邻界。梁之边亭,与楚之边亭,皆种瓜,各有数。梁之边亭人,劬①力数灌其瓜,瓜美。楚人窳②而稀灌其瓜,瓜恶。楚令因以梁瓜之美,怒其亭瓜之恶也。楚亭人心恶梁亭之贤己,因往夜窃搔梁亭之瓜,皆有死焦者矣。梁亭觉之,因请其尉,亦欲窃往报搔楚亭之瓜,尉以请宋就。就曰:"恶,是何可,构怨祸之道也,人恶亦恶,何褊③之甚也。若我教子必每暮令人往窃为楚亭夜善灌其瓜,勿令知也。"于是梁亭乃每暮夜窃灌楚亭之瓜,楚亭旦而行瓜,则又皆以灌矣,瓜日以美,楚亭怪而察之,则乃梁亭之为也。楚令闻之大悦,因具以闻楚王,楚王闻之,惄④然愧,以意自闵⑤也,告吏曰:"征搔瓜者,得无有他罪乎,此梁之阴让也。"乃谢以重币,而请交于梁王,楚王时则称说,梁王以为信,故梁楚之欢,由宋就始。《诗》曰:"转败而为功,因祸而为福。"老子曰:"报怨以德。"此之谓也。夫人既不善,胡足效哉。

【注释】

① 劬(qú):勤劳。② 窳(yǔ):懒惰。③ 褊(biǎn):气量狭小。④ 惄(nì):忧愁的样子。⑤ 闵:忧愁。

知识卡片

本文选自《新序·杂事四》,由西汉刘向撰写。

阅读指津

本文记叙了相邻的梁国和楚国在边亭种瓜而引发的故事。

文章篇幅较长,文中出现的人物也较多。阅读本文,应先结合注释,把握文章的主要内容,理清人物之间的关系。其中,关键人物宋就提出的建议不仅化解了这场矛盾,还最终使得梁国、楚国交好。因此,阅读时要重点理解宋就所说的话,概括宋就的精神品质。此外,还要进一步分析文中议论性语句的作用,从而提炼文章的中心。

拓展练习

1. 请解释以下加点字的意思。

(1) 因具以闻楚王(　　　　)　　　　(2) 乃谢以重币(　　　　)

2. 请根据文章内容,用自己的话完成填空。

(1) 因为梁亭人_____,所以梁瓜美;因为楚亭人_____,所以楚瓜恶。

(2) 因为楚亭人_____,所以"夜窃搔梁亭之瓜"。

(3) 面对楚亭人的行为,宋就建议_____,于是梁亭人_____,所以楚瓜日以美。

(4) 楚王听说了这件事,_____。

3. 文末引用《诗》中的句子及老子的话,其作用是_____。
4. 从本文的故事中你获得的启示是_____。

参考答案

1. (1)详细;(2)道歉

2. (1)勤奋肯干,一天多次浇瓜;闲散懒惰,很少浇瓜 (2)嫉妒梁亭人的贤能 (3)每晚派人去,在夜里偷偷地灌溉楚亭的瓜且不让他们知道;每晚夜里偷偷地去灌溉楚亭的瓜 (4)觉得很惭愧,用优厚的礼物道歉,请求与梁王结交。

3. 引用《诗》中的句子总结文中记叙的故事,引用老子所说的话评价宋就的行为,以此表明作者自己的观点、看法。

4. 面对他人不好的行为,不应效仿。退后一步,以德报怨,往往能够顺利、和平地解决矛盾。

选文五

汉蒋琬①为大司马。东曹掾犍为杨戏②,素性简略,琬与言论,时不应答。或谓琬曰:"公与戏言而不应,其慢甚矣!"琬曰:"人心不同,各如其面。面从后言,古人所诫。戏欲赞吾是邪,则非其本心;欲反吾言,则显吾之非,是以默然,是戏之快也。"又督农③杨敏尝毁琬曰:"作事愦愦④,诚不及前人。"或以白琬,主者请推治敏,琬曰:"吾实不如前人,无可推也。"主者乞问其愦愦之状,琬曰:"苟其不如,则事不理,事不理,则愦愦矣。"后敏坐事系狱,众人犹惧其必死,琬心无适莫⑤,敏得免重罪。

【注释】
① 蒋琬:字公琰,诸葛亮死后,掌管军政。② 东曹掾犍为杨戏:东曹,主管二千石长史及军吏的人事官员。掾是古代官府中属官的通称。犍为:郡名,今四川犍为县。杨戏,先当过诸葛亮的主簿,后蒋琬用为东曹掾。③ 督农:掌管农事的官职。④ 愦愦:混乱,糊涂。⑤ 心无适莫:适,可的意思;莫,不可的意思。适莫,厚薄,即偏见。

知识卡片

本文选自《资治通鉴》。《资治通鉴》是司马光编撰的一部编年体通史。

阅读指津

本文围绕主人公蒋琬记叙了两件事。阅读本文,应在把握文章内容的基础上,划分层次,概括文中记叙的两件事。重点分析蒋琬在这两件事中的言行表现,进而归纳人物的性格特点。

拓展练习

1. 将下面的句子翻译成现代汉语。

素性简略,琬与言论,时不应答。

2. 下列对本文理解正确的一项是( )

A. 蒋琬认为人心就像人的脸色一样多变,难以判断。

B. 蒋琬认为杨戏的表现是其性格使然,并非故意怠慢。

C. 蒋琬为堵住众人悠悠之口,赦免了杨敏的重罪。

D. 蒋琬听到别人的批评时,始终表现出无所谓的态度。

3. 蒋琬面对杨戏、杨敏的表现分别有何反应?结合蒋琬的反应,说说蒋琬身上有哪些优秀品质值得我们学习?

参考答案

1. 杨戏性格向来简单直率,蒋琬和他说话,他时常不回答。

2. B

3. 面对杨戏不回应的表现,蒋琬能站在对方的角度分析原因并理解其行为;面对杨敏的批评,蒋琬能坦然接受并反思自己的不足。后来杨敏犯罪坐牢,蒋琬也能不带偏见地定罪。蒋琬表现出的公私分明、宽容仁厚的优秀品质值得我们学习。

(王悦琳)

六　亭台楼阁

选文一

　　游之日，风日清和，湖平于熨，时有小舫往来，如蝇头细字，着鹅溪练①上。取酒共酌，意致闲淡，亭午风渐劲，湖水汨汨有声。千帆结阵而来，亦甚雄快。日暮，炮车云生②，猛风大起，湖浪奔腾，雪山汹涌，震撼城郭。予始四望惨淡，投箸而起，愀然以悲，泫③然不能自已也。

　　昔滕子京以庆帅左迁此地，郁郁不得志，增城楼为岳阳楼。既成，宾僚请大合乐落之，子京曰："直须凭栏大哭一番乃快！"范公"先忧后乐"之语，盖亦有为而发。……（子京）入为名臣，出为名将；而又有范公为知己，有何可哭？至若予者，为毛锥子④所窘，一往四十余年，不得备国家一亭一障之用。玄鬓已皤，壮心日灰。近来又遭知己骨肉之变，寒雁一影，飘零天末，是则真可哭也，真可哭也！

　　　　　　　　　　（节选自袁中道《游岳阳楼记》，有删改）

【注释】

　　① 鹅溪练：通称鹅溪绢，为四川省盐亭县西北鹅溪所产的名绢。唐代用作贡品，宋人书画作为珍贵的材料。② 炮车云生：云若炮车形生起，主大风。③ 泫：流泪。④ 毛锥子：毛笔的别称，这里借指科举应试。

知识卡片

　　袁中道（1570年—1623年），字小修，公安（今属湖北）人，明代文学家。与兄宗道、宏道并称三袁，同以"公安派"著称。论诗文"以发抒性灵为主"，反对摹拟，崇尚自然。其游记写得清峭有致。著有《珂雪斋集》等。

阅读指津

　　万历三十九年（1611年）春天，袁中道泛舟洞庭湖，登上岳阳楼，所见湖光山色触发身世之感，于是写下了这篇游记。阅读游记，我们应关注作者所见之景与所抒之情，并建立情与景的联系。

　　阅读选文第一段所见之景，抓住"亭午""日暮"这样的时间词，关注景色的变化，最后一句由景自然过渡到所生之情。选文第二段提到了滕子京、范仲淹，用这样的联系来对照自己当时的人生经历，表现自己壮志未酬、孤身天涯的感慨。

拓展练习

1. 请解释以下加点字的意思。
(1) 左迁此地(　　　　　)　　　　　　(2) 既成(　　　　　)
2. 对画线句意思的理解,正确的一项是(　　)
A. 猛烈的风大肆吹起,湖中波浪奔腾,像雪山般奔涌,震动了城郭。
B. 猛烈的风大肆吹起,湖中波浪奔腾,雪山气势磅礴,震动了城郭。
C. 强风猛烈地吹,湖中波浪奔腾,像雪山一样汹涌澎湃,震天动地。
D. 强风猛烈地吹,湖中波浪奔腾,雪山气势磅礴,令城中百姓震撼。
3. 范公"先忧后乐"之语指的是"＿＿＿＿＿＿＿＿＿＿＿＿＿＿＿＿",作者认为滕子京无可哭是因为"＿＿＿＿＿＿＿＿＿＿＿＿＿＿＿＿＿",认为自己"真可哭也"一是因为＿＿＿＿＿＿＿＿＿＿＿,又因为＿＿＿＿＿＿＿。(后两空请概括回答)

参考答案

1. (1) 贬官;(2) 已经
2. A(该句中"雪山"一词名词作状语,理解为如雪山。)
3. 先天下之忧而忧,后天下之乐而乐;

入为名臣,出为名将;而又有范公为知己;

怀才不遇/壮志难酬、痛失手足/飘零异乡

选文二

黄冈之地多竹,大者如椽,竹工破之,刳去其节,用代陶瓦。比屋皆然,以其价廉而工省也。

子城①西北隅,雉堞圮毁②,蓁莽荒秽。因作小楼二间,与月波楼通。远吞山光,平挹江濑。幽阒辽夐③,不可具状。夏宜急雨,有瀑布声;冬宜密雪,有碎玉声;宜鼓琴,琴调和畅;宜咏诗,诗韵清绝;宜围棋,子声丁丁然;宜投壶,矢声铮铮然;皆竹楼之所助也。

公退之暇,被鹤氅衣,戴华阳巾,手执《周易》一卷,焚香默坐,消遣世虑。江山之外,第见风帆沙鸟,烟云竹树而已。待其酒力醒,茶烟歇,送夕阳,迎素月,亦谪居之胜概也。

……

吾闻竹工云:"竹之为瓦,仅十稔④。若重覆之,得二十稔。"噫!吾四年之间,奔走不暇,未知明年又在何处,岂惧竹楼之易朽乎!幸后之人与我同志,嗣而葺之,庶斯楼之不朽也!咸平二年八月十五日记。

(节选自王禹偁《黄州新建小竹楼记》,有删改)

【注释】

① 子城:即瓮城,月城。他书也有误作"予城"。② 雉堞圮毁:城上矮墙倒塌毁坏。③ 幽阒辽夐:幽静辽阔。④ 稔:谷子一熟叫作一稔,引申指一年。

知识卡片

王禹偁(954年—1001年),字元之,济州钜野(今山东省菏泽市巨野县)人。北宋诗人、散文家,宋初

有名的直臣。为官清廉,关心民间疾苦;秉性刚直,遇事直言敢谏,屡受贬谪。北宋诗文革新运动的先驱,作品多反映社会现实,风格清新平易。著有《小畜集》等。

阅读指津

王禹偁三次遭到贬谪,每次贬谪,他都在诗文上留下佳作。贬谪的经历带给他创作的动机,同时逆境使其文笔更加警炼超拔,更有胆识。

历代文人皆爱竹,所谓无竹令人俗,王文只是说"以其价廉而工省也",一扫浮文,径说实话。贬地总是荒僻之区,所以于山光水色之中,显得幽寂,但夏雨冬雪送来天籁,鼓琴、吟诗、下棋、投壶,尽显幽雅飘逸,然后以"皆竹楼之所助也"总括对竹楼的感谢。末段由竹的使用年限回溯自己奔走经历,自然道出"未知明年又在何处"的感慨,于是寄希望于后人,使竹楼得以不朽。全篇抒发了作者随遇而安、贬谪不惧的心态。

拓展练习

1. 请解释以下加点字的意思。

(1) 比屋皆然(　　　　)　　　　　　　　(2) 茶烟歇(　　　　)

2. 对选文理解,不正确的一项是(　　)

A. "丁丁然""铮铮然"等拟声词的使用反而衬托出小竹楼的幽静。

B. 第二段反复使用"宜"字,写出小竹楼生活闲适自得,令人向往。

C. 第三段"送""迎"道出作者与日月为伴,可见内心的旷达潇洒。

D. 末段引用竹工之言,道出竹子易朽,表达了作者的惋惜遗憾之情。

3. 王禹偁的小竹楼也可谓"陋室不陋",称其"陋"是因为小楼的建筑材料"＿＿＿＿＿＿",还因为小楼所处环境"＿＿＿＿＿＿＿＿＿＿＿"。称其"不陋"是因为＿＿＿＿＿＿＿＿,更因为＿＿＿＿＿＿＿＿＿＿＿＿。

参考答案

1. (1) 紧挨,靠近;(2) 消散

2. D(从"岂惧竹楼之易朽乎"句可见作者并不害怕担心竹楼易朽。引用竹子的使用年限目的在于引出自己奔波流转的经历。)

3. 价廉而工省;"子城西北隅,雉堞圮毁,榛莽荒秽"/"雉堞圮毁,榛莽荒秽";自然环境优美/有大自然送来的天籁;生活高雅,富有情趣

选文三

予以罪废,无所归。扁舟吴中,始僦舍以处。时盛夏蒸燠,土居皆褊狭,不能出气,思得高爽虚辟之地,以舒所怀,不可得也。

一日过郡学,东顾草树郁然,崇阜①广水,不类乎城中。并②水得微径于杂花修竹之间。东趋数百步,有弃地,纵广合五六十寻,三向皆水也。杠③之南,其地益阔,旁无民居,左右皆林木相亏蔽。访诸旧老,云钱氏有国,近戚孙承右之池馆也。坳隆胜势,遗意尚存。予爱而徘徊,遂以钱四万得之,构亭北碕,号沧浪焉。前竹后水,水之阳又竹,无穷极。澄川翠干,光影会合于轩户之间,尤与风月为相宜。

予时榜小舟,幅巾以往,至则洒然忘其归。觞而浩歌,踞而仰啸,野老不至,鱼鸟共乐。形骸既适则神不烦,观听无邪则道以明;返思向之汩汩荣辱之场,日与锱铢④利害相磨戛,隔此真趣,不亦鄙哉!

(节选自苏舜钦《沧浪亭记》)

【注释】

① 崇阜:高山。 ② 并:沿水而行。并,通"傍"。 ③ 杠:独木桥。 ④ 锱铢:比喻极其微小的数量。

知识卡片

苏舜钦(1008年—1048年),字子美,号沧浪翁,梓州铜山县人(今四川省中江县)。北宋时期大臣,支持范仲淹推行庆历革新,遭到劾奏,罢职闲居苏州,修建沧浪亭。提倡古文运动,善于诗词,与梅尧臣合称"苏梅",著有《苏学士文集》等。

阅读指津

首段写购园的经过,第二段写园林景物,作者采用移步换景的表现方法,以"顾""得""趋"等字写出被自然深深吸引的情态。而对于具体筑亭之事仅以"构亭北碕"一语带过,命名"沧浪",亦未作展开。后半篇转入抒情议论,一方面极写内心的舒坦自在,强调了他与大自然的息息相通;另一方面,与上文"旁无民居"之语相呼应,再次强调了野老不至的宁静,并通过浊丑恶的官场纷争和美好宁静的大自然两相对照,表达今日闲逸自在的可贵。

文章虽为记亭而作,但苏舜钦更借此抒发胸中丘壑,因而沧浪亭实为一种精神寄托。阅读此篇我们也许会想到柳宗元的《小石潭记》,不妨将两者对照阅读,比较异同来深化理解。

拓展练习

1. 请解释以下加点字的意思。

(1) 不类乎城中(　　　　) (2) 返思向之汩汩荣辱之场(　　　　)

2. 对画线句意思的理解,正确的一项是(　　)

A. 我常常乘着小船,穿着轻便的衣服前往沧浪亭。　　B. 我偶尔乘着小船,穿着华丽的衣服前往沧浪亭。

C. 我常常乘着小船,穿着华丽的衣服前往沧浪亭。　　D. 我偶尔乘着小船,穿着轻便的衣服前往沧浪亭。

3. 阅读链接材料,结合思考支架,回答作者为何以"沧浪"命名此亭?

链接材料:"沧浪"一词出自先秦民歌"沧浪之水清兮,可以濯我缨;沧浪之水浊兮,可以濯我足。"意思是水清的时候可以用来洗涤冠缨;水浊的时候就可以用来洗脚。这句话是渔夫对屈原的劝慰:君子处世,遇治则仕,遇乱则隐。

思考支架:(1)文中哪些地方道出了写作背景?

(2)"清""浊"分别对应的是哪种生活?

(3)作者的志趣追求是什么,你是从哪里读出的?

参考答案

1. (1) 像;(2) 原来,先前

2. A

3. 本文是作者被贬吴中所写。仕途不顺,此地"时盛夏蒸燠,土居皆偏狭,不能出气",再加上对高爽之地思得不可得等因素令作者烦闷。偶然发现并购置"弃地",此处依山傍水,树木掩映,恍若隔世,一扫作者心中沉闷(如沧浪洗涤冠缨),令人流连不舍。作者称这里的生活是"真趣",而之前宦海浮沉的生活是"鄙",从对比中凸显了作者对和谐宁静生活的向往,对高洁自在的志趣的追求,希望找到内心世界的安宁与洒脱。因此,作者将亭命名"沧浪"。

选文四

七八岁时,过钓台①,听大人言子陵事,心私仪之。以幼,不许习险。前年到睦州,又值足中有鬼②,且雨甚,不得上。今从台荡归,以六月五日上钓台也。肃入先生祠,古柏阴风,夹江滴翠,气象整峻,有俯视云台③之意。由客星亭右,径二十余折,上西台,亭曰"留鼎一丝",复从龙脊上骑过东台,亭曰"垂竿百尺"。附东台一平屿,陡削畏眺:一石笋横起幽涧,寒仰怂傲,颇似先生手足。磴道中俱老松古木,风冷骨脾。此两台者,或当日振衣之所,空钩意钓,何必魴鲤,吾不以沧桑泥高下也。

(节选自王思任《钓台》)

【注释】

① 钓台:严子陵钓台,在浙江桐庐县富春江畔。② 足中有鬼:足患疾病。③ 云台:汉朝台名,东汉初图画二十八中兴功臣于南宫云台。

知识卡片

王思任(1574年—1646年),字季重,号遂东、谑庵,山阴人(今浙江绍兴)。明万历年间进士,清兵陷绍兴,征召不赴,绝食而死。诗重自然,文章笔调诙谐生动,时有愤世讽时之作,尤以游记散文为佳。著有《王季重先生文集》。

严子陵(前39年—41年),名光,又名遵,字子陵,会稽余姚人(今浙江余姚市)。东汉著名隐士,范仲淹赞其"云山苍苍,江水泱泱。先生之风,山高水长"。

严子陵钓台位于风光秀丽的富春江畔,以其幽静清雅的自然风光和独钓泽畔的严子陵传说为世人所瞻仰。

阅读指津

节选部分为文章前半篇,主要记叙游钓台时看到的景观。从作者自孩提时心仪之而欲登不能入笔,叙说对钓台的神往之情,既交代了登台的原因,更为下文的议论和抒情做了铺垫。接着按照空间顺序描写了登台的经过:由严子陵祠经客星亭上西台,转而到东台。

写景部分最大的特点是以景写人,景色的清幽、冷峻、孤高,正是严子陵清风高洁的写照,作者看到景,实际上就是看到了冷峻高洁的严子陵;作者写景,就是再现严子陵的清高人格。东西二亭的"留鼎一丝""垂竿百尺"题额则为王思任此游的旨意所寄。

留鼎一丝,是说严子陵淡泊名利,不畏权势,以一丝之轻保国家社稷之重,高风亮节的品行。垂竿百尺,喻指严子陵极高的品格,令人敬仰。

拓展练习

1. 请解释以下加点字的意思。

(1) 心私仪之（　　　　）　　　　　　　　（2) 值足中有鬼（　　　　）

2. 对选文内容的理解，不正确的一项是（　　　　）

A. "不许""不得"写出登钓台前的几番波折，更添向往。

B. "夹江滴翠"写钓台临江而建，江水澄碧，如滴翠碧玉。

C. "石笋横起幽涧"中"横"字写出石笋陡然耸立的样子。

D. "蹇仰恣傲"看似写石，实为对严子陵冷峻高洁的写照。

3. 作者采用了移步换景的写法，请在方格及横线上填写相应的内容，梳理作者的游踪。

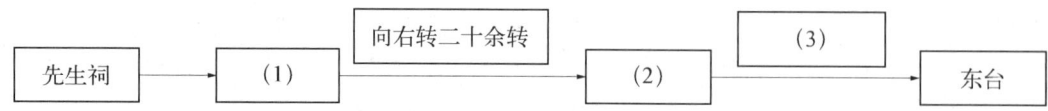

参考答案

1. (1) 暗自，私下；(2) 逢着，碰上
2. B（"夹江滴翠"是写江两岸的古树青翠欲滴。）
3. (1) 客星亭；(2) 西台；(3) 翻过龙脊

选文五

金鸡之峰，有三松焉，不知其几百年矣。微风拂之，声如暗泉飒飒走石濑①；稍大，则如奏雅乐；其大风至，则如扬波涛，又如振鼓，隐隐有节奏。方舟上人为阁其下，而名之曰松风之阁。予尝过而止之，洋洋乎若将留而忘归焉。盖虽在山林而去人不远，夏不苦暑，冬不酷寒，观于松可以适吾目，听于松可以适吾耳，偃蹇而优游②，逍遥而相羊③，无外物以汩④其心，可以喜乐，可以永日；又何必濯颍水而以为高，登首阳而以为清也哉？

予，四方之寓人也，行止无所定，而于是阁不能忘情，故将与上人别而书此以为之记。时至正十五年七月九日也。

（节选自刘基《松风阁记·上篇》）

【注释】

① 石濑：石上流过的急水。② 偃蹇：偃卧不做事，引申为傲慢。优游：闲暇自得的样子。③ 相羊：同"徜徉"，徘徊。④ 汩：扰乱。

知识卡片

刘基（1311年—1375年），字伯温，青田县南田乡（今属浙江文成县）人。元末明初军事家、政治家、文学家，明朝开国元勋，"明初诗文三大家"之一。刘基强调作品的教化作用，其次，贬斥元代以来的纤丽文风，对于明初文风由纤丽转向质朴，起了重要作用。其著作有《覆瓿集》《写情集》《犁眉公集》等。

阅读指津

《松风阁记》由上下两篇组成，选文部分用四种比喻形象地表现了不同的风吹松的声音，着重写了他"留而忘归"的缘由，倾吐的是对松风阁无限依恋喜爱之情。古人文章常用典，知晓典故能帮助我们理解作者要表达的深意。

选文中"又何必濯颍水而以为高，登首阳而以为清也哉"一句使用典故，前句用了许由用颍水洗耳的典故。相传尧欲以天下让许由,不受;又欲以为九州长,许由以其言污耳,因至颍水洗耳,以示高洁。后句用了伯夷、叔齐不食周粟的典故。伯夷、叔齐兄弟为殷臣之后,周武王灭殷,两人耻食周粟,逃至首阳山采薇而食,以示清高。作者使用典故含蓄地表达了自己的理想追求和审美情趣。

拓展练习

1. 请解释以下加点字的意思。

    (1) 名之曰松风之阁(　　　　　)　　　　(2) 去人不远(　　　　　)

2. 对画线句意思的理解,正确的一项是(　　)

    A. 我因四处漂泊,脚步不止于一处,可对这座楼阁,却不能忘怀。

    B. 我因四处漂泊,行踪飘忽不定,于是对这座楼阁久久不能忘怀。

    C. 我是四处寄居的人,脚步不止于一处,可对这座楼阁,却不能忘怀。

    D. 我是四处寄居的人,行踪飘忽不定,于是对这座楼阁久久不能忘怀。

3. "听于松可以适吾耳",作者将难以描摹的声音刻画得淋漓尽致,请根据文章内容填写表格。

风　势	风声(用原文回答)	共同使用的修辞	闻者心情(用自己的话回答)
微风拂之			
	则如奏雅乐		
其大风至			

参考答案

1. (1) 命名;(2) 距离

2. C

3.

风　势	风声(用原文回答)	共同使用的修辞	闻者心情(用自己的话回答)
微风拂之	声如暗泉飒飒走石濑	比喻	忘却烦恼,使内心愉悦宁静,令人感到悠闲自在,快乐满足,不愿离去。
稍大	则如奏雅乐		
其大风至	则如扬波涛,又如振鼓,隐隐有节奏		

(石雨霁)

现代文

一　凡人小事

放风筝的老人

① 走进大明宫北门,首先和我打招呼的是南北大道两旁的草坪。东边的草坪是昔日皇家养马的地方,西边的草坪是当年唐玄宗观看斗鸡的斗鸡台。眼目之下,几千年后草坪上是几个放风筝的人,他们用轻松的步子踩在当年骄奢和辉煌的余韵上,手中的风筝,似乎很随意地把李唐王朝的灿烂图景放飞在天空,任凭它们率性飘荡。

② 在放风筝的几个人中,我记住了两个老人:一个精瘦,高个子,脖颈显得有些长,面部爬满了皱纹,头发花白了,长长的眉毛依旧很浓密。另一个,中等个子,脸盘大,两颊泛红,头发眉毛全白了,步子有些迟缓。我估计,他们都年过七十了。两位老人之所以进入我的视线,触动我,皆因他们的坚持不懈,使我对他们尊敬而钦佩。无论是春寒料峭的午后,暑气蒸蒸的三伏天,还是冷风逼人的冬日,草坪上总能看见两个老人一丝不苟地放风筝。

③ 我每天走进大明宫,在放风筝的两个老人跟前驻足良久。特别是在风轻云重,空气凝滞的午后,我要眼看着他们把风筝放飞之后,才离开,去散步。两个老人一次又一次地拖着风筝,在草坪上跑动,风筝一次又一次地跌落在地,他们不气馁,不沮丧,失败了再来,屡屡失败就是他们成功的契机。他们只是放,只管放,放不上去还是放,好像没有放上去并不代表失败。两个老人的神态坦然而平静,脸庞上泛着一丝微笑,他们的信心和毅力撒在草坪上,在天地间竖立着。

④ 最终,在轻微的春风中,两个老人的风筝飞上了天空。那一缕风好像来自历史的夹缝中,来自现实的沉重中,两个老人于一瞬间把那一线希望抓住了,把那一缕风捕捉到了,于是,风筝随风而上了。

⑤ 风筝放飞之后,两个老人站在草坪上,一会儿把风筝线放开,一会儿又收回来一段,他们的一只手在风筝线上拨动着,好像音乐家拨动琴弦。他们收放自如,仿佛按动着天地间的脉搏,把握着风筝的健康。

⑥ 尔后,两个老人坐在各自带来的小凳子上,摆动着连着线的小轮盘,目光盯着天际间的风筝不放。他们一坐就是半晌,那模样似乎是一座雕像,仿佛岿然不动的历史,让人无法改动。我努力地睁开眼,在天穹寻找只有指甲盖大的风筝,放飞的风筝已经升得很高很高了,好像暗夜里的一点火星,闪动着微光。

⑦ 我因为做了一个小手术,行动不便,两个月没有去大明宫散步。初春的一天,我手术后第一次去

大明宫,只见瘦瘦的老人依旧坐在凳子上,双眼盯着风筝,转动手中的轮盘,我问老人:你的伙伴呢?我指的是那个胖老头子。他半眼也没看我,平静地说他走了。我有点愕然:去哪里了?老人沉默了一瞬,淡然地说:线断了,飞了,飞到天堂去了,自由了。我长长地吁了一口,叹息了一声,话到嘴边,咽下去了。

知识卡片

冯积岐,陕西省作家协会副主席,著有散文集《将人生诉说给自己听》《人的证明》《没有留住的》,小说集《小说三十篇》《我的农民父亲和母亲》《粉碎》,长篇小说《沉默的季节》《大树底下》《敲门》《刀子》《村子》等五部。

阅读指津

本文的作者冯积岐曾说"历史是自己给自己叙述的,历史也是后世人叙述的"。在《放风筝的老人》中,他不止一次地提到"大明宫",提到"唐王朝",作者在"历史的夹缝"与"现实的沉重"之间游走、观照,不仅丰富了文章的内容,更拓展了文章的意境,巧妙地将作者身处的当下的生活投射在历史的背景上,让两位老人的形象更加突出。

拓展练习

1. 请仔细阅读文本,将"我"对两位老人印象深刻的原因补充完整:

(1) 一年四季无论天气如何两位老人总在草坪上一丝不苟地放风筝。

(2) _____

(3) _____

2. 文章第⑤段极具语言表现力,请任选一个角度进行赏析。

风筝放飞之后,两个老人站在草坪上,一会儿把风筝线放开,一会儿又收回来一段,他们的一只手在风筝线上拨动着,好像音乐家拨动着琴弦。他们收放自如,仿佛按动着天地间的脉搏,把握着风筝的健康。

3. 以下说法最不符合文意的一项是(　　)

A. 作者在文中不止一次提到"大明宫""唐王朝",体现了作者的历史情怀,更为两位老人的形象塑造起到了积极的作用。

B. 文章中塑造的两位老人的外形截然不同,各具特点,但是他们的精神内核都是一样的。

C. 文章中塑造的两位老人一遍又一遍、一天又一天地放风筝,无论成功还是失败,可见他们毅力的顽强。

D. 文章的最后,瘦瘦的老人面对同伴的去世态度淡然,可见他并没有将对方视为自己真正的朋友,只是他放风筝时的同伴。

4. "我"面对两位老人其中一位的去世"长长地吁了一口,叹息了一声,话到嘴边,咽下去了"。请揣测"我"此时复杂的心理活动。

参考答案

1.(1) 虽然两位老人放风筝一遍又一遍地失败,但是他们毫不在意;

(2) 两位老人风筝飞上天后,放风筝的技术娴熟。

2. 示例一：该句运用了动作描写，生动形象地写出了两个老人放风筝熟练的姿态，表现了他们放风筝技术的娴熟以及对风筝掌控能力的高超。

示例二：该句运用了比喻的修辞手法，将老人放风筝比作音乐家拨动琴弦，生动形象地写出了两位老人放风筝熟练、优美、自如的姿态，表现了他们放风筝技术的娴熟以及对风筝掌控能力的高超。

3. D

4. 示例：我知道您面对同伴的去世一定也很难过，但你们对成败的超越，对生死的达观却是你们达成共识的一种智慧。"胖老头"的离开就像您手中的风筝断了线，魂归天际也是他最后的一种自由。

选文二

蘸汁豆腐

公司对面新餐馆开张，中午几个同事约在一起，过去吃午饭。

进门，一个女孩笑意盈盈地迎上前来，领我们入座。

女孩穿蓝色碎花上衣，蓝布裤，阔阔的裤脚，黑布鞋，蓝头巾，是店里的特色店服，和她神情中那几分乡村女孩特有的羞sè很相衬。

十八九岁的样子，声音干净甜美，笑容真诚饱满。

把菜单递过来，我们凑在一起翻看，有同事问："小妹，有啥好吃的，推荐一下。"

女孩抿抿唇，简单报了三两样特色菜，然后说："我们店的蘸汁豆腐不错的……豆腐嫩、味道纯又有营养……女孩子吃了可以美容，还不长胖……点一份吧。"

不像介绍其他菜品，一份蘸汁豆腐，她用了好多词来形容，口气也有点迫不及待。

"是招牌菜吗？"我抬头问她。

她的脸忽然有点儿红了，摇头，小声说："不是的。不过……"语气又【甲】起来，"不骗大家，真的很好吃，可以尝一尝啊。"

我们都笑起来，菜单上，一份蘸汁豆腐不过6块钱，实在不是太值得去推荐，碍于面子我们要了一份。

菜陆续上来，包括那盘豆腐，尝了一口，味道的确不错。

不似市场上卖的豆腐那样水，这豆腐颜色好看，味道也纯，像小时候吃过的那种老豆腐，蘸的调味汁是韭花，也像自己家里做的，味道很纯正。

女孩没有撒谎，这道蘸汁豆腐虽不是店中招牌菜，但的确可口。

这时邻座来了其他顾客，女孩去招呼他们，听到又向他们推荐蘸汁豆腐。

以后，我们常常来这家饭馆吃午餐，女孩已认得我们，不再刻意推荐，但总要试探着问上一句，还要蘸汁豆腐吗？问完了，脸依然会微微泛红。

我们偶尔也会拒绝，但大多时候会要上一份，这样一道菜花不了几个钱。我常常听到她对新顾客介绍这道菜，用词越发丰富，说起来越发流畅，只是不知什么原因让她这么卖力地推荐。

那天有同事过生日，我们要了个小单间，没想到服务的还是她。

她说有个负责包间的女孩请假了，她来替。

因为有热闹事，我们破例要了贵一些的菜，点完菜她没马上出去，忽然抬起头小声问，今天不要蘸汁豆腐了吗？

我们先愣了一下,然后都笑起来,成心要逗逗她,我问:

"为什么总介绍那道菜?是不是卖多了,你能拿提成啊?"

她的脸登时红起来,不是以往那种羞涩的红,而是着急地涨红了,慌忙地摆着手:"不,不是的,不是那样的……"

"那为什么呢?"同事说,"你要不说原因,以后我们再也不吃蘸汁豆腐了。"

女孩的唇又抿起来,低着头,沉吟一小会儿,小声说:"我说了,你们不许说出去。"

得到我们的保证后,她才说:"这些豆腐是我爸做的,韭花是我妈做的。我来城里打工,他们不放心,也来了,在城里租了间小房子做我们家乡的豆腐和韭花。我来饭店上班,店里管食宿,爸把做好的豆腐送到这里来,这样,他们每天都能来看看我。开始老板不想要,爸求了半天,老板才答应卖一段时间看看,如果卖得好,就一直要,不好就算了……老板不知道我是他女儿……"

窄小的空间,只有女孩细细的声音,在讲述一个关于爱与生存的温暖画面:一个沧桑的男人,在城市的某个角落,和妻子一起,每天泡豆子、磨豆腐、做韭花,然后大清早蹬着三轮车赶到这家餐馆;而他们心爱的女儿不管睡得多晚,也总会早早起来,装作无意碰到,帮着把豆腐抬到后厨。没有人时,母亲会飞快地取出一些小点心、水果,或者换洗的衣服,塞到女孩手里。而隔一段时间,女孩会塞给母亲一些她打工赚来的钱。那些钱,他们要攒起来,在家乡盖栋新房子,母亲还会留一些,做女孩的嫁妆。

女孩不再说话,【乙】地看着我们。

好半天,竟然没人说话,最后还是过生日的小何打破沉默,说:"今天我生日,请大家每人吃一份蘸汁豆腐。"

女孩诧异地看着她,慌忙摆手:"别,别,姐姐,豆腐吃多了会腻的。"

"小妹,我们爱吃。"小何说。

"真的爱吃。"我们跟着附和,然后催她,"快写上啊,一人一份。"

女孩站在那里,看着我们,眼泪忽然掉了下来,她边擦边不好意思地笑,擦完眼泪,拿着单子跑了出去。

从那以后,每次去吃饭,不管能不能遇到那个女孩,我们都会主动点一份蘸汁豆腐,并告诉所有相熟的人,如果去我们单位对面的家常菜馆吃饭,请一定要点一份蘸汁豆腐。

(有删改)

知识卡片

蘸汁豆腐是北方的一道传统美食,食材选择的是香味浓郁的老豆腐,另外,这道菜的蘸汁的调配也是关键。以此作为标题其实是作者对自己文章内容、作品风格、写作意图的直接或间接表现。

阅读指津

"蘸汁豆腐"是本文贯穿全文的线索,由这块"豆腐"串联起来的人物也就是全文体现丰富情感的关键。

首先,是女孩和她的父母之间因为蘸汁豆腐而产生的故事,其次也是"我们"和女孩之间因"豆腐"而发生的故事。紧紧把握着本文的线索就不难读出本文所想要表达的内涵。

拓展练习

1. 根据拼音写汉字:羞 sè( )

2. 文章围绕"蘸汁豆腐"依次写了女孩和我们的故事。

（1）女孩首次向我们推荐蘸汁豆腐，_____；

（2）后来女孩试探着推荐蘸汁豆腐的时候，我们大多都会要上一份，_____；

（3）从那以后，不管能不能遇到那个女孩，_____。

3. 请你为【甲】【乙】两处选择一个合乎语境的词语，并结合文章内容简要说明理由。

A. 怯怯 　　　　B. 急切

【甲】_____

理由：_____

【乙】：_____

理由：_____

4. 文中标题"蘸汁豆腐"饱含丰富情感，请结合文章内容谈谈你对此标题的理解。

参考答案

1. 涩

2.（1）我们碍于面子，要了一份；（2）女孩讲述推荐蘸汁豆腐的原因；（3）我们去吃饭时都会主动点一份蘸汁豆腐。

3.【甲】：B

理由：因为顾客疑惑蘸汁豆腐的味道，女孩担心父母做的菜品失去销路，从而与家人分离，所以语气很急切。

【乙】：A

理由：因为女孩多次推荐蘸汁豆腐，怕我们产生误解而说出真相，担心父母失去工作，从而与家人分离，所以内心是怯怯的。

4. "蘸汁豆腐"在文中指的是女孩的父母做的家乡小吃。他们为了女儿来到女儿打工的城市，也只有蘸汁豆腐在女儿打工的饭店销路好他们才可以留下来。这一份家乡的美食承载着一个女孩的懂事与善良，蕴藏着一个幸福温暖、勤于奋进的家庭，更见证了人与人之间的友善和关怀。

寻找"红衣姐"

李春雷

① 吃完早饭，她去缴纳社保金。出门时，特意穿上了那件崭新的红上衣。

② 镇上的社保所，就在她居住的小巷口，小巷里挤满了一棵棵粗大的芒果树，蓊蓊郁郁的。小榄，是广东省中山市的一个镇，以盛产菊花闻名，是珠三角的工商重镇，这里是一个财富的世界。但是她啊，却是一个经历坎坷的女人。她生于一个偏远农村。后来，经人介绍她嫁到了小榄镇上。

③ 缴纳社保金的人太多了，队伍排得长长的。她叹一口气。先回去吧，反正还有时间。

④ 婚后，她和丈夫挤在一间逼仄的小屋内。几年后，两个儿子相继出生，丈夫也下岗了，变得愈发窘困起来。那些年的苦日子，真是羞于言说啊。后来，她和丈夫临街开起一个小吃店，经营最简单的饭菜，

还买来一台电磨,加工大米,做米浆、米粉或酿酒。5年前,他们的小吃店关闭了,丈夫老实木讷、没有技术,只得去干点零活儿,而她呢,不得不去捡废品。

⑤ 她继续往回走着,拐进了小巷里。她常常在这儿捡废品。刚开始不好意思,慢慢地也就无所谓了,她也感谢这个小巷呢。这是她的领地啊,在这里,她每天能够捡到那么多的废品。夏天太热了,汗流不止,可她,从未买过一瓶矿泉水,有时候,看看街边商铺里芳香四溢的小镇名吃——菊花肉,她也从不舍得掏钱买一盒。

⑥ 现在是早晨9点30分,小巷里空空荡荡的。

⑦ 突然,一个黄衣男子驾驶摩托车飞驰而来,急火火的,似有天大事情发生,果然,"啪"的一声,男子口袋里掉下一沓钱,红花花的,散落在地上……看着地上的钞票,她惊呆了,这些钱足足有上万元。"老板,老板,丢钱了、丢钱了!"她大声喊道。可是,"黄衣男"戴着头盔,根本听不见,风一样,跑远了。她的双脚,紧紧地踩住钞票,唯恐被风吹去。<u>她瞪大眼,呆呆地站着,不敢弯腰,双手死死地按住身上装有自己社保金的口袋。她害怕混淆,说不清楚。</u>唉,这个善良的女人啊!

⑧ 足足过了5分钟,"黄衣男"终于急火火地跑回来了。她还在那里站着,直挺挺的。她吼道:"你带这么多钱,为什么不小心?喊得我喉咙疼。""黄衣男"涨红了脸,蹲下去,低着头,匆匆忙忙地捡钱。"你的钱一张也没有丢!你慢慢捡吧。"她再次大声说,那么笃定。说完,她就转过身去,走了,走进了小巷深处。

⑨ 这件事就这样过去了。压根儿,也算不上什么新闻,只是事件现场的远处,正好有一个看风景的人,他感觉好奇,便掏出手机顺手定格了这一瞬间,这一举手之拍,打破了小镇的平静。这位不知名的旁观者,虽是有心之人,却不够专业,他只是拍了两个背景:一个穿着红上衣的女人,双脚踩住钞票,等待失主到来的背影;还有一个她悄然走开的背影。微博发表之后,开始,只有几个人,最多几十个人关注,她也没有想到,很快,就产生了蝴蝶效应,于是,小镇上的数十万根手指,不约而同地按动着同一个程序……

⑩ 在这样一个快速创造财富的南方小镇上,发生了这样一件温馨小事,真情!暖人!一颗心、感染另一颗心;一群人、感染另一群人。这股热流,一夜之间,蔓延了小镇,成为人们当天热议的话题。

⑪ 第二天早晨,这则消息,赫然登上了本地报纸。于是,小镇上的20多万人振奋不已,纷纷感叹,想要把这个"红衣姐"找出来,然而,我们的主人公根本无意识。她只收旧报纸,不看新报纸,更不关注新闻。当天下午,当地多家媒体和镇政府一起组织数十个人,开始在监控显示"红衣姐"消失的地带进行地毯式搜寻,他们把所有晒红色衣服的家庭都问遍了,把所有的门板都敲响了……傍晚时分,仍然没有踪迹。太阳消失到地平线以下去了。

⑫ 大家有些失望了。

⑬ 她家的小楼临近河边,屋门紧闭着。一日,一位阿婆前来磨粉,门开了,她探出头来。这时,在河边一筹莫展的记者发现了她,急忙跑上前询问,说着打开了报纸。她一看,惊呆了。记者敏锐地捕捉到她脸上的细微变化:"阿姐,这是你吗?我们是记者。"她吓得脸色煞白,"出了什么事?"记者已经认出她,上前一把抓住,唯恐她跑掉似的:"终于找到你了!"她更害怕了,浑身颤抖惊骇万分:"是不是钱少了?我没有拿,连腰也没有弯一下!""阿姐,不是的,不是的,你误会了!"

……

⑭ 半夜,丈夫也回来了,他把买来的一盒菊花肉,双手捧给"红衣姐"。她开心地笑了,笑成了一朵

花——菊花。那,是小镇的图腾!

(选自《人民日报》,有删改)

知识卡片

本文改编自作家李春雷撰写的纪实文学作品《寻找"红衣姐"》,文中的红衣姐是中山市小榄镇"新永广场"的一名清洁工。文章中写出了一位凡人的善举,一座小城的大爱,呈现着原汁原味的生活。

阅读指津

本文是由一件真实的事件改编而成,文中的主角并没有出现她的真实姓名,取而代之的是"红衣姐"这一代号。文章围绕"寻找'红衣姐'"展开故事的叙述,寻找红衣姐其实是寻找热心助人的美好品德。同时,看到标题自然会引发读者的好奇心:红衣姐是谁?为什么要寻找红衣姐?从而吸引读者阅读文章,赞美红衣姐所代表的拾金不昧的精神,突出文章弘扬社会正能量的主题。

拓展练习

1. 作者塑造了一个立体的"红衣姐"的形象,请仿照示例将以下关于"红衣姐"的人物形象的批注补充完整。

示例:第①段原文:出门时,特意穿上了那件崭新的红上衣。

批注:追求美好

(1)第⑤段原文:她常常在这儿捡废品。刚开始不好意思,慢慢地也就无所谓了。

批注:(   )

(2)第⑧段原文:她还在那里站着,直挺挺的。她吼道:"你带这么多钱,为什么不小心?喊得我喉咙疼。"

批注:(   )

2. 选文中多处出现前后照应的语句。结尾段中的"半夜,丈夫也回来了,他把买来的一盒菊花肉,双手捧给'红衣姐'"照应了前文中的"＿＿＿＿＿＿＿＿＿＿＿＿＿"

3. 请品味选文中画横线句子的表达效果。

她瞪大眼,呆呆地站着,不敢弯腰,双手死死地按住身上装有自己社保金的口袋。

4. 阅读选文,说说文章为什么取题为《寻找"红衣姐"》?

参考答案

1. (1) 吃苦耐劳;(2) 为人直率或为人真诚、为人诚实

2. 有时候,看看街边商铺里芳香四溢的小镇名吃——菊花肉,她从不舍得花钱买一盒。

3. 巧妙运用了肖像描写"瞪大眼睛""呆呆地站着",动作描写"死死地按住",生动形象地描绘出红衣姐生怕社保金跌落出来自己捡拾可能导致丢钱人误会而紧张害怕的心理,凸显出她的淳朴善良。

4. "红衣姐"是全文核心人物,题目概括了核心内容;寻找红衣姐实际上是寻找美好品德;能激发读者的阅读兴趣,更能展现当今社会红衣姐拾金不昧精神的稀缺,凸显她人穷心高贵的高尚品质。

选文四

给心灵一段富足的时光

① 我前排的屋子里搬来了一位拾荒者。他看上去四十岁出头,留着长发,戴一副破旧的黑框眼镜,穿着破烂不堪的牛仔裤,颇有摇滚艺术家的感觉。他蹬一辆三轮车,走街串巷,一边甩着头发,一边吆喝"收废品喽,收废品喽"。他的吆喝声不似其他人的那般呆板,显得颇为抑扬顿挫。

② 有天晚上,我突然听到前排屋子里传来吉他声,顿时心生纳闷。我在这里住了五六年,从未听人弹过吉他。我循声而去,声音的源头果然是他的房间,我有点吃惊,此后每次遇到他也都会打个招呼。他是个健谈的人,我们很快熟起来。有一天,他请我去家里做客,绕过瓶瓶罐罐,我来到他的住处。

③ 让我意外的是,他的房间全然不是我想象中的肮脏模样,电脑、音箱、录音架一应俱全,与其说是房间,不如说是音乐工作室。这些设备看上去陈旧不堪,他告诉我,有些是低价买来的二手货,还有一些是由废品改装而成的。

④ 他从小就喜欢唱歌,还想过高中毕业后去音乐学校学习,但没想到初中还没毕业,双亲就撒手人寰了。他的收入时好时坏,好的时候一天能挣两三百元,差的时候只能解决吃饭问题。即便收入不好时,他也会在夜晚的房间里自弹自唱,有时还会把自己唱的录下来,一遍遍放给自己听。

⑤ 我饶有兴致地摆弄着他的设备,他已自顾自地弹着吉他唱起歌来,只见他左手灵活自如,右手上下翻飞,眼神笃定,隆起的眉毛微微颤动,唱到动情处,闭上眼睛,仿佛沉醉在另一个世界里。当我诧异他何以弹得这么好时,他说:"不清楚为什么,每当唱歌我就觉得身体很轻,感觉像要飞起来。很多人都说,我的生活过成这样了,还唱什么歌。可我觉得生活可以穷困,但心不能穷。"

⑥ 他说的最后几个字如同珍珠落进我的心盘。

⑦ 我阿姨是一位计件缝纫工,整天与缝纫机打交道,生活琐碎而忙碌。我见过她的许多同事,无一不是步履匆匆地奔波在家与厂房之间,下班了急着回家做饭,饭后又急着赶去上班。还有许多人为了多干点活,带着饭盒去厂里蒸饭。

⑧ 阿姨却从不这样、她总是从容地回家烧饭、做菜,慢慢地享用午餐。即使生活再琐碎、忙碌,她也不忘侍弄家里的吊兰,她给吊兰浇水、施肥、松土,阳光强烈的时候,她把吊兰挪到阴凉处;冬天,她又千方百计让吊兰晒太阳。

⑨ 在她的打理下,吊兰长得骄人可爱,成为家里的一道亮丽风景,许多人对此赞不绝口。这是她的得意之作。我问她,工作这么忙怎么有闲情伺候吊兰?她说:"整天像陀螺一样转有什么意思,人总得干点自己喜欢的事。"

⑩ 她文化程度不高,说不出高深而有哲理的话,但我知道,侍弄吊兰时,是她内心最富有的时刻。

⑪ 我们的心容易被生活绑架,从而慢慢变得疲惫。但生活再困顿、再琐碎,我们也不能穷了心,无论身处何境,都请记得给心灵一段富足的时光。

知识卡片

记叙文中的人物形象,常常具有独特而鲜明的个性。我们在理解文章时,应从情节入手,分析归纳出人物的思想性格特点,进而理解人物形象的典型意义。我们在阅读中要把握作者对人物的多角度描写,从中体味出人物的内心世界,透视出人物的精神面貌,品味出文章的文学性。

阅读指津

本文刻画了两个人物,一个是"我"家附近的拾荒者,一个则是"我"的阿姨。从两个主人公身上,我们不难发现他们都有着各自的闪光点,这也是他们与众不同的地方。当我们能够发现他们的与众不同,并能分析出其所以然,就会更清楚文章的题目——"给心灵一段富足的时光"。

拓展练习

1. 简要概括选文所写的两件事。

2. 请选择下列选项中对选文内容分析不正确的一项(　　　)

A. 选文①段,对拾荒者的外貌描写写出了他的年龄和生活境况,也暗示了他对音乐的喜爱。

B. 文中"我"说阿姨"文化程度不高,说不出高深而有哲理的话"。表现了"我"对阿姨文化不高感到同情和遗憾。

C. "我"对"拾荒者"的"纳闷、吃惊、意外"从侧面体现了他的与众不同,即没有被淹没在困顿琐碎的生活中。

D. 作者在⑦段中,将阿姨同事匆忙而琐碎的日常生活,与阿姨从容、饶有情趣的生活作对比,从而赞美了阿姨的生活态度。

3. 选文⑤段画线句运用了＿＿＿＿＿＿＿＿的描写方法,作用是:
＿＿

4. 请从修辞的角度赏析第⑥段。

5. 选文结尾段运用了议论的表达方式,你能读出哪些深义?

参考答案

1. "拾荒者"在困顿的生活中,依然热爱音乐,弹吉他唱歌;

"我"的阿姨在琐碎的生活中悉心侍弄吊兰,充满生活情趣。

2. B

3. 动作描写、肖像描写,生动形象地写出了他弹琴的熟练和沉浸其中的情态,表现了他对音乐、对生活的热爱。

4. 运用比喻,把"他"说的话比作珍珠,生动形象地写出了这句话所包含的道理的可贵,也说明了这句话深深打动了我。

5. 通过议论的表达方式告诉我们一个深刻的道理,那就是我们可以处于贫困之中,但不能精神空虚,要学会让自己的心丰盈,享受生活的美好,更要学会去热爱生活。

选文五

守门的小男孩

① 中午时分,一个小男孩站在院子门口拦住下班回家的人,问:"张云龙叔叔是住在这儿吗?"这个小

男孩看上去只有十三四岁,像个乡下人。

② 有人告诉小男孩,张云龙住在3楼301房。小男孩就上到了3楼,找到301房。301房门关着,小男孩敲了几下门,门没开,他就站在门口。

③ 住在302房的是王先生和王太太,他们见301房门口站着个小男孩,又生疑又奇怪。

④ 小男孩在门口站了好长时间。王先生开门探出头看,见小男孩仍站在门口,王先生便说:"你不用等了,张云龙出差去了,明天才回来。"小男孩一听,下了楼走到院子门口,想了想,又返了回来,回到301门口,双手抱着腿坐下。

⑤ 下午上班时,王先生见小男孩还在门口,并且坐着,便把窗户关好,把晾在外面的衣服收回来,把门反锁好,边去上班边嘀咕道:"又不知道谁该倒霉了。"以前,这幢楼有好几家住户被人偷过,多半是那些十来岁不大不小的男孩干的。

⑥ 上下楼的人见301房门口坐着小男孩,也加多了一些防备,有老人在家的,叮咛老人多加小心,盯住这个小男孩,别让他偷自家的东西。

⑦ 到下午下班回家,这个小男孩仍坐在301房门口。王先生见了,有点生气,说道:"我都说过张云龙出差去了,要明天才回来。你干吗还不走?"小男孩说:"我不走,我要等张叔叔回来。"

⑧ 天渐渐黑了,王先生越想越感到奇怪,看来这个小男孩要在门口坐一夜了,小男孩在这里坐一夜,这幢楼就不得安宁一夜,如果是小偷,谁知道他会什么时候下手? 王先生想报警,王太太拦住,说:"如果人家小男孩是真等人,你不是冤枉他了? 再说人家在门口坐也没罪,他是小偷只是你们想出来的。"夜里,王太太心肠好,给了小男孩三个面包和两片蚊香。

⑨ 第二天早上上班的时候,小男孩还在门口,在301房门守了一夜。中午回来的时候,小男孩不见了,但张云龙在家。王先生好奇地问起那个小男孩,张云龙告诉王先生,三年前他下乡扶贫时,给了这小男孩200元钱读书,人家一家人还念着恩。他还说,村里有个人叫二狗子,他认识的,二狗子说要到城里来找他借点钱花,小男孩家里人怕他不知道二狗子现在是个骗子,大老远地让小男孩从乡下赶来,守了一天一夜,等他回来,告诉他二狗子是个骗子,叫他千万别借钱给他。

⑩ 整幢楼的人知道后,都感叹不已:做人做个好人,总会有人替你守门。小男孩就是个守门人,替张云龙守门挡住了骗子。

知识卡片

小说是以刻画人物为中心,通过完整的故事情节和具体的环境描写反映社会生活的一种文学体裁。小说有三个要素:人物形象、故事情节、典型环境。初中阶段我们在阅读小说时,可以按照记叙文的阅读方法先明确记叙的对象、事件及其前因后果,把握事件"发生——经过——结果"的完整过程;也可以按照小说情节的基本结构——开端、发展、高潮、结局来把握。

阅读指津

本篇小说记叙了小男孩不远万里来替张云龙守门的事。塑造了一个朴实、善良、执着、知恩图报的少年形象。从小说的谋篇布局上来看,它更是运用了悬念和伏笔,用以丰富文章的故事情节,引人入胜。巧妙运用这些典型的小说技巧,可以使文章结构严谨,也充分显示了作者的匠心。

1. 请梳理清楚文章的情节,并将下面的表格补充完整。

时　　间	事　　件	小男孩的表现
中午时分，	小男孩来寻找张云龙，发现他不在家。	(1) _____
(2) _____	(3) _____	仍坐在门口。
第二天早上上班时，	王先生上班时发现了小男孩。	(4) _____

2. 小说设置了_____的情节作为悬念，其作用是：
_____

3. 文章中的小男孩形象突出，请谈一谈作者塑造了一个怎么样的小男孩？

4. 结合结尾段的加点词语分析结尾段的作用。

参考答案

1. (1) 站在门口好长时间，走了又返回，坐在门口。

(2) 下午上班时，

(3) 王先生和其他邻居们对小男孩提高了戒备。

(4) 在门口守了一夜。

2. 只交代小男孩为张云龙守门的事，却不说明守门的原因；作用是使文章情节更为曲折离奇、更加引人入胜，极大地激发了读者的阅读兴趣。

3. 塑造了一个朴实、善良、执着、知恩图报的少年形象。

4. 结尾段中"替你守门"表面上是指男孩从乡下赶来替张云龙守了一天一夜的门，深层是表现由于多年前张云龙好心的帮助，种下了善良的种子，得到了小男孩一家善良的回报。塑造了小男孩善良淳朴的形象，也表现出小男孩一家的知恩图报。结尾段深化了中心，展现了人与人之间传递善意的美好情感。

(李永佳)

二 伟人与英雄

选文一

寻找钟南山

① 出诊,每周一次,是钟南山必做的。

② 他步履稳健,常人需小跑才能跟上,除非他有意放慢速度。他朝诊室走去。乘电梯要比他的步行慢得多,他手下的工作人员也像他一样不乘电梯。年轻时,他上楼下楼,三步并作两步,如今还是一样。

③ 每个星期,总有人会在这时找不到他,因为这时他不接电话。他的精力在这时全部用在为病人看病上。

④ 这是一个三四十平方米大的房间,两边是问诊的格子间。诊室里贴着窗边,一字排开两张检查身体的医用床,它们对面的墙上,是看X光片的灯箱。这样的诊室与医院普通医生的诊室没有两样,除了放在桌子上的那个小牌子,上面有三个字:钟南山,显示是他这位大专家在出诊。桌子是普通的电脑桌,还有简易的椅子,这些都是不能再陈旧的物品。

⑤ 病人很少看见钟南山是坐在椅子上等人来看病。

⑥ 病人一进门,就看见站在面前笑脸相迎的钟南山,心里那种"来看病"的沉重好像减了一半,更何况是面对这位满脸和气的大专家,所以心里特别踏实。

⑦ 第一位病人很快进来了,是一位50多岁的瘦弱妇女。她来自甘肃的农村,面如灰土,由家人慢慢搀扶着。"您来了? 来,您坐下。"

⑧ "大夫,你看,俺还能活不?"妇女的声音低低的,好像是在问别人的事,表情没有痛苦更没有哀伤。只有当她的眼睛在钟南山脸上停留那一刻,看见他满脸的笑容,她的眼神里才出现了一丝光亮。

⑨ "您不要急啊,把心先放下。"

⑩ 钟南山给她查看舌苔和嗓子,他张开嘴做示范:"啊——"病人也学着他的样子慢慢把嘴张大。

⑪ 钟南山的两只手掌在捂热听诊器。"来,我给您听一听。"这时,他伸出右手扶了一下面前的这位病人,病人紧张的神经马上松弛下来。她撩起自己的衣襟,让钟南山给她听诊。

⑫ 病人身上的气味有些刺鼻,尽管诊室内有明显的来苏水味道。<u>钟南山却浑然不觉,仔细地给她听诊,全神贯注,像在谛听一个深深的山谷</u>。病人得的是严重的肺病,千里迢迢,慕名而来。

⑬ 他搀扶着病人走到检查床前,伸手拉上了白布帘。他用一只手臂托着她后颈和肩的部位,扶着她

83

慢慢躺下。等检查完之后,他又把她慢慢扶起。

⑭ 对每一个病人,他都是如此。

⑮ 助手开始帮助女病人去化验、拍片。钟南山告诉助手,为这位病人办理住院的手续。

⑯ 墙上的挂钟嘀嗒,时间一分一秒地过去。从这位病人进门,到钟南山为她问诊、听诊、做身体的触诊,还有分析她随身带来的X光片,整整用了55分钟的时间。

⑰ 钟南山一个半天看10个左右病人,但是这10个病人,他常常是从下午2点半看到晚上6点以后。有时多加了两个号,他就要提前到下午2点上班,晚上也会更晚一些下班。

⑱ 助手回来了,这位甘肃女病人的检查结果全部拿回来了。钟南山又仔细查看了刚拍出的X光片。病人必须立即住院。助手说:"病房那边已经回话,会尽快安排。"

⑲ 钟南山对助手说:"辛苦你再落实一下,因为对这样的答复,我实在不能放心。"

⑳ 对钟南山来说,事再多再忙,如果不能为病人出诊,就失去了忙的对象。那些繁忙的事,也就失去了意义。

(节选自《钟南山传》第十九章《寻找钟南山》,有删改)

知识卡片

1. 钟南山,呼吸病学专家,广州医科大学附属第一医院国家呼吸系统疾病临床医学研究中心主任,中国工程院院士。中国抗击非典型性肺炎和新冠肺炎疫情的领军人物。2020年8月,钟南山被授予"共和国勋章"。

2. 传记文学是记载人物事迹的作品,用形象化方法记述和刻画人物的生活经历、精神品格形成等。

阅读指津

选文主要记叙了钟南山出诊时为一位病人看病的过程,生动细腻地展现了钟南山行医的仁者风范。

阅读本文,要在归纳文章主要内容的基础上,深入分析描写钟南山的语句,概括人物的形象特点。此外,还要关注文中病人的表现、环境的特征,从而更深入地理解钟南山的精神品质。

拓展练习

1. 请根据文章第⑦~⑬段,梳理钟南山为病人看病的过程。

主动问候→(1)_____→认真检查→(2)_____→用心触诊

2. 文章第⑧段表现出病人的心情从_____到_____的过程,这是因为_____。

3. 有读者认为第④段与钟南山为病人看病的主要内容无关,可删去。你是否同意?请说明理由。

4. 分析文章第⑫段画线句的表达效果。

5. 下列对文章内容理解正确的一项是(   )

A. 第②段写了钟南山步履稳健、步速快,表现出他心系患者、无私无畏的品质。

B. 第⑰段中的"但是"一次表转折,委婉地表达了钟南山看诊的效率有待提高。

C. 第⑲段中,钟南山对女助手说的话表明他对助手的办事能力持有怀疑态度。

D. 第⑳段表明钟南山的"那些繁忙"都是为了治病救人,在结构上,呼应开头。

参考答案

1. （1）宽慰病人；（2）仔细听诊

2. 绝望/茫然/消沉；重燃希望；钟南山轻松愉悦的表情缓解了病人紧张消沉的情绪，使她对治病抱有希望。

3. 不同意。第④段运用环境描写，写出钟南山出诊诊室的简朴陈旧。作为一名大专家，他仍在这样的工作环境中出诊，表现出钟南山淡泊名利、无私奉献的品质，使人物形象更为丰满。

4. 运用比喻的修辞手法，生动形象地写出了钟南山为病人听诊时的认真仔细、全神贯注。尽管病人身上有来苏水也难以掩盖的刺鼻气味，但钟南山依旧投入听诊，表现出作为一名医者的仁爱之心。

5. D

选文二

守得云开见月明

① 2022年11月28日11时，费俊龙、邓清明、张陆3名神舟十五号航天员在酒泉卫星发射中心问天阁与中外媒体记者集体见面。

② 为了这一刻，邓清明整整等了24年10个月。

③ 当年并肩进入航天员大队的首批14名航天员中，8人已经圆梦太空，5人停航离队，而他是唯一没有执行"飞天"任务又仍在现役的首批航天员。如今，他终于圆梦。

④ 1998年1月5日，邓清明成为中国人民解放军航天员大队首批航天员。经过几年刻苦学习，第一批航天员全部取得了执行载人航天飞行任务的资格。可在当时，中国载人航天刚刚起步，受任务密度和条件制约，飞天的机会寥寥无几。在隔几年才会到来的任务前，所有航天员都要进行严格的训练和选拔，按照综合评价排名确定主备份人选。很多科目考核的第一名和最后一名成绩相差很小，小到一两分，甚至仅仅零点几分。而就这细微的差距，一次又一次让邓清明与飞天失之交臂。

⑤ 他一次次扪心自问："为什么别人可以执行任务，而我不行呢？航天员是我的职业啊，如果没有机会执行任务，那不是我的失职吗！"

⑥ 备战神舟十一号任务时，邓清明和比他小12岁的陈冬分在了一组，参加了为期33天的地面组合模拟验证1∶1试验。他们住进了不到10平方米的密闭舱内，吃喝拉撒睡都在里面，完全模拟神十一在轨飞行任务的全部内容，其中包括近乎残酷的72小时睡眠剥夺训练。邓清明和陈冬高质量地完成了任务。

⑦ 神舟十一号飞行任务发射前夜，地处戈壁深处的酒泉卫星发射中心问天阁灯火通明。中国航天员科研训练中心领导来看望主备份乘组，4名航天员依次发言。景海鹏和陈冬作为主份分别表了决心。彼时，邓清明的心里五味杂陈。在他看来，这可能是他离飞天梦想最近的一次，也极有可能是他职业生涯中的最后一次机会。

⑧ 然而，他却再一次止步于此。

⑨ 轮到他发言时，邓清明的心里似乎有千言万语，却如鲠在喉。

⑩ "海鹏，祝贺你！"邓清明停顿了一会儿，转过身面向景海鹏，紧紧地抱住他。

85

⑪"谢谢你!"景海鹏也饱含深情地抱紧他。

⑫这个拥抱持续了几分钟,整个问天阁大厅静得似乎能听到心跳的声音,在场许多人都默默地洒下热泪。

⑬神舟十一号任务圆满成功后,任务总指挥长特意把两名备份航天员叫到一起,深情地说:"作为优秀的备份,你们是很光荣的,你们和神舟十一号乘组共同完成了这次任务,任务的成功就是你们的成功,航天员在天上的表现就是你们的表现。"

⑭听到"共同"二字,邓清明禁不住流下眼泪。

⑮那一次,邓清明还是与飞天擦肩而过,尽管眼看着飞天机会越来越渺茫,尽管内心有委屈和失落,但他的信念从未改变:宁可备而不用,不可用而不备。

⑯随着空间站任务的到来,飞行任务从几年一次到一年两次,邓清明终于在追梦近25年后以主份的身份进入了神舟十五号乘组。

⑰他知道,这是对他25年追梦历程的肯定。已知天命的邓清明,日复一日更加刻苦地参加繁重的训练,就像一个时刻坚守在战壕里的狙击手,始终睁大眼睛紧盯目标,憋着劲儿要去扣响扳机!

⑱经历苦难洗礼,强者浴火重生。

(选自《中国青年报》,有删改)

知识卡片

邓清明,1966年3月16日生。1984年6月入伍,1998年1月入选为中国首批航天员。2022年11月,邓清明经全面考评,入选神舟十五号载人飞行任务乘组并圆满完成飞行任务。

阅读指津

本文按照时间顺序记叙了邓清明从成为首批航天员到最终实现"飞天梦"的艰难历程。其中详写了邓清明积极备战神舟十一号任务却最终失利的经历。

阅读本文,首先应概括段落大意,把握文章内容。其次,要分析材料的详略安排,进而梳理出文章的思路。特别要关注人物在不同情境下的具体表现,理解人物言行背后蕴含的精神品质。此外,还要分析文中议论性语句的含义,从而把握作者对邓清明这一人物的情感态度。

拓展练习

1. 请找出第⑤段中的一个错别字并改正。

错字:_____ 改字:_____

2. 第⑥段中运用了一连串的数字,其作用是:_____。

3. 结合前文,分析第⑭段中邓清明听到"共同"二字禁不住流下眼泪的原因。

4. 结合加点字,分析第⑰段画线句的含义。

5. 下列对第⑱段中"强者"二字理解错误的一项是(　　)

A. 面对梦想,他锲而不舍、努力奋斗。　　B. 面对失败,他毫不气馁,意志坚定。

C. 面对对手,他宽容大度,真诚祝福。　　D. 面对任务,他勇于挑战,无私奉献。

参考答案

1. 门；扪

2. 具体写出了邓清明比共同训练的宇航员年龄大很多,生动展现了训练任务的艰苦,表现出邓清明坚韧不拔的精神。

3. 为了参加神舟十一号任务,邓清明付出了巨大的努力,然而他再次错失机会,这也极有可能是他职业生涯中的最后一次机会。当他听到"共同"二字,他既为自己再次以"备份"身份参与任务而遗憾失落,同时也为此次任务的圆满成功而感到高兴自豪。

4. "时刻""始终"的意思是一直、不间断。对于邓清明而言,"飞天"是他的目标,他坚守这个目标二十余年从未改变,并不断为之努力奋斗,这句话表现出邓清明坚定的信念与坚持不懈的品质,表达了作者对他的赞美与钦佩。

5. C

选文三

两三面
——追思黄永玉先生
龚曙光

① 黄老走了！走得爽快、利落,也走得突然、意外。分明就要跨过百岁之门了,可他偏偏止步在了门边。

② 意外归意外,这的确就是属于黄老的走法。这老头儿,一辈子无论做什么,但凡算件事,他都要做得出人意外,弄得满世界一惊一乍,何况辞世这么一件人生大事,当然更得把戏份做足。前不久,他还在为自己的"百岁画展"作"官宣":百岁百画,全为新作,且比过去好！他要为这百岁华诞,献上一份体面的自寿之礼。相识与不相识、相关与不相关的人们,备好了心情和掌声,正要为他的下一个百年人生喝彩祝福,他却突然一转身,用一个永远少年的背影,以及不留存骨灰、不聚会追思的叮嘱,谢幕在所有人的惊诧、遗憾和不舍中,留下一路爽朗而诡谲的笑声……

③ 我见黄老次数不少,但真正面对面坐下来,说事谈艺或聊天,其实只有两三回。

④ 初次见黄老,是在他建好不久的夺翠楼。那时我还在湘西,听说他回了凤凰老家,便冒冒失失邀了朋友前去拜访。因为没预约,起初他明显不热情,但一听说我喜欢他的《无愁河上的浪荡汉子》,立马让座看茶,一聊就是两三个小时。论年龄,他已的确是个老头儿,可那思维、才情、语速和神态,又分明是个少年。你弄不清他究竟是童心未泯,还是返老还童,反正他会用一团滚烫的青春气息,鼓荡得你心神飞扬。

⑤ 与黄老再次见面,是在长沙的喜来登酒店。我宴请他,是为了商定《黄永玉全集》的编辑体例。我提出要将"全集"做成一个系列和品牌,把那些在世的大师做进来。于是《吴冠中全集》《黄永玉全集》便列入了出版计划。这次见面,定下了精装版用小羊皮做封面。黄老说小羊皮他自己去意大利挑,要用就用最好的。后来印制的200套精装书,用的就是黄老挑选的小羊皮。原以为每套12万的订价会曲高和寡,没想到比平装书还销得快。

87

⑥ 最后一次见黄老,是十年前。再过几天,就是黄老九十岁的生日了,我们将《黄永玉全集》赶了出来,作为一份寿礼奉上。那天的新书发布会,设在北京饭店贵宾楼。地点是黄老定的,他似乎一直喜欢那里。下午,阳光灿烂而不燥热。黄老穿着橙红色的衬衣,淡黄色的西装,配了一条银灰细花的领带。我没想到他会穿西装,因为一般美术界的活动,无论多隆重,着装都随意。我是特地挑了一条蓝牛仔裤配白T恤,免得西装革履格格不入。见黄老装得正式,我连忙向他道歉。他听了哈哈大笑,说衣服是穿给自己的,适合自己就好。人若不对路,穿同款也有违和感。

⑦ 两三面的交往,够不上知人论世,也达不到知世论人,更何况,黄老本就是一个多面多彩的"庞然大物",非寻常目光可以尽览和洞穿。我只是觉得,他是一个生命与才情澎湃的稀有物种、濒危物种,他这一走,或许这个物种便消失了。一个时代,无论是熔炉还是炼狱,总会锤炼出几颗蒸不烂、煮不熟、捶不匾、炒不爆、响珰珰的铜豌豆。黄老就在这一百年里,被颠扑折腾的时代炼成了一颗铜豌豆!他无论时运顺悖,都能我行我素,将每段岁月都活成自己的时代,将每块土地都踢成自己的主场。

⑧ 我们对于黄老的伤逝,或许不只是对一个具体生命的哀婉与追忆,还是对一种时代风尚的怀念与祭悼,更是对一种人生梦想的祝福与守护……

(有删改)

 知识卡片

1. 黄永玉(1924年—2023年),中国画院院士,中央美术学院教授。黄永玉不仅在版画、国画、油画等方面有高深的造诣,他还是一位颇具才情的诗人、作家,出版诗集《一路唱回故乡》、散文集《太阳下的风景》《比我老的老头》等,创作了自传体小说《无愁河的浪荡汉子》。

2. 龚曙光,现任湖南省文联副主席。2001年,创办《潇湘晨报》。

3. 本文写于2023年6月15日,黄永玉去世两天后。

阅读指津

作者在文中回忆了与黄永玉先生的三次见面,表达了对黄永玉离世的哀伤与怀念。

阅读本文,可以先根据作者与黄永玉的三次见面划分段落,概括段落大意,初步把握文章内容。然后,分析黄永玉先生在与作者见面过程中的具体表现,推断人物的性格特点。最后,要捕捉文中议论性的语句,理解作者眼中黄永玉的形象特征以及作者内心的思想感情。

拓展练习

1. 请根据文章内容,完成表格内容的填写。

时 间	地 点	事 件
初次见黄老	湘西夺翠楼	喝茶聊天
再次见黄老	长沙喜来登酒店	(1)_____
十年前,最后一次见黄老	(2)_____	(3)_____

2. 结合前后文,说说第②段中"属于黄老的走法"具体指的是:
_____
3. 我初次见黄老,他起初"不热情"是因为_____,后来改变态度是因为_____,由此可见,黄永玉是一个_____的人。
4. 第⑥段划线句运用了人物的_____描写,其作用是_____。
5. 第⑦段中划线句中"蒸不烂、煮不熟、捶不扁、炒不爆、响珰珰的铜豌豆"出自于关汉卿的散曲作品《一枝花·不伏老》。请结合文章内容,说说作者这样评价黄永玉的原因。

参考答案

1. (1)商定《黄永玉全集》的编辑体例;(2)北京饭店贵宾楼;(3)举办《黄永玉全集》新书发布会
2. 走得爽快、利落,也走得突然、意外,并叮嘱不留存骨灰、不聚会追思。
3. 我没有预约,冒失拜访;听说我喜欢他的《无愁河上的浪荡汉子》;性格直率
4. 肖像;生动形象地写出了黄永玉在新书发布会当天穿着色彩鲜明,正式而不失活泼。表现出黄永玉对衣着搭配的用心,可见他对新书发布会十分重视。
5. 黄永玉随性直率,即使年岁已高,依然能够表现出少年的意气风发,令人感受到青春的气息。对人、对事都能保持自己独有的态度和想法。无论时运顺悖,都能我行我素,将每段岁月都活成自己的时代,将每块土地都踢成自己的主场。

选文四

汪曾祺教子

苏 北

① 与汪朗先生一起参加过许多次活动,不管是因《汪曾祺全集》还是《汪曾祺别集》,或者是汪先生的纪念日什么的,多次听他讲父亲的故事。每次他开讲,我心中都要笑起来,因为汪曾祺的作品越来越有影响,越来越被读者喜爱,因此在名人效应下,汪朗被越来越多的读者追问汪曾祺的故事,其中被追问最多的就有汪曾祺教子问题。

② 汪朗每次都是那么几件事。我心下笑的是,汪朗兄都快要成为祥林嫂了。可是每到一地,面对那么多热切的读者,又不能不讲出个一二三来。次数讲多了,便弄得真假难辨。比如,对一句话我就存疑,说汪先生在世时说过,"你们可得对我好一点,我将来可是要进文学史的"。这有可能是汪先生在家酒后的狂言,或者就是一句玩笑。因为谁都不会认真说出这句话来。鲁迅先生如果在世,估计他也不会这么说。汪朗兄本来也是当玩笑讲的,可是讲着讲着,读者信了,连我们也信了。我笑的原因,还因为我忽然又想起汪先生的一句话:有人说故事像说自己,有人说自己像说故事(大意)。汪朗兄讲着讲着,大约也会讲出这么一层意思来。

③ 不过这一次在高邮,我还是听出了些感动来。

④ 一个是说他妹妹考试。说小时候,妹妹的学习还是蛮好的。一回考试,不知怎么考失手了,只考了64分。妹妹以为这下回家肯定要挨打了。要是妈妈签名,必打无疑,妹妹就去找爸爸。汪先生看了看,也觉得考得有点失常,可是二话没说,就签了"曾祺"二字。妹妹第二天回到学校,老师见到就笑了:

"回家挨打了吧?"妹妹摇摇头。

⑤ 老师又问:"受批评了吧?"

⑥ 妹妹还是摇摇头。

⑦ 老师纳闷了,接过卷子一看,仔细看那签名,端xiáng了半天,恍然大悟:"噢!你爸爸不是你亲爸爸。你姓汪,你爸爸姓曾。"

⑧ 我觉得这更像是一个"段子",一个"梗"。

⑨ 第二个是汪朗自己的。说他自己上小学时,一次老师布置作文,写一写自己的家。汪朗写了篇《我的家》,就平铺直叙地写了家里的几个成员:爸爸妈妈和妹妹。干巴巴的,自然得不了高分。回来给汪先生看了,汪先生说,你要举几个例子,就不干巴了,比如写妈妈,就写妈妈多忙呀,她是新华社的记者,经常出差,一出差好多天都见不到她。妈妈回来都是晒得黑黑的,妈妈回来了,桌子上的筷子多了,笑声也多了。这样就不苍白了,就生动了。汪朗便记住了,没想小学升初中时,统考的试卷,作文题目就是"我的家",汪朗按这个方法写了,作文果然得了高分,因此还考进了一个好的中学。

⑩ 再大一点时,汪先生那时赋闲在家没事。汪师母就说,你就不能教教孩子写作?汪先生于是找出一本《古文观止》,给汪朗讲了一篇《五柳先生传》,之后就再没有下文了。汪师母再说,汪先生就脖子一梗:"我写作谁教过我?"

⑪ 许多年后,汪先生写过一篇有名的文章:《多年父子成兄弟》,写他自己的父亲,写自己与子女的关系。其中一个观点:子女的未来是属于子女自己的,谁要是想以自己想法塑造自己的子女,那是愚蠢的,甚至,可恶!

⑫ 汪先生虽然是上世纪初出生的人,但是他是开明的。他的观点,就现在来讲,也是可贵的。

2023年4月26日
(选自《文汇报》)

知识卡片

1. 汪曾祺(1920年—1997年),江苏高邮人,中国当代小说家、散文家、戏剧家。代表作品有《受戒》《晚饭花集》《逝水》《端午的鸭蛋》等。

2. 苏北,作家。中国作家协会会员、安徽作家协会理事。主要著作有《忆·读汪曾祺》《那年秋夜》《五虎出列》等。

阅读指津

文章的标题为"汪曾祺教子",因此,阅读本文应重点关注文章第④~⑩段记叙汪曾祺教导子女的事件,梳理、概括段落内容,分析汪曾祺的具体表现,初步了解汪曾祺教导子女的态度、方式。

第⑪段中,作者引用了汪曾祺《多年父子成兄弟》一文中的教子观点。阅读过程中,要思考这一观点在文中的作用,进而理清文章的思路。最后,结合第⑫段作者发表的议论,把握作者对汪曾祺教子的看法,提炼文章的中心。

拓展练习

1. 根据拼音,写出第⑦段中的汉字:端xiáng(　　　)

2. 在文章的第⑨段中,汪曾祺指导儿子如何将作文写生动,但在第⑩段中又拒绝妻子提出让他教孩子写作的要求。这两段内容是否矛盾?为什么?

3. 在第⑫段中,作者认为"汪先生虽然是上世纪初出生的人,但是他是开明的"。结合文章第④~⑩段,说说汪曾祺"开明"的具体表现。

(1) _____

(2) _____

4. 对文章内容理解正确的一项是(　　)

A. 第①段中,我之所以笑是因为汪朗为满足读者需求不得不编一些故事。

B. 第⑩段中的加点字"梗"表现出汪曾祺对妻子讽刺、不屑的态度。

C. 第⑪段中,作者借汪曾祺的观点表达了对现代父母错误做法的批判。

D. 第⑫段表达了作者希望现在的父母能够学习、借鉴汪曾祺教育子女的方法。

5. 《多年父子成兄弟》一文中的以下这段文字,表达了汪曾祺的另一个教子观点。有人建议可以把这一观点也加入文章的第⑪段,你是否同意,请谈谈你的看法。

我的孩子有时叫我"爸",有时叫我"老头子"!连我的孙女也跟着叫。我的亲家母说这孩子"没大没小"。我觉得一个现代化的、充满人情味的家庭,首先必须做到"没大没小"。父母叫人敬畏,儿女"笔管条直",最没有意思。

参考答案

1. 详

2. 不矛盾。第⑨段中汪朗因作文得了低分,主动给汪曾祺看,所以汪曾祺对汪朗进行了具体的指导。而第⑩段中,妻子只是因汪曾祺赋闲在家,要求其指导孩子写作。而孩子并没有主动表达学习写作的意愿,汪曾祺并不想强迫孩子,所以不教。因此,这两段不矛盾。

3. (1) 女儿考试失常,汪曾祺既不批评也不打骂,二话不说就签了名。

(2) 儿子拿回低分作文,汪曾祺细致辅导,但不愿意强行教孩子写作文。

4. D

5. 示例一:同意。这一观点中的"没大没小"指的是父母与子女之间平等相处,家庭氛围民主和谐。这一观点既能照应前文汪曾祺教子的具体事件,也能够表现出汪曾祺开明的这一特点。

示例二:不同意。文中记叙的关于汪曾祺教子的事件中,并没有体现"一个现代化的、充满人情味的家庭,首先必须做到'没大没小'"这一教子观点,因此不建议加入。

选文五

守望世纪粮仓——写在袁隆平院士逝世两周年之际

辛业芸

① 关于"袁隆平"的话题,必定是一个经久不衰的话题,因为"袁隆平"三个字,是嵌入百姓粥饭、天下粮仓的重要符号。袁隆平的人生底色和风骨透着其独有的人格魅力,品读先生之人生格局,可以从中获取力量。

②有位院士曾提到：袁院士敢想敢干，但不是不切实际地放卫星。

③每年到了水稻成熟季节，袁先生都会派出中心的栽培专家去全国的各个示范点取样调查，有的点不只去一次，所以我们的栽培专家非常忙，除了调查，还要预测产量。

④2011年，第三期超级杂交稻攻关已经历经7年，之前每年到测产时候，以为要过了、要过了，但是一测产，又没过。这一年测产之前，调查显示有可能过，于是得到消息的中央电视台准备连线直播，大家担心万一最后没有过，怎么办？记得当时袁先生对我说："小辛，我先来说服你，我用三种方法来计算给你看！就算没过也没有关系，科学研究本来就是探索的过程。"后来测产结果为百亩平均亩产926.6公斤，超过了亩产900公斤的目标要求。

⑤2016年，超级杂交稻攻关工作进入到每公顷16吨的第五期目标，即1 067公斤/亩。湖南武冈的示范点早早地就被媒体爆料，放了卫星，但是袁先生本着实事求是的原则，派中心的专家反复到点上调查核实，实际数据显示，最后测产亩产低于1 000公斤，有媒体报道说："袁隆平的攻关示范失败了！"对此袁先生很坦然，他说："搞科研，也是像在跳高，跳过一个高度，又有新的高度在等着你，要是不跳，早晚要落在后头，即使跳不过，也可为后人积累经验，个人的荣辱得失又算得了什么？"

⑥袁先生去世前，明明是很痛苦的，但我们在病床前陪护，却从没有听到他表露痛苦，哪怕只是呻吟一声。他只是关心杂交水稻，问杂交水稻的种种情况。临终前，他还和我们一起唱他最喜爱的歌："一条大河波浪宽，风吹稻花香两岸！"我只能用不惧生死、视死如归这样的词语来形容，我难以想象这是何等的坚强和乐观！

⑦袁先生是勇敢的。1994年美国世界观察所所长莱斯特布朗发表《谁养活中国》，布朗在文章中认为：一方面，随着社会人口增加和消费结构的改善，到2030年中国粮食的需求增长85%。另一方面，由于生产率下降、城市化使耕地减少、工业化使环境受到破坏，到2030年中国粮食的供给会比1994年减少20%。由此布朗得出结论，在发生人口增加和耕地减少的情况下，中国面临的问题将是巨大的粮食缺口，没有哪个国家能够养活中国人。这时，袁隆平先生勇敢地站了出来。他认为，布朗观点的最大弱点是忽视了科技进步对于提高农作物产量的巨大潜力。而农业科技进步，恰恰是支持粮食增产的第一生产力。他说："中国人完全能依靠自己解决自己的吃饭问题。（　　　　）如此，（　　　　）能够帮助发展中国家发展杂交水稻，为促进世界和平作出贡献。"

⑧此后的历史已经见证了，近20多年来，袁先生带领团队努力攻关，超级杂交稻产量正朝着亩产1 200公斤（一季）目标冲刺。21世纪早已来到我们面前，布朗的预言没有成为现实。2006年1月1日开始，联合国停止了对华粮食援助，标志着中国的粮食受捐赠历史画上了句号，中国人能吃得饱了，而且改变了"粮食缺口大国"的形象，成为了世界上重要的粮食援助捐赠国！这就是以袁隆平为代表的中国农业科学家，用科技进步的力量，为中国以占世界不到一成的耕地，养活了占世界两成多的人口，而创造的世界奇迹！

（选自《湖南日报》，有删改）

知识卡片

1. 袁隆平（1930年—2021年），中国杂交水稻事业的开创者和领导者，首届国家最高科学技术奖获得者、"共和国勋章"获得者，中国工程院院士，被誉为"杂交水稻之父"。

2. 辛业芸，湖南杂交水稻研究中心研究员，1996年开始担任袁隆平院士工作助理，长达25年。

现代文

阅读指津

本文围绕袁隆平先生选取了几个典型事件展开叙述,着力表现了袁隆平穷其一生为杂交水稻事业所做的杰出贡献。阅读本文,可先概括文中记叙的事件,再分析袁隆平先生在不同境况下的具体表现,结合文中的议论性语句,把握人物形象,理解作者的情感态度。还要思考文章标题的含义,进而理清文章思路,提炼文章的中心。

拓展练习

1. 根据文章第③~⑦段,完成表格内容填写。

时　间	面临的境况	袁隆平的表现	袁隆平的精神品质
2011年	央视直播第三期超级杂交稻测产,大家担心达不到目标。	用三种方法来计算说服助理并表示不过也没关系。	(1)_____
2016年	超级杂交稻攻关示范失败。	(2)_____	
去世前	病痛、死亡	不表露痛苦,只关心杂交水稻;唱他最喜爱的歌。	无私奉献、(3)_____
1994年	布朗提出:没有哪个国家能够养活中国人。	(4)_____	(5)_____

2. 请在第⑦段的括号中填入合适的关联词（　　）

A. 因为……所以　　B. 不仅……还　　C. 只有……才　　D. 虽然……但是

3. 第⑧段画线部分,连用两个感叹号的作用是_____。

4. 文章开头写道"袁隆平的人生底色和风骨透着其独有的人格魅力,品读先生之人生格局,可以从中获取力量"。请结合文章具体内容,说说你从中获取到的一种力量。

参考答案

1. (1)求真务实;(2)坦然面对结果,不在意个人荣辱;(3)坚强乐观;(4)反驳布朗观点;(5)坚定勇敢

2. B

3. 加强语气,强调了在袁隆平带领团队的努力攻关下,中国粮食产量实现了质的飞跃,不仅能养活中国人,还成为了世界重要的粮食援助捐赠国。袁隆平用科技进步的力量创造了奇迹。表达了作者对袁隆平发自内心的赞美与钦佩。呼应开头"'袁隆平'三个字,是嵌入百姓粥饭、天下粮仓的重要符号"。

4. 示例:2016年,面对超级杂交稻攻关的失败,袁隆平坦然接受结果且没有丝毫气馁。他对待科学事业不惧失败,求真务实,为一个又一个新的目标脚踏实地地努力奋斗。从中我获取到了勇敢迎接每一次挑战的力量,不论失败与成功,唯有不懈地努力付出,才能超越自我,有所进步。

(王悦琳)

三 少年成长

 选文一

阅读记

① 我上小学一年级时,有一天捡到一张旧报纸。闲来无事,就把自己认得的字挨个念了出来,竟然发现它们的读音连缀出了一句自己能够明白的话语,大为震动。那种震动直到现在还能清晰记得。好像写出文字的那个人无限凑近我,只对我一个人耳语。这种交流是之前在家长老师及同学们那里从不曾体会过的。那可能是我生命之初的第一场阅读,犹如壳中小鸡啄开坚硬蛋壳的第一个小小孔隙。

② 阅读令我打开了通往更大也更黑的世界的一扇门。从此,只要是印有汉字的东西都会令我饥渴阅读。阅读物的最大来源是捡垃圾的外婆拾回家的旧报纸。邻居家则是最渴望的去处,他家有一面书架,五颜六色的书脊排列得整整齐齐,对我来说无异于阿里巴巴宝藏。只可惜他家总是不被允许进入。每年新开学那几天成了最快乐的时候,往往不到两个星期就读完了整学期的课本内容。

③ 小学四年级那年,我妈开始做收购废纸的生意。怕纸物淋雨,专门腾出一间房子堆积。所谓废纸大都是书籍和报纸,于是那个暑假我幸福惨了,天天溜到那间房子,躺在快要顶到天花板的书山上看书。那是真正的书山啊! 在书堆里扒出一个舒适的书窝,蜷进去,左手取本书一翻,看不懂,右边一扔。再一本,还行,翻一翻,扔了。下一本,不错,甜甜看到天黑……

④ 六年级回到四川,发现了全城最幸福的一处所在:公园里的租书摊。那可比买书划算多了! 于是整个暑期里,每天跟上班一样风雨无阻地出现在那里。夏天结束时,摊位上差不多所有书都被我看完了。

⑤ 上初中后,学校有小型的图书馆,能借阅到一些文学经典及报纸期刊。此外,帮同学做值日的话,也能借到他们的书看。一开始,全都是毫无选择的阅读,全然接受,鲸吞海纳,吃干抹净。然而渐渐地,阅读的海洋中渐渐浮起明月。那些被记住的文字暗流涌动,认准一个方向推动小船,扯动风帆。

⑥ 如今,阅读的意义已经不只是汲取养分、增加知识、领略愉悦了,对现在的我来说,"阅读"这件事已经渗透进日常生活的一举一动之中,成为了日常习惯。什么都是"读",什么都是学习与获得。我仍稳稳当当行进在当年的航道上,明月已升至中天。当我再次拿起一本书的时候,总感觉一切仍然刚刚开始。当年的耳语者还不曾走开,只对我一个人透露唯一的秘密。

(选自李娟《记一忘三二》,有删改)

知识卡片

李娟,1979年出生于新疆生产建设兵团农七师,成长时期辗转于四川、新疆两地,有过一段阿勒泰牧场上的生活经历。1999年开始发表作品。曾获"人民文学奖""上海文学奖""天山文艺奖""朱自清散文奖"等。《记一忘三二》是李娟创作的随笔集,该书记录下作者日常生活的杂闻琐事。文字率性、平实、诙谐,同时又有掩盖不住的温暖和诗意。

阅读指津

这是一篇回忆性散文,记录了自己不同时期的阅读经历与阅读感悟,作者对阅读的那份纯粹的热爱深深打动了我们。阅读文章时,我们不妨抓住文中表示时间的词语,比较不同时期阅读经历的异同。另外,文中还有不少形象且耐人寻味的比喻,这些语句值得细细品味。

拓展练习

1. 第⑤段"鲸吞海纳"在文中的含义是_____。

2. 阅读文章①~④段,完成下表。

	阅读物的来源	"我"的阅读经历	
		外在表现	内心感受
一年级	(1)_____	把认得的字挨个念出来	大为震动
	(2)_____	两周读完新学期课本内容	(3)_____
四年级	妈妈收购来的旧书刊	(4)_____	(5)_____
六年级	公园里的租书摊	(6)_____	最幸福

3. 第①段画线句运用了_____的修辞手法,其表达效果是_____。

4. 分析第③段画线句中加点词"蜷"的语言表现力。

5. 对结尾段理解不正确的一项是(　　)

A. "'阅读'这件事"和"什么都是'读'"这两处引号的作用完全相同。

B. "当年的航道"指作者少年时期在海量的阅读中逐渐明确阅读的方向。

C. "明月已经升至中天"可以理解为作者因阅读而不断丰盈的内心世界。

D. "耳语"形象地写出了阅读产生的共鸣以及与作家的交流带来的震动。

参考答案

1. 毫无选择,全然接受的阅读。

2. (1)捡到的一张报纸;(2)外婆拾回的旧报纸及新学期的课本;(3)最渴望,最快乐;(4)天天躺在书山看书;(5)幸福惨了;(6)暑假每天风雨无阻去租书摊读书

3. 比喻;生动形象地写出了第一场阅读带来的震动,从此爱上阅读并通过阅读了解世界。

4. "蜷"生动形象地写出了"我"窝在书山里如痴如醉阅读的样子,表现了"我"对阅读的痴迷,沉醉其中无法自拔。

5. A

选文二

书的发现

① 我这一辈子可以算是一个读书人,也就是说,读书成了我的终身职业。我不敢说这样的活法是最好的,因为人在世上毕竟有许多活法,在别的活法的人看来,啃一辈子书本的生活也许很可怜。不过,我相信,一个人不管从事什么职业,如果不读书,他的眼界和心界就不免狭窄。

② 回想起来,最早使我对书发生兴趣的只是一本普通的儿童读物。那还是在上小学的时候,班里的同学们把自己的书捐出来,凑成了一个小小的书库。我从这个小书库里借了一本书,书名是《铁木儿的故事》,讲一个顽皮男孩的种种恶作剧。这本书让我笑破了肚皮,以至于我再也舍不得与这个可爱的男孩分手了,还书之后仍然念念不忘,终于找一个机会把书偷归己有。

③ 后来我没有再偷过书。但是,从此以后,我对书不再是_____,而是刮目相看了,我眼中有了一个书的世界,看得懂看不懂的书都会使我眼馋心痒,我相信其中一定藏着一些有趣的东西,等待我去把它们找出来。

④ 当时我家住在离上海图书馆不远的地方,我常常经过那里,但小学生是没有资格进去的,我只能心向往之。小学毕业,拿到了考初中的准考证,凭这个证件就可以到馆内的阅览室看书了,为此我感到非常自豪。记得我借的第一本书是雨果的《悲惨世界》,管理员怀疑地望着我,不相信十一岁的孩子能读懂。我的确读不懂,翻了几页,乖乖地还掉了。这一经验给我的打击是严重的,使得我很久不敢再去碰外国名著,直到进了大学才与世界级大师们接上头。

⑤ 不过,对书的爱好有增无减,并且很早就有了买书的癖好。读初中时,从我家到学校乘车有五站地,由于家境贫寒,父亲每天只给我四分钱的单程车费。我连这钱也舍不得花,总是徒步往返,攒下来去买途中一家旧书店里我看中的某一本书。钱当然攒得极慢,我不得不天天去看那本书是否还在,直到攒够了钱把它买下才松一口气。读高中时,我住校,从家里到学校要乘郊区车,单程票价五角,于是我每周可以得到一元钱的车费了。这使我在买书时有了财大气粗之感,为此每个周末无比愉快地跋涉在十几公里的郊区公路上。

⑥ 在整个中学时代,我爱书,但并不知道该读什么书。基本上是在粗浅的知识性读物中摸索。在盲目而又强烈的求知欲驱使下,有一阵我竟然认真地读起了词典,边读边把我觉得有用的词条抄在笔记簿上。我在中学时代的读书收获肯定不在于某一本书对于我的具体影响,而在于养成了读书的习惯。从那时开始,我把更多的时间用来读课外书。这要归功于我读高中的上海中学,那是一所学习气氛颇浓的学校,阅览室的墙上贴着高尔基的一句语录:"_____"这句话对于当时的我独具魔力,非常贴切地表达了一个饥不择食的少年人的心情和状态。我也十分感谢那时候的《中国青年报》,它常常刊登一些伟人的励志名言,向我的旺盛求知欲里注进了一股坚韧的毅力。

(选自周国平散文集《安静》,有删改)

知识卡片

周国平,1945年生于上海,中国当代著名学者、作家、哲学研究者,是中国研究哲学家尼采的著名学者之一。其散文长于用文学的形式谈哲学,诸如生命的意义、自我等,探索现代人精神生活中的普遍困惑,重视关照心灵的历程与磨难,寓哲理于常情中,深入浅出,平易之中多见理趣。

阅读指津

节选自周国平的散文《发现的时代》,作者在文章的开头写道:"在人的一生中,中学时代是重要的,……正是在上中学那个年龄,人生中某些本质的东西开始显现在一个人的精神视野之中了。所以,我把中学时代称作人生中一个发现的时代。"节选的部分写的是作者因为求知欲的觉醒,而发现了一个书的世界。希望正处于少年时代的你在属于你的发现时代里爱上读书,如作者般投入、陶醉其中,而又单纯。

拓展练习

1. 在第③段横线处填写一个合适的四字成语_____。

2. 下列高尔基的名言中,适合填写在第⑥段横线处的是(　　)

A. 书籍是青年人不可以分离的生命伴侣和导师。

B. 书籍使我变成了一个幸福的人,使我的生活变成轻松而舒适的诗。

C. 读书愈多,精神就愈健壮而勇敢。

D. 我扑在书本上,就像饥饿的人扑在面包上一样。

3. 文中作者依次回忆了读书经历中的几件难忘的事,请概括。

(1) 小学时,我将一本不属于自己却爱不释手的儿童故事书占为己有。

(2) _____。

(3) 中学时,_____。

4. 第⑤段画线句"钱当然攒得极慢",一方面是因为_____,另一方面是因为_____。由此侧面烘托出我_____的心理。

5. 文章第③段说"我相信其中一定藏着一些有趣的东西,等待我去把它们找出来。"请结合自己的阅读经历,根据提示,写一写你在书中发现的一些有趣的东西。(要求:50字左右)

我曾读过_____(作者)的《_____》(书名或篇名)。我发现了一些有趣的东西,_____。

参考答案

1. 视若不见/熟视无睹/视而不见

2. D

3. (2) 小学毕业,我用准考证在上海图书馆借了第一本书《悲惨世界》。

(3) 我宁愿徒步往返家与学校,也要将积攒下来的车费买书读。

4. 每天只有4分车费,只能一点点地积攒;每天都会担心书被买走而提心吊胆,觉得攒钱买书这个过程异常地漫长;对心仪之书的急切渴望。

5. 略

陌生的康乃馨

朱成玉

① 母亲节的时候,母亲意外地收到了一束康乃馨。里面夹着一封信,信封上写着:妈妈收。

② 哦?这是你们俩谁出的鬼点子?母亲一边微笑着望着我和姐姐,一边好奇地打开了信封。

③ "您不知道我是谁,但请允许我这样称呼您,妈妈!

④ "我就是那个在您的小摊边上犹犹豫豫的小女孩,我手里攥着五毛钱,想买你的雪糕,可我的作业本用没了,这五毛钱还可以买两个本子的。我望着你的雪糕,舔着自己干裂的嘴唇,不忍离开。你看到我了,给了我一个大大的雪糕,还催促我快点吃,说,再不吃,就都被太阳公公给吃了。我笑了,那个雪糕真甜啊,上面有暖暖的奶香。"

⑤ 哦,原来是那个可怜的"小不点"。母亲说她最见不得孩子可怜的样子,让人心疼。母亲接着往下读,眉头却慢慢皱了起来,满是疑问。

⑥ "您不知道我是谁,但请允许我这样称呼您,妈妈!

⑦ "我就是那个在你的小摊边摔倒的淘小子。我在大街上溜旱冰,溜得太快了,不小心撞到了你。可你却赶紧把我扶起来,送到诊所去。

⑧ 你的伤比我严重多了,医生要给你包扎,你却说,大人皮厚,小孩皮嫩,先给孩子包扎吧。<u>你摸着我的头,温柔地责怪我说,淘小子,以后在大街上可不许再溜旱冰了。撞到我算你好运,要是撞到汽车,小命就没了。</u>"

⑨ 母亲想起了这个淘小子,自从医院出来以后,就没有再见到他。"没想到他还记得我。"母亲自言自语,却愈发的糊涂了,那么送花的到底是那个"小不点"还是这个"愣小子"呢?

⑩ 更大的谜团在后面。

⑪ "您不知道我是谁,但请允许我这样称呼您,妈妈!

⑫ "我就是那个断了双腿,只能爬着走路的小乞丐。那天,你不仅给了我钱,还递给我一个大大的饭盒——那是你的午餐。等我吃完这最香的一顿饭时,你还给了我一副套袖,里面絮着很厚很厚的棉花。那是你用一个中午的时间做成的,你说看到我的胳膊流血了,一定很疼。让我以后'走路'的时候套上它,就不会再磨破胳膊了。"

⑬ "真的不是你们两个搞的鬼?"母亲望着我和姐姐,再一次问道。我和姐姐也被弄糊涂了,一个劲儿地摇头。此时此刻,我和姐姐除了疑问,更多的是愧疚。母亲节,怎么就忘了给母亲礼物呢?

⑭ 那这个人到底是谁呢?他又是怎么知道我做过的这些事情的呢?母亲忍不住接着往下看,真相渐渐浮出了水面。

⑮ "看着您每天忙忙碌碌的身影,像极了我的妈妈。所以,我就把您当成我的妈妈,每天能看到您,心里就会暖暖的。所以,请您替我收下它好吗?母亲节,我很想很想送给我的妈妈一束康乃馨。可是她去了天堂,我不知道怎么给她。你那么喜欢帮助别人,你一定有办法转交给她。是吗?"

⑯ 母亲一下子想到是谁了。那是母亲的"跟屁虫",母亲走到哪里,她就跟到哪里。那是个坐着轮椅的爱看书的小姑娘。她的妈妈去世两年了,她活在忧伤的潮水里,不能自拔。母亲有空就和她聊天,逗她

开心。时间长了,小姑娘开始依恋母亲了。

⑰ 母亲做的那些事情,她都看在眼里,留在心中。

⑱ 我和姐姐愈发的愧疚了,母亲做的这些事情,我们竟然一点都不知道。平日里我们只知道母亲很忙,忙得不可开 jiāo,忙得忘记了对我们说爱,以至于常常对母亲生出抱怨。殊不知,她忙忙碌碌,是因为她是散播爱的天使啊。

⑲ 此时此刻,我和姐姐想对母亲说的话,竟然与那个小姑娘在信的末尾写的几乎一模一样:

⑳ "妈妈,如果世间真的有天使,那么我相信,您,一定就是圣母玛利亚。"

(有删改)

知识卡片

朱成玉,《读者》《特别关注》签约作家。大多数作品被广泛转载,《落叶是疲倦的蝴蝶》《把生活变成诗歌》等文章相继在《读者》杂志上被评为"最受读者欢迎文章"。已出版《朱成玉最美散文集·爱一朵花陪它盛开》《落叶是冬天的请柬》《那些安分守己的忧伤》《不惊慌的雨》等十多部散文集。他的散文被称为"性灵美文",善用溪水般清澈的语言,描绘蕴含哲理的故事。

阅读指津

本文结构的巧妙是耐人寻味的地方。初读的时候我们可以借助引号,将文章分成两个部分:神秘来信的内容,以及妈妈、"我"和姐姐的读信心路。根据写信人和收信人的角度,又分别讲了两个故事,一个是坐轮椅的写信小女孩的故事,还有一个就是天使妈妈的故事。有趣的是,大故事里又套着小故事,天使妈妈的故事是四个关于爱的故事。文章的叙述者也值得寻味,这个故事由"我"来讲和由小女孩来讲会有什么不同呢?同学们不妨再做深入思考。

拓展练习

1. 根据拼音,写出第⑱段中的汉字:不可开 jiāo(　　)

2. 第⑰段说"母亲做的那些事情,她都看在眼里,留在心中",请概括母亲所做的事。

(1) 母亲把一个大大的雪糕送给没有足够钱买雪糕的"小不点"。

(2) _____。

(3) _____。

(4) _____。

3. 分析第⑧段画线句的语言表现力。

4. 对本文内容理解不恰当的一项是(　　)

A. 文题既是对文章主题母爱的一种提示,反常搭配吸引读者。

B. "我"和姐姐的情感经历了从疑惑到愧疚再到感恩的变化。

C. 文章开头未交代来历的那封信既是设置的悬念,又是线索。

D. "我"和姐姐曾因为母亲关爱其他孩子而忽略我们而抱怨。

5. "您不知道我是谁,但请允许我这样称呼您,妈妈!"一句分别出现在第③段、第⑥段及第⑪段,且独句成段。简析作者这样写的用意。

参考答案

1. 交

2. (2) 母亲将街上溜旱冰的"淘小子"送到诊所并温柔叮嘱他注意安全;

(3) 母亲将自己的午餐给了残疾的小乞丐,并送他亲手做的袖套;

(4) 母亲一有空就陪一个失去妈妈的轮椅女孩聊天,逗她开心。

3. 这句话运用了动作及语言描写,生动形象地写出了母亲温柔叮咛小男孩的样子,表现了母亲对陌生小男孩的关心与爱护。

4. D

5. 形成间隔反复。内容上,表达了陌生小女孩对母亲的敬爱。结构上,自然引出陌生小女孩对母亲关爱孩子的几件小事的回忆,使文章脉络清晰,引人入胜。

温 暖

张洪霞

① 我要和二樱、姜花她们去镇上批发冰棍卖。头天晚上,父亲给我糊了一个小箱子,箱子外面粘了一层花纸,那一朵朵粉色的小花仿佛活了般在箱子上肆意开放。

② 翌日一大早,我背着小箱子走出家门,正在园子里跟父亲一起浇地的母亲从豆角架旁探出头来,再三地叮嘱我:你们仨要在一起,不要分开啊。我冲满脸焦虑的母亲不住地点头,满心欢喜地往村外奔去。

③ 等我们赶到镇上的冰棍厂时,那里已经排了很多人。我们批发完冰棍,去了离镇子不远的一个村庄,刚一进村,姜花就拖着长长的尾音喊了声"冰——棍儿"。二樱没忍住,扑哧一笑,姜花瞪了她一眼,说,不喊,怎么卖冰棍?看姜花满脸严肃,我慌乱地低下头。

④ 我喊不出声来,因为我是个哑女。

⑤ 姜花见状,忙伸手搂过我,用力地抱了抱我,说,放心吧,咱们说好的,我们俩带着你卖冰棍。

⑥ 她们俩的喊声飘荡在田间地头,飘荡在村子里的角角落落,每卖出一根冰棍,我们都高兴得不得了。

⑦ 走过几个村子,冰棍卖得差不多了,姜花说我们该往家的方向绕了,一边往回走,一边卖剩下的冰棍,到家之前,我们的冰棍也就卖完了。

⑧ <u>中午时分,天热得让人喘不过气来,脚下的路就像被大火球烘烤了似的,滚烫滚烫的</u>。看着不远处有条小河,清冽的河水细细地流淌着,我们跑过去,使劲儿地往脸上、胳膊上撩着水。

⑨ 河那边有几个人在筛沙子,看到我们,其中一个人喊道,小孩,还有没有冰棍啊?有就过来。我们急急忙忙地过了小河,喊话的大叔看着我们仨,说,该买你们谁的冰棍呢?<u>大叔,先买她的冰棍,她们俩指着我一口同声地说</u>。大叔笑了,看了看我,又看了看小箱子上的小粉花,说,买你的吧。我打开箱子,掀开毛巾,手一摸上去,感觉冰棍有点软,我抽出手,有点不好意思地比画着:还是买她们的吧,我的冰棍要化了。大叔蹲下来,把手伸进箱子里,说,能吃,过一会儿,你就更卖不出去了。他边说边拿出 10 根冰棍分

了下去,又转过头对我说:就剩两根了,我都买了吧？我刚想点头,看着旁边几个人一边擦着黝黑的脸上的汗水,一边畅快地吃着冰棍,刹那间,我改变主意了,头摇得像拨浪鼓。

⑩ 一路上,我手里紧紧地攥着大叔给的冰棍钱,心里甜丝丝的,就像刚吃了一根冰棍似的。<u>穿过一片树林,阳光透过树木的缝隙,跳跃在我们红扑扑、汗津津的脸上,就像开出了一朵金色的花。</u>

⑪ 回到家,到父母还在园子里忙碌着,我没有惊动他们,自己跑进屋,把攥得汗津津的一卷钱放在父亲的烟笸箩旁。然后打开箱子,冰棍已经融化得不成样子了,我转身找出两个碗,把冰棍放进碗里,抽出冰棍纸,放到嘴边吸了一口。

⑫ 在园子里,母亲一转身看到我,脸上露出惊喜,说,看你这脸晒得,还有这一身的汗。她摘下脖子上的毛巾,要给我擦汗,我躲过母亲的手,把碗递给她。母亲接过碗,问我怎么不吃,我舔了舔嘴唇,比画着:那会儿刚吃过了。母亲用勺子把糨糊一样的冰棍送到嘴边尝了一口,回头跟同样端着碗、满脸幸福的父亲说,真甜!

(选自《微型小说选刊》2022 年第 14 期,有删改)

知识卡片

张洪霞,辽宁省作家协会会员。发表过诗歌、散文、小小说。有诗歌被收录《中国新诗人袖珍抒情诗选》,小小说在《小小说月刊》《微型小说选刊》《文摘周刊》《小说月刊》等报刊上发表,并有作品入选多种选本。

微型小说是小说的样式之一,亦称"小小说"和"超短篇小说"。它的显著特点是篇幅短小、人物少、故事情节简单,只截取生活中具有特殊意义的某个片段或某个场景进行横断面的描写。微型小说能准确捕捉现实生活中美的闪光,使读者在极短的时间内获得某种有益的感悟和启发。

阅读指津

阅读微型小说我们首先要关注小说的标题,标题往往对故事情节、小说主旨有提示的作用。这篇小说的主人公"我"是个哑女,但是"我"的生活没有因为身体的残疾而变得暗淡,温馨美好的氛围贯穿全文。我们不妨罗列一下小说中出现的几个人物,思考这些人物身上有哪些温暖之处,除了人物带给我们温暖之外,小说还有哪些地方带来了暖意？作者塑造这些人物,讲这样一个故事,要传递怎样的独特思考呢？

拓展练习

1. 第⑨段画线句中有一个错别字是_____,它的正确写法是_____。

2. 梳理小说情节,请在方框里填写恰当的内容。

父亲为我糊了装冰棍的箱子→ ▢ → ▢ →我把最后两根棒冰留给了父母

3. 下列对第⑧段环境描写的作用,理解不正确的一项是( )

A. 交代正午时分天气非常炎热。

B. 为下文冰棍开始融化做了铺垫。

C. 烘托了我未卖完冰棍烦躁的心情。

D. 推动故事情节的发展。

4. 分析第⑩段画线句的语言表现力。

5. 小说中哪个人物带给你温暖的感受,请结合人物处境及人物表现简要分析(50字左右)。

参考答案

1. 一;异

2. 二樱、姜华带着我在村子里大声叫卖冰棍;大叔不嫌弃我的棒冰开始融化,买走了10根

3. C

4. 运用比喻的修辞手法,生动形象地写出了阳光洒在我们脸上灿烂、明媚的样子,表现了我们卖完冰棍有所收获,满足、喜悦的心情。

5. 示例:小说中"姜花"令我感到温暖,当姜花意识到自己的话也许会让身为哑女的"我"感到沮丧、悲伤,立刻将"我"搂过,并有力地抱住"我",并且安慰"我",给"我"温暖的力量。而且姜花聪明能干,有领导力,又像一个大姐姐一样,给人安全感。

选文五

① 这张照片摄于两年前,玄武湖边,一排粗壮的柳树下,远远的长凳上孤零零地坐着一位老人,背有些佝偻,双手背在身后,轻轻地捶打着腰背。好熟悉的身影!当时我一边下意识地举起相机、按下快门,一边又向前走了几步。

② 是了,这位金陵老人的装束,与我外婆当年的样子何其相似!<u>短发用黑色铅丝做成的发箍箍着,纹丝不乱,身上也是穿着这种洗得有些发白的卡其布衣服,脚下是双白底黑面的布鞋……</u>

③ 外婆过世已快二十个年头了……

④ 小时候生活在外婆家,总不见她有空闲的时候,忙完家务,手上不是织着毛衣,就是纳着鞋底。那时的我,最盼望的是新年,因为远在青海和云南插队的舅舅们回来探亲时,外婆又要炒喷香的鱼松、做各种好吃的饭菜了。

⑤ 那时的我觉得鱼松就是世上最好的美食了。把洗净后切成小段的带鱼放入油锅,炸至金黄松脆,然后再用小火在铁锅中不断翻炒,鱼块散成像现磨咖啡那样的小颗粒,鱼松就基本制成了。出锅冷却之后,装到玻璃瓶中,那是给两个舅舅探亲假结束后回乡下准备的,每人两瓶,够他们在缺少荤腥的乡下吃大半个月了。当然制作过程中,我也总能揩油吃到不少。那时的我哪里知道,一瓶鱼松需要多少条带鱼、多少下翻炒才能做成啊!只觉得那种香味,令人垂涎欲滴!只觉得锅铲在铁锅中翻炒的当当声,是世间最美妙的声音!

⑥ 舅舅们探亲的半个月间,家里始终弥漫着这样的好味道、好声音。等舅舅们走了,偶尔会听到外婆一边揉着肩膀,一边跟外公聊家常:"两个孩子又黑又瘦,像猴子一样……红烧带鱼,要买3角5分一斤的大带鱼;炒鱼松,就不必买大的贵的鱼,买8分钱一斤的小鱼就行了,省下的钱,就能给孩子们多买点大白兔奶糖带下乡去……"

⑦ 那时,我们住的徐家汇附近还是大片的农田。每到夏天的清晨或傍晚,外婆总爱带着我在田间散步。外婆时常停下来看农民担水浇地、挑粪施肥,还爱跟我说"那两个大桶,该有百十来斤吧?"我总嫌她

走得慢,早就一蹦一跳跑到前面追蜻蜓去了。现在想来,一定是对千里之外两个儿子的牵挂让她迈不开步!想到孩子们瘦弱稚嫩的肩膀也要挑起上百斤重的担子,心里的那份不舍与惦记,是到了我自己做母亲时才真正懂的。

⑧ 不要说我们表姐妹表兄弟几个是外婆带大的,就连我孩子两岁前的衣服鞋帽,也是闲不住的外婆给张罗的。婴托班的那些年轻妈妈们,经常善意地嘲笑我儿子"穿得像个小古董",她们哪里知道那是年近八旬的太外婆为曾外孙一针一线手工缝成的!外婆说,孩子小,误食了纽扣之类的玩意儿可不是闹着玩的!还是穿布条绳结的斜襟衣服好。

⑨ 那时的外婆,年事已高,做事已不似当年那样麻利,折磨她多年的胃病,让她的背有些佝偻了……多方求医,难挽沉疴,初夏时节,外婆终于不必再为儿孙们操心了……

⑩ 爱我的外婆去了,让我耿耿于怀的是,我居然不能确切地说出她老人家的出生年月!

⑪ 隔着十多米的距离,看着那位素不相识的金陵老人的背影,我似乎听到她的叹息之声,那声音似乎在告诉我,好不容易忙里偷闲,她才找到个无人之处歇一歇。我打消了走到正面仔细打量她的念头,默默地对自己说:回沪后和孩子聊聊我的外婆,说说我的遗憾吧。

⑫ 去年我和我的学生们在课堂上分享了这张照片,交流了各自的感悟。今年10月20日,我在微博里写道:重阳节,记得回家问候长辈!

⑬ 外婆从来不曾要求子孙回报什么,我也无从回报什么,今天就让我说说照片背后的故事,以及我心中的愧疚,希望这样的爱的不等式,越少越好。

(有删改)

知识卡片

金陵,南京的古称,长期是中国南方的政治、经济、文化中心。金陵是中华文明的重要发祥地,被视为汉族的复兴之地。金陵还是中国古典文化和风雅文化的代表城市,象征着古典中华文明,有"天下文枢"之称,金陵和罗马并称为"世界古典文明两大中心",金陵文化在人类历史上产生了极其深远的影响。

阅读指津

阅读多件事写人的回忆性散文我们可以思考这些问题:文章回忆了几件事,这几件事之间有怎样的联系,事件体现出人物怎样的品质特点,作者对于这个人的情感经历了怎样的变化,这个人之于作者的意义等。这篇文章隐去了题目,给我们的阅读带来一定的困难,如何给文本拟合适的标题?以本文为例,可以抓取文章的线索——照片;可以突出故事主题或情感内核——回忆、怀念;可以凸显故事人物——外婆。

拓展练习

1. 理解下列词语在文中的意思。

(1)"爱"字在《现代汉语词典》中有以下几个义项,文章第⑦段的两个"爱"的意思是_____(填写序号)。

① 对人或事物有很深的感情 ② 喜欢 ③ 爱惜,爱护 ④ 常常发生某种行为

(2) 第⑧段中"穿得像个小古董"中"古董"指的是_____

2. 本文主要回忆了关于外婆的三件事,请概括这三件事。

(1) 外婆做鱼松等美食让插队的两位舅舅带下乡,并时常念叨他们。
(2) _____
(3) _____

3. 第②段画线句运用的人物描写方法是_____,其作用是_____

4. 下列对本文写作意图理解最准确的一项是( )
A. 赞美了外婆为儿孙无私奉献的精神。   B. 抒发了我对外婆的思念和愧疚之情。
C. 反映出外婆那一代人生活的艰苦。   D. 希望晚辈能早日理解并回馈长辈的爱。

5. 请为本文选择合适的标题,并简述理由。
A. 忆外婆   B. 一张照片勾起的回忆

参考答案

1. (1) ④;(2) 外婆给我儿子做的衣服款式过时

2. (2) 外婆田间散步时常驻足观望农民劳作,充满对下乡劳动的舅舅的牵挂与担忧;
   (3) 年过八旬的外婆为曾外孙张罗衣服鞋帽,看似过时,其实是外婆的周到考虑。

3. 肖像描写;生动形象地写出了金陵老人朴素/整洁/勤俭的特点,引出下文对同样具备这些特点的外婆的回忆。

4. D

5. 开放性题目两个标题都可以选。

忆外婆:标题概括了本文主要内容即回忆外婆相关的往事,表达了对外婆的敬爱与怀念;结构上,对外婆的回忆贯穿文章主体部分,是文章的行文线索;表达效果上,使读者对文章内容及主旨一目了然。

一张照片勾起的回忆:内容上,本文是由一张作者拍摄的金陵老人照片引起了对外婆的回忆,表达了对外婆的敬爱与怀念;标题体现了文章巧妙的结构:文章开头由一张照片引发回忆,结尾又回到照片,首尾呼应,浑然一体;表达效果上,充满悬念,能够引起读者的阅读兴趣。

(石雨霁)

四　人类与动物

选文一

被木棒敲死的母鹿

沈石溪

马鹿不仅肉质鲜美,公鹿还有价值昂贵的鹿茸,母鹿还有妇科珍品鹿胎膏,是猎人垂涎三尺的猎物。但马鹿胆小机警,生性多疑,视觉、嗅觉和听觉都十分灵敏,一有风吹草动,便会迈开四条细长的腿,飞也似的逃得无影无踪。因此,寨子里的猎手一次上山打马鹿,八九次是要落空的。

可我却用一根短木棍毫不费力地敲死了一头健康的母鹿。

那是在夏季一个晴朗的下午,我挎着一只竹篓上山采蘑菇,绕到一片野竹林前,突然发现前面五十来米远的一丛野金竹下,站着一头马鹿。山野的空气清新而透明,我看得十分清楚,这头马鹿额角平整光滑,没长鹿角,身材娇小,脖颈细腻。哦,是头年轻的母鹿。它深紫色的唇吻干燥得皲了起来,短短的尾巴耷拉在两胯间,显得神情疲惫。<u>它用惊慌的眼光望着我,两只耳朵竖得笔直,后腿弯曲,前腿绷直,身体微微倾斜,一副急欲蹿跳逃命的姿势。</u>我既没带猎枪,也没带竹弩和长刀,当然是不可能捉住这头马鹿的,便大摇大摆地迎着马鹿走去,心想,它很快就会听到我重重的脚步声,一转身钻进茂密的竹林的。可是,我朝前走了二十多米,它仍站在那丛野金竹下,我又朝前走了一多米,它还没奔逃。

也许,这是一头患了中风症的马鹿,我想,也有可能是生了其他什么怪病,身体动不了啦。嘿,老天保佑,让我来捡这个便宜。

我正这么想着,母鹿突然嗖的一声跳出一丈多远,动作协调敏捷,速度快如疾风,好像在向我证明,它绝对不是一头病恹恹无力逃命的马鹿。

其实我一开始就知道自己是逮不着它的,见它蹿跳,倒也没有什么遗憾,正打算岔进竹林继续寻找蘑菇时,突然,发生了让我目瞪口呆的事:母鹿才蹿出去几丈远,见我要钻竹林,滴溜在原地舞蹈似的旋了半个圈,转过身来,噔噔噔三级跳远,又回到了野金竹下它刚才站立的位置,仍然用戒备的眼光死死盯着我。

<u>该死的母鹿,跟我玩起捉迷藏来了,我想,这准是一头愚蠢而又狂妄的母鹿,看我肩上没荷着枪,腰间没佩着刀,故意逗我眼馋,故意惹我生气。这也太欺负人了嘛!你这不是在拿自己的性命做游戏吗?好,今天我就陪你玩玩。</u>我弯腰捡起一根碗口粗的短木棍,快步朝它赶去。这时候,我离母鹿只有十来米远

105

了。母鹿见我越逼越近,鼻子里呼呼喷着粗气,闷着头,摆出一副要向我冲撞过来的架势。我才不怕呢。要是面对的是一头额顶长着硬角的公鹿,我或许会踟蹰不前的——成年公鹿力大无穷,锋利的鹿角极有可能捅我个透心凉。对付母鹿我就无所畏惧了,母鹿相对来说体小力弱,头上无角,就算让它撞一下,也撞不出严重后果。母鹿的牙齿也不像食肉兽那么尖利,只能磨碎草茎树叶,就算给它咬一口,也不会受到致命的伤害。

我逼到离母鹿只有两三米远的地方,一个箭步蹿上去,抡起棍子照准母鹿的脑门劈下去。我大概太心急了一点,也有点低估了母鹿在危急时刻的反应能力,只见它一偏脑袋,棍子砸偏了,擦着它的耳朵落在它的脖子上,虽然没立刻把它打晕过去,也把它打成一头歪脖子鹿了。

这时候,如果母鹿想逃跑的话,应该说还是有机会的,它虽然脖子被我打弯了,但并不影响它的奔跳,它只要蹿离那丛野金竹,我就奈何不了它。即使是世界短跑冠军,也无法和一头马鹿赛跑,马鹿受惊时最高时速可达七十公里,百米冲刺的速度是六秒。我即使再长一条腿,也撵不上它的。

然而,它根本没有打算逃跑,它像被钉子钉住了似的待在那丛野金竹下,不思逃命,反而瞪圆了一双布满血丝的眼睛,呦——呦——呦——朝我发出威胁的吼叫,还转过身来朝我尥蹶子。我东跳西闪,轻易地就躲开了。瞅准时机,我大喝一声,又跃上前去,狠狠一棍砸在它的背上,它的脊梁给砸弯了,整个身体弯成一张倒挂的弓,四条细长的腿瑟瑟发抖,嘴角涌出一股鲜血,脑袋无力地往下垂。

我松了口气,总算收拾了这头胆大妄为的母鹿。我想,它很快就会像太阳下融化的积雪,软绵绵倒下去的。可我又没猜对,它一张嘴衔住金竹的一根横枝,任凭我的棍子雨点般地落到它身上,仍顽强地支撑着不让自己倒下去。它看着我,眼光哀怨凄凉,似乎还含混着一丝企求……

我打累了,也打怕了,握着木棍不知该怎么办才好。这时,野金竹丛传来呦的一声细微的叫声,就像听到了某种指令,母鹿的嘴慢慢松开,竹枝从它的嘴里滑脱出来。它终于四腿一软,咕咚瘫倒在地。

就在它倒地的一瞬间,我惊得目瞪口呆。母鹿的身体倒下去,就像舞台上的幕帷开启一样,露出一只小马鹿来。这是一只刚刚生下不久的鹿崽子,从母体里带来的黏液还没晾干,浑身湿漉漉亮晶晶的,像一只滴着露水的大金橘,肚子的脐带上还滴着血。突然,小马鹿蹦跳起来,越过母鹿,经过我的身边,向密林深处逃去。我想伸手捉它,可一种说不清道不明的东西在我心里翻腾,阻止我去伤害它。它开始时步履蹒跚,速度也不算快,但跑了几十米后,脚力硬朗起来,跑得轻盈而稳扎,不一会儿便消失在层层叠叠的热带雨林里。

母鹿一直目送着小马鹿远去,看到小马鹿逃出了危险后,这才舒畅地吐出最后一口血沫,合上了眼皮。

我明白了,这头母鹿之所以在生死存亡关头不逃跑,是要用它的身体挡住我的视线,保护它刚刚产下的小宝贝。鹿和马、牛、羊这些草食动物一样,幼崽产下后,只需要几分钟的时间,就能站起来行走奔跑,这是一种适应险恶的丛林环境的生存本能。不幸的是,这头母鹿产下鹿崽后,还没来得及将宝贝身上舔干净,就被我撞见了。它挨了我致命的打击后,坚持不倒下去,是要拖延时间,让小马鹿能站起来,能死里逃生。它如愿以偿了。

我呆呆地站在已经倒毙的母鹿面前,脸上火辣辣的,觉得自己很像刽子手。

知识卡片

沈石溪,中国当代动物小说作家。现任中国作家协会儿童文学委员会委员,上海作家协会理事。代表作《象群迁移的时候》《第七条猎狗》《狼王梦》《一只猎雕的遭遇》《斑羚飞渡》。

阅读指津

情节是由人物之间的关系、矛盾和性格冲突所产生的一系列生活事件。小说情节发展一般分为开端、发展、高潮、结局。把握好小说中的关键情节是理解小说的关键,那么,如何把握小说中的情节呢?在阅读小说时,可以寻找小说线索,概括小说里跌宕起伏的情节,理清小说的结构。但同时要注意,分析情节的目的是为了理解小说中的人物、体会小说的主题,所以,在分析情节的过程中,要随时注意情节对人物性格的形成及对揭示小说主题的作用。

拓展练习

1. 伏笔能很好地为故事情节的展开服务,文中有多处为结尾埋下伏笔,请找出一处。
2. 任选一角度,赏析文中两句画线句。
(1) 它用惊慌的眼光望着我,两只耳朵竖得笔直,后腿弯曲,前腿绷直,身体微微倾斜,一副急欲蹿跳逃命的姿势。
(2) 我想,这准是一头愚蠢而又狂妄的母鹿,看我肩上没荷着枪,腰间没佩着刀,故意逗我眼馋,故意惹我生气。这也太欺负人了嘛!你这不是在拿自己的性命做游戏吗?好,今天我就陪你玩玩。
3. 阅读本文,你有什么感想,请结合文章内容和日常生活谈谈你的感想。

参考答案

1. 然而,它根本没有打算逃跑,它像被钉子钉住了似的待在那丛野金竹下,不思逃命,反而瞪圆了一双布满血丝的眼睛,呦——呦——呦——朝我发出威胁的吼叫,还转过身来朝我尥蹶子。
2. (1) 这句运用了动作描写,细腻生动地写出了母鹿在碰到我时急于逃走但又怕自己的孩子被发现而感到惊慌的样子,体现了母鹿伟大的母爱。
(2) 这句运用了心理描写,形象地还原了当时我对"狂妄"的母鹿的愤怒,母鹿之所以有如此"挑衅"的行为也为后文的真相埋下伏笔,使故事情节发展更加吸引读者。
3. 略(回答出母爱、人类应与动物和谐相处等都可以,请结合文章内容以及生活中的事件来谈感想)。

选文二

猫的故事

梁实秋

猫很乖,喜欢偎傍着人;有时候又爱蹭人的腿,闻人的脚。唯有冬尽春来的时候,猫叫春的声音颇不悦耳。"呜呜"的一声一声地吼,然后突然的哇咬之声大作,唏哩哗啦的,铿天地而动神祇。这时候你休想安睡。所以有人不惜昏夜起床持大竹竿而追逐之。祖传有一位和尚作过这样的一首诗!"猫叫春来猫叫春,听他愈叫愈精神,老僧亦有猫儿意,不敢人前叫一声。"这位师父富同情心,想来不至于抡大竹竿子去赶猫。

我的家在北平的一个深巷里。有一天,冬夜荒寒,卖水萝卜的,卖硬面饽饽的,都过去了,除了值更的

梆子遥远的响声可以说是万籁俱寂。这时候屋瓦上喫的一声猫叫了起来,时而如怨如诉,时而如诟如詈,然后一阵跳踉,窜到另外一间房上去了,往返跳跃,搅得一家不安。如是者数日。

北平的窗子是糊纸的,窗棂不宽不窄正好容一只猫儿出入,只消他用爪一划即可通往无阻。在春暖时节,有一夜,我在睡梦中好像听到小院书房的窗纸响,第二天发现窗棂上果然撕破了一个洞,显然的是有野猫钻了进去。大概是饿极了,进去捉老鼠。我把窗纸补好,不料第二天猫又来,仍从原处出入,这就使我有些不耐烦,一之已甚岂可再乎?第三天又发生同样情形,而且把书桌书架都弄得凌乱不堪,书桌上印了无数的梅花印,我按捺不住了。

我家的厨师是一个足智多谋的人,除了调和鼎鼐之外还贯通不少的左道旁门,他因为厨房里的肉常常被猫拖拉到灶下,鱼常被猫叼着上了墙头,怀恨于心,于是殚智竭力,发明了一个简单而有效的捕猫方法。他用铁丝一根,在窗棂上猫经常出入之处钉一个铁钉,铁丝一端系牢在铁钉之上,另一端在铁丝上做一活扣,使铁丝作圆箍形,把圆箍伸缩到适度放在窗棂上,便诸事完备,静待活捉。猫窜进屋的时候前腿伸入之后身躯势必触到铁丝圆箍,于是正好套在身上,活生生悬在半空,愈挣扎则圆箍愈紧。厨师看我为猫所苦无计可施,遂自告奋勇为我在书房窗上装置了这么一个机关。我对他起初并无信心,姑妄从之。但是当天夜里居然有了动静,早晨起来一看,一只瘦猫奄奄一息的赫然挂在那里!

厨师对于捉到的猫向来执法如山,不稍宽假,我看了猫的那副可怜相直为她缓颊。结果是从轻发落予以开释,但是厨师坚持不能不稍予膺惩,即在猫身上用原来的铁丝系上一只空罐头,开启街门放她一条生路。只见猫一溜烟似的"唏哩哗啦"地拖着罐头绝尘而去,像是新婚夫妻的汽车之离教堂去度蜜月。跑得愈快,罐头响声愈大,猫受惊乃跑得更快,惊动了好几条野狗跟在后面追赶,黄尘滚滚,一瞬间出了巷口往北而去。她以后的遭遇如何我不知道,我心想她吃了这个苦头以后绝对不会再光顾我的书房。窗户纸重新糊好,我准备高枕而眠。

当天夜里,听见铁罐响,起初是在后院砖地上"哗啷哗啷"地响,随后像是有东西提着铁罐猱升跨院的枣树,终乃在我的屋瓦上作响。屋瓦是一垄一垄的,中有小沟,所以铁罐越过瓦垄的声音是"格登格登"的清晰可辨。我打了一个冷战:难道是那只猫的阴魂不散?她拖着铁罐子跑了一天,藏躲在什么地方,终于黉夜又复光临寒舍,我家究竟有什么东西值得使她这样的念念不忘?

"哗啷"一声,铁罐坠地,显然的是铁丝断了。几乎同时,"噗"的一声,猫顺着我窗前的丁香树也落了地。她低声地呻吟了一声,好像是初释重负后的一声叹息。随后我的书房窗纸又撕破了——历史重演。

这一回我下了决心,我如果再度把她活捉,要用重典,不是系一个铁罐就能了事。我先到书房里去查看现场,情况有一些异样,大书架接近顶棚最高的一格有几本书撒落在地上。倾耳细听,书架上有呼噜呼噜的声音。怎么猫找到了这个地方来酣睡?我搬了高凳爬上去窥视,吓我一大跳,原来是那只瘦猫拥着四只小猫在喂奶!

四只小猫是黑白花的,"咕咕哝哝"地在猫的怀里乱挤,好像眼睛还没有睁开,显然是出生不久。在车船上遇到有妇人生产,照例被视为喜事,母子好像都可以享受好多的优待。我的书房里如今喜事临门,而且一胎四个,原来的一腔怒火消去了不少。天地之大德曰生,这道理本该普及于一切有情。猫为了她的四只小猫,不顾一切地冒着危险回来喂奶,伟大的母爱实在是无以复加!

猫的秘密被我发现,感觉安全受了威胁,一夜的工夫她把四只小猫都叼离书房,不知运到什么地方去了。

知识卡片

梁实秋,原名梁治华,字实秋,笔名子佳、秋郎、程淑等,中国现当代散文家、学者、文学批评家、翻译家,景星学社社员,武学泰斗施承志弟子。梁实秋不仅一生给中国文坛留下了两千多万字的著作,创造了中国现代散文著作出版的最高纪录,而且是中国国内第一个研究莎士比亚的权威,中国翻译《莎士比亚全集》第一人。

阅读指津

本文先抑后扬,从我对猫的态度的转变,逐步向读者展示猫的母爱,也引发读者对生命的思考。在阅读本文时,找到体现作者态度的语句来梳理行文思路,同时关注本篇文章的语言风格——在口语化的语言文字中也带有一些文言词汇,体会这些词汇所体现的人物情感。

拓展练习

1. 阅读文章,梳理文中"我"对猫情感的变化。

讨厌——(　　　　)——(　　　　)——痛恨——(　　　　)——愧疚

2. 文中为什么要写厨师想法子来惩治猫,写这一部分的作用是什么?

3. 从修辞的角度赏析句子。

只见猫一溜烟似的唏哩哗喇的拖着罐头绝尘而去,像是新婚夫妻的汽车之离教堂去度蜜月。

4. 如何理解"天地之大德曰生,这道理本该普及于一切有情"。

参考答案

1. 讨厌——(憎恨)——(同情)——痛恨——(赞美)——愧疚

2. 厨师想出法子来惩治猫是为了给后文猫选择铤而走险为了自己的孩子回到书房的情节做铺垫,衬托出了猫妈妈对于孩子的爱,突出了母爱的伟大。

3. 这一句运用了比喻的修辞手法,用新婚夫妻乘车去度蜜月时的样子来形容猫逃跑时的样子,生动形象地写出了猫逃跑时的速度快和狼狈,形成巨大反差,体现作者写作语言的幽默诙谐和讽刺。

4. 首先,这是作者对猫母亲天性的一种感动;其次,天地间的最大恩德是对创造生命的敬重,对生命的尊重、爱护应该普及到一切人,一切生命上;最后,母爱其实是对弱小生命、弱者的一种保护,这种情感触动了作者,让作者为之感动、震撼。

选文三

猫(节选)

陈　仓

那只猫是灰色的,所以名字叫灰灰。灰灰的胡子是白色的,撅得很高,像我妈的保镖,和我妈形影不离。我妈出门挑水或者洗衣服的时候,它缓缓地迈着八字步,拖着一根大尾巴,耀武扬威地在前边开路;我妈坐在太阳底下纳鞋底子或者坐在煤油灯下补衣服的时候,它就蜷成一团静静地伏在她的腿上;我妈冬天天冷睡觉的时候,它就伏在她的脚边,暖暖和和地焐着她的脚。我妈身体不好,老是恶心,吐酸水,打气嗝,估计患了肠胃病,赤脚医生开了很多中药,家里一年四季都在熬药,整个村子都飘浮着中药的气息,按照当地的习惯,药渣必须倒在门前的十字路口,意思是让行人把病魔带走。我非常喜欢倒药渣子,因为我妈的中药里,每次都有甘草,米黄色的,非常好认,谁倒药渣子,里边的甘草就归谁,不过熬过三遍以后,甘草已经没有什么甜味。我们这些孩子不懂事,偶尔趁着大人不注意,就揭开熬药的罐子偷偷地捞那么一丁点,放在嘴里嚼上大半天。我们心中的小九九被灰灰识破了,每次熬药的时候,它像守护神一样伏在火盆边上,我们一靠近,它就撅胡子瞪眼。有几次,看到它眯着眼睛睡着了,我悄悄地走过去,刚刚要揭开罐子呢,它一爪子伸过来,把我的手挠出一条血痕。我很生气,上去揪它的胡子,拧它的耳朵,它倒一点都不在乎,很得意地跑过去蹭蹭我妈的手,有些邀功请赏的意思。

我妈吃过很多中药,据说每年有几背笼,但是丝毫不见好转,后来不知道从哪里听说一个偏方,每次犯病的时候就吃萝卜,但是不能生吃,必须烧熟了吃。萝卜似乎挺管用的,起码止住了呕吐,所以我爸把几分自留地拿出来专门种萝卜。自留地不肥,又在阴坡,每年收获几十斤,相对大点的,我妈挑出来煮给家里人吃,剩下一些萝卜儿子,和大拇指差不多粗,不仅仅都是梗,而且苦巴巴的。只有非常难受的时候,我妈才拿出一个埋在火灰里。有一天半夜,我妈呕吐得非常厉害,快把肠子都倒出来了,吐出来的清水里还有血丝。我妈从火塘里掏出烧萝卜正要吃呢,突然发现站在旁边的我,可怜巴巴地咽着口水,于是把萝卜儿子递给了我。我姐非常生气,狠狠地骂了我一顿,说这根萝卜是家里的最后一根,你怎么不打打自己的嘴巴?当时,那只猫也在场,它常着急似的围着我妈来来回回转,一会儿就离开了,大概十五分钟吧,它嘴里叼着一只老鼠,像得胜还朝的将军一样回来了。它把老鼠叼过去放在我妈的脚边,然后朝着我妈喵喵地叫了两声。我姐问,你知道灰灰为什么逮老鼠吧?我说,它估计饿了。我姐说,它不是饿了!它发现你把妈的萝卜吃掉了,所以它想给妈逮一个萝卜回来。我一看,那只老鼠确实比萝卜还大。我姐说,你看看,你还不如一只猫。我妈安慰我,别听你姐的,猫能懂什么呀,我又不吃老鼠。

我妈过世那天,我还不知道死是什么,更不知道死和不死的差别,所以总以为我妈还会回来,但是从学校回到家,不仅没有人做饭,连喝一口水都要自己烧,衣服要自己洗自己缝补,尤其是回家的时候,远远地再也看不到房顶上袅袅的炊烟,而且大门经常是关着的,甚至是锁着的,这才终于明白每个人一辈子只有一个妈,妈是绝对不可能重复的,而且走了以后,再也不会回来了,不似种在地里的庄稼,还可以一茬一茬地长出来。随着慢慢长大,那种伤感越来越多,因为无比想她的时候,竟然不知道她长什么样子,胖还是瘦,多高个子,头发长还是短。到底是什么感觉呢……我妈过世前好几天,也许闻到了死亡的气息,也许看到了慢慢出窍的灵魂,灰灰昼夜不停地嚎叫,那沙哑的声音非常凄凉,吓得整个村子里的人直哆嗦。直到我妈断气以后,它像一下子变成了哑巴,再没有叫过一声。我妈被装进棺材的时候,它也趁机跳了进去,大家赶了半天,它死活不出来。有人建议,干脆当陪葬吧。有人说,太残忍了,最后强行把它拖了出来。但是它像把魂弄丢了似的,整天卧在我妈曾经睡过的床边,喂它,它不积极,不喂它,它也无所谓,大概过了三个多月,也跟着死掉了。

(选自陈仓《动物忧伤》,有删改)

知识卡片

陈仓,作家、诗人、媒体人。中国作家协会会员,代表作为八卷本系列小说集《陈仓进城》,长篇小说《后土寺》《预言家》。2022年8月25日,第八届鲁迅文学奖揭晓,陈仓凭借散文集《月光不是光》获奖。他的作品均以直指人心、感人肺腑、催人泪下而见长,其提出"致我们回不去的故乡",已经成为大移民时代的文化符号。

 阅读指津

散文是一种抒发作者真情实感、写作方式灵活的记叙类文学体裁。散文的特点是形散神聚、意境深邃、语言优美,可以分为叙事散文、抒情散文和哲理散文。散文作者常常运用凝练、优美,又自由灵活的语言对所写的事物进行细致的描绘和精心的刻画,从而表达丰富的内涵。因此,我们在阅读散文时要抓住散文的"形",由"形"见"神",深入体会文章内容。

拓展练习

1. 文中的猫有什么特点,请结合文章具体内容进行分析。

2. 请任选一个角度,赏析文中的画线句。

我们心中的小九九被灰灰识破了,每次熬药的时候,它像守护神一样伏在火盆边上,我们一靠近,它就撅胡子瞪眼。有几次,看到它眯着眼睛睡着了,我悄悄地走过去,刚刚要揭开罐子呢,它一爪子伸过来,把我的手挠出一条血痕。

3. 读完文章,你想对文中的猫说点什么呢?

参考答案

1. "我妈出门挑水或者洗衣服的时候,它缓缓地迈着八字步,拖着一根大尾巴,耀武扬威地在前边开路;我妈坐在太阳底下纳鞋底子或者坐在煤油灯下补衣服的时候,它就蜷成一团静静地伏在她的腿上;我妈冬天天冷睡觉的时候,它就伏在她的脚边,暖暖和和地焐着她的脚。"体现猫对主人的忠诚与陪伴。

2. 运用了动作描写,生动形象细腻地写出了猫专心守护母亲的药、不允许其他人接近的样子,从中体现出猫对母亲的忠心。

3. 略(主要写出猫对主人的陪伴和忠诚即可)。

 选文四

狗这一辈子

刘亮程

一条狗能活到老,真是件不容易的事。太厉害不行,太懦弱不行,不解人意、太解人意了均不行。总之,稍一马虎便会被人剥了皮炖了肉。狗本是看家守院的,更多时候却连自己都看守不住。

活到一把子年纪,狗命便相对安全了。倒不是狗活出了什么经验。尽管一条老狗的见识,肯定会让一个走遍天下的人吃惊。狗却不会像人,年轻时咬出点名气,老了便可坐享其成。狗一老,再无人谋它脱毛的皮,更无人敢问津它多病的肉体,这时的狗很像一位历经沧桑的老人,世界已拿它没有办法,只好撒手,交给时间和命。

一条熬出来的狗,熬到拴它的铁链朽了,不挣而断。养它的主人也入暮年,明知这条狗再走不到哪里,就随它去吧。狗摇摇晃晃走出院门,四下里望望,是不是以前的村庄已看不清楚。狗在早年捡到过一

111

根干骨头的沙沟梁转转;在早年恋过一条母狗的乱草滩转转;遇到早年咬过的人,远远避开,一副内疚的样子。其实人早好了伤疤忘了疼。有头脑的人大都不跟狗计较,有句俗话:狗咬了你,你还能去咬狗吗?与狗相咬,除了啃一嘴狗毛,你又能占到啥便宜。被狗咬过的人,大都把仇恨记在主人身上,而主人又一股脑把责任全推到狗身上。一条狗随时都必须准备着承受一切。

在乡下,家家门口拴一条狗,目的很明确:把门。人的门被狗把持,仿佛狗的家。来人并非找狗,却先要与狗较量一阵,等到终于见了主人,来时的心境已落了大半,想好的话语也吓得忘掉大半。狗的影子始终在眼前转悠,答问间时闻狗吠,令来人惊魂不定。主人则可从容不迫,坐察其来意。这叫未与人来先与狗往。

有经验的主人听到狗叫,先不忙着出来,开个门缝往外瞧瞧。若是不想见的人,比如来借钱的,讨债的,寻仇的……便装个没听见。狗自然咬得更起劲。来人朝院子里喊两声,自愧不如狗的嗓门大,也就缄默。狠狠踢一脚院门,骂声"狗日的",走了。

若是非见不可的贵人,主人一趟子跑出来,打开狗,骂一句"瞎了狗眼了",狗自会没趣地躲开。稍慢一步又会挨棒子。狗挨打挨骂是常有的事,一条狗若因主人错怪便赌气不咬人,睁一眼闭一眼,那它的狗命也就不长了。

一条称职的好狗,不得与其他任何一个外人混熟。在它的狗眼里,除主人之外的任何面孔都必须是陌生的、危险的。更不得与邻居家的狗相往来。人养了狗,狗就必须把所有爱和忠诚奉献给人,而不应该给另一条狗。

狗这一辈子像梦一样飘忽,没人知道狗是带着什么使命来到人世。

人一睡着,村庄便成了狗的世界,喧嚣一天的人再无话可说,土地和人都乏了。此时狗语大作,狗的声音在夜空飘来荡去,将远远近近的村庄连在一起。那是人之外的另一种声音,飘忽、神秘。莽原之上,明月之下,人们熟睡的躯体是听者,土墙和土墙的影子是听者,路是听者。年代久远的狗吠融入空气中,已经成寂静的一部分。

在这众狗狺狺(yín)的夜晚,肯定有一条老狗,默不作声。它是黑夜的一部分,它在一个村庄转悠到老,是村庄的一部分,它再无人可咬,因而也是人的一部分。这是条终于可以冥然入睡的狗,在人们久不再去的僻远路途,废弃多年的荒宅旧院,这条狗来回地走动,眼中满是人们多年前的陈事旧影。

知识卡片

刘亮程,作家、中国作家协会散文委员会副主任、新疆作家协会主席,自治区文联兼职副主席。著有诗集《晒晒黄沙梁的太阳》,散文集《一个人的村庄》《在新疆》《一片叶子下生活》等,小说《虚土》《凿空》《捎话》。被誉为"20世纪中国最后一位散文家"和"乡村哲学家"。2015年6月获"第十六届百花文学奖"散文奖。

阅读指津

哲理散文是以散文的形式讲哲理,启迪人生的文章。在阅读这类散文时可以阅读全文,理清作者的写作思路;品析文章语言,感受作者的写作风格;阅读关键词句,体会作者从具体的语句中传递出的情感。

本文语言幽默、犀利,作者用独具灵性的笔,给一只狗作传,向读者展现了狗的一生,读者在阅读狗的一生时,似乎也在读人的一生,从中也能读出作者的人文情怀,对生命的敬重和怜悯之心。

拓展练习

1. 本文中"狗"的特点是什么?请结合具体语句分析。
2. 结合具体语句,体会本文的语言特点。
3. 本文中,作者只是在写狗吗?为什么?谈谈你的想法。

参考答案

1. "狗的影子始终在眼前转悠,答问间时闻狗吠,令来人惊魂不定。主人则可从容不迫,坐察其来意。"体现狗的忠诚;"一条狗能活到老,真是件不容易的事。太厉害不行,太懦弱不行,不解人意、太解人意了均不行。总之,稍一马虎便会被人剥了皮炖了肉。狗本是看家守院的,更多时候却连自己都看守不住。"体现狗的可怜。(从其他语句中分析出狗的特点也可以)

2. "活到一把子年纪,狗命便相对安全了。""一条熬出来的狗,熬到拴它的铁链朽了,不挣而断。"作者在行文中使用近口语的语言,掺杂一些如"熬"等含有讽刺意味的词语,体现文章语言朴实、幽默的特点,对狗的"生活""思想""人生"做了一个全面的剖析。

3. 作者不是只在写狗,是在写人。文章开头便写"一条狗能活到老,真是件不容易的事。"虽在写狗活到老不容易,其实人也是活得这样无奈、如履薄冰;结尾写"这是条终于可以冥然入睡的狗,在人们久不再去的僻远路途,废弃多年的荒宅旧院,这条狗来回地走动,眼中满是人们多年前的陈事旧影。"狗的所有遭遇几乎都会发生在人身上,从狗身上看出的也多是人性。

选文五

表弟、羊和老家

葛水平

春天,一场大雪阻挡了回城的路。我和表弟文军站在他家羊圈的篱笆墙前,满圈的绵羊,因为我们的到来,眼睛直戳戳盯过来。它们的样子让我惊奇,此刻,假如有一只羊张嘴说话,一圈羊的叫声就会此起彼伏,那情景十分迷人。

表弟是我们这个家族唯一没有离开老家的人,不离开是因为离开老家,羊群没有更好的落脚处。

表弟和羊相伴经年,朝夕相处,彼此熟悉对方的气息与温度,他们之间有一种局外人不理解的情愫,有友谊、有爱、有平等,也有相互的感恩,甚至更多。表弟尽其知识储备,给他放过的每一只羊都取了名字。公绵羊在老家的方言中叫"圪羝(gē dī)",公山羊在方言中叫"骚胡"。"圪羝"类的取了"喜孩""必土"等,"骚胡"类的取了"喜民""山汉"等,母羊则一律被亲切地喊"彩彩"。这些羊名字是表弟一生中创作出的最经典的文学作品。有一阵子,我的小说中人物名字来处就是表弟嘴里的羊名字。那些名字,没有一点羊态,每一张面容上都涂了一层柔丽,一副明眸皓齿的样子。文字中的他们,一颦一笑,一蹙眉一眨眼,又都散发出一种令人惊叹的美仪"羊"态。

南宋文天祥曾写诗《咏羊》言志:"出都不失成君义,跪乳能知报母情。"在汉字中,以羊为部首的或含有羊字的汉字有204个,除了"差"以外,"祥""善""美"等203个都是褒义字或中性字,可见人们对羊是寄予美好向往的。

老家人说话土，表弟一口土话。从前外出读书人回乡说普通话要被村里人嘲讽，"走了几天，人就疙汰了"（意为"忘本，故意拉开和乡村人距离，显出格格不入的样子"）。老家的土话有意思，叫山丘"疙梁"，叫背心"疙拉拉"，喊太阳"饵篓"，拍胸腔是拍"疙廊"。

太行山逶迤，山路崎岖，老祖宗世代肩挑背扛种地打粮过日子，可日子过着，变化就来了。只要有一个人走出去，那些站在山顶上眺望远处灯火的老家人不免心跳加速：离开意味着再也回不来了。

"人挪活，树挪死。"这是老祖宗留下来的一句话。

表弟不舍得离开老家，站在老家的山疙梁上，穿着红色的"疙拉拉"，看着"饵篓"升起落下，"疙廊"里装满了不舍得离开老家的泪水。

眼看着道路延伸了希望，也带走了一切，没想到的是羊决定了表弟的命运。

放羊不杀羊，是表弟做羊倌的原则。他总说和羊感情缠绵多年，一直都怀念和羊一起成长的岁月，似乎在成长过程中也吃透了羊的性格。可生活中发生了两件打动人心的事，表弟一个人站在山坡上还哭了两回，最后痛下决心不离开老家。

头年的母羊被山外的羊倌买走了。后来，他出山去找人说私事，途中在一个村庄街道旁的一家面馆吃碗面。那时天色已近黄昏，而黄昏是一天里最宁静的时刻，在没有食客到来的房间里，光线渐渐地暗淡了下去。表弟常年在山上吼羊，粗喉咙大嗓门，表弟带着响进门时，连陈旧的漆皮和胶合板家具都被"惊醒"了。遇见同样想吃一碗面的乡民，老家人说话没有繁文缛节，一边吃面，一边意味深长地说年景。一个说，一年时间短得比小孩的尿还短，人一辈子都在折腾福分。一个又说，背阴坡上的寺庙今年秋口上塌出了一个疙隆，有人偷走了庙柱下的柱础，离乡人不疼爱自己的老家了。

说这些话的时候，两个人心里都没有多少悲伤，而是羡慕村庄里远走的人。寻找更安乐、更舒适的生存状态，也许是人一辈子的正经事。

门外街道上有一群羊走过，一只羊停在了饭店门口望着门里"唛唛"叫，一声紧跟一声。两个吃面人盯着门口的撵羊人奇怪，门槛上咋探出一只羊脑袋？文军一下就看见倚门叫着的羊，正是他转手卖出去的"彩彩"。文军呲着豁牙笑，抚摸着羊脑袋想哭，羊"唛唛"叫。"唛唛"是羊唯一的语言。

文军说："还听得出我的声音来，我可是从来都没有记挂过你呀。""彩彩"被赶羊人撵走了。

原主人不给羊好命，羊还记挂着原来的主人。

养羊人有自己的地界，山下沟为界，羊群在自己的地界内吃草。某一天，突然从对面的山头上跌跌撞撞走下来一只羊，走到文军放羊的山坡下，没入草丛不见了。表弟从山头慢条斯理走近看，看见一只羊卧在草丛中生育，母羊舔着湿漉漉的小羊羔，看见表弟走来，母羊叫着，站起来丢下小羊跌跌撞撞走了。这是自己去年卖了的"彩彩"呀！

母羊感恩从前的主人，丢下一只小羊羔子走了。

表弟在黄土疙梁上难过了一阵子，羊不是宠物。宠物与人相似，争宠。羊只知道羊倌放养它在疙梁上，土地接纳了母亲般的"饵篓"送来的阳光，一年四季，土地的呼吸，宛如母亲的呼吸，比山头更为辽阔，尽管土地似无声无息，然却恩泽生灵，给生灵爱。就像梭罗说的，有如山间的空气会喂养灵魂，启发灵性。

羊的行动，凭直觉爱人，不生仇恨。

表弟在疙梁上用手甩着泪蛋子，哭到最后想明白了，羊都知道恋主，自己为啥要离乡背井？

知识卡片

葛水平,曾出版诗集《美人鱼与海》,散文集《心灵的行走》,有中篇小说《甩鞭》《地气》《天殇》《狗狗狗》《喊山》等。现任山西省作协副主席、山西大学文学院教授。

阅读指津

象征手法:根据事物之间的某种联系,借用某种具体事物的形象,暗示特定的人物或事理,以表达真挚的感情和深刻的寓意,从而给人留下咀嚼回味的余地。象征的表现效果是寓意深刻,能丰富人们的联想,耐人寻味,使人获得意境无穷的感觉;能给人以简练、形象的实感,能表达真挚的感情。

拓展练习

1. 文中羊的特点有哪些?
2. 作者写南宋文天祥的《咏羊》目的是什么?
3. 作者只是在写表弟和羊吗?通过这篇文章,作者真正想表达的是什么呢?

参考答案

1. 仪态美好、寄托着人们的美好向往、懂得感恩。

2. 引用文天祥的《咏羊》写出自古以来羊被人们赋予美好的情感,也与后文写母羊留下一只小羊体现羊懂得感恩相互照应。

3. 作者不只是在写表弟和羊,还在写留恋故乡的人。通过这篇文章,作者想表达的是对城市发展、乡村逐渐消失的酸楚和难以割舍的乡愁。

(刘　垚)

五 至爱与亲情

 选文一

昼出耘田夜绩麻

董国宾

① "昼出耘田夜绩麻,村庄儿女各当家。童孙未解供耕织,也傍桑阴学种瓜。"宋代范成大诗里这样说,农民白天在地里锄草,夜晚在家中搓麻线,还说村里的男男女女各忙农活,连顽皮的小孩童也学着做农事。这首古体诗,从头至尾记述了农民的辛勤耕作,流溢出浓浓的乡间生活气息。诗中的"绩麻",更让我看到,母亲所种的苎麻也能在古代名家笔下成诗,年幼的我每每朗读这首诗,都会十分用心,并感到无比自豪。

② 母亲识不了几个字,怎知苎麻还能成诗? 农耕时光里,勤快的母亲早出晚归,从远处河沟里拎来一桶桶水浇下去,然后直起腰来站在那块薄地上。懵懂的我隐约感到,辛劳的母亲种下去的是苎麻,还是诗! 母亲却浑然不知,只知道没白没黑地在那块薄地上不停地劳作,在一个叫故土的地方安分地度年月。

③ 苎麻长成了,一小块薄地满眼葱绿,一棵棵半人高的苎麻快乐地挤在一起,站成了一小片茎直叶茂的麻林。母亲揩一下额头,轻快地拿了镰刀,喜悦地开始采割,母亲精心开垦的地块终于收获了。一捆捆苎麻运至家中后,勤快的母亲又开始了麻丝的制作。

④ 母亲先将收割来的苎麻放入河沟浸泡。过些日子,经过浸泡的苎麻剥下麻皮,母亲再用麻刀麻利地刮掉硬质木皮(即刮青)获得生麻,然后母亲将生麻泡在水里脱胶变软,晒干后,将麻皮一丝丝分细,麻丝就制作成了。闲不住的母亲还要搓麻线,这个过程便是宋代范成大诗中说的绩麻。母亲也像诗里那样,总在白天农忙之后,不知疲倦地于夜间搓麻线,夜深人静了,母亲仍在屋子里忙活计。

⑤ 乡村的夜悄悄走来了,一盏如豆的灯火铺开暗黄的光,母亲抖动的影子晃动在屋舍的一面土墙上。这童年的记忆中,制作麻丝是个最有生趣的环节,瘦削的母亲蹲在屋子狭小的空间里,手握麻鼓,<u>紧紧压住一缕缕麻皮,利落地抽出一丝丝麻丝来</u>。母亲的动作轻便快捷、xián 熟更是我年幼的脑海里抹不掉的一抹痕迹。没长大的我喜欢读古诗,范成大的"绩麻"诗,每每此时总在我没长大的思想里展开无尽的想象。我恍惚看见,一代代人在无声无息的劳作中,将麻丝搓成坚实有力的麻绳,便有了有关"绩麻"的名诗和名句。我还会从绩麻的每个动作中,看到飞奔的马车,一串串行走的脚印,还能闻到一碗碗米香。其实,更多的还有我无法目及和想到的。

⑥ 母亲抽麻丝及搓麻绳,都离不开麻鼓。麻鼓又叫麻线鼓、麻砣,这农家常见的实用器物颇有情调。

我家的麻鼓圆柱形，小拳头大小，石质。那样的时光里，不停歇的母亲在寂夜里忙活计，小麻鼓像个筋骨健实又听话的小童，一会儿紧抓在母亲指尖抽麻丝，一会儿又跳出来，不挪窝地帮着劳而不疲的母亲搓麻绳。细述起来，小麻鼓还是个可赏可喻之物，其顶端有一小凹坑，撒些草木灰进去，可供绩麻防滑之用，我们那儿管这叫灰塘。其周边大都雕刻不同的民俗风情图案和吉祥纹饰。我家盈盈可握的小麻鼓周边雕琢的是几条欢跳的鲤鱼。这鱼取"余"之意，寓意年年有余，农家生活富足美好。劳作的母亲找外村的工匠做了这样的麻鼓，心里便装进了从没向我表白的梦想，在一条走不完的路上，用闲不下来的双手雕刻岁月。在母亲人生的旅程中，黑夜也是白天！

⑦ 岁月中的母亲常常夜间绩麻，搓成的一捆捆麻绳，母亲总是出神地瞧过去，蓄满了发芽的种子的眼神像收不住的脚步，穿行在老不掉的时光中。继续行走的光阴里，一个个麻垫做成了，一个个麻毯加工成了艺术品。巧手的母亲还会在每个麻垫和麻毯上，绣出一朵朵美丽的花朵图案，一向苛求于事的母亲点点头，择个晴好的天气，便运到城里卖出去。

⑧ 等有了糖吃，有了一件像样的童衣裹在我身上，农耕不辍的母亲也就有了花朵一样的笑容。其实，那些艰难的时光里，母亲从没说日子难熬，因为天天农作的母亲苦和累也是快乐！怪不得宋代名家范成大，会写出那样的经典农忙诗。

(选自《海口日报》2022年8月13日，有删改)

知识卡片

董国宾，山东省作家协会会员，现供职于山东省微山县民政局。在《人民日报》《新民晚报》《读者》等各类权威报纸期刊发表各类散文、随笔、小小说。

阅读指津

本文是一篇聚焦于母亲劳作的散文，有亲情，也有乡土风情。歌颂了以母亲为代表的乡间劳动者辛勤耕耘、传授文化手艺的美好形象，表达对这类"最美劳动者"的赞美之情。记叙文阅读旨在能对文章的思想内容、常见写作手法及语言表现力，表达自己的感受和见解。因此，阅读本文时应该侧重于文章对人物描写的把握，通过概括关键事件、品析描写方法、感受人物形象、领悟作者情感。

拓展练习

1. 根据拼音，写出第⑤段中的汉字：xián（　　）熟

2. 根据全文内容，概括母亲劳作的几件事。

3. 从描写的角度，赏析文章第⑤段的画线句。

4. 下列对文章第⑥段内容的理解正确的一项是（　　）

A. 第⑥段内容方面是插叙，补充交代了麻鼓的作用和寓意。

B. 麻鼓又叫灰塘，其周边大都雕刻不同的民俗风情图案和吉祥纹饰。

C. 画线句运用了比喻的修辞手法，形象生动地写出麻鼓帮助母亲劳作时的特点。

D. 母亲找外村的工匠雕琢麻鼓图案，体现出她对于美好农家生活的向往。

5. 联系全文，分析标题"昼出耘田夜绩麻"的妙处。

1. 娴
2. (1)母亲耕种苎麻；(2)母亲采割苎麻；(3)母亲制作麻丝；(4)母亲搓麻线
3. 画线句运用动作描写，"蹲""握""压""抽"一系列动词写出母亲制作麻丝的轻便利落，表现出母亲辛勤耕耘、心灵手巧的形象特点，表达了作者对母亲的赞美、自豪之情。
4. D
5. 标题"昼出耘田夜绩麻"引用诗句，增强诗意美，富有文采，吸引读者的阅读兴趣。"昼出耘田夜绩麻"原意是指农民白天在地里锄草，夜晚在家中搓麻线。这也是文中母亲早出晚归辛勤农耕的生活写照。表达了作者对母亲辛苦不辍并乐在其中的赞美之情，也是对以母亲为代表的广大劳动人民的肯定之情，也有对充满浓郁气息的乡间美好生活的向往之情。

半个父亲在疼

葛亚夫

① 这些年，感觉时间在不停提速，尤其是对父亲。在他身上，岁月的沙漠化一年深过一年，从牙齿到骨骼，他所有坚硬的部分，都迅速钝化。走在路上，每遇见老人，我总会忍不住多看几眼，有时，还会从他身后追到身前——我总觉得，他是我父亲。

② 老了的父亲，失去辨识度，老成所有老人的样子——干瘦，呆滞，不苟言笑，但年轻时，他棱角分明，一顶光头，哪怕在十里外咳嗽一声，我也辨得出是他。

③ 小时候，我诨号葛维搅。"维"是辈分，"搅"是捣蛋，我的调皮"有口皆碑"，基本上，只要有摩擦，罪就在我，且总以我被父亲摁在地上打结束。这俗套的剧情，常让我怀疑父亲是假的。那天，我跟着父亲压红芋，甚得他欢心。老师路过地头，随口说我两句。父亲顺手抄起扁担抽向我。我反应很快，但双腿没能跟上，被扁担上的铁钩钩到，划出一道血印。

④ 我抱着腿，疼得像热锅上的蚂蚁，蹦蹦跳跳。父亲捉住我，把我摁到地上，揽一把萋萋芽，嚼碎，敷在伤口上。我不经意间看见，他有力的手，比我的腿颤抖得还厉害。

⑤ 原来，当我疼时，父亲也在痛。我的一半疼痛，一直由父亲默默领受。

⑥ 父亲脾气暴躁，一半是母亲点燃的，一半是因癣疾煎熬。年复一年，开春，癣就援着他的身体开枝散叶。不知听谁说的，用烧红的铜钱烫，就能把癣斩草除根。在一盏抖动的灯火前，他将起袖子，让我烧铜钱烫癣。我做不到，他就自己来。牙一咬，眉一竖，火红的铜钱往手臂上一摁。一股焦肉味吱吱乱窜，撕咬得灯火弓起腰，啃噬得我心如刀绞。

⑦ 父亲拍拍我的头，满面春风地说，一点也不疼。我满脸泪痕，痛得不能自已。

⑧ 我从未想过，当父亲疼时，我也会痛。父亲的一半疼痛，从此由我默默领受。

⑨ 做了父亲后，我回去得少了，但经常念及父亲，想象我这个年龄时的他，想象孩子这个年龄时的父亲。起初是做反面教材，警醒自己别像他。慢慢地，我谅解了父亲，开始与他和解。无论在基因上，还是在生活里，我身上都有他的影子。

118

⑩ 前不久,父亲的腿不堪劳损,闹起罢工。我带他看医生,背他上楼、下楼。起初他很不适应,肌肤和骨骼都极不情愿地抗拒我。很快,他认了,回家时,他竟趴在我背上睡着了。在家门口,我扭头看他,他憨睡得像个孩子。我和父亲,互换了三十年。

⑪ 家里的地板刚拖过,很滑。我和父亲摔成一团。父亲醒了,龇牙咧嘴地问我,摔得痛吗?孩子一手扶着我,手打地板,念念有词。我满面春风地对他们说,一点也不疼。

(选自《读者》2021年第24期)

知识卡片

葛亚夫,笔名洛水,安徽省蒙城县人,安徽省作家协会会员。著有散文集《麦田守望者》,荣获2018年第二届"罗峰奖"全国非虚构散文大赛优秀奖。各类作品见刊于《诗歌月刊》《读者》《散文世界》《意林》等。

阅读指津

记叙文阅读需浏览全文,梳理情节,把握情感。阅读中可聚焦文章标题,标题的作用可以作为全文的线索、点明写作对象、概括全文主要情节、点明主旨、反映作者的情感态度等。

本文是一篇以父子关系为主的记叙文,全文线索在于标题中的"疼",而标题具有多重内涵,分别是"我"腿伤时,"我"的一半疼痛,一直由父亲默默领受着;父亲受癣疾煎熬,父亲的一半疼病,"我"愿默默领受。父亲的一半是"我","我"的一半是父亲,父子之间彼此心心相印,表现了深沉挚爱的父子亲情。

拓展练习

1. 请找出第⑩段中的错别字并改正:_____改为_____。

2. 文章关于父亲和"我"的情节很感人,请在横线上填写恰当的内容。

小时候,"我"腿受伤,父亲帮"我"敷药时,"我"的一半疼痛,(1)_____;父亲亲自烫癣,父亲的一半疼病,(2)_____;"我"做父亲后,(3)_____,"我"和父亲互换了三十年。

3. 第④段画线句运用了_____的手法,作用是_____。

4. 下列对第⑥段画线句理解错误的一项是(　　)

A. 画线句运用了比喻的修辞手法,本体是"癣",喻体是"藤蔓"。

B. "年复一年"一词强调出父亲承受癣疾煎熬时间之久。

C. "一开春"说明了父亲的癣疾只在春季发作。

D. "开枝散叶"生动形象地写出癣疾发展迅猛且顽固的特点。

5. 联系全文,简要谈谈对文章标题"半个父亲在疼"的理解。

参考答案

1. 憨;酣

2. (1)一直由父亲默默领受着;(2)我愿默默领受;(3)父亲腿劳损,我带父亲看医生,背他上下楼,趴在背上睡着了

3. 动作描写;画线句运用"捉""摁""揽""嚼""敷"等动词,写出父亲处理腿伤过程的利落,突出父亲对"我"的关爱之情。

4. C

5. "疼"是贯串全文的线索。在父亲和"我"的相处中,父子之间是心灵相通的,"我"能体会到父亲的疼痛、生活的不易,想帮父亲分担一半的疼痛;而另一方面,父亲也能体会到"我"的疼痛,也想替"我"分担身体的痛苦,表现出父子之间深沉的亲情,表达"我"对父亲的感念之情。

选文三

葵花地

廖静仁

① 我始终记得乡下老家的那一片葵花地。

② 那是许多年前的事情了。那时候,祖母的身子骨已经不再硬朗。她的一头青发,也被岁月的风雨洗刷成根根银丝。祖母总是在侍弄她的宝贝葵花苗,一天中总要去葵花地里跑几个来回。其时,我还是一个混沌未开的蒙童,常常是屁颠屁颠地尾随着祖母,不是帮忙,而是添乱。祖母是从不生气的,那一张布满沟壑的脸庞上,总是流淌着笑意。"你看,你看,又把葵花苗给踩翻了。"她这么说着,一双爬满青筋的手便很是小心地将葵花苗扶正。

③ 曾听大人们讲,祖母出生在富贵人家,幼年时念过私塾,很在行的却是裁剪缝制的手艺活儿。她年轻时飞针走线绣出的花卉禽类,形同活物,让人看着看着,稍一走神,那花儿仿佛就从锦缎上开了出来,鸟儿仿佛就扑扇着翅膀飞了起来……然而,祖母的人生却无锦上添花那么美好。她28岁那年,我祖父便撒手人寰,留下娇妻幼子,在人世的凄风苦雨中煎熬。也是从那以后,祖母便再无闲情去绣那些精美之至的花卉禽类。拖儿带子,养家糊口,她那双纤纤素手不得不开始干起陌生的农活。祖母从不对我们讲述自己的身世,至于她怎样拉扯着我的父辈走过那一段漫漫人生路,也不是幼小的我能够猜想得出来的。

④ 在我的记忆中,印象最深刻的便是祖母费尽心力侍弄的那一片葵花地。

⑤ 葵花地就在老家门前的一片开阔地中间。那是被祖母的心血和汗水浸润得十分肥沃的土地。每年开春,祖母都会小心翼翼地从火塘挂钩上的竹篮里取出备好的葵花种子,一颗一颗放进盛满清水的木盆里浸泡,又一颗一颗地插入铺着白色柴灰的土钵中等待它们萌芽。然后,她便佝偻着身子一锄一锄去翻垦被冬日的雪雨浸淫得紧实的葵花地。直到把那块葵花地整理得松松软软、平平展展,她才一边反手捶着背脊,一边溢着满脸的笑容,望一望当顶的太阳,舒一口长气。倏忽就想,倘若我那早逝的父母还在人世,年迈的祖母该不用亲自下地了吧。然而祖母却说:"真正累人的并不是这些农活哩!"

⑥ 两三场春雨过后,种在土钵里的葵花子终于长出了嫩芽,祖母便在一个雨后天晴的早上,用竹签将葵花苗一棵一棵地掀出来,再一棵一棵地栽进肥黑的葵花地,继而撒下一层薄薄的火土灰。这以后的每一天,祖母总要去葵花地跑几个来回,为葵花苗锄草、松土、浇水和施肥。祖母做这一切时,总是小心翼翼的,就如同月子里母亲奶婴儿般不厌其烦。

⑦ 几番风雨,几番日月,葵花苗渐渐长成了人那么高,展开了金色的葵瓣,结出了牙状的籽粒。其时,佝偻着身子的老祖母同年幼的我,置身于茂密的葵花丛中,阳光从绿叶及金色的花瓣间筛落下来,祖母脸上的沟沟壑壑也闪烁着金色的笑容。

⑧ 有一回,祖母站在阶沿上的麻石条上,指着阳光下耀眼的葵花,意味深长地说:"这葵花多么可爱啊!它们总是追随着太阳旋动自己的身子,哪怕在阴天或雨天,也会凭着记忆寻觅太阳的方向,仰头望去。"祖

母说这番话时,哥哥和姐姐也在旁边,我见他们一脸沉思地点着头,眼睛里闪烁着一种异样的光彩。莫非他们已经领悟到了祖母话语中的含义?葵花的生命,是激情的,是奔放的,是火一般热烈的;而如同葵花的人生,是积极的、向上的,即使遭遇凄风苦雨,也永远不会迷失生活的方向。

⑨ 我也渐渐地明白,祖母一直精心侍弄着葵花地,其实是在精心地侍弄着她对美好生活的向往、对生命意义的追求,侍弄着人生长旅中支撑着她前行的意志与毅力。举目再望葵花地时,我忽然发现那一张张金色的花盘,就像是一张张天真无邪的笑脸,在这开阔而热烈的秋季,正昂然拥抱着太阳的光焰。仿佛觉得,我也变成了阳光下的一棵向日葵。

⑩ 我怎么能够轻易忘却乡下老家的那一片葵花地呢!

(选自《光明日报》2023 年 2 月 10 日 15 版,有删改)

知识卡片

廖静仁,湖南省文史研究馆馆员,全国五一劳动奖得主,全国第三届青创会,第八、第九届文代会代表。散文作品多见于《人民文学》《当代》《十月》《中国作家》等。著有散文集《纤痕》、长篇小说《白驹》等。

阅读指津

本文围绕"葵花地"展开叙述,叙述了作者眼中那位虽年迈仍心灵手巧、任劳任怨、坚韧顽强的祖母尽力侍弄葵花地的故事。栽种好葵花地,就如同培育具有完美人格的孩子,让作者仿佛觉得自己也是"阳光下的一棵向日葵"。这其中不仅透露出亲情的温暖,还有对人生处事态度的思考。阅读记叙文,要注意把握人物描写和记叙顺序,理清行文的思路,理解人物的性格特点,抓住体现文章主旨的关键词句,进而剖析文章写作目的。

拓展练习

1. 全文主要叙述了祖母尽力侍弄葵花地的故事,请根据第⑤~⑧段的内容,完成填空。

(1) 每年开春,_____;

(2) _____,祖母栽种葵花苗并加以锄草、松土、浇水和施肥;

(3) 几番风雨、几番日月之后,_____。

2. 第②段加点词"洗刷"在文中的意思是_____。

3. 结合段落的内容,分析第⑧段画线句的语言表现力。

4. 第③段内容不宜删除,请简述理由。

5. 结合全文内容,分析结尾段的作用。

参考答案

1. (1) 祖母取出葵花种子浸泡等待萌芽并翻垦葵花地;(2) 两三场春雨过后;(3) 祖母和家人置身葵花丛中沉浸于葵花盛开的喜悦中。

2. 指祖母因生活艰难而由"青发"变"银丝",写出祖母日渐苍老和年迈。

3. 画线句运用了动作描写和神态描写,写出了哥哥姐姐聆听祖母说话时沉思的状态,体现出他们对祖母话中含义的深刻理解和喜悦之情,赞同祖母所说要像葵花一样积极向上,找准方向,坦然面对人生的风雨。

4. 第③段运用了插叙的记叙顺序。内容上补充交代祖母的家庭背景和婚姻状况,体现出祖母心灵手巧、坚韧乐观的人物特点,丰富了人物形象和故事情节,为下文祖母尽力侍弄葵花地的内容做铺垫。

5. 结尾段运用反问句,增强语势,强调出作者不会轻易忘记乡下老家的葵花地。由葵花地而想到祖母,因为祖母一直尽力侍弄呵护着葵花地。这其中不仅寄托着亲情,也是祖母对美好生活的向往、对生命意义的追求,教会作者面对人生风雨应具备的意志和毅力。表达了作者对祖母的怀念、赞美之情。

选文四

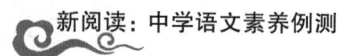

罗日新

① 我发现,八十多岁的母亲竟把晒绿豆当成了一件每天必做的事。

② 每天早晨,母亲起来洗漱完毕,只要不下雨,第一件事就是把阳台台面擦拭得干干净净,然后把绿豆倒在竹簸箕里,小心翼翼地放在上面。做这件事时,母亲津津有味,乐此不疲。起先我并没在意,直到有一天才发现其中的秘密。

③ 那天下午,一只小鸟正在簸箕上吃着绿豆,我透过窗户的玻璃望去,小鸟吃得优雅从容,并不怕人。显然,小鸟不是第一次来我家阳台吃绿豆了。

④ "宝山啊,你慢点吃……"母亲站在阳台门边,望着小鸟,小声地自言自语,"现在国家富了,我们家也富了,不像以前,吃绿豆还要凭票供应……"

⑤ 哦,原来,母亲把天上飞来的小鸟当作去世的父亲回家了。难怪她老人家每天那么勤快地晒绿豆。

⑥ 穿过漫长的光阴,重重叠叠的往事浮现在眼前。20世纪60年代中期,父亲在大冶钢厂宣传部任报道组组长,为了报道工人们的先进事迹,他总是深入到火热的平炉台上和炼钢工人一起劳动。在我的记忆中,那时的夏天气温很高,在空气中划根火柴似乎就能燃烧,平炉台上更是酷热难当。为了防止炼钢工人中暑,工厂每天给平炉台工人供应降暑绿豆汤。父亲总是把他的那一份留下来,用饭盒带回家给我喝。

⑦ 每天下午五点多钟,太阳还没有落山,我就会端个小木凳,坐在家门口的大树下,眼巴巴地望着山下那条小路的尽头,等待着骑自行车的父亲出现。只要看到父亲的身影,我就会欢呼着从山坡上冲下去迎接。

⑧ 看着我双手捧着冰绿豆汤喝的馋相,母亲总是会轻轻地问一声父亲:"今天又去平炉台了?"

⑨ 突然有一天,父亲的饭盒里没有绿豆汤了。"以后不能带绿豆汤回来了。"父亲小声说。

⑩ 那时,生活物资非常kuì乏,绿豆要凭票供应,有时很难买到,但炼钢平炉台上用来防暑的绿豆汤是保证供给的。炼钢工人的福利比企业机关干部好,工人便常常将自己吃的保健饭、绿豆汤省下来带回家给家人分享。然而,厂部出于对炼钢工人防暑的考虑,要求工人只能自己喝不能带回家。父亲是干部,更要带这个头。从此,喝平炉台前那碗冰凉甜糯的绿豆汤,成了我的奢望。

⑪ 多年后,我大学毕业,恰好被分配到炼钢厂。母亲为此心里十分不愿意,她心疼儿子在基层工作要吃很多苦。父亲坚定地说服她:"年轻人想上进,就必须选择生产一线,从最艰苦的平炉炼钢干起。"就

这样,我穿上白色的帆布工作服,脚蹬大头帆布工作鞋,头戴红色安全帽,爬上了平炉台,在高温环境里抢修设备,手握钢钎干活,常常全身湿透。当然,我也喝上了防暑降温的绿豆汤。

⑫ 难忘啊,青青的绿豆汤,高高的平炉台,慈爱的父母!

⑬ 2019年10月,我以工作过的大冶钢厂为原型创作的长篇小说《钢的城》在《十月》杂志上发表了。

⑭ 那天,母亲在杂志封面上撒了些绿豆,又一次等待小鸟飞来。她在那里喃喃地说:"宝山啊,这本书里有你儿子写的小说,里面有你工作了一辈子的大冶钢厂,有你报道过的平炉、二炼钢、四炼钢……有你的同事,你快来看看吧。"

⑮ 我的眼眶湿润了,轻轻地走过去陪母亲等待那只灰脖子的小鸟。过了好久,它终于从空中飞过来,落在杂志上,一口一口,慢条斯理地啄食着绿豆。母亲颤颤巍巍地说:"宝山啊,回家的路太长了,太远了……"眼前的一幕,让我的眼泪止不住地流了下来。

⑯ 父亲啊,儿子现在天天都喝着平炉台上的绿豆汤,儿子和母亲想您了。

(选自《光明日报》2022年11月18日,有删改)

知识卡片

罗日新,中国作家协会会员、湖北省黄石市作家协会名誉主席。2023年6月21日凭借长篇小说《钢的城》荣获第八届湖北文学奖优秀作品奖。

阅读指津

本文是一篇回忆父亲亲情的感人散文。以现实母亲晒绿豆、小鸟吃绿豆引发作者回忆少时有关父亲和绿豆汤的点滴往事。作者最期盼父亲每天把自己留下来的绿豆汤带回来喝,以及自己毕业参加生产工作喝上绿豆汤等情节,以绿豆汤为线索表达作者对慈爱父亲的怀念之情、对往事的追忆之情。阅读记叙文,需抓住贯穿全文的线索,以线索梳理文章重要情节、理清记叙顺序,把握人物形象,感悟作者情感。

拓展练习

1. 根据拼音,写出第⑩段中的汉字:kuì(　　)乏
2. 下列对文章⑥~⑩段理解不恰当的一项是(　　)

A. 第⑥~⑩段属于插叙,补充交代了父亲总会剩下自己的绿豆汤带给"我"喝。

B. 第⑥~⑩段的内容意在强调绿豆汤和绿豆对"我"和母亲的重要意义。

C. 第⑦段中"眼巴巴地望着"突出"我"对父亲带绿豆汤回来时的期盼之情。

D. 第⑩段中绿豆汤成为"我"的"奢望"是因为父亲所在的炼钢厂的福利比不上企业机关部门。

3. 从修辞的角度,赏析文章第⑥段的画线句。
4. 根据文章内容,分析父亲的人物形象。
5. 联系全文,请选择更合适的文章标题并且说明理由。

选_____。理由:_____

A. 想念我的父亲　　　B. 平炉台上的绿豆汤

1. 匮
2. D
3. 画线句运用夸张的修辞手法,形象生动地写出了那时气温高、天气酷热,体现工人们在平炉台劳动的艰辛不易,为下文绿豆汤的出现埋下伏笔。
4. 父亲关爱儿子,总把属于自己的绿豆汤带回家给儿子喝;同时也对儿子严格要求,让儿子到生产一线最艰苦的工作干起。另一方面,父亲作为厂干部,以身作则,带头遵守厂里的规定。文中的父亲对儿子严慈相济、对工作有责任意识、大局意识。
5. 选B。"平炉台上的绿豆汤"交代了文章的写作内容,是和绿豆汤相关的地点、人物和故事,表达了作者对"青青的绿豆汤"的喜爱难忘之情,对"高高的平炉台"工作生活的怀念之情,对"慈爱的父母"的感谢赞美之情。同时标题中的"绿豆汤"是贯穿全文的线索,设置悬念,吸引读者的阅读兴趣。

父亲和树

陈宝全

① 现在,这些苹果树老了,老了的苹果树结不了多少果子,也结不出品相端庄的好果子,觉得没脸活了。它们把地里的肥力吃了太多,根又粗又大,却无法顺应自己的愿望就此倒下。风也懒得理会它们,绕着吹。

② 只有父亲理解这些老了的苹果树的心思,他提着斧头进了果园。

③ 这一片苹果树跟父亲打了三十年交道,它们经历了父亲的中年和老年,父亲经历了它们的一生。它们了解父亲,就如父亲对它们目前所思所想的洞察。

④ 父亲在动手之前,用手量了这棵苹果树的树干,四作多一点。父亲知道,它的身体里藏着30个年轮。也就是说,20世纪80年代末,它还是一株小树苗,嫩叶在阳光下尽情地舒展,细小的枝条对未来充满好奇和期待。现在,父亲拖着瘦弱的身子,要以一种近乎残忍的方式介入一棵他亲自栽植的苹果树的命运。

⑤ 斧头落下去,父亲听到了树皮破裂的声音——(　　　)这种声音比斧子撞击树干的声音要小很多,(　　　)还是被父亲敏感地捕捉到了。父亲落泪了。

⑥ 这几年,这棵苹果树一半枯死,一半硬撑着活了下来,结出的果子像山林里的野果子,酸涩难入口。可父亲心里明白,它为改善我们一家人的生活付出了毕生心血,足以让我们感恩并铭记于心。

⑦ 20世纪80年代,父亲和大多数李家山的村民一样,刚刚吃饱肚子,从没有去设想未来。作为木匠的父亲,将大把大把的时间用在了修房子上。在他栽下第一批苹果树苗的时候,大片的小麦仍然享有辽阔的土地,是地里的主角。为了保住小麦,人们曾与草作战,把它们统统赶出麦田。在田里,草都不让长,怎么会容忍树长进去?

⑧ 父亲是在乡村干部的劝说下,才栽下了第一片果树。

⑨ 果树选择种在院子附近,不是为了管理上的方便,也不是为了看着这些小树苗像孩子一样一天天

124

长大,从而让人感到快乐,父亲是为了看着它们被兔子和羊啃了,被风吹死,被小麦挤赶出去。他在耕地的时候,故意赶着毛驴逼近树苗,让犁铧伤到树根。

⑩ 尽管如此,仍然有一些倔强的苹果树活了下来,一副要长大成材的样子,父亲妥协了。为此,父亲的果树也在年轮里写下了新的愿景:_____。

⑪ 到第八个年头,父亲果园里的苹果树开始挂果了。父亲开启了新的生活方式,浑身上下充满了力量,进入了一种持续的兴奋状态。按照时序,他在果园里浇水、施肥、疏花、疏果、套袋、摘袋,然后出售苹果,收入一年比一年高,日子也突飞猛进地好了起来。

⑫ 带着清香的木屑喷溅而出,落在父亲的身上,像是一棵树要对父亲说出的话语。这个年近80岁的老人,挥动几下笨重的斧子,就开始气喘吁吁。他不得不停下来。越进入树干的内部,就越接近远去的时光,父亲难过极了。这棵苹果树勉强支撑着身体,父亲用力推了一下,苹果树开始吱嘎作响,慢慢倒下。没有大树倒下的那种轰然响动,它只是轻轻地躺在了自己生活过的这块土地上。

⑬ 父亲坐在放倒的这棵苹果树身上,抽了一根烟,像是在进行一次长时间的告别仪式。他将用近一个月的时间,砍倒果园里所有的老树,再把它们劈成木柴。这些带着浓郁芳香的木柴,将陪伴他度过一个漫长而寒冷的冬天。

⑭ 父亲不再主持果园里的事,只是在天气好的时候,到果园里转转。砍掉了老树的土地,平整而安详,像是卸下了所有的负担,在休憩,在安睡。<u>父亲知道,过上两年,又一批新树苗将在这里郁郁葱葱地长起来。这看似贫瘠的土地,总是会在春秋轮回之间,给劳作的人们以希望和馈赠。</u>

(选自《光明日报》2023年4月21日,有删改)

知识卡片

陈宝全,中国作家协会会员、中国诗歌学会会员、甘肃省作协理事、平凉市作协主席、静宁县文联主席。著有散文集《作家眼中的静宁扶贫》《被一颗苹果喜欢过》,诗集《看见》。荣获第四届甘肃黄河文学奖、崆峒文艺奖。

阅读指津

本文围绕着父亲和苹果树二者的关系进行叙述。不同于一般侧重于人物亲情的散文,本文的特殊性在于父亲的情感聚集在亲手栽种培育三十余年的苹果树上。苹果树如同父亲的孩子,了解彼此,读懂彼此。父亲至爱苹果树,在高龄年迈之际亲手砍倒老果树是为了生活新的希望和轮回,这是人与自然亲情关系的馈赠和反响。阅读本文的重点在于梳理父亲和苹果树之间的故事、父亲对苹果树情感态度的变化,进而把握文章的感情基调,同时抓住关键句体会作者的思想感情。

拓展练习

1. 结合前后句,填入第⑤段空格的关联词,下列选项恰当的是(　　)
   A. 因为　所以　　　B. 虽然　但　　　C. 即使　也　　　D. 不但　而且
2. 根据前后文,试着补充第⑩段最后横线处的内容。
3. 梳理并概括文章中父亲和苹果树的故事,完成填空。
   (1) 父亲在干部劝说下,被迫种树苗,任凭果树苗受摧残;

(2) ＿＿＿＿＿＿＿＿＿＿＿＿＿＿＿＿＿＿＿＿＿＿＿＿；

(3) 苹果树开始挂果，＿＿＿＿＿＿＿＿＿＿＿＿＿＿＿＿＿；

(4) ＿＿＿＿＿＿＿＿＿＿＿＿＿＿＿，苹果树吱嘎作响，慢慢倒下。

4. 对于文章标题分析错误的一项是（　　）

A. 标题中"父亲"和"树"点明主要的写作内容，全文围绕这两者具体展开叙述。

B. 标题中"父亲"和"树"表明文章存在着两条线索来贯穿全文。

C. 标题中的"和"字体现了父亲和苹果树之间关系的重要和密切。

D. 标题揭示了文章主旨，传递出父亲亲手砍倒苹果树后的痛苦和悔恨之情。

5. 请谈谈对文章第⑭段结尾画线句的理解。

参考答案

1. B

2. 为人们奉献甘甜的果肉

3. (2) 父亲见苹果树倔强活下来，选择妥协，许下新愿景；(3) 父亲开启了新的生活方式，养育果树，出售苹果，过好日子；(4) 父亲在难过挣扎中挥动斧子砍树

4. D

5. 画线句点明文章主旨，体现了父亲知道砍掉老果树是为了把土壤的空间留给新的果树，新的苹果树会生根成长、焕发生机，带来新的希望和馈赠。这是生活的哲理，生命的交替，自然的生生不息。和第⑥段父亲理解果树改善家人生活的内容相呼应，表达了作者对苹果树奉献的感恩之情、对苹果树顽强生命力的敬佩之情、对父亲勤劳奉献精神的赞美之情。

(沈慧俊)

六　事物之理

选文一

你有"提前症"吗？

欧阳晨煜

① 有些寓言故事的主人公是有"拖延症"的，从秋天到冬天一直推迟筑巢的寒号鸟，喊着"哆啰啰，哆啰啰，寒风冻死我，明天就做窝"的经典口号；羊圈破了窟窿不及时修补的牧羊人，导致接连丢羊。

② 生活中，面对类似的学习和工作任务，很多人都有寓言中主人公这样的心理状态和行为方式，因此他们羡慕那些可以在截止日期前早早完成任务的人。那你听说过"提前症"吗？

③ "提前症"的发现和命名源于2014年的一个有趣实验。科学家在一条小巷里放了两个水桶，它们重量不同，离终点的距离也不同。实验者要从起点出发，任选一只水桶提到终点。通过观察，科学家发现了一个有意思的现象，一部分人看到离自己更近的那个水桶时，就毫不犹豫地拎起它走向终点，而不选择离终点更近、重量可能更轻的水桶。也就是说，这些人宁可耗费更大的体力，提着更重的水桶走更远的路，也不考虑第二只桶的具体情况。

④ 为什么会出现这种奇怪的行为呢？科学家采访了如此选择的实验对象，发现他们给出的答案几乎都一样，那就是先拿了水桶，就可以更早减轻思想负担，并且他们无一例外都对额外耗费的体力并不在意。这一类人被称为"提前症"人群，他们总是喜欢在刚接到任务时就迅速着手去做，早早完成任务。即使要付出更多的精力，他们也绝不能接受拖延一刻。

⑤ 如果寒号鸟早早去筑巢；如果牧羊人早早去补洞，它们就会摆脱故事里的悲惨结局，逆转成为人生赢家吗？听起来既自律又高效的"提前症"似乎是一种完美的行为模式。然而，事情远远没有这么简单。

⑥ 虽然"提前症"人群总给人胸有成竹的感觉，但研究表明，事事都要抢时间，让"提前症"的人比"拖延症"的人更加焦虑。赶火车时，他们总要提前几个小时到达，即使需要在车站等很久，白白浪费时间；下周五需要提交的报告，他们在接到任务当天就熬夜完成；团队合作的时候，他们率先完成任务，然后去催促同事。而往往，完成任务并不能帮助他们释放焦虑，因为一个任务完成后，他们常常会陷入另一场焦虑。

⑦ 而且，"提前症"并不等于高效。这种心理是大脑中的工作记忆容量小造成的。现实生活中，人们遇到的一个个任务就像电脑文件一样会占据大脑的内存，迫切地提前完成任务，往往是因为无法忍受工

作记忆在脑海中长时间滞留。为减轻心理压力,"提前症"人群会选择尽快完成,最重要的目的是摆脱思想负担,释放大脑的储存。因此,"提前症"的人可能为工作付出更多的时间和精力。

⑧ 其实,无论是拖延症还是"提前症",都是人们为应对接踵而来的任务产生的焦虑感所建立的fáng yù机制。它们很常见,也并不可怕,我们只需要把握其中的微妙平衡,确立适合自己的生活节奏,一切都迎刃而解了。

(选自《知识窗》2023年第6期,有删改)

知识卡片

当前,无论是学习还是工作,压力日益增加。在高压下,人们自然产生焦虑情绪,而焦虑的表现不同。有的表现为"拖延症",这也为大家所熟知。而另一种焦虑的表现"提前症"鲜为人知,本文的说明有助于这类人群调整自己的工作生活节奏,缓解压力。

阅读指津

说明文的首段往往会用一些生活中的有趣现象、广为人知的故事等开头,这样的开头一般有两个作用:引出本文的说明对象或相关说明内容;引起读者的阅读兴趣。在阅读说明文时,要注意第一段的写法,思考其作用。

拓展练习

1. 根据拼音,写出第⑧段中的汉字:fáng yù(　　　　)

2. 试分析本文第①段的作用。

3. 文章第③~⑦段依次从_____、"提前症"的行为表现与原因、_____三方面对"提前症"进行说明。

4. 文中说"提前症"并不是一种完美的行为模式,这样说的理由是:
(1)_____
(2)_____

5. 下面这段话是从原文中摘录出来的,如果还原到文中,应放在第几段后面?请简述理由。

不过,别担心,如果你也有"提前症",你可以在口袋里揣一块大大的巧克力,把接下来要完成的复杂任务看作这块巧克力,然后把整个任务拆分成许多个小任务,完成一个就掰下一小块巧克力奖励自己。这样既提高效率又能获得阶段性的满足与安慰,稳定自己的情绪。

放在第_____段后面,因为_____

参考答案

1. 防御

2. 第①段写了不少寓言故事的主人公有"拖延症",引出"提前症"以及对"提前症"的相关说明。引起读者的阅读兴趣。

3. "提前症"的发现与命名;"提前症"的弊端

4. (1)"提前症"的人比"拖延症"的人更加焦虑;(2)"提前症"并不等于高效。(意思对即可)

5. ⑦;这段话写了"提前症"的人提高效率、缓解焦虑的方法。前文的第⑥~⑦段说明的是"提前症"带来的问题——产生焦虑、降低效率。这段话正是针对这些问题的解决方法。这段话开头的"不过,别担心"也承接了上文内容,引出解决办法。

选文二

山地,生物多样性的摇篮

董世魁

① 登临群山之巅,放眼望去,一幅壮丽的画卷徐徐展开:云雾缭绕的峰峦,流水潺潺的山涧,花团锦簇的山坡……

② 山清水秀、深山密林、湖光山色……当我们提起"山",往往容易把它与其他自然元素联系在一起。这是因为山地生态系统并不是孤立存在的,而是由林、田、湖、草等不同生态系统构成的复合体。山地的魅力不仅仅来自美丽的风景,更因为它是"生物多样性的摇篮"。

③ 山地面积仅占全球陆地面积的两成,却栖息着近一半的陆地生物物种,包括各种各样的微生物、植物以及昆虫、鸟类、两栖类、爬行类和哺乳类动物等。山地何以成为生物多样性的摇篮?

④ 由于地形高低起伏,不同高度和坡度的地方会形成多样的生境类型。随着高度的变化,温度、降水等气候条件会发生明显变化,气候多样性为山地生境的多样性提供了基础条件。从低海拔的亚热带雨林到高海拔的冰川草甸,从干旱的高山沙漠到湿润的高山沼泽,丰富多样的生境类型成为不同物种生存的乐园。

⑤ 我国的山地生物种类尤为丰富。山地、丘陵和高原占我国国土面积的69%,它们是水源和土地的保护者,为生物提供了广阔的生存空间。这些地区的光照、热量、水分、土壤、生物等元素相互协调、平衡发展,形成了一个稳定、可持续的生命共同体,为生物生存提供了坚实基础。

⑥ 我国复杂多样的山地还是许多特有物种的栖息地。被誉为"离天空最近的花""高山牡丹"的绿绒蒿、高山地带的岩雷鸟、青藏高原地区的雪豹等,都是山地的特有物种。高原山地空气稀薄,氧气含量低,一些生物便进化出了适应高海拔环境的特殊形态和生理机制。例如,藏羚羊前体两侧的皮下有两个气囊,臀部两侧还有两个较大的气囊,这四个气囊会喷出大量气体推动它们的身体前移,使得藏羚羊在海拔5 000米以上的高原上也能奔跑如飞;高山植物为了能够在缺氧、低温、强紫外线辐射等极端环境下生存繁衍,往往具有较强的耐旱、耐寒和耐紫外线辐射等适应能力。

⑦ 我们应该加强山地生态系统的保护和可持续利用,采取更多积极措施来保护山地生态,例如,我国一些地区采取"封山禁牧"政策,限制采伐和过度放牧,对恢复山地生物多样性起到了积极作用。同时,要不断加强科学研究、生态监测和技术示范,提高山地生物多样性保护的能力和水平。此外,还应通过教育和宣传,提高公众对山地生态系统的认识和重视程度,促进可持续发展和生态文明建设。

(摘自光明网2023年6月1日文章,有删改)

知识卡片

本文作者董世魁是北京师范大学环境学院教授,博士生导师。主要研究领域为生态学、环境科学、草业科学、资源科学等。主要研究方向为退化生态系统的恢复与重建、生态系统管理与保育、生物多样性保护、自然资源可持续利用等。

阅读指津

本文以对群山之巅的壮丽景色的描写开头,极大地引发了读者的阅读兴趣,激发了大家保护美丽的生态环境的欲望。接着由一系列成语引出"山地生态系统不孤立存在"这一特点。进而提出问题——山地何以成为生物多样性的摇篮?引出对本文主要内容的说明。最后介绍了保护山地生态环境的举措。

拓展练习

1. 第②段说"山清水秀、深山密林、湖光山色……当我们提起'山',往往容易把它与其他自然元素联系在一起"。请你再写出一个表达这一意思的四字词语:_____。

2. 我国山地生物种类特别丰富的原因是_____和_____。

3. 第⑥段主要运用的说明方法是_____,作用是_____。

4. 我们应采取哪些措施加强山地生态系统的保护和可持续利用?
   (1) _____
   (2) _____
   (3) _____

5. 如果把本文的标题改成"山地为什么能成为生物多样性的摇篮?"你觉得好不好?请简述理由。

参考答案

1. 水秀山明/依山傍水/高山流水

2. 山地、丘陵和高原占我国国土面积大;这些地区的自然元素形成稳定、可持续的生命共同体,为生物生存提供了坚实基础。

3. 举例子;具体地说明了一些生物进化出特殊形态和生理机制,以适应高海拔环境的生存。

4. (1)采取"封山禁牧"政策,限制采伐和过度放牧;(2)加强科学研究、生态监测和技术示范,提高山地生物多样性保护的能力和水平;(3)通过教育和宣传,提高公众对山地生态系统的认识和重视程度。

5. 示例一:这样改很好。因为本文用大量篇幅说明了山地成为生物多样性摇篮的原因以及我国山地物种丰富的原因。用设问作为标题也能起到引出说明的主要内容,引起读者阅读兴趣的作用。

示例二:这样改不好。山地成为生物多样性摇篮的原因只是本文说明内容之一,文中还介绍了保护山地生态环境的举措等,因此,改后标题不能涵盖全文内容。

选文三

清明时节为何雨纷纷?

① "清明时节雨纷纷",唐代诗人_____的诗句写景亦写情,流传至今。

② 清明时节,万物"吐故纳新",大地呈现春和景明之象。从气象规律来看,在我国南方地区尤其是江南地区,清明时节的确降水量相对较高。

③ 这是因为清明前后,太阳直射点不断向北移动,北半球日照时间增加,大地逐渐回春。同时,大气

环流频繁调整。低纬度地区洋面暖湿空气势力逐渐加强,并在南支波动等环流系统作用下持续输送至我国南方地区;同时,我国北方地区冷空气仍比较活跃,虽然实力已无法与冬季时相提并论,但仍不断向南压。于是,北方冷气团与南方暖湿气团在江南地区频繁交汇,形成气象学上的锋面。暖湿气团被冷空气抬升,在上升过程中,气团温度不断降低。气团中的水汽逐渐凝结并形成大量水滴,这些水滴降落至地面成为降雨。在上述因素叠加影响下,4月上旬江南地区出现阴雨天气的概率比较高。

④ "润物细无声"是清明时节春雨的真实写照。从1991—2020年气象观测资料来看,清明时节的降雨量不大,以小到中雨为主。<u>在4月1日至10日期间,江南地区的降水日数通常能达到4至5天,部分地区的降水日数甚至超过5天。</u>清明时节,成片或大面积的阴雨天不只偏爱江南地区。1991—2020年气象观测资料显示,4月上旬,四川盆地东部、华南北部等地区出现降雨的平均日数也有3至4天。在北方地区,降水就比较少了。

⑤ 此外,4月初也往往是华南前汛期开始之时,也就是华南雨季拉开大幕之时。前汛期的华南地区时而阴雨绵绵,时而暴雨倾盆,暖湿雨雾天气增多。

⑥ 春雨贵如油。清明时节仍处于春耕阶段,此时的降水对农业生产来说至关重要。农作物的生长对水有较高的要求,春天的细雨滋润大地,为作物的萌发生长以及小麦、油菜等越冬作物的返青提供了良好条件。对有些地区来说,还可缓解秋冬季以来持续的旱情,减少人工灌溉的成本。但是,过长时间的阴雨天气也会带来光照减少和气温偏低等问题,对作物生长产生不利影响。累计降水量大的地方还可能会有渍涝风险,并出现病虫害、土壤板结等一系列连锁问题,需时时关注降水量并提前做好防范工作。

⑦ "清明前后,种瓜点豆。"春日里,宜播种,撒下春天的希望,期待秋日的丰收。

(选自《人民日报》2023年4月6日,有删改)

知识卡片

春季我国南方多雨,而"清明时节雨纷纷"的诗句流传千年,更让人们熟知清明前后南方会普遍降雨的事实,但其中的缘由很多人不清楚,本文就对这一现象的产生和由此带来的利弊进行了说明。

阅读指津

本文由耳熟能详的唐诗引出说明内容,接着以科学知识解释了清明时节江南地区出现阴雨天气的概率比较高的原因。自古,降雨对农业生产和人民生活都有较大影响,本文最后也就其利弊展开说明。

拓展练习

1. 在第①段横线处填写诗人的姓名:_____

2. 阅读第②段,梳理大气环流频繁调整,形成降雨的过程,完成下面图表的填写。

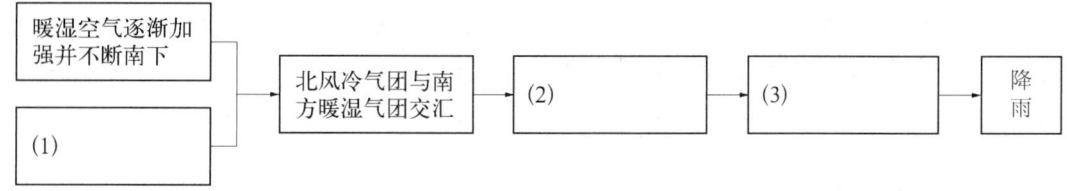

3. 第④段画线句中的"通常"一词不能删去的理由是:_____。

4. "清明时节雨纷纷"的好处有：为农作物的萌发生长以及小麦、油菜等越冬作物的返青提供了良好条件；_____。但也会造成一些危害，比如：_____；产生渍涝风险，并出现病虫害、土壤板结等一系列连锁问题。

5. 试分析本文标题的作用。

参考答案

1. 杜牧

2. (1)北方冷空气仍然活跃并不断南压；(2)暖湿气团被冷空气抬升，气温降低；(3)水汽凝结形成水滴

3. "通常"是"常常"的意思，指多数情况下如此。这句话是说清明时节，江南地区的降水日数多数情况下能达到4至5天，但不排除特殊年份的不同情况。如果去掉变成年年如此，与事实不符。这个词的使用体现了说明文语言的科学性和准确性。

4. 可缓解秋冬季以来持续的旱情，减少人工灌溉的成本；过长时间的阴雨天气会带来光照减少和气温偏低等问题，不利于作物生长。

5. 标题引用古诗"清明时节雨纷纷"，写出了清明前后的气候特征，又用设问句提出问题，引出文章对清明降雨多的原因的分析。诗歌的引用和设问的使用都能引起读者阅读兴趣。

选文四

为什么记忆常常不靠谱

[美] 大卫·伊格曼

① 我们的身体总在不停改变。每4个月，红细胞就彻底更替一遍，皮肤细胞每几个星期就换一轮。在7年左右的时间里，身体里的每一个原子就会彻底被其他相同的原子取代。从物理层面来说，你在不停地翻新，变成一个全新的你。幸运的是，或许有一个恒定的元素——记忆，连接着所有这些不同版本的你。记忆说不定是你身份的核心，提供连续的、独一无二的自我意识。

② 然而，记忆并不是一段视频，不能准确地记录你人生的每一个瞬间；它是来自往昔时光的一种脆弱的大脑状态，你要回想，它才浮现。举个例子，你来到一家餐厅，为朋友过生日。你经历的一切，触发了大脑特定的活动模式。有一种活动模式，由你和朋友之间的对话触发；另一种模式，由美味的法式小蛋糕的味道激活。在海马体庞大的相关神经元网络里，所有这些模式集群彼此连接，反复播放，直到连接方式最终固定下来。同时激活的神经元一同启动，连接在一起。由此产生的网络，是该事件的独特标志，代表了你对生日聚会的记忆。

③ 假设6个月以后，你吃到了一块与生日聚会上一样味道的小蛋糕，这把特殊的钥匙，能够解锁相关的整个网络。突然之间，你回到了那段记忆里。虽然我们并不是总能意识到这一点，但记忆或许并不如你期待的那么丰富。也许你记得一个女性朋友穿着蓝色的衬衫，不对，也可能是紫色的，说不定是绿色的。如果真的深究那段记忆，你会意识到，你完全不记得餐厅里其他食客的细节。所以，你对生日聚会的记忆已经开始褪色。

④ 这是为什么？_____神经元数量有限，_____它们都需要从事多重任务。每个神经元参

与不同时间的不同集群。你的神经元在关系不断变化的动态矩阵中运作,繁重的需求不断要求它们跟其他神经元连接。随着这些"生日"神经元协同参与到其他记忆神经网络里,你关于生日聚会的记忆就变得模糊起来。记忆的敌人不是时间,而是其他记忆。每一件新的事情都需要在数量有限的神经元里建立新的关系。然而,褪色的记忆在你看来似乎并未褪色。你感觉,或至少以为,完整的画面始终存在。

⑤ 加利福尼亚大学欧文分校的伊丽莎白·洛夫特斯教授进行了一项开创性的研究,发现了记忆的可塑性。她设计了一项实验,请志愿者们观看车祸的影片,接着问他们一系列问题,测试他们记住了哪些内容。她所问的问题,影响了志愿者们的答案。她解释说:"我使用了两种问法:一种是,两车相碰时,车速有多快?另一种是,两车相撞时,车速有多快?志愿者们对速度做出了不同的估计。我用'撞'字的时候,他们认为车速更快。"诱导性问题可以干扰记忆,这令她深感好奇,于是她决定再做进一步的探究。

⑥ 有没有可能植入完全虚假的记忆呢?为了寻找答案,她招募了一群参与者,了解他们从前的生活点滴,随后,研究人员针对每一名参与者拼凑出来4段童年故事。有3段是真实的。第4段故事包含了若干似是而非的信息,但完全是编出来的。它讲的是小时候在购物中心迷路,在一位和善老人的帮助下,最终跟家人团聚的事。研究人员通过一系列的访谈,把这4段故事讲给参与者听。至少有1/4的人声称自己还记得商场迷路事件,尽管它从未发生过。不止如此,洛夫特斯解释说:"他们一开始也许只能'回想'起一点。但随着时间的推移,越来越多的细节被他们悄悄填入虚构的记忆里。"

⑦ 所以,不光有可能往大脑里植入虚构的新记忆,人们还会欣然接受它,为其增加细节,不知不觉地把幻想编织进自己的身份认同里。

⑧ 我们的过去并非一段段忠实的记录。相反,它是一次次重构,有时几乎是在编故事。我们回顾自己的人生记忆时,应该带着这样的认识:不是所有的细节都准确无误。一些细节是别人讲给我们的,另一些是我们自己补充的,我们认为当时肯定就是那样。所以,如果你完全根据自己的记忆来回答你是什么人,你的身份就变成了一段奇异的、不断变化的、摇摆不定的故事。

(选自《大脑的故事》,浙江教育出版社2019年4月版,有删改)

知识卡片

本文作者大卫·伊格曼是斯坦福大学脑科学教授,著有《大脑的故事》《死亡的故事》等。

阅读指津

本文选取了一个读者特别感兴趣的点——记忆是否靠谱,说明科学道理。标题运用了设问,引出关于记忆常常不靠谱的原因的说明,引起读者阅读兴趣。文中,作者用生活实例对科学现象和原理进行说明,深入浅出,通俗易懂。

拓展练习

1. 文章开头为什么向读者介绍"我们的身体总在不停改变"?

2. 第②、③段都举了"生日聚会"的例子,在第②段是为了说明＿＿＿＿＿＿＿＿＿＿；在第③段是为了说明＿＿＿＿＿＿＿＿。

3. 第④段横线处应该填写的正确关联词是(　　)
A. 虽然　但是　　　　B. 不但　而且　　　　C. 因为　所以　　　　D. 因为　而且

4. 阅读第⑤、⑥段,概括记忆往往不靠谱的原因。
(1) _____
(2) _____

5. 全文用第二人称行文,有什么好处?

参考答案

1. 文章开头,作者说我们的身体在不停改变。这引起读者的疑问:有没有不变的东西?什么东西连接过去和现在的自己?这样就引出了"记忆",进一步引出了对"记忆是否靠谱"的说明。同时引起了读者的阅读兴趣。

2. 记忆并不能准确地记录人生的每一个瞬间;我们的记忆在不断衰退。

3. D

4. (1)诱导性问题可以干扰我们的记忆;(2)虚假的细节有可能被植入我们的记忆。

5. 用第二人称可以拉近作者与读者的距离,"记忆"问题是每个人都会遇到的问题,第二人称的使用增加了阅读的互动性,吸引读者的阅读兴趣并积极思考其中的科学原理,同时让严肃的科学更加生动有趣。

选文五

没有文字记载,考古学家怎么研究传染病对人类的影响

[英]夏洛特·罗伯茨　　[美]加百利·弗罗贝尔

① 从人类作为一个种族诞生之时起,传染病就与我们如影随形。生物考古学家常通过分析骸骨,解密古时传染病是如何起源和传播的:早期人类的何种社会行为促成传染病的流行?古人如何尝试治疗这些疾病?个人和社会如何调整行为模式以保护种族成员?

② 生物考古学家如何利用骸骨破译这些谜团?

③ 在大多数考古现场,我们的祖先留下的残骸只有骨骼。有些传染病,比如梅毒、结核和麻风等,会在骨骼上留下痕迹,这意味着考古学家能够通过位置、特征和分布等"特异性病征"鉴别出疾病的种类。但有一些疾病根本不会影响到骨骼,比如鼠疫和艾滋病以及新冠肺炎这类病毒传染病。而短期内即可致死的疾病,也没有足够的时间在患者骨骼上留下痕迹。

④ 生物考古学家面对这些不存在明显骨骼变化的疾病,想出了各种方法。

⑤ 分析墓穴中遗骸骨盆处的土壤,或许能够发现肠道寄生虫的痕迹,如绦虫和蛔虫,依次判断疾病类型;基因分析则能够鉴定到附着于遗骸骨骼和牙齿的感染性病原体的DNA。

⑥ 生物考古学家还能够通过未成年人牙齿和骨骼的发育情况或成年人骨骼的退化情况,来估测其死亡年龄。在此基础上借助人口统计学,得出疾病流行期间死亡人口的年龄分布,由此判断疾病类型。

⑦ 让我们具体解释一下。多数感染性疾病并不是随机地感染人群,被感染者主要是免疫系统功能较差的婴幼儿和老年人。以一个14世纪的墓穴为例,其中遗骸的年龄分布就具有上述的非随机性,而黑

死病患者的年龄分布则是相对平均的,那就可以推测他们并非黑死病的受害者。

⑧ 如此这般,我们可以通过祖先的遗骸发现历史上流行过何种传染病。但如何以此获得宏观视角,了解传染病的起源和演化呢?

⑨ 研究者通过考古学的线索,重构历史上社会经济组织、环境和技术的面貌。我们能够借此研究这些风险因素作为变量时,导致疾病在历史的不同时期和世界的不同地区,甚至同一社会群体内部有不同的表现形式。

(选自《科学大众》2022 年第 1 期,有删改)

知识卡片

本文作者夏洛特·罗伯茨(Charlotte Roberts)是杜伦大学的考古学教授;加百利·弗罗贝尔(Gabriel D. Wrobel)是密歇根州立大学的人类学副教授。

阅读指津

本文说明的是考古学家对传染病给人类带来的影响的研究,详写的是根据骨骸判断疾病类型,略写的是通过骨骸从宏观视角了解传染病的起源和演化。

拓展练习

1. 下面给本文分段正确的一项是(　　)
A. ①②/③④⑤⑥⑦/⑧⑨
B. ①/②③④⑤⑥⑦/⑧⑨
C. ①/②③④⑤⑥/⑦⑧⑨
D. ①②/③④⑤⑥/⑦⑧⑨

2. 第①段连续提出多个问题,这样写的好处是:_____。

3. 阅读文章,填写下面的表格,总结生物考古学家根据骨骸判断传染病的方法。

类　　型	判　断　方　法
疾病在骨骼上留下痕迹	(1) 分析_____判断疾病类型
疾病未在骨骼上留下痕迹	分析墓穴中遗骸骨盆处的土壤,根据寄生虫依次判断疾病类型
	(2) 分析_____判断疾病类型
	(3) 分析_____判断疾病类型

4. 下面说法正确的一项是(　　)
A. 遗骸骨盆处的土壤能够告诉研究者死者所感染的疾病。
B. 科学家能够通过牙齿和骨骼直接判断出死者所患疾病。
C. 感染性疾病并不是随机地感染人群,而是有针对性的。
D. 我们可以通过考古学的线索了解传染病的起源和演化。

5. 下面这句话应该放入原文中第_____段?请简述理由。

相反,1918 年大流感相当少见地打击了免疫功能最强的群体,即健康的年轻人。

参考答案

1. B

2. 这些问题都是生物考古学家面对的未破解的谜团。由这些不解之谜引出了利用骸骨破译这些谜团的方法的说明,引起读者的阅读兴趣。

3. (1)骨骼的位置、特征和分布等"特异性病征";(2)附着于遗骸骨骼和牙齿的感染性病原体的DNA;(3)骨骼发育或退化情况估测死亡年龄,并在此基础上借助其他学科判断疾病类型

4. D

5. ⑦;这句话说的是1918年大流感打击的多为年轻人,即具有非随机性。与第⑦段说明的"多数感染性疾病并不是随机地感染人群"一致。第⑦段中有一个14世纪的例子,死者多为婴幼儿和老年人。而所给句子开头"相反"一词,指的就是与前一例死者情况相反。

(王以新)

七　文明的印记

选文一

宣德炉

马未都

① 宣德炉从宣德时期开始烧造，一举成名，此后五百年来名声不减，以至于不管哪个朝代铸造的这种铜炉，都叫宣德炉。这一点跟景泰蓝一样。今天没人会咬文嚼字地说"送你一对掐丝珐琅瓶"，都说"送你一对景泰蓝瓶子"。景泰蓝是在景泰年间发扬光大的，宣德炉则是在宣德年间达到顶峰，名气大。

② 宣德炉有这么大的名气，一定不是白来的。铜材料冶炼过程不是我们想象的把铜化成铜水，一铸造就成了。它需要反复冶炼，每冶炼一次就要去掉一些杂质，剩下的是精华，但分量就会减少。由于宣德皇帝亲自督造此事，所以质量非常高。一斤进贡来的铜材料经过冶炼，最后只能剩四两。这四两还是小两，过去一斤是十六两，有个词"半斤八两"，说的是旧制，今天应该说"半斤五两"才对。【甲】

③ 过去做炉都是用翻砂法，宣德用的是失蜡法。历史上铸造青铜器用过失蜡法，但没有做过炉。而宣德炉用的是失蜡法，较之翻砂法，铸好的炉变得非常光洁好看。有人认为宣德炉铸好以后，还有专业的人给它上色。我们不要简单地理解上色就是把颜色刷到上面，而是用各种方法使炉身呈现一种自然的色泽。都有什么色泽呢？石青斑、朱砂斑、葡萄斑等等。【乙】

④ 宣德炉里除了精炼铜外，还有锌、锡、银、金。史料非常清楚，当时进贡风磨铜的单子上明确写着含有黄金。今天用科学的方法很容易解决这个问题，一测试就知道了。最简单的测试是用比重，黄金的比重非常大，铜的比重大概是黄金的三分之一。【丙】

⑤ 我听一个老师傅跟我说，最好的宣德炉的含金量大约是3%。我曾经买过一个宣德炉，特别沉。<u>我很高兴，直接上菜站找了个普通的秤一约，八斤四两，也就是4 200克。我乘上3%，大概是126克。</u>你想，这样一个香炉里如果含126克黄金，那质感完全不一样了。我们对衣料比较熟知，如果纯棉的衣料里加3%的毛，质感马上得以改观；如果纯毛的衣料里加3%的化学纤维，它可能变得不易起褶。古人显然也发现了这个规律。所以我认为好的宣德炉里一定含金，一加上金，就不容易生锈，而且颜色明显跟普通铜器拉开了距离。

（选自《马未都说收藏》，中华书局2008年版）

知识卡片

马未都,1955年3月22日出生于北京市,收藏专家、文化学者,观复博物馆创办人及现任馆长,曾任中国青年出版社编辑。有"京城第一收藏家"的称号。

《马未都说收藏》一书主要收录了马未都在《百家讲坛》所做的10期演讲中的精华内容,介绍了中国传统文物的相关知识。

阅读指津

本篇文章以宣德炉作为说明对象,首段开门见山交代宣德炉名气大,从第二段开始作者分别从冶炼过程、做炉工艺、内含材质三个方面介绍宣德炉名气大的原因。阅读本篇文章,需注意通过段首或段尾句理清文章内在逻辑关系。也需要圈点勾画指示代词、程度或范围副词感受说明文语言的准确性。

拓展练习

1. 结合全文,请概括宣德炉名气大的三个原因分别是_____、_____、_____。
2. 文章第⑤段画线句运用_____的说明方法,其作用是_____。
3. 下面这段文字应放入原文甲、乙、丙中的哪一处?请说明理由。

这是明末大收藏家项元汴在《宣炉博论》中的记载:"宣庙遂敕工匠,炼必十二,每斤得其精者才四两耳。"宣庙,就是指宣德皇帝。

应放在____处,理由是_____。

4. 下列判断不符合文意的一项是(   )

A. 宣德时期后不管哪个朝代铸造的铜炉都叫宣德炉。

B. 宣德炉需要反复冶炼,每冶炼一次就要去掉一些杂质。

C. 宣德炉用的是失蜡法,使铸好的炉变得更加光洁好看。

D. 宣德炉里除了精炼铜外,还含有一定比重的黄金。

参考答案

1. 精炼料佳;工艺特殊;含有合金
2. 列数字;准确地说明了宣德炉里的含金量。
3. 甲;该段文字引用古籍讲述了宣德皇帝督造炼铜,每斤得精华四两。与原文第②段共同说明了宣德炉的冶炼是个反复的过程。
4. A

选文二

探寻5 000年前的紫禁城——良渚古城

单霁翔

① 良渚的考古发现不仅实证了中华5 000年文明史,而且在一定程度上丰富了人类对于"文明"的定义,把中国早期文明的起源推进到了5 000年前。

② 考古学中如何区分文明与文化?在考古中,同一时间段的不同地区拥有一些特殊的共同点,如使

用同样的工具,具有相同的制造技术等,我们把它称为同一种文化。一种文化往往按考古工作中最初发现它的地点来定名,比如河姆渡文化、林家滩文化、龙山文化。在文化的基础上,还需要一些元素,证明人类开始进入文明时代了。比如,过去国际上有学者认为,文明需要有城市、金属(如青铜器)、文字"三要素",但实际上不同的文明形成应该有自己的标准。如良渚古城遗址的考古发掘和它揭示出的灿烂文化,远远比"三要素"更丰富。

③ 良渚古城遗址,对于文明的补充诠释之一就是功能多样的水利工程。联合国教科文组织对良渚水利工程的评语中说"它改写了世界水利工程史"。良渚水利工程修建于距今 5 000—4 700 年,是中国乃至世界上迄今为止发现的最早的大型水利工程遗址,比"大禹治水"的传说还早 1 000 年。

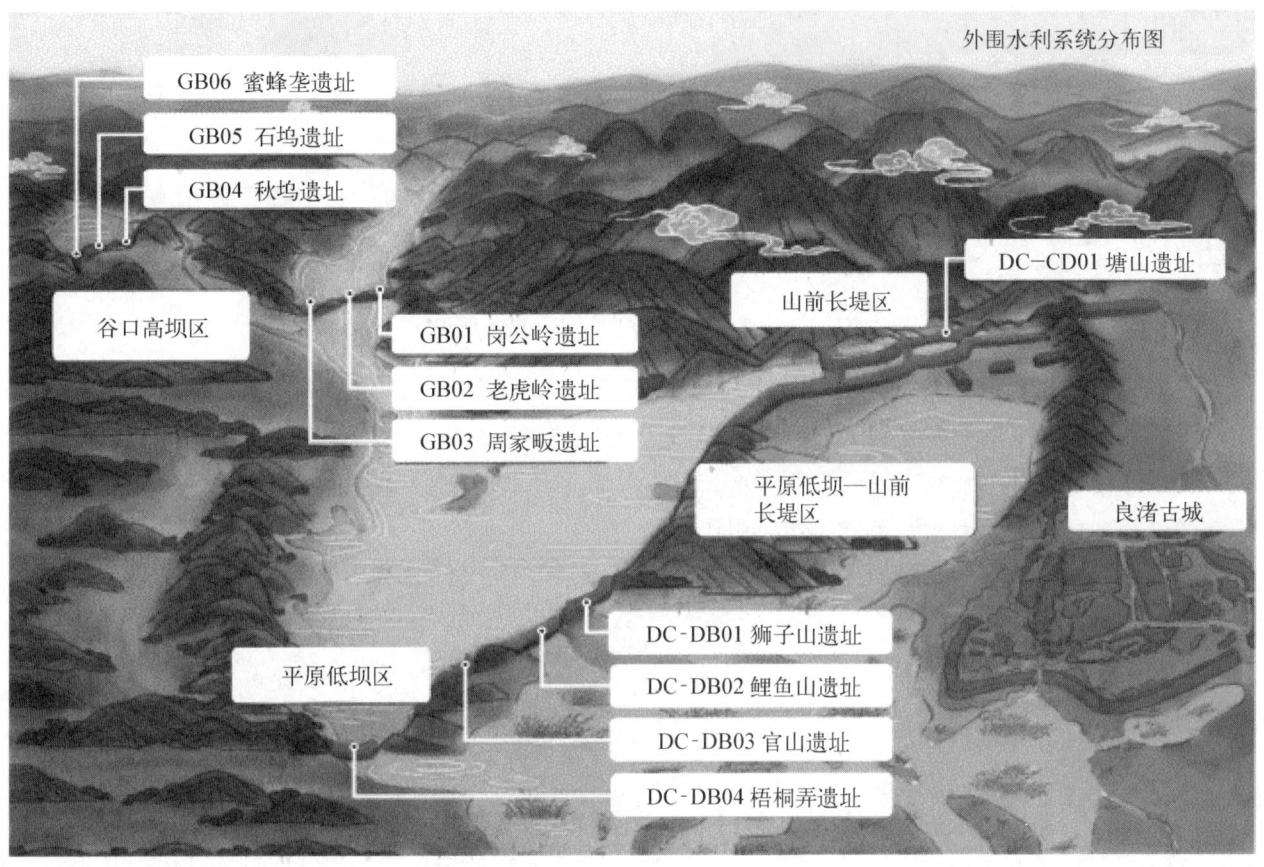

④ 良渚古城的外围水利系统主要包括_____、_____和_____。它的功能首先是防洪,借助自然山体,通过高坝围成一个水库区域,下雨时起到积水的作用。如果雨量过大,积水漫过高坝,高坝外围的低坝就可以起到保护作用,阻止大水蔓延古城。低坝外还有长堤,能进一步防止水患。5 000 年前的先民们既没有精密的勘测仪器,也没有大型的施工设备,却能通过科学的选择与设计,创造出如此巧妙的水利工程,古老的智慧可见一斑。

⑤ 防洪以外,当然还要实现对自然水资源的利用。良渚人的主食是稻米,考古学家在莫角山东坡发现了大量碳化稻米,估计为 1.3 万千克,堪称"国家粮仓"。据考,良渚人开掘了一条东西走向的河道,把生活区和稻田区隔开。除了起到蓄水、防洪排水、灌溉作用之外,河水还可以作为日常饮水。可以说,良渚水利工程不仅设计合理、功能多样,而且还考虑了民生细节。良渚古城跟欧洲的威尼斯一样是个水城。古城 9 个城门中 8 个都是水城门,需要借助舟楫通行。因此水利工程有一个重要功能就是通过高坝、低坝调节

水量起到运输作用。

⑥ 石坞高坝的对岸就是长堤所在。秋冬季节水位下降,沼泽地的泥土、茅草、芦荻为良渚先民提供了制作草裹泥的原材料。他们用植物杆茎包裹泥土,再用植物条带绑扎固定。制作好的草裹泥被运输到山谷,一层层堆叠在洪水的冲击面,最后在草裹泥上覆盖黄土。依稀可见的草裹泥断面,俨然5 000年前的防洪包。

⑦ 良渚古城的水利工程设计范围大概有100平方千米,无人机飞到500米的高度,也只能拍非常小的一个局部。没有现代科技帮助的良渚人,在当时是如何规划这么大一个立体的水利工程体系,也是令人叹服、引人深思的一个问题。

(选自《百科知识》2021年第32期,有删改)

知识卡片

《百科知识》杂志社与中国大百科全书出版社同期创建于1979年,该杂志是由中国大百科全书出版社主办的文理合编的国家级科普刊物,是国内公认的老牌科普杂志之一。

单霁翔,1954年7月出生。高级建筑师、注册城市规划师。毕业于清华大学建筑学院城市规划与设计专业,获工学博士学位。现任中国文物学会会长、故宫博物院学术委员会主任。

阅读指津

本篇文章将我们带入了5 000多年前的良渚古城,极具历史文化欣赏价值。良渚古城外围水利系统是迄今已知中国最早的大型水利工程,也是本篇文章的主要说明内容。作者通过准确的数据和科学的比较为我们介绍了该外围水利工程的多种功能。阅读本篇文章,应特别关注"主要""首先""还"等提示词,进而明确每种功能间的内在关系,判断说明顺序。

拓展练习

1. 文章标题有什么作用?
 (1)＿＿＿＿＿＿＿＿＿＿＿＿＿＿＿＿＿＿＿＿＿＿＿＿＿＿＿＿＿＿＿＿
 (2)＿＿＿＿＿＿＿＿＿＿＿＿＿＿＿＿＿＿＿＿＿＿＿＿＿＿＿＿＿＿＿＿
2. 根据《外围水利系统分布图》,结合上下文,在第④段的横线处补写出恰当的内容。
 良渚古城的外围水利系统主要包括＿＿＿＿、＿＿＿＿和＿＿＿＿。
3. 文章第⑤段画线句运用＿＿＿＿的说明方法,其作用是＿＿＿＿＿＿＿＿＿＿＿＿＿＿＿＿＿＿＿。
4. 文章④⑤两段的顺序能否互换,请说明理由。

参考答案

1. (1) 开门见山引出本文说明对象:良渚古城;
 (2) 说明良渚古城历史悠久,增强文学色彩。
2. 谷中高坝区、平原低坝区、山前长堤区
3. 作比较;把良渚古城与欧洲的威尼斯进行比较,突出强调了良渚古城水多的特点。
4. 不能。第④段说明了良渚古城外围水利系统的主要功能是防洪,第⑤段从蓄水、排水、灌溉、饮水、运输等角度说明了水利系统有利于对自然水资源的利用。两段之间存在由主要到次要的逻辑关系。

被誉为中国第五大发明的"二十四节气"

① 2022北京冬奥会开幕式在国家体育场盛大举行！整场盛典以二十四节气为序曲，从"雨水"开始，一路倒数，最终行至"立春"，为全世界呈现了一场"中国式浪漫"。其实，早在2016年11月30日，中国申报的"二十四节气"就正式列入联合国教科文组织人类非物质文化遗产代表作名录，已有几千年历史的中国节气在那时就已经备受世人瞩目了。

② 二十四节气是千年智慧的结晶。据记载，二十四节气首次完整出现于汉代《淮南子·天文训》，其中部分名称早已出现于先秦典籍中。民俗专家介绍，中国古人将太阳周年运动轨迹划分为24等份，每一等份为一个"节气"，统称二十四节气。在国际气象界，这一时间认知体系被誉为"中国的第五大发明"。

③ 日常的日历上，总有两套历法系统同时呈现。一套是现在全世界通用的公历，另一套标注着农历。

④ 说起公历，是我们现在国际上公用的历法，一般是以太阳回归周期作为一年，然后把这一年分为十二个月，每个月分为30天、31天、28天或者29天，一般一年时间有365天。若遇"闰年"，则是366天。阳历是太阳历，以四季循环的回归年为基本周期，与月亮的圆缺变化无关，其中每一年的日数和月数是由人来规定的。所以说公历就是阳历。

⑤ 农历是我国一种传统历法，是以月相变化周期朔望月作为历月的基础，又根据太阳回归年周期来计算一年的时间。一般在朔日时定为每月的初一，两个朔日之间的日期就是一个月，根据朔日时间的长短来决定每个月份的时间，大月为30天，小月为29天，一年则设为12个月，一般是354或者355天。当历年中有闰月，也就是重复一个月，一年时间也就变成了384天或者385天，这一年也被叫做闰年。阴历系以月球绕行地球一周为一月，再配合地球绕太阳一周之时数为一年，所以说_____。

⑥ 此次申报联合国非物质文化遗产成功的二十四节气，是我们阴阳合历中的阳历成分，是对太阳在黄道上的周年视运动（实际上是地球的周年运动）的描述，所以二十四节气在公历中的日子才会如此固定。

⑦ 二十四节气是鲜活的农耕指南。"春雨惊春清谷天，夏满芒夏暑相连。秋处露秋寒霜降，冬雪雪冬小大寒。"【甲】到秦汉年间，"二十四节气"已经完全确立。【乙】比如"春不种，秋无收""立夏勿下雨，犁耙倒挂起""清明前后，种瓜点豆""寒露到霜降，种麦莫慌张"等，依然是我们生产生活的重要坐标。【丙】在农业生产上至今我们还遵循着很多农谚，调节休息和劳作。【丁】远在春秋时代，中国就定出仲春、仲夏、仲秋和仲冬四个节气。

⑧ 二十四节气不仅影响农业生产，还关乎人们的日常生活。民间积累了大量的气象谚语、生活谚语，用来指导人们的生产生活。虽然大家可能说不出具体都有哪些节气，但节气的理念深入人心，什么季节做什么事等，都是大有学问。更重要的是它已经上升到文化、信仰理念的层面，是一种中华民族传承至今的生态文明观。

（有删改）

二十四节气，是历法中表示自然节律变化以及确立"十二月建"的特定节令，蕴含着悠久的文化内涵

和历史积淀,是中华民族悠久历史文化的重要组成部分。它不仅是指导农耕生产的时节体系,更是包含丰富民俗事象的民俗系统。

阅读说明文,需先关注标题和开头部分,以便更清楚地判断说明对象。本篇文章从标题即可看出,说明对象为"二十四节气"。首段从大家熟知的北京冬奥会引入,说明了二十四节气的重要地位和文化意义。接下来文章从三个方面具体介绍二十四节气,阅读时需特别关注"所以""因此"等此类表示结论的词语。

1. 结合文章内容,说说第①段有什么作用?
2. 阅读全文,说说文章是从哪些方面来介绍二十四节气的?
   (1) _____
   (2) _____
   (3) _____
3. 文中第⑦段说明顺序较混乱,请选择排列最恰当的一项(　　)
   A.【丁】【甲】【丙】【乙】　　B.【丙】【乙】【丁】【甲】　　C.【丁】【乙】【甲】【丙】　　D.【丙】【丁】【甲】【乙】
4. 参考第④段结尾处的结论,请结合内容说说第⑤段横线处应得出什么结论?并说说理由。
   结论:_____
   理由:_____

1. 第①段通过列举北京冬奥会的例子,引出本文说明对象——二十四节气,吸引读者阅读兴趣。且其非遗地位也具体地说明了二十四节气在中国的文化意义,引出下文。

2.(1)二十四节气是千年智慧的结晶;(2)二十四节气是鲜活的农耕指南;(3)二十四节气关乎人们的日常生活。

3. A

4. 结论:农历是阴阳历。理由:① 农历是以月相变化周期朔望月作为历月的基础,又根据太阳回归年周期来计算一年的时间;② 阴历系以月球绕行地球一周为一月计算,呈现不同月相;阳历就是以太阳回归周期作为一年计算的。

选文四

博大精深的鼓文化

李学朴

① 鼓是中国传统乐器中一种极古老的打击乐器。它在"八音"(金、石、土、革、丝、木、匏、竹)之中属"革"类。在远古时期,鼓被尊奉为通天的神器,主要是作为祭祀的器具,可见其地位之高。关于鼓的起源,可以追溯到原始渔猎时代。那时,人们在劳动之余,敲击着石头制作的工具,歌舞欢娱"击石拊石,百

兽率舞"。他们偶尔敲击空心的树干,发出洪亮的声音,由于种种的启发进而制作了空腔蒙皮的鼓。

②在古代,鼓的用途较广。"击鼓其镗,踊跃用兵",说明鼓在军事行动中发号施令或鼓舞士气。逢有日食、大水等自然灾异,举行祭祀时也要用鼓。《春秋》《左传》中多次记载:"大水,鼓,用牲于社。""日有食之,天子不举,伐鼓于社。"古文中还有"鼓之舞之"的记载,可知它有歌舞欢娱之用。

③汉唐以后,从少数民族、西域、天竺等地区先后传入多种形制不同的鼓类,其中盛极一时的要推羯鼓。在演奏时,羯鼓被放在一个称为"牙床"的木座上,用两根鼓杖击奏或用一杖敲击、一手拍奏——类似现在的朝鲜族"长鼓"的奏法。羯鼓有着清越透亮的音质,《羯鼓录》称赞说:"透空碎远,极异众乐。"羯鼓可合奏,亦可独奏,是唐代"大曲"演奏中的主要乐器之一。

④其后,外来鼓类尚有多种,如有挂在腰间用双手击打的腰鼓;有用手指指摩、弹敲的答腊鼓;有单人与鼗(táo)同奏的鸡娄鼓;以及花腔鼓、达卜、那葛喇、达布拉等。

⑤今天,有不少种类的鼓失传了,但也有不少流传至今,有完全沿袭下来,也有发展变化的。3000年前的青铜器时代,中国西南、中南少数民族创制的铜鼓,一直流传到今天,不仅如此,还广泛用于音乐、舞蹈之中。朝鲜族和瑶族的"长鼓",壮族的"蜂腰鼓"均源自古代的"细腰鼓",只是形态上稍有变化。

⑥鼓是群音的首领。鼓的文化内涵博大精深,雄壮的鼓声紧紧伴随着人类从远古的蛮荒一步步走向文明。

(选自《齐鲁晚报》2022年3月18日,有删改)

知识卡片

1. "(予)击石拊石,百兽率舞"出自《尚书·尧典》,意思是:我愿意敲击石磬,使扮演百兽的舞队随着音乐的旋律起舞。

2. "击鼓其镗,踊跃用兵"出自《诗经·邶风·击鼓》,意思是:敲鼓声音响镗镗,鼓舞士兵上战场。

3. "大水,鼓,用牲于社"出自《左传·庄公二十五年》,意思是:发大水,击鼓,用牺牲祭祀土地神庙。

4. "日有食之,天子不举,伐鼓于社"出自《左传·昭公十七年》,意思是:发生日食,天子不进丰盛的菜肴,在土地神庙里击鼓。

阅读指津

在说明文阅读中,我们常常会读到关于传统文化一类的事物说明文,比如《灶头画》《说茶》《筷子春秋》《椅子改变中国文化》《中国风筝艺术和民俗文化》等。这类说明文会比较多地介绍这些事物的悠久历史或起源发展、制作材料或工序、重要用途、文化内涵或价值意义等。所以我们首先要确定文章结构是"总分总"还是"总分或分总"还是只有"分";然后对于分写部分进行分层归纳,主要看围绕说明对象介绍了哪些方面内容,将同一方面的段落归在一起;最后再看看某一方面又展开介绍了哪几个点。总之,在进行整体阅读时就能梳理清楚文章的层次,对之后完成阅读题很有帮助。

拓展练习

1. 全文围绕"鼓文化"主要介绍了_____、鼓的用途、_____、_____四方面内容。其中鼓的用途主要有_____、_____、_____。

2. 下面对本文内容理解正确的一项是(　　)

A. 鼓是中国传统乐器中最古老的打击乐器,属于"八音"中的"革"类。
B. 原始渔猎时代,人们受到各种各样的启发,制作空腔蒙皮的鼓,这也是鼓的起源。
C. 鼓最初的作用是祭祀,祭祀活动中需击鼓,古人尊奉它为通天的神器,可见其地位高。
D. 羯鼓是从外夷传入的鼓类,音质清越特别,是唐代"大曲"演奏中最重要的乐器。

3. 下面诗句都能放在第②段中作为补充说明的文字,试结合文章,分别说说它们具体的作用。

① 窈窕淑女,钟鼓乐之。(《诗经·关雎》)

② 箫鼓追随春社近,衣冠简朴古风存。(陆游《游山西村》)

4. 下面这段文字应该放回到原文第几段,请说明理由。

那种木柄手摇的"货郎鼓"便是由古代的"鼗鼓"直接沿袭下来,历 2 000 多年而无大差异。鼗在古籍中有如下记载:"鼗,如鼓而小,有柄,两耳,持其柄而摇之,则旁耳还自击。"可见奏法同现在完全相同。

5. 鼓是中国传统乐器,因其形制、音色的不同,能传达的情感也不同。例如:安塞腰鼓音色浑厚响亮、穿透力强,常用来表达对冲破束缚的渴望。你还知道哪一种中国传统乐器?请结合其音色特点,谈谈它可以表达的情感。

参考答案

1. 鼓的起源;鼓的形制(种类);鼓的沿袭(发展);在军事行动中发号施令或鼓舞士气;逢有自然灾异举行祭祀时所用;歌舞欢娱时使用

2. B

3. 第一句中的"鼓",说明鼓有歌舞欢娱的作用;第二句中的"鼓",说明鼓在祭祀中的作用。

4. 第⑤段。理由:本段文字介绍了"货郎鼓"是由古代的"鼗鼓"直接沿袭下来,奏法也完全相同。第⑤段中说"有不少种类的鼓失传了,但也有不少流传至今,有完全沿袭下来,也有发展变化的"。这个例子正好可以说明"完全沿袭"的一类,后文的"铜鼓""长鼓""蜂腰鼓"都是属于"发展变化"一类的。插入这一段使得说明更加具体完整。

5. 示例一:笛子,音色清脆悠扬,可用来表达春意盎然的喜悦。

示例二:二胡,音色沙哑哀婉,可用来表达愁苦哀伤的情绪。

示例三:琵琶,音色清澈明亮,可用来表达刚柔并济的力量。

示例四:古琴,音色低沉优美,可用来表达平静超然的心志。

照壁:中国文化艺术瑰宝

李学朴

① 中国有许多宏伟优美的照壁,它们是珍贵文物和优秀古建筑,是闻名于世的东方文化艺术瑰宝。

② 照壁,亦称作影壁、影墙、照墙,是古代寺庙、宫殿、官府衙门和深宅大院前的一种建筑,即门外正对大门以作屏障的墙壁,曹雪芹在《红楼梦》中就描写了"北边立着一个粉油大影壁"。照壁的功用是作为建筑组群前面的屏障,以别内外,并增加威严和肃静的气氛。照壁往往把宫殿、王府或寺庙大门前围成一个广场或庭院,给人们有个回旋的余地,因此,成为进大门之前的停歇和活动场所,也是停放车轿上下回

转之地。

③ 照壁形状常为一字形或雁翅形。一座完整的照壁,由壁座、壁身、壁顶三部分组成。壁座大多砌成台基式或须弥座式样;壁身多用对缝砖镶砌成光滑的平面,或间以雕饰纹样面砖;壁顶形式常为歇山和庑殿顶。宫殿、王府或寺庙门前的照壁大都雄伟精美,装饰瑰丽,而一般民居前的照壁,则小巧玲珑,素平无华,间或有些装饰,但并不那么豪华。照壁体现了古代封建社会宅第主人的等级之差。

④ 古人照壁的砌筑十分讲究,一般多用清水砖雕花嵌缝砌作。照壁正对府宅大门,面临街坊,精美的雕花、讲究的工艺使整个宅地显得富丽堂皇。照壁墙面上的水磨清砖,有方砖斜嵌或嵌成八角、小方等图形,显得光洁古雅。照壁中间用砖雕或石刻"福""鸿喜""开门见喜""纳福吉祥"的字样。

⑤ 皇家宫廷照壁以琉璃九龙壁最为尊贵。华夏著名的九龙壁有山西大同九龙壁、北京故宫九龙壁和北京北海九龙壁。山西大同九龙壁在大同市东大街上。山西大同是明代北部重镇,建有代王府。建府时,修造了这座九龙壁,全长45米,高8米,厚两米多。九龙壁是帝王的象征,是皇权的象征物。

⑥ 古代民居的大门处,迎面墙上有照壁,大门内有屏门,门堂内照壁可以用板壁为屏门。明代文震亨《长物志·照壁》云:"得文木如豆瓣楠之类为之,华而复雅。不则,竟用素染,或金漆亦可。青紫及洒金描画,俱所最忌,亦不可用。"古人的审美观点,以有精美天然的纹理木质为上品,称之为"文木",认为此种天然的木材质地既华丽又文雅,令人赏心悦目,百看不厌。可见,民居的照壁也具有很高的审美价值。

⑦ 照壁建筑_____,结构_____,造型_____,风格_____,是我国宝贵的文化遗产,是古代劳动人民智慧的结晶。直至今日,它在中国古建筑中和世界建筑史上仍然占有重要地位,焕发着灿烂的光辉。

(选自《齐鲁晚报》2021年12月24日,有删改)

知识卡片

须弥座,又名"金刚座""须弥坛",源自印度,系安置佛、菩萨像的台座。后来代指建筑装饰的底座,比如影壁底座等。

阅读指津

此文层次比较清晰,围绕"照壁"这一说明对象从四个方面展开说明:(1) 照壁的定义与功用;(2) 照壁的形状、结构及外观;(3) 照壁的砌筑特点;(4) 照壁的典型代表。其中在说明"照壁的典型代表"时既有皇家宫廷照壁的代表,也有古代民居照壁的代表。把层次梳理清楚,阅读第2题就迎刃而解了。

另外第4题属于现代文阅读中的"压轴题",属于分值较大的分析题。首先我们要阅读一下题干所给的文字,对其先"定性",即这段文字的属性,很明显这段文字是举的事例,属于"给题干中的例子选位置"的题型;然后我们根据解题思路一步步分析:(1) 概括题干中这段文字的主要内容,看它是从哪一方面来说明的;(2) 梳理文章脉络,找到与之有关联的段落并简单概括内容要点;(3) 简要分析该段文字能具体地说明某段落的某个内容要点。

拓展练习

1. 根据文意,第⑦段应填入的词语依次是(   )
A. 古朴 优美 精巧 宏伟
B. 优美 古朴 宏伟 精巧

C. 精巧　宏伟　古朴　优美　　　　　　D. 宏伟　精巧　优美　古朴

2. 根据②～⑥段内容,完成下面的填空。

照壁,中国文化艺术瑰宝
- (1) _____
  - 照壁的形状、结构及外观
- (2) _____
- 照壁的典型代表
  - (3) _____
  - 古代民居照壁

3. 试分析第③段画线句的作用。

4. 下面这段文字可以放入第_____段,理由是_____。

山西王家大院朝南的每座门前都立有一座体量宏大的照壁,它们做工精良,其中一面的壁心是由石材做成插屏状,上刻图案雕饰和文字,背面是一个巨大的麒麟;还有一座是由石料满雕的透雕照壁,内容是"鲤鱼跳龙门"。其他民居照壁也常如此,用砖、木、石等材料雕出精美的装饰。

参考答案

1. D

2. (1) 照壁的定义(别名)与功用；(2) 照壁的砌筑特点；(3) 皇家宫廷照壁

3. 画线句运用了作比较的说明方法,将宫殿、王府和寺庙门前的照壁和一般民居照壁进行比较,突出说明照壁体现了古代封建社会宅第主人的等级之差。

4. ⑥；理由：这段文字运用举例子的说明方法,以典型的民居照壁——山西王家大院门前的照壁作为例子,具体说明了古代民居照壁做工精良,雕饰精美,具有审美价值。而第⑥段着重说明民居的照壁也具有很高的审美价值,该段文字符合第⑥段的说明要点,因此适合放入第⑥段。

选文六

"三兔共耳"

① 今年适逢农历癸卯,生肖为兔,视野中萌态可掬的兔子造型层出不穷。由此使人想起存世千年的敦煌莫高窟壁画中的"三兔共耳"图。该图绘制了共用三耳,循环追逐的三只兔子。这或许是世界上最与众不同的兔子造型。这一图案广泛分布于古丝绸之路沿线的亚欧大陆各地,目前已知该图案年代最早的实例见于莫高窟。

② 莫高窟发现有20个洞窟共22处绘制了这一图案。其中,隋代洞窟占比最多,共9幅。总体来看,隋代初期此类图案尚显生涩,而至隋代中晚期则极尽繁华,第407窟"三兔共耳"藻井图案被认为是该纹样的杰出代表,也是大众最为熟知的一幅。从时代分布情况来看,壁画中"三兔共耳"发端于隋初,流行于初唐和中晚唐时期,最终消亡于五代。

③ "三兔共耳"的图案主体构成呈圆形,三只兔子以等边三角形均匀分布其中,两两共用一耳,呈顺时针或逆时针方向旋转

奔跑,相互追逐,首尾相接,动感十足,造型优美。早期图案中的兔子,以白色居多,唐代逐渐出现了黑色、灰褐等色。

④ "三"在中国传统文化中,有着特殊寓意。《道德经》讲,"一生二,二生三,三生万物",三只兔子有往复循环,繁衍生息的含义。同时,古人眼中,"兔"的内涵也很丰富。兔子自古便是多子多福的象征。古人认为月是"阴水",还是白兔的化身,所以,藻井图案中兔子的形象,也有"月神"与"阴水"的意涵,是"以水克火"的延展。另外,兔子还是吉祥的象征。经过战争的动荡,隋初人口相对退减,多子多福,生生不息成为普通民众朴素的期盼。藻井是莫高窟洞窟中最为核心的位置,将"三兔共耳"图案绘制在最中央的藻井中,正是寄托了这一美好愿望。

⑤ 研究发现,"三兔共耳"图案与中国传统纹样十分接近,例如出现在中国新石器时代的彩陶和玉器上的类似装饰图案,在春秋战国时期的铜敦盖、漆器上出现的三兽纹等,最为突出的是汉代瓦当上的三雁纹,以及画像石上的三鱼共首纹等。其创作手法是中国传统的"共生",即将两个或者两个以上相同造型元素的相同部分叠加重合在一起,在构成新图形的同时,不破坏单体结构的完整性。中国历代纹样作品中,有大量的共生图案,内涵也多与生命繁衍、祈福相关。

⑥ 该图案究竟源于何处?缘何在东西方都有它的身影?目前尚无定论,但有一点可以确定,世界很多民族都有月亮当中有一只兔子的传说,"三兔共耳"出现在伊斯兰圆章模印玻璃、阿富汗的金属盘、伊朗的托盘、科威特的瓷砖画、德国教堂的钟表、英国教堂的玻璃窗上,成为当地文化与民众日常生活中的图饰,沿用至今。

(有删改)

知识卡片

莫高窟,坐落于河西走廊西部尽头的敦煌。它的开凿从十六国时期至元代,前后延续约1 000年,这在中国石窟中绝无仅有。它既为中国古代文明的一个璀璨的艺术宝库,也是古代丝绸之路上曾经发生过的不同文明之间对话和交流的重要见证。莫高窟现有洞窟735个,保存壁画4.5万多平方米,彩塑2 400余尊,唐宋木构窟檐5座,是中国石窟艺术发展演变的一个缩影,在石窟艺术中享有崇高的历史地位。窟内绘、塑佛像及佛典内容,为佛徒修行、观像、礼拜处所。敦煌石窟是建筑、雕塑、壁画三者结合的立体艺术。洞窟分南北两区:南区492个洞窟是莫高窟礼佛活动的场所,北区243个洞窟主要是僧人和工匠的居住地,内有修行和生活设施土炕坑、烟道、壁龛、灯台等,但多无彩塑和壁画。

阅读指津

阅读说明文的过程中,我们要特别注意一些限定性的语言,这些语言往往更加能体现说明文语言的科学性和准确性,这也是说明文语言最基本的特征。主要表现在这些语言能确切地反映说明对象的真实信息,即作者选用的词句所包含的意思与说明对象的实际(如时空范围、程度深浅、性状功能等)是相符的。

如本文练习第5题,在判断分析内容是否矛盾时,主要就是看限定的时间或范围:第①段画线句中的"目前已知"是针对"'三兔共耳'图案的实例"而言,并不是指这一图案的起源;第②段画线句"壁画中'三兔共耳'发端于隋初"指的是"莫高窟的壁画"这一范围。所以,第⑥段"图案究竟源于何处"、"缘何在东西方都有它的身影"的确还是未解之谜。可见,这些内容并不矛盾。在选择题中也常常会出现这样的选项,一定要回到原文,仔细辨析。

拓展练习

1. 请在括号内填写恰当的关联词语。

(　　　　)今年适逢农历癸卯,生肖为兔,(　　　　)视野中萌态可掬的兔子造型层出不穷。

2. 请分析第①段首句的作用。

3. 文章第③~⑤段依次说明了_____、"三兔共耳"在中国传统文化中的寓意、_____。其中,文章列出的寓意包括□□□□、□□□□、□□□□和吉祥等。

4. 下列对选文的理解和分析不正确的一项是(　　)

A. 本文是事物说明文,按逻辑顺序介绍了"三兔共耳"图案的相关知识。

B. "三兔共耳"的壁画发端于隋初,流行于初唐和中晚唐时期,最终消亡于五代。

C. 第⑤段用举例子的说明方法,说明"三兔共耳"图案与中国的一些传统纹样十分接近。

D. 中国历代纹样作品中的共生图案,内涵多与生命繁衍、祈福相关。

5. 文章第⑥段段首提出"该图案究竟源于何处……目前尚无定论",它与第①②段中画波浪线的句子是否矛盾?为什么?

参考答案

1. 因为;所以

2. 这句话由"农历兔年多萌兔造型"这一生活话题切入,能引起读者阅读兴趣;能让读者产生亲切感,引出说明对象"三兔共耳"图案。

3. "三兔共耳"的图案;"三兔共耳"图案与中国传统纹样的相似性;生生不息(往复循环、繁衍生息);多子多福;以水克火

4. B

5. 不矛盾。第①段画线句中的"目前已知"是对"该图案年代最早的实例见于莫高窟"的限定,表明此判断是迄今为止的认知,并不排除今后会有新发现的可能;第②段画线句中的"壁画中"表明"发端于隋初"仅指的是莫高窟壁画中的"三兔共耳"图案;而文中提到的是"这一图案广泛分布于古丝绸之路沿线的亚欧大陆各地"以及这一图案出现在世界各地多种文化与生活场景中。因此,"三兔共耳"图案的起源和东西方都有此图案的原因目前确实没有定论。

选文七

长亭古韵

① 游览名山大川和名胜古迹时,时常与亭不期而遇,在游赏之余,我们还可以走进亭中,坐下来切身体味一番亭给我们带来的古典韵律之美。

② 亭最初并不是指建筑,而是指一种行政建制。秦汉制度规定,十里一亭,十亭为一乡。《汉书·百官公卿表》上说:"大率十里一亭,亭有长。十亭一乡。"其作用是管理治安、诉讼等事务。汉高祖刘邦就做

过"泗水亭长"。另外,在边境上,还有一种"亭候",是负责监视敌情的。我们现在耳熟能详的专指建筑的亭子是后起之义,比如北宋欧阳修《醉翁亭记》中"有亭翼然于泉上者"中的亭。但是,亭子专指建筑究竟始于何时,已经无法确考。至少在东晋时,已经有这样的亭子出现,《世说新语·言语》记载:"过江诸人,每至美日,辄相邀新亭,藉卉饮宴。"这里的"新亭"即是"亭子"的意思了。<u>更为著名的东晋大书法家王羲之的那篇《兰亭集序》中提到的"兰亭",亦此类也。</u>《园冶·屋宇》说:"《释名》云:'亭者,停也。'所以停憩游行也。"意思是,亭的主要功用是供人停留、休息的。但是随着时代的发展,这一主要功能又有很大的延伸,概括起来大体上有这样几种:游赏、休憩、宴集和送行等。

③ 我国有许多名亭,绝大多数都有一个非常美好的名字。这些不同凡响的名字。反过来又为本已很有名的亭子增添了光彩。这些名亭的名字大体上可分为四种"风格"。一是对亭周围景物的高度概括或写实。比如苏州拙政园的四面荷风亭、塔影亭。苏州虎丘的三泉亭,避暑山庄的北枕双峰亭、曲水荷香亭等。二是亭名表达了亭的建造者或主人的情趣、志向等。比如沧浪亭,取《楚辞》中"沧浪之水清兮,可以濯吾缨;沧浪之水浊兮,可以濯吾足"之意。湖南岳麓山的爱晚亭,则取自晚唐大诗人杜牧的名句:"停车坐爱枫林晚,霜叶红于二月花。"山西晋祠的不系亭,取《庄子》中"饱食而遨游,泛若不系之舟"之意。三是亭名的风格是写意式的,它们用抽象的字眼表现某种意境。比如北京颐和园的知春亭,山西晋祠的真趣亭,北京北海的意远亭,等等。四是亭名中隐含着一段历史掌故。比如,浙江诸暨浦阳江边堤岸上有一座浣溪亭,亭中有一对联云:"浣纱存古迹,救国出真人。"一望而知是纪念春秋时越国大美人西施的。

④ 与其他传统建筑相比,亭的最大不同之处就是"虚"。亭不依赖墙,只靠亭柱的支撑(也有少数依墙而建的半亭),此种自由独立的审美特点,中空不倚的视觉效果,最大程度地体现了"空"与"无"的作用,与老子"当其无,有室之用"的思想相符。以老子为代表的道家哲学追求清静无为,即要尽量涤除尘世的搅扰烦恼,向大自然无限地贴近,而亭的建造地点和所用材料的随意灵活、用料简省、形式多变,同样体现了道家的精神特质。不论是皇家园林中富丽堂皇的亭,还是私家园林中和山间、水上、路边的亭,其基本的建筑风格都是简与虚,而后者更代表了一种民间的、率性的、清简的人生观和价值观。

⑤ 总之,亭是我国一种司空见惯的建筑,它在传统中国人的生活中扮演着重要的角色,与中国的历史文化有着千丝万缕的联系。即便今天,虽然亭在社会生活中的实际功用已经基本丧失,但它们的美丽身影依然没有淡出我们的视野,在山水的胜处,在古典园林的深处,静静地散发着独有的魅力。

知识卡片

中国的亭台楼阁文化:亭台楼阁属于中国传统建筑,它们或面对巍巍群山,或俯视浩浩江湖,或融于园林之中,或踞于市井之上;有的高大壮观,有的小巧玲珑,有的华美辉煌,有的简易朴实。但无论形式如何、位置怎样,都显示出民族的人文特征和风土人情。建筑作为一种文化,表述着人的生活现实和感情语言;作为一种环境,不仅供人居住,而且为人们提供了观赏风景、探幽寻古的适当场所。

阅读指津

说明文的拓展题型,也就是开放性试题是对学生的知识积淀和知识运用能力的检测。其主要类型有"献策启示类"、"选文知识运用类"、"想象类"和"列举类"等。

《长亭古韵》的第5题就是属于"列举类",此类试题要求学生举出选文内容相关的材料,同时要符合题干的要求。首先我们来解读一下题干——"亭、台、楼、阁"中有许多名胜古迹,具有独特的魅力。选定一处(文内除外),从主要特点或文化价值方面,用两三句话做简要介绍。第一个要求是"亭、台、楼、阁"中任选一种建筑,那么学生大致接触到的有"醉翁亭"、"喜雨亭"、"幽州台"、"超然台"、"岳阳楼"、"黄鹤楼"、"鹳雀楼"、"滕王阁"、"蓬莱阁"等,除却文中出现的都可以选择;第二个要求是从主要特点或文化价值来谈这个建筑的独特魅力,"或"表明两个要求择一即可;第三个要求就是字数上的,两三句就可以了。其次我们要根据文本对亭的介绍方式来介绍这个亭、台、楼、阁的主要特点或文化价值。比如,亭台楼阁的名字往往蕴含着建造者的心志或纪念某些历史人物或蕴含着一定的文化内涵等,就可以着重一点介绍清楚。再比如:亭台楼阁的建筑风格可以关注不同的用处或不同时代风格或不同地域特点,围绕这一点将其介绍清楚。

拓展练习

1. 关于"亭",下列表达错误的一项是(　　)
   A. 亭是中国历史上极为常见的一种传统建筑。　　B. 亭最初是指一种行政建制。
   C. 从古至今,亭的主要功能是供人停留、休息的。　　D. 亭的基本建筑风格是简与虚。

2. 标题"长亭古韵"中的"韵"体现为:
   (1)＿＿＿＿＿＿＿＿　(2)＿＿＿＿＿＿＿＿＿　(3)＿＿＿＿＿＿＿＿

3. 名亭的命名大体有四种情况:
   (1)＿＿＿＿＿＿＿＿＿＿＿＿＿＿＿＿＿
   (2)＿＿＿＿＿＿＿＿＿＿＿＿＿＿＿＿＿
   (3)＿＿＿＿＿＿＿＿＿＿＿＿＿＿＿＿＿
   (4)＿＿＿＿＿＿＿＿＿＿＿＿＿＿＿＿＿

4. 分析第②段中画线句的作用。

5. "亭、台、楼、阁"中有许多名胜古迹,具有独特的魅力。选定一处(文内除外),从主要特点或文化价值方面,用两三句话做简要介绍。

参考答案

1. C

2. 亭子的功用;亭名的历史文化内涵;亭的建筑风格和审美特点

3. (1)亭名是对亭周围景物的高度概括或写实;(2)亭名表达了亭的建造者或主人的情趣志向等;(3)亭名用抽象的字眼表现某种意境;(4)亭名中隐含着一段历史掌故

4. 举出东晋大书法家王羲之《兰亭集序》中的"兰亭"的例子,具体说明专指建筑的亭子至少在东晋时就已出现。

5. 示例一:岳阳楼——背靠岳阳城,俯瞰洞庭湖,北依长江,南通湘江,登楼远眺,一碧无垠,白帆点点,云影波光,气象万千。自古有"洞庭天下水,岳阳天下楼"之美誉,与湖北武汉黄鹤楼、江西南昌滕王阁并称为"江南三大名楼"。

示例二:鹳雀楼——高台重檐,黑瓦朱楹,古河山之胜,据柳林之秀。在唐宋时期就被誉为中州大地的登高胜地,鹳雀楼的油漆彩画是国内失传的唐代彩画艺术,经国家文物局的专家多方考察抢救,进行油漆彩绘,使之更加古典风雅。

选文八

① "清懿堂"位于安徽省黄山市歙县的棠樾村西。始建于清嘉庆年间,专为鲍氏家族中的女性而建,是全国独一无二的女祠。整座祠堂呈坐南朝北布局,与坐北朝南的男祠"敦本堂"相对而建,传达出"阴阳相对,两两相谐"的思想。

② 特别值得一提的是祠堂大门的八字墙砖雕,堪称徽州砖雕艺术的精品。

③ 清懿堂八字墙的雕刻题材十分丰富,整幅砖墙通过象征性的图案装饰,诠释出清懿堂建筑的文化内涵。墙的下部设计为石质的须弥座,上部则为一对呈"八"字分开的砖雕花墙。从墙体的装饰看,墙体的边框采用了锦纹的纹饰,表达出"(1)"的含义,寓意吉利绵长;上下角则雕刻如意纹,表达出一种吉祥的寓意,寄托了徽州女性对远离家乡亲人的一种美好祝愿与牵挂;画面的中部采用了一些富含寓意的图案花纹,如"金枝玉叶",象征女性尊贵身份,又以铜钱和树叶作为两边对称的装饰花纹。"金枝玉叶"的中间刻有一只小牛,低身匍匐于母牛身躯之下,画面诠释了"跪拜母恩"的典故,体现妇女哺育后代的伟大,更是在教化后人"(2)"的道理。旁侧的"蝴蝶南瓜图"上刻有翩翩欲飞的蝴蝶围绕在南瓜的两侧,既展现出女性的柔美,又暗示出"(3)"的内涵。

④ 明末清初,徽州本土的新安画派崛起,深深影响了徽州以后的艺术发展,八字墙的画面就受到当时新安画派的影响,这些图案突破了传统的强调对称和变形的技法,使得画面的构图和布局具有很强的艺术性,如同一幅生动传神的传统花鸟画。

⑤ 徽州人排斥单数、凡事讲求双数的传统观念,他们认为对称代表了均衡,即平静祥和;偶数代表庄严、平衡、和谐的美感。所以特别是在作为宗法制度的载体而存在的祠堂中,这一思想显得尤为重要。

⑥ 从另一方面看,虽然对称有着和谐的感觉,但过多的严谨布局往往也会带给人们呆板和单调之感,<u>于是工匠们在这一布局中又追索出适度变化的设计手法</u>。

⑦ 在清懿堂砖雕中,工匠们适当地在稳定中求变化,在变化中寻求形式的和谐统一。他们将整个画面分解成一个个相对封闭和开放的图案,以封闭的主题对称图案来展现清懿堂要传达给人们的典故和教化,而利用植物蔓藤作为开放的图案,不仅协调中和画面的单调之感,而且线条曲折蜿蜒,尽显了女性柔美的特点。刚硬的直线边框与柔和的曲线、曲面相互结合,造型上形成大小、方圆的对比,雕刻技法上又有深浅、疏密、繁简的变化,成就了这一精美绝伦的砖雕作品。

知识卡片

砖雕——是在青砖上雕刻出人物、山水、花卉等图案,是古建筑雕刻中很重要的一种艺术形式。砖雕主要流派有北京砖雕、天津砖雕、山西砖雕、徽州砖雕、苏派砖雕(苏州砖雕)、广东砖雕、临夏砖雕(河州砖雕)、唐语砖雕。砖雕大多作为建筑构件或大门、照壁、墙面的装饰。在艺术上,砖雕远近均可观赏,具有完整的效果。在题材上,砖雕以龙凤呈祥、和合二仙、刘海戏金蟾、三阳开泰、郭子仪做寿、麒麟送子、狮子滚绣球、松柏、兰花、竹、山茶、菊花、荷花、鲤鱼等寓意吉祥和人们所喜闻乐见的内容为主。

阅读指津

初读这篇说明文会感觉是在介绍"清懿堂",仔细阅读发现文章重在介绍徽州砖雕艺术中的代表——清懿堂八字墙砖雕。所以阅读说明文,我们一定先要弄清说明对象。那么如何把握说明对象呢?

首先可以从标题入手,许多说明文的标题就是说明对象。比如《漫话风筝》的说明对象就是"风筝",而《中国风筝艺术和民俗文化》的说明对象是"民俗文化"对"风筝艺术"的影响。

其次可以抓首括句(段首用以概括本段大意的句子)和中心句。说明文开头常会引出或提出说明对象,结尾常会对本文说明内容做总结,抓住这些关键句,往往能帮助我们快速掌握说明对象及相关特征。

最后如果说明文没有标题和中心句,就得认真阅读文章,逐段梳理,追本求源,找出说明对象。如果标题中不包含说明对象,也可在文中寻找高频率出现的名词性词语。如关于"指纹"的一篇说明文,高频出现的就是"指纹技术",那么此文的说明对象就是"指纹技术"。

拓展练习

1. 在第③段空格处选填合适的内容:(1)_____;(2)_____;(3)_____
   A. 多子多福   B. 富贵不断头   C. 百善孝为先
2. 第⑥段画线句中"这一布局"指代的是_____。
3. 从全文看,清懿堂砖雕堪称徽州砖雕艺术的精品,主要有两方面的原因:
   (1)_____
   (2)_____
4. 根据说明内容给文章选定一个最恰当的题目(   )
   A. 清懿堂   B. 精美绝伦的徽州砖雕
   C. 清懿堂八字墙砖雕   D. 徽州艺术之绝
5. 第①段不宜删除,请说明理由。

参考答案

1. B;C;A
2. 对称的布局
3. (1)清懿堂八字墙雕刻题材十分丰富,诠释出建筑具有较高的文化内涵;
(2)八字墙画面的构图和布局具有很强的艺术性。
4. C
5. 该段介绍了清懿堂的地理位置及历史地位,重点突出其专为女性而建的历史价值,后文所介绍的砖雕的雕刻题材与画面构图均与该段相照应,尽显女性特点,表现出对女性的尊重,以此突出本文的说明中心。

(俞青青 董文竹)

八　科学与技术

人体血液内的微塑料

① 荷兰科学家在最新一期《国际环境杂志》上发表论文称,他们首次在人体血液中发现了微塑料,而且这些微塑料也可能进入人体器官。

② 科学家对22位匿名健康志愿者的血液样本进行了检测,发现其中近80%的血液样本内含有微塑料。他们在含有微塑料的血液样本中发现了PET(聚对苯二甲酸乙二醇酯)塑料的痕迹,PET塑料被广泛用于制造饮料瓶和药瓶。PET塑料中含有环境荷尔蒙(Xenohormones),是一种致癌物。

③ "微塑料"通常指直径小于5毫米的塑料颗粒。其中,纳米塑料(MNP)颗粒要小得多,尺寸约为0.001毫米。大多数MNP只有用专门的仪器才能被发现。

④ 微塑料几乎无处不在。一些护理品或化妆品,比如牙膏、沐浴膏、防晒霜等都含有微塑料。食品生产和食用过程中也会有微塑料的产生,比如罐头、啤酒、口香糖、矿泉水、盐以及外卖食品等。此外,洗涤剂、塑料容器、塑料袋、纸杯、奶瓶、轮胎、口罩,都属于难降解的塑料。它们在使用过程中的消耗、磨损或在自然环境中长时间的降解破碎,都会产生微塑料。

⑤ 微塑料进入血液的途径至少有三种,分别是通过皮肤接触、口服、吸入。

⑥ 第一种是通过皮肤接触,指微塑料通过受损的皮肤接触被吸收进入人体血液。例如,在使用和操作文身工具、医疗塑料(植入、注射等)时,一旦对皮肤造成破坏,就可能导致微塑料颗粒进入体内。

⑦ 第二种是通过口服,指微塑料颗粒通过肠道上皮细胞被吸收,进入体循环。比如食用塑料包装的食品药品、使用日用品(牙膏、洗面奶、化妆品等)、食用被海洋河流污染的鱼类、种植牙时使用填充物,甚至是饮用塑料瓶装水,都可能让各种微塑料颗粒进入体内。发表在《自然·食品》杂志上的一项研究发现,婴儿常用的聚丙烯塑料奶瓶在与沸水接触后,会加速释放出大量的微塑料,并且在测试的21天内,塑料奶瓶会一直释放微塑料,奶瓶中每升水的微塑料含量在130万到1 620万个粒子之间变化。研究人员推测,如果使用塑料奶瓶,在婴儿出生后的头12个月里,婴儿平均每天会口服160万个微塑料颗粒。

⑧ 第三种是通过吸入,指空气中的微塑料颗粒被鼻腔吸入,透过肺泡等组织进入血液的过程。研究表明,1纳米至20纳米之间的空气颗粒被认为是可吸入的。例如,长期在充满灰尘中工作的人可能患上尘肺,同样微塑料颗粒也会通过这种方式进入肺部。

⑨ 微塑料会对人体产生什么危害呢?

⑩ 韩国科学家曾发现,小于两微米的颗粒几天之内就能在小鼠的神经系统小胶质细胞中积累,导致细胞凋亡。塑料颗粒难以被人体代谢吸收,未能排出的部分会在体内积累,造成细胞损伤、引发局部炎症和免疫反应。在消化系统中微塑料颗粒会减少肠道菌群多样性、特别是有益菌的数量,引发肥胖症、糖尿病等代谢疾病。而织物纤维类型的微塑料进入呼吸道,也可能引发炎症反应和呼吸道损伤。已有研究表明微米级的塑料颗粒可以通过细胞膜、胎盘甚至大脑进入所有的器官,但是关于对微塑料在人体内的吸收、分布、代谢和排泄以及微塑料对人类是否有剂量依赖效应仍不得而知。

⑪ 塑料污染越来越严重,环境中积累的微塑料也越来越多,所幸各国政府已经意识到微塑料污染的严重性,不少国家早就采取了许多措施减少塑料垃圾的产生,但更为重要的是,人们对于避免使用一次性塑料制品的意识还很淡薄,塑料制品回收再利用的体制机制还不完善,加强宣传和建设任重道远。

(选自《科技日报》2022年3月29日,有删改)

知识卡片

《科技日报》是面向国内外公开发行的、具有鲜明科技特色的综合性日报。它是党和国家在科技领域的重要舆论前沿,是广大读者依靠科技创造财富、提升文明、刷新生活的服务平台,是中国科技界面向社会和世界的明亮窗口。

阅读指津

事物说明文,是以事物为具体的说明对象,使读者了解和认识事物的特征为说明的目的,透过现象认识本质的说明文。通常以时间、空间、逻辑顺序进行说明。通过对具体事物的形状、构造、性质、特点、用途等作客观而准确的说明,使读者了解、认识这个或这类事物。

本篇文章以人体内的微塑料为说明对象,前两段首先交代科学家在人体血液内发现微塑料的科学事实,紧接着围绕微塑料介绍了其含义、分布等多方面内容。阅读此篇文章,需特别注意总领句、过渡句、关联词等,以更好地划分文章脉络层次。

拓展练习

1. 这篇文章③~⑩段依次介绍了微塑料的含义及分布、_____、_____等内容。

2. 文章第④段划线句运用_____的说明方法,其作用是_____。

3. 第⑤段中加点词"至少"能否删去,为什么?

4. 小王的爷爷整天喜欢用塑料杯泡茶喝,小王想劝说爷爷改用玻璃杯。假如你是小王,请借助文章中的相关内容,帮爷爷分析下原因。

参考答案

1. 进入血液的途径;危害

2. 举例子;列举了很多含有微塑料的产品,具体地说明了微塑料几乎无处不在。

3. 不能删掉。"至少"表示最小的限度,文中指微塑料进入血液的途径起码有三种,还可能更多。若删掉,则变为微塑料进入血液的途径只有三种,与事实不符。"至少"体现了说明文语言的准确性和科学性。

4. 示例:现在很多塑料杯是PET材料,在使用、消耗过程中,本身会释放微塑料;泡茶往往会用开水,高温会让塑料杯中的微塑料颗粒加速释放;整天都在泡茶,塑料杯会一直释放微塑料。PET塑料中含有环境荷尔蒙,是一种致癌物。喝了茶水,消化系统中微塑料颗粒会减少肠道菌群多样性、特别是有益菌的数量,引发肥胖症、糖尿病等代谢疾病。

选文二

6G:让万物智联成为可能

① 在未来移动通信、空间通信和探测感知等领域具有重要应用前景的6G典型技术太赫兹通信小试牛刀,8月3日,电子科技大学最新技术成果——80 Gbps太赫兹实时通信系统在成都大运会田径项目中示范应用,首次实现了体育赛事无压缩8K超高清视频的超低时延无线传输。以国际电信联盟(ITU)近期发布的《IMT面向2030及未来发展的框架和总体目标建议书》(以下简称《建议书》)为标志,6G研究方向在全球达成初步共识,关键技术逐渐聚焦,业界围绕6G的部署探索进入实质性开拓阶段,向着2030年商业落地这一预期目标进发。

② "如果说5G是物联网,那么6G就将是万物智联网。"中兴通讯副总裁、无线架构总经理段向阳介绍,与5G相比,6G将成倍提升系统性能:其用户带宽可达1 Gbps,系统带宽可达100 Gbps,时延低至0.1毫秒,网络速率高达每小时1 000公里,可实现亚米级感知定位等功能,并将全方位引入人工智能。

③ 作为5G建设的主力军,我国三大运营商也都在积极开展针对6G的研究工作。在6G网络架构研究方面,中国电信牵头承担国家项目"6G网络架构及关键技术",提出"三层四面"的数据驱动分布自治的新型网络架构,并联合产业链开展原型系统的技术攻关。在全球最早布局6G研究的中国移动主导了愿景与需求制定,攻关了多项标志性技术,协同产业上下游共建开放的联合研发与试验环境,培育和孵化了一系列原创技术。中国联通负责搭建6G网络仿真平台,攻关6G网络架构、6G内生安全等关键技术,牵头成立了毫米波太赫兹联合创新中心。

④ 中国移动研究院院长黄宇红表示,6G框架和总目标显示,6G将超越通信——提供通感算智多维信息服务,超越平面——支持立体空间沉浸体验,超越地面——实现无缝的天地一体覆盖,有望构建起普惠、绿色、安全的"智慧泛在,虚实交融"的新世界。6G将突破从1G到5G的传统陆地移动通信系统,通过星间链路、测控链路、馈电链路等实现空天地海一体化有机全面联通。

⑤ 但不可否认,6G发展还面临理论创新有待突破、关键技术点多面广、技术标准存在分化风险等诸多挑战。中国业界包括研究院所、运营企业、制造企业,要为实现六项全能下大力气,争取将每项指标都做到最优。通信行业需要与垂直行业紧密结合,共同做深做实6G业务需求研究,进而凝练6G网络特征、指标体系、网络架构,提升6G赋能垂直行业的原生能力。

⑥ 作为6G发展的纲领性文件,《建议书》____描绘了6G的目标与趋势,____提出了6G的典型场景及能力指标体系,为全球业界6G的研发和产业化给出了基本遵循。可以预见的是,由于技术能力的全面增强,5G没有解决的难题将有望在6G时代获得解决。

(选自《科技日报》2023年8月23日,有删改)

知识卡片

《科技日报》是面向国内外公开发行的、具有鲜明科技特色的综合性日报。它是党和国家在科技领域的重要舆论前沿,是广大读者依靠科技创造财富、提升文明、刷新生活的服务平台,是中国科技界面向社会和世界的明亮窗口。

阅读指津

无论是说明事物还是说明事理,说明的对象、说明对象的特征、说明的顺序、说明的方法、说明的语言及所反映出的科学精神,都是说明文非常重要的要素。了解了这些,文体的基本特征就可以掌握了。本篇文章以第六代移动通信技术为说明对象,为我们介绍了我国目前研发6G做出的努力、6G的未来前景和要面对的挑战。阅读时,不必拘泥于繁杂的科学术语,应更关注段与段之间的关系,进而理清文章思路。

拓展练习

1. 请选择合适的关联词填入第⑥段画线处(　　)
   A. 因为　　所以　　B. 不仅　　还　　C. 如果　　就　　D. 即使　　也
2. 第②段画线句运用了＿＿＿＿和＿＿＿＿的说明方法,其作用是＿＿＿＿＿＿＿＿＿＿＿＿＿＿＿＿
3. 第①段加点词"初步"体现了说明文语言的准确性,请加以分析。
4. 请结合文章内容,举例说明6G将实现哪些功能?

参考答案

1. B

2. 作比较;列数字;将6G与5G进行比较,准确地突出强调了6G的网速之快,进而说明6G将成倍提升系统智能。

3. "初步"对范围加以限定,是指开始阶段的,文中指6G研究方向在全球只达成了开始阶段的共识,该共识尚未完善、仍不全面,后续会进一步探讨。

4. 示例:提升智慧物流、智能制造、数字社会、智慧交通、数字金融等效率。

(董文竹)

九 社会现象

选文一

不宜因经典作品的时代局限而因噎废食
胡欣红

① 据澎湃新闻网报道,近日,有网民建议把《水浒传》相关内容从中小学教材和课外读物中清除出去,引发了舆论持续热议。这位网民列出的《水浒传》主要"罪证"包括:"恶毒污蔑、丑化女性""无原则歌颂滥杀无辜"等,并称这是自己见过的"最毒小说"。

② 浙江省教育厅对于这些"罪证"及时做出了回应:一方面承认该网友的顾虑存在一定合理性;另一方面从《水浒传》的文学价值巨大、是批判性阅读的好载体、蕴含着丰富的教育价值三个方面,进行了有理有据的解释。

③ 俗话说,少不看《水浒传》,老不读《三国》。实际上,有关《水浒传》等经典作品是否适宜孩子们阅读的争论,早已有之。任何事物都有两面性,经典名著也不例外。从这个意义上讲,对《水浒传》等经典作品有不同的看法,不仅无须大惊小怪,而且应该鼓励,因为敢于质疑本身就是一种极其宝贵的精神。

④《水浒传》等经典作品是否适宜孩子们阅读,当然可以见仁见智,_____也需要遵循一些基本的评判原则。比如,评判历史人物需要将其置于当时的历史时空之中,否则就极易得出一些令人啼笑皆非的结论。

⑤ 如果按照现代的价值尺度去衡量,那么恐怕很多经典作品都存在"瑕疵"乃至"有毒"。

⑥ 但正因为是经典,经受住了时间的考验,在感染人和陶冶人上有不容抹杀的作用,我们才会千方百计地让孩子们与它们"亲密接触"。比如,《水浒传》里不仅有打家劫舍、落草为寇,更有肝胆相照、忠义相守。瑕不掩瑜才能经历岁月的洗涤流传至今,学习古典文化理应去伪存真、去粗取精,辩证地去看。

⑦ 孩子们的辨识力需要在风雨中锤炼,在鉴别真伪良莠中练就。我们实在不应该低估孩子们的鉴赏能力。一代又一代孩子,鲜有人因看了《水浒传》而在内心播下残暴的种子。

⑧ 不能因为作品本身的时代局限而因噎废食。老师在教学中、家长在生活中注意用科学的、正确的方式引导孩子进行批判性学习和阅读,以理性的态度来解读中国古典小说中的"精华"和"糟粕",才是让孩子们"把书读好"的应对之道。

⑨ 真理越辩越明,随着有关部门的回复,相关质疑或许会告一段落。某种角度上,这不是一件坏事,

它让公众对如何看待经典、学习经典,如何引导和教育孩子有所思考。

(选自《工人日报》2023年2月14日,有删改)

知识卡片

《水浒传》是元末明初小说家施耐庵所著的章回体长篇小说,记述了梁山好汉们从起义到兴盛再到失败的全过程,表现了"官逼民反"的主题,表达了作者对平等与人人互爱的理想社会的向往。小说塑造了一大批栩栩如生的人物形象,尤以宋江、林冲、鲁智深、武松等最具神采。本文就是从一次针对《水浒传》的荒唐指责展开议论的。

阅读指津

本文以网民罗列《水浒传》"罪证",称之为"最毒小说"一事引发议论。先分析作品的"两面性",提出评判作品要将其置于当时的历史时空之中,理智看待其中的"瑕疵"。之后,进一步阐述了这样的经典作品值得阅读和传承的理由,由此得出"不能因噎废食"的结论,并建议老师和家长用科学、正确的方式引导孩子进行批判性学习和阅读。

拓展练习

1. 第④段横线处应该填入的关联词是(　　)

   A. 所以　　　　B. 但是　　　　C. 而且　　　　D. 可能

2. 标题中的"因噎废食"在文中的意思是:_____。

3. 第③段说"对《水浒传》等经典作品有不同的看法,不仅无须大惊小怪,而且应该鼓励"。"无须大惊小怪"是因为_____;"应该鼓励"是因为_____。

4. 第⑤段说"如果按照现代的价值尺度去衡量,那么恐怕很多经典作品都存在'瑕疵'乃至'有毒'"。那么,为什么还要提倡孩子们阅读呢?

   (1)_____

   (2)_____

5. 下面这段话是从原文中摘录出来的,如果还原到文中,应该放在第几段?请简述理由。

   看待经典作品同样如此。前些年就有"专家"以"父亲"横穿月台违反交通规则为由,提出应该删除中学教材中的《背影》。

   放在第_____段中,因为_____。

参考答案

1. B

2. 因为怕作品本身具有的一些时代局限性影响读者的价值判断,就抵制乃至禁止阅读。(意思对即可)

3. 任何事物都有两面性,有关《水浒传》等作品是否适宜孩子们阅读的争论早已有之;敢于质疑本身就是一种极其宝贵的精神。

4. (1)经典作品经得住时间考验,它们在感染人和陶冶人上的作用不容抹杀;(2)孩子们能在阅读

中锤炼辨识力,练就鉴别真伪良莠的能力。(意思对即可)

5. ④;这段话说的以违反交通规则为由要把《背影》从教材中删去是一个啼笑皆非的结论。其错误根源是没有将作品置于当时的历史时空中进行评判,与第④段的观点一致。这段话首句中的"如此"指第④段中"评判历史人物需要将其置于当时的历史时空之中,否则就极易得出一些令人啼笑皆非的结论。"因此这段话在内容和结构上都能顺承第④段。

选文二

互联网不能成为错别字的温床

张　悦

①"账号"还是"帐号"? 不少网友在这两个词的使用上犯了迷糊。第七版《现代汉语词典》中只有"账号"而无"帐号"。可是,社交平台中随处可见"找回帐号密码""解封帐号"……有统计称,"帐号"已成为互联网平台排名第一的错别字。

② 像这样的错误在互联网上比比皆是,"帐号"揭开的是网络错别字泛滥的乱象。

③ 如今,公众教育程度普遍提升,怎么反而错字连篇呢? 网络错别字泛滥的原因很多,比如输入失误——五笔输入法易造成形似字被误点;拼音输入法经常导致同音字词输入错误。更主要的原因是使用者在没有弄清字词原意的情况下想当然地使用,还对错误_____。目前,互联网环境缺乏纠正机制,部分误用将错就错,甚至错上加错。

④ 汉字是流动的、持续发展的、不断创新的。但这不意味着可以随意解构汉字文化,甚至将其虚无化。如果任由误用现象野蛮生长,汉字的原意就会鲜为人知,甚至被扭曲的含义所覆盖,这无疑会玷污汉字的纯洁性,消解汉字的严肃性。尤其令人担忧的是,<u>如果青少年对误用习焉不察,还能否养成正确的语言使用习惯?</u>

⑤ 作为中华文明的重要标志、文化自信的基石,方块字里藏着民族魂,公众理应对其葆有敬畏心。国家语委已经针对多家互联网平台长期错误使用"帐号"一词,拟函请中央网信办网络综合治理局指导这些平台进行纠正。

⑥ 当然,在纠正一个词的同时,更应该建立纠正机制,把网络上的、现实中的错误用法通通纠正过来。对于不易辨析的汉字,尤其是已经更正用法的汉字,有关部门应及时进行说明;语言文字工作者更该主动担责,不能对误用熟视无睹,听之任之。

⑦ 去年,一场关于"天将降大任于斯人"还是"天将降大任于是人"的辩论,掀起了一场考证热,有网友把历代文献翻出来,一一比较,彰显较真精神。文字需要尊重,汉字需要较真。揪出网络误用字,是对汉字应有的敬意。

⑧ 互联网时代,写字的机会少了,提笔忘字的情况多了,但错别字的"旧账新账"都得算。互联网不能成为错别字的温床,汉字规范不容"欠账"。

(选自《北京晚报》2023年7月13日,有删改)

知识卡片

文中提到的"天将降大任于是人"是《孟子·告子下》中的名句。教育部审定义务教育教科书八年级

下《生于忧患，死于安乐》一文选自中华书局1960年版《孟子译注》，其中即为"天将降大任于是人"。"是"和"斯"都是"这"的意思。本文以这次争议为例，表达了对待汉字要有较真精神的观点。

阅读指津

本文以"账号"被"帐号"错用且泛滥于网络，导致网友们混淆不清的现象引入议论，展开了对网络错别字泛滥现象的批评。作者分析了这一现象产生的几个主要原因，并阐述了拨乱反正的必要性和急迫性。最后以"斯""是"之争，强调对待汉字应有较真精神。

1. 第③段横线处应该填入的词语是（　　）

    A. 不以为意　　　　B. 不以为然

2. 试分析本文第①段的作用。

3. 文中分析网络错别字泛滥的原因有：

    （1）_____

    （2）_____

    （3）_____

4. 请把第④段画线句改成陈述句：_____。

    原文中用反问句的好处是：_____。

5. 文章结尾使用"旧账新账""欠账"这些词有什么作用？

1. A

2. 写了互联网上"帐号"这一错字频出的现象，以至于让网友们混淆不清。引出了对网络错别字泛滥乱象的说明，引起读者阅读兴趣和对这一现象的思考。

3. (1) 各种输入失误造成的错误；(2) 使用者在没有弄清字词原意的情况下想当然地使用错字；(3) 互联网环境缺乏纠正机制，部分误用将错就错，甚至错上加错。

4. 如果青少年对误用习焉不察，就不能养成正确的语言使用习惯。

    加强语气，强调了网络错别字泛滥对青少年的危害极大，会让他们无法养成正确的语言使用习惯。

5. 反复出现这些词语首先为了强调在这些词语中"账"才是正确的写法，以纠正网络上泛滥的错误。"旧账新账""欠账"还指网络错别字泛滥已久，这一乱象必须尽快治理，强调了纠正错误刻不容缓的观点。

选文三

不再"独一份"，文创雪糕还能继续走红吗？

徐　之

①公园、博物馆、游乐园……如今，在全国各地大小景点，文创雪糕几乎成了标配。这些文创雪糕的造型往往出自景区地标、动植物等代表性元素，既有"高颜值"又带有文化属性，还能拍照打卡、实现社交

功能,在刚推出时广受欢迎。

②新颖的造型一次两次能够吸引消费者购买,不过时间长了,也难免审美疲劳。随着这两年文创雪糕层出不穷,一些问题也逐渐暴露出来。比如,放眼市面上的文创雪糕,从樱花、荷花、牡丹花,到凉亭、长桥、古城楼,看似造型不一,实则不少陷入了低水平模仿的窠臼。又比如,一支文创雪糕动辄二三十元,贵一点的甚至要四五十元,远高出市面上普通雪糕的价格,但用料口味却让人感觉"不值这个价",以至于一些消费者表述"拍一次照就够了"。加上新鲜感逐渐褪去,创意和造型的吸引力不复当初,一些文创雪糕热度下降也就在所难免。

③文创雪糕不同于一般的景区商品,应在挖掘文化内涵、提升文化价值、搞好质量品控上下更大功夫。优秀的文创产品是创意与景区文化的有机融合,而不是简单的照搬照抄。例如,此前故宫"脊兽"文创雪糕的"破圈",不仅是因为造型新颖,更得益于传统文化与雪糕的巧妙结合;莫高窟的文创雪糕棒,清洗过后就是一枚精美的九色鹿书签;杭州西湖"断桥相会"文创雪糕设计成两部分,游客手持两片西湖雪糕合在一起,就能还原白娘子和许仙断桥相会的场景。类似巧思给消费者带来惊喜,充分说明,将景区文化内涵融入独特创意,才能赋予文创雪糕更深的意蕴,避免陷入"徒有其表"的尴尬。

④从"爆火"到逐渐"降温",文创雪糕的发展,折射出一些文旅领域存在的创意不足、盲目跟风问题。文创雪糕火了,景区无论大小全都开发出几套;乡村民宿成为不少游客假日休闲的选择,一些地方就搞起了"复制粘贴",让人感觉"到哪儿都一样";大唐不夜城"出圈"后,各种"不夜城"拔地而起……各处不乏亦步亦趋的模仿,却鲜有如首创者一般的成功。这是什么原因呢?无论文创雪糕、乡村民宿还是不夜城,若不管是否契合发展实际就一概照搬,若不管是否符合地域特色就一味"拿来",就不能让游客体验一地的独特文化气韵,此类跟风必然"泯然众人矣"。

⑤成功的经验可以借鉴,但决不能止步于借鉴。文创雪糕的例子启示我们:从自身资源禀赋出发,深挖价值内涵,融入创新意识,形成核心竞争力,才能让产品收获更长久的生命力。

(摘自人民日报评论公众号2023年7月7日文章,有删改)

知识卡片

本文是在文创产品一哄而起的背景下诞生的。文中提到的"泯然众人矣"出自王安石的《伤仲永》。文章讲述一个名叫方仲永的神童,五岁便可指物作诗,但因为被父亲当作造钱工具,不再学习而沦为一个普通人的故事。"泯然众人矣"指人原来才华横溢或能力突出,后因才华或能力尽失,变得和普通人一样了。在文中指一味照搬照抄的所谓"文创作品"失去原有的魅力,沦为普通产品。

阅读指津

本文运用了大量事实论据,通过举例论证的方法,从文创雪糕的泛滥,讲到当今文化创意领域缺乏创意,产品雷同的现象,表达了文创产品的研发应从自身资源禀赋出发,深挖价值内涵,融入创新意识,形成核心竞争力,才能让产品收获更长久的生命力的观点。

拓展练习

1. 下面与第③段加点词"徒有其表"在文中的意思完全不同的一项是(　　)
   A. 虚有其名　　　　B. 华而不实　　　　C. 名不副实　　　　D. 外强中干

2. 文创雪糕层出不穷后,"热度"下降的原因有:
   (1) _____
   (2) _____
   (3) _____
3. 第③段运用的主要论证方法是_____,作用是_____
4. 模仿的创意产品通常不如首创者成功,阅读第④段,对此原因分析不恰当的一项是( )
   A. 只知跟风而不在"创意"上动脑筋、想办法。
   B. 创意只限于雪糕、民宿、不夜城,不够丰富。
   C. 不管产品是否契合发展实际,只是一概照搬。
   D. 不管产品是否符合地域特色,一味"拿来"。
5. 本文议论的对象是所有文创产品,那么,以"文创雪糕还能继续走红吗"为题,是否合适?

参考答案

1. D

2. (1) 不少文创雪糕只是低水平模仿,缺乏创意;(2) 文创雪糕通常价格昂贵,用料口味却"不值这个价";(3) 消费者的新鲜感逐渐褪去,创意和造型的吸引力不复当初。

3. 举例论证;列举了一些一哄而起的所谓"创意产品"陷入"徒有其表"的尴尬,具体而有力地论证了优秀的文创产品是创意与景区文化的有机融合,而不是简单的照搬照抄。

4. B

5. 这样命题合适。"文创雪糕"是众多文创产品中比较特别,受人欢迎,又被模仿较多的产品。本文以"文创雪糕"为例引出对当下文创产品一味跟风,逐渐缺少创意现象的议论,能引发读者关注与思考。标题中用问句,也能引发读者的阅读兴趣。

选文四

互联网为何迷上了怀旧?

周春媚

① 不知在网上冲浪的你是否注意到,一股怀旧风正在互联网空间吹拂。综艺节目里,头发花白的林子祥与叶倩文演唱一曲曲粤语老歌,用歌声带领听众深情回望港乐的黄金时代。前不久,网上又传出经典 IP 仙剑系列要翻拍的消息,相关词条频频冲上热搜。对于一直在追赶潮流的互联网来说,怀旧似乎成为了新的潮流。

② 怀旧是一种心理刚需。不论是耳熟能详的老歌,还是一次又一次被翻拍的老剧,这些文艺作品都是回忆的载体,容易让人想起难忘的往事与青葱的岁月。对于许多 80 后、90 后而言,"知了在声声叫着夏天"的童年一去不复返,坐在电视机前看金庸武侠、品快意江湖的时光也渐行渐远,生活的烦恼变得 suǒ suì、繁杂。而当熟悉的旋律响起、熟悉的情节再现,总能让人们从现实世界的压力中短暂抽离,在怀缅过去时获得心灵的慰藉。

③ 同时,互联网柔美的怀旧滤镜背后,也是精打细算的生意经。数据显示,尽管不断有更年轻的用户加入,80、90 后依然是我国互联网的主要用户群体。推出对他们更有吸引力的怀旧艺人与经典作品,

能迅速赢得更多关注与流量。比如,周杰伦九年前的演唱会重新放映,带动相关的周边产品热卖。从这个意义上说,这张怀旧牌也有双赢的效果。

④ 不过,互联网上的怀旧风盛行也带来一些问题。

⑤ 一些影视作品习惯于翻拍经典、向老剧取材,正是因为看中了"怀旧"自带的光环。不过,怀旧不是质量的保证书。一些制作方仅抱着"情怀在手、早涝保收"的心态翻拍,不在"品质"上做文章,粗制滥造的翻拍作品充斥互联网。

⑥ 还应看到,一些创作者沉溺于怀旧,暴露出原创力不足的问题。如果文艺创作满足于用新瓶装旧酒、止步于拿热锅炒冷饭,势必会挤压原创作品的生存空间,让行业的创新能力和开拓能力停滞不前,而且也难以形成真正出圈的爆款。

⑦ 就此而言,创作者_____要时刻把牢质量关,_____不能止步于怀旧。创新是文艺保持旺盛生命力的不竭源泉。怎样在时代的大潮中开拓题材蓝海,到真实的生活中采撷创作素材,孵化培育出既能流行一时、也能流传后世的新经典,是文艺工作者们需要解答好的命题。

⑧ 老歌老剧韵味长,偶尔怀旧亦无妨。若要作品永流传,时时创新费思量。

(摘自人民日报评论公众号2022年7月20日文章,有删改)

知识卡片

这些年,怀旧风盛行,作者透过现象看本质,写作此文。议论文中主要运用议论这一表达方式,但并不意味着议论文中不能使用生动形象的语言。本文中有大量比喻的运用,这样的写法能把抽象的道理具体化,把深奥的道理通俗化,以增强文章的生动性和说服力。

阅读指津

阅读议论文,要把握文章的思路结构。本文第①段以互联网吹起怀旧风的现象引发议论。接着分析了怀旧风成为新潮流的原因。一个现象,通常有两面性,因此,作者就这种潮流带来的问题进行分析,其中详写的是创作者沉溺于怀旧,暴露出原创力不足的问题。并由此在第⑦段中提出"创新是文艺保持旺盛生命力的不竭源泉"的观点。

拓展练习

1. 根据拼音,写出第②段中的汉字:suǒ suì(　　　　　)

2. 阅读全文,把下面的图表填写完整。

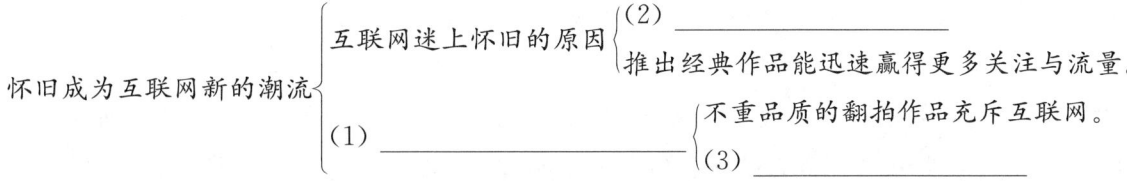

3. 下面的材料应该放入文中哪一段?请简述理由。

视频网站上,不少对《甄嬛传》等老剧进行二次创作的账号积累了上百万粉丝。

4. 在第⑦段横线处填写关联词语,下面不合适的一项是(　　)
A. 不但……而且……　　B. 既……又……　　C. 虽然……但是……　　D. 不仅……更……

5. 试分析本文用一首小诗结尾的好处。

**参考答案**

1. 琐碎

2. (1) 互联网上的怀旧风盛行带来的问题;(2) 缓解现实世界的压力,获得心灵的慰藉;(3) 创作者沉溺于怀旧,暴露出原创力不足的问题。

3. 放在第③段,材料说《甄嬛传》等老剧的二次创作受到广泛关注,可以作为事实论据,论证第③段互联网柔美的怀旧滤镜背后,也是精打细算的生意经的分论点。

4. C

5. 这首小诗的意思是经典作品值得大家"怀旧",但创作者更应致力于创新,使更多好作品流传,强调了创新是文艺保持旺盛生命力的不竭源泉。结构上总结了全文,同时以这样新颖的创作回应自己的观点,引发读者对文艺创新的思考。

选文五

别让"关注"成烦恼

① 餐厅点餐、停车缴费、购物买单……先得关注商家公众号,否则无法进行。这种"强制关注"的行为给不少消费者带来困扰。近日,中国消费者协会宣布,将在全国范围内开展"反对强制关注公众号"消费监督工作,消除消费者的"关注烦恼"。

② 进入互联网时代,扫码消费已经融入很多人的日常生活。人们乐于享受更便捷、更高效的支付方式。但不知从什么时候开始,不少线上点餐、缴费买单等正常的消费行为,必须以"一键关注公众号"为前提;点进自己的关注列表,一长串商户公众号名单让人心中嘀咕:"这都是什么时候关注的?"这些公众号成了商家免费的"信息源"和"广告栏",不断跳出的垃圾信息常常让人心烦意乱。

③ 随手一扫、轻点关注的行为看似"不起眼",但消费者的合法权益却在无形中受到侵害。比如,一些商家会在消费者扫码后,通过公众号自动获取其手机号、地理位置、生日、住址等信息,这就让消费者面临个人信息泄露的风险。不关注、不授权就无法继续消费行为,这显然侵害了消费者的自主选择权、公平交易权和个人信息等权益。

④ 现实中,很多消费者误以为关注公众号是线上消费的合理前提,商家利用消费者的这种心理,以最省力的方式,获取最大化的利益。任何企业的任何商业行为,都必须尊重消费者的意愿,维护消费者的权益,守住法律的底线。合力整治,既是对消费者维护自身合法权益的告知,也是对商家合法经营的提醒。

⑤ "强制关注"乱象的整治不能光靠商家自律、消费者较真,强有力的监管和惩处必不可少。在各地消协组织集中出击之外,也呼唤相关执法部门加大打击乱象的力度。_____违规商家受到"实实在在"的惩罚,_____能震慑住其他商家"钻空子""捡漏子"的心思。治理"强制关注"乱象,法治的"雷tíng出击"势在必行。

⑥ "强制关注"并非合理现象,期待监管跟上后,能让消费者从"备受其扰"变成"乐享其成"。

(选自《浙江日报》2023年6月21日,有删改)

知识卡片

线上付款首先得关注公众号,这是近年来愈演愈盛的社会现象。很多人意识不到其中的问题,作者却一针见血地指出其中的问题。本文多处运用引号,它们有着不同的作用。比如第②段中"一键关注公众号""这都是什么时候关注的"是引用;第②段中的"信息源"和"广告栏"是特殊含义;第⑤段里的"实实在在"则起到强调作用。

阅读指津

本文的标题"别让'关注'成烦恼"很吸引人。其中"关注"指的是文章要集中议论的"强制关注公众号"现象,由这个词引出了文章要谈论的问题。"别让……成烦恼"能够吸引读者的阅读兴趣,引导读者往下阅读。因此,文章标题对阅读文章有很重要的提示作用,我们在阅读时要关注文章标题。

拓展练习

1. 根据拼音,写出第⑤段中的汉字:tíng(　　)

2. 本文标题是"别让'关注'成烦恼",文中写到的"关注烦恼"有:

(1) _____

(2) _____

(3) _____

3. 各方面合力整治"关注乱象"的意义在于能_____;也能_____。

4. 在第⑤段的横线上填入合适的关联词:_____违规商家受到"实打实"的惩罚,_____能震慑住其他商家"钻空子""捡漏子"的心思。

5. 阅读文章,下面说法正确的一项是(　　)

A. 第②段中"这都是什么时候关注的"表明消费者因关注过多难以找到有用信息。

B. 第④段告诉我们,很多商家在利用消费者的误解获取自身利益的最大化。

C. 第⑤段告诉我们,乱象的整治靠商家自律和消费者较真是完全没有用的。

D. 第⑥段最后的"乐享其成"一词在文中指消费者最终都能接受"强制关注"。

参考答案

1. 霆

2. (1)关注后不断跳出的垃圾信息常常让人心烦意乱;(2)商家会通过公众号自动获取消费者个人信息,导致个人信息泄露的风险;(3)侵害了消费者的自主选择权、公平交易权和个人信息等权益。

3. 维护消费者自身合法权益;提醒商家合法经营

4. 只有……才

5. B

(王以新)

十 学习之道

选文一

怎样阅读(节选)

夏丏尊

① 这次播音,教育部托我担任的是中学国语科的讲话,我把我的讲话限在阅读方面,我所讲的只是一般的阅读情形,并未曾专就国语一科讲话,诸君听了也许会说我的讲话不合教育部所定的范围条件吧。我得声明,我不承认有许多独立存在的所谓国语科的书籍,书籍之中除了极少数的文法、修辞等类以外,都可以是不属于国语科的,我们能说《论语》《孟子》《庄子》《左传》是国语吗?能说《红楼梦》《水浒》《三国演义》是国语吗?可是如果从形式上着眼,当作语言文字来研究,那就没有一种不是国语科的材料,不但《论语》《孟子》《庄子》《左传》是国语,《红楼梦》《水浒》《三国演义》是国语,诸君的物理教科书、植物教科书也是国语,甚至于张三的卖田契、李四的家信也是国语了。我以为所谓国语科,就是学习语言文字的一种功课,把本来用语言文字写着的东西,当作语言文字来研究、来学习就是国语科的任务。所以我只讲一般的阅读,不把国语科特别提出。这层要请诸位注意。

② 把任何的书,从语言文字上着眼去学习研究,这种阅读,可以说是属于国语科的工作。阅读通常可分为两种,一是略读,一是精读。略读的目的在理解,在收得内容,精读的目的在揣摩,在鉴赏。我以为要研究语言文字的法则,该注重于精读。分量不必多,要精细地读,好比临帖,我们临某种帖,目的在笔意相合,写字得它的神气,并不在乎抄录它的文字,假定这部帖里共有一千个字,我们与其每日瞎抄一遍,全体写一千个字,倒不如拣选十个或二十个有变化的有趣味的字,每字好好地临几遍,来得有效。诸君读小说,假定茅盾的《子夜》,如果当做语言文字学习的话,所当注意的不该只是书里的故事,对于书里面的人物描写、叙事的方法、结构照应以及用词、造句等等该大加注意,诸君读诗歌,假定是徐志摩的诗集,如果当语言文字学习的话,不但该注意诗里的大意,还该留心它的造句、用韵、音节以及表现、着想、对仗、风格等等的方面,语言文字上的变化技巧,其实并不十分多的,只要能留心,在小部分里也大概可以看得出来。假定一部书有五百页,每一页有一千字,如果第一页你能看得懂,那么我敢保证,你是能把全书看懂的。(　　　)全书所有的语言文字上的法则在第一页一千字里面大概都已出现。举例来说,文法上的法则,像动词的用法、接续词的用法、形容词的用法、助词的用法以及几种句子的结合法,都已出现在第一页了。我劝诸君能在精读上多用力。

(一九三五年十二月十二日在中央广播电台讲稿)

知识卡片

夏丏尊(1886年—1946年),原名夏铸,字勉旃。我国著名文学家、教育家、出版家。1930年起创办《中学生》杂志。与叶圣陶共同写成《文心》《国文百八课》《初中国文教本》等。

阅读指津

阅读议论文旨在理解作者说理的思路与方法,进而提炼文章的核心观点。要达到该目的,首先要把握文本议论的话题,寻找文中围绕该话题表达的观点、支撑观点的理由,再通过分析段落和句群关系,逐步梳理出核心观点。

本文的两个段落,第①段侧重于界定论证的范围,第②段重在表述作者的看法。因此,阅读第①段,要关注其中的判断句,从而准确把握本文论述的话题;阅读第②段,要厘清观点和支撑观点的理由,梳理行文思路,从而把握作者的核心观点。

拓展练习

1. 文中第②段画线句中应填入的关联词是(　　)
   A. 但是　　　　B. 所以　　　　C. 因为　　　　D. 而且

2. 从本文第①段来看,本次讲话主要针对_____,对于国语科,作者否认_____,认为_____。

3. 从本文第②段来看,作者认为阅读通常可分为_____和_____,本段的论证侧重于____,这种阅读的目的是_____,方法是_____。

4. 请根据文章内容,完成以下内容的填写。

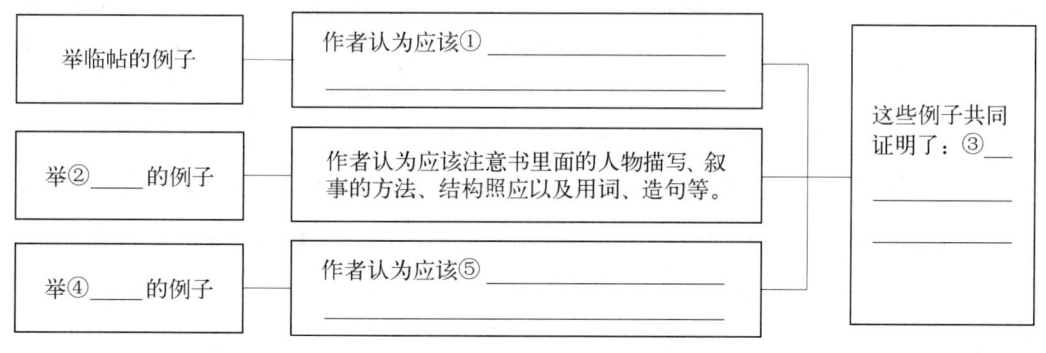

5. 第②段中画曲线的语句是一个例子,这个例子在文中的作用是:_____。

参考答案

1. C

2. 一般阅读情形;有许多独立存在的所谓国语科的书籍;所谓国语科,就是学习语言文字的一种功课。

3. 略读;精读;精读;揣摩、鉴赏;分量不必多,精细地读

4. ① 拣选若干变化有趣味的字,好好临摹;② 读小说;③ 要研究语言文字的法则,该注重于精读。分量不必多,要精细地读;④ 读诗歌;⑤ 不但该注意诗里的大意,还该留心它的造句、用韵、音节以及表

现、着想、对仗、风格等等的方面。

5. 这个例子说的是在一本书的第一页上已经基本出现文法的法则,因此如果能读懂该页,就能基本读懂全书。作者以这个例子证明研究语言文字的法则,要注重精读,精读的分量不必多,关键是要精细地读。从而奉劝大家在精读上多用力。

选文二

为学与做人(节选)

梁启超

① 怎么样才能不惑呢?最要紧是养成我们的判断力。想要养成判断力:第一步,最少须有相当的常识;进一步,对于自己要做的事须有专门智识;再进一步,还要有遇事能断的智慧。假如一个人连常识都没有,听见打雷,说是雷公发威,看见月蚀,说是虾蟆贪嘴。那么,一定闹到什么事都没有主意,碰着一点疑难问题,就靠求神问卜、看相算命去解决,真所谓"大惑不解",成了最可怜的人了。学校里小学、中学所教,就是要人有了许多基本的常识,<u>免得凡事都暗中摸索,(　　　)</u>仅仅有这点常识还不够。我们做人,总要各有一件专门职业。这门职业,也并不是我一人破天荒去做,从前已经许多人做过,他们积了无数经验,发见出好些原理、原则,这就是专门学识。我打算做这项职业,就应该有这项专门学识。例如我想做农吗,怎样的改良土壤,怎样的改良种子,怎样的防御水旱病虫,等等,都是前人经验有得成为学识的。

② 我们有了这种学识,应用他来处置这些事,自然会不惑,反是则惑了。做工、做商,等等,都各有他的专门学识,也是如此。<u>我想做财政家吗,何种租税可以生出何样结果,何种公债可以生出何样结果,等等,都是前人经验有得成为学识的</u>。我们有了这种学识,应用他来处置这些事,自然会不惑,反是则惑了。教育家、军事家,等等,都各有他的专门学识,也是如此。我们在高等以上学校所求的智识,就是这一类,<u>但专靠这种常识和学识就够吗?还不能</u>。宇宙和人生是活的,不是呆的,我们每日所碰见的事理是复杂的、变化的,不是单纯的、印板的。倘若我们只是学过这一件才懂这一件,那么,碰着一件没有学过的事来到跟前,便手忙脚乱了。所以还要养成总体的智慧,才能得有根本的判断力。这种总体的智慧如何才能养成呢?第一件,要把我们向来粗浮的脑筋,着实磨练他,叫他变成细密而且踏实。那么,无论遇着如何繁难的事,我都可以彻头彻尾想清楚他的条理,自然不至于惑了。第二件,要把我们向来昏浊的脑筋,着实将养他,叫他变成清明。那么,一件事理到跟前,我才能很从容很莹澈的去判断他,自然不至于惑了。以上所说常识、学识和总体的智慧,都是智育的要件,目的是教人做到知者不惑。

知识卡片

梁启超(1873年—1929年),字卓如,一字任甫,号任公,又号饮冰室主人、饮冰子、哀时客、中国之新民、自由斋主人。广东省广州府新会县熊子乡茶坑村(今广东省江门市新会区茶坑村)人。清朝光绪年间举人,中国近代思想家、政治家、教育家、史学家、文学家,戊戌变法(百日维新)领袖之一、中国近代维新派、新法家代表人物。

阅读指津

本文是一篇节选,梁启超在全文的前文中提出,教育应从教人不惑,教人不忧,教人不惧这三个方面进行,本篇是其中写教人不惑这个部分的节选。

阅读本文,要理清论证思路,进而提炼作者的核心观点。阅读时要先分清文中的观点与材料:寻找观点时可关注文中的判断句,寻找材料时可关注文中以"假如""比如"等引出的语句。在此基础上,进一步分析观点和材料之间的关系,从而把论证思路理清。并在此基础上分析观点之间的关系,最终提炼出文章的核心论点。

拓展练习

1. 文中画线句中应填入的关联词是( )
   A. 所以 B. 而且 C. 但是 D. 那么

2. 请根据文章内容完成以下思维导图:

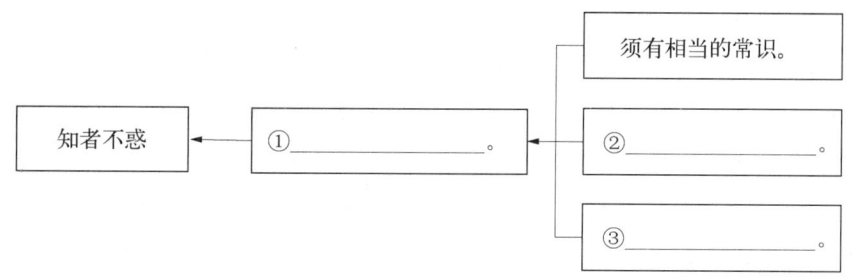

3. 要养成"总体的智慧",需要做到:_____。

4. 第②段画线句部分可以删除吗?为什么?

5. 请分析第②段中画曲线的语句"但专靠这种常识和学识就够吗?还不能。"这一句话的表达作用。

参考答案

1. C

2. ① 养成我们的判断力;② 须有专门智识;③ 要有遇事能断的智慧

3. 要把我们的脑筋磨炼得细密而且踏实,从而理清事物的条理;要把我们的脑筋将养得清明。那么,从而从容莹澈地去判断事物。

4. 不能,这部分内容是以"财政家"为例,更具体地阐释各种职业都有其专门学识,从而论证"有了专门学识,处置事情才能不惑",使读者更加清楚明了。如删除,论证较为抽象,不易为读者理解。

5. 这句话以设问的修辞,承接了上文所阐释的"常识、学识是智识的重要内容"的观点,并引出下文对"总体的智慧"的阐述。且问句的形式,更能够激发读者的思考,增强文章的可读性。

选文三

怎样读书

顾颉刚

① 一个普通人走进了图书馆,看见满屋满架的书,觉得眼睛都花了。这是由于他对世界上的知识没有一方面是有特殊兴趣所致。研究学问的事固然不必每人都参加,但是一方面的特殊兴趣确为任何人所不可少。譬如看报,有人喜欢看专题新闻,有人喜欢看小说文艺,也有人喜欢看商市行情。只要他能够有

一件喜欢的,自然拿到了一份报纸就有办法。我们读书的第一件事,是要养成特殊方面的兴趣。

② 有人读书,只要随便翻翻就抛开了。有人读书,却要从第一个字看到末一个字才罢。其实两种方法都有道理,但永久只用一种方法是不对的。因为我们可以看的书籍太多了,倘使无论哪一部书都要从第一个字看到末一个字,那么,人的生命有限,一生能够读得多少部书呢?（　　　）有几部书是研究某种学问的时候,必须细读的,若只随便翻翻,便不能了解那种学问的意义。读书的第二件事,是要分别书籍缓急轻重,知道哪几部书是必须细读的,哪几部书是只要翻翻的,哪几部书只要放在架上不必动,等到我们用得着它的时候才去查考的。要懂得这个法子,只有多看书目,研究一点目录学。

③ 我们的读书,是要借了书本子上的记载寻出一条求知的路,并不是要请书本子来管束我们的思想。读书的时候要随处存疑。换句话说,要随处会用自己的思想去批评它。我们只要敢于批评,就可分出它哪一句话是对的,哪一句话是错的,哪一句话是可以留待商量的。这些意思就可以写在书端上,或者写在笔记簿上。逢到什么疑惑的地方,就替它查一查。心中起什么问题,就自己研究一下。这样的不怕动手,肯写肯翻,便可以养成自己的创作力。几年之后,对于这一门学问自然有驾驭运用的才干了。我们读书的第三件事,是要运用自己的判断力。只要有了判断力,书本就是给我们使用的一种东西了。宋朝的陆象山说"'六经'皆我注脚",就是这个意思。

④ 再有两件事情,也是应当注意的。其一,不可以有成见。以前的人因为成见太深了,只把经史看作最大的学问;经史以外的东西都看作旁门小道。结果,不但各种学问都被抑遏而不得发达,并且由于各种学问都不发达,就是经史的本身也是不能研究得好。近来大家感到国弱民贫,又以为唯有政治经济之学和机械制造之学足以直接救国的,才是有用之学,其余都是无关紧要的装饰品。这个见解也是错误的。学问的范围何等样大,凡是世界上的事物都值得研究,就是我们人类,再研究一万年也还是研究不尽。至于应用的范围却何等样小,是根据我们所需要而走的。昨天需要的东西,今天不要了,就丢了。今天需要的东西,明天不要了,也就丢了。若是为了应用的缘故,一意在应用上着力,把大范围忘了,等到时势一变,需要不同,我们岂不是剩了两只手呢! 我们不能一味拿有用无用的标准来判定学问的好坏;就是某种像是没有用的学问,只要我们有研究的兴趣,也是可以研究下去为我们所用的。

⑤ 其二,是应该多赏识。无论哪种学问,都不是独立的,与它关联的地方非常之多。我们要研究一种学问,一定要对别种学问有些赏识,使得逢到关联的地方可以提出问题,请求这方面的专家解决,或者把这些材料送给这方面的专家。以前有人说过,我们研究学问,应当备两个镜子:一个是**显微镜**,一个是**望远镜**。显微镜是对自己专门研究的一科用的;望远镜是对其他各科用的。我们要对自己研究的一科极尽精微,又要对别人研究的各科略知一二。这并不是贪多务博,只因为一种学问是不能独立的缘故。

(选自《读者》2015年第6期)

知识卡片

顾颉刚(1893年—1980年),原名诵坤,字铭坚,号颉(jié)刚,小名双庆,笔名有余毅等,江苏苏州人。中国现代著名历史学家、民俗学家,"古史辨"学派创始人,现代历史地理学和民俗学的开拓者、奠基人。

阅读指津

本文是顾颉刚针对读书发表的精辟见解。阅读此类论述文,目的是把握作者的核心观点,这需要梳理文章的论证思路方可达成。梳理论证思路,我们要关注一些路标性的语词,如"首先""其次""其一""其二"等,利用这些关键字词来理清文章层次,依次梳理出文中的观点,并结合文中证明观点的理由来分析这些观点之间的关系,最终提炼出全文的核心观点。

拓展练习

1. 根据文意推断文章第②段画线句中应填入的关联词是(　　)
   A. 所以　　　　B. 但　　　　C. 并且　　　　D. 就
2. 从文中看,作者针对"怎样读书"提出了哪些观点?
   ① _____
   ② _____
   ③ 我们读书的第三件事,是要运用自己的判断力。
   ④ _____
   ⑤ _____
3. 文章第⑤段中的"显微镜""望远镜"分别指什么?
4. 文章第三段引用陆象山的话,作用是_____。
5. 文章第①段画线部分是否可删除?理由是什么?

参考答案

1. B
2. ① 我们读书的第一件事,是要养成特殊方面的兴趣;② 读书的第二件事,是要分别书籍缓急轻重;④ 读书不可以有成见;⑤ 读书应该多赏识。
3. "显微镜"指的是对自己专门研究一科要极尽精微;"望远镜"指的是要对别人研究的各科略知一二。
4. 以陆象山的话佐证"只要有了判断力,书本就是给我们使用的一种东西了",从而有力支撑"读书要运用自己的判断力"这个观点。
5. 不可以删除,本段以"普通人没有特殊兴趣,因此在图书馆眼花缭乱"和"人们看报时总有个人偏好"这一正一反两个例子,具体有力地证明了"我们读书,首先要养成特殊方面的兴趣"这个观点。同时,以这两个普通人的例子引出论证,更容易引起读者共鸣。

选文四

习惯成自然

叶圣陶

① "习惯成自然",这句老话很有意思。
② 我们走路为什么总是左脚往前,右脚往前,两只胳膊跟着动荡,保持身体的均衡,不会跌倒在地上?我们说话,为什么总是依照心里的意思,先一句,后一句,一直连贯下来,把要说的都说明了?(　　)我们从小习惯了走路,习惯了说话,而且"成自然"了。什么叫做"成自然"?就是不必故意费

什么心,仿佛本来就像那样子的意思。

③ 走路和说话是我们最需要的两种基本能力。推广开来,无论哪一种能力,要达到了习惯成自然的地步,才算是我们有了那种能力。不达到习惯成自然的地步,勉勉强强地做一做,那就算不得我们有了那种能力。如果连勉勉强强做一做都不干,当然更说不上我们有了那种能力了。

④ 听人家说对于样样事物要仔细观察,才能懂得明白,心里相信这个话很有道理。这时,并不是我们就有了观察的能力。听人家说劳动是人人应做的事,一切的生活资料,一切的文明文化,都从劳动产生出来,心里相信这个话很有道理。这时,并不是我们就有了劳动的能力。听人家说读书是充实自己的一个重要法门,书本里包含着古人今人的经验,读书就是向许多古人今人学习,心里相信这个话很有道理。这时,并不是我们就有了读书的能力。听人家说必须做个好公民,现在是民主时代,个个公民尽责守分,才能有个好秩序,成个好局面,自己幸福,大家幸福,心里相信这个话很有道理。这时,并不是我们就有了做好公民的能力。

⑤ 这样说下去是说不完的,就此打住,不再列举吧。

⑥ 要有观察的能力,必须真的用心去观察。要有劳动的能力,必须真的动手去劳动。要有读书的能力,必须真的去把书本打开。要有做好公民的能力,必须真的去做公民应做的一切事情。在相信人家的话很有道理的时候,只是个"知"罢了,"知"比"不知"似乎好些,但仅仅是"知",实际上与"不知"并无两样。到了真的去观察去劳动去读书的时候,"知"才会渐渐化为我们的习惯,习惯成自然,才是我们的能力。

⑦ <u>通常说某人能力不强,就是某人没有养成多少习惯的意思。譬如说张三记忆力不强,就是张三没有把看见的听见的一些事物好好记住的习惯。譬如说李四发表力不强,就是李四没有把自己的思想和感情说出来写出来的习惯。</u>

⑧ 习惯养成的愈多,那个人的能力愈强。我们做人做事,需要种种能力,所以最要紧的是养成种种习惯。

⑨ 养成习惯,换个说法,就是教育。教育不限于学校,也不限于读书。学校教育只是教育的一部分,读书这门事也只是教育的一部分。我们在学校里受教育,目的在养成习惯。我们离开了学校,仍然要从种种方面受教育,并且要自己教育,目的还是在养成习惯,增强能力。习惯越自然越好,能力越增强越好,孔子一生"学而不倦",就是看透了这个道理。

(选自《生活教育:叶圣陶随笔》)

知识卡片

叶圣陶(1894年—1988年),原名叶绍钧,字秉臣、圣陶,出生于江苏苏州,现代作家、教育家、文学出版家和社会活动家,有"优秀的语言艺术家"之称。

阅读指津

本文在论述观点的过程中,列举了大量事例,如文章开头提及的走路、吃饭等例子,又如文中提到的"张三""李四"的例子,都以浅白生动的语言讲述道理。因此,阅读本文,要先区分文中的观点与材料,再理清观点与材料之间的关系,最后通过分析观点之间的关系,提炼文章的核心论点。

拓展练习

1. 根据上下文推断文章第①段中括号中应填入的关联词是(　　)

A. 因为　　　　　B. 但是　　　　　C. 所以　　　　　D. 并且

2. 本文的核心论点是：_____。为了论证这个论点,作者在②~⑥段中依次列举了_____、说话、_____、劳动、_____、_____的例子。

3. 文章第一段画线部分在文中起到的作用是：_____

4. 请从修辞手法的角度分析第⑥段画线句的语言表现力。

5. 从全文来看,第⑦段文字似乎显得多余,这段文字如果删去,你认为表达效果会有什么不同?

参考答案

1. A

2. 我们做人做事,最要紧的是养成种种习惯;走路;观察;读书;做公民

3. 以走路和说话等生活中常见的事例,引起读者的阅读兴趣,并顺势引出"习惯成自然"这一观点。

4. 本段文字以排比形式,并以"必须""真的"等词,再三强调了只有不断亲身实践,才能形成能力的观点,从而佐证本文的核心论点。

5. 这段文字以"张三缺乏记忆力""李四缺乏发表力"的例子,来阐释其本质就是"没有养成相关习惯",进而从反面来论证习惯养成的重要性。如果删除,文章的论证力度显得不足。

选文五

诗歌是人生最好的伴侣(节选)

吴宝军

① 明代诗人于谦在《观书》一诗中写道："书卷多情似故人,晨昏忧乐每相亲。"确实道出了读书的乐趣。(　　　　)说书卷是故人,(　　　　)其中的诗歌则胜过故人,她不仅多情,而且知心,是最易引起共鸣的最好的人生伴侣。

② 孔老夫子说,诗"可以观,可以兴,可以群,可以怨",一语道出了诗歌的真谛(许多人引经据典做了各种解释,其实都离题万里了)。她耐看,她兴业,她能群,她解怨。观之则身心愉悦,用之则事业兴隆,修之则品格超群,知之则心气平和。终人一生,哪里还能找到这样的伴侣?

③ 诗歌的美是独一无二的。她是令人销魂的天籁,是令人沉醉的芳醪,是令人刻骨的相思。好的诗词宛如画境又胜似画境。月明风清之夜,吟诵"人闲桂花落,夜静春山空。月出惊山鸟,时鸣春涧中",幽静绝俗的图画舒展眼前,桂花飘落、山鸟啼鸣的天籁之音也仿佛穿越时空来赴约。孤独寂寞之时,揽卷"今宵酒醒何处?杨柳岸,晓风残月。此去经年,应是良辰好景虚设。便纵有千种风情,更与何人说",顿生"诚知此恨人人有"的共情之感。徜徉在诗歌海洋中获得的美到极致的享受是任何其他文学体裁所不具备的。

④ "不知诗,无以言。"在言谈中恰当地引用诗歌,往往可以起到事半功倍的效果,增加演说的魅力。习近平总书记在讲话中曾多次引用诗词。参观《复兴之路》大型展览时,习近平总书记引句"长风破浪会有时",表达对未来的充满信心;在中央党校讲话时引"人生自古谁无死,留取丹心照汗青"句表达敢于担当的历史责任感;在韩国首尔大学发表演讲时,总书记以"欲穷千里目,更上一层楼"比喻中韩关系发展会有新机遇、新境界,引起韩国民众的强烈共鸣,等等。

173

⑤ "我很不希望把我们一些非常经典的古代的诗词文化、散文都给去掉,去中国化是很悲哀的。这些诗词从小就嵌在学生们的脑子里,会成为终生的民族文化基因。"在北京师范大学进行慰问走访时,习总书记如是说。

⑥ 中国是诗的国度。诗词,是贯穿中华文化的核心文化元素。"李杜文章万口传,至今已觉不新鲜。江山代有才人出,各领风骚数百年",诗人词客的各领风骚是自然的,不过,李杜文章在,依旧光焰万丈长。而且,从屈原到李杜,到苏轼,到陆游,伟大的诗人一直是中国文化中具有高度标志性和象征性的人物,甚至比帝王将相更得人心。对诗词的热爱,侧证了中国人尤其知识分子群体对诗意生存的向往。而中国文学最独特的成就也正是深蕴中国人审美意趣、价值观和独到语言魅力的古典诗词。古典诗词是深深烙印在中国人内心世界的文化"积淀"的核心,是中国人"文化修养"的基本成分。它比儒释道思想更为深入人心。虽然在今天,随着时代的变迁和现代语言的变革,古典诗词创作者渐少,但它在中华文化中的重要地位从未有人怀疑过。

⑦ 诗歌已经渗透到民族的血液中,成为中华民族的基因,一代一代潜移默化地影响着中华儿女,成为中国人的精神支柱和心灵依托。旅途中如果没有诗歌,脚步便会凝涩;生活中如果没有诗歌,岁月便会褪色;成长中如果没有诗歌,青春便会萎缩;生命中如果没有诗歌,心灵便会干涸,诗歌是中国人须臾不可分的人生伴侣。

⑧ 有了这位伴侣,永远不会感觉寂寞孤独。夜深人静时,一个人独坐窗前,诗在左,词在右,相濡以沫,感觉欢乐而又充实。读几页诗书,啜几口清茶,时而摇头叹息,时而颔首赞许,仿佛是有人在与你喁喁对话。读到妙句或者偶得佳句时,拍一下桌子,叫一声好,那种快乐真是"悠然心会,妙处难与君说"。

⑨ 得诗歌为伴,今生足矣。

(选自《书摘》2015年6月号)

知识卡片

吴宝军,中国诗词学会常务理事。著有诗集《玉壶吟》,诗词文赋散见于《诗刊》《中华诗词》《诗词中国》《书摘》《光明网》《搜狐网》《作家报》《安徽日报》等多种报纸杂志及网络。

阅读指津

本文在论述中,大量引用诗词、名言,在恰当佐证作者观点的同时,使文章充满诗情与美感。因此,阅读本文,要分清作者的观点和文中引用的他人观点,并梳理两者之间的关系,进而提炼出全文的核心论点。

拓展练习

1. 根据上下文推断文章第①段括号中应填入的关联词是( )
   A. 因为 所以　　　B. 如果 那么　　　C. 不但 而且　　　D. 虽然 但是

2. 从文章②~⑦段来看看,诗歌对于人生的重要性主要有三方面,请提炼。
   ① 诗歌能带给人极致的美的享受。
   ② _____
   ③ _____

3. 文中多次引用诗词,在使文章充满美感的同时,也使论证更为有力,请你摘取一处试做分析。

摘录:_____

分析:_____

4. 文章第⑤段引用习近平总书记的话,其作用是_____。

5. 请说说本文标题的妙处。

参考答案

1. B

2. ② 诗歌可以帮助我们增加演说的魅力;③ 诗歌可以潜移默化地影响中华儿女。

3. 示例:长风破浪会有时;该句以李白的名句来表达对未来的信心,有力论证了"在言谈中恰当地引用诗歌,往往可以起到事半功倍的效果,增加演说的魅力"。

4. 习近平总书记的话大意是说经典诗词文化会成为我们的文化基因,既呼应了上文总书记以诗词来比喻中韩关系的事例,又自然引出下文论述诗歌可以潜移默化地影响中华儿女的内容。

5. 标题将诗歌比喻成伴侣,形象揭示了诗歌对于人生的重要作用与宝贵意义,与文中论述呼应,在引起读者兴趣的同时,也激发思考。

(杨蔚昀)

十一 人生修行

选文一

读一本书,做一段修行
梁文道

① 中文原来是没有标点符号的,所以要读书先要学句读,自己去给文章加标点符号。这个任务是读者的,而不是作者的。不只中文是这样,英文、法文、拉丁文、希腊文也都没有标点符号。看来,不只中国,全世界的作者都喜欢折磨他的读者们。

② 大家有没有想过古人为什么要这么折磨读者?古代书的产量是很低的,市面能找到的书的种类也很少。罗马帝国时代一年只能出产一两百种书。中世纪末期有个欧洲最博学的学者——他一辈子也只看过800多本书,所以古人的博识与今天是不一样的。大家都说孔子很博学,但那时候有几本书呢?古人讲究的博学是深读,一两百本书放在你面前,可能是你一生要读的书了,所以要慢慢读、一个字一个字读,读完再读,一遍遍去体会字里行间的意思——很快读完,以后没得读岂不很痛苦?

③ 古代为什么没有标点符号?因为他不需要读那么快。标点符号的流行只是近两三百年间的事情。标点符号是怎么诞生的呢?它其实是一个商业行为的结果。五六百年前,欧洲出现了古登堡印刷术,书籍出现并成为最古老的工业产品,进入市场成了商品。出于成本考虑,印刷商也就是书商就想做大量印刷来摊薄成本,于是他们发明了标点符号,让书变得更容易读、读得更快。

④ 另外,古人的书是没有分段的,也没有章节。今天我们看《论语》,一篇与另一篇之间是没有关系的,卷只是物质上的单位,竹简不够了,再换一卷继续写。中国古代的书是这样,印度、阿拉伯、欧洲的书也是这样。印刷术出来之后,出版商才开始给书籍做段落篇幅的划分。

⑤ 分段产生了很大的影响。以前欧洲人读不分段的《圣经》每次都老老实实从开篇读起,《圣经》分段以后,人们开始认为不同的段落重要程度不同,分歧就产生了。所以英国大哲学家约翰·洛克说:"《圣经》分段印刷是无耻商人酿制的悲剧,他们为了让《圣经》更畅销强行分段,分段以后我们的信仰将四分五裂。"后来的结果被洛克不幸言中——基督教分裂成一大堆教派、教会。所以分段令我们离开精读,开始泛读。

⑥ 很多人问我,如何读得快一点,但其实如何读得好更重要。古人是怎样读书的呢?他们不是看,是反复地读,慢慢地读,读出声音来。朗读能让人沉浸到书里面去,这样一个沉浸的状态会产生一个重要的效果——这就是修炼的效果。

⑦ 我手中是一本《沉思录》,这本书目前在中国很热,因为温家宝总理在看,克林顿、布什、密特朗都看过。奥勒留并不是为出版而写的,他是写给自己读的——不断研读,修身养性。这本书最有趣的地方就在于它是一本修行集,他的写作本身就是修行,之后的不断研读也是。写作,在英文里面就叫 Spiritual Writing,所以它的读者也要把它当作一个精神修炼来读,不断地读、反复地读。这些领导人一遍遍地读《沉思录》,就是在做精神修炼。古人读《论语》也是这样。所以读书是为了改变自己,变化人格,变成另外一个人。这一点古人都是知道的。

⑧ 我为什么讲这个? 因为我发现今天大家只是把读书当做一个工具,通过它拿到什么东西。读书其实是一种精神操练,是我们已经失落的一个传统,我们每个人都可以恢复它,找一本书去修炼自己,追求自己的变化。

(选自《初中生学习(高年级)》2012 年第 5 期,略有改动)

知识卡片

梁文道,香港传媒人,香港中文大学崇基学院哲学系毕业。

阅读指津

本文围绕着"读书"这个话题展开论述。从古书没有标点的现象切入,并探寻原因,在此基础上阐述了古书也没有分段和章节。进而提出"分段令我们离开精读,开始泛读"的观点,指出相较于读书的速度,应该更重视读书的质量,最后点明读书其实是一种精神操练,我们每个人都可以恢复这种传统,用读书修炼自己。

阅读本文,要注意理清行文思路,也要理解材料对观点的佐证关系,为了让论述更具说服力,作者在文中用《论语》《圣经》《沉思录》等例子对论点加以辅证。

拓展练习

1. 阅读第②段,作者认为古代没有标点符号是"因为他不需要读那么快","不需要读那么快"的理由是_____。

2. 第⑤段引用英国大哲学家约翰·洛克说的话,其作用是作为_____,有力地论证了"_____"的观点。

3. 本文的写作思路如下:首先论述_____,其次论述_____,最后论述_____。

4. 对题目"读一本书,做一段修行"的理解最恰当的一项是( )

A. 只有读古书,才能修炼精神。

B. 读书,就是精神操练的过程。

C. 可理解为"书中自有黄金屋,书中自有颜如玉"。

D. 用正确的读书态度促进我们自身的转变和提高。

5. 作者认为"读书其实是一种精神操练",你同意吗?

参考答案

1. 古人读书讲究的是深读。

2. 道理论据；分段对人们的阅读产生了很大影响
3. 标点符号使我们离开深读；分段使我们离开精读；读书是一种精神修炼，应恢复失落的读书传统
4. B
5. 示例：同意，读书是一种精神生活，可以提高人的精神力，这影响到对生活意义的理解、人生价值的实现。所以一个人如果没有一定的阅读能力，就很难从精神上得到更多智慧的滋养。可以说，一个人的精神发育史，就是他的读书史。

选文二

"源头之石"改变流向

张丽钧

① 最近，华东师范大学咸业国教授提出一个观点，博得大家一致认同。咸教授认为：我们未来生活质量的高低，取决于今天班里的那些"差生"；因为，未来为你提供卖菜、收电费、开出租车等日常服务项目的，很可能就是今天这些"差生"。这些人，能真正让你切实体会到生活质量的高低。

② 毋庸讳言，任何一所中小学都有所谓"差生"，并且，"差生"被边缘化似乎成了一种普遍趋势。有些学校更是公然歧视"差生"——给"差生"戴"绿领巾"，展览"差生"作业、试卷，将"差生"驱赶到最后一排，为"差生"单独编班等等。校园里的"嫌贫爱富"，流行病般侵蚀着太多校长、教师的心。正是因为"差生"被普遍当成了"累赘"，所以，当看到魏书生、李镇西等优秀教师偏爱"差生"的时候，我们才感到格外欣慰。关注每个孩子，偏爱差生，教育均衡发展在这些优秀教师的努力下变为现实。

③ 对分数的狂热膜拜，使我们教育工作者忽略了太多不该忽略的东西。挫败感本已经使"差生"苦不堪言，遭白眼又给他们伤口撒盐。我们常常纳闷，为什么越是"差生"毛病就越多——抽烟、上网、逃课、出走……有多少人能像张德芬那样，分析出这些毛病其实是孩子在竭力逃避无颜面对的现实？而"标签效应"也告诉我们：当一个人被一种词语名称贴上标签时，他就会做出自我印象管理，使自己的行为与所贴的标签内容相一致，而这，也正是"差生"被称作"差生"之后越来越差的原因之所在。

④ 前苏联著名教育家马卡连柯创办了"波尔塔瓦幼年违法者工学团"（后更名为"高尔基工学团"），"工学团"的学员全都是失足少年。一个后来成为马卡连柯得力助手的学员卡拉巴林这样回忆道："马卡连柯注意到我的人格，可是那时，我自己还不知道什么是人格。这是他对我的第一次温暖的、人道的接触。"就是凭着这种"温暖的、人道的接触"，马卡连柯创造了教育的奇迹。当年那些违法学生，被他成功塑造成了专家、学者、干部、国家勋章获得者和卫国战争英雄。

⑤ 没有谁不喜欢这样的句子——"爱出者爱返，福往者福来"。但是，我们不妨想想看，如果"差生"今天收到的只有歧视与侮辱，那么，明天他奉还社会的，除了冷酷与怨恨还能有什么呢？难道，我们只有真切体会到了痛彻骨髓的"恨出者恨返，祸往者祸来"，才愿意睁开怠惰的眼睛关注一下"差生"的生存质量吗？

⑥ 智者说："源头之石，改变了河流的走向。"愿那幸运地做了"源头之石"的人意识到自己存在的意义，意识到自己对于河流的意义，意识到河流对于大海的意义；愿每一条河流在回望迢遥来路的时候都能够深情地说："感谢那源头之石，赋予了我有尊严的流向。"

（选自《中华读书报》）

知识卡片

张丽钧,中国作家协会会员,河北省特级教师,唐山市"十杰"青年、"十佳"教师。出版有《畏惧美丽》《依偎那座雪峰》《看见阳光就微笑》《孩子施舍的天堂》《花海铭香》等。

阅读指津

本文从戚业国教授对"差生"的不同看法入手,阐述了当下差生"被边缘化"的普遍趋势,进而剖析了形成这一现象的原因在于"标签效应"。最后,以智者的话总结全文,发出"源头之石"能够改变流向的呼吁和号召,对教育工作者提出自己的期待。

阅读本文,要关注多种论证方法的作用。在论述中穿插的魏书生、李镇西、马卡连柯等偏爱"差生"、改造"差生"的事例,与一些教育工作者歧视"差生"形成对比论证,使论点更突出,比喻论证的使用使"源头之石"的内涵需要结合文意来把握。

拓展练习

1. 选文的中心论点是什么?
2. 题目中的"源头之石"在文中指什么人?
3. 第②段主要运用了什么论证方法?有什么作用?
4. 请简要分析选文第③段的论证思路。
5. 作者列举了魏书生、李镇西的事例后,再举马卡连柯的事例还有必要吗?为什么?

参考答案

1. 教师能改变差生的命运,优秀的教师能促使差生变得优秀。

2. 校长、教师(或:教育工作者)

3. 对比论证,把一些教育者歧视差生与魏书生、李镇西等优秀教师偏爱"差生"进行对比,从而突出了优秀教师在教育差生上的重要作用。

4. 先提出"教育工作者忽略了太多不该忽略的东西",然后列举差生的种种毛病,最后指出差生越来越差的原因。

5. 有必要。魏书生、李镇西代表中国教师,马卡连柯代表外国教师,这样写使论证涵盖中、外,更严密,更具说服力。

选文三

让讲规矩成为新常态

① 钱穆先生写过一篇《做人的规矩》,说:"诸位将来离开学校踏入社会,谋到了一项职业,做甚么应该像甚么,应该各有各的规矩,各有各的模范。人有人的样子,也便是有规矩了,这是人生较高的艺术。"诚哉斯言!讲规矩确实是人生的较高艺术。

② 一个人应该讲规矩。一个讲规矩的人,为人处事才会有礼有节,不卑不亢,有君子的气度,有"人

的样子"。这样的人,有操守,识分寸,知进退,懂轻重,是一个靠谱的人,一个明白人,一个令人敬重和信任的人。现代社会是一个更加注重契约精神的社会,对个体的规矩意识有着更高的要求,如果不讲规矩,不但有损人品,有亏德行,而且寸步难行,注定一事无成。

③ 一个家庭应该讲规矩。家庭是社会的较基本单元,家庭的规矩串联起来,影响着社会风气,影响着全民的公德素养,影响着国家文化。不难发现,很多民间规矩与社会主义核心价值观的要求是一脉相承的,体现了文明、和谐、诚信、友善等美好理念。我们的家庭不但应该践行规矩,保持对规矩的敬畏和重视,让规矩在家庭教育管理中发挥积极的作用,而且应该承担主要的传承责任,通过言传身教把有价值的规矩一代一代地传下去。

④ 一个政府也应该立好规矩,维护规矩。"依法治国"贯穿习近平总书记的治国理政思路,"法"即规矩。在中国现代化的进程中,先立规矩后办事应是各级政府和管理部门依法行政、科学决策的重要原则,也是社会和谐、有序的基础。自古以来凡制定良法者,必定要考虑到它的可操作性和实施效果,故需谨慎研判,反复论证。今天我们的政府在立规矩这件事上理应有更严谨的态度,更专业的精神,令规矩有前瞻性、现实性。

⑤ 政府和政府官员须带头守规矩。手握公权力的人,坚决按规矩办事,不仅体现了一种品德和修养,更表现了一种政治上的清明与成熟。须知规矩是紧箍咒,更是护身符。朱元璋曾问群臣:"天下何人较快活?"有言位居显赫者较快活,有言金榜题名者较快活,有言富甲一方者较快活……朱元璋均不满意。唯有大臣万钢答道:"天下守法度者较快活。"朱元璋大悦。法度就好比我们的规矩,守规矩者,不越法纪"雷池",绝无"暗室亏心之忧",自然能坦坦荡荡,光明磊落。

⑥ 清代画家沈宗骞有一句名言:"以古人之规矩,开自己之生面。"时代飞速发展,社会日新月异,我们不但要懂规矩,守规矩,还要创建与时俱进的新规矩,让讲规矩成为中国的新常态。

知识卡片

典籍中的"规矩":《礼记·经解》:"规矩诚设,不可欺以方圆。"《韩非子·解老》:"万物莫不有规矩。"

钱穆毕生弘扬中国传统文化,高举现代新儒家的旗帜,在海内外产生了巨大影响。中国学术界尊之为"一代宗师",与吕思勉、陈垣、陈寅恪并称为"史学四大家"。其著述颇丰,专著多达80种以上。代表作有《国史大纲》《中国思想史》等。

阅读指津

本文围绕着"讲规矩"这个话题展开论述。从钱穆先生关于讲规矩的文章切入,指出讲规矩确实是人生的较高艺术。接着从一个人、一个家庭、一个政府、政府官员四个层面具体展开论述,由小到大,层层深入。最后以清代画家沈宗骞的名言作结,期望人们不但要懂规矩,守规矩,还要创建与时俱进的新规矩,让讲规矩成为中国的新常态。

阅读本文,要注意理清行文思路,也要关注到作者运用了丰富的事实论据和道理论据对观点加以辅证,使论述更令人信服。

拓展练习

1. 下列对本文的中心论点概括得较恰当、较简明的一项是(　　)

A. 讲规矩确实是人生的较高艺术。

B. 一个人应该讲规矩。

C. 个人、家庭、政府和政府官员,都应该讲规矩。

D. 我们要创建与时俱进的新规矩。

2. 下面对相关论据的说法,不恰当的一项是(　　)

A. 俗话说:"无规矩不成方圆。"这句话可以用来论证守规矩的重要性。

B. 荀子《劝学》中的"木受绳则直"这句话可以用来论证守规矩所起到的作用。

C. "东施效颦"的事例可以用来论证不守规矩的危害性。

D. "商鞅立木"的事例可以运用到第④自然段中,论证立规矩的必要性和重要性。

3. 第①自然段的作用是什么?②③④自然段的顺序是否可以调换?为什么?

参考答案

1. C

2. C

3. 引用钱先生的话引出中心论点,并作为论据证明论点。不能,因为这三段从个人到家庭到政府,层层递进来论证中心论点。

选文四

平常之心

① 古人云:泰山崩于前而色不变。能够保持如此镇定的人必怀有一颗平常之心。

② "宠辱不惊,闲看庭前花开花落;去留无意,漫随天外云卷云舒。"古往今来,有多少人面对人生的大起大落,而保持着一颗无价的平常之心。淡泊名利的陶渊明在罢官之后,却"采菊东篱下,悠然见南山";高唱"大江东去"的苏东坡,面对人生和自然的风风雨雨,只轻轻一挥手,便"归去,也无风雨也无晴"……这些风流人物不单凭借他们骄人的才华引人瞩目,而他们坦然面对人生的种种境遇的心态更令世人佩服。

③ 伟大之人尚有一颗平常之心,何况我们平凡之辈呢?有人将人生比作是一场游戏,想"游戏人间"。殊不知,即使是游戏,也应遵循游戏规则,否则"游戏"只会不欢而散。对待人生的每一条规则,我们都须保持平常之心,比如成功与失败。人生不可能一成不变,朝来暮去,潮起潮落,有的人在鲜花和掌声中飘飘然而欲仙,有的人在孤寂与失意中自甘沉沦。其实,一切成功与失败,都是人生经历的偶然和必然,在成与败面前拥有一颗平常之心,只要心中的原野没有冬季,即使冰封万里又算得了什么?迎着黎明的朝阳开始新的每一天,摆脱内心的浮躁与迷惘,给自己营造起温馨的心灵港湾,让自己平静坦然。

④ 荣氏集团的奠基人荣德生先生从一名学徒做起,成为当时蜚声中外的实业巨子,拥有亿万财富,而在他的居室里却挂着一幅亲书的横幅:"立上等愿,结中等缘,享下等福。"这是何其平常而又不寻常啊!德国前总理科尔,在任时是一位叱咤风云的人物,但是他从任上退下来后,自愿去做了一位花工,并且做得认认真真,平心静气。没有一颗对待生活和事业的平常心,能达到这种境界吗?

⑤ 平常心不是知足常乐,不是随遇而安,而是乐观自信、坦然宽容、谦虚清醒、平和释然。保持一颗

平常心,会给我们以勇气和力量,帮助我们在人生征途上一路走好。

⑥ 用一颗平常之心对待事业,宠辱不惊,我们终将赢得成功。

⑦ 用一颗平常之心对待成败,不骄不躁,我们终将铸就辉煌。

⑧ 用一颗平常之心对待生活,我们会真切感受到人生的喜、怒、哀、乐,体味到人生的真谛。

知识卡片

陶渊明曾任江州祭酒、建威参军、镇军参军、彭泽县令等职,最后一次出仕为彭泽县令,八十多天便弃职而去,从此归隐田园。他是中国第一位田园诗人,被誉为"隐逸诗人之宗""田园诗派之鼻祖"。

阅读指津

阅读本文,要注意借助关键词句理清行文思路,也要关注到作者运用的丰富论据是如何证明观点的。文章围绕"平常之心"这个话题展开论述,从古语引入,指出怀有平常之心的人的表现,接着以陶渊明、苏东坡等人怀有一颗平常心而令世人佩服的事例从正面论述观点。而后由伟人论及平凡人也须保持平常之心,并以荣德生、科尔的例子对观点加以辅证,使论述更令人信服,最后以平常之心对于人生的价值收束。

拓展练习

1. 请你用一句话概括本文的中心论点。
2. 文中第②段主要采用了哪些论证方法?有何作用?
3. 联系语境,解释"只要心中的原野没有冬季,即使冰封万里又算得了什么"一句中"冰封万里"一词的含义。
4. 读了本文后,请结合自身实际谈谈你是怎样看待"平常心"的。(文中出现的事例不得重复)

参考答案

1. 我们要怀有一颗平常之心。

2. 举例论证,引用论证。有力地论证了古往今来有很多名人面对人生的大起大落而始终保持着一颗无价的平常之心这一观点。

3. 指绝望的境遇、沉重的打击、事业的惨败等(意对即可)。

4. 开放题,言之成理即可,如面对得失心要淡泊,心态要正,只要尽力做好自己的事情就行等。示例:当考试失利的时候,我能不气馁,认识到"失败乃成功之母",进而调整心态重新奋起。

生命需要平衡

肖复兴

① 无论什么样的生命,在短促或漫长的人生中都需要平衡,并且都会在最终得到平衡的。眼睛瞎了,意大利的安德烈·波切利却成为了著名的盲人歌唱家。＿＿＿＿＿＿＿＿＿＿个子高的,如姚明,

自然成就了他的事业,他可以到美国的NBA去打篮球,风光无限;个子矮的,如拿破仑,按现在的标准大概得是二等残废了,但却不妨碍他成为盖世的英雄。

② 这就像《红楼梦》中所说的:有大困难,也有小利益。这也像《伊索寓言》所说的:高大的长颈鹿可以吃大树上的叶子,但不能进入院子的小门;矮山羊吃不下高树枝上的叶子,却轻松地走进了小门。

③ 懂得了生命中的这一点意义,不仅是让我们不必为我们自身的长处而骄傲,不必为我们自身的短处而悲观;也不仅是让我们知道拥有再多,总会有失去的时候,失去的再多,总会有得到补偿的机会。更重要的是,让我们充分去体味到生命其实是一条流淌的河:乱石穿空,惊涛拍岸,卷起千堆雪,是生命中的一种情景;潮平两岸阔,风正一帆悬,也是生命的一种情景。一条河在流淌的过程中,不可能总是前一种风景,也不可能总是后一种风景,它要在总体流量的平衡中才会向前流淌,一直流入大江大海。因此,我们不必去顾此失彼,我们不必去刻意追求某一点,从而在这样生命的平衡中,让我们的心态更加从容,让我们的生活更加平和,让我们的人生更加舒展。

④ 萨班哲是土耳其最富有的人,他富有且不可战胜。命运似乎在跟他开残酷的玩笑。他的两个孩子是残疾人和弱智。但他认为这实际上是生活给予他的一种平衡,没有抱怨。他想打开不幸和幸运之间的桥梁。他需要的是生活的平衡。他用自己的钱在伊斯坦布尔为残疾人建了一个公园。他希望用自己的能力来平衡更多残疾人的不幸生活,从而在他不幸的生活中实现新的平衡。就这样,他在财富与贫困、正直与残疾、得失之间找到了平衡。

⑤ 人的一生,并非"不是天堂就是地狱"的选择,而总是在这两者之间有一种平衡力量的显示。这样,我们的生命处于一种能量守恒状态中,而对生活中所呈现出的极端才不会或得意忘形或惊慌失措。生命就是在这样的阴阳契合、内外互补、得失兼备和相辅相成中达到平衡。寻找这样的平衡,便寻找到了生活的艺术,寻找到了生活和人生的意义。生命平衡的力量,其实就是我们平常生活的定力,是我们琐碎人生的定海神针。

(有删改)

知识卡片

肖复兴,中国著名作家,曾任《人民文学》杂志社副主编、《小说选刊》副主编,国务院新闻办中国网(China.com.cn)专栏作家,凭借《京城旧事》获得"上海文学奖"。

阅读指津

阅读本文,要关注多种论证方法的使用,并梳理段落之间的关系,理清行文思路。

本文首段开门见山地提出论点,接着以安德烈·波切利、姚明、拿破仑三种不同却典型的生命形态对论点加以论述,而后引用《红楼梦》中的话和《伊索寓言》中的故事补充论述。作者在此基础上阐明人们应该在生命的平衡中让心态更加从容、生活更加平和以及人生更加舒展,并用萨班哲的例子从正面论述观点。

拓展练习

1. 文章的中心论点是什么?

2. 在第①段画线处,请你补充一个典型事例。

3. 第②段画线句运用了哪两种论证方法?第③段引用诗词有什么作用?

4. 下列说法正确的一项是(　　　)

A. 文章的结构是:总—分。

B. 文章引用《红楼梦》的故事论证了中心论点。

C. 萨班哲的事例是为了论证他是一个宠辱不惊的人。

D. 第⑤段画线句中的"总"字,强调了"生命平衡的力量"贯穿人的一生。

5. 当你生活不如意时,你是如何平衡心理的?请举一个事例说明。(60字以内)

参考答案

1. 生命需要平衡。

2. 示例:耳朵聋了,德国的贝多芬却成为世界闻名的音乐家。

3. 论证方法:举例论证、对比论证;

作用:引用诗词,既丰富了文章内容,增加文采,又增强文章气势;比喻生命的两种情景,形成对比,使论证更加充分、有力。

4. D

5. 示例:考试考砸了,我会鼓励自己,有付出不一定有回报,但不付出一定没回报,只要继续努力,下次一定能考好。

(周　密)

名著经典

一 《朝花夕拾》

主要内容

《朝花夕拾》是鲁迅先生的一部散文集,主要讲述了鲁迅先生青少年时期的生活和心路历程。这部作品以鲁迅先生在绍兴会馆和南京路矿学堂求学的经历为主线,描绘了他对当时的教育制度、社会风气以及各种人物的观察和思考。

《朝花夕拾》文本内容丰富。鲁迅先生通过回忆自己的童年和青少年时期,展现了他对当时中国社会现实的深刻认识和批判。他对于教育制度的弊端、社会风气的腐朽以及各种人物的虚伪、冷漠、贪婪等行为都进行了深刻的揭露和批判。鲁迅先生写到了幼时求医经历,经常要去药铺看病,但是他发现药铺的医生常常给病人开一些不必要的药物,以此来骗取病人的钱财。这让他开始对社会现实产生了深刻的思考和认识。此外,《朝花夕拾》还描写了鲁迅先生在南京路矿学堂求学期间的生活和学习经历。他因为不喜欢学校的沉闷气氛,常常逃课去南京的街市上闲逛,结交了许多朋友,也见识了许多当时中国社会中各种各样的人物。这些经历让他更加深刻地认识到了当时中国社会的现实和问题。鲁迅先生在文中还提到了一些他小时候的玩伴和朋友,但是随着时间的推移,他们一个个都变得陌生起来,这让他开始思考人生的意义和价值。

总而言之,《朝花夕拾》是一部充满了情感和思想的作品,鲁迅先生通过自己的亲身经历,展现了他对当时中国社会现实的深刻认识和批判。这部作品不仅具有文学价值,同时也具有思想价值和社会价值。

知识卡片

鲁迅是中国现代文学的奠基人,他的文学作品对中国文学、文化和社会都产生了深远的影响。他出生于浙江绍兴,本名周树人,字豫才,是中国著名的文学家、思想家和革命家。

鲁迅的文学作品形式多样,包括小说、散文、诗歌、评论等。他的小说作品以短篇小说为主,如《狂人日记》《祝福》《伤逝》等,这些小说都以独特的思想和艺术风格著称。

鲁迅的散文作品也颇具特色,他的散文以清新、深刻、幽默、讽刺等多样手法著称,如《朝花夕拾》《热风》等作品中的许多篇章都是非常优秀的散文。此外,他还写了一些散文诗和杂文,这些作品都展现了他敏锐的观察力和深刻的思想。

除了小说和散文,鲁迅还写了一些诗歌和评论。他的诗歌作品虽然数量不多,但都很有特色,如《自题小像》等。他还写了一些评论文章,对当时的文学和社会现象进行了评论和批评,这些文章都具有很高的思想价值和社会意义。

鲁迅在中国文学史上的地位非常重要。他是中国现代文学的奠基人之一,也是新文化运动领袖之一。他的作品深刻揭示了当时社会的现实和问题,对于推动中国现代化进程和促进社会进步都具有重要的意义。鲁迅于1936年因肺结核病逝世于上海。

阅读指津

《朝花夕拾》这部作品在文学界有着重要的地位,它不仅具有较高的文学价值,同时也具有深刻的思想意义和社会价值。这部作品通过对鲁迅先生在绍兴会馆和南京路矿学堂求学经历的描绘,展现了鲁迅先生对当时中国社会现实的深刻认识和批判。首先,鲁迅先生在《朝花夕拾》中展现了他深厚的批判反思精神和社会正义感。他以细腻的笔触描绘了一系列性格迥异、形象立体的人物,在小人物的刻画中透露出鲁迅"哀其不幸,怒其不争"的态度倾向。其次,《朝花夕拾》作为一本回忆性散文集,运用了独特的写作手法和叙事技巧。这部作品中贯穿着当时的青少年鲁迅和写作的成年者鲁迅,文本极具时间的纵深感和情感的丰富性。第三,文章语言风格独特,简练精确,描写生动形象,思想深沉,抒情含蓄,在幽默中包含着尖锐的隐喻和讽刺,对于少年美好的人、事、物又描写得平和舒缓。

拓展练习

一、小林同学偶然在书本上读到一段鲁迅先生的文章,对其中的人物很感兴趣。请你帮助他完成以下三个任务,加深对于文段的认识。

过了一星期,大约是星期六,他使助手来叫我了。到得研究室,见他坐在人骨和许多单独的头骨中间,——他其时正在研究着头骨,后来有一篇论文在本校的杂志上发表出来。

"我的讲义,你能抄下来么?"他问。

"可以抄一点。"

"拿来我看。"

我交出所抄的讲义去,他收下了,第二三天便还我,并且说,此后每一星期要送给他看一回。我拿下来打开看时,很吃了一惊,同时也感到一种不安和感激。原来我的讲义已经从头到末,都用红笔添改过了,不但增加了许多脱漏的地方,连文法的错误,也都一一订正。这样一直继续到教完了他所担任的功课:骨学,血管学,神经学。

可惜我那时太不用功,有时也很任性。还记得有一回(　　　　)将我叫到他的研究室里去,翻出我那讲义上的一个图来,是下臂的血管,指着,向我和蔼的说道:

"你看,你将这条血管移了一点位置了。——自然,这样一移,的确比较的好看些,然而解剖图不是美术,实物是那么样的,我们没法改换它。现在我给你改好了,以后你要全照着黑板上那样的画。"但是我不服气,口头答应着,心里却想道:

"图还是我画的不错;至于实在的情形,我心里自然记得的。"学年试验完毕之后,我便到东京玩了一夏天,秋初再回学校,成绩早已发表了,同学一百余人之中,我在中间,不过是没有落第。这回(　　　　)所担任的功课,是解剖实习和局部解剖学。

解剖实习了大概一星期,他又叫我去了,很高兴地,仍用了极有抑扬的声调对我说道:

"我因为听说中国人是很敬重鬼的,所以很担心,怕你不肯解剖尸体。现在总算放心了,没有这回事。"

但他也偶有使我很为难的时候。他听说中国的女人是裹脚的,但不知道详细,所以要问我怎么裹法,足骨变成怎样的畸形,还叹息道,"总要看一看才知道。究竟是怎么一回事?"

任务一:背景回顾

1. 鲁迅先生是位著作等身的高产作家,这段文字选自他的_____(填书名)。在这段文字中,主人公的名字语焉不详,你认为括号中应填上_____。

任务二:人物赏析

2. 古语云:"师者,所以传道授业解惑也。"在选段中,这位恩师为"我"做了哪些事来帮助或关心"我"? 请你完成下列表格。

事件一	(1)
事件二	(2)
事件三	(3)
事件四	(4)

任务三:情感品析

3. 作者对于主人公复杂多样的情感很值得咀嚼,这些情感交织在字里行间。

在这一段选文中,作者指出"很吃一惊,同时感到一种不安和感激"。吃惊是因为_____,不安是因为_____,感激又是因为_____。

正因为主人公是这样一位恩师,所以在这篇文章的其他部分,鲁迅直言:"在我所认为我师的之中,他是最使我感激,给我鼓励的一个。"他又曾经说:"他的性格,在我眼里和心里是伟大的。"请你结合文本内外,谈谈你对于"伟大"的理解。

二、阅读片段文章,完成巩固练习。

衍太太现在是早已经做了祖母,也许竟做了曾祖母了;那时却还年青,只有一个儿子比我大三四岁。她对自己的儿子虽然狠,对别家的孩子却好的,无论闹出什么乱子来,也决不去告诉各人的父母,因此我们就最愿意在她家里或她家的四近玩。

举一个例说罢,冬天,水缸里结了薄冰的时候,我们大清早起一看见,便吃冰。有一回给沈四太太看到了,大声说道:"莫吃呀,要肚子疼的呢!"这声音又给我母亲听到了,跑出来我们都挨了一顿骂,并且有大半天不准玩。我们推论祸首,认定是沈四太太,于是提起她就不用尊称了,给她另外起了一个绰号,叫作"肚子疼"。

衍太太却决不如此。假如她看见我们吃冰,一定和蔼地笑着说,"好,再吃一块。我记着,看谁吃的多。"

但我对于她也有不满足的地方。一回是很早的时候了,我还很小,偶然走进她家去,她正在和她的男人看书。我走近去,她便将书塞在我的眼前道,"你看,你知道这是什么?"我看那书上画着房屋,有两个人光着身子仿佛在打架,但又不很像。正迟疑间,他们便大笑起来。这使我很不高兴,似乎受了一个极大的侮辱,不到那里去大约有十多天。一回是我已经十多岁了,和几个孩子比赛打旋子,看谁旋得多。她就从旁计着数,说道,"好,八十二个了!再旋一个,八十三!好,八十四!……"但正在旋着的阿祥,忽然跌倒了,阿祥的婶母也恰恰走进来。她便接着说道,"你看,不是跌了么?不听我的话。我叫你不要旋,不要旋……。"

虽然如此,孩子们总还喜欢到她那里去。假如头上碰得肿了一大块的时候,去寻母亲去罢,好的是骂一通,再给擦一点药;坏的是没有药擦,还添几个栗凿和一通骂。衍太太却决不埋怨,立刻给你用烧酒调了水粉,搭在疙瘩上,说这不但止痛,将来还没有瘢痕。

父亲故去之后,我也还常到她家里去,不过已不是和孩子们玩耍了,却是和衍太太或她的男人谈闲天。我其时觉得很有许多东西要买,看的和吃的,只是没有钱。有一天谈到这里,她便说道,"母亲的钱,你拿来用就是了,还不就是你的么?"我说母亲没有钱,她就说可以拿首饰去变卖;我说没有首饰,她却道,"也许你没有留心。到大厨的抽屉里,角角落落去寻去,总可以寻出一点珠子这类东西……。"

这些话我听去似乎很异样,便又不到她那里去了,但有时又真想去打开大厨,细细地寻一寻。大约此后不到一月,就听到一种流言,说我已经偷了家里的东西去变卖了,这实在使我觉得有如掉在冷水里。流言的来源,我是明白的,倘是现在,只要有地方发表,我总要骂出流言家的狐狸尾巴来,但那时太年青,一遇流言,便连自己也仿佛觉得真是犯了罪,怕遇见人们的眼睛,怕受到母亲的爱抚。

好。那么,走罢!

1. 假如本文的作者想要创建一个微信群,作为群主的他(_____)(填人名)为本群起了一个群名"美好记忆,温馨故人",不会被邀入群的人是(_____),请任意总结选段中的两件事情谈谈理由。

A. 范爱农　　　　B. 衍太太　　　　C. 藤野先生　　　　D. 寿镜吾

2. 小王同学阅读选段时感到非常熟悉,回忆起来这属于《朝花夕拾》文集中的《_____》(填篇名),其中衍太太这个人物同样出现在本书的另一篇文章《_____》(填另一篇名)。在另一篇文章中,衍太太做了另一件事,使得人物性格更为突出,请你为小王同学概括情节。

3. 正因为幼年时期这些灰色的回忆,作者产生了选文结尾"好。那么,走罢!"的心情,他想要去"寻别一类人们去",这类人当中就有包括被作者称为"把酒论天下,先生小酒人"的(_____)(填人名),关于这个人物表述不正确的一项是(　　)。

A. 他们初识在日本横滨,当时两人因为"绣花鞋"事件产生误会。

B. 当得知恩师被杀后,他的话"杀的杀掉了,死的死掉了"表现了满怀激愤。

C. 他属于有进步思想的人,只是对于社会革命的希望越大,当时的失望也越大。

D. 这个人的悲剧是性格悲剧,他正直孤傲的性格使他不容于世而走上绝路。

参考答案

一、

1. 《朝花夕拾》;藤野先生

2. (1) 给"我"提供讲义抄写并定期批阅;

(2) 指导"我"的解剖图绘制;

(3) 关心"我"是否适应解剖实习;

(4) 关心中国妇女裹脚的骨学问题。

3. 没有料到藤野先生批改如此仔细;因为自己的疏漏错误极多;藤野先生毫不吝啬地给予了极大的帮助与关心

藤野先生的"伟大"是多方面的。第一,在医学事业方面,他始终保持着严谨、科学、专注的态度,并且尽心尽力地教导后辈学生。第二,在人品性格方面,他在特殊时代中对作者毫无国别偏见,他是一个为人真诚、胸襟开阔的人。

二、

1. 鲁迅;B;衍太太在作者小时候撺掇他偷母亲的首饰变卖并且散播关于他的流言,怂恿孩子打架并不给他们治疗伤口,通过这些事情可以看出衍太太是个阴险狠毒之人,不属于作者的美好记忆。

2. 琐记;父亲的病;衍太太在作者父亲弥留之际,怂恿小作者在病床边叫魂,使得父亲死前有所牵挂、不得安宁,这是小作者幼时最为后悔的事。

3. 范爱农;D

(陆　韵)

二　《骆驼祥子》

主要内容

小说以北平（今北京）一个人力车夫祥子的行踪为线索，以 20 世纪 20 年代末期的北京市民生活为背景，以人力车夫祥子的坎坷、悲惨的生活遭遇为主要情节，深刻揭露了旧中国的黑暗，控诉了统治阶级对劳动者的剥削、压迫，表达了作者对劳动人民的深切同情，向人们展示军阀混战、黑暗统治下的北京底层贫苦市民生活于痛苦深渊中的图景。

三起三落是必须要掌握的要点，具体情节梳理如下：

第一起：他来到北平当人力车夫，苦干三年，凑足了一百元，给自己买了辆新车。

第一落：他连人带车被宪兵抓去当壮丁。理想第一次破灭。

第二起：祥子逃了出来，顺手牵了三匹骆驼来卖，之后拼命拉车，省吃俭用攒钱准备买新车。

第二落：在曹先生家干包月的时候，辛辛苦苦攒的钱也被孙侦探搜去，第二次希望破灭。

第三起：虎妞以低价给祥子买了邻居二强子的车，让祥子又有车拉。

第三落：为了置办虎妞的丧事，祥子又卖掉了车。

祥子的命运三部曲是：精进向上——不甘失败——自甘堕落。

关于作者：

老舍（1899 年—1966 年），原名舒庆春，字舍予。因为老舍生于阴历立春，父母为他取名"庆春"，大概含有庆贺春来、前景美好之意。上学后，自己更名为舒舍予，含有"舍弃自我"，亦即"忘我"的意思。出生于北京，满族正红旗人。中国现代小说家、新中国第一位获得"人民艺术家"称号的作家。代表作有小说《骆驼祥子》《四世同堂》，剧本《茶馆》《龙须沟》。老舍的小说创作基本上以旧北京下层平民生活为背景，具有浓郁的京味和市井气息，幽默中含着悲凉；人物塑造鲜活自然，语言简洁淳朴，有语言大师之誉。老舍的一生，总是忘我地工作，他是文艺界当之无愧的"劳动模范"。1966 年，由于受到迫害而自尽。1968 年，获诺贝尔文学奖提名，且获投票第一，由于老舍已不在人世，此次诺奖最终颁予川端康成。1978 年，老舍得到平反，恢复"人民艺术家"的称号。墓碑上刻写着老舍的一句话："文艺界尽责的小卒，睡在这里。"

关于创作背景：

《骆驼祥子》写于抗战前期，以 20 世纪 20 年代的旧北京为背景（北洋军阀统治的时代），通过讲述人力车夫祥子一生三起三落最终沉沦的悲惨遭遇，揭露了半殖民地半封建的中国社会下层人民的悲苦命运。祥子的遭遇证明了，生活在那个时代的劳动人民，想通过自己的勤劳和奋斗改变自己的处境，是根本不可能的。

关于小说的题目《骆驼祥子》：

小说开头祥子被兵抓去，士兵们牵来几匹骆驼，使祥子动了逃跑的念头，骆驼的出现救了祥子的命，此后骆驼成为祥子的精神安慰和寄托，卖骆驼买车，使祥子的最高理想和追求得以实现，使祥子得到"骆驼祥子"的外号。可见骆驼与祥子之间千丝万缕的紧密联系贯穿全篇。"骆驼祥子"的外号其实反映出祥子的性格特征：吃苦耐劳、沉默寡言、有股"干倔的劲儿"。从而使祥子成为一个有理想、有抱负、有干劲、有忍耐，而且怀着失败后再从头来过的强大精神力量的形象。

阅读指津

我们可以通过专题研读的方式来阅读整部作品：

1. 给祥子写小传。本书以主人公祥子的奋斗和毁灭作为线索，可以说是祥子一生的记录。可以根据作品的内容，写一篇祥子的小传，完整地勾勒出祥子的经历。写完后注意对照作品进一步修改，力求做到准确无误。

2. 探寻悲剧原因。读完全书，祥子最终走向毁灭的命运悲剧给了我们强烈的震撼。到底是什么力量毁灭了这个有着蓬勃生命力的人呢？悲剧的原因何在？带着思考再精读一些章节，并写一份探究结果，和同学就此做一次深入的讨论。（悲剧的原因主要有三方面：一是当时的社会制度和反动势力的迫害，这是造成祥子悲剧的客观原因；二是祥子自身性格的局限性、堕落性、劣根性，是造成他悲剧的主观原因；三是和虎妞的不正常的结合，这是导致祥子悲剧性结局的另一个重要原因。）

这一专题的探究结果折射出作品的深刻主题：深刻揭露了旧中国的黑暗，控诉了统治阶级对劳动者的剥削、压迫；展示军阀混战、黑暗统治下的北京底层贫苦市民生活于痛苦深渊中的图景，寄予了作者深切的同情。回答了破产农民涌进城市之后的命运问题，表明在那个万恶的旧社会，善良勤奋的贫民想要做生活和命运的主人，想依靠个人奋斗通向幸福只能是一场幻梦。

3. 品析"京味儿"。作品对老北京的人情风俗、市井生活、北京人独特的语言习惯等做了细致入微的描绘，阅读中会感受到其中散发着的浓浓"京味儿"。我们可以选择一个角度，摘抄一些片段点评小说是如何体现这一特点的。

用北京话写北京人。如对祥子的描写："看着那高等的车夫，他计划着怎样杀进他的腰去，好更显出他的铁扇面似的胸，与直硬的背；扭头看看自己的肩，多么宽，多么威严！杀好了腰，再穿上肥腿的白裤，裤脚用鸡肠子带儿系住，露出那对'出号'的大脚！"这里的"杀好了腰""鸡肠子带儿""'出号'的大脚"都是典型的北京通俗语言的运用。在北京话里的儿化韵带有一种特殊的风味，令人一听就会感觉出它是北京的土特产。老舍用这些大白话来写一个车夫实在是恰到好处。

1.《骆驼祥子》是现代作家_____的代表作，小说围绕着主人公_____（填人名）拉车奋斗——

买车丢车——挣扎毁灭的情节展开,反映出主人公_____、不甘失败、_____的心路历程。

2. 老舍在《骆驼祥子》中把祥子这个"小人物"写活了,还描写了祥子周围的人物,如残忍霸道的车主_____(填人名)、大胆泼辣又有点儿变态的_____(填人名)等,展示了一幅具有老北京风情的世态图。"我算明白了,干苦活儿的打算独自一个人混好,比登天还难"是_____(填人名)的感叹。

3. 小说的题目"骆驼祥子"主要包含哪些含义?

4. 简述"骆驼祥子"这一绰号的由来。

5. 同学们针对《骆驼祥子》中"人把自己从野兽中提拔出,可是到现在人还把自己的同类驱逐到野兽中去"这句话展开了讨论。下面是甲乙两位同学的发言,你怎么看?请结合小说具体内容阐述你的看法和理由。

甲:祥子是被他周围的人驱赶到野兽中去的。

乙:你怎么这么说呢?是祥子自己把自己驱赶到野兽中去的。

你的看法:_____。

6. 片段阅读

(1) 阅读《骆驼祥子》节选,回答后面的问题。

(祥子)已经坐起来,又急忙地躺下去,好像老程看着他呢!心中跳了起来。不,不能当贼,不能!刚才为自己脱干净,没去做到曹先生所嘱咐的,已经对不起人;怎能再去偷他呢?不能去!穷死,不偷!

怎知道别人不去偷呢?那个姓孙的拿走些东西又有谁知道呢?他又坐了起来。远处有个狗叫了几声。他又躺下去。还是不能去,别人去偷,偷吧,自己的良心无愧。自己穷到这样,不能再教心上多个黑点儿!

① 祥子与"那个姓孙的"在曹宅发生了怎样的故事?

② 上面两段文字体现了祥子怎样的品质?

(2) 阅读《骆驼祥子》节选,回答后面的问题。

他的车也不讲究了,什么新车旧车的,只要车份儿小就好。拉上买卖,稍微有点甜头,他就中途倒出去。坐车的不答应,他会瞪眼,打起架来,到警区去住两天才不算一回事!独自拉着车,他走得很慢,他心疼自己的汗。及至走上帮儿车,要是高兴的话,他还肯跑一气,专为把别人落在后边。在这种时候,他也很会捣坏,什么横切别的车,什么故意拐硬弯,什么别扭着后面的车,什么抽冷子操前面的车一把,他都会。

选段中的"祥子"已经变成了一个怎样的人?

(3) 阅读《骆驼祥子》节选,回答后面的问题。

现在,怎能占点便宜,他就怎办。多吸人家一支烟卷买东西使出个假铜子去,喝豆汁多吃几块咸菜,都使他觉到满意。他也学会跟朋友们借钱,借了还不想还;逼急了他可以耍无赖。起初人家都知道他是好体面讲信用的人,所以他一张嘴,就把钱借上。他利用着这点人格的残余到处去借,借着如白捡,借到手便顺手儿花去。人家要债,他会作出极可怜的样子去央求宽限,这样一来,他连一个铜子也借不到了。他开始去骗钱花,凡是以前他所混过的宅门,他都去拜访,主人也好,仆人也好,见面他会编一套谎,骗几个钱;没有钱,他央求赏给点破衣服,衣服到手马上也变了钱,钱马上变了烟酒;他竟变成这个样子。

① 选文从三方面写祥子的无赖,依据提示,补充内容。

爱占小便宜→_____→_____

② 下面加点的词,表现了祥子什么性格特征?请用一个四字短语概括。

他利用着这点人格的残余到处去借,借着如白捡,借到手便顺手儿花去。_____

(4) 阅读《骆驼祥子》节选,回答后面的问题。

"受苦的命!"她笑了一声。"一天不拉车,身上就痒痒,是不是?你看老头子,人家玩了一辈子,到老了还开上车厂子。他也不拉车,也不卖力气,凭心路吃饭。你也得学着点,拉一辈子车又算老几?咱们先玩几天再说,事情也不单忙在这几天上,奔什么命?这两天我不打算跟你拌嘴,你可也别成心气我!"

"不喝就滚出去;好心好意,不领情是怎着?你个傻骆驼!辣不死你!连我还能喝四两呢。不信,你看看!"她把酒盅端起来,灌了多半盅,一闭眼,哈了一声。举着盅儿:"你喝!要不我揪耳朵灌你!"

① 选段中的"她"是_____(填人名),这段话写出了她_____的性格特点。

② 祥子因不喜欢她而离开,不久又回来了,祥子的"回来"刻画了怎样的人物形象?请结合小说内容简要分析。

(5) 阅读《骆驼祥子》节选,回答后面的问题。

人间的真话本来不多,一个女子的脸红胜过一大片话;连祥子也明白了她的意思。在他的眼里,她是个最美的女子,美在骨头里,就是她满身都长了疮,把皮肉都烂掉,在他心中她依然很美。她美,她年轻,她要强,她勤俭。假若祥子想再娶,她是个理想的人。他并不想马上就续娶,他顾不得想任何的事。可是她既然愿意,而且是因为生活的压迫不能不马上提出来,他似乎没有法子拒绝。

① 上述语段中的"她"是_____,小说中她最终的结局是_____。

② 在祥子起伏悲惨的命运中,她是个重要人物。请结合小说内容,概括她对祥子的影响。

(6) 阅读《骆驼祥子》节选,回答后面的问题。

选段一

这么大的人,拉上那么美的车,他自己的车,弓子软得颤悠颤悠的,连车把都微微地动弹;车箱是那么亮,垫子是那么白,喇叭是那么响;跑得不快怎能对得起自己呢,怎能对得起那辆车呢?这一点不是虚荣心,而似乎是一种责任,非快跑、飞跑,不足以充分发挥自己的力量与车的优美……拉到了地点,他的衣裤都拧得出汗来,哗哗的,像刚从水盆里捞出来的。他感到疲乏,可那是很痛快的,值得骄傲的,一种疲乏,如同骑着名马跑了几十里那样。假若胆壮不就是大意,他在放胆跑的时候可并不大意。不快跑若是对不起人,快跑而碰伤了车便对不起自己。车是他的命,他知道怎样的小心。小心与大胆放在一处,他便越来越能自信,他深信自己与车都是铁做的。

选段二

看这个天,多么晴爽干燥,正像北方人那样爽直痛快。人遇到喜事,连天气也好了,他似乎没见过这样可爱的冬晴。为更实际地表示自己的快乐,他买了个冻结实了的柿子,一口下去,满嘴都是冰凌!扎牙根的凉,从口中慢慢凉到胸部,使他全身一颤。几口把它吃完,舌头有些麻木,心中舒服。他扯开大步,去找她。心中已看见了那个杂院,那间小屋,与他心爱的人;只差着一对翅膀把他一下送到那里。只要见了她,以前的一切可以一笔勾销,从此另辟一个天地。

① 选文中"她"是_____,"喜事"指_____。

② 从选文内容来看,"他"是一个怎样的人?

③ 联系整部作品,结合具体事例,分析"她"走向毁灭的原因。

(7) 阅读《骆驼祥子》节选,回答后面的问题。

"先生!"祥子低着头,声音很低,可是很有力"先生另找人吧!这个月的工钱,你留着收拾车吧:车把断了,左边的灯碎了块玻璃;别处倒都好好的呢。"

① 选文中的"先生"是指_____,祥子叫先生另找人的原因是_____(事件)。

② 结合作品内容谈谈该先生给了祥子怎样的帮助。

(8) 阅读《骆驼祥子》节选,回答后面的问题。

祥子没了主意。对于钱,他向来是不肯放松一个的。可是,在军队里这些日子,忽然听到老者这番诚恳而带有感情的话,他不好意思再争论了。况且,可以拿到手的三十五块现洋似乎比希望中的一万块更可靠,虽然一条命只换来三十五块钱的确是少一些!就单说三条大活骆驼,也不能,绝不能,只值三十五块大洋!可是,有什么法儿呢!

"三条大活骆驼"和"三十五块大洋"是怎样来的?请简述与此相关的故事情节。

参考答案

1. 老舍;祥子;积极向上;自甘堕落

2. 刘四;虎妞;老马

3. 三层含义:(1)点明小说的主人公——祥子;(2)概括著作的一个主要情节——"骆驼祥子"称号的主要得来;(3)揭示了主人公的性格——像骆驼一样吃苦耐劳、沉默憨厚。

4. 老北京城洋车夫祥子,曾被"抓夫"(旧军队夫役),一天夜里,他趁兵荒马乱逃出军营,且顺手牵走部队的三匹骆驼,后以35块大洋卖给了一个老头儿。祥子在一家小店里病倒,说梦话、胡话仍念叨着三匹骆驼。从此他得了"骆驼祥子"的绰号。

5. 示例一:我认同甲的看法。大兵抢走祥子的车,刘四爷害怕祥子会继承自己的财产而赶走祥子,虎妞骗婚和小福子的死等,都加速了祥子的沉沦和堕落。祥子正是被他周围的人驱赶到"野兽"中去的。

示例二:我认同乙的看法。祥子其实也很狭隘,有着小市民的封闭思维,如从军营逃出来的时候,顺手牵走了几匹骆驼,反映出祥子的自私。小福子死后,祥子逐渐走向堕落,甚至不惜出卖他人,成了个人主义的末路鬼。

示例三:我的看法不同于甲、乙两位同学。我认为,把祥子变成"野兽"的是"不让好人有出路"的旧社会。大兵横行霸道,刘四爷肆意盘剥,孙侦探敲诈,虎妞骗婚,正是这黑暗的社会现实造成了祥子的沉沦。

示例四:我的看法不同于甲、乙两位同学。我认为,是当时的社会与祥子自身的因素,共同把祥子驱赶到"野兽"中去的。祥子经历了孙侦探骗钱、虎妞骗婚、小福子的死等变故,再加上他自私利己、软弱妥协等性格缺陷,导致了祥子的悲惨命运。

6. (1) ① 孙侦探骗祥子说需要很多钱疏通才能免罪,敲诈了祥子准备买车的钱。② 因为没有做到曹先生所嘱咐的,觉得对不起曹先生,所以此时祥子仍保留着善良朴实(淳朴善良)的本性;被孙侦探敲走全部买车钱,希望破灭的情况下,仍要良心无愧,可见他正直,有良心。

(2) 祥子最终变成好占便宜,麻木潦倒,狡猾,自暴自弃的行尸走肉。

(3) ① 借钱要无赖不还;编谎骗钱花 ② 厚颜无耻(恬不知耻、不知羞耻)

(4) ① 虎妞;粗俗刁泼、好逸恶劳 ② 虎妞的"怀孕"让祥子深感焦虑,老马的经历让他感到前程暗淡,而辛苦积攒的买车钱被孙侦探敲诈,他只好回到人和车厂,表现了祥子屈从现实的懦弱性格。

(5) ① 小福子；上吊自杀　② 小福子是祥子喜欢的人，与祥子共同的悲惨命运拉近了他们心与心的距离。虎妞死后，小福子让祥子对新生活又有了希望。小福子的死，熄灭了他心中最后一朵希望的火花，他丧失了对于生活任何的祈求与信心，从上进好强沦为自甘堕落，他开始游戏生活，吃喝嫖赌，彻底堕落为"城市垃圾"。

(6) ① 小福子；曹先生让祥子再到他家来拉包月，并答应让小福子也在他家吃住。② 他：憨厚老实、坚韧、自尊好强、吃苦耐劳，对爱情充满美好希望。③ 小福子走向毁灭的原因是吃人的旧社会。小福子先是被二强子卖给军官，又被甩回来了。为了赚钱养家又卖肉，最后因为虎妞死了没人帮她，家里又没钱，二强子把她送去妓院，她上吊自杀了。

(7) ① 曹先生；祥子拉车摔伤了曹先生　② 曹先生帮他出好主意（让祥子到他家拉车，安排他和小福子的生活），帮他重燃生活的希望。

(8) 祥子攒钱买了第一辆车，北平城外军阀混战，他被大兵抓进营地做苦力，车也被没收了。他趁着大兵打败仗偷跑出来，顺手牵走军队撤退时落下的骆驼，卖了三十五块大洋。

(俞青青)

三 《海底两万里》

主要内容

《海底两万里》主要讲述鹦鹉螺号潜艇的故事。1866年,海上发现了一只疑似为独角鲸的大怪物,阿龙纳斯教授及仆人康塞尔受邀参加追捕。在追捕过程中,他们与鱼叉手尼德·兰不幸落水,到了怪物的脊背上。他们发现这怪物并非什么独角鲸,而是一艘构造奇妙的潜艇。潜艇是尼摩在大洋中的一座荒岛上秘密建造的,船身坚固,利用海水发电。尼摩船长邀请阿龙纳斯作海底旅行。他们从太平洋出发,经过珊瑚岛、印度洋、红海、地中海、大西洋,看到海中许多罕见的动植物和奇异景象。途中还经历了搁浅、土著围攻、同鲨鱼搏斗、冰山封路、章鱼袭击等许多险情。最后,当潜艇到达挪威海岸时,三人不辞而别,回到了家乡。

在《海底两万里》中,尼摩是个不明国籍的神秘人物(后在《神秘岛》中交代其为印度人),他在荒岛上秘密建造的这艘潜艇不仅异常坚固,而且结构巧妙,能够利用海洋来提供能源,他们依靠海洋中的各种动植物来生活。潜艇船长对俘虏也很优待,但为了保守自己的秘密,尼摩船长从此之后不允许他们离开。阿龙纳斯一行人别无选择,只能跟着潜艇周游各大洋。在旅途中,阿龙纳斯一行人遇到了无数美景,同时也经历了许多惊险奇遇。他们眼中的海底,时而景色优美、令人陶醉;时而险象丛生、千钧一发。通过一系列奇怪的事情,阿龙纳斯终于了解到神秘的尼摩船长仍与大陆保持联系,用海底沉船里的千百万金银来支援陆地上人们的正义斗争。最后,鹦鹉螺号在北大西洋里遇到一艘驱逐舰的炮轰,潜艇上除了三位俘虏外个个义愤填膺,用鹦鹉螺号的冲角把驱逐舰击沉。不久,他们在潜艇陷入大漩涡的极其险恶的情况下逃出了潜艇,被渔民救上岸。回国后,博物学家才将旅行中所知道的海底秘密公之于世。

知识卡片

儒勒·凡尔纳(Jules Gabriel Verne,1828年—1905年),19世纪法国作家,被誉为"科幻小说之父"。凡尔纳1828年生于法国南特,1848年赴巴黎学习法律。1863年因长篇小说《气球上的五星期》而一举成名,此后开始从事写作,其一生创作了大量优秀的文学作品,代表作为凡尔纳三部曲和《气球上的五星期》《八十天环游地球》等。1905年3月24日,凡尔纳于亚眠逝世。

波兰人民反对沙皇独裁统治的起义遭到残酷镇压是凡尔纳创作《海底两万里》的一个导火索。他在小说中塑造了尼摩船长这个反对沙皇专制统治的高大形象,赋予其强烈的社会责任感和人道主义精神,以此来表达对现实的批判。

创作小说之初,凡尔纳和出版商赫泽尔(Piere-Jules Hetzel)之间就书中的主人公鹦鹉螺号船长尼摩的特征展开了一场争论。赫泽尔认为该把尼摩描写成为奴隶贩卖交易的死敌,为他对某些海上船只的无情攻击提供清晰而理想的辩护。但凡尔纳却希望尼摩是位波兰人,他永不宽恕地把仇恨直指向俄国沙皇(他曾血腥镇压了一场波兰人的起义)。不过赫泽尔担心他引起外交上的分歧,使该书在有利可图的俄国市场上遭禁。最后,作者和出版商逐渐相互妥协了,他们认为尼摩的真正动机应当弄得模棱两可才有吸引力,尼摩应当被大致定位为自由的拥护者和反压迫的复仇者。在《神秘岛》中,才公布他是印度达卡王子。

阅读指津

凡尔纳的小说得以广为流传,首先因为他具有社会正义感和崇高的人道主义精神。他笔下的人物都是品德高尚、献身科学的人,是英勇顽强、不畏艰险的人。像尼摩船长等反抗压迫的战士形象,正是他反对殖民主义、反对奴隶制和压迫者的进步思想的体现。其次,凡尔纳的作品向来以科学性强而著称。凡尔纳在书中所描述的海洋知识之广,是其他海洋小说所不能与之相比的。如本书中的珍珠的分类、采集,潜水艇的构造等,无不体现出他的想象力和丰富的科学知识。第三,从结构上来看,《海底两万里》是一部出色的悬疑小说。从"海怪"神秘出现,到"鹦鹉螺"号被大西洋漩涡吞没,整部小说悬念迭出,环环相扣。

拓展练习

某班班委们准备布置班级图书角,以营造班级的书香氛围。班委会向同学们征求意见,A组同学为此展开了一次小组讨论,请你一起参与。

1. A组推选小明作为本次讨论的主持人,请帮助他明确主持人的职责。下列选项中不符合主持人职责要求的一项是(　　)

   A. 遵照规则来裁判并执行程序　　B. 尽可能不要发表自己的意见
   C. 需要对别人的发言进行评判　　D. 不对别人发言表现出倾向性

2. (1)围绕"如何布置班级图书角"的问题,小组成员确定了以下讨论内容:

   A. 图书角的宣传语

   B. 图书的借阅规则

   C. 图书角管理人员的职责

   D. 图书角的入选书目

   E. 图书角的环境装饰

   上述内容中,不适合放入本次小组讨论的两项是(　　)和(　　)

   (2)小组在讨论"图书角宣传语"的过程中,一致认为宣传语要简洁且有意义。请依据要求,给图书角拟写一条宣传语。

   图书角宣传语:_____

   (3)以下是A组成员"关于图书角环境装饰"讨论实录中的部分内容:

   同学甲:我认为图书角的环境应该简洁一些,不需要额外的装饰,只需——(发言被打断)
   同学乙:你的想法不对,适当进行一些装饰,可以吸引同学们去图书角阅读。你怎么总是将自己的想法强加于别人呢?
   同学丙:我同意对图书角进行适当装饰,比如放几盆绿植,张贴一些同学阅读的感悟。还可以增加一些畅销书籍,吸引同学阅读。
   ……

根据上述实录内容,请你指出某位同学在讨论过程中的不妥之处,并进行简要分析。

3. 通过讨论,A组推荐了《海底两万里》《水浒传》两部经典名著放入图书角。组员们从人物刻画、情节设计、语言风格、小说结构等不同角度阐述了推荐理由。但是在整理讨论内容时,记录员发现缺失了一段你的发言,请帮助他补上这段内容。(80字左右)

A组讨论记录	时间:×月××日	参与人员:A组成员
讨论内容:图书角入选书目			
讨论发言记录	小组推荐书目: 《海底两万里》　《水浒传》 推荐理由: 甲:我推荐施耐庵的《水浒传》。这部小说塑造了一大批栩栩如生、个性鲜明的人物形象。比如同样是粗豪侠义之士,鲁智深粗中有细、豁达明理,而李逵则头脑简单、直爽率真。一百零八将极具特点,值得一读。 …… 你:_____ _____	

4.【勾连阅读】有人说:"金钱就像一面镜子,可以照出人的灵魂。"请你结合名著内容,从《海底两万里》的尼摩船长和《儒林外史》的严贡生对待金钱的态度,谈谈你对这句话的理解。

参考答案

1. C

2.(1)B;C

(2)示例:我读书,我快乐

(3)评价标准:指出发言内容中的不妥之处;联系讨论规则,分析不妥的原因;语句通顺。

示例:乙同学随意打断甲同学的发言是不妥的。讨论过程中需要尊重别人发言的完整性,随意打断别人的发言,就无法全面了解他人的想法,也是对他人的不尊重。

乙同学指责甲同学将自己的想法强加于别人,这是不妥的。讨论过程中需要就事论事、文明表达,不应该对他人的习惯、性格等进行质疑或指责,容易造成矛盾,不利于讨论的顺利开展。

丙同学发言中"增加一些畅销书籍"的建议不妥,偏离了"图书角环境布置"这一讨论问题。需要等这个问题讨论结束后,再开始讨论下一个问题。

3. 评价标准:推荐书目及作者;选择某一角度,联系作品中的具体内容展开;阐述推荐理由;语言通顺。

4. 示例:《海底两万里》中,尼摩船长救下被鲨鱼袭击的采珠人,并送给他一小袋珍珠;他还送黄金给潜水员,用千百万金银来支援陆地上人们的正义斗争。面对金钱,尼摩船长是慷慨大方的,从中可以看出他的良善之心和对殖民主义的反抗。《儒林外史》中的严贡生强占邻居家的猪;回家途中利用云片糕赖掉乘船的钱;在弟弟死后趁机霸占其房产。面对金钱,严贡生不择手段,吝啬贪婪,从他对待金钱的态度中暴露出他六亲不认、无恶不作的丑陋灵魂。

(王 凯)

四 《红星照耀中国》

主要内容

《红星照耀中国》是美国著名记者埃德加·斯诺的不朽经典。作为第一部向世界介绍和传播中国共产党和中国革命历程的图书,它在英语世界获得了轰动性影响,是一部文笔优美、纪实性很强的报道性作品,被誉为研究中国革命的经典的百科全书。

《红星照耀中国》是弘扬长征精神最权威的纪实文学作品,呈现出经典作品的别样光芒。在中华民族危急存亡的关头,刚刚30岁的斯诺是到达陕甘宁边区进行采访的第一位外国记者。毛泽东主席以博大胸怀、周恩来总理以热情真诚的态度迎接这位有好奇心、尊重眼见为实、客观公正的美国客人的到来。

在长达4个多月的时间里,斯诺对西北革命根据地和工农红军进行了深入的全方位的采访,先后走访了红军部队的许多将领和普通战士,寻访当地百姓,对根据地的军民生活、地方政治改革、民情风俗习惯等做了广泛深入的调查。斯诺还多次在保安县(今陕西志丹县)受到毛主席的亲切会见,从而使他获得了许多关于毛泽东个人和中国共产党以及工农红军的第一手珍贵资料。进入西北红色根据地后,斯诺对中国人民表现出了极大的同情和敬重。

通过采访和实地了解,他深知中国共产党及其领导的工农红军是中国人民的希望所在。因此,他撰写了大量关于中国共产党和红军的报道,密密麻麻写满了14个笔记本。1936年10月底,斯诺带着他的采访资料、胶卷和照片,从陕北回到北平,经过几个月的埋头写作,将令人大开眼界的故事讲述给新闻界,出版了著名的《红星照耀中国》(中文译名为《西行漫记》),让世界第一次看到了中国共产党、中国红军和革命根据地的真实面貌。

斯诺用毋庸置疑的事实向世界宣告:中国共产党及其领导的革命事业犹如一颗闪亮的红星,不仅照耀着中国的西北,而且必将照耀全中国,照耀全世界。全书共12篇,内容涵盖了红军长征的介绍、对中国共产党和红军主要领导人的采访、中国共产党的抗日政策、红军的军事策略、作者的整个采访经历和感受等等,全面地重现中国共产党在长征途中真实而艰辛的历史史实,给人鼓舞,催人奋进。

知识卡片

埃德加·斯诺(Edgar Snow,1905年—1972年),生于美国密苏里州,美国著名记者。《红星照耀中国》一书是他的代表作。他于1928年来华,曾任欧美几家报社驻华记者、通讯员。1933年4月到1935

年6月,斯诺同时兼任北平燕京大学新闻系讲师。1936年6月斯诺访问陕甘宁边区,写了大量通讯报道,成为第一个采访红区的西方记者。抗日战争爆发后,又任《每日先驱报》和美国《星期六晚邮报》驻华战地记者。1942年去中亚和苏联前线采访,离开中国。

新中国成立后,他曾三次来华访问,并与毛泽东主席见面。1972年2月15日,斯诺因病在瑞士日内瓦逝世。后人遵照其遗愿,将其一部分骨灰葬在中国,地点在北京大学未名湖畔。

阅读指津

阅读《红星照耀中国》可以从以下几个方面进行:

(1) 了解中国共产党的历史和红星在其中的作用;
(2) 了解中国革命的历程,包括辛亥革命、五四运动、抗日战争等;
(3) 阅读重要历史人物的描写,如毛泽东、周恩来等;
(4) 了解中国文化的背景,如中国传统文化的影响、民间信仰等。

此外,还可以通过选择一到两个故事来了解每一篇内容的基本背景,然后深入阅读作品,理解作品的内涵。

拓展练习

学校正开展以"追寻红色足迹,传承革命精神"为主题的学科节活动,某班准备制作《大家一起读〈红星照耀中国〉》的系列短视频,目前已经确定了《斯诺笔下的"长征"》《斯诺眼中的红军领袖》两个专题,请协助策划组完成相关任务。

任务一:设计专题

1. 根据活动主题,策划组还设计了以下专题,最符合要求的两项是(　　)

A.《探寻共产党人的革命信仰》　　　　B.《陪着斯诺赏陕甘宁风光》

C.《走进斯诺笔下的苏维埃》　　　　D.《跟着斯诺学写人物通讯》

任务二:撰写提纲

2. 策划组打算从五个方面制作《斯诺笔下的"长征"》专题短视频,参考《红星照耀中国》中"第五篇·长征"的目录,帮他们补充内容提纲。

目 录	
第一篇……	第六篇……
第二篇……	第七篇……
第三篇……	第八篇……
第四篇……	第九篇……
第五篇 长征	第十篇……
第五次围剿	第十一篇……
举国大迁移	
大渡河英雄	
过大草地	

《斯诺笔下的"长征"》专题短视频	
专题目标	全面、深刻地了解长征
内容提纲	(1)_____
	长征的路线
	长征中面临的困难
	(2)_____
	长征的历史价值

任务三：设计人物卡

3. 在制作《斯诺眼中的红军领袖》专题时，策划组采用"图片＋诗句"的形式为红军领袖们各设计了一张人物卡，右边是"领袖人物·周恩来"的人物卡。请根据周恩来的革命经历，结合诗句内容，分析策划组为什么会选择这首诗。

> **周恩来**
> 一片树林里分出两条路——而我选择了人迹更少的一条，从此决定了我一生的道路。
> ——弗罗斯特

任务四：点评推荐语

4. 系列短视频的"第一集"主要是向同学们推荐《红星照耀中国》这本书，下列两则推荐语，你更喜欢哪一则？请从内容和语言等角度阐释你的理由，字数不少于60字。

> **推荐语①**
> 当漫漫长夜笼罩大地，有人燃烧自己，化作黎明的灯火。
> 当神州碎裂黎庶哀鸣，有人撕开铁壁，成为启明的星耀。
> 在中国的西北，世界的东方
> 一道澎湃的红光正孕育着
> 一颗冉冉的红星正升腾着
> 她将洞彻一切黑暗，照耀整个中国！
> 去看这本书吧，朋友，
> 你将看到不屈、奉献、牺牲，以及人间一切的高尚！

> **推荐语②**
> 这本书打破了"新闻封锁"，以一个外国人的视角，客观地向全世界报道了共产党和红军的真实情况，改变了当时国际社会对"红区"的偏见，这是非常了不起的。它是纪实文学的经典之作。
> 朋友们，让我们一起阅读《红星照耀中国》吧。

5. 【勾连阅读】语文学习委员建议把《艾青诗选》《红星照耀中国》《钢铁是怎样炼成的》这三部名著组合起来，进行专题探究。请你参照示例，设计一个合适的探究专题并写出具体的探究思路。

【示例】《海底两万里》《昆虫记》专题探究

探究专题：两部名著科学精神探究

探究思路：（1）选读《海底两万里》中有关阿龙纳斯的情节，体会他勇于探索，献身科学的精神。

（2）精读《昆虫记》中描述法布尔观察昆虫的精彩案例，边读边做好批注，整理总结他积极探索、求真务实的科学探索精神。

（3）总结研读探究所得，围绕科学精神写一篇心得体会，在交流会上分享。

参考答案

1. AC

2. （1）长征的起因／长征的背景；
（2）长征中的大事件（长征中具有重大意义的事件）

3. 示例一：这首诗是周恩来革命经历的生动写照。在民族觉醒的时期，周恩来将兴趣从文学转移到了社会革命，从此走上了艰辛的革命之路。诗中的"人迹更少"既象征了中国革命的艰辛，又侧面表现了周恩来不惧艰险，坚韧不拔的革命精神。

示例二：这首诗生动地诠释了周恩来的人生抉择。在白色恐怖的威胁下，周恩来毅然坚定地选择了中国共产党，并为之奉献了一生。诗中"决定了我一生的道路"就突出了周恩来选择革命道路时坚定的信念和无怨无悔的奉献精神。

4. 示例一：我喜欢第一篇推荐语。这一篇推荐语用诗意的语言，富有感染力，既交代了这本书的创作背景，又赞美了中国共产党所领导的中国革命的重大意义。达到了推荐的目的。

示例二：我喜欢第二篇推荐语。这一篇推荐语语言简洁，通俗易懂，既交代了这本书的创作背景和主要内容，又点明了这本书的价值和意义。亲切的结束语能激发同学们的阅读兴趣，达成了推荐的目的。

5. 示例：

探究专题：三部名著"爱国情怀"探究

探究思路：

(1) 精读《艾青诗选》中写于20世纪30年代的诗歌，体会诗人对土地、对祖国的深情，通过反复朗诵深刻体会诗人的爱国情怀。

(2) 选读《红星照耀中国》中毛泽东、周恩来等主要共产党领导人部分的内容，了解他们在长征途中所历经的艰难险阻，体会他们百折不挠、舍生忘死的民族精神和爱国激情。

(3) 选读《钢铁是怎样炼成的》中保尔在战场上搏杀的情节，体会他热爱祖国、甘愿为革命事业牺牲的献身精神。

(4) 总结研读探究所得，围绕"爱国情怀"做一个专栏故事会，在交流会上分享。

（王　凯）

五 《经典常谈》

主要内容

《经典常谈》的作者是现代著名作家朱自清，书的宗旨在于梳理"经史子集"源流，普及经典文化，因此笔触"冲淡夷旷"，少有学究气。主要内容可分类如下：字（工具）——《说文解字》第一；经——《周易》第二《〈尚书〉第三》《诗经》第四《"三礼"第五》《〈春秋〉三传第六》《"四书"第七》；史——《战国策》第八《〈史记〉〈汉书〉第九》；子——《诸子第十》；集——《辞赋第十一》《诗第十二》《文第十三》。

《〈说文解字〉第一》介绍了《说文解字》这部字书——"小学"最重要的著作之一。《〈周易〉第二》为我们了解中国古代的"巫术"之作打开了一扇门。《〈尚书〉第三》介绍了这部最早的史书的内容，又使它不再那么"高高在上"，而是离我们更近。《〈诗经〉第四》向我们还原了"诗"的本来面目——歌谣，这样，我们与"诗"之间一下子也少了许多隔阂。《"三礼"第五》从家里供奉的"天地君亲师"牌位讲起，述说了"礼"与情感的关系，以及它是如何与政治发生联系的。《"春秋三传"第六》对我们了解《春秋》与《春秋左氏传》《春秋公羊传》《春秋谷梁传》间的关系有很大帮助。《"四书"第七》用非常平易近人的口气揭开了这几部"古典教材"的神秘面纱。《〈战国策〉第八》用讲故事的口吻传达着这部精彩史书的绝伦之处。《〈史记〉〈汉书〉第九》将"前四史"中的前两部史书合在一起讲，让我们了解了它们背后的故事。《诸子第十》带我们走近那个思想因解放而发达的时代。《辞赋第十一》中，作者满怀深情的语调让我们对屈原肃然起敬。《诗第十二》和《文第十三》相当于一部极简中国文学史，想了解最著名的诗人文人，一定不能错过这两章。

知识卡片

朱自清（1898年—1948年），原名自华，后改名自清，字佩弦。他是现代杰出的散文家、诗人、学者、民主战士。1928年，他的第一本散文集《背影》出版。1932年7月，任清华大学中国文学系主任。1934年，出版《欧游杂记》和《伦敦杂记》。1935年，出版散文集《你我》。20世纪30年代末到40年代初为中学生撰写了一部介绍我国传统文化经典的著作《经典常谈》。

"经史子集"，是古人区分古籍内容的四大部类。"经"指经书，是儒家经典著作；"史"指史书，即正史；"子"指先秦百家著作，也包含宗教；"集"指文集，即诗词汇编。《四库全书》《四部丛刊》《四部备要》等大型古籍丛书中的"四部"即指此。

阅读指津

作为一部以普及传统经典为目的的著作,本书摒弃一味"尊经""崇古"的旧习,实事求是地审视传统文化。读者在阅读本书时,首先应当抱着这样一个目的:通过阅读本书,获得对中国经典真实、客观的认识。

全书不夸奇炫博,不故作高深,读起来明快利落,不蔓不枝;不"板着脸说话",也不是简单地平铺直叙,而是以流利畅达的语言娓娓道来。面对这本书,学生还应该把阅读的过程当作是听一位和蔼的长辈向后人传授家学渊源,主动亲近我们的经典文化。

全书见解精辟,文笔优美,通俗流畅,深入浅出,是读者了解中国古代文化典籍的经典指南,也是国学入门书。每一篇都够得上"雅俗共赏"的标准,不论读者是贯通全书地读,还是根据需要选择性地阅读,只要专注地读下去,都会有相当愉悦的精神享受!

如采取选择性阅读的方式,可遵循以下步骤:首先浏览目录,了解全书内容和结构。其次选择自己最感兴趣的部分作为切入点,如对历史感兴趣,则可以从《〈战国策〉第八》《〈史记〉〈汉书〉第九》读起。接着,最感兴趣的部分中,还可以寻找新的兴趣点,也就是扩展点,如在读《文第十三》时对战国说客产生兴趣,那就可以回过头去读对这个群体有着更详细介绍的《〈战国策〉第八》。最后,带着某个具体目的阅读也是一种方法,如学过《〈诗经〉二首》之后,希望拓展了解关于《诗经》的更多知识,就可以去读《〈诗经〉第四》。

拓展练习

某班级举行《经典常谈》选择性阅读分享会,每位同学分享自己的阅读成果,并讨论交流。

1. 小明同学担任这场阅读分享会的主持人,活动致辞中,下列语句排序正确的一项是(　　)
① 我们的日常生活和心灵成长,都离不开传统文化的浸润。
② 生活在快节奏的社会,人们的目光总是向前方探望,忘记向身后追溯。
③ 经过半个月的阅读,同学们已经深刻地体验到了这一点。
④ 见到师长问候行礼,为人处事常常反思,是传统经典穿越千年的教导。
⑤ 让我们分享阅读的体验,碰撞思维的火花,重温古典,致敬传统。
A. ①③②④⑤　　　　B. ①④③⑤②　　　　C. ④①②③⑤　　　　D. ②①④③⑤

2. 下面是某同学发言中的一段话,有两句存在语病。请找出来,并加以改正。
① 那时先生不讲解"四书"的内容,只让学生背,不但背正文,而且得背朱熹的小注。② 只要囫囵吞枣地念,囫囵吞枣地背;不懂不要紧,将来用得着,自然会懂。③ 这并非不无科学道理。④ 脑神经科学研究表明,孩子的小学阶段即6到13岁,正是人记忆力的黄金时期。⑤ 在这个阶段进行经典诵读,将经典内容存入大脑记忆,会受到经典的潜移默化。⑥ 学生能陶冶性情,使心性向善、向上。

第_____句,改为:_____

第_____句,改为:_____

3. 阅读分享的第一步是让听众了解自己选择性阅读的侧重点。请根据《经典常谈》的目录,向大家介绍自己开展选择性阅读的策略。

4. 有同学在阅读之前,就因其中介绍传统经典著作的内容而产生了抵触心理,请你结合下面的选文,写一段80字左右的话,从作者行文方式的角度鼓励他们。

许多人家的中堂里,供奉着"天地君亲师"的大牌位。天地代表生命的本源。亲是祖先的意思,祖先是家族的本源。君师是政教的本源。人情不能忘本,所以供奉着这些。荀子只称这些为礼的三本;大概是到了后世才宗教化了的。儒家所称道的礼,包括政治制度、宗教仪式、社会风俗习惯等等,却都加以合理的说明。从那"三本说",可以知道儒家有拿礼来包罗万象的野心,他们认礼为治乱的根本;这种思想可以叫作礼治主义。

怎样叫作礼治呢?儒家说初有人的时候,各人有各人的欲望,各人都要满足自己的欲望,没有界限,没有分际,大家就争起来了。你争我争,社会就乱起来了。那时的君师们看了这种情形,就渐渐给定出礼来,让大家按着贵贱的等级,长幼的次序,各人得着自己该得的一分儿吃的、喝的、穿的、住的,各人也做着自己该做的一分儿工作。各等人有各等人的界限和分际;若是只顾自己,不管别人,任性儿贪多务得,偷懒图快活,这种人就得受严厉的制裁,有时候保不住性命。这种礼,教人节制,教人和平,建立起社会的秩序,可以说是政治制度。

参考答案

1. D

2. ③,这不无科学道理;⑥,经典作品能陶冶学生的性情,使他们心性向善、向上。

3. 我制定《经典常谈》阅读策略的主要依据是自己对历史的兴趣。《〈战国策〉第八》《〈史记〉〈汉书〉第九》这两章是我阅读的起点。其中,有关《战国策》的内容我特别感兴趣,是重中之重。随着阅读的推进,我想要回溯了解该阶段前期的史书,因此,又将《〈尚书〉第三》《"春秋三传"第六》纳入了阅读计划中。

4. 示例:作者行文贴近现实,常结合生活现象介绍传统经典思想;行文过程循循善诱,会对这些思想进行非常形象的解释;语言则通俗生动,比如说儒家有"野心";整体可谓深入浅出,用大白话讲经典,实在不可错过!

(王国梁)

六 《艾青诗选》

主要内容

《艾青诗选》收录了艾青从20世纪30年代到70年代末的作品共49篇,内容广泛,艺术圆熟,基本反映了诗人的创作历程和风格特征。

艾青是自由体新诗的代表诗人。解放前,以深沉、激越、奔放的笔触诅咒黑暗,讴歌光明;解放后,又一如既往地歌颂人民,礼赞光明,思考人生。他的"归来"之歌,内容更为广泛,思想更为浑厚,情感更为深沉,手法更为多样,艺术更为圆熟。他的诗歌,以现实主义为主体,汲取了象征主义的养分,风格朴素清新、深沉隽永,明朗并不直露,时有含蓄也不晦涩,实践着他"朴素、单纯、集中、明快"的诗歌美学主张。

诗人对祖国所遭受的苦难和不幸的深切哀鸣,激励着千千万万的人们为国家英勇斗争,鼓舞着新时代的青少年奋进。

知识卡片

艾青(1910年—1996年),原名蒋正涵,字养源,号海澄,曾用笔名莪加、克阿、林壁等。出生于浙江金华,当代文学家、诗人。1928年中学毕业后考入国立杭州西湖艺术院。1932年在上海加入中国左翼美术家联盟,从事革命文艺活动。1933年第一次用笔名发表长诗《大堰河——我的保姆》。1935年,出版了第一本诗集《大堰河》。艾青被认为是中国现代诗的代表诗人之一,被称为"一生追求光明的作家"。

在中国新诗发展史上,艾青是继郭沫若、闻一多等人之后又一位推动一代诗风并产生过重要影响的诗人,在世界上也享有声誉。

阅读指津

"诗人必须讲真话。""诗只有通过形象思维的方法才能产生持久的魅力。"——艾青的这两条诗歌创作主张,并不标新立异,却为我们阅读诗歌提供了两把钥匙:一是真挚性,二是形象性。

关于"真挚性",要明确:艾青的诗歌继承了"五四"新文学的优良传统,紧密结合现实,富有战斗精神;形式上不拘泥于外形,很少注意诗句的韵脚和字数、行数的划一,但是又运用有规律的排比、复沓,造成一种变化中的统一。

关于"形象性",要明确:其作品一般描写太阳、火把、黎明等有象征性的事物,表现出艾青对旧社会的黑暗和恐怖的痛恨以及对黎明、光明、希望的向往与追求;其诗歌具有鲜明深刻的形象,随着诗歌结束,形象也就完成。形象,不仅指人,也包括物,以及思想等的形象化。

拓展练习

阅读《艾青诗选》期间,班级开展了以"诗歌映照当下"为主题的系列活动,下面是其中部分环节和内容。

环节一:知识竞赛

1. 下列意象全部属于艾青诗歌的是(　　)

A. 太阳、火把、黎明、土地、雪、光、手推车　　B. 太阳、火把、黎明、土地、雪、光、小巷

C. 太阳、火把、黎明、土地、雪、光、橡树　　D. 太阳、火把、黎明、土地、雪、光、云雀

2. 下列艾青的诗句,哪一段最适合用来勉励受挫的朋友?请简要说明理由。

甲

我想向一切的门走去

我想伸手叩开一切的门

我想俯身向那些沉睡者

说一句轻微的话不惊醒他们

像月光的雾一样流进他们的耳朵

说我此刻最了解而且欢喜他们每一个人

乙

啊,当黎明穿上了白衣的时候,

田野是多么新鲜!

看,

微黄的灯光,

正在电杆上颤栗它的最后的时间。

丙

世界要是没有光

等于人没有眼睛

航海的没有罗盘

打枪的没有准星

不知道路边有毒蛇

不知道前面有陷阱

环节二:模仿写作

3. 阅读艾青的《启明星》,学习其写作特色,选取下列意象之一作为标题,仿写一首诗,分节、行数可以根据内容自主确定。

　　台灯　　雨伞　　粉笔　　车轮

　　启明星　　　　　　　　　＿＿＿＿＿＿＿

属于你的是 _____
光明与黑暗交替 _____
黑夜逃遁 _____
白日追踪而至的时刻 _____

_____
群星已经退隐 _____
你依然站在那儿 _____
期待着太阳上升 _____

_____
被最初的晨光照射 _____
投身在光明的行列 _____
直到谁也不再看见你 _____

环节三：心得交流

4. 活动最后的心得交流演讲会上，大家各抒己见，畅谈自己的阅读感受。其中，"艾青诗歌对青少年的启示"是一个必选主题，请为这次演讲写80字左右的提纲，概括你的阅读感受。

参考答案

1. A

2. 乙段。乙段中的"黎明"象征新生的力量，"灯光"象征衰落中的力量，揭示新事物必将战胜旧事物的哲理，能够表达鼓励朋友从挫折中走出的情意。甲段主要表达诗人与百姓同呼吸共命运，诗人关爱世人。丙段中"光"象征社会中的进步力量，旨在解释社会正义对人民的重要性。

3. 评分标准：能够以所选意象为中心，营造一个有整体感的画面；能够借助所选意象，清楚地表达自己的思考或情感；能注重语言的凝练性。

4. 示例：我被艾青对人民诚挚的爱打动了。解放前的艾青，为了人民，激烈地诅咒黑暗，热烈地讴歌光明。解放后的艾青，为了人民，深情地礼赞光明，深刻地思考人生。"归来"后，他诗歌中的反思闪耀着锐利的光芒。

（王国梁）

七 《西游记》

主要内容

《西游记》是我国四大名著之一,作者是明代的吴承恩。这本书讲述了唐僧师徒四人西天取经的故事。

全书一百回,大致分三个部分。前七回,主要写孙悟空的非凡出身和神通广大的本领。孙悟空原系破石而出的石猴,无父无母。他纵身一跳,在那水帘洞中发现了一个"洞天福地",领着群猴过着"不伏麒麟辖,不伏凤凰管,又不伏人间王位所拘束"的自在生活。他又只身泛海,访师求道,学得七十二般变化,一个跟头十万八千里。这才向龙宫索得金箍棒,去冥府硬勾掉生死簿上名。孙猴子打乱了"三界"的秩序,龙王、阎王上告天庭。玉帝"遣将擒拿"不成,又来"降旨诏安",封了他个"齐天大圣",任做闲职"弼马温"进行欺骗。后被孙大圣识破诡计,一叛再叛,先后放了天马,偷吃了蟠桃园所有成熟的仙桃,吃光了太上老君的仙丹,被擒获后又炼就了火眼金睛,可惜最终斗不过如来佛祖,被如来压在五行山下,苦度五百年艰难岁月,直至伴随唐三藏西天取经。

第八至十二回写如来说法,观音访僧,魏征斩龙,唐三藏出世等,主要介绍了取经的缘起和取经集团中其他四位成员的出身经历,是两个主要部分的衔接和过渡。

第十三至一百回,师徒四人西天取经,是全书最重要的内容。孙悟空皈依佛门,保护唐三藏取经,在猪八戒、沙僧的协助下,一路斩妖除魔,历经九九八十一难,终到西天取得真经。

知识卡片

吴承恩(约1500年—1582年),字汝忠,号射阳山人,淮安阳山(今江苏淮安)人。他自幼聪慧,博览群书,尤其喜爱神话故事。年轻时以文名于乡里,却在科举中屡遭挫折。中年以后才中举为岁贡生,任长兴县丞,不久辞官。晚年闭门著书。在民间传说、话本、戏剧的基础上,创作了举世瞩目的神魔小说《西游记》。

《西游记》是一部中国古典浪漫主义的神魔小说。神魔小说是鲁迅在《中国小说史略》中对明代小说某一类型的称谓,其主要特点是通过幻想中的神魔鬼怪来反映社会现实。鲁迅评价神魔小说"虽述变幻恍忽之事,亦每杂解颐之言,使神魔皆有人情,精魅亦通世故,而玩世不恭之意寓焉"。

阅读指津

《西游记》是我国明清时期最具代表性,最著名的长篇小说之一,也是中国人民乃至世界人民熟悉和喜爱的古典文学作品。阅读这部小说,我们可以从以下几个方面去认识:

一、基于现实又高于现实的奇幻色彩

《西游记》表现了罕见的丰富的艺术想象力,充满了浪漫主义的幻想色彩,里面的人物和事件已经不是对于现实生活的一般描摹、概括,而是被充分理想化、幻想化了的。故事情节离奇有趣、扣人心弦,其中大闹天宫、三打白骨精、大战红孩儿、车迟国斗法、真假美猴王、三调芭蕉扇等章回尤为精彩,读来令人兴趣盎然。

二、矛盾冲突中塑造的鲜明人物形象

《西游记》善于结合故事情节的展开,在矛盾斗争中,在行动、战斗中刻画主要人物形象。孙悟空的乐观、机智、勇敢、坚定跟他闹天宫、闯龙宫、闯地府、斗神仙、打妖怪这些故事情节紧紧结合在一起。而且作者塑造人物形象常常把他们跟某种动物的体态习性糅合在一起,人物思想性格和动物体态习性的巧妙结合,使《西游记》的人物故事具有神话、童话的浓厚色彩。例如,猪八戒长鼻大耳、行动蠢笨,而且贪吃好睡。其他一些主要形象同样刻画得栩栩如生,令人难忘。

三、儒释道多元文化并存的丰富内涵

《西游记》深受儒、释、道文化思想的影响,具有丰富的内涵。孙悟空在取经路上历经千难万险,从不退缩畏惧,在除妖与磨难中也完成了自我完善和成长。小说歌颂了为追求自由敢于斗争、坚定执着的精神,同时也对封建社会、封建统治阶级和宗教里的黑暗腐朽进行了一些批判。

拓展练习

一、阅读《西游记》的节选文字,完成练习。

1. 那_____在山中,却会行走跳跃,食草木,饮涧泉,采山花,觅树果;与狼虫为伴,虎豹为群,獐鹿为友,猕猴为亲;夜宿石崖之下,朝游峰洞之中。

2. _____道:"他虽年幼修长,也不应久占在此。常言道:'皇帝轮流做,明年到我家。'只教他搬出去,将天宫让与我,便罢了;若还不让,定要搅攘,永不清平!"

3. _____道:"……我老孙身回水帘洞,心逐取经僧。那师父步步有难,处处该灾。你趁早儿告诵我!"

请在横线处为孙悟空选择一个合适的称呼,并根据内容概括其形象特点。

A. 石猴　　　　B. 孙行者　　　　C. 齐天大圣

1. _____;形象特点:_____。
2. _____;形象特点:_____。
3. _____;形象特点:_____。

二、根据以下图片和文字节选,完成练习。

①

②

③

④

1. 上面这四幅图出自《＿＿＿＿》第五十九回——唐三藏路阻火焰山，＿＿＿＿。

2. 按照小说情节发展过程，四幅图应排列为＿＿＿＿。

3. 行者丢下扇子道："不停当！不停当！被那厮哄了！"三藏只道："怎生是好！"……八戒道："只拣无火处走便罢。"三藏道："那方无火？"八戒道："东方南方北方俱无火。"

八戒说"东方南方北方俱无火"的潜台词是＿＿＿＿，从中可以看出八戒＿＿＿＿的心理。

三、中国古典文学研究家周汝昌分别以一个字概括了几部名著的精神实质，将《三国演义》归纳为"忠"字，将《水浒传》归纳为"义"字，将《红楼梦》归纳为"情"字。请你用一个字或者一个词语归纳《西游记》，并简述理由。

四、辩论题：

某校初一(6)班同学在阅读《西游记》时，对猪八戒这个人物有两种不同的看法，为此，语文老师组织了一场辩论。假如你是正方，针对反方辩词，你会怎么说？

反方：我方认为，猪八戒好吃懒做，见识短浅，在取经的路上，意志不坚定，遇到困难就嚷嚷着要散伙，而且还经常搬弄是非，要小聪明，爱占小便宜，贪恋女色，是一个贪生怕死、自私自利的人。

正方：＿＿＿＿＿＿＿＿＿＿＿＿＿＿＿＿＿＿＿＿＿＿＿＿＿＿。

五、请阅读以下节选文字，完成练习。

却说那镇元大仙用手揾着行者道："我也知道你的本事，我也闻得你的英名，只是你今番越理欺心，纵有腾那，脱不得我手。我就和你讲到西天，见了你那佛祖，也少不得还我人参树。你莫弄神通！"行者笑道："你这先生好小家子样！若要树活，有甚疑难！早说这话，可不省了一场争竞？"大仙道："不争竞，我肯善自饶你？"行者道："你解了我师父，我还你一棵活树如何？"大仙道："你若有此神通，医得树活，我与你八拜为交，结为兄弟。"行者道："不打紧，放了他们，老孙管教还你活树。"大仙谅他走不脱，即命解放了三藏、八戒、沙僧。

1. 以上文段选自《＿＿＿＿》，作者是＿＿＿＿。

2. "越理欺心"在文中的意思是：＿＿＿＿＿＿＿＿＿＿。

3. 孙行者后来是怎样救活人参果树的？

六、下面是《西游记》中四位取经人物的画像，分别由代表各自名号的汉字组合而成。请根据图片完成以下两小题。

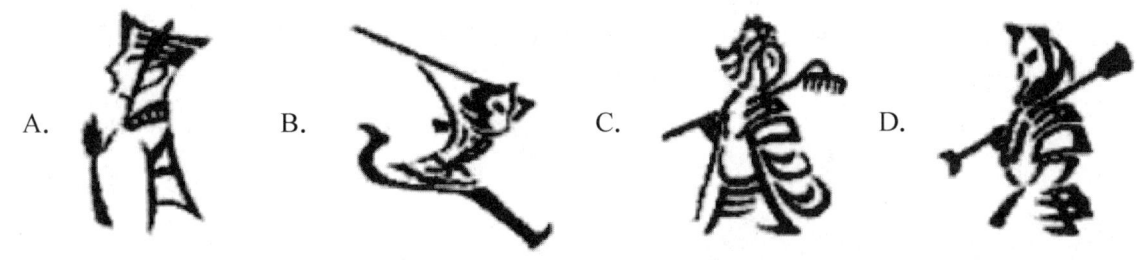

1. 有人认为D在取经途中是个多余人物，小文不同意这种看法，理由是什么？

2. 鲁迅评论《西游记》"神魔皆有人情，精魅亦通世故"。你认为A、B、C、D中，哪一个人物最富有人情味？请联系小说内容说说你的理由。

参考答案

一、

1. A；活泼好动、机灵可爱。

2. C；蔑视权威，具有反抗精神。

3. B；忠诚不贰、有情有义。

二、

1. 西游记；孙行者一调芭蕉扇

2. ④②①③

3. 不走西边(或：不往西天取经了，拣无火处走)；一遇到困难就想着"散伙"

三、

示例一：诚；唐僧师徒四人历经九九八十一难始终不改初心，用诚心求取真经，最终感化天地，功德圆满。

示例二：专；为了求取真经，师徒四人克服重重艰难险阻，用心专一，毫不动摇。

示例三：恒；为了求取真经，他们坚持不懈，以一颗恒心感天动地。

示例四：勇；师徒四人敢常人不敢为之事，勇敢面对妖魔鬼怪，具有大无畏精神。

示例五：合作；西天取经之路充满险恶，但唐僧师徒最终能取得真经，功德圆满，靠的是四人团结合作，齐心协力。

四、

示例：我方认为，猪八戒能吃苦耐劳，对师傅忠心耿耿。在与妖魔的斗争中，他总是挥舞钉耙，勇猛战斗，是孙悟空的得力助手。他知错能改，乐于助人，是一个忠勇、善良、淳朴、憨厚的人。

五、

1. 西游记；吴承恩

2. 不讲道理，违背良心。

3. 孙行者请来观音菩萨，菩萨用玉净瓶里的甘露水救活了人参果树。

六、

1. 示例：沙僧是小说中不可或缺的配角。他调解师徒(或师兄)之间的矛盾，陪伴、保护师父，为取经成功同样立下汗马功劳。

2. 示例一：我认为A唐僧最富有人情味。因为他有菩萨心肠，富于同情心。路遇白骨精时，因不忍孙悟空滥杀无辜而逼走孙悟空，虽好坏不分，显得软弱，但也凸显其富有人情味。当他惩戒孙悟空，对着孙悟空念紧箍咒时，不时因孙悟空的求饶而不忍心往下念。

示例二：我认为B最富有人情味。孙悟空因打死白骨精而遭唐僧驱赶，走前那声声"师父"，体现了他的人情味。他为了拜一下师父，"即变了三个行者，连本身四个，四面围住师父下拜"，对师父的留恋和无奈，显露无遗。

示例三：我认为C猪八戒最富有人情味。在高老庄时，他耕田耙地，收割田禾，表现得很勤快。取经路上，他与孙悟空协力合作，虽不时偷懒，有时立场不坚定，但仍是孙悟空最得力的助手。

示例四：我认为D沙僧最富有人情味。他被唐僧收服后负责挑担，老实本分，任劳任怨。

(郭蕴青)

八 《水浒传》

知识卡片

施耐庵(1296年—1370年),元末明初小说家。

《水浒传》是中国历史上第一部歌颂农民起义的长篇章回体小说。记述了梁山好汉们从起义到兴盛再到最终失败的全过程。小说通过写众多草莽英雄不同的人生经历和反抗道路鲜明地表现了"官逼民反"的主题。

阅读指津

一、艺术特色

1. 结构上采取先分后合的链式结构。第40回以前先讲述单个英雄人物的故事。然后百川汇海发展到水泊梁山大聚义。第70回后写他们归顺朝廷,走向失败。

2. 语言上用的是古白话。生动形象,活灵活现,塑造人物形象,惟妙惟肖,绘声绘色。

二、阅读指导

1. 关注目录,快速了解全书主要内容。关注章回题目,猜测章节人物及事件。

2. 在故事情节中,感受人物特点,了解人物性格特征。可以试着猜测人物结局。

3. 给周围的人讲水浒人物的故事,说清楚故事情节,能描述具体的精彩细节,突出人物的性格特征,可做适当的人物点评。

拓展练习

(一)

A却又闪在一边。原来那大虫拿人只是一扑,一掀,一剪;三般捉不着时,气性先自没了一半。那大虫又剪不着,再吼了一声,一兜兜将回来。

A见那大虫复翻身回来,双手轮起哨棒,尽平生气力,只一棒,从半空劈将下来。只听得一声响,簌簌地,将那树连枝带叶劈脸打将下来。

定睛看时,一棒劈不着大虫,原来打急了,正打在枯树上,把那条哨棒折做两截,只拿得一半在手里。那大虫咆哮,性发起来,翻身又只一扑扑将来。

A又只一跳,却退了十步远。那大虫恰好把两只前爪搭在A面前。A将半截棒丢在一边,两只手就势把大虫顶花皮胳嗒地揪住,一按按将下来。那只大虫急要挣扎,被A尽力捺定,那里肯放半点儿松宽。

A把只脚望大虫面门上、眼睛里只顾乱踢。那大虫咆哮起来,把身底下爬起两堆黄泥做了一个土坑。A把大虫嘴直按下黄泥坑里去。那大虫吃A奈何得没了些气力。A把左手紧紧地揪住顶花皮,偷出右手来,提起铁锤般大小拳头,尽平生之力只顾打。

打到五七十拳,那大虫眼里,口里,鼻子里,耳朵里,都迸出鲜血来,更动弹不得,只剩口里兀自气喘。

(二)

B心里忖道:"我从梁山泊归来,特为老娘来取他,千辛万苦,背到这里,却把来与你吃了。那鸟大虫拖着这条人腿,不是我娘的是谁的?"心头火起,赤黄须竖立起来,将手中朴刀挺起来,搠那两个小虎。这小大虫被搠得慌,也张牙舞爪钻向前来,被B手起,先搠死了一个,那一个望洞里便钻了入去。B赶到洞里,也搠死了。B却钻入那大虫洞内,伏在里面张外面时,只见那母大虫张牙舞爪望窝里来。B道:"正是你这业畜吃了我娘。"放下朴刀,胯边掣出腰刀。那母大虫到洞口,先把尾去窝里一剪,便把后半截身躯坐将入去。B在窝内看得仔细,把刀朝母大虫尾底下尽平生气力舍命一戳,正中那母大虫粪门。B使得力重,和那刀靶,也直送入肚里去了。那母大虫吼了一声,就洞口带着刀,跳过涧边去了。B却拿了朴刀,就洞里赶将出来,那老虎负疼,直抢下山石岩下去了。B恰待要赶,只见就树边卷起一阵狂风,吹得败叶树木如雨一般打将下来。自古道:"云生从龙,风生从虎。"那一阵风起处,星月光辉之下,大吼了一声,忽地跳出一只吊睛白额虎来。那大虫望B势猛一扑,那B不慌不忙,趁着那大虫的势力,手起一刀,正中那大虫颔下。那大虫不曾再展再扑:一者护那疼痛,二者伤着他那气管。那大虫退不够五七步,只听得响一声,如倒半壁山,登时间死在岩下。

那B一时间杀了子母四虎,还又到虎窝边,将着刀复看了一遍,只恐还有大虫,已无有踪迹。B也困乏了,走向泗州大圣庙里,睡到天明。次日早晨,B却来收拾亲娘的两腿及剩的骨殖,把布衫包裹了,直到泗州大圣庵后掘土坑葬了。

1. 人物A、B分别是谁,请分别举出一个故事情节。
2. 试比较两段打虎文字有什么不同。
3. 如果在读书分享会上,让你发言介绍《水浒传》,你将怎么介绍?

参考答案

1. A是武松,醉打蒋门神/大闹飞云浦/血溅鸳鸯楼/斗杀西门庆;B是李逵,斗浪里白条/真假李逵。

2. (1)两个人物性格的差异:武松为人豪爽,逞强好胜,勇猛果断又不失谨慎机智;李逵粗鲁、大胆、蛮力,有孝心。(2)遇虎起因不同:武松为探望兄长,途经景阳冈;李逵接母上梁山,途经沂岭。(3)杀虎原因不同:武松自卫;李逵报仇。(4)杀虎数量不同:武松杀一只;李逵杀四只。(5)杀虎难度不同:武松在暗处,且醉酒,无防备;李逵在暗处,而且是偷袭杀虎,四虎中两只为幼崽,攻击力不强;两只一一解决,难度不大。(6)杀虎方式不同:武松徒手(虽有梢棒,但没用上);李逵使朴(pō)刀。(7)杀虎可观性不同:武松打虎一波三折、惊心动魄;李逵杀虎酣畅淋漓。(8)杀虎后心情不同:武松尚存余悸;李逵心情释然。(9)杀虎后影响力不同:武松一战成名;李逵孝心动天。(能说出四点即可)

3. 示例:《水浒传》中的英雄人物性格各异,他们丰富多彩的故事和让人动容的经历深深吸引着读者,既激发了阅读兴趣又引发了深思:只有经历过,才会有成长,才会有变化。

(王丽娟)

九 《钢铁是怎样炼成的》

主要内容

这是一部闪烁着崇高的理想主义光芒的长篇小说。作品以主人公保尔·柯察金的生活经历为线索，展现了从1915年到1930年前后苏俄广阔的历史画面和人民艰苦卓绝的斗争生活。主人公保尔·柯察金就是在革命的熔炉中从一个工人子弟锻炼成为一名优秀的无产阶级战士。

关于书名，作者奥斯特洛夫斯基曾说："钢是在烈火与骤冷中铸造而成的。只有这样它才能坚硬，什么都不惧怕，我们这一代人也是在这样的斗争中，在艰苦的考验中锻炼出来的。并且学会了在生活面前不颓废。""钢"指信念，意志与毅力，"烈火与骤冷"在小说中是残酷的战争，恶劣的自然环境，艰苦的劳动条件以及常人难以忍受的病痛。书名的意思是钢铁般的意志和坚强的革命战士是在同阶级敌人以及各种困难的斗争中形成和成长起来的。

知识卡片

尼古拉·阿耶克塞耶维奇·奥斯特洛夫斯基(1904年—1936年)，苏联无产阶级革命作家，出生于乌克兰一个普通工人家庭，12岁开始劳动生涯，15岁加入共青团，参加过保卫苏维埃政权的国内战争。1920年因伤重转业，投入到经济建设的潮流之中，先后负责过团与党的下、中层领导工作，是苏维埃"优秀的共产主义战士"。在伤病复发导致身体瘫痪、双目失明后，他走上了文学创作的道路。1935年获得国家最高荣誉——列宁勋章，1936年逝世。一生著述不多，其中最著名的作品为《钢铁是怎样炼成的》。

阅读指津

一、艺术特色：

1. 写人物以叙事和描写为主，同时穿插内心独白，书信，日记，格言，警句等，使人物形象有血有肉。
2. 书中的环境描写也相当出色，语言简洁优美，富有表现力。

二、阅读指导：

1. 做读书笔记和摘抄。书中有很多名言警句和心理描写等值得我们学习。
2. 内容梳理。梳理保尔·柯察金的成长经历，梳理事件发展的脉络，对人物性格的形成有初步认识。关注主人公的朋友圈，这些人物对主人公的成长有着不可忽视的影响。
3. 保尔精神。顽强、执着、刻苦、奉献、勇敢、奋进的人格操守应成为青少年永恒的人生精神坐标。

保尔身上体现出的敢于向命运挑战,自强不息,奋发向上的精神,保尔崇高的革命理想,高尚的道德情操,忘我的献身精神,坚强的斗争意识,乐观的生活态度,明确的人生目标,都是我们学习的榜样。

拓展练习

从这一天起,保尔把整个身心扑在这部书的创作上。他缓慢地,一行又一行,一页又一页地写着。他忘却一切,全部身心都沉浸在书中的人物形象当中,也初次尝到了创作的艰辛:有时候那些鲜明生动、难忘的景象清晰地重新浮现在他的脑海里,但他无法用笔墨表达,写出来的字句显得那样苍白无力,缺少生气和激情。

1. 以上片段选自_____,作者是____国的_____。主人公保尔·柯察金在_____的启发和教育下,懂得了许多关于工人阶级和阶级斗争的道理。

2. 试根据以上文段中的描述,分析保尔的性格特征。

3. 你的好朋友在一次测试中考试失利,心情非常沮丧。请你列举保尔的事例来劝说安慰你的朋友。

参考答案

1. 《钢铁是怎样炼成的》;俄;奥斯特洛夫斯基;朱赫来

2. 这是一段关于保尔在身体残疾、双目失明的情况下,以文学作为继续战斗的武器,靠顽强的毅力进行写作的描写。表现出保尔与命运抗争、永不言败的精神和乐观豁达的性格。

3. 例举人物事例恰当,语句通顺,符合语境即可。

(王丽娟)

社科文

一 学习之道

选文一

专注思维和发散思维
[美] 芭芭拉·奥克利

① 自21世纪初以来，神经学家就已对大脑中两种思维网络模式间的互相切换取得了研究上的长足进步，这两种思考状态基于不同的神经网络模型，即专注模式与发散模式。在我们的日常活动中，大脑会频繁地在两种模式之间不停切换。尽管在意识清醒的状态下，你也无法同时处于两种思维模式之中，不过，对有些你并不太关注的事情，发散模式确实可以悄悄地在**后台处理**。

② 专注模式下的思维活动必不可少。它是利用理性、连贯、分解的途径直接解决问题的一种模式。专注模式与大脑前额叶皮层集中注意力的能力相关。你把注意力集中到某样东西上，然后砰的一声，专注模式就开启了。

③ 发散模式也同样必不可少。如果我们在一个问题上挣扎了许久而不得思路，它会冷不防地提供一个新点悟。同时，它也与宏观视角相关联。当你放松注意力，任由思维漫步时，发散模式思维就出现了。松弛状态让大脑的不同区域得到相互联络的机会，并反馈给我们宝贵的灵感。与专注模式不同，发散模式看起来跟任何一个特定脑区的关系都不太密切，它更像是"弥散"于整个大脑之中。通常，专注模式生成了初步思路之后，发散模式的灵感才源源涌现。

④ 学习过程中，不同脑区进行着复杂的神经元发放活动，同时两个大脑半球之间也发生着互动往来。这说明学习活动可没那么简单，比在专注和发散模式间简单地切换要复杂多了。在这里我们无须对生理机制做更深的了解，我们要另辟蹊径。

⑤ 专注模式是把精神集中于已在脑中形成紧密关联的事物上。启用专注模式，常常是因为已掌握的基础概念对于你而言既熟悉又轻松。当你专注某件事物时，清醒专注的前额叶皮层就会自动沿着神经通路传递出信号。这些信号会奔向与你思考内容相关的各个脑区，将它们连接起来。这个过程有点像章鱼把触手伸向它周围的四面八方，去摆弄那些它正关注的东西。章鱼的触手数量是有限的，你的工作记忆也一样，它只能同时处理有限的事物。

⑥ 通常，你首先会将一个问题逐词逐句注入大脑，比如读书或查阅课堂笔记。你的思维触手会激活专注模式。在专心揣摩问题之初，你的思维是集中而狭隘的，循规蹈矩地走你已熟悉的路径。你的思想

轻易地在根深蒂固的思维模式中乱窜,急于快速抓住一个解决方案。然而,在数学和科学问题中,往往一个极小的变动就会使问题截然不同,这就带来了更大的困难。

⑦在某种程度上,我们大脑的左半球与慎重的、注意力高度集中的事项联系更紧密。它似乎也更擅长处理连贯性的、富于逻辑性的思考:上一步推导出下一步,诸如此类。而与大脑的右半球相关的,则更多是像四处扫视环境、与他人互动或是处理情绪之类的活动。同时,应对即刻发生的活动或是宏观问题的处理也与大脑的右半球相关。

⑧据证实,面对一个困难的问题时,我们必须先要用专注模式奋斗上一阵子,投入艰苦的努力。有趣的是,发散模式也常常是解决问题不可或缺的部分,尤其在题目艰涩难懂的时候。不过,只要我们有意识地处于集中状态下,发散模式就是被屏蔽的。

⑨归根结底,任何学科中问题的解决都离不开两种思维模式的相互切换。一种模式接收信息并进行处理,再将结果传给另一种。除了某些琐碎的小问题或概念,大脑要理解解决任何问题,都离不开这种信息间的往来传递。

⑩对大多数人来说,只要转换一下心情,花上一点时间,就能自然地从专注模式转换到发散模式,只要你放下手中的工作,停下来喘口气,发散模式就会乘虚而入,上蹿下跳,高屋建瓴地搜寻解决方案。你在之前的专注模式中埋头苦干,然后某个瞬间,来自发散模式的意外解法就如同醍醐灌顶,灵光突现。一些人认为自己从未进入过发散模式,真是大错特错了。只要放轻松什么都不想,你的大脑就会进入一种自然的默认状态,那就是发散思维的一种形式。

⑪发散模式绝对是你学习中的左膀右臂。你可以把它看作登山途中的大本营。登顶之路漫长艰辛,中途的大本营是必要的休息场所,你可以在那里停歇、反思、检查装备并确保路线无误。但别把暂时的休息当成最后的终点,换句话说,可别指望只靠发散模式,就能轻轻松松地如愿以偿。朝来暮去,不知不觉间你已经登上了山顶,正是在两种模式下来回切换的分段练习发挥了显著的效果。

知识卡片

本书的作者为芭芭拉·奥克利,工程学教授。她在小学到高中的数理成绩一路垫底,特别是数学学科。后来她克服了自己在数学上的不足,强迫自己开发了一套成功的学习方法,拿到了系统工程学博士学位,并将如何激发大脑的潜力的学习方法和技巧进行归纳,在线开设了"如何学习"的课程,后整理成书,成为畅销书。

阅读指津

学习之道贵在得法,特别是在今天学科门类众多,海量的知识信息的背景下,尊重科学,符合认知规律,提升学习效率的命题显得至关重要。本文阐述了大脑运行的两种思维模式,从专注和发散的思维模式的特点及两种模式的互补性入手,提出两种模式切换可以提高学习效率的观点。读了本文,我们可以获得对学习本质的理解,懂得在处理信息、思考问题背后大脑的运行思维模式,及模式背后大脑神经运行的真相。为自身学习如何科学用脑,将专注模式与发散思维模式进行切换提供帮助,以便有效地提升学习的效率。

拓展练习

1. 第①段中的"后台处理"在文中的具体含义是_____。

2. 符合本文推断的一项是(　　)
   A. 专注模式与发散模式不可同时运行。　　B. 专注模式与发散模式分属大脑不同区域。
   C. 专注模式形成思路,就能激发出灵感。　　D. 专注模式与发散模式的切换是自发的。
3. 在紧凑的专注模式学习后,不能用来启动发散模式的选项为(　　)
   A. 运动　　　　B. 冥想　　　　C. 睡觉　　　　D. 整理笔记
4. 请用本文的思维模式来解释下面的现象。

如果给你两个三角形,要求你把它们拼成一个正方形,这非常容易,就像左图那样。但如果再给你两个三角形,让你把四个放在一起拼出一个正方形,人们第一反应会是错误地把它们拼成一个长方形,就像右边图示那样。

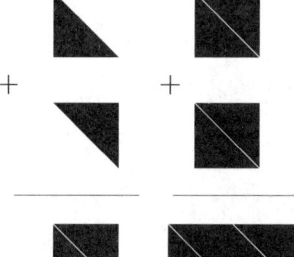

5. 根据本文内容,编制一份科学用脑的注意事项。

参考答案

1. 对一些不重要的事情的处理任务,会在大脑专注模式运行背后运行发散模式。
2. B
3. D
4. 示例:因为你的大脑里已经有了专注模式下的模型,认为两个图形组合的方式是上下移动,拼成一行,从而产生了思维的惯性,从而使你囿于成见,产生了认知错误。
5. 示例:
（1）将注意力投向有紧密关联,需有一定理解力和分辨力的学习内容,启动专注模式。
（2）运行专注模式时,要保持专注状态,以形成初步的思路或想法。
（3）在专注模式形成初步思路后,用放松休息的方法,适时启动发散思维模型。
（4）启动发散模式方式有很多,关键是放松下来,有助大脑在专注后放松,有利于激发灵感。
（5）有意识地加强训练专注与发散思维来回切换,有利于提高学习效率,培养创造力。

选文二

书籍发散"存在之光",建构"存在之壳"

王馥芳

① 书籍点燃并发散"存在之光"! 在人类历史进程中,一代代接续不断地凭靠书籍发散的"存在之光"创构了"存在之壳"。"存在之壳"是人类存在者面向自身存在之"偶性"所建构的一个人类赖以生存的"蜗牛壳"。如蜗牛壳既是蜗牛生命安全的重要屏障也是生命的重负和局限,书籍所建构的"存在之壳"也是一体两面:一方面我们藉由它抵抗存在之"偶性";另一方面它也是人类的"茧房":只有不断突破,人类才能最大限度享有存在的"自由"!

② 人类缘何建构"存在之壳"? 贝克韦尔说:如果我们生活在一个没有拉链的世界里,"谁会需要哲学家啊"? 但对哲学研究而言,"幸运的是,拉链卡住了,东西打破了"。这是个隐喻性表达:"拉链"隐喻存在之造物,"卡住了"隐喻存在被存在之造物所困。"东西"隐喻存在之实质,"打破了"隐喻存在之实质的

破碎性。一言以概之,隐喻着存在被存在之造物所困,且存在的实质是"破碎"。

③ 如何理解"破碎性"?"破碎性"是"偶性"这一绝对律的必然结果。亚里士多德指出,存在的意义主要有两方面,一是就"偶性"而言,二是就自身而言。萨特认为"偶性"指"事物那种随机、骇人的'此性'"。人类自知无力对抗"偶性"的绝对性,故自人类有语言文字后,一代代试图通过接续不断书写和出版书籍来对抗存在"偶性"的种种恐怖。由此,人类存在的终极意义就是面向"偶性"建立一个试图取消"偶性"关联的种种恐怖的"新世界":一个存在"完整性"意义上的"存在之壳"!

④ 个体对于存在"完整性"的追寻和建构不具备普遍的意义,但若代代个体不断地将其独特的存在"完整性"体验以书籍公之于众,那就相当于构建了一个人类共享共建的"存在之壳"。

⑤ 若把"幽暗"世界的"遮蔽性"隐喻为一片草木和荆棘丛生的原始森林,那么每本书籍所发散的"存在之光"就是刺向"幽暗"世界之"遮蔽性"的利剑。无数利剑披荆斩棘,为人类自身和事物开辟一个可以"无蔽"地显示自身的"**林中空地**":它"是疏朗处,是一块敞开、亮堂的林中空地,存在者在这儿可以像树林里的小鹿一样,腼腆地站出来",以"是其所是"的方式显示自身。此外,空地还"提供了一个相对开放的地方,可以让其他的存在者在上面晒会儿太阳"。

⑥ 最重要的是,作为开放而敞亮的方式,"林中空地"以"不迫使""不插手"方式来帮助存在者出现在林中亮光下,使存在以"是其所是"方式显示出来。

⑦ 藉由"存在之壳",人类存在者得以在"幽暗"世界中辟出一块看似"无蔽"的"林中空地"。可若我们把这块"林中空地"当做生活的全部会怎样?

⑧ 书籍承载着人类智慧的集大成,但书籍对于人类现实性存在问题的解决永远在路上。人类存在的真正活力源于对生活的开放性体验,而非来源对书籍的顶礼膜拜。

⑨ 缘何完全凭靠"存在之壳"来生活最终得到的只能是存在的"破碎性"?这是因为"存在之壳"内在地是不自由的"自由"存在。它为人类开辟了一块看似"无蔽"的"林中空地":不考虑"空地"本身的限制性,存在者看似是"自由"的。但"空地"本身作具有限制性,因此在"林中空地"上的存在绝非完全的"自由"存在,而是不自由的"自由"!

⑩ "存在之壳"内在的不自由对于人类的形塑性是显而易见的。**海德格尔提出只有挣脱"常人自我"的束缚,才能"获得真实、本真的自我"**。"存在之壳"对于人类存在的掌控、甚至禁锢无所不在。人类可以对"存在之壳"进行优化升级,但永远无法真正达成"壳溶化"。

⑪ 该如何看待"存在之壳"与存在的关系?可用哲学家梅洛·庞蒂的"**握持之物被握持着**"来阐释。"存在之壳"本质上也是"握持之物":作为"握持之物"的"存在之壳",其被"握持着"是肯定的。被"握持着"的状态取决于握持的方式:若强力握持,则被强力握持着;若交互性握持,则被交互性握持着;若是以"泰然处之"式握持,则被"泰然处之"地握持着。鉴于此,人类存在若要逃脱被"存在之壳"牢牢握持,只有不断检视、反思和优化"存在之壳"对世界和存在的握持方式。只有"存在之壳"对于世界和存在的握持方式是"自由"的,其才能被"自由"地握持着。只有"存在之壳"被"自由"地握持着,背负"存在之壳"的人类才能最大限度地享有存在的"自由"!

知识卡片

存在:是不以人的意志为转移的实在,包括物质的存在和意识的存在,包括实体、属性、关系的存在。人的意志本身也是一种存在,属于意识的存在。人想象的、虚幻的东西也是一种存在,属于意识的存在。

存在主义哲学：是一个哲学的非理性主义思潮，它认为人存在的意义是无法经由理性思考而得到答案，以强调个人、独立自主和主观经验。存在主义以人为中心、尊重人的个性和自由。人处在无意义的宇宙中生活，人的存在本身也没有意义，但人可以在原有存在的基础上自我塑造、自我成就，活得精彩，从而拥有意义。存在主义的思想渊源主要来自于索伦·克尔凯郭尔的神秘主义、尼采的唯意志主义、胡塞尔的现象学等。存在主义的主要创始人是海德格尔，将存在主义发扬光大的是萨特。

阅读指津

本文使用了大量的隐喻，用"存在之壳"喻书籍之光、用幽暗世界的遮蔽喻人类生存之困，这些喻体形象地揭示人类现实种种偶性的存在困境，以阐释可以通过书籍去获得"破碎性"，以获得自由，但这种自由却不是绝对自由的存在，其在给人类化解问题、安顿精神的同时，自身又带有局限性。因此，人类要不断反思，以松弛的方式去握持，才能最大限度地享有存在的自由。文章闪烁着理性思辨的光芒，启发读者展开关于阅读书籍的意义，及自身存在与世界如何相处的思考。

拓展练习

1. 第⑤段的"林中空地"在文中的含义是＿＿＿＿＿＿＿＿＿＿＿＿＿＿＿＿＿＿＿＿＿＿＿＿＿。
2. 以下符合文中对"存在之壳"理解的选项是（　　）
   A. 可以发现"破碎性"的实质，帮助人类解决现实问题。
   B. 人类无法对抗"偶性"绝对性，暂时栖息的庇护之所。
   C. 个体通过书籍构建完整意义，是可供借鉴的存在案例。
   D. 借助存在之壳进行生活，最终还是会陷入存在困境。
3. 以下符合本文推断的一项是（　　）
   A. 突破人类认知茧房，就能获有真正的自由。
   B. 每个存在者或多或少都被存在之造物所困。
   C. 人类存在的终极意义取决于"偶性"的取消。
   D. 人类把破碎性解决了就可以获得真实的自我。
4. 第⑩⑪段中运用引用论证的说服力是否充分，请结合具体内容加以分析。
5. 请概括本文的论证思路。

参考答案

1. 存在者在书籍构建的无遮蔽的、开放的存在空间以体现存在者本来的样子。
2. D
3. B
4. 示例：第⑩段引用海德格尔名言，旨在证明存在之物对人类具有掌控和形塑作用。但引用强调的是人必须挣脱常人自我束缚与获得本真自我的必要性，而这个束缚与"存在之壳"对人的掌控两者概念不一样，违背了同一律，论证不充足；第⑪段引用梅洛的话，以此论证人类以什么方式进行握持。这个引用只引出"握持之物"，对于为什么"存在之壳"是"握持之物"，"握持"的概念是什么，没有交待，因此论证也不充分。但两句名言来自哲学家,可以理解抽象概念,有论证修辞效果,但对文章的观点,不足以支撑,因此论证是不充分的。

5. 示例:本文先运用蜗牛之壳喻证,提出书籍构建的存在之壳为一体两面的特点,给出论题。然后从破碎性等隐喻,阐释人类建构"存在之壳"的原因。然后再以"林中空地"喻证,说明书籍可使存在者显出真实本来。接着补充论证,证明无遮蔽性空地的限制性。从而得出要以不断检视,反思优化"存在之壳"对世界存在的握持的建议。论证层层推进,由果溯因,论证书籍对人类的价值和意义。

 选文三

儒家学习型生活方式的时代精神探析

任 民

① 所谓学习型生活方式,简言之,就是学习与生活结合并且作为一种人生态度持续一生的生活方式。从先秦时代开始,作为一种人生哲学,儒家就以竭力向世人推介学习型生活方式为其显著特色,把学习视作生活的重要元素,不啻为功利手段,更是修养精神、滋润生命之事。这种文化态度伴随儒学地位提升产生巨大影响,儒家对于推动国人构建学习型生活方式功不可没。

② 儒家对学习型生活方式的推动之所以成功,不仅在于其催生了人类历史上第一个文官考试制度——科举制度,打开了社会下层通过学习向社会上层流动的方便之门,使学习具有了功利价值,更由于其唤醒了人们的精神需要,使学习本身具有了享用价值。

③ 终身学习思想始于孔子对学习的重视。孔子以其精神成长的历程启迪弟子,人的一生就是一个不断学习的生命进程。孔子之所以一生积极乐观,也与其学习型生活方式总是衍生出一种充实快乐的感觉有关。孔子以好学自诩,在孔子的观念中,好学是人最重要的品质,没有好学作为基础,其他一切品质包括仁、知、信、直、勇、刚等都会流于弊病。在孔子看来,学习是一切优秀品质的源头,根据一个人对待学习的态度,就可以判断其综合品质的优劣。

④ 先秦儒家都以劝学为毕生使命。《学记》云:"虽有嘉肴,弗食,不知其旨也;虽有至道,弗学,不知其善也。"荀子进一步提出"学不可以已"的命题,意味着在先秦时代,儒家已正式提出终身学习思想了。

⑤ 从终身学习思想出发,儒家自然生发建设学习型社会的理想。修身是一种学习型生活方式,倡导全民修身就是倡导全民学习。儒家终身学习和建设学习型社会思想唤醒了无数人的学习热情,使中华民族成为因为热爱学习而富于理性和自我进取精神的睿智民族。

⑥ 学习型生活方式保证了儒家具有开放性的人文品格,使儒家始终能做到用公允态度对待历史;以客观立场审视各种异质文化优缺点;对人生价值具有强烈探索精神;也对人类命运给予深切关怀。因此,儒家得以有效抵制极端主义倾向,与其他文化形成共生互补关系,以仁爱崇礼的教义给公共生活注入温情,并以睿智方式回应生活中的各种挑战。这样,"儒家"得以超越时空限制,也超越特定社会阶层的定位,成为一种时代精神。

⑦ 今天,社会节奏急剧加快,让很多人心浮气躁,越来越缺少问道兴趣。有人甚至专门拒斥意义感,甘心过纯粹感性的生活。可是,当人们把生活意义掏空、主动放弃生活不愿承受之重、只认可形下之物而轻视**形上之道**时,发现生活中再也没有了值得敬畏的事物和神圣的感觉,一切都"没意思"起来。在这种背景下,学习儒家问道精神就具有拯救生活的意义。人们可以借此重新找回理想、建立生活健康规则、赋

予生活应有高度、呵护生活本有的意义。

⑧ 儒家学习型生活方式的显著特色就是特别重视朋友之道,以至于汉代大儒董仲舒专门把"朋友有信"纳入"五常"体系。儒家的朋友之道实际上体现的是合作学习精神。在儒家看来,朋友关系本质上是合作学习关系,朋友有规过劝善、取长补短和榜样示范功能,是重要的学习资源。儒家强调朋友之间合作学习,其思想高度在于把人际交往与个人学习结合起来。启示人们,一方面,交往是重要的学习手段,作为学习和生活主体必须学会与别人建立合作的关系。"独学而无友,则孤陋而寡闻。"(《学记》)毋庸置疑,这种交往学习观至今仍具有指导价值。另一方面,提高交往的质量,因为人的发展水平也取决于其交往对象的水平。因此,要在交往中区分朋友性质,跟正直、有气度、知识渊博的人交往,同时还要根据学习的需求不断提升交往层次。

⑨ 儒家学习型生活方式还有显著特点就是明确"学习做人"的指向。正因如此,儒学也被称为人学,表现出浓郁厚重的人文伦理精神。从伦理精神出发,儒家特别重视现实生活中人伦关系的处理。先秦时代就总结出一系列原则,如孝、悌、忠、恕、信、仁、勇、义、礼……董仲舒进一步把这些伦理原则概括为仁、义、礼、智、信,称之"五常"。"五常"成为指导中国社会处理人伦关系的核心价值观。

⑩ 儒家对伦常关系学习的重视对于规范当代国人生活方式具有重要意义。"仁"的学习关涉情感品质,能为学习者建构有情的世界;"义"的学习关涉道德原则,能够帮助学习者确立道德底线;"礼"的学习关涉社会规范,帮助学习者树立规则意识;"智"的学习关涉道德判断力,能够帮助学习者明辨是非;"信"的学习关涉同一性,有助于学习者人格完整。五种学习都贴近生活,以人文关怀为特征,有益陶育人格,给人们以健康的精神指导。

知识卡片

学习型社会: 是有相应的机制和手段促进和保障全民学习和终身学习的社会,其基本特征是善于不断学习,形成全民学习、终身学习、积极向上的社会风气。其核心内涵是全民学习、终身学习。学习型社会是20世纪60年代由美国学者哈钦斯首先提出的。20世纪70年代,联合国教科文组织提出:人类要向着学习化社会前进。此后,许多国家相继开展了学习型社会创建活动。

阅读指津

中国历来就有劝学的优良传统。古人的读书致仕的功利观根深蒂固,但孔子倡导的读书的充实、会意之乐的学习观影响也很深远。本文从儒学对于学习型社会倡导将学习作为一种生活方式的影响进行了阐述,角度独特,观点新颖。文章从儒学的观念、特征及其功用阐析,然后就儒学解决当下时代问题及其学习型生活方式进行了提炼,阅读时要对阐述儒学学习型生活方式的阐释句进行圈划,提炼关键信息,把握其主要特征。

拓展练习

1. 第⑦段中的"形上之道"在文中具体的含义是_____。
2. 对学习型生活方式理解正确的一项是( )

A. 学习型生活方式的创立源自于文官考试制度。

B. 儒家的好学思想可解决当下的精神内耗问题。

C. 学习型社会对人的品格塑造和精神陶冶有重要作用。

D. 儒家"五常"伦理观有助于学习者好学品性的养成。

3. 下列可以用来表现学习型生活方式的充实快乐的选项是（　　）

A. 君子博学而日省乎己。（《劝学》）

B. 君子固穷,小人穷斯滥矣。（《论语》）

C. 人不知而不愠,不亦君子乎?（《论语》）

D. 独拥书城自吟啸。（《上图书馆》）

4. 第④⑧段中均引用了《学记》,请分析其在文中的作用。

5. 学校要举办围绕"儒家劝学的当代价值"为主题的讨论会,结合本文与《劝学》《师说》,写一段300字左右的发言稿。

参考答案

1. 示例：在基本的生存之上高于生活的事物（理想、生活意义等）。

2. C

3. D

4. 示例：第④段引用强调学习可以向善,体现劝学传统源起可追溯先秦;第⑧段引用突出了学习者合作关系的重要及意义。两处《学记》的引用,都以文献引用,证明儒家思想观念对于学习型生活方式的形成和当今影响,具有一定的说服力。

5. 示例：儒家具有劝学的传承性,始终强调学习对修身处世的重要性。如《劝学》强调"不止""积累""坚持"的学习态度与方法;《师说》强调从师学习儒学之道的重要;本文援引大量实例证明儒学对个体心灵、精神滋养的重要,深入人心,影响至今。在多元文化碰撞,人类共同体命运相连的今天,儒家文化对理解外来文化和促进思考我与社会的关系有重要作用。同时,学习型生活方式中的合作学习和伦常关系的建立,对我与他人,构建和谐自我具有指导意义,可帮助自我融入社区,参与公共生活。因此,儒学的劝学内容和劝学形式,对解决当下个体的修身,与参与学习型社会的建设有重要作用。

（吴银贞）

二 探索与创新

选文一

创新在范式发展阶段的不同特性

连冬花

① 库恩的"科学革命的结构"给出了科学发展的一般过程,其中范式概念是科学革命结构方法论的非常关键的概念,指的是某一学科集体建立的一套理论体系,科学革命就是旧范式向新范式的转换。

② 按照库恩的观点,范式在形成之后经历的第一个阶段是常规科学时期,科学家在这一阶段的工作主要是解谜活动,以便稳定地扩展科学知识的广度和精度。虽然范式不是规则,对于科学家没有强制约束性,但范式却是一种关于成功的承诺,它暗示科学家如果按照一定的方式进行研究,一定可以找出答案,答案即谜底。"谜就是特殊的问题范畴,它可以用来检验解谜者的创造力或技巧。"

③ 解谜的过程也是一种创新的过程。处于常规时期的科学,本身存在着诸多待解的谜,这些谜既有理论性的也有实验性的。对谜题的解答,是完善范式的必然要求。也就是说,科技活动中的解谜活动对现有科技体系的完善和进一步发展是必要而具有重要意义的。解谜的过程,需要发挥解谜者的想象力和创造力,而谜底的揭示和发现实际就是创新的成果。所以,常规科学时期的创新特点主要是进行解谜活动,这些对于谜题的解答成果,虽不具有令人惊奇的新颖性,但它是对现有范式(如现有科技体系)的扩展、开拓,是在为新的突破进行奠定基础的阶段。特别地,对各种谜题解得越充分,对之后可能出现的各种异常就越敏感,就越容易捕捉到实验中出现的反常现象,从而越能尽早进入根本性的创新阶段。因此,常规时期的解谜活动,是现有科技体系发展和完善必不可少的过程,属于累积式的创新活动。

④ 由于个人差异的存在,更主要是由于范式的不精确,在科学活动中总会出现反常,即理论与事实之间的不相符。当反常积累到一定程度或经常出现时,科学家就会对指导自己研究的范式产生怀疑,而多元范式之间的存在,又为科学家的怀疑提供了有利条件,从而,一些科学家已有的信仰常常会发生危机。为了解决危机,寻找出路,少数的科学家往往会转向哲学分析,通过哲学的反思,寻找解开研究领域中出现反常的原因,结果是进一步促进了研究范式的多元化。这是范式处于反常和危机时期的表现。

⑤ 理论上处于反常时期的范式,实践中往往是科技体系中曾经或一直存在的一些问题变得突出了;或者是社会的发展对现有科技体系提出了新的要求等等。这些问题和要求的存在往往就成为现有科技体系发展的动力;为解决问题而出现的多元范式的竞争,是科技进步的动力机制。显然,它们也是创新的

动力所在。并且,已经在增加的反常也为创新提供了必要的条件。或许,这种反常会开拓原有领域,增加常规科学研究的潜在范围,但更重要的是,它可能会改变已经存在的领域,开辟不同于现有科学研究的新范围。可见,处于反常和危机时期的创新特点,主要是以寻找突破点为特征。

⑥ 范式都是为自己辩护的,多元范式的存在,必定导致范式之间的竞争。多元范式竞争的结果往往导致新理论的出现。如库恩研究已表明的"从远古直到17世纪末,物理光学研究始终没有单独一组范式。恰恰相反,许多人却推进了大量关于光本性的不同观点"。当旧范式全部或部分地被一个与它不能并立的新范式所取代时,范式就发生了转换即科学革命就发生了。科学革命时期的创新特点,是以根本性创新成果为标志的。

⑦ 建立新的范式,需要的是批判和创新精神。虽然科学研究始终需要批判和创新精神,但在范式将要发生根本性的转换时,批判和创新精神显得尤为重要。如果没有批判精神,只会在原有范式、原有思维框架中做一些修修改改,这些修改反而容易成为创新的阻力,影响了科学的进步;如果没有创新精神,原有的范式被怀疑、被批判了,但新的范式又确立不起来,科技发展就会处于混乱状态,对科技进步同样带来消极影响。因此,只有具备一定理性的批判和创新精神,科技工作者才可能抓住创新契机,突破原有范式的制约,较快地转换到新范式指导下的研究活动中。

(选自连冬花《从"科学革命的结构"看创新——对创新的一般性规律探索》)

知识卡片

美国著名科学哲学家托马斯·库恩提出的"科学革命的结构"给出了科学探索的发展过程,这个过程是通过范式概念揭示的。库恩认为,科学的发展并不是一个渐进的、累积的过程,而是少部分人在广泛接受的科学范式里,发现现有理论解决不了的"例外",尝试用竞争性的理论取而代之,进而排挤掉"不可通约"的原有范式。真正的创新,从根本上说是范式的转变,是一场革命,它必然引起经济、政治以致整个社会结构的变化。阅读本文,能让我们进一步深入认识探索与创新之间的内在联系,了解"发现"与"创造"背后的转变逻辑。

阅读指津

对文中概念的正确理解是读懂社科文的前提。概念反映客观事物的本质属性,可以点明该事物与其他事物的区别,本文标题中的"创新"与"范式"为全文的核心概念,阅读中除了要准确把握它们的内涵和外延,更要进一步理解两个概念之间的关系。这就还需要通过概括自然段段意,在梳理论证思路的过程中,逐步加深理解。通过梳理段落,把握概念,读者方能了解到,创新就是一种解谜过程,在解谜过程中不断扩展研究区域从而引起原有体系结构的改变。

拓展练习

1. 第②段加点词"解谜活动"在文中指的是＿＿＿＿＿＿＿＿＿＿＿＿＿＿＿＿＿＿＿＿＿＿＿＿＿＿＿。
2. 若为第⑥段找一个例证,以下不合适的一项是(　　)

A. 哥白尼意识到地心说无法解释大量积累的行星观测数据,于是提出日心说模型。

B. 伽利略认为物质物体的行为受自然规律支配,于是提出了取代亚里士多德物理学(认为物质物体具有决定其行为的本质属性)的理论。

C. 拉瓦锡发现一些金属在燃烧时质量增加的事实与燃素理论不一致,于是提出了燃烧需要氧气的理论。

D. 爱迪生发现将炭化后的竹丝作为灯丝材料功耗极低,发明了取代戴维和法拉第用炭棒作灯丝的电灯。

3. 下列对文章内容理解正确的一项是(　　)

A. 库恩的范式概念可以帮助科学家解决研究中遇到的具体问题。

B. 科学家进行"解谜"的过程需要好奇心和批判力的共同推动。

C. 科学家均能通过哲学的反思,找到研究出现反常现象的原因。

D. 多元范式竞争的结果,往往可以造就根本性创新成果的出现。

4. 综观全文,概括范式转换的发展过程。

5. 根据第⑦段的观点,从屠呦呦、加来道雄、袁隆平、钟扬这些科学家中任选其一加以分析。

1. 科学家按照一定的方式进行研究,找出答案,以扩展科学知识的广度和精度。

2. D

3. D

4. 示例:范式转换的发展过程可概括为:常规科学时期、反常和危机时期和科学革命时期。在常规科学时期,科学家主要进行解谜活动,对现有范式进行扩展和完善;当出现反常和危机时期,科学家会怀疑现有的范式并寻求突破点,从而引发多元范式竞争;最终,当一个与旧范式不能并立的新范式取代了旧范式,科学革命就发生了。

5. 示例:以屠呦呦为例,她在传统中医药领域进行了一系列的研究,发现青蒿素可以治疗疟疾,这一发现突破了传统中医治疗疟疾的范式,并引起了国际上的广泛关注和认可。屠呦呦的研究过程充分体现了批判和创新精神,通过怀疑现有的传统中医药治疗方式,寻找可能的突破点,最终开辟出了新的治疗范式,实现了科学革命式的创新成果。

选文二

研求之乐

丘成桐

① 做研究生时,我有一个想法,微分几何毕竟是涉及用微积分为工具和几何的一门学问,几何学家应该从分析着手研究几何。□□微分方程的研究已经相当成熟,这个研究方向大有可为。虽然一般几何学家视微分方程为畏途,我决定要将这两个重要理论结合,让几何和分析都表现出它们内在的美。在伯克利的第一年我跟随莫里教授学习偏微分方程,当时并不知道他是这个学科的创始人之一。从他那里我掌握了椭圆形微分方程的基本技巧,研究院的第二年我才开始跟随导师陈省身先生学习复几何。毕业后,在我的学生和朋友孙理察、西蒙、郑绍远、乌伦贝克、汉密尔顿、陶布斯、唐纳森、李伟光等人的推波助澜下,逐渐将几何分析发展成一个重要的学科,解决了很多重要的问题。

② 这是一种奇妙的经验,每一个环节都要花上很多细致的推敲,然后才能够将整个画面构造出来,

正如曹雪芹写作《红楼梦》一样:"字字看来皆是血,十年辛苦不寻常。"尼采也说:"一切文学,余爱以血书者。"我和众多朋友开拓的几何分析,也差不多花了十年才成功奠基,虽不敢说是"以血书成",但每一次的研究都很花费工夫,甚至废寝忘食,失败再尝试,尝试再失败,经过不断的失败,最后才成就一幅美丽的图画。

③ 简洁有力的定理使人喜悦,就如读《诗经》和《论语》一样,言短而意深。有些定理,孤芳自赏。有些定理却能引起一连串的突破,使我们对数学有更深入的认识。每一个数学家都有自己的品位和看法,我本人则比较喜欢后一类数学。当定理证明后,我们会觉得整个奋斗的过程都是有意思的,正如智者持竿,往往大鱼上钩后,又将之放生,钓鱼的目的就是享受与鱼比试的乐趣,并不在乎收获。从数学的历史看,只有有深度的理论才能够保存下来。千百年来,定理层出不穷,真正名留后世的却是凤毛麟角,这是因为有新意的文章实在不多,有时即使有新意,但是深度不够,也很难传世。当年我看武侠小说,很是兴奋,也很享受,但是很快就忘记了。在阅读有深度的文学作品时,却有不同的感觉。有些武侠小说虽然很有创意,但结构不够严谨,有很多不合理的元素,与现实相差太远,最终不能沁人心脾。

④ 我们几个朋友在研究和奋斗过程中,始终不搞太抽象的数学,总愿意保留大自然的真和美。王国维评《古诗十九首》"昔为倡家女,今为荡子妇。荡子行不归,空床难独守","何不策高足,先据要路津。无为守贫贱,坎坷长苦辛",以为其言淫鄙,但从美学的观点,则不失其真。数学创作也如写小说,总不能远离实际。《红楼梦》能够扣人心弦,乃是因为这部悲剧描述出家族的腐败、社会的不平、青春的无奈,是一个普罗众生的问题。好的数学也应当能接触到大自然中芸芸现象才能够深入,才能够传世。今日有些名教授,著作等身,汗牛充栋,然而内容往往脱离现实,一生所作,不见得能比得上一些内容与实际有关的小品文,数十载后读之,犹可回味。我自己做研究,有时也会玄思无际,下笔滔滔,过了几个月后才知空谈无益,不如学也。在这时,总会想起张先的词句:"沉恨细思,不如桃杏,犹解嫁东风。"

⑤ 我的研究工作,深受物理学和工程学的影响,这些科学给数学提供了很重要的素材,广义相对论就是一个重要例子。1973年在斯坦福大学参加一个国际会议时,我对某个广义相对论的大问题产生兴趣,它跟几何曲率和广义相对论质量的基本观念有关。我锲而不舍地钻研,终于在1978年和学生孙理察一同解决了这个重要的问题。我之所以钟爱这些与相对论有关的几何问题,也许是受到王国维词论的影响,数学家的工作不应该远离大自然的真和美。直到现在我还在考虑质量的问题,它有极为深入的几何意义,没有物理上的看法,很难想象单靠几何的架构,就能够获得深入的结果,广义相对论中的质量与黑洞理论都有很美的几何意义。

⑥ 其实西方文艺复兴的一个重要反思就是复古,重新接受希腊文化真与美不可割裂的观点。中国古代文学的美和感情是极为充沛的,先秦两汉的思想和科技与西方差可比拟。清代以还,美术文学不发达,科学亦无从发展。读书则以考证为主,少谈书中内容,不逮先秦两汉唐宋作者的热情澎湃。若今人能够恢复古人的境界,在科学上创新当非难事。

(节选自丘成桐《我的几何人生:丘成桐自传》,译林出版社2021年版)

知识卡片

本文选自《我的几何人生:丘成桐自传》,作者是几何分析学科的奠基人丘成桐。他在书中述说了自己从小就怀着好奇心探索数学,在不断克服挫折和失败的过程中,一步步深入到最高深的研究领域,实现了创新性的理论突破。同时,丘教授在书中还多次强调了数学与自然语言之间的联系。他指出,数学中常用的精炼、简洁的语言与汉语中存在的许多表达方式是相通的,而数学中的逻辑思维也能够帮助人们更好地理解和使用汉语。这也可以启发读者通过运用所学语文知识,探究其他学科的实际问题,形成自己的见解。

阅读指津

本文是一篇阐述学术经历和境界的典范文章,作者结合自身学习经历与哲思,通过对纷繁复杂的数学、物理等领域的宏观把握,从核心精神和哲理层面上探讨研究中重要的基本问题。阅读中,读者需要注意本文的表达方式,即打破了传统说教式的语言,用通俗易懂的话进行阐述,不仅避免了专业术语的使用,也减少了冗长复杂的句式。凭借深厚的学识,丘成桐教授将数学研究的经历与各种丰富的文学阅读体验相联系,构建了一个趣味连续、感性深刻、富有表现力的语境。

拓展练习

1. 在第①段的"□□"上填入一个词语,最恰当的一项是(　　)
   A. 尽管　　　　B. 况且　　　　C. 尚且　　　　D. 并且

2. 以下对第②③段理解正确的是一项是(　　)
   A. 作者将做几何研究与曹雪芹写《红楼梦》作类比,强调成功的喜悦。
   B. 作者将简洁的定理与《诗经》《论语》做比较,强调其具有权威性。
   C. 作者认为定理层出不穷,真正流传的却不多,主要是由于深度有限。
   D. 作者列举钓鱼的例子,是为了强调钓鱼的乐趣在于持竿垂钓的过程。

3. 依据文意,以下不能做出推断的一项是(　　)
   A. 几何分析是一门重要的学科,研究中值得反复仔细进行推敲。
   B. 武侠小说虽然具有创意,但无法激发作者产生对数学的灵感。
   C. 作者更享受的是建立几何分析的整个过程,而不是最终成果。
   D. 美术文学发达与否,与科学发展的快慢,两者存在一定关联。

4. 分析文中第④段引用王国维评《古诗十九首》的作用。

5. 小明同学偏爱理科,对于语文则兴致索然,认为除了应试,语文学习并无大用。请你根据本文内容,列举文理的相通之处,对小明进行劝说,拟写一条150字左右的微信消息。

参考答案

1. B

2. C

3. B

4. 示例:强调数学创作与文学创作具有相似性,都需要贴近实际,才能够给人以真正的感受和启迪;表达了作者在研究过程中追求深度、贴近实际的态度;丰富文章内容,增加文采。

5. 示例:小明你好,正如本文所言,数学研究与文学创作具有相似性,都需要贴近实际,接触大自然的真和美,才能够给人以真正的感受和启迪。语文学科所强调的"真"和"美"恰好能帮助我们更好地理解现实世界中的各种现象,尤其是人类行为和思维。希望你能够重视语文学科,认真学习,用心感受,相信它一定会给你带来更多的收获和启发。

蜿蜒曲折

彭一刚

① 近代建筑讲求功能、效率,多推崇流线的简洁、顺畅。古代的宫殿、寺院建筑,为造成庄严肃穆的气氛,通常沿着一条笔直的中轴线排列建筑,自然也没有什么曲折可言。唯独中国古典园林,既鄙薄功利,又不夸耀气魄,所以在格局上忌平直而求曲折。

② 古典园林的曲折性是怎样形成的呢?主要是通过各种要素相互之间的组合形成的。其中尤以建筑以及由建筑围合而形成的空间所起的作用最为显著。然而,中国建筑一个重要特点即单体建筑十分简单,一般均呈矩形或方形平面,这样就必然会出现矛盾:怎样才能把简单的单体建筑组合成为曲折而富有变化的建筑群。这一矛盾主要是借"廊"的连接作用而得以解决的。廊,一种专供连接建筑的要素,本身虽然没有独立的功能意义,但却具有极大的灵活性——可长、可短、可折、可曲,因而借它的连接便可使极简单的单体建筑组合成为极其曲折的建筑群。【甲】

③ 一般地讲,在北方皇家苑囿所见到的廊子多呈相互垂直的转角关系,只是在极少的情况下才使用弧形的曲廊或做成大于直角(钝角)的转折。这样,就曲折的程度而言,自不免会受到一定的局限。江南园林则不然,它的廊子几乎可以作任何形式的转折。由于角度不限,从而极大地增加了灵活性,江南园林之所以曲折不尽,在很大程度上应归因于廊的形式不拘一格,特别是"之"字形曲廊的运用。【乙】

④ 廊的曲折,不仅意味着流线的曲折,而且也意味着空间的曲折。这是因为廊本身作为一种狭长的带状空间,既起引导人流的作用,同时又起分隔空间的作用。被曲折游廊所分隔的空间,其自身形状无疑也带有明显的曲折性。江南园林所独具的曲折多变的空间形式,多半也是借曲廊的分隔而形成的。例如留园中部、东北部景区,特别是拙政园小飞虹、柳荫路曲一带以及西部景区的水廊,都因巧妙地使用了曲廊而赋予了空间组合的曲折性。【丙】

⑤ 虽然绝大多数园林建筑都是借游廊来连接各单体建筑,从而使群体组合蜿蜒曲折、变化无穷。但是也有少数园林建筑主要不是通过游廊,而是借助于建筑物的直接衔接,特别是使其空间互相交错穿插。从而给人以曲折回环和不可穷尽的感觉。最典型的例子莫过于留园,自入口至古木交柯后,不论是向西经绿荫至明瑟楼,或向东经曲溪楼、五峰仙馆至石林小院,虽然有时也使用曲廊来连接建筑,但主要还是利用建筑物互相交错穿插,从而形成了极其曲折多变的空间序列。这种手法对于中国传统的建筑来讲是极其罕见的,可能是由于会导致屋顶结构的复杂化,所以在一般情况下都极力避免使两幢建筑直接连接。然而在园林建筑中却破例这样做,这无非也是为了求得空间序列的连续性和曲折。这样的处理方法和西方近现代建筑分隔空间的原则颇为相似,特别是和他们所推崇的"流动空间"颇有异曲同工之妙。【丁】

⑥ 除建筑外,构成园林的其它要素如山石、洞壑、水、驳岸、路径、桥、墙垣等,均力求蜿蜒曲折而切忌平直规整。关于山石、洞壑、水、驳岸等,将留待有关章节作具体分析,这里就不拟细谈。至于路,在园林中它的作用大致和游廊相同,均起引导人流的作用。由于景和空间的设置都刻意追求曲折变化,加之地形的盘回起伏,作为连接各景区、空间的路,自然也是忌直而求曲的。《园冶》中曾有"不妨偏径,顿置婉转"的说法,其他如"路径盘蹊""蹊径盘而长"等对于园林路径的描绘,都不外强调唯有"曲径"方可"通幽"。

(节选自彭一刚《中国古典园林分析》,中国建筑工业出版社1986年版)

 知识卡片

作者彭一刚是中国科学院院士、著名建筑学家。全书共分25个章节,附有大量插图和照片。在简要介绍中国古典园林历史发展沿革的基础上,突出强调了中国造园艺术的基本特点:艺术地再现自然山水,并巧妙地把自然美和人工美结合为一体。作为说明文作品,本书表达顺序严谨,语言科学规范,且又不失文采,对于发展读者科学的语言思维方式、严谨的语言表达习惯都具有得天独厚的条件。

阅读指津

说明性文章一般具有清晰的结构和组织,特别是在传达复杂或抽象信息时需要采用清晰的逻辑结构,读者应注意文章段落和标题的组织结构,以获取更多信息。本文涉及了一些建筑学名词和专业词汇,读者应特别关注这些词汇的定义和解释,以便更好地理解文章。另一方面,作为说明性文章,本文揭示了中国古代园林布局的一般规律,读者需要了解这些信息的来源和验证方式,并根据自己的知识和经验进行延伸思考,尝试运用文中的理论来分析自己熟悉的事物。

拓展练习

1. 本文是《中国古典园林分析》第十七节的内容,根据阅读整本书的学习经验,你认为下一节的标题最可能是(   )

　　A. 园林建筑历史沿革　　B. 园林建筑的特征　　C. 高低错落　　D. 花木配置

2. 下列材料可填入文中_____处。

无怪计成在《园冶》一书中高度地肯定了它的作用,曾说它可以"蹑山腰,落水面,任高低曲折,自然断续蜿蜒",从而成为园林建筑中"不可少斯一断境界"。

　　A.【甲】　　　　B.【乙】　　　　C.【丙】　　　　D.【丁】

3. 下列对文章内容理解不正确的一项是(   )

A. 古代园林为营造庄严肃穆的氛围,通常会沿着一条笔直的中轴线进行布局。

B. "之"字形曲廊的运用,使江南园林大多蜿蜒曲折,极大地增加了灵活性。

C. 拙政园曲折多变的空间序列,主要是通过建筑物间互相交错穿插而形成的。

D. 除了建筑外,构成园林的其它要素,也需要力求蜿蜒曲折,"曲径"通幽。

4. 清代钱泳在《履园丛话》中指出,"造园如作诗文,必使曲折有法",请结合本文,谈谈你对这句话的理解。

5. 读完本文,小明发现《红楼梦》中的大观园也是典型的江南园林。你是否认同他的观点?请结合下面的节选及本文内容,写一段150字左右的文字,阐述你的观点。

于是大家进入,只见入门便是曲折游廊,阶下石子漫成甬路。上面小小两三间房舍,一明两暗,里面都是合着地步打就的床几椅案。从里间房内又得一小门,出去则是后院,有大株梨花兼着芭蕉。又有两间小小退步。后院墙下忽开一隙,得泉一派,开沟仅尺许,灌入墙内,绕阶缘屋至前院,盘旋竹下而出。

(节选自《红楼梦》第四十回)

 参考答案

1. C

2. A

3. D

4. 示例:诗文常以曲折而取胜,每经过一次曲折,往往能产生新的境界,使人获得玩味不尽的妙趣,造就意境的深邃。而古人在建造园林时同样追求曲折多变的构造,力求让人在空间中体验到曲折变化的美感。这种曲折多变的构造不仅可以给人带来视觉上的享受,更可以唤起人们对于自然的感悟和情感的共鸣。通过园林,人们可以领略到一种雅致、优美、多姿多彩的自然之美,也能得到赏玩之趣和意境之美。

5. 示例:认同。选文描写了大观园的曲折游廊、阶下的甬路、房舍的布局等,都体现了江南园林的设计特点。尤其是曲折游廊的使用,使得建筑与建筑之间能够形成错落有致的空间序列,同时画龙点睛地点缀了整个园林的建筑风格。此外,泉水沿着狭窄的沟渠蜿蜒曲折,从后院绕到前院,这种设计手法也是典型的江南园林特点,增加了空间层次的变化。

选文四

"碧"的词源意义与文学意象

张 俊

① "人人尽说江南好,游人只合江南老。春水碧于天,画船听雨眠。垆边人似月,皓腕凝霜雪。未老莫还乡,还乡须断肠。"(韦庄《菩萨蛮·其二》)韦庄的这首词,如果让读者投票选出印象最深刻的一句,胜出的多半会是"春水碧于天"。这句描写江南春景的词有人翻译成:"江南水的碧绿,比天色的碧蓝更美。"也有人将"碧于天"解释为:"一片碧绿,胜过天色。"相比之下,"春天的江水清澈澄碧胜过青天"这样的翻译更胜一筹。之所以如此判断,是因为"碧"在此表达的既是颜色,又不只是颜色。

② "碧"是一个书面语体的颜色词,在古诗文中使用频度非常高,组合生成的文学意象也非常丰富,比如:"碧海""碧江""碧溪""碧泉""碧空""碧霄""碧天""碧落""碧月""碧华""碧野""碧草""碧荷""碧梧""碧纱""碧瓦"这些文学意象如同一颗颗玉珠,色彩或蓝或绿,色调或清透或浓重,将它们串联起来的是"碧"的词源意义。

③ 词语产生的过程即是事物被命名的过程,命名者对事物特征的感知和认识积淀于词义中,就成为词源意义。词源意义是深层次的语义成分,不是表层的词汇使用意义,不能被直接观察到,但可以通过分析词的本义、系联同源词等方法来了解。

④ 在人类思维能力、认知水平低下的远古时代,颜色与物象是不可分割的整体,颜色无法孤立地被范畴化,只能作为特征附在物象上被感知,所以汉语最早的一批单音节颜色词大都来源于古人生活中客观存在的事物,与古人的认知和生活经验有密切关系。比如,"青"来自可作颜料的矿物,"绿"来自可作染料的菉草,"苍"来自丛生的草木,"翠"来自翠鸟的羽毛……而"碧"来自青色的石头。

⑤ 从字形上看,"玉""石"都是"碧"字的义符构件,说明在造字的年代,古人认为"碧"与玉、石都有关系,段玉裁对此解释道:"从玉石者,似玉之石也。"(许慎撰,段玉裁注《说文解字注》,上海古籍出版社,1998,17页)意思是"碧"虽属性为石头,但品质似玉,所以归入玉部。在汉语词汇中,"碧"的本义也可以由双音词"碧玉"表达,语素"玉"是对"碧"的类别义素的外现,这从词汇角度也证明了古人将"碧"视同玉类。玉石以纯度高、杂质少者为佳,只有内无杂质、色泽均匀、色彩纯正、晶莹透亮的石头,方可媲美宝玉,被誉为石之美者,因此,"碧"在古人的认知里具有纯净的特征。

⑥ "纯净"的特征随着造词被凝固在"碧"的词源意义里,而古人在为"碧"造字时,又通过选择"白"作声符揭示了这一特征。段玉裁说:"碧色青白,金克木之色也,故从白。云白声者,以形声苞会意。""以形声苞会意"有两层意思:其一,"白"有示义功能,"碧"是青白混合的颜色;其二,"白"不只有示义功能,还有示音、示源功能。"白""碧"音近义通,有同源关系,"碧"以"白"为声符,显示了词源意义——纯净。

⑦ 纯净则不杂,不杂则专一,专一则深厚,在汉语中,含"纯净"特点的词语常常可以通过转喻来表达专一、深厚的事物。比如,"纯"的本义指纯色的丝织品,纯色则不含杂质,"纯"引申有"纯粹""纯朴""专一""笃厚"等意义,如《郑伯克段于鄢》中"颍考叔,纯孝也"的"纯孝",即指不掺杂念的、笃厚的孝心。再如,"醇"本义指不掺水的酒,不掺水则纯度高、口感浓厚,"醇"也有"精粹""纯朴""醇正""敦厚"等引申义。同理,"碧"既然也具有"纯净"的词义特点,那么也可以专指专一、深厚的事物。

⑧ 与"碧"颜色相近的词很多,如"青""绿""苍""翠"等,因为词源意义各不相同,即使有相似的搭配,引发的联想也未必相同。比如:唐代洛阳神都苑有凝碧池,"凝碧"指浓绿色,"凝"的特点是同类事物集中成一体,色彩经过"凝"会变得浓郁,而"碧"兼有清透和浓重两种色调,用"凝碧"来命名池水,既能表现水质清澈,又能表现水色浓郁。此外,水池经人工修凿,有岸包围,俯瞰远眺都好像一块碧玉,而"碧"本指似玉青石,用它来形容池水,水也仿佛有了玉的质感,非常贴切。古诗文中也有"凝绿"的组合,如王安石《桂枝香·金陵怀古》:"六朝旧事随流水,但寒烟、衰草凝绿。"但"凝绿"给人的印象只是浓郁的绿颜色,不会产生清透、似玉这些联想。

(选自《文史知识》2022年第10期)

知识卡片

作者张俊,对外经济贸易大学副教授,致力于文字学、训诂学、汉语第二语言教学等方面的研究,并在多个学术期刊上发表过相关论文。本文围绕"碧"字展开,以词源学作为切入口,结合相关诗词,分析了这一色彩意象的内涵。引导读者学习阐释事理和进行逻辑推理的方法,发展科学思维,学习科学的研究方法和适宜的表述方式。

阅读指津

意象是诗歌的重要组成部分,是作者的主观情意与客观物境互相交融而形成的艺术境界,不同的意象的含义是经过千百年来诗人词人的锤炼而形成的一种自觉认同。本文通过严谨的词源学分析,以经典诗词为例,借助引用权威文献,以相近概念对比等论证方法,细致分析了"碧"作为文学意象所引发的联想。阅读本文,需要读者在把握关键概念和术语的基础上,理解文章主要内容,理清文章行文思路,了解赏析古诗文字词和意象的研究路径。

拓展练习

1. 第④段加点词语"范畴化"在文中的含义是_____。
2. 为第⑦段画线句找一个例证,以下诗句合适的一项是(　　)
A. 昨夜西风凋碧树,独上高楼,望尽天涯路。
B. 上穷碧落下黄泉,两处茫茫皆不见。
C. 孤帆远影碧空尽,唯见长江天际流。

D. 映阶碧草自春色,隔叶黄鹂空好音。

3. 下列对原文理解不正确的一项是(   )

A. 汉语最早的一批单音节颜色词大都源于客观存在的日常生活事物。

B. 在"碧"字的构成中,"白"具有示义、示音和示源这三种功能。

C. "碧"主要指内无杂质、色泽均匀、色彩纯正、晶莹透亮的玉石。

D. 和"凝碧"相比较,"凝绿"则无法让人产生清透、似玉的联想。

4. 分析本文的论证思路。

5. 本文所运用的词源学分析法在古典诗歌赏析中颇为常用。《红楼梦》中也曾提到"黛"字的词源学含义——"西方有石名黛,可代画眉之墨"。请联系下列诗句,探究古代诗词中的"黛"经常出现在哪些场景中,具有怎样的妙处。

回眸一笑百媚生,六宫粉黛无颜色。——白居易《长恨歌》

天际两蛾凝黛,愁与恨、几时极。——韩元吉《霜天晓角·题采石蛾眉亭》

山接黛,水接蓝,翠相挼。——黄庭坚《诉衷情·小桃灼灼柳鬖鬖》

嘉陵江色何所似？石黛碧玉相因依。——杜甫《阆水歌》

参考答案

1. 把事物按照共同性质或特点归类整理。

2. C

3. C

4. 示例:本文从诗句中"碧"字的词义和文学意象的多样性入手;随后分析"碧"的词源意义,即古人将其视同玉类,并具有纯净的特征;进而通过词源学分析法探究"碧"的深层次语义成分;最后将"碧"字与其他颜色词进行比较,点明区别,使得读者更全面地了解了"碧"的丰富内涵。

5. 示例:古代诗词中的"黛"经常出现在描写女子容貌时,代表眉笔所画的深黑色,能够表现出女子美丽妩媚的特点,也能表现古典山水轻墨淡雅的意境。例如《长恨歌》通过描绘众多后宫佳丽的美貌,凸显杨贵妃的美艳如仙;《霜天晓角》描绘了女性柔美多情的蛾眉;而《诉衷情》将"黛"作为色彩的修饰词,与"翠""山接""水接"等自然景观交相呼应,增强了意境的艺术感染力;《阆水歌》中,"黛"则与"碧玉"呼应,描绘了嘉陵江壮丽的景色,给人留下深刻印象。这些例子都表明,"黛"在古代诗词中是一个具有强烈文学意味的词语,能够为情境、气氛、形象的营造增色添彩,展现出诗人高超的审美能力和艺术造诣。

(董晓蕾)

三　使命与抱负

探索的动机
——在普朗克六十岁生日庆祝会上的讲话

[瑞士] 阿尔伯特·爱因斯坦

① 在科学的庙堂里有许多房舍，住在里面的人真是各式各样，而引导他们到那里去的动机也实在各不相同。有许多人所以爱好科学，是因为科学给他们以超乎常人的智力上的快感，科学是他们自己的特殊娱乐，他们在这种娱乐中寻求生动活泼的经验和对他们自己雄心壮志的满足；在这座庙堂里，另外还有许多人所以把他们的脑力产物奉献在祭坛上，为的是纯粹功利的目的。如果上帝有位天使跑来把所有属于这两类的人都赶出庙堂，那末聚集在那里的人就会大大减少，但是，仍然还有一些人留在里面，其中有古人，也有今人。我们的普朗克就是其中之一，这也就是我们所以爱戴他的原因。

② 我很明白，我们刚才在想象随便驱逐。可许多卓越的人物，他们对建筑科学庙堂有过很大的也许是主要的贡献；在许多情况下，我们的天使也会觉得难于作出决定。但有一点我可以肯定，如果庙堂里只有被驱逐的那两类人，那么这座庙堂决不会存在，正如只有蔓草就不成其为森林一样。因为，对于这些人来说，只要有机会，人类活动的任何领域都会去干；他们究竟成为工程师、官吏、商人还是科学家，完全取决于环境。现在让我们再来看看那些为天使所宠爱的人吧。

③ 他们大多数是相当怪僻、沉默寡言和孤独的人，但尽管有这些共同特点，实际上他们彼此之间很不一样，不像被赶走的那许多人那样彼此相似。究竟是什么把他们引到这座庙堂里来的呢？这是一个难题，不能笼统地用一句话来回答。首先我同意叔本华所说的，把人们引向艺术和科学的最强烈的动机之一，是要逃避日常生活中令人厌恶的粗俗和使人绝望的沉闷，是要摆脱人们自己反复无常的欲望的桎梏。一个修养有素的人总是渴望逃避个人生活而进入客观知觉和思维的世界；这种愿望好比城市里的人渴望逃避喧嚣拥挤的环境，而到高山上去享受幽静的生活，在那里透过清寂而纯洁的空气，可以自由地眺望，陶醉于那似乎是为永恒而设计的宁静景色。

④ 除了这种消极的动机以外，还有一种积极的动机。人们总想以最适当的方式画出一幅简化的和易领悟的世界图像；于是他就试图用他的这种世界体系来代替经验的世界，并来征服它。这就是画家、诗人、思辨哲学家和自然科学家所做的，他们都按自己的方式去做。各人把世界体系及其构成作为他的感

情生活的支点,以便由此找到他在个人经验的狭小范围里所不能找到的宁静和安定。

⑤ 理论物理学家的世界图像在所有这些可能的图像中占有什么地位呢?它在描述各种关系时要求尽可能达到最高的标准的严格精密性,这样的标准只有用数学语言才能达到。另一方面,物理学家对于他的主题必须极其严格地加以控制:他必须满足于描述我们的经验领域里的最简单事件。企图以理论物理学家所要求的精密性和逻辑上的完备性来重现一切比较复杂的事件,这不是人类智力所能及的。高度的纯粹性、明晰性和确定性要以完整性为代价。但是当人们畏缩而胆怯地不去管一切不可捉摸和比较复杂的东西时,那么能吸引我们去认识自然界的这一渺小部分的究竟又是什么呢?难道这种谨小慎微的努力结果也够得上宇宙理论的美名吗?

⑥ 我认为,是够得上的;因为,作为理论物理学结构基础的普遍定律,应当对任何自然现象都有效。有了它们,就有可能借助于单纯的演绎得出一切自然过程(包括生命)的描述,也就是说得出关于这些过程的理论,只要这种演绎过程并不太多地超出人类理智能力。因此,物理学家放弃他的世界体系的完整性,倒不是一个什么根本原则性的问题。

⑦ 物理学家的最高使命是要得到那些普遍的基本定律,由此世界体系就能用单纯的演绎法建立起来。<u>要通向这些定律,没有逻辑的道路,只有通过那种以对经验的共鸣的理解为依据的直觉,才能得到这些定律</u>。由于有这种方法论上的不确定性,人们可以假定,会有许多个同样站得住脚的理论物理体系;这个看法在理论上无疑是正确的。但是,物理学的发展表明,在某一时期,在所有可想到的构造中,总有一个显得比别的都高明得多。

⑧ 渴望看到这种先定的和谐,是无穷的毅力和耐心的源泉。我们看到,普朗克就是因此而专心致志于这门科学中的最普遍的问题,而不是使自己分心于比较愉快的和容易达到的目标上去。我常常听到同事们试图把他的这种态度归因于非凡的意志力和修养,但我认为这是错误的。促使人们去做这种工作的精神状态是同信仰宗教的人或谈恋爱的人的精神状态相类似的;他们每天的努力并非来自深思熟虑的意向或计划,而是直接来自激情。我们敬爱的普朗克就坐在这里,内心在笑我像孩子一样提着第欧根尼的灯笼①闹着玩。我们对他的爱戴不需要作老生常谈的说明。祝愿他对科学的热爱继续照亮他未来的道路,并引导他去解决今天物理学的最重要的问题。这问题是他自己提出来的,并且为了解决这问题他已经做了很多工作。祝他成功地把量子论同电动力学、力学统一于一个单一的逻辑体系里。

(选自《爱因斯坦文集》,商务印书馆1976年版,有删改)

【注释】

① 第欧根尼的灯笼:第欧根尼是古希腊哲学家,犬儒学派的代表人物。每天白天他都会打着灯笼在街上"寻找诚实的人",他认为在当时的社会中几乎没有真正的人。

知识卡片

本文是阿尔伯特·爱因斯坦于1918年4月在柏林物理学会举办的麦克斯·普朗克六十岁生日庆祝会上的讲话。普朗克的量子论和爱因斯坦的相对论是现代物理学的两大支柱,同时两人在科学和艺术上都有极为丰富的创见,情谊深厚,亦师亦友。在这次演讲中,爱因斯坦对"科学家应该做什么样的研究?""人们在科学领域进行探索的动机究竟是什么?""如何才能取得伟大的成就?"三个问题一一作出回应,并且高度赞誉普朗克的科学精神和贡献。阅读本篇演讲稿,对有志于在科学道路上探索终身的年轻人具有激励和启发作用。

阅读指津

演讲是一次现场的演出，具有现场性，演讲的成功与否依赖于听众的反馈。在阅读演讲稿时要关注演讲稿是否具备听众意识，演讲的内容和语言是否符合现场观众的理解能力和审美倾向。本文为爱因斯坦在好友生日会上的演讲，两人之间特殊的关系也决定了演讲的语言和风格的特殊性。因而在阅读时，要特别注意演讲的场合，科学家在演讲中所体现的科学性和严谨性，以及演讲者的立场态度。

拓展练习

1. 下面哪个课内实例最接近探索的"积极动机"（　　）
    A. 黑塞《读书：目的与前提》
    B. 林庚《说"木叶"》
    C. 屠呦呦《青蒿素：人类征服疾病的一小步》
    D. 加来道雄《一名物理学家的教育历程》

2. 无法依据文意做出的一项推断是（　　）
    A. 大多数人对科学的探索出于消极的动机。
    B. 探索最强烈的动机是摆脱日常生活的沉闷。
    C. 画家诗人等人在探索中获取宁静和安定。
    D. 作者认为普朗克的探索直接来自激情。

3. 从文体特征的角度对第⑦段画线的长句加以赏析。

4. 爱因斯坦特别指出由"天使"来驱赶和留下科学庙宇中的人，请你探究其用意。

参考答案

1. D
2. B
3. 示例：这句话较长，但是结构清晰。它表达的主要意思是：只有通过对经验的直觉共鸣理解，才能够理解这些定律，而没有非逻辑的道路可以通向这些定律。其中，长句的部分主要在阐述实现这个目标的方式：通过"以对经验的共鸣的理解为依据的直觉"是作者要强调的关键，以引起听众的注意。
4. 示例：运用"上帝有位天使"来进行驱赶的比喻，反映了作者对以不同目的探索科学的态度，突出他对为个人好恶和功利目的探索科学的批评。使用"天使"比喻也将庙堂的氛围与宗教神秘主义联系在一起，强调科学的庄重和纯粹，借天使留下普朗克，委婉又高度赞扬了友人对科学探索的精神。

选文二

写作的荣光
——加缪获颁诺贝尔文学奖后致谢辞

[法] 阿尔贝·加缪　袁莉　译

① 尊敬的国王和皇后陛下，尊敬的王室成员，女士们，先生们：

②秉承自由精神的瑞典皇家科学院将这份殊荣授予我,万分感激之余更添万般惶愧……面对命运的过度垂青,想要重归平静,唯有力求问心无愧。既然我所做的一切与此盛誉颇不相称,别无他法,只有拿一生中最险恶的逆境下支撑我的信念来应对:对艺术的信念,对作家这一角色的信念。

③作家的角色责任重大。确切地说,今天的作家不应为制造历史的人服务,而要为承受历史的人服务。否则,他将形影相吊,远离真正的艺术。任何暴君的千百万军队都无法将一个作家从孤独中拯救出来,尤其当这个作家同他们的步调一致的时候。相反,一个无名囚徒的沉默,一个被遗弃在世界另一个角落百般受辱的囚徒,就足以将作家从流放中召回,就算这个作家身处优境,只要他不忘记这种沉默,用艺术的种种方式来彰表这种沉默。

④我们之中没有一个人能强大到不负这一使命。但在作家漫长一生的境遇中,晦暗也好,腾达也好,在暴君的铁牢中也好,能自在发出声音时也好,只要他尽力做到为真理服务,为自由服务,他就能重新找回勃勃而富有生机的集体情感和支撑。为真理服务,为自由服务,这两个信仰足以体现作家职业的伟大。

⑤如果作家的使命是团结尽可能多数的人,那就只有容忍谎言和奴性。这个世界充斥着谎言和奴性,孤独的荒草到处疯长。无论我们每个人有怎样的弱点,作家职业的高贵永远植根在两种艰难的介入中:拒绝谎言,反抗逼迫。

⑥二十多年荒唐的历史进程中,我茫然无助,和许多同龄人一样,在时代的剧烈动荡中,仅靠一种情感模模糊糊地支撑自己:写作的光荣。写作之所以光荣,是因为它有所承担,它承担的不仅仅是写作。它迫使我以自己的方式、凭自己的力量,和这个时代所有的人一起,承担我们共有的不幸和希望。

⑦或许,每一代人都自负能重构这个世界,而我们这一代人却明白这是痴人说梦。但我们的使命也许更伟大,那就是要防止这个世界分崩离析。这一代人继承的历史是腐化的,混杂着失败的革命、疯狂的技术、死去的神祇和疲弱的意识形态。在这样的历史之中,政权能摧毁今天的一切,却并不能说服,智者自贬身价成为了仇视和压迫的奴役。

⑧这代人不得不带着独有的清醒,为自身和周围修复一点点生存和死亡的尊严。在这个即将分崩离析的世界面前,审查官建立的恐怖是永久死亡的国度。这代人明白,在与时间疯狂赛跑的同时,他们应在不同民族间建立不屈于任何强权的和平,调和劳动与文化的关系,在每个人心里重建和解的桥梁。

⑨与此同时,在说了作家职业的高尚之后,我想要还原作家的真实模样,除了和他的战友们一起共享的身份之外,他没有其他身份。他既脆弱又固执;他无法永远保持公正,却又热切追寻着公正;在所有人的视线中,他默默构建着自己的作品,既不以之为耻,也不引以为傲,他永无止息地在痛苦与美好中被撕扯,最终是为了从他这双重的存在中,提炼出他固执地想要在历史的废墟中创建起来的东西。这么说完,谁还能期待他给出现成的答案和完美的道德信条呢?真理是神秘的、难以捕捉的,总是有待征服的。自由固然是令人振奋的,但实践起来也同样是危险的、艰难的。我们必须走向这两个目标,艰苦卓绝、征途漫漫,却坚定不移、矢志不渝。由此,哪个有着自知之明的作家还敢自诩为美德的传道者?至于我,我必须再说一次,这完全不是我的身份。我从来未能放弃生命中的光和幸福,不能放弃自由的生活,这些东西自小就伴随着我成长。这种怀旧之情虽然也让我犯了不少错误,却无疑也帮助我更好地理解了我的职业,帮助我毫不犹豫地站在那些沉默的人身边,那些人,除了从回忆中追索那一点点短暂而自由的幸福,在这个世上便无以为继。

⑩能否完成这一使命还是未知数,但在世界各处,他们祭起真理和自由的大旗,必要时,愿意为此牺牲而无怨无悔。这一代人在哪里都值得敬重、值得鼓励,尤其是在他们献身的地方。总之,应该是向他

们,献上你们刚刚赋予我的荣耀,我想你们也会深有同感。我接受这份荣誉,并要把它视作为一种致敬,向所有和我一样经历了战斗,却没有获得任何殊荣,只是饱经了苦难与迫害的人致敬。最后,我要发自肺腑地对诸位表示感谢,并公开地,以感恩的心,向你们作出一个古老的承诺,任何一个真正的艺术家每天都会在静默中向自己作出的古老的承诺,那便是——忠诚。

(节选自《外国文艺》杂志2010年第5期,有删改)

知识卡片

本文是法国作家阿尔贝·加缪于1957年12月10日诺贝尔奖颁奖仪式后,在斯德哥尔摩市政厅举行盛大的宴会上所发表的演讲。诺贝尔给予他的获奖评语是"因他的重要文学作品透彻认真地阐明了当代人的良心所面临的问题"。他的作品密切关注人的命运,关注人的生活,成为第二次世界大战后一代人的精神导师。他借此次演讲传达出自己对于作家使命的深刻看法,彰显出加缪对于写作的诠释和终极追求。阅读本篇演讲稿,我们能够真切感受到加缪作为一名伟大作家所绽放出的人性光辉,找到引领自我的线索。

阅读指津

作为获诺贝尔奖后的演讲,作者对于写作的看法和追求是内容的关键。关于写作意义的诠释,彰显着伟大作家的独特智慧与无穷魅力。阅读过程中,应注意演讲的主体内容,理解作者观点的独到之处,体会作者鲜明的立场态度。

拓展练习

1. 第④段中作家的这一使命具体指_____。

2. 根据作家的使命完成以下两题:

(1) 下列选项中哪位作家的作品无法体现作家的使命(　　)

A. 契诃夫《装在套子里的人》　　B. 卡夫卡《变形记》

C. 郁达夫《故都的秋》　　D. 史铁生《我与地坛》

(2) 从三篇行使作家使命的作品中选择一位作家及其作品具体阐释。

3. 根据文意无法作出哪项推断(　　)

A. 作家往往是一个脆弱且固执的人。　　B. 作家要在痛苦和美好间寻求平衡。

C. 追求真理是作家最为重要的目标。　　D. 作家从不自诩为美德的传道者。

4. 以此篇作为典型案例,结合下表中相应纬度的描述进行简要评析。

演讲稿评价表

纬　　度	描　　述	典型案例
演讲主体	1. 能提出鲜明且独到的见解。 2. 能有条理地组织演讲内容。 3. 能选取典型事例有力阐释。	《写作的荣光》

参考答案

1. 示例：作家用自己的艺术表现力来彰显被遗弃、受辱、沉默等问题，坚定地追求真理和自由，为人类作出有意义的贡献。

2. （1）C

（2）示例：通过描写主人公格里高尔"由人变虫"的变形，通过外形上的异化，周边人的异化以及主人公内心的异化，揭示了现代人在日常生活中面对陌生而可怕的自我却又无力改变的生存困境，是为人的困境而写作。

3. C

4. 这篇演讲为我们认识作家的使命提供了一个独特的视角，强调了作家应为边缘化和被压迫者服务，并忠于真理和自由价值观的重要性。演讲所用的例子形象有力，有效地强化了作者的论点，使演讲既有说服力又鼓舞人心。

选文三

当学生，当先生，当战争领导者

毛泽东

① 同志们现在都是学生，又何必来讲当学生呢？况且有一部分同志快毕业了，毕了业就不是学生，其他的同志也等不了多久就毕业，为什么还要说当学生呢？岂是学生要永远当下去吗？我说对的，学生要当一百年。什么道理呢？又是怎样讲呢？因为同志们快毕业了，其他的几个月以后也要毕业了，所以来对这个问题贡献点意见。

② 党校是学校，住在这里就是当学生。出了党校门是否学生就当完了呢？有人说是的，毕业了。我反对，我说不毕业，但文凭还是赞成发，毕业典礼也赞成举行，这是毕业又不毕业。毕业告一段落，毕业后还要大学特学。<u>学校生活是一种开门性质，把门打开是想进房子去。进了房子，事情就多得很，在里面吃饭、睡觉、做工作，可以住上十年、几十年。外面的大学三四年，此地的学校几个月，都是开门。</u>真正要研究东西，不是在学校，学校只算一张门，房子是中华民国，那里头才有多一点、深一点的学问供你研究。

③ 现在讲门与房子的关系，不开门就不能进房子，叫做关门主义。<u>强盗进房子，不得其门而入就要窬墙，小偷就打一个洞开扇小门，总而言之要开门。</u>学校虽只几个月，但学了一个方法，除了方法以外，还有什么没有？没有了，真的没有了。党校所学的是马列主义的方法、革命的方法、群众工作的方法、党的工作方法。<u>如同下河游泳，必须先学如何游法，但还不算大游泳家，必须要真的下河游一游。如果游到中间，掉下去了，就不算好角色</u>，是进门就呜呼。我们学的方法是为了战争，就要到各个战场上去做工作，在工作中取得胜利，才算好角色，但这张门的打开是要紧的。这是第一个问题的第一。

（A）比喻，学校生活是开门，校外生活是房子。

（B）类比，强盗和小偷

240

④ 第二，如果活一百岁，今年二十岁，那还有八十年学生可当。学校以外所学的比学校学的多得多。学校所学的只是两手的一个指头，校外学的却有几个指头。不但如此，孙中山先生是学生，学的是医；他学了三民主义没有？一点也没有学。他学了中国革命方针、方法、政策没有？一点也没有。但孙中山先生是中国民族民主革命的领袖，他的一套不是从学校来的，而是在外面的大学校学的。小党校在这里，其余如陕西、河南、湖北、湖南、江西、福建、广东等等都是大党校。如果周游列国，到了英国、美国、法国，那里也成了大党校，大党校者地球也。假使说党校在延安东十里，这话对又不对。对的是小党校在此，的确在此；不对的是大党校在全地球，那里面的东西多得很，天文地理等等之类，学之不尽，取之不竭。学到一百岁，人家替你做寿，你还是不可能说"我已学完了"。因为你再活一天，就能再学一天，你死了，你还是没有学完，而由你的儿子、孙子、孙子的儿子、孙子的孙子再学下去。照这样说，人类已经学了多少年呢？据说是五十万年，有文明史可考的只二三千年而已。以后还要学多少年呢？那可长哉长哉，不知有多少儿孙一代一代学下去。所以党校学生不可自称老爷，我们出去，要时常带着学习的态度。学校学习是第一章，以后要不断地学下去，活到老，学到老。书本以外的东西也要研究。书本上的与非书本上的都是可学的与应学的，而没写字的是大学校。在党校学了一个方法，出了学校还是学习，在实际斗争中，在工作中，尤其要老老实实当学生。

(C) 学习无止境

⑤ 我们在学校学了马克思主义，已经比孙中山还强些。讲到马克思，他有没有在学校学了马克思主义呢？据我所知，他不但没有学，并且相反，他学了反马克思主义。他的先生黑格尔是唯心论，马克思是唯物论，他们两个不相同。马克思主义是在学校外面学的，是在德国、法国等处看书、看事而学的。所看的事，有资产阶级和无产阶级打仗，有法国资产阶级革命、巴黎公社革命和英国劳工运动，并且学了中国革命。后来写了许多书，成为无产阶级革命的太上老君、开山老祖。他的法宝可使资产阶级头痛，法宝就是马克思主义，这是学校外面创造出来的。列宁也是在校外创造了列宁主义。中国也可以有列宁、马克思，党校七百人中间出一二十个马克思，并不稀奇。

⑥ 你们在学校已经学了马克思主义，将来继续学习，向工人学，向农民学，向知识分子学。还要向资本家学，就是研究资本家如何剥削的一套；还要向土豪劣绅学习，他们的鬼鬼怪怪要研究一下，他们为什么能富；还要向日本帝国主义学，为什么他有强大的飞机大炮，他的战略战术如何，政治情况又如何等等，同时打仗一定要了解他的情况，所谓知己知彼，百战百胜。知己要向自己学，如向工人、农民、知识分子、资本家等中国人，知彼就要知道帝国主义。

⑦ 我们要最后胜利，如不知己知彼，就不可能。知己知彼就得学习，就要随时随地当学生。

(节选自《党的文献》2013 年第 6 期，有删改)

知识卡片

本文为毛泽东于1938年8月22日在中共中央党校讲话的记录稿。当时处于抗日战争中,基于抗战和发展的需要,毛泽东致力于迅速在中国共产党内培养大批思想和实践经验兼备的干部人才。毛泽东在延安亲自领导开办了各种类型的学校并且在校内进行讲演。讲稿原文聚焦"当学生""当先生""当战争领导者"三个问题,逐一展开。毛泽东敏锐洞察到终身学习的必要性和重要性,切中毕业青年可能面临的问题困惑,演讲中流露出他对当时青年同志的激情鼓舞和殷切期盼。阅读本篇演讲词,能引发我们对终身学习的思考。

阅读指津

毛泽东留下了许多精彩的演讲,具有鲜明的个人风格。他的演讲稿在语言技巧上极为娴熟,善用多种修辞手法,语言风趣幽默,充满感染力。因此,在阅读时,可以品味作者如何将抽象的道理通过各种技法变得通俗易懂,以生动地表达自己的主张,增强文章的生动性和形象性,又营造出轻松的氛围。

拓展练习

1. 作者在演讲时观点明确,井井有条,请为本文绘制一幅思维导图。

2. 在开场白中作者提到"学生要当一百年"最贴近以下哪个观点(　　)

A. 学生应该永远不毕业。

B. 学生应该珍惜自己的大学生活。

C. 学生身份是一种特殊的身份。

D. 学生应该不断充实自己的知识。

3. 根据第⑤段的文意无法作出以下哪一项推断(　　)

A. 孙中山没有学习过马克思主义。

B. 马克思在校外创造马克思主义。

C. 黑格尔认同学生的马克思主义。

D. 列宁与马克思坚持在校外学习。

4. 有同学觉得作者的演讲展现了高超的语言艺术,对其进行了多处批点,请你选择一处批点加以补充。

5. 请结合文本的语言特点,完善下表相应维度的描述。

演讲稿评价表

纬　度	描　述	典型案例
演讲语言	————	《当学生,当先生,当战争领导者》

参考答案

1. 示例:

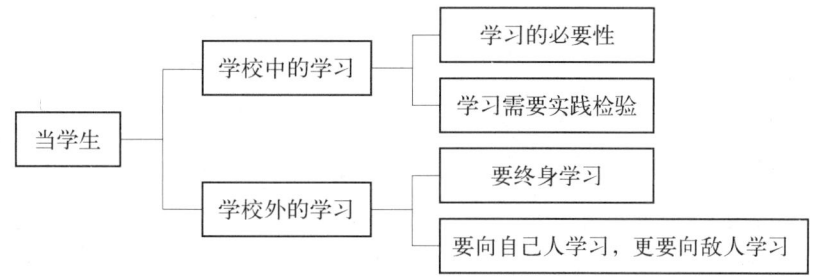

2. D

3. C

4. 示例:

(A)用生动形象的方式比喻了学校生活的开放性和多样性。通过开门这一隐喻,表达了学校生活是一个开放的机会。接着,通过提到在房子里的日常活动,表现了现实生活的丰富多彩。最后,作者再次使用了修辞手法来强调学校生活持续的时间性,可以住上十年、几十年。整句话逻辑清晰,语言简洁生动地表达了作者的观点。

(B)形象阐述了门与房子的关系,并将"关门主义"归纳为不能进入房子的原因。运用类比,强调了"开门"是进入房子的必要条件,无论是对持有房门钥匙的人还是破坏门进入的人都一样。语言简洁明了,意义深刻。

(C)强调学习的无止境性,是一个持续的过程。此外,这句话还指出,即使学习超越了一个人的有限生命周期,还可以由子孙延续下去。语言通俗易懂,且幽默风趣。

5. 示例:针对听众特征(或通俗或雅致);善用多种修辞手法;具有感染力。

 选文四

朝抵抗力最大的路径走

朱光潜

① 我提出这个题目来谈,是根据一点亲身的体验。有一段时间,我学过作诗填词。往往一时兴到,我信笔直书,心里想到什么,就写什么,写成了自己读读看,觉得很高兴,自以为写得还不坏,后来我把这些习作拿给一位精于诗词的朋友看,请他批评,他仔细看了一遍后,很坦白地告诉我说:"你的诗词未尝不能作,只是你现在所作的还要不得。"我就问他:"毛病在哪里呢?"他说:"你的诗词来得太容易,你没有下过力,你喜欢取巧,显小聪明。"听了这话,我捏了一把冷汗,起初还有些不服,后来对于前人作品多费了一点心思,才恍然大悟,那位朋友批评我的话真是一语破的。我的毛病确实是在没有下过力。意境要经过洗练,表现意境的词句也要经过推敲,才能脱去渣滓,达到精妙境界。洗练推敲要吃苦费力要朝抵抗力最大的路径走。福楼拜自述写作的辛苦时说:"写作要有超人的意志,而我却是一个人!"我也有同样的感觉,我缺乏超人的意志,不能拼死力往里钻,只朝抵抗力最低的路径走。

② 这一点切身的体会使我感触很深。它是一种失败,然而从这种失败中我得到一个很好的教训。我觉得不单在文艺方面,就是在立身处世的任何方面,贪懒取巧都不会有大的成就,要有大成就,必定朝抵抗力最大的路径走。

243

③ "抵抗力"是物理学上的一个术语。凡物在静止时都本其固有"惰性"而静止，要使它动，必须在它身上加"动力"，动力愈大，动愈速愈远。动的路径上不能无抵抗力，凡物的动都朝抵抗力最低的方向。如果抵抗力大于动力，动就会停止，抵抗力尽管低，聚集起来也可以使动力逐渐减小以至于消灭，所以物不能永动。静止后要使它续动，必须加以新动力。这是物理学上一个很简单的原理，也可以应用到人生上面。人像物质一样有惰性，要想他动，也必须有动力。人的动力就是他自己的意志力。意志力愈强，动愈容易成功；意志力愈弱，动愈易失败。不过人和一般物质有一个重要的区别：一般物质的动都是被动，使它动的动力是外来的；人的动有时可以是主动，使他动的意志力是自生自发自给自足的。在物的方面，动不能自动地随抵抗力增加而增加；在人的方面，意志力可以自动地随抵抗力之增加而增加，所以物资永远是朝抵抗力最低的路径走，而人可以朝抵抗力最大路径走。物的动必终为抵抗力所阻止，而人的动可以不为抵抗力所阻止。

④ 照这样看，人之所以为人，就在能不为抵抗力所屈服。我们如果要测量一个人有多少人性，最好的标准就是他对于抵抗力所拿出的抵抗力。我说"可以"不说"必定"，因为世间大多数人仍是惰性大于意志力，欢喜朝抵抗力最低的路径走，抵抗力稍大，他就要缴械投降。人生来是精神所附丽的物质，免不掉物质所常有的惰性。抵抗力最低的路径常是一种引诱。我们可以说，凡是引诱所以能成为引诱，都因为他是抵抗力最低的路径，最能迎合人的惰性。惰性是我们的仇敌，要克服惰性，我们必须动员坚强的意志力，不怕朝抵抗力最大的路径走。走通了，抵抗力就算被征服，要做的事也就算成功。

⑤ 历史上许多伟大人物之所以能有伟大成就，大半靠极坚强的意志力，肯向抵抗力最大的路径走。例如孔子，他是当时一个大学者，门徒很多，如果他贪图个人舒适，大可以坐在曲阜过他安静的学者生活。但是他东奔西走，席不暇暖，在陈绝过粮，在匡遇过生命的危险，他那副栖栖惶惶的样子颇受当时隐者的嗤笑。他为什么要这样呢？就因为他有改革世界的抱负，非达到理想，他不肯罢休。孔子看天下无道，就牺牲一切要拼命去改革它，是朝抵抗力最大的路径走。他说得很干脆，"天下有道，丘不与易也"。

⑥ 生命就是一种奋斗，不能奋斗，就失去生命的意义与价值；能奋斗，则世间很少有不能征服的困难。能朝抵抗力最大的路径走，是人的特点。一个人的生命之强弱，以能否朝抵抗力最大的路径走为准。一个国家或是一个民族也是如此。

⑦ 我们中华民族在历史上经过许多波折，从先秦到现在，没有哪一个时代我们不遇到很严重的内忧，也没有哪一个时代我们和邻近的民族挣扎，我们爬起来蹶倒，蹶倒了又爬起，如此者已不知若干次。从这简单的史实看，我们民族的生命力确是很强旺，它经过不断的奋斗才维持住它的生存权。这一点祖传的力量是值得我们尊重的。

⑧ 孟子说："天将降大任于斯人也，必先苦其心志，劳其筋骨，饿其体肤，空乏其身，行拂乱其所为，所以动心忍性，增益其所不能。"我们的时代是"天将降大任于斯人"的时代了，孟子所说的种种磨折，我们正在亲领身受。我希望每个中国人，尤其是青年们，要明白我们的责任，本着大无畏的精神，不顾一切困难，向前迈进。

（选自朱光潜《谈修养》，中华书局2018年版，有删减）

本文选自《谈修养》，作者是中国现代美学奠基人朱光潜。本书对如何提升自身修养等问题进行探讨，由于本书为20世纪40年代所著，作者不局限于个人的成长，更着眼于民族的复兴。因此，在内容上主要针对青年的种种困惑为起点，以民族的命运发展作为目标。本文从自身经历出发，探讨了"意志力"

与"抵抗力"之间的关系,劝勉青年朋友克服惰性和各种诱惑,以坚定的意志力为自身奋斗。语言恳切中肯,娓娓道来,对我们当代为人处事仍然有指导作用。

阅读指津

以说服为写作目的的文本,在写作过程中具备读者意识尤为重要,因为对青年朋友的劝勉往往容易异化为"说教"。阅读时要注意作者如何自然地引出论题,抛出观点,明确文本中的核心概念的内涵和外延,关注事实与观点之间的联系。

拓展练习

1. 第③段中的"抵抗力"是指_____。
2. 能依据文意做出的一项推断是(　　)
   A. 抵抗力增加则意志力增加。　　　　B. 意志力不受抵抗力所阻止。
   C. 惰性和诱惑会影响抵抗力。　　　　D. 征服抵抗力是成功的表现。
3. 有同学指出第⑤段所用的例子难以支持其观点,请你说明理由。
4. 请你从课内学习过的内容中,选取一个能够有力支撑第⑤段的观点的例子,并写一段不超过150字的例证。

参考答案

1. 示例:"抵抗力"是减弱(阻碍)人前进动力(意志力)的力量。

2. D(A选项对应第③段"人的方面,意志力可以自动地随抵抗力之增加而增加",虽然意志力和抵抗力呈正相关的关系,但文中用的是"可以"指向人有这种能力但并非绝对的关系,B选项与A选项相同都省略了"可以",使得表述绝对化。C选项对应第④段内容,但对象被替换了,惰性和诱惑影响意志力进而影响选择抵抗力的方向,不直接影响抵抗力本身的大小。)

3. 示例:第⑤段举孔子周游列国屡屡碰壁的例子来论证成就伟大成果需要极强的意志。这一事例缺乏典型性。孔子虽有极强的意志力以实现改革天下的目的,但这一成就并未达成。孔子的伟大成就在于儒家思想本身的伟大,他朝抵抗力最大的路走是对思想的钻研和传播。本段仅侧重在传播本身。

4. 示例:马克思在无产阶级革命的道路上执着前进,毋庸置疑,他在朝抵抗力最大的路径走。因为这条道路上满是荆棘,充斥着来自各国政府和资产者的驱逐、诽谤和诅咒。他毫不在意,仍以极大的意志力引领、号召、唤醒了千千万万革命战友。

(周　隽)

四 求真求实

达尔文学说问世以来生物进化论的发展概况及其展望(节选)

舒德干

① 达尔文主义的主要缺陷在于缺乏遗传学基础。于是,孟德尔遗传理论的创立,理所当然地为传统达尔文主义向新达尔文主义发展提供了良好契机。这个学派的主要贡献在于它不仅提出了遗传基因(gene)的概念,而且最终还用实验方法证实了,作为遗传密码,基因实实在在地存在于染色体上。

② 新达尔文主义的发展,从19世纪中叶到20世纪上半叶,经历了一段漫长的历史。比孟德尔稍晚些,自然选择学说的热烈拥护者、德国胚胎学家魏斯曼便提出"种质学说",认为生物主管遗传的种质与主管营养的体质是完全分离的,并且不受后者的影响,因而坚决反对"环境影响遗传"的假说。他做了一个十分著名的实验以反对拉马克主义的获得性遗传假说:他曾切断22个连续世代小鼠的尾巴,直到第23代鼠尾仍不见变短。这个实验现在看起来较为粗糙,但在历史上影响颇大。1901年德弗里斯提出"突变论",认为非连续变异的突变可以形成新种,成种过程无需达尔文式的许多连续微小变异的积累。不久丹麦学者约翰森又提出"纯系说",首次提出基因型和表现型的概念,并将孟德尔的遗传因子称作"基因",并一直沿用至今。他认为生物的变异可以区分为两类:一是可遗传的变异,叫基因型;另一类不可遗传,叫表现型。新达尔文主义至20世纪20年代摩尔根《基因论》的问世,已处于成熟阶段。1933年摩尔根由于染色体遗传理论而荣膺诺贝尔奖。

③ 通过精密的实验,《基因论》将原本抽象的基因或遗传因子的概念落实在具体可见的染色体上,并指出基因在染色体上呈直线排列,从而确立了不同基因与生物体的各种性状间的对应关系,这为日后分子生物学的发展奠定了坚实基础。同时,《基因论》使生物变异探秘成为可能。例如,杂交之所以能引起变异,其内在原因就在于杂交引起了基因重组。

④ 新达尔文主义将孟德尔遗传理论发展到了一个深入探索物种变异奥秘的新阶段。此外,摩尔根提出了"连锁遗传定律",这是对孟德尔第二定律的重要补充和发展。它新就新在将遗传基因具体化了,并指出物种的形成途径不仅有达尔文渐变式,更有大量的突变式。这既是对传统达尔文主义的挑战,更为后者做出了理论上的重要补充和修正。

⑤ 当然,新达尔文主义也存在一些局限性,因为它研究生物演化主要限于个体水平,而实际上进化

是一个在群体范畴内发生的过程,因而科学界提出达尔文自然选择理论与新达尔文主义遗传理论和群体遗传学的有机结合。

⑥ 1936—1947年间产生的现代综合进化论,与其说是产生于新的知识和新的发现,还不如说产生于新的概念和学术观点。由于进化是涉及生物的全方位协同变化的过程,其中有地理的,也有历史的;有表现型的,更有基因型的;有个体现象,更有群体的综合机理。因而进化论研究应尽量避免学科间的分离和对立,力求各学科的有机统一和内在融合。由于物种演化是种内的群体行为,而同一物种基因库内基因的自由交流告诉我们,必须以群体为单位来研究物种的演化。过去无论是拉马克学说、达尔文学说,还是新达尔文主义,都是从个体变异入手探讨物种演化,那实际上很难准确揭示出变异的真实过程及其进化效应。因而,现代综合论使遗传学、系统分类学和古生物学携手联合,贡献出了一种"现代达尔文主义",它使达尔文的自然选择理论与遗传学的事实协调一致起来。

⑦ 综合理论在进化论研究方法上明显有别于所有以个体为演变单位的进化学说,其中数理统计方法的应用十分重要,且主张物种形成和生物进化的机制应包括基因突变、自然选择和隔离三个方面。突变是进化的原料,必不可少,它通过自然选择保留并积累那些适应性变异,再通过空间性的地理隔离或遗传性的生殖隔离,阻止各群体间的基因交流,最终形成了新物种。

(节选自舒德干《达尔文学说问世以来生物进化论的发展概况及其展望》,《自然杂志》2014年第36卷第1期)

知识卡片

本文改编自《物种起源》(增订版)一书的"导读"部分,作者舒德干,中国科学院院士,现任职于西北大学地质学系早期生命研究所及大陆动力学国家重点实验室,其研究领域为古生物学,主持翻译《物种起源》并撰写"物种起源导读"和"进化论十大猜想"。选文撷取了其中有关新达尔文主义到现代综合理论的研究概述,深入浅出地向读者介绍了自达尔文学说诞生以来,生物进化论经历了孟德尔颗粒遗传理论、新拉马克主义、新达尔文主义直到现代综合进化论建立的发展历程。

阅读指津

本文主要介绍了生物进化中的遗传基因具体化概念,阐述了摩尔根如何通过实验将抽象的基因或遗传因子的概念落实在具体可见的染色体上,并建立了不同基因与生物体的各种性状间的对应关系。本文涉及以下几方面内容:一是界定生物进化的基本概念;二是分析传统达尔文主义无法解释生物进化的机制和规律的原因;三是阐释遗传基因在生物进化中的作用;四是介绍摩尔根提出的遗传基因具体化的概念及其实验方法;五是帮助读者认知遗传基因具体化对生物进化研究的意义和作用。

拓展练习

1. 以下哪个人对新达尔文主义的发展做出了重要贡献(　　)
 A. 孟德尔　　　　B. 魏斯曼　　　　C. 德弗里斯　　　　D. 摩尔根

2. 以下哪项是基于《基因论》的相关理论对生物学发展的推断(　　)
 A. 生物体的性状由基因在染色体上的直线排列决定。
 B. 分子生物学的发展与基因在染色体上的直线排列有直接关系。

C. 杂交可以引起基因重组,从而导致生物的变异。

D. 杂交是生物体发生性状变化的唯一原因。

3. 根据文本内容,下列哪个事例能够较好地支持进化中的突变与自然选择理论(　　　)

A. 在一片森林中,某种昆虫的翅膀颜色发生突变,使其能更好地融入环境,避免捕食者的注意。

B. 一种细菌群体在实验室条件下经过多代的繁殖后,逐渐表现出对抗抗生素的耐药性。

C. 在一个湖泊中,鱼类群体中出现了一种新的咬合结构,使其能够更有效地捕食猎物。

D. 在一座山脉中,不同海拔高度的植物群体出现了明显的形态和生理差异。

4. 请概括本文中有关"现代综合进化论"段落的论证思路。

5. 4月1日是国际爱鸟日。学校学生社团"护鸟社"注意到校园中的珠颈斑鸠似乎与生物图鉴上的图片有些不同,出现了新的生物特征。请你结合本文中的相关理论,向同学们谈谈你对这个特征的起源和演化机制的思考。

参考答案

1. D(文本中提到摩尔根于20世纪20年代发表了《基因论》,这一理论对基因与遗传的研究起到了重要推动作用。此外,文本还提到了摩尔根因染色体遗传理论而获得了诺贝尔奖。因此,摩尔根是对新达尔文主义发展做出重要贡献的人物。)

2. C(文中提到《基因论》将基因的概念具体落实在可见的染色体上,并指出基因在染色体上呈直线排列。这意味着不同基因与生物体的各种性状之间存在对应关系。在这种情况下,杂交的发生可以引起基因的重组,使得不同基因之间的组合发生变化,从而导致生物的变异。因此,选项C是基于《基因论》的相关理论对生物学发展的推断。)

3. B(在实验室条件下,细菌群体经过多代的繁殖,突变产生了对抗抗生素的耐药性。这符合突变是进化的原料,并通过自然选择保留适应性变异的观点。在这种情况下,由于抗药性突变的个体具有更好的生存优势,能够在受到抗生素压力的环境中存活下来,并将这种有利的基因遗传给后代,导致整个群体逐渐表现出对抗抗生素的耐药性。)

4. 本文首先指出现代综合进化论产生于新的概念和学术观点,并强调进化研究需要避免学科间的分离,力求各学科的统一和融合。接着,文中提到物种演化应以群体为单位研究,而过去的学说较难揭示变异的真实过程和进化效应。因此,现代综合论整合了遗传学、系统分类学和古生物学,形成了"现代达尔文主义"。最后,文中指出综合理论采用数理统计方法,认为物种形成和生物进化包括基因突变、自然选择和隔离三个方面,进化的最终结果是形成新物种。

5. 各位同学,我认为校园中的珠颈斑鸠出现新的特征,可能有以下因素起到了关键作用:

(1) 突变:某个基因突变导致了新特征的出现。例如,某种鸟类可能发生了羽毛颜色的突变,从而形成了与周围地区不同的特征。

(2) 自然选择:如果这个新特征对鸟类在城市环境中具有适应性优势,例如对城市中的食物资源利用更高效,或者对城市噪音环境具有更好的耐受能力,那么这个特征会在群体中得到保留和积累。

(3) 隔离:城市中的鸟类群体可能与周围地区的群体存在地理隔离,例如由于城市化导致了不同栖息地的形成。这种隔离会限制基因交流,促进城市鸟类群体内的遗传特征的积累和差异。例如,城市的高楼大厦和人工环境可能形成了一种独特的栖息地,使得城市鸟类群体与周围自然环境的鸟类群体存在明显的区别。

综合以上分析,可能在该城市的鸟类群体中,突变、自然选择和隔离这三个因素起到了关键作用。突变提供了新特征的基因变异基础,自然选择则促使适应城市环境的特征在群体中得到保留和积累,而隔离则限制了与周围地区鸟类群体的基因交流,进一步加强了新特征在城市群体中的表现。

选文二

太空碰撞

刘 卫

① 曾经,太空碎片碰撞还是科幻电影中的桥段。现在,这种危险真实存在了——2021年7月和10月,美国太空探索技术公司发射的星链卫星先后两次接近中国空间站,导致中国空间站采取紧急避碰措施。而这,并不是个案。太空如此广袤,为何也会出现这种情况?卫星不能随便"飞"吗?太空"交通规则"该如何建立?

② 人类在从地心说到银河系的认识过程中,发现天体普遍具有自转的特征,牛顿无法解释其产生的原因,于是说可能是"上帝之手推了它一把"。根据高中物理所学的"万有引力"定律,地球轨道上的空间物体,在地心引力作用下在各自的圆或椭圆轨道上运行。在没有外部干扰力时,在轨空间物体的轨道是不会发生变化的,更不会发生碰撞。

③ 如今我们已经明白,地球并非正球形天体,赤道半径比极地半径约长21公里,且赤道面也存在轻微隆起。可以将地球形象地比作被压扁的篮球,并在赤道对称位置粘贴上两块"泥巴"。这两块"泥巴"正是同步轨道卫星会产生东西方向漂移的奥秘之一,同步轨道卫星需要定期耗费一定燃料"抵御"干扰,进行轨道位置保持。由于携带燃料有限,所以存在轨道寿命的制约。

④ 但是,没有"但是"——在地球非球形、海洋潮汐、大气阻尼、日月等天体的作用下,绕地球运行的空间物体轨道始终处于缓慢变化之中。根据干扰力的性质不同,轨道变化分为周期性变化和长期变化。轨道缓慢变化,高度相近的空间物体存在近似周期性的接近,称之为"近距离交会事件"。

⑤ 事物总具有两面性,既对立又统一。正如地球扁率摄动加以利用,可设计出太阳同步轨道,便于遥感等卫星获取相同光照条件下的图像。与此同时,干扰力的存在给精确预报轨道带来困难和挑战。尤其是在太阳活动的扰动下,难以准确预计低地球轨道上的大气密度环境,导致空间碎片预警工作中的虚警和漏警问题。所谓"虚警",即高估了两空间物体的交会风险,引发不必要的避碰工作,既浪费航天器宝贵的燃料,又影响正常的卫星观测任务等工作开展。"漏警"指低估了空间物体的交会风险,使航天器或航天员处于极度危险之中。

⑥ 空间的发展需要有序规划、遵守秩序。动辄数万颗的巨型星座规划是否必要?太空中的跑马圈地是否应当被限制呢?

⑦ 以规划4.2万颗卫星的星链卫星星座和4.8万颗的一网星座为例,下面,我们来概述其带来的风险与挑战。自2021年12月底星链开始实施以来,已先后发射了35批次,共计将1942颗卫星送入地球轨道,目前仍在轨1794颗。星链卫星主要分布在倾角53度,运行高度覆盖200—550公里的空间区域内。一网卫星星座开始实施以来,已发射11批次,共计将358颗一网卫星送入地球轨道,目前仍在轨358颗。这些卫星主要分布在倾角88度,高度600/900/1 200公里的空间区域内。为提高运载效率,节省成

本,钢铁侠埃隆·马斯克的星链卫星通常采用一箭60星的方式,批量送至约300公里高度的轨道,大约需要两个多月的时间,爬升到550公里的运行高度。

⑧ 轨道爬升期间,要穿越空间站运行的近圆形轨道区域,下面,我们随机选取2021年一个月内,与天和空间站的近距离接近事件进行统计。结果显示,交会距离在10、30、50、70和100公里以内的总交会次数分别为28次、468次、1452次、2680次、6034次,与星链卫星交会次数分别为4次、134次、428次、722次、1232次。

⑨ 地球上行进需要交通规则,太空中也是如此,科学技术研究、特别是在太空等公共区域的探索也应该在一定的规则框架内进行。古语讲"无规矩不成方圆",太空交通也有相应的"规矩"。联合国已经制定了外层空间行为的国际法,很显然,美国太空探索技术公司并没有遵守这一法规。

⑩ 我们希望随着太空技术的迅猛发展,能够修订和完善联合国层面的太空探索法律法规,让大家都能有法可依。也希望各个国家都能在国际法框架下进行科学研究和空间活动,否则将会害人害己。探索太空、利用太空是人类共同的事业,需要我们携起手来,共同前行。

(节选自刘卫《太空碰撞,危险如何规避?》,《光明日报》2022年1月20日)

知识卡片

本文节选自2022年1月20日《光明日报》科普专栏的文章,作者刘卫,中国科学院国家空间科学中心副研究员,专攻空间轨道安全研究,曾参与我国火星车研制计划,多次在《光明日报》等刊物撰写科普文章,向青少年读者介绍轨道空间安全、火星登陆等空间科技热点话题,深受读者喜爱。

阅读指津

本文是一篇科普小品文,旨在帮助青少年读者了解太空碰撞对太空探索和使用的危害性,并提出太空碰撞的根源在于由于受到地球非球形、海洋潮汐、大气阻尼、日月等天体的作用,绕地球运行的空间物体轨道始终处于缓慢变化之中,导致轨道变化分为周期性变化和长期变化;并从建立太空"交通规则"、加强空间碎片预警工作、开发新技术等角度分析如何防范太空碰撞。文章内容深入浅出,联系马斯克"星链"等最新航天科技动态信息,有助于青少年读者认识当前错综复杂的太空安全局面。

拓展练习

1. 本文第③段中画线句提到的"泥巴",在文中具体指的是_____。
2. 以下哪个案例可以用来分析并支持本文中关于地球形状和同步轨道卫星漂移的理论(   )
   A. 一枚足球在滚动过程中的轨迹变化　　B. 月球绕地球的椭圆轨道
   C. 高速列车在曲线上的运动轨迹　　　　D. 鱼在水中的游动路径
3. 星链卫星的大规模部署可能会带来以下哪项风险和挑战(   )
   A. 轨道位置保持困难和耗费燃料　　　　B. 地球形状的变化导致碰撞风险增加
   C. 太阳活动扰动导致轨道变化不可预测　D. 星链卫星的数量超过联合国规定的限值
4. 概括本文的行文思路。
5. 小王根据高中物理课上所学的"万有引力"定律,提出"地球轨道上的空间物体在地心引力作用下在各自的圆或椭圆轨道上运行"的推断。根据本文的相关观点,请判断小王的推断是否成立?

参考答案

1. 文本中的"泥巴"指的是同步轨道卫星所处位置上的两个质量分布不均匀的区域,用以解释同步轨道卫星产生东西方向漂移的原因。

2. B(本文中提到地球的形状不是正球形,而是被压扁的篮球形状,并且赤道面存在轻微隆起。这种不规则的地球形状会对绕地球运行的空间物体的轨道产生影响。同样地,月球绕地球的轨道也是一个椭圆轨道,而不是完美的圆形。因此,选项B中的月球绕地球的椭圆轨道可以作为一个实际案例来支持本文中关于地球形状和轨道变化的理论。)

3. A(根据文章内容可知,星链卫星的大规模部署可能会导致轨道位置保持困难和耗费燃料的问题。由于地球形状的变化和其他干扰力的存在,绕地球运行的物体的轨道会发生缓慢变化,因此需要定期耗费燃料来保持轨道位置。这意味着星链卫星的大规模部署会增加轨道位置保持的困难,并且消耗更多的燃料。因此,选项A是正确答案。)

4. 文章首先介绍了太空碰撞的现实存在,并提到了美国星链卫星接近中国空间站的事件。接着,文章解释了太空物体轨道变化的原因,包括地球形状和其他干扰力。随后,文章讨论了近距离交会事件以及空间碎片预警工作中的虚警和漏警问题。接下来,文章探讨了太空交通规则的必要性,并提到了星链卫星和一网卫星的规模部署可能带来的风险和挑战。最后,文章呼吁修订和完善联合国层面的太空探索法律法规,并强调了国际合作和共同推进太空探索的重要性。

5. 不成立。根据文章内容可知,尽管地球上的物体在地心引力作用下在各自的轨道上运行,但在地球非球形、海洋潮汐、大气阻尼以及其他天体的作用下,绕地球运行的空间物体的轨道会发生缓慢变化。这意味着空间物体的轨道不会保持不变,也不会永远保持在圆或椭圆轨道上运行。因此,根据文章所述"轨道会发生变化",高中物理所学的"万有引力"定律无法完全解释空间物体轨道变化的原因。

选文三

中国近代计量的萌生与地球观念的影响(节选)

关增建

① 中国近代计量的萌生,不仅仅是由于温度计和近代机械钟表等计量仪器的出现,更重要的还在于新思想的引入。没有与近代计量相适应的科学观念,近代计量也无从产生。这些观念不一定全部是近代科学的产物,但没有它们,就没有近代计量,地球观念就是同样如此。

② 地球观念的产生,与17世纪的近代科学革命无关,但它却是近代计量产生的前提。如果没有地球观念,法国议会就不可能于18世纪90年代决定以通过巴黎的地球子午线的四千万分之一作为长度的基本单位,从而拉开近代计量史上米制的帷幕。没有地球观念,也就不可能有时区划分的概念,时间计量也无从发展。所以,地球观念对于近代计量的产生是至关重要的。

③ 中国传统文化中没有地球观念。要产生科学的地球观念,首先要认识到水是地的一部分,水面是弯曲的,是地面的一部分。中国人从来都认为水面是平的,"水平"观念深入到人们思想的深层,这无疑会阻碍地球观念的产生。在中国古代几家有代表性的宇宙结构学说中,不管是宣夜说,还是有了完整理论结构的盖天说,乃至后来占统治地位的浑天说,从来都没有科学意义上的地球观念。到了元朝,西方的地

球说传入我国,阿拉伯学者扎马鲁丁在中国制造了一批天文仪器,其中一台叫"苦来亦阿儿子",《元史·天文志》介绍这台仪器说:

苦来亦阿儿子,汉言地理志也。其制以木为圆毬,七分为水,其色绿;三分为土地,其色白。画江河湖海,脉络贯穿于其中。画作小方井,以计幅圆之广袤、道里之远近。

④ 这无疑是个地球仪,它所体现的,是不折不扣的地球观念。但这件事"并未在元代天文学史上产生什么影响"。到了明代,地球观念依然没有在中国学者心目中扎下根来。这种局面,一直到明末清初,传教士把科学的地球观念引入我国,才有了根本的改观。

⑤ 地球观念的引入,从利玛窦那里有了根本改观。《明史·天文志一》详细介绍利玛窦引进的地球说的内容:

其言地圆也,曰地居天中,其体浑圆,与天度相应。中国当赤道之北,故北极常现,南极常隐。南行二百五十里则北极低一度,北行二百五十里则北极高一度。东西亦然,亦二百五十里差一度也。以周天度计之,知地之全周为九万里也。

⑥ 这是真正的地球说。由这段话可以看出,当时人们接受地球学说,首先是接受了西方学者对地球说的论证,所谓"南行二百五十里则北极低一度,北行二百五十里则北极高一度",就是地球说的直接证据。对这一证据,唐代一行在组织中国历史上第一次天文大地测量时就已经发现,但未能将其与地球说联系起来。而传教士在引入地球说时,首先把这一条作为地球说的证据进行介绍,从而引发了中国人的思考,思考的结果是,他们承认了地球说的正确性。对此,有明末学者方以智的话为证,他在其《通雅》卷十一《天文·历测》中说:"直行北方二百五十里,北极出高一度,足征地形果圆。"

⑦ 中国人接受地圆说,当然就承认水是地的一部分。方以智对此有明确认识,他在《物理小识》卷一《历类》中说:"地体实圆,在天之中。……相传地浮水上,天包水外,谬矣。地形如胡桃肉,凸山凹海。"方以智的学生揭暄更是明确地指出了水面的弯曲现象:"地形圆,水附于地者亦当圆。凡江湖以及盆盎之水,无不中高,特人不觉耳。"这样的论证,表明西方的地球说确实在其中国支持者那里找到了知音。

⑧ 有了地球观念之后,计量上的进步也就随之而来。例如,在计量史上很重要的时差观念即是如此。时差观念与传统的地平大地说是不相容的,所以,当元初耶律楚材通过观测实践发现时差现象之后,并没有进一步得出科学的时差概念,他只是提出了在地面上东西相距较远的两地对于同一事件有不同的时间表示,可这种时间表示上的差别与大地形状、与两地之间的距离究竟有什么样的关系,他则语焉不详。不从科学的地球观念出发,他也无法把这件事讲清楚。而不了解这中间的定量关系,时间计量是无法进行的。

⑨ 地球观念的传入,彻底解决了这一问题。利玛窦介绍的地球说明确说道:"两地经度相去三十度,则时刻差一辰。若相距一百八十度,则昼夜相反焉。"这是科学的时区划分概念。有了这种概念,再有了HMS时制以及达到一定精度的计时器(如摆钟),就为近代意义上的时间计量的诞生准备了条件。

(节选自关增建《中国近现代计量史稿》,山东教育出版社2005年版)

知识卡片

本文选自《中国近现代计量史稿》,作者关增建,科学史博士,上海交通大学人文学院科学史与科学哲学系教授、博士生导师,主要从事物理学史、计量史研究,出版著作6部,发表论文百余篇,其所撰写的《天文学上的旷世之争》被选入普通高中语文教材。《中国近现代计量史稿》一书为"中国近现代科学技术史研究丛书"之一,较为系统地对中国近现代计量史做了系统的论述和分析,全面揭示了中国近现代计量的产生、发展和实现现代化的历史过程。

阅读指津

本文主要讲述了中国近代计量的萌生与地球观念的重要性。文章指出,新思想的引入是近代计量产生的前提,而地球观念则是近代计量的必要条件。中国传统文化中缺乏地球观念,这阻碍了科学地球观念的形成。直到明末清初,传教士把科学的地球观念引入中国,才有了根本的改观。有了地球观念之后,计量上的进步也就随之而来。文章中还介绍了地球仪的历史以及时差观念的重要性。阅读本文需要一定的历史和科学背景知识,了解近代计量和地球观念的发展历程,以及中国传统文化中的宇宙观念。

拓展练习

1. 以下对于中国近代计量的产生与地球观念之间的关系描述最合适的一项是(   )
   A. 地球观念是近代计量的先决条件。 B. 地球观念与近代科学革命密切相关。
   C. 地球观念在中国传统文化中已经存在。 D. 地球观念对计量没有实质性的影响。

2. 为何"水平"观念会影响到地球观念在中国古代产生(   )
   A. "水平"观念导致中国人无法意识到水面的弯曲特性。
   B. "水平"观念使中国人认为地球是一个平面而非球体。
   C. "水平"观念使中国人难以理解地球的形状和结构。
   D. "水平"观念与中国古代宇宙结构学说相冲突,阻碍了地球观念的形成。

3. 根据文本内容及所提及的相关历史文献,以下哪个选项正确地描述了中国人对地球观念的态度演变过程(   )
   A. 在《元史·天文志》中,中国人开始接受地球的圆形形状,但直到《明史·天文志一》时才形成科学的地球观念。
   B. 《天文·历测》和《历类》是明代后期的文献,中国人通过这些文献逐渐接受地球的圆形形状。
   C. 《元史·天文志》和《明史·天文志一》都提到了地球的圆形形状,这些文献标志着中国人的地球观念的正式形成。
   D. 文中未提及具体的历史文献及中国人对地球观念的态度演变过程,无法确定正确答案。

4. 请简要分析作者以《明史·天文志一》为例详细分析的意图。
5. 梳理本文的行文思路。

参考答案

1. A(文章中明确指出,没有地球观念,近代计量无从产生。地球观念对于近代计量的产生至关重要,它为米制的出现提供了基础,并推动了时区划分和时间计量的发展。因此,选项A是正确答案。)

2. B(文章指出中国人普遍认为水面是平的,而"水平"观念深入到人们思想的深层。因此,中国人将水面视为平坦,无法意识到水面的弯曲特性,进而认为地球是一个平面而非球体。)

3. A(文章提到了《元史·天文志》和《明史·天文志一》这两个历史文献,指出利玛窦通过引入地球说的内容使中国人开始接受地球的圆形形状。然而,在《元史·天文志》中,并没有对地球观念产生深远影响。直到《明史·天文志一》中，中国人通过接受西方学者的地球说论证，才形成了科学的地球观念。因此，选项 A 是正确答案，描述了中国人对地球观念的演变过程。）

4. 分析作者详细分析《明史·天文志一》内容的意图可以看出，作者的目的是强调利玛窦引入的地球观念对中国学者的影响。通过详细介绍《明史》中的内容，作者旨在展示利玛窦对地球说的论证和地球观念的论述，以此证明地球观念的正确性和科学性。通过这种方式，作者试图证明传教士对于中国学者接受地球观念的重要性，并以此支持文章主题中地球观念对近代计量的产生至关重要的论点。

5. 本文首先介绍了近代计量的萌生与新思想的关系，强调了地球观念对计量的重要性。接着，文章指出中国传统文化中缺乏地球观念，阻碍了近代计量的产生。然后，文章讨论了传教士引入地球观念对中国学者的影响，以及地球观念对计量上的进步和时差观念的作用。最后，文章总结地球观念对近代计量的关键影响，提出地球观念为米制和时间计量的诞生奠定了基础。

（秦　岭）

五　理论的价值

选文一

马克思的学说对当代中国文化改造的价值启示

王德峰

① 从19世纪到20世纪二百年的历史的进程已经证明，马克思的异化学说切中了当代人类处境的根源，同时也切中了西方近代主体原则的虚无主义本质。与人的感性生命相统一的"感性的自然界"则沦为资本这个绝对主体的自我增殖所使用的"物质客体"。与"物质客体"对峙的是由形而上学传统所设定的、作为纯粹认识主体的"人"。这个"人"一方面不得不把自己活生生的感性活动降格为抽象的谋生手段，另一方面则把占有抽象的、量化了的社会权力当作生命的意义。这就是马克思对当代文明的虚无主义真相的揭露，一部《1844年经济学哲学手稿》充满了对于这种当代虚无主义的富于启示性的讨论。

② 今天的中国已被全面地卷入经济全球化的过程之中，这是一个不争的事实。这是资本按其本性的国际化而使"世界历史"成为"经验事实"的必然结果，无关乎我们主观上的喜恶。但中国仍然是中国而非西方，这同样也是一个不争的事实，同样也不关乎我们的喜恶。这样，在西方规则中的经济生活与我们民族的实际生活的情感趋向之间就形成了一种彼此外在的关系。然而，民族生活是不能分裂的，就像一个人的人格是不能分裂的一样。这是一种正在被日益感受到的现实痛苦。不过，这痛苦同时也表明了精神感觉上的敏锐还未丧失，这种属于基本的人文精神上的敏锐，是我们民族深厚的文化精神传统所铸就的。五四以来，人们大抵上只从消极的方面看我们民族的精神传统，多是看出其体现在政治文化和社会关系习俗上的积弊，从而使它承担了中国落后之渊薮的罪责。然而，殊不知，在中国文化精神所养育的中国人的基本生活态度中，始终有其健康而生气不竭的因素。这种生气不竭的因素，若用马克思的表达式来说，源自对人的社会存在的感性确证，而这种感性确证之要求，正是马克思所说的"实践"中的能动的感性意识。

③ 也许有人会拿西方近代哲学的标准来批评中国文化精神传统，那他就只能看出其不够发展、在理性上不成熟。若他进而以此来写一部中国哲学史，那就只能看到中国古代哲学思想之低于西方哲学，或者甚至是处在"前哲学"阶段的未成熟的思想。事实上，西方近代形而上学之范式长久以来一直主宰着我们的中国哲学史之研究与编撰，尽管不少学者也同时一再地强调中国思想另有高妙之处而非西学所能及，然而这种强调由于不能消解其基本范式，最终还是流于空谈。

④ 我们相信，摈弃西方近代形而上学的范式与框架是中国哲学之研究获得新生的唯一出路。这一

条出路正是由马克思的哲学革命而被指点出来的。重新思考中国思想文化传统之得失,反省中国文化之生命,必须依循马克思学说的指导。就我们目前所能达到的尚属浅陋的理解而言,这样的指导作用主要表现在下述两个方面。其一,在理解和研究中国文化史的过程中应当始终坚持感性活动的历史原则,即从我们民族的历史生活的感性基础出发揭示隐藏在中国文化观念中的感性意识内涵;其二,重新认识中国思想"意识形态化"的特殊路径,由此揭明马克思所指认的人类感性活动之异化的普遍命运在中国历史中的实现方式,从而达成我们民族对自身文化传统的真实而有积极成果的批判。

⑤ 在此意义上,我们深信,马克思的学说对于我们自觉地抵御当代西方的现代性病症、运用历史批判的基本方法从我们自身文化的根基处开启中国先进文化发展之道路具有关键的引领作用。这既是马克思学说的中国化过程,同时又是中国文化之积极参与世界文明的变革的过程。

⑥ 马克思的学说是一个富于当代意义的思想宝库,这对于面临着自身文化改造之任务的当代各民族来说都是如此,而打开这一宝库的钥匙,则只有通过在当代问题中领会马克思的哲学革命,才能为我们所掌握。

(节选自王德峰《在当代问题中重温马克思的哲学革命》)

知识卡片

理论的价值不仅在于指导过去的实践,也能对当下和未来的问题带来启示,起到引领作用。马克思的哲学革命已过去了将近一个半世纪,至今仍焕发着极大的理论价值。它揭示了资本主义社会的演化规律,指明了无产阶级的历史使命,阐发了共产主义社会的基本特征。马克思学说的当代性取决于它是否切入了我们的时代问题所在的核心,并对此核心有它自己的深刻洞见。对这一点进行辨析,要求我们重温马克思的哲学革命。复旦大学著名哲学教授王德峰在《在当代问题中重温马克思的哲学革命》一文中通过对马克思的异化概念、实践概念和"历史科学"概念的扼要讨论,指认马克思的哲学革命从根本上反省了哲学本身的传统。

阅读指津

节选内容聚焦于马克思学说对当代中国文化和哲学思想之出路的启示意义,引领读者思考经典理论的当代价值。阅读中需要把握文章严谨的结构和逻辑,细致分析文章的总体框架、段落组织和推理逻辑,以便更好地理解行文思路和主旨。另一方面,理论类文章通常是为了探讨某个理论问题或解决实践问题而写作的,需要把握其写作的必要性和现实意义,从而辨别文章的价值和学术意义。

拓展练习

1. 第②段加点词"仍然是中国"是指_____。
2. 下列材料可填入文中第____段后。

东西方智慧的对话与相互启发是一条漫长而艰难的路。我们今天的任务正是在于让这条路不被阻断而始终保持其向前伸展的可能,而这样的保持,离开中国当代思想界的不懈努力以及我们民族的生命实践,就是不可能的。因而,我们更能相信马克思在《德意志意识形态》中所作出的简明而具有深远见地的提示:"由于普遍的交往……每一民族同其他民族的变革都有依存关系"。

  A. ②   B. ③   C. ④   D. ⑤

3. 依据文章内容,以下各项符合文意的一项是(　　)

A. 马克思在《1844年经济学哲学手稿》中提出了走出当代文明虚无主义的具体措施。

B. 我们民族的实际生活的情感趋向与在西方规则中的经济生活之间形成了分裂。

C. 中国哲学研究获得新生的唯一出路是推翻西方近代形而上学的范式与框架。

D. 马克思所说的"实践"中的能动的感性意识形成了中国人的基本生活态度。

4. 第③段画线句在论证上有何作用,请结合材料内容进行分析。

5. 下面语段与运用马克思学说对中国文化加以改造的方式是否一致?请说明你判断的理由。

　　我们的文化前途,要用我们自己内部的力量来补救。西方新科学固然要学,可不要妨害了我们自己原有的生机。不要折损了我们自己原有的活力。能这样,中国数千年文化演进的大目的,大理想,仍然可以继续求前进求实现。

——钱穆《中国文化史导论》

1. 中国的文化精神传统并未与西方同化

2. D

3. B

4. 第③段画线句引入虚拟论敌,反驳运用西方近代哲学的标准评价中国文化精神传统的方式,因为这种范式长期以来主导着中国哲学史的研究和编撰,使得对中国思想文化传统的研究无法得到新生。从而推动后文提出的使用马克思学说来重新思考中国文化传统,才能摆脱形而上学的限制,真正理解和发扬中国文化的感性意识内涵的观点,使论证更加严谨,更具有说服力。

5. 不一致。本文主张通过领会马克思的哲学革命来重新认识中国文化传统并进行批判性反思,以求在当代问题中掌握解决文化改造问题的关键。而钱穆在这段话中则强调保护和继承中国的原有文化生机和活力,抵御西方新科学对中国文化的妨害。两者的重点和方法都不同,虽然都涉及对中国文化的发展和变革,但意图和方向不同。

慢速审美

材料一:

　　① 木心曾在旅途中写下一首小诗《从前慢》,它既是对已逝记忆的怀旧,也是对前现代时期小镇日常生活的"慢记忆"的书写,可以将之视为一个现代性的寓言文本。今天,现代生活的快节奏使城市成为一座座"魔都",在工业化的高速流水线上,"竞速"成为现代人生活的追求和方向。现代人像旋转的齿轮一样沉沦于各种"竞速"中,日益成为城市流水线和机器的附庸。

　　② 意大利人佩特里尼是西方较早的慢生活提倡者,发起了"慢食"运动。"慢食"运动是对"快餐文化"的反对,呼吁放慢进食速度,保持进餐的身体在场感,注重进餐时与他人的情感交流。在"慢食"运动基础上,新西兰人帕金斯提出"慢速生活"理念,提倡在加速时代保持慢速生活的模式,借以抵抗加速生存所带来的压力。"慢速生活"理念不仅让我们反思竞速的生存模式,同时也提出了具体的抗争和抵抗姿

257

态。"慢食"运动和"慢速生活"理念都传达出速度批判的人文关怀,也是加速现代性视域下个体的审美救赎策略。

③ 在中国,对慢速审美的提倡古已有之,传统文化中提倡"欲速则不达"的观念,在日常生活美学中,太极、书法、棋艺、茶道、园林等传统文化审美形式,都提倡在快与慢之间寻求一个平衡点,保持适当的生活节奏和张力。在当下的短视频创作实践中,一系列以"从前慢"为主题的短视频被生产和传播,映射出身处加速时代的人们对于传统生活态度、情感关系、文化精神的追忆与传承。此外,城市公园、湿地、绿道、休闲街区等的建立,也为现代人的慢生活和慢审美提供了空间。"慢城运动"提倡一种新的城市规划,呼吁不仅要放缓城市节奏,更要关注城市美化、城市绿化和城市传统工艺的传承。

(节选自杨向荣、雷云茜《走向慢速审美现代性——竞速时代的文化镜像及其审美反思》,《探索与争鸣》2022年第7期)

材料二:

① _____? 显然不是。《从前慢》的话语意指是杨文讨论的重点。木心的审美诉求是基于"记忆",或者说东方的前资本主义或非资本主义"慢生活",更多的是一种文学性的异乡怀旧。"许多乌托邦的景象是建立在小规模的城镇生活基础上的",①而西方的汤姆林、昆德拉、波德莱尔、本雅明和鲍曼所批判的是机器和工业化进程导致"竞速"生活。心理学告诉我们,大脑的筛选机制使得"记忆"只存留过去好的经历,很难想象,如果不是"功能减速",②一个温饱有困难的人——比如在饥馑线徘徊的前工业社会的工人——会不愿意过"加速"而能温饱的生活。这也解释了,在中国慢食运动没有"光盘行动"来得有影响力的原因。

② 笔者认为,解决竞速时代这种"日常经验的缺乏""心理距离""速度暴力或速度异化""内在悖论"的方法,并不是回到"从前"的时空。虽然,马里内蒂在《未来主义宣言》中宣称"我们创造了永恒的、无所不在的速度",但后现代社会已经进入"大众个人主义""电子化"和"大众化",任何假设否定技术、妄图休克时间或空间的所谓"托古改制"都是不现实的。"消失的美学"被"呈现的美学"所替代,城市头路或还原潮流是行不通的。

③ 所以,治疗"竞速"时代空心病的姿态是面向未来,而不是面向过去,苛求模仿古人前辈。"慢速生活"不是懒散、不是慢动作、不是从社会抽身而出,"不是回到前麦当劳时代","不是反文化运动:它不打算建立另类空间,而只是改变我们目前居住的空间","不是对想象技术宰制了农业文明,并且有了专门的市民阶层,走回的社区和田园式的黄金时代的怀旧"。③慢速审美"是一种强调与当代文化与日常生活对立即全球日常生活的现代或后现代'微观政治'",任何把"慢速审美"崇高化或漠视技术进步、渴望还原到过去的思维术都是一种歧途。

(节选自张谡《慢速审美:诗意生存的坦途与歧途——兼与杨向荣教授商榷》,《探索与争鸣》2022年第12期)

【注释】

① 大卫·哈维:《希望的空间》,胡大平译,南京:南京大学出版社2006年版,第157页。② 哈尔特穆特·罗萨:《新异化的诞生》,郑作彧译,上海人民出版社2018年版,第46页。③ 温蒂·帕金斯、杰夫瑞·克莱格:《慢速生活》,闵冬潮译,人民文学出版社2016年版,第88页、"前言"第1、4页。

知识卡片

慢速审美是一种注重细节、深度和内涵的美学体验方式,强调对事物的深入思考和感受。相比于快节奏的生活方式和娱乐形式,慢速审美更加缓慢、安静和内敛,需要观者用心去体会和领会。在当代社会中,慢速审美已然已成为一种重要的生活方式和价值取向。以上两则材料分别选自《探索与争鸣》2022年第7期和第12期。作者分别是杭州师范大学人文学院教授杨向荣、湘南学院文学与新闻学院讲师雷云茜、广州大学外国语学院特聘教授张谡,他们围绕"慢速审美"这一概念,开展了求同存异的学术对话。

阅读指津

材料一从木心的《从前慢》入手,列举了各种被广泛热议和推崇的当下慢生活方式,也展示了这种审美理念对于现代社会人们的呼唤与回应。而材料二则从观点阐述、论据使用、相关对策等角度,对材料一提出值得商榷的意见,开展了有效的学术争鸣。两篇材料的比较阅读可以帮助读者进一步理解理论文章的现实针对性,把握作者的观点、态度和语言特点。在比较阅读社科类文本的过程中,读者可以根据个人实际情况,灵活运用包括表格、思维导图等多种阅读工具,分析材料在观点、理由、论据、结构等方面的异同,发现材料之间的细微差别。

拓展练习

1. 根据文意,在材料二第①段画线处填入合适的内容:_____。

2. 下列对材料相关内容的理解和分析,正确的一项是(　　)

   A. 材料一和材料二都谈到慢速审美对于当下生活的作用和意义,并特别提到要深入了解技术进步,二者有相同的出发点和针对性。

   B. 材料一通过意大利"慢食"运动和新西兰人帕金斯的"慢速生活"理念,论述在加速时代也可以保持慢速生活的模式,从而回归《从前慢》中描述的世界。

   C. 材料二认为,回到前现代的"慢速生活"不可能实现,但是可以作为反思当代文化和日常生活的途径。

   D. 材料二指出,大脑的筛选机制使得"记忆"只存留过去好的经历,所以复古的慢食运动在中国没有"光盘行动"来得有影响力。

3. 下列对材料一和材料二论证的相关分析,不正确的一项是(　　)

   A. 材料一从西方的慢生活实践、中国传统文化审美形式、当下人们的生活状态三个方面展开论述。

   B. 材料一第③段以"从前慢"为主题的短视频为例,指出当下的国人渴望拥抱"慢生活"。

   C. 材料二第②段以马里内蒂的《未来主义宣言》为例,论证解决竞速时代的问题,并不意味着要回到"从前"的时空。

   D. 材料二层层递进,采用先破后立的论证结构,论证了"慢速审美"并不是还原到过去。

4. 有人说:"生活不止眼前的苟且,还有诗和远方。"请结合材料二,对此看法加以评析。

5. 假若你所在班级举行辩题为"我们是否要回归到木心笔下的'从前慢'时代?"的辩论会,请你选择其中一方,结合上述材料,写一篇150字左右的辩论发言稿。

参考答案

1. 欧美的"慢生活"与木心的小城"慢记忆"是否有相同的文化逻辑

2. D

3. D

4. 本文认为,现代社会已经进入了"大众个人主义""电子化"和"大众化"的后现代阶段,任何试图否定技术或者妄图休克时间或空间的所谓"托古改制"都是不现实的。治疗"竞速"时代空心病的方法是面向未来的,而不是回到过去。因此,虽然"生活不止眼前的苟且,还有诗和远方"这一观点在一定程度上是正确的,但不能简单地将其视为回归到过去的生活方式。相反,我们应该寻找一种适合现代社会的生活方式,通过慢速生活和慢速审美来减轻压力,享受当下的生活,并在探索未来的同时保护和传承好的传统文化资源。这样的方法既可以帮助我们更好地面对当下的挑战,也有利于构建一个更加美好、可持续的未来。

5. 正方发言:作为正方代表,我们认为我们应该回归到木心笔下的"从前慢"时代。现代生活的快节奏使城市成为一座座"魔都",在工业化的高速流水线上,"竞速"成为现代人生活的追求和方向,但这种追求往往会带来身心的负担和疲惫。回归到"从前慢"时代可以让我们放缓脚步,享受当下的生活,审视自己的内心世界,关注周围的人和事物,更好地体验生命的意义。

反方发言:作为反方代表,我们认为我们不应该回归到木心笔下的"从前慢"时代。现代社会已经进入后现代阶段,任何试图否定技术或者妄图休克时间或空间的所谓"托古改制"都是不现实的。治疗"竞速"时代空心病的方法是面向未来的,而不是回到过去。因此,我们应该寻找一种适合现代社会的生活方式,通过慢速生活和慢速审美来减轻压力,享受当下的生活,并在探索未来的同时保护和传承好的传统文化资源。

讲理之思

材料一:

① 讲理是在具体的情境中、在独特的主体间关系和力量对比中,以讲理的态度和"理"的信念展开有限度的协商,并且通过协商达成妥协的过程。这一过程是面向具体情境的共识的持续试探。"讲"的过程是基于参与者态度与认识表达的,展开不同参与者之间存在的认知差异或价值冲突,并且以批评和协商的方式展开有限度的试探。这里的限度也是高度情境化的,讲理的过程往往十分脆弱且具有高度弹性,任何情境性因素的加入或缺失都可能导致这一过程的巨大改变:参与者的自我认识、参与者之间的相互期许、绝对或相对力量(地位)的对比,乃至外部力量的介入方式,都可能造成讲理态势和结果的变化。从这个角度看,讲理的过程始终是开放和动态的,它的展开来自对达成共识的基本信念,也基于具体情势而导致的、不得不达成共识的这一特殊共识。与之相对,作为讲理结果的共识反而是最为脆弱且多变的,因为我们只有在讲理之后的行动中才能看到这一结果的价值。与此同时,行动本身也是讲理的延续,因为情势的变化和行动的结果都可能导致协商态度的变化和行动的终结。从讲理开始,参与者展开的是指向动态共识的持续试探。之所以可以达成某种动态的共识,是因为"成见"的信念、不得不展开持续试探的

情境。

②从经验的丰富性和行动的情景感的意义上说，讲理是一种开放的可能，不能指向某种具体的结果，也不能形成一套抽象且稳定的规则；与此相对，从保卫成见和试探共识的意义上说，讲理又是需要信念和预设的，是以此为边界的持续行动。讲理不负责维持或保卫秩序，而是在捍卫"秩序感"的信念；同时，讲理不保证共识的稳定，而是确立关于共识必要性的"共识"。在关于讲理的讨论中，我们从一种语义的辨析走向了行动，从一种目的性的共识转向了一种行动的共识，这正是哲学作为一种规范化的反思能为某个具体问题带来的价值。

(节选自欧阳康《社会认识中的"公婆各有理"——基于社会复杂性视角的多维分析》，《探索与争鸣》2023年第1期)

材料二：

①讲理要讲正确之理、合理之理，这是讲理有效和有用的必要前提。正确的社会之理代表的是社会的真理和价值，是真理性和合理性的统一。讲理的逻辑体系实际上是社会生存体系、交往体系、思想体系的一种理性表达。因此，从个人生活到社会交往再到国家治理，构建一个讲理的逻辑社会，前提是_____。经过多年的努力，我们的社会生产和社会生活有了巨大的进步，但随着社会的贫富分化和社会价值多元化，个体之间的思想差距也加大了，社会变得更加复杂。一个好的社会应是所有社会成员的正当社会权利和合理利益诉求能够得到充分保障，所有人在社会生活中都能够各居其位，各司其职，各尽其能，各得其所，社会能够稳定、繁荣、安宁、祥和。为此我们要努力推进社会的公共生活和公共空间建设，在不同的社会群体之间创造更多的共同生活基础，更好的生存发展空间，寻求更多的社会共识，更好地维护社会公平正义。

②此外，讲理是社会成员之间的良性健康互动，既要求良好的社会环境，也要求社会成员的彼此尊重和沟通，表征着社会的文明程度。一个能够充分和有效讲理的社会是健康的社会，这种社会的建构从根本上说有赖于塑造高素养的社会成员。所有的社会成员都应当具有充分讲理的愿望和能力，懂得与他人正常沟通、和平相处之道。要努力提高全社会的理论素养和文化品格，培养具有足够理论素养和对话能力的社会成员。冯契先生曾经提出"化理论为方法，化理论为德性"，这对于我们研究如何提高国民的素养和构建一个充分讲理的社会具有重要的思想和方法论启示。

(节选自程乐松《边界与可能：讲理的"道与理"》，《探索与争鸣》2023年第1期)

知识卡片

以上两则材料选自《探索与争鸣》2023年第1期的"圆桌"栏目，主题为"讲理：日常生活的逻辑与理性"，作者分别是华中科技大学哲学研究所所长欧阳康和北京大学哲学系教授程乐松。他们围绕讲理的逻辑、日常生活中的讲理、讲理与社会生活的关系等问题进行了深入交流。如何寻求日常生活的逻辑与理性，在分歧中寻找共识，在实践中捍卫常识，成为我们日常交往与认知的重要内容。在充满变数和挑战的加速化时代中，日常生活积淀的那些恒久、坚实、朴素的道理，如尊重常识和科学、捍卫法治、守护良知、坚持理性、寻求共识等，它们仍能在关键时刻守护着我们，进而构成了现代文明的韧性又坚实的基座。

阅读指津

在比较阅读社科类文本的过程中,读者可以通过比同求异和比异求同的方式,找到群文的相似之处,在已知和未知、旧知和新知之间建立联系,深入理解文本关涉的话题,让学习者将所学的东西转化成自己的能力。另一方面,读者在理清两则材料论述思路的基础上,也应积极思考相关的社会现象,深化对日常生活说理问题的认识,提升自己的理性思维水平。

拓展练习

1. 材料二第①段中,作者试图通过画线句的隐含前提"_____"来证明应该如何从个人生活到社会交往再到国家治理,构建一个讲理的逻辑社会。

2. 下列对材料一和材料二相关内容的理解和分析,正确的一项是(　　)

A. 材料一认为,讲理的过程会因情境性因素的加入或缺失而产生巨大改变。

B. 材料一认为,脆弱多变的共识让我们只有在讲理之后的行动中才能看到共识的价值。

C. 材料二认为,讲正确之理、合理之理,能有助于个体之间的思想差距的缩小。

D. 材料二认为,社会成员具有充分讲理的愿望和能力,有助于塑造高素养的社会成员。

3. 下列对材料一和材料二论证的相关分析,不正确的一项是(　　)

A. 材料一通过对比论证,指出讲理的过程和讲理的结果在特征上存在一定差异。

B. 材料一从不同角度和层次上对讲理的意义和价值进行了剖析,使读者更加深入地理解了讲理的本质和作用。

C. 材料二采用了破立结合的逻辑结构,首先介绍了讲理的重要性和必要前提,然后提出了构建讲理的逻辑社会的具体要求和目标。

D. 材料二引用冯契先生的话证明,必须要培养具有足够理论素养和对话能力的社会成员。

4. 材料一中,作者是如何证明"讲理又是需要信念和预设的"的,请对此加以分析。

5. 假如你是材料一(或材料二)的作者,请站在自己的立场与另一材料作者对话,针对对方有关日常生活的讲理问题的论述进行评析。

参考答案

1. 构建一个合理的多元价值社会

2. A

3. C

4. 本文作者在第一段提到,讲理的过程始终是开放和动态的,它的展开来自对达成共识的基本信念。而在第二段中,作者从保卫成见和试探共识的意义上指出,讲理是需要信念和预设的,是以此为边界的持续行动。因此,通过以上论述可知,作者认为讲理需要基于某种信念和预设进行,这些信念和预设可以作为讲理过程的边界和基础,帮助参与者在讲理的过程中达成共识。

5. 示例一(材料一立场):我赞同您提到的讲理需要讲正确之理、合理之理,这是讲理有效和有用的必要前提。但是,这种正确之理、合理之理并不是抽象的、固定的规则或真理,而是要基于具体情境和参与者的认知表达展开有限度的协商,并且通过协商达成妥协的过程。因此,在日常生活中的讲理也不能只是机械地套用某些抽象规则或条条框框,而应该充分考虑具体情境和参与者之间的差异和共识。在现实生活中,要想构建一个充分讲理的社会,除了需要广泛的社会共识和制度保障外,还需要每个人都具备足够的理论素养和对话能力。这样才能在交往中展开有限度的协商,并且通过协商达成妥协的过程。

示例二(材料二立场):我赞同您提到的讲理需要在具体情境中、在主体间关系和力量对比中展开协商,并且通过协商达成妥协的过程。然而,在实际生活中,我们也需要注意到讲理必须基于正确之理、合理之理,这是讲理有效和有用的必要前提。否则,即使达成共识,也可能因为错误或不合理的前提而带来负面后果。在现实生活中,要想构建一个充分讲理的社会,需要每个人都具备足够的讲理技能和高素养的社会成员。只有如此,才能在交往中展开有限度的协商,并且通过协商达成妥协的过程。

 选文四

道德就是生命的和谐

梁漱溟

① 普通人对于道德容易误会是拘谨的、枯燥无趣味的、格外的或较高远的,仿佛在日常生活之外的一件事情。道德可从两方面去说明:一面是从社会学方面去说明,一面是从人生方面去说明。现在我从人生方面来说明。

② 道德是什么?即是生命的和谐;也就是人生的艺术。所谓生命的和谐,即人生生理心理——知、情、意——的和谐,同时,亦是我的生命与社会其他的人的生命的和谐。所谓人生的和谐,所谓人生的艺术,就是会让生命和谐,会做人,做得痛快漂亮。

③ 说到以拘谨、守规矩为道德,记起我和印度泰戈尔的一段谈话。在民国十三年时,泰戈尔先生到中国来,与杨丙辰先生谈宗教问题。杨先生以儒家为宗教,而泰戈尔则说不是的。当时徐先生指着我说:梁先生是孔子之徒。泰戈尔说:我早就知道了,很愿听梁先生谈谈儒家道理。我本无准备,只就他们的话而有所辨明。

④ 泰戈尔为什么不认儒家是宗教呢?他以为宗教是在人类生命的深处有其根据的,所以能够影响人。尤其是伟大的宗教,其根于人类生命者愈深不可拔,其影响更大,空间上传播得很广,时间上亦传得很久远,不会被推倒,然而他看儒家似不是这样。仿佛孔子在人伦的方面和人生的各项事情上,讲究得很妥当周到,如父应慈,子应孝,朋友应有信义,以及居处恭,执事敬,与人忠等等,好像一部法典,规定得很完全。这些规定,自然都很妥当,都四平八稳的;可是不免离生命就远了。因为这些规定,要照顾各方,要得乎其中;顾外则遗内,求中则离根。

⑤ 因此泰戈尔判定儒家不算宗教;而很奇怪儒家为什么能在人类社会上与其他各宗教却有同样长久伟大的势力!我当时答他说:孔子不是宗教是对的;但孔子的道理却不尽在伦理纲常中。伦理纲常是社会一面。

⑥ 又如《论语》上孔子称赞其门弟子颜回的两点:"不迁怒,不贰过",也都是说其个人本身的事情,未曾说到外面。无论自己为学或教人,其看重之点,岂不明白吗?为何单从伦理纲常那外面粗的地方来看孔子呢?这是第一点。还有第二点,<u>孔子不一定要四平八稳,得乎其中</u>。你看孔子说:"不得中行而与之,必也狂狷乎!"狂者志气很大,很豪放,不顾外面;狷者狷介,有所不为,对里面很认真;好像各趋一偏,一个左倾,一个右顾,两者相反,都不妥当。然而孔子却认为可以要得,因为中庸不可能,则还是这个好。其所

以可取处，即在各自其生命真处发出来，没有什么敷衍迁就。

⑦ 反之，孔子所最不高兴的是乡愿，如谓："乡愿，德之贼也。"又说："过我门而不入我室，我不憾焉者，其唯乡愿乎！"乡愿是什么？孟子指点得最明白："非之无举也，刺之无刺也，同乎流俗，合乎污世，居之似忠信，行之似廉洁，众皆悦之，自以为是，而不可与入尧舜之道。"那就是说外面难说不妥当，可惜内里缺乏真的。狂狷虽偏，偏虽不好，然而真的就好。——这是孔孟学派的真精神真态度，这与泰戈尔所想象的儒家相差多远啊！

⑧ 泰戈尔听我说过之后，很高兴地说："我长这样大没有听人说过儒家这道理；现在听梁先生的话，心里才明白。"世俗误会拘谨、守规矩为道德，正同泰戈尔的误会差不多。其实那样正难免落归乡愿一途，正恐是德之贼呢！

⑨ 误以为道德是枯燥没趣味的，或者与误认拘谨守规矩为道德相连。道德诚然不是放纵浪漫；像平常人所想象的快乐仿佛都在放纵浪漫中，那自然为这里（道德）所无。然如你了解道德是生命的和谐，而非拘谨守之谓，即生命和谐中趣味最深最永。"德者得也"，正谓有得于己正谓有以自得。自得之乐，无外面的什么条件，所以其味永，其味深。我曾说过人生靠趣味，无趣味则人活不下去。活且活不下去，况讲到道德乎？这于道德完全隔膜。明儒王心斋先生有《乐学歌》，歌曰："乐学乐此学，学是学此乐，不乐不是学，不学不是乐。"其所指之学，便是道德；当真，不乐就不是道德呀！

（节选自梁漱溟《人生的三路向》，当代中国出版社 2010 年版）

本文选自梁漱溟先生的《人生的三路向》，涵盖了这位当代大儒关于宗教、道德和人生问题研究的全面梳理。他对人性的生动立体剖析和对人生的全面透彻解读，体现了他作为一代国学大师的卓越智慧。梁漱溟先生的自由无束缚的思想和开阔通达的人生观，在经历了近一个世纪的洗礼之后仍然闪耀着光芒，给今天的我们带来极大的启示。读者可以通过书中深入浅出的哲学随笔，体会社科经典论著的表述方式，把握文章的论证、论辩艺术和严密准确的语言风格。

阅读指津

本文围绕道德的定义和阐释展开，主要探讨了道德在人生中的意义和价值，同时揭示了普通人对于道德的误解。作者从泰戈尔和儒家的对话入手，阐明了道德不是拘谨枯燥无趣味的，而是生命和谐的体现。同时，道德也不应该仅仅被视为社会规范和伦理纲常，而应该有更深刻的内在含义。读者在阅读中需要注意抓住文中的主要概念，把握核心观点，理清论述思路，感受其强大的思想力量和逻辑力量。

拓展练习

1. 第⑦段中加点词语"乡愿"在文中的含义是＿＿＿＿＿＿＿＿＿＿＿＿＿＿＿＿＿＿＿。
2. 第⑤段末尾需要补充一则论据阐释佐证文章观点，以下最合适的一项是（　　）
   A. 子曰："吾尝终日不食，终夜不眠，以思，无益，不如学也。"
   B. 子曰："非礼勿视，非礼勿听，非礼勿言，非礼勿动。"
   C. 子曰："其'恕'乎！己所不欲，勿施于人。"
   D. 子曰："人而不仁，如礼何？人而不仁，如乐何？"

3. 下列选项中对原文理解与分析正确的一项是(　　)

A. 人生的生理和心理都和谐,就不会误会道德是拘谨的、枯燥无趣的。

B. 泰戈尔认为,儒家在空间上传播得很广,时间上传得也很久远,但曾被推倒,所以不是宗教。

C. 道德只是拘谨守规矩是一种误解,实际上道德是生命的和谐,有趣味、有自由,而非单纯的束缚。

D. 孔子主张中庸思想,不能偏废强调倾向于哪一边,应从各自的生命真处发出来。

4. 第④段是泰戈尔对于"儒家是宗教"的质疑理由,请分析作者对他的反驳是否有力。

5. 结合你所熟悉的一则《论语》章句,证明"孔子不一定要四平八稳,得乎其中"。

参考答案

1. 对外忠厚老实,讨人喜欢,实际上却不能明辨是非的人

2. A

3. C

4. 第④段中,泰戈尔质疑儒家不具备宗教的深层生命根基和深远影响,认为儒家过于注重外在的伦理规范,而远离了生命的本质。而作者指出,儒家思想虽在人伦道德上详尽周全,但这些规定实则是基于对人类生命的深刻理解和追求和谐生命境界的体现,并非单纯的外在规范。作者通过引用《论语》中的个人成长历程和孔子对弟子的评价,展示了儒家思想对个人生命成长的重视和追求,以及儒家思想在生命和谐方面的深刻内涵。这些反驳不仅揭示了儒家思想的内在深度和宗教性,也有效地回应了泰戈尔的质疑,证明了儒家确实具备宗教的某些核心特质。因此,作者的反驳是有力且令人信服的。

5. 示例:这一观点指出,孔子强调的不仅是对于礼仪的遵守,更是要融合自己的个性和生命特点,追求生命的和谐。例如"知者不惑,仁者不忧,勇者不惧"。表明的是君子不仅要在行事上得当,更要在心态上坚定自己的信念,达到个体生命的和谐,才能真正成为一个有道德的人。可见,孔子既强调了个人生命和谐的内在追求,又关注社会道德的实践落地。

(王伊宁)

六 语言与思维

 选文一

语言创造的平行世界

① 不同的语言是否会产生不同的思维方式？数千年来人们对此争论不休。罗马帝国的查理曼大帝曾说过，"掌握第二种语言就是拥有第二个灵魂"，莎士比亚笔下的茱丽叶却也说过，"玫瑰无论换什么名字闻起来都是甜美的"。

② 不久之前，这些还都只是"假说"，缺乏实验证据的支持。但是现在，有了鲜活的事例来证明语言对思维的重要影响。

③ 有一些语言中没有表示"左""右"的词语，在这些语言中所有位置都是用**绝对空间**来表示的，这就意味着人们会说"你朝着西北方向的那条腿上有一只蚂蚁"或者"你把杯子往东南边挪一下"。想要这么说话，你必须保持良好的方位感，而且你全部的关于过去的记忆也必须是"找得着北"的，只有这样你才能生成诸如"我把水杯放在电话的西南边了"之类的记忆。

④ 我曾调查过很多英语使用者，其中包括杰出的科学家和教授，我带领大家到一个陌生的环境然后要求他们闭上眼用手指出东南方向。人们的反应通常是哈哈大笑，他们会想，多搞笑的问题啊，这怎么可能做得到呢。那些愿意尝试的人相较于不愿意尝试的人通常表现得好一点，然而也好不到哪里：他们指什么方向的都有。

⑤ 后来我有幸造访一个使用"绝对空间"语言的原住民部族——库卡部族。我在这个原住民社区里遇到了一个5岁的小女孩，我也要求她闭眼指出东南方，她毫不犹豫地就指了出来。（整个库卡部族的人都能做到这一点。）而我还要从兜里掏出指南针看看，才敢确认她指的对不对。

⑥ 此行的另一目的是想了解这个部族的空间观念是否会影响他们对时间的认知。我花了很多功夫研究我们是如何建立时间表征的。一般认为人类对于抽象概念（例如时间）的表征是从具象概念而来的。我们利用语言工具将简单知识的"构造块"组合起来，构成复杂知识。时间概念就是如此：人们将空间表征通过类比，或者说隐喻的方式，对应到更复杂的时间表征上来。倘若确实如此，那么空间认知必然会影响到对时间的认知。

⑦ 我来到库卡部族，请族人完成一个简单的任务。我给每个人发了一套卡片，卡片上绘制的内容表示着时间的流逝，例如其中有我祖父从儿时到老年的不同年龄段的照片。我把卡片的顺序随机打乱后交

给当地人,要求他们"按正确的顺序将卡片排放在地上"。如果你是一名英语母语者,你会将卡片从左往右排,而并不在乎你测试时面对着哪个方向,时间似乎是从左往右流的;如果你是从小就说希伯来语,那么你更可能从右往左排。这似乎说明一种语言的文字书写方向影响了人们对时间的想象。不管如何,这种方向都是以我们身体的左右为参照的。

⑧ 但是库卡部族的语言中没有"左""右",他们会如何想象时间流逝的方向呢?答案是从东往西。不论本人方位如何,他都会把卡片按"绝对空间"的从东往西排列。如果此人面朝南,卡片就从左往右排;如果他面朝北,卡片就从右往左排;如果他面朝东,卡片就朝着自己的方向排(即从上往下)。他们对时间的想象无疑受到了空间观念的影响。

⑨ 此外,人类对时间的认知非常有灵活性,可谓千差万别。例如,有的语言中将过去放在前面,而将未来放在后面。有的语言中时间的流逝是垂直方向的:在汉语普通话中,过去在上方(例如汉语有"上溯"一词),而未来在下方(例如汉语有"上下五千年"的说法)。

⑩ 这样的研究发现语言确实能塑造或者改变人的思维,但这并不意味着反过来就不成立。思维方式和文化当然也会影响语言,这是一个双向循环,两者彼此影响。正因为这一双向循环的过程,人类才能迅速地创造出复杂的知识,同时又能灵活地认识世界。

⑪ 全球有7 000多种语言,一种语言就像一个完整的宇宙,人类就有7 000多个平行的宇宙,有的彼此相似,有的大相径庭。这种巨大的多样性是人类头脑创造出的奇迹。我相信,对人类认知世界的认识越深刻,就越能更好地理解人类的本质。

知识卡片

本文作者莱拉·博格迪特斯基,现为斯坦福大学心理学助理教授,获斯坦福大学心理学博士学位。莱拉·博格迪特斯基主要研究知识如何从思维、世界和语言的相互作用中产生,以及语言和文化如何塑造人类思维。她最初的语言是俄语,并且听到大量的白俄罗斯语和乌克兰语,12岁时迁往美国,学会用英语表达。丰富的语言经历使她意识到语言中的词汇和其他元素之间的联系如何创造出不同意义。后来她在西北大学学习认知科学,并开始在那里开展语言学研究,认识到意义系统存在于语言之中,词语的模式创造了意义体系,不可能脱离语言谈意义。本文由果壳网编译。

阅读指津

本文主要回答了"不同的语言是否会产生不同的思维方式"这一问题。文章以语言对空间、时间的认知的影响为证据,论证了语言确实对人的思维方式造成了影响。阅读本文时,读者会碰到不少新的概念,会碰到认知范围之外的不同语言及例子,也会碰到一些新的理念。准确理解这些概念,分析这些例子及其论证,并对文章的论证进行随时反思和评估,是重要的阅读策略。本文来源于作者的一次演讲,所以遣词造句平易通俗,这也是值得注意的一个形式上的特点。

拓展练习

1. 第①段引用的"玫瑰无论换什么名字闻起来都是甜美的"所代表的观点是( )

   A. 事物是客观真实地存在的。
   B. 词汇对物理特性不会造成影响。

C. 语言对思维不会造成影响。

D. 语言对人的嗅觉会产生影响。

2. 第③段中的"**绝对空间**"在文中的意思是_____。

3. 分析第④~⑤段的论证方法和论证过程。

4. 以下说法如果为真,可以降低本文论证效果的有(　　)(不定项)

A. 库卡部族的人到了陌生环境里完全指不出西北方向。

B. 存在一个语言中没有"左""右"的部族也从左往右排列文中所说卡片。

C. 汉语中更常用"前""后"而不是"上""下"来表示时间。

D. 不同的思维方式更多是由文化差异和环境差异引起的。

5. 读完本文,同学们开始交流阅读感受。

小明说:"我不喜欢这篇文章的语言,学术气还有翻译腔很重。"

小洁说:"我觉得这篇文章还蛮通俗平易的,和一般的学术文章不一样。"

你也加入讨论发表看法吧。要求:发表看法,并以文中句子为例对你的看法进行200字左右的论述。

参考答案

1. C

2. 东南西北等稳定不变的空间指示方式(而非前后左右之类随着人体变动而变动的相对空间指示方式)

3. 此处主要使用了求异法。通过考察使用"绝对空间"语言的库卡部族能够指认东南方向,和使用"相对空间"英语的教授科学家无法指认东南方向,隐含的假设是被研究现象先行情况中只有一个不同的因素即语言(这里还使用了梯级推理,即一般说来教授科学家的指认方向能力总是优于小女孩的),得出语言和思维之间有因果联系,并且隐含默认了语言是因、思维是果,得出了语言影响了使用者对空间的认知的结论。

4. ABCD

5. 示例:我觉得这篇文章的语言是通俗平易的。它用既有画面感又有象征性的话语,如标题及结尾处的"语言创造的平行世界","平等世界"通俗易懂又让人印象深刻,如第三段中的"找得着北",既平易又准确又风趣,完全看不出来翻译的感觉。另外,一些细节描摹十分生动,典型的如第四段对教授科学家的描绘,很有画面感。至于它的翻译腔或者学术气,我觉得有些长句可以调整后更接近汉语习惯,如第三段的后半段。(需要注意:论述对象必须是语言表现或特点、风格;"讨论"的情境性,即关注对别人观点的呼应或反驳;实例及其分析是否与观点一致。)

选文二

从人工智能来思考语言与思维的关系

① 语言被普遍理解为思想的工具。人们"畅所欲言",人们"表达自己的想法",这些说法似乎默认了语言就是直接与思想和意识对应的。其基本假设是,人运用大脑通过语言来进行思维进而处理世界和我们对世界的体验。这种假设使ChatGPT及类似程序显得如此不可思议:人工智能像人类一样使用语

言,这意味着机器是能思维甚至是有意识的。

②但是,当人工智能说出一些完全荒谬的东西,这层美丽的面纱就会掉落下来。尽管ChatGPT可以生成流畅甚至是优雅的散文,也能通过图灵测试,但它有时也会显得非常愚蠢。它甚至无法给出最基本的烹饪指令!

③认知科学家通过将语言与思维分开来解释这种不和谐的现象,他们的论点迫使我们重新评估语言和思维的关系以及人工智能的局限性。

④我们发现,文字作为思想的代名词可能并不十分有效。毕竟,言不尽意,言有尽而意无穷,甚至无法将想法转化为文字,这是每个人的普遍经历。认知神经科学家对人类大脑的研究也表明语言和思想之间存在着分离。对使用几十种语言的人进行的大脑扫描显示,有一个特定的神经元网络,它的启动与所使用的语言无关。这种神经元网络一般不参与包括数学、音乐和编码在内的思维活动。此外,许多患有失语症的病人——由于大脑受损而丧失了理解或产生语言的能力——仍然能够熟练地进行算术和其他非语言的思维任务。这些证据结合起来表明,语言本身并不是思想的媒介。

⑤人工智能表现出了令人难以置信的串联单词的能力,但它们在其他任务上却很吃力。让ChatGPT给出煎蛋的建议,你可能会收到超级废话:"如果你在翻转鸡蛋时用力过猛,蛋黄会裂开并破裂并存在掉到地上的风险。"这样的例子表明,语言模型在产生流利的语法语言方面确实很出色,但这并不一定意味着能够进行真正的理解,或真正的思考。

⑥不过,语言模型的下一次迭代炒得沸沸扬扬,他们宣称,迭代后的人工智能将以更多的词汇和更大的计算能力进行训练。ChatGPT的创造者声称其程序正在接近所谓的通用智能,这将会使机器与人类相提并论。但是,如果与人脑比较,简单地在单词预测方面做得更好并不会使它们更接近这一目标,需要不同的训练方法来刺激人工智能的进一步发展,例如专门针对逻辑、理解或社会推理而不是单词预测的方法。

⑦"语言不仅仅是语法",认知科学家马库斯说,"它也是关于意义的"。所以,人工智能还需要努力理解一个句子如何从结构中获得意义。例如,有三个塑料球排成一排:绿色、蓝色、蓝色。当有人要求你指出"第二个蓝色球",你会清晰地指出这一序列中的最后一个球即"第二个"是指蓝色球中的第二个,但人工智能可能会把这个指令理解为指第二个球,而这个球恰好也是蓝色的。像这样的例子不仅需要知道单词的意义,还需要想象一个场景,单词以及构成的句子在这样的场景中才有意义。因此,从意义角度看,真正重要的并不是语言本身,而是语言的使用。

⑧真正的"意义"来自哪里呢?也许,意义不是被赋予的,意义是在我们的互动中创造出来的,不仅是我们与其他人互动,也包括我们与世界的互动。建立一个真正的会理解、会思考的"智能"机器,就需要一种完全不同的方式来结合语言和思维,不仅是不同的算法,还要同时导入社会关系以及人与世界的关系。

知识卡片

ChatGPT,全名"Chat Generative Pre-trained Transformer",是OpenAI研发的聊天机器人程序,于2022年11月30日发布。ChatGPT是人工智能技术驱动的自然语言处理工具,它能够通过理解和学习人类的语言来进行对话,还能根据聊天的上下文进行互动,甚至能完成邮件、脚本、文案、翻译、代码、论文等撰写任务。本文作者Matteo Wong,由"摩登语言学"公众号编译。

阅读指津

本文主要以人工智能尤其是ChatGPT在语言上的表现作为切入点,思考了语言和思维及意义的关系,同时思考了人工智能语言学习的局限和可能性。本文的话题较新,大语言模型的机器语言能力的研究,将是语言学的一个新热点。本文涉及的内容与传统认知里的语文也有一定距离。阅读这样的文本对于紧扣时代及学术潮流是有所帮助的。

拓展练习

1. 对第②段"这层美丽的面纱就会掉落下来"一句分析恰当的一项是(　　)

   A. "这层美丽的面纱"指的是机器是会运用语言的。

   B. 面纱掉落下来后露出的事实即机器是不会思维的。

   C. "美丽的面纱"写出这种看法是优美而缥缈的。

   D. "这层美丽的面纱"指的是愚蠢而荒谬的东西。

2. 分析第①段的推理过程,完成以下表格中的空缺。

推理方法	主　体	相似点1	相似点2	相似点3	推出结论
①_____	人	运用人的大脑	通过语言	③_____	进行思维
	人工智能	通过机器的大脑	②_____	处理外部世界的命令	④_____

3. 第④段是如何证明观点的?

4. 你觉得第⑤段所用的例子是个好的例子吗?为什么?

5. 关于语言模型的下一次迭代,下列说法与作者观点一致的有(　　)(不定项)

   A. 更多的词汇和更大的计算能力进行训练无法让机器与人相提并论。

   B. 只要专门针对逻辑、理解或社会推理进行提升,机器就能进一步发展。

   C. 语言的运用会涉及结构、场景,对机器而言这是比语言更难掌握的。

   D. 真正会理解、会思考的人工智能在导入人与世界的关系前是难以产生的。

参考答案

1. B

2.

推理方法	主　体	相似点1	相似点2	相似点3	推出结论
类比推理	人	运用人的大脑	通过语言	<u>处理世界及对世界的体验</u>	进行思维
	人工智能	通过机器的大脑	<u>通过语言</u>	处理外部世界的命令	<u>能思维有意识</u>

3. 第四段所证明的观点是语言本身并不是思想的媒介。主要使用了三种类型的事实证据，即每个人普遍的生活经历如"言不尽意、言有尽而意无穷、无法将想法转化为文字"作为生活事实证据，脑科学知识即有一特定的神经元网络的启动与所使用的语言无关作为科学事实证据，失语症病人仍能进行非语言的思维任务，证明语言并不与思维直接对应，语言也不是思维的必要条件。

4. 首先在逻辑的一致性上，此处的例子表现出的只是废话较多，并不一定是不能理解或思考；ChatGPT 只是人工智能的一种，就算它不行也不必然代表其它人工智能不行，这一点在行文中也稍加措意。在例子的真实性上，ChatGPT 是真实存在的，作者完全可以真实地去尝试而给出一个 ChatGPT 作答的真实案例，而不是自己编撰即"可能会收到超级废话"。所以我不觉得这是一个好的例子。

5. ACD

语言学批评及"肌质"的出路

葛兆光

① **细草微风岸，危樯独夜舟**。评论者认为这一联由简单意象并列构成，通过"肌质"产生联系。肌质（texture），在这里与"构架"（structure）对应，"架构"相当于语言结构，而"肌质"有似于传统诗论的"意脉"。肌质或意脉将不相连属的语词转化为符合语感可以理解的句子，使诗句"语无伦次而意若贯珠"，句子不通而通，不连而连。

② "肌质"本身不是语言学术语，而是一个心理学意味很强的概念。于是，语言学批评在这里遇到了一个问题：是恪守语言学的畛域对可触可摸可分解的语言本身进行研究，还是突破这一畛域的限制？

③ 其实在"肌质"这个词被引入语言学批评时，纯语言学方法便已经出现了破绽：既然"近体诗弱于句法联系而强于肌质联系"，那么，当"肌质"与"构架"之间出现矛盾时，或者说，当肌质在诗中起着比句法明显的作用时，我们应当用怎样的语言学理论来解释肌质，又应当用什么样的方法来改造现有的语言学理论使之与肌质吻合？

④ 有的语言学者已经试图结合汉语语法特殊性并引入了一些新概念来补充语言描述中的缺失，如神摄、散点透视等，这为我们提供了一些启迪。但是，这类术语未免过分远离语言学本身，它那以不变应万变、放之四海皆准的含糊性使分析有可能回转到传统的印象取代解析、感受偷换文本的老路上去，以至于语言学批评最终瓦解，又沦落进混沌不分的旧框架中。

⑤ 因此，文化心理学与语言学批评的技巧的结合，仍需寻找一个新的途径与新的契合点。乔姆斯基在他关于语言学的著作里曾以深层结构、表层结构及转换生成规则等理论指明思维与语言的一个普遍现象，即每一个说一种语言的民族都拥有一套独特的规则将思维转换成自己的语言，因此，他认为研究这种规则不能不涉及心理过程，"任何能引起人兴趣的生成语法的大部分内容将涉及各种心理过程，这些心理过程远远超越实在意识或潜在意识这一层面"。

⑥ 乔姆斯基的说法沟通了语言学与心理学，也上接了洪堡德以来便萌芽了的文化语言学。洪堡德在 1859 年出版的《论爪哇岛上的加维语》，其副标题即为"论人类语言结构的差异及其对人类精神发展的影响"，在这部著作里洪堡德指出，"每种语言中都含有自己的世界"，因为任何客观感知都牵涉到主观感受，所以，作为主体描述客体的语言，不可避免地有自己独特的认知框架。乔姆斯基的生成语法正好以它

对"思维—语言"生成的纵向描述及对不同语法分配的横向分析的广泛适用性,为这种研究体系提供了一个语言学方法,并为心理与语言之间的综合研究提供了一个契合点——虽然他主要的例证都取自英语。

⑦中国人说中国话,中国人写中国诗,是否也可以借用这一方法重构自己独特的诗歌语言学?既然感知、思维到语言的"通道"是相同面,而"表达意指的深层结构是所有语言共有的",那么,汉语中"转换生成"无疑同样存在,既然各民族思维样式不同,诗歌思维样式更不同,那么,汉诗语言是否可以有一套自身的语言学规则,而不必牵扯某种来自西方语言的句法理论来强硬解释。

⑧至此,我们可以回到唐诗的语言中来了,我们不必对那些奇特的句式感到无所适从,也不必搬来十八般兵器一一对付,对于规则较疏略的语言必须以较疏略的句法去分析,对于心理成分较多的语言也必须借助心理学的方法来辅助语言学批评。毕竟,拿橄榄球规则去裁判足球只会使足球场上乱作一团。语法规则是对语言现象的事后归纳而不是事先规划,既然语言本身已经突破了别人的框架,那么我们不妨用自家的框架来描述它。

知识卡片

本文作者葛兆光,现为上海复旦大学文史研究院及历史系特聘资深教授,主要研究中国宗教、思想和文化史,主要著作有《禅宗与中国文化》《道教与中国文化》《中国思想史》《宅兹中国——重建有关中国的历史论述》《想象异域——读李朝朝鲜汉文燕行文献札记》等。本文是从读高友工、梅祖麟《唐诗的魅力》后所写的书评即《语言学批评的前景与困境——读〈唐诗的魅力〉》一文节选删改而来。在该文的开头,葛兆光这样说:这部著作基本上是用语言学方法来谈论唐诗的,这种以"细读"为手段对诗歌语言进行细致的分析与诠释的方法不仅注意词句语意的发掘,而且注意语法即语词搭配的样式、语音即音型的变化对诗歌意义的影响,让人领悟到唐诗语言魅力。类似而更细致的见解,见于葛兆光《汉字的魔方——中国古典诗歌语言学札记》一书。

阅读指津

节选的本部分主要以"肌质"为起点,讨论了语言学批评的困境和前景,回答了中国人应当如何构建中国的诗歌语言学的问题。文章以客观中肯的眼光、平实真切的语调,讨论了语言学批评在中国诗歌语言学中的价值和困难,试图回答"我们应当怎样在不损害语言学批评的客观性、精确性的前提下引入传统,使外部的批评与文本的批评结合起来"的问题。读这样的文本,我们不仅可以感受到学术的学理力量,也可以感受到中国读书人在构建真正适合中国语言、中国诗歌传统的批评话语体系上的努力,"我们不妨用自家的框架来描述它"。

拓展练习

1. 以下选项中,"由简单意象并列构成"的一个句子是(　　)
   A. 明月别枝惊鹊,清风半夜鸣蝉。
   B. 落木千山天远大,澄江一道月分明。
   C. 香稻啄余鹦鹉粒,碧梧栖老凤凰枝。
   D. 梧桐更兼细雨,到黄昏、点点滴滴。

2. 从文中可知作者对传统诗歌分析的批评不包括(　　)
   A. 含糊而混沌不分
   B. 印象取代分析
   C. 感受离开文本
   D. 重语言而轻感受

3. 结合平时的积累,根据文本,挑选以下几组概念中的一组进行解释。

第一组:肌质/构架

第二组:心理学批评/语言学批评

第三组:散点透视/焦点透视

4. 作者是如何论述乔姆斯基理论对中国诗歌语言学的适用性的?

5. "*细草微风岸,危樯独夜舟*"一联,在中国人的阅读过程中,常常会被读成:

微风岸<u>边</u>,夜舟独<u>系</u>。(清代仇兆鳌《杜诗详注》卷十四)

<u>在</u>细草微风的岸<u>边</u>,孤独的夜<u>里</u>,<u>停泊着</u>樯杆很高的江船。(施蛰存《唐诗百话》)

微风<u>吹拂着</u>江岸的细嫩小草,月光<u>下停泊着</u>高樯杆的孤舟。(张国荣《唐诗三百首译解》)

我们发现,读者在阅读过程中都不自觉地加入了原来没有的内容如画线部分所示。为什么会产生这样的情况呢?请结合你的学习经历,对这一问题进行探究,做出回答。

参考答案

1. A

2. D

3. 示例:肌质指可将本不连属的语词转化为某种符合语感的可理解的句子的某种心理机制。架构指语言的语法结构。

4. 文章先描绘了中国诗歌语言学的困境,即纯粹的语言学批评和回到传统的路径都无法走通,联结两者成为不得不然的选择。乔姆斯基的理论即深层结构、表层结构及转换生成规则指明思维与语言的一个普遍现象,沟通了语言学与心理学。从学术史看,乔姆斯基的理论也是具有适用性的。总体来看,乔姆斯基的理论为心理与语言之间的综合研究提供了一个契合点,也是适用于中国诗歌语言学的建设的。

5. 略。

(蒋远桥)

七 整本书阅读

选文一

含义深厚的文化语境

张 俊

① 所谓"语境",是西方语言学家提出的一种观点,它对我们分析和认识《红楼梦》语言的价值,是有一定参考意义的。有学者指出:"语境研究要求在诠释文本中某个词时,揭示与该词有关的(或隐藏在其背后的)全部历史与一切事情。通过这种提示,显现该词没有出现的语义,从而达到扩大该词内涵的功效。语言学家燕卜逊甚至认为,揭示每个词的意义,还要涉及'整个文明史',亦即从广泛的文化语境中来了解小说中词语的运用。"①

② 曹雪芹在《红楼梦》开篇,虽然声称小说"无朝代年纪可考",但是,我们如果结合明清历史,仔细阅读文本,便不难发现,《红楼梦》的词语运用,带有一种厚重的历史感和鲜明的时代气息,这是其他任何一部古代小说都无法与它相比的。下面略举几方面的例证,结合有关史料,加以说明。

③ 一是_____。如第十七回写大观园工程告竣,贾政带领宝玉及众清客去游赏,到了一处地方,看到一派农村景象(后改名稻香村),入目动心,便说:"未免勾引起我归农之意。""归农"意同"归田",旧时指辞官回乡。当时贾政是工部员外郎,他真想辞官归隐吗?其实,这只是清代中期士大夫见面时的一种寒暄话头,不能看死。曹雪芹同时代人袁枚在其《随园诗话》卷十五中记载当时士林习气说:"士大夫热中贪仕,原无足讳;而往往满口说归,竟成习气,可厌。黄莘田诗云:'常参班里说归休,都作寒暄好话头。恰似朱门歌舞地,屏风偏画白蘋洲。'"民国时人王伯沆批语也说:"偶忆前人有'相逢尽道休官好'之句,哈哈。"(甲)

④ 二是日常生活礼仪方面。书中写得明白,贾家是"诗礼簪缨之族",因此,在其家庭日常生活中,贵贱有别,长幼有序,等级分明,礼法森严。通行本《红楼梦》,"规矩"一词,全书共出现七十二次,大都当"标准""法则"讲,包括衣食住行和人际关系等。比如,丫头在主子面前,依照规矩,甚至连"你""我"都是不能直接说的。且看第五十五回凤姐与平儿的一段对话:

平儿不等说完,便笑道:"你太把人看糊涂了!我才已经行在先了,这会子才嘱咐我!"凤姐儿笑道:"我是恐怕你心里眼里只有了我、一概没有他人之故,不得不嘱咐;既已行在先,更比我明白了。这不是你又急了,满嘴里'你'呀'我'的起来了!"平儿道:"偏说'你'!你不依,这不是嘴巴子,再打一顿。难道这脸

上还没尝过的不成！"

⑤ 据清人唐翼修《人生必读书》说："子弟幼时，当教之以礼，……长者呼召，即急趋之，门内门外，长者问何人，对必以名，不曰'我'曰'吾'；长者之前，不可喧嚷致争。"后来，陈宏谋把这段话收入《教女遗规》中，作为一条闺训。由此看来，"你""我"本是两个常用的人称代词，平儿又是凤姐的心腹大丫头，当时又没有他人在场；但平儿对凤姐直称"你""我"，跟凤姐致争，故凤姐说她"满嘴里'你'呀'我'的起来了"。（乙）

⑥ 三是家庭治生方面。《红楼梦》的一个重要内容，就是写贾府的兴盛和衰败，所以涉及这方面的词语也比较多，此举一例。如第二回写"冷子兴演说荣国府"，讲到贾府气象时说："主仆上下，都是安富尊荣，运筹谋画的竟无一个。"意思是说，贾府全家，只知养尊处优，坐享其成，而无人出谋划策，治理家业。只会享受，不知治生，是当时世家大族的一种通病。清人阮葵生《茶余客话》卷十五分析乾隆时期巨家败落的原因时，归结为三种情况，其中之一，便是合家昏冗，无人筹划。（丙）

⑦ 四是园林建筑方面。这里是说，《红楼梦》中人物的居处命名，其表层意义与深层含义大多是和谐一致的。如探春住处秋爽斋，后院有梧桐，徘徊其下，夜可赏月，昼以乐荫，令人惬意。这当是它的表层语义。而据清代潘荣陛《帝京岁时纪胜》、阙名《燕京杂记》记录清代京城习俗说："京师小儿懒于嗜学，严冬则歇冬，盛暑则歇夏"，故学堂于立秋日，在蒙馆外立一招板，大书一'学'字，旁书'秋爽来学'四小字，以此看来，写探春室内名人法帖、宝砚、笔筒等的陈设，与清人笔记的记述是相一致的，显示出贾府三小姐好学的个性。这或是"秋爽斋"命名的深层含义。（丁）

（节选自张俊《红楼撷谈》，北京师范大学出版社2019年版）

【注释】

① 黎皓智.俄罗斯小说文体论.南昌：百花洲文艺出版社，2022：71.

知识卡片

本文选自《红楼撷谈》，作者张俊，北京师范大学文学院教授，致力于明清小说研究，曾为本科生开设"《红楼梦》研究""《红楼梦》与中国传统文化艺术"等专题课程。本书收录了作者数十年来研究《红楼梦》的文章30余篇，从多角度对《红楼梦》作了较为系统的梳理，有艺术形式的探究、人物形象的论述、刊印版本的考辨等，可为开展"《红楼梦》整本书阅读"研习活动提供学术视角。

阅读指津

《红楼梦》是公认的文学经典，其语言艺术历来为读者称道，清人邹弢《三借庐笔谈》称："《石头记》笔墨深微，初读忽之，而多阅一回，便多一种情味。"本文作者从"语言风格""炼词琢句""文化语境""人物语言"四个方面探讨了《红楼梦》的语言艺术，选文撷取了"文化语境"这一部分论述，引导读者认识《红楼梦》语义背后所隐含的历史渊源、社会风气。读者在理解文化语境这一概念后，可以深入文本，细读细嚼，从《红楼梦》的语言肌理着手，探究其深层语码，对故事情节、人物形象、思想内涵形成更深切的体认。

拓展练习

1. 根据文本内容，《红楼梦》的"文化语境"可定义为_____。
2. 文中第③段横线处应填写的内容是_____。
3. 下列选项中对原文理解与分析不正确的一项是（　　）

A. 第③段引袁枚《随园诗话》的论断以印证贾政的"归农"之语仅仅是当时士大夫见面时的寒暄之语,表达对此等士风的嘲讽。

B. 第④段引凤姐与平儿的对话,以佐证贾家作为"诗礼簪缨之家"具有森严的等级、礼仪,故即使是凤姐的贴身心腹,平儿的言行举止也应当符合身份。

C. 第⑥段引用阮葵生《茶余客话》的观点,为了论述贾府中合家昏冗,养尊处优,没有一个有远见筹划,因此贾家的败亡是一种必然。

D. 第⑦段引用《帝京岁时纪胜》《燕京杂记》中的材料对"秋爽"浅层语义作补充,除了令人惬意的秋景,还有勉励勤学之义,居所与人物个性相切合。

4. 下列材料可填入文中_____处。

第九十一回"纵淫心宝蟾工设计",写丫鬟宝蟾受主子夏金桂买嘱,特意穿了一件"琵琶襟小紧身",去挑逗薛蝌。所谓"琵琶襟小紧身",就是一种右襟短缺的贴身背心,其名颇雅。据清人李斗《扬州画舫录》等书记述,乾隆时期,扬州挑担卖食之辈,多为俊秀少年,竞尚妆饰,喜穿琵琶襟。宝蟾穿琵琶襟去逗引薛蝌,如此打扮不仅显其娇媚,也符合其丫头的身份、地位。

A. 甲　　　　B. 乙　　　　C. 丙　　　　D. 丁

5. 参考文化语境有了一定的理解认识,试从《红楼梦》中另举两例,分析其中所隐含的文化语境。

参考答案

1. 《红楼梦》中的语言(语义)所体现或隐含的历史及时代风气。

2. 时代风尚方面。

3. C

4. A

5. 示例一:《红楼梦》中林黛玉的住所命名为潇湘馆,与居所环境有关,其中翠竹掩映,幽篁茂盛,与林黛玉诗号"潇湘妃子"也有关;中国传统文化中,竹象征着高洁的君子品格;相传娥皇、女英因思念已逝的舜,于江湘间泪染青竹,竹上生斑,有"湘竹泪""湘妃竹"之称。湘妃竹所隐含的深层文化语义与林黛玉孤高且多愁善感的性格相契合。

示例二:《红楼梦》中元春被封贤德妃,贾母率领邢、王二夫人并尤氏、贾赦等侍奉前往,都"按品大妆,换了朝服"。此类描写符合礼仪,封建王朝的朝服是按照朝廷仪礼注、舆服志规定的穿着,朝服是按照高低官品不同服色,所以叫作按品大妆。贾府是簪缨世家,在不同场合的衣着体现日常礼仪、并彰显身份地位。

选文二

"差序格局"
——中国传统社会结构和中国人行为的解读

马　戎

① 有人曾说,如果中国社会学家当中有谁提出了什么理论可以算是中国人特有的贡献的话,首先就应当是费老的"差序格局"。近日重读费先生的《乡土中国》,有一些新的体会和思考。

个人与团体

② 在中国传统社会里,个人与团体的关系又是怎样的呢?

③ 费孝通先生指出:"＿＿＿＿＿＿＿＿＿＿＿＿＿＿＿＿＿＿＿＿＿＿"。

④ 我们中很多人都有一个工作岗位,每个岗位也都制定有相对明确的职责,这在形式上与西方现代社会没有区别。但是如果我们平心静气地仔细想想,当我们在这些岗位上做事时,头脑中的主导意识是什么?(1)如果想的是"执行公务""履行义务",想的是要对一个看不见的"团体"负责,这是"团体格局"中的行为方式;(2)如果想的是这件事做得好或不好都会体现在自己的"业绩"上,从而影响自己的升迁或赏罚,这是从个人利益("己"即"差序格局"的"中心")的角度考虑问题;(3)如果我们想的是把事情做好了就会得到上级或有影响力的人物的认可,这是从与自己个人关系密切程度的其他具体人("差序格局"中最近的一圈、关系网络中重要部分)为出发点来考虑问题。当然,在实际社会中,人们可能会同时存在这几方面的考虑,但是其中哪一个考虑真正占主导?社会上的大多数人主要考虑的是什么?这是我们需要认真调查和具体分析的问题。

⑤ 在一个"差序格局"的社会里,有些人做他的本职工作很努力,但他这样做是为了报答上级的"知遇之恩"。另一些人对自己的上级不满,工作就敷衍了事。同一个人,处于不同的单位环境中,表现可能全然不同,因为他会根据这个单位的领导与自己关系的好恶来调整自己的行为,他考虑的原则并不是对"团体"或社会负责,不是自己在团体中应尽的"工职"或社会中应尽的"义务"。所以,"公报私仇""假公济私"在中国传统社会中成为常见的现象其根源就是在社会民众中长期形成的"差序格局"这样一种社会网络和相应的观念。

"差序格局"与法律

⑥ "差序格局"的思想模式也体现在法律的理解与运用上。"中国的道德和法律,都因之得看所施的对象和'自己'的关系而加以程度上的伸缩。我见过不少痛骂贪污的朋友,遇到他的父亲贪污时,不但不骂,而且代他讳隐……这在差序社会里可以不觉得是矛盾。"①

⑦ 这种因亲情而违法的行为,实际上与孔老夫子的教导是分不开的。《论语·子路》中有这样一段话:"叶公语孔子曰:'吾党有直躬者,其父攘羊而子证之。'孔子曰:'吾党之直者异于是,父为子隐,子为父隐,直在其中矣。'"孔子在这段话中明白无误地教导我们:别人偷了羊是应当作证的,因为偷窃别人的财产总是违法行为,但如果偷羊的是自己的至亲(父亲或儿子),就应当帮助他隐瞒。换言之,法律的实施应当因人而异。由此,"差序格局"中的人际关系是凌驾于法律之上的。梁漱溟指出:"中国社会以道德代宗教,以礼俗代法律。"②

⑧ 还有学者对孔子的这段话另有一种解读,认为这是孔子用"礼"来调节"法"的一个实例。"礼"是因人而异的,所谓"礼者为异"或"礼不同",它和"法"的整齐划一是大有出入的。而且儒家的"礼"比西方的"法"似乎还要高出一等,儒家是要追求一种更高的公平和更合理的秩序。这一更高的公平和秩序仍然是从有价值自觉的个人推广出来的。"父为子隐、子为父隐"是为了引发窃盗者的"耻"心。"法"只是消极的,只能"禁于已然之后";"礼"则是积极的,可以"禁于将然之前"。社会不能没有法律,但法律并不能真正解决犯罪的问题。这是孔子的基本立场。所以他说:"听讼,吾犹人也;必也使无讼乎?"

⑨ 既然"礼"是因人而异的,法律在具体案例中的实施也应当是因人而异的,那么窃盗者的犯罪行为被自己的亲友"隐"去之后,他又怎么一定会引发"耻"心呢?他可以很坦然地认为这样的"隐"符合天经地义的"礼",亲友的"不隐"反倒会出乎他的意料,甚至使他恼羞成怒。社会把"礼"放到这么重要的地位,作

为社会成员行为的基本规则,又明白无误地告诉大家"礼"可因人而异,人们预期亲友熟人将会为自己的犯罪行为去"隐",那么犯罪行为被暴露并受到惩罚的可能性必然会降低,这在客观上是鼓励犯罪还是减少犯罪?这个问题可能只有由法学家来判断了。

⑩ 在任何一个社会里,法律对其成员犯罪行为的惩戒和社会对其成员日常在道德上的引导是两回事。不能用道德感召(启发"耻"心)来代替法律的实施。在西方社会,道德和法律具有客观和清晰的内容与标准,在法律面前人人平等,任何人都不能置身于法律之外。在中国传统社会,没有独立的司法体系,皇帝在朝廷里是绝对权威,他讲的话就是法律;官员在自己的衙门里是绝对权威,他讲的话就是判决。如此,法律在实施过程中的"伸缩"也就成了必然,这就造成传统文化中从上到下对法律的"灵活运用"。

(节选自《北京大学学报(哲学社会科学版)》2007年第2期,有删改)

【注释】

① 费孝通.乡土中国[M].北京:北京大学出版社,1998:36. ② 梁漱溟.中国文化要义[M].上海:上海人民出版社,2005:257.

知识卡片

本文节选自论文《"差序格局"——中国传统社会结构和中国人行为的解读》(《北京大学学报(哲学社会科学版)》2007年第2期),作者马戎,为北京大学社会学系教授。文章基于费孝通先生《乡土中国》的核心概念,聚焦传统中国社会"差序格局"这一特点,分析传统中国社会与西方现代社会之间在价值观念与行为规范之间的差异,解析传统观念之于当代中国的一些现象的渗透。本文主要摘录了其中的两个部分——"个人与团体""'差序格局'与法律"。

阅读指津

"差序格局"是费孝通先生著作《乡土中国》中的核心概念,主要指在亲属关系、地缘关系等社会关系中,以自己为中心,逐渐以亲疏远近推及开去,由此形成的具有伸缩性的乡土社会格局,读者可以从儒家经典中找到理论依据,这是中国人伦理观念的基石。而由"差序格局"切入,可以将《乡土中国》里的其他概念——"团体格局""礼治""家族""无讼"等联系、统合起来。因此,理解"差序格局"有助于我们比照西方社会的伦理观念,更深入地体认中国传统乡土社会以血缘为基础,重视"家族"利益,注重"礼治"等文化现象,同时,反思当下社会存在的问题。

拓展练习

1. 根据文意,尝试为"差序格局"下定义:_____。

2. 以下选项中适合填入第③段画线句的一项是(　　)

A. 在"团体格局"中,道德的基本观念建筑在团体和个人的关系上

B. 在西洋团体格局的社会中,公务、履行义务,是一个清楚明白的行为规范。而这在中国传统中是没有的

C. 我常常觉得,中国传统社会里一个人为了自己可以牺牲家,这和西方团体格局把权利和义务分得清清楚楚,大异其趣

D. 社会格局的差异,引起了不同的道德观念,道德观念是社会里生活的人自觉遵守的社会规范,自

觉履行义务,完成公务

3. 对本文内容理解不正确的一项是(　　)

　　A. 对于自己工作职责的理解,"团体格局"的行为方式与"差序格局"的行为方式不尽相同。

　　B. "公报私仇""假公济私"等传统社会常见的现象加深了"差序格局"这样一种社会网络和相应的观念。

　　C. 当父亲犯罪时,"子为父隐"在"差序格局"为主导的社会中属于天经地义。

　　D. 尽管"礼"操作起来并非"法"一般整齐划一,但它追求一种更高境界的公平与秩序。

4. 若在第⑤段后,增加一段:"除了单位中的'本职工作'并不被真正看作是自己在团体中应尽的'工职'外,中国人在_____也是出了名的,例如:_____,这些现象背后_____。"请根据文意,补全画线句中的信息。

5. 本文第⑨段中,作者是怎样反驳第⑧段的观点的,你认为这一反驳是否成立,请简要阐明理由。

参考答案

1. 以"自己"为中心,以亲疏远近逐渐推及开去,由此形成的具有伸缩性的乡土社会格局。

2. B

3. B

4. 在公共场合不遵守公共规则;在车站、机场、邮局不排队,过马路不遵守交通规则;还是把自己个人的方便放在"团体"的公共规则之上

5. 第⑨段针对第⑧段孔子用"礼"来调节"法","礼"因人而异,是积极的预防,"法"整齐划一,是消极的禁止等观点提出反驳;首先,指出如果礼因人而异,那么,法的实施过程中也可因人而异,犯罪者不一定会因"礼"而引发羞耻心;进而指出另一种可能,亲友的不隐,反倒会招致怨恨;进而指出,若犯罪者预期亲友熟人会"隐",反而会因惩罚可能性的降低,而鼓励犯罪。

成立。理由:指出上文论述的逻辑漏洞,"法"施行过程中,涉案者对"礼"的接受程度同样是因人而异的,且能举出反例佐证自己的观点,对儒家以"礼"调节"法"的理想主义观点做了较为充分的证明。

不成立。理由:作者所举反例较为极端,并不一定具有典型性;尽管不排除特殊情况,但"法"是强制、权威的,"礼"可以作为"法"的调和,发挥积极的作用。

选文三

与作者找出共通的词义

[美]莫提默·J.艾德勒

① 当我们掌握了分析阅读第一阶段的规则后,我们准备进入第二个阶段了,这个阶段也包括了四个阅读规则,第一个规则,我们简称为"找出共通的词义"。

② 在任何一个成功的商业谈判中,双方找出共同的词义,也就是达成共识(coming to terms),通常是最后一个阶段。剩下唯一要做的就是在底线上签字。但是在用分析阅读阅读一本书时,找出共通的词义却是第一个步骤。除非_____,否则想要把知识从一方传递到另一方是不可能的事。因为词义(term)是可供沟通的知识的基本要素。

③ 词义和单字(word)不同——至少,不是一个没有任何进一步定义的单字。如果词义跟单字完全相同,你只需要找出书中重要的单字,就能跟作者达成共识了。但是一个单字可能有很多的意义,特别是一个重要的单字。如果一个作者用了一个单字是这个意义,而读者却读成其他的意义,那这个单字就在他们之间擦身而过,他们双方没有达成共识。只要沟通之中还存有未解决的模糊地带,就表示没有达成沟通,或者顶多说还未达成最好的沟通。

④ 当知识沟通的过程中产生模糊地带时,双方唯一共有的是那些在讲在写在听在读的单字。而只要模糊地带还存在,就表示作者和读者之间对这些单字的意义还没有共识。为了要达成完全的沟通,最重要的是双方必须要使用意义相同的单字——简单来说,就是找出共通的词义达成共识。双方找出共通的词义时,沟通就完成了,两颗心也奇迹似的拥有了相同的想法。

⑤ 词义可以定义为没有模糊地带的字。这么说并非完全正确,因为严格来说,没有字是没有模糊地带的。我们应该说的是:当一个单字使用得没有模糊意义的时候,就是一个词义了。字典中充满了单字。就这些单字都有许多意义这一点而言,它们几乎都意义模糊。但是一个单字纵然有很多的意义,每一次使用却只能有一种意义。当某个时间,作者与读者同时在使用同一个单字,并采取唯一相同的意义时,在那种毫无模糊地带的状态中,他们就是找出共通的词义了。

⑥ 你不能在字典中找到词义,虽然那里有制造词义的原料。词义只有在沟通的过程中才会出现。当作者尽量避免模糊地带的,读者也帮助他,试着跟随他的字义时,双方才会达成共识。当然,达成共识的程度有高下之别。达成共识是作者与读者要一起努力的事。因为这是阅读与写作的艺术要追求的终极成就,所以我们可以将达成共识看作是种使用文字的技巧,以达到沟通知识的目的。

⑦ 在这里,如果我们专就论说性作家或论说性的作品来举例子,可能会更清楚一些。诗与小说不像论说性的作品——也就是我们所说的传达广义知识的作品——那么介意文字的模糊地带。有人说,最好的诗是含有最多模糊地带的。也有人很公允地说,一个优秀的诗人,不时会故意在作品中造成一些模糊。这是诗与其他论说性、科学性作品最明显的不同之处。

⑧ 这里就涉及到第五个阅读规则了(以论说性的作品为主),该规则共分两部分,第一部分是找出重要单字,第二部分是确认这些单字使用时的精确意义。

⑨ 如果语言是纯粹又完美的思想媒介,这些步骤就用不着分开来了。如果每个单字只有一个意义,如果使用单字的时候不会产生模糊地带,如果,说得简短一点,每个单字都有一个理想的共识,那么语言就是个透明的媒介了。读者可以直接透过作者的文字,接触到他内心的思想。如果真是如此,分析阅读的第二个阶段就完全用不上了。对文字的诠释也毫无必要了。

⑩ 因为语言并不是完美的传递知识的媒介,因而在沟通时也会有形成障碍的作用。追求具备诠释能力的阅读,规则就在克服这些障碍。我们可以期望一个好作者尽可能穿过语言所无法避免形成的障碍,和我们接触,但是我们不能期望只由他一个人来做这样的工作。身为读者,我们应该从我们这一边来努力打通障碍。两个心灵想透过语言来接触,需要作者与读者双方都愿意共同努力才行。

⑪ 语言与思想的问题——特别是单字与词义之间的差异——是非常重要的。一个单字可能代表许多不同的词义,而一个词义可以用许多不同的单字来解释。比如:在我们的讨论中,"阅读"这两个字已经出现过许多不同的意义。让我们挑出其中三个意义:当我们谈到"阅读"时,可能是指(1)为娱乐而阅读;(2)如何阅读一本书为获得资讯而阅读;(3)为追求理解力而阅读。

⑫ 让我们用 X 来代表"阅读"这两个字,而三种意义以 a、b、c 来代替。那么 Xa、Xb、Xc 代表什么?

那不是三个不同的单字,因为 X 始终并没有改变。但那是三种不同的词义——如果你身为读者,我们身为作者,都知道 X 在这里指的是什么意思的话。如果我们在一个地方写了 Xa,而你读起来却是 Xb,那我们写的,你读的都是同一个单字,却是不同的意义。这个模糊的意义会中止,或至少妨碍我们的沟通。只有当你看到这个单字的时候所想的字义跟我们想的一样,我们之间才有共同的思想。我们的思想不会在 X 中相遇,而只会在 Xa、Xb 或 Xc 中相遇。这样我们才算找出共通的词义。

(节选自[美] 莫提默·J. 艾德勒、查尔斯·范多伦《如何阅读一本书》,商务印书馆 2019 年版,有删改)

知识卡片

本文选自《如何阅读一本书》,作者是美国学者、教育家莫提默·J. 艾德勒,该书(第一版)于 20 世纪 40 年代出版后畅销全美,后被译成多种语言,广泛传播,此书于 1972 年重新修订,在同事查尔斯·范多伦的协助下,对第一版内容作了大幅修编增写,本文出自 1972 年重修版。除了撰写《如何阅读一本书》,艾德勒还担任 1974 年第十五版《大英百科全书》的编辑指导,主编了《西方世界的经典》,是举世公认的西方世界伟大名著项目的发起人。

阅读指津

《如何阅读一本书》(1972 年版)共分四个篇章,第一篇着重介绍了四种不同层次的阅读,着重分析了基础阅读、检视阅读;第二篇聚焦分析阅读法;第三篇详加说明"阅读不同读物的方法";第四篇则着重探讨"主题阅读"。本文选自第二篇"分析阅读"的第八章——与作者找出共通的词义。这一部分从字词着手,探讨分析阅读过程中,读者与作者有效沟通的前提,就是对于多义性的重要"单字"的理解达成共识,这是文本理解、分析的基础。或许艾德勒的论述可以引导我们反省自身习以为常的阅读过程,是否能够真正做到突破"字词"的模糊边界,与作者的意旨达成高度默契,实现真正的共鸣。

拓展练习

1. 根据文意,可填入第②段画线处的合适内容是 _____。
2. 根据文意,分析文本阅读过程中"单字"与"词义"的关系。
3. 对本文内容理解不正确的一项是(　　)

A. 在成功的商业谈判中,找出共同的词义是谈判双方顺利达成共识的前提。

B. 在阅读过程中,若要实现作者和读者的完全交流,必须找出共通的词义。

C. 字典里收藏着无数单字,但均意义模糊,因而翻阅字典对找到词义并无帮助。

D. 诗和论说文的主要差别在于文字的模糊地带,优秀的诗人往往会故意造成语义的模糊,而论说文作者鲜有此追求。

4. 以下不适合作为支撑本文观点的论据归入本文的一项是(　　)

A. 在《现代汉语词典》中,"阅读"一词因其多义性,不属于"词义"。

B. 在爱丁顿《物理世界的本质》中,作者所论"阅读"多指"仪表阅读",若读者能准确理解此意,"阅读"这个词可称之为"词义"了。

C. 课文《读书:目的和前提》中,作者认为,"没有爱的阅读,没有敬重的知识……是戕害性灵的最严重的罪过之一",如果读者把这里的"阅读"理解为吸收信息,意味着阅读这个词的词义仍然是模糊的。

D. 当我们为"追求理解力而阅读",而非为"娱乐""获得资讯"而阅读,若读者和作者均持有此项观点,"阅读"这个词便不再是"单字"了。

5. 文本是如何对主题"找出共通的词义"进行论证的,请作简要分析。

参考答案

1. 读者与作者能找出共通的词义

2. "单字"具有多义性,"词义"指作者与读者关于某个单字达成共识,"单字"可转化为"词义",其前提是"单字"的使用与理解没有模糊的意义。

3. C

4. D

5. 首先,提起话题,表明阅读规则之一即"找出共通词义";接着在与商业谈判的比较中,阐明分析阅读中找出共通词义之首要性与必要性;继而通过"单字"与"词义"的辨析,明确"词义"的内涵,作者与读者对"单字"的意义达成共识;进而区分论说文与诗、小说,将话题聚焦在论说文之中;随后,以"阅读"为例,侧重分析该阅读规则的第二阶段,论证如何才能确认单字在使用时最精确的意义,发现共通的词义。从话题的提出、概念界定到话题的聚焦限定、具体问题的分析,从概念到现象,从抽象到具象。

(石 莉)

八　跨媒介阅读与交流

"竖屏"时代的"信息方式"

刘　涛

① 曾经,"宽屏"是一种标准的媒介界面,它牢牢地占据着现实空间的重要位置,源源不断地输出声音、图像,还有我们时代的各种话语和权力。

② 作为社会空间的"不速之客",以电视、电影、LED显示屏为代表的"宽屏"媒介的"出场",本身即是一场猝不及防的"媒介事件",其在文化与政治维度上酝酿着一场深刻的空间生产实践。实际上,**空间生产**不仅强调空间本身的生产,如空间的形式、结构,以及空间中的事物的生产,还强调对空间得以持续性再生产的权力关系的生产。

③ 今天,手机端口逐渐主导了社交生活的界面,我们同样猝不及防地进入一个"竖屏"时代。不同于电视、电影等"宽屏"媒介,手机意味着一种全新的界面形式——不仅改写了信息呈现的"物质形式",同时也作为一种"底层装置"改写了信息内容的"生成系统"。信息生产离不开一定的物质基础,只有回到物质性,回到物质存在的"形式"维度,我们才能真正把握文本的内涵及其生成系统。

④ 从信息传播的发生机制来看,"宽屏"出现的物理逻辑是人体工程学,而以手机界面为代表的"竖屏"的"出场",主要遵循的是移动传播逻辑,由此形成了一种新的人体工程结构。具体来说,两只眼睛的视野范围并非正方形,而是一个水平范围远大于垂直范围的长方形,"宽屏"因此成为视觉认知的最佳"形式",这也是为什么"16∶9"是当前电视、显示器界面的标准比例。如果说"宽屏"服务于"眼球逻辑","竖屏"则是手与眼相遇的"产物",是移动传播时代人机交互的"产物",是"眼球逻辑"遭遇"移动逻辑"之后被迫妥协的"产物",因此它意味着一种典型的"人机结合"装置。

⑤ 如果从身体视角来看,以电视、电影、显示器为代表的"宽屏"往往驻扎在既定的物理空间,信息传播的默认逻辑是"身体在场",即人们只有克服现实距离,抵达既定的空间,才能与"宽屏"发生关系。实际上,"宽屏"不仅意味着一种单纯的界面形式,同时也演绎着"空间生产"的政治经济学。"宽屏"所到之处,往往重构了一种新的空间结构和关系,而权力话语则恰恰通过这一界面"管道"流淌出来,悄无声息地将主体纳入到空间生产的逻辑轨道之上。与此同时,人与媒介的关系也是静态的、暂时的、不稳定的,在身体"离场"的一瞬间,"媒介生活"便宣告终结。相反,从"宽屏"到"竖屏"的变化,反映出人与媒介之间的另

一种具身传播实践——手机的"出场",恰恰是"以竖屏的方式"重组了手与眼的关系,使得二者产生了永久的关联,不舍昼夜。概括来说,"竖屏"极大地解放了身体,赋予了身体更大的超越、自由以及流动性,人们可以在任何时间、任何地方进入"另一个世界"。

⑥ 如果我们仅仅将"竖屏"的兴起视为一种信息"端口"的变化,而忽视了这种变化可能引发的深层次的"信息结构"问题,那我们便无法真正理解"技术形式"与"信息形态"之间的勾连逻辑。马克·波斯特在《信息方式》一书中,明确阐释了媒介技术对信息系统的直接影响——任何一种媒介技术的兴起,并非只是贡献了一种新的信息载体,而是创设了一种全新的"信息方式"。今天,新媒介的出现,进一步重构了我们时代的"信息方式"。媒介装置中的呈现端口,从来都不是一个纯粹的工具性"面板",而是作为一个独特的"技术装置"作用于整个信息系统,并且深刻地影响了信息内容的呈现方式。与此同时,界面自身的物质性内涵,成为我们考察"信息方式"的基础构造,也成为我们理解"信息方式"的理论维度。

(摘编自刘涛《"竖屏"叙事与融合新闻文化》,《教育传媒研究》2020年第2期)

知识卡片

本文选自《教育传媒研究》2020年第2期,作者刘涛系暨南大学新闻与传播学院教授、博士生导师、复旦大学信息与传播中心研究员、"长江学者"青年学者,主讲《新闻采写》《新闻评论》《影视语言》《传播学理论》《媒介文化研究》等课程,曾发表《融合新闻选题:"信息逻辑"与"流量逻辑"的对接》《理解数据新闻的观念:可视化实践批评与数据新闻的人文观念反思》《社会化媒体与空间的社会化生产——列斐伏尔和福柯"空间思想"的批判与对话机制研究》等论文。

阅读指津

《"竖屏"叙事与融合新闻文化》一文从视觉逻辑和数据逻辑这两个维度论述了"竖屏叙事"的特征与影响,并探讨了"竖屏"时代的融合文化等问题。节选内容则侧重于"竖屏"产生的人体工程学原理,读者需要在明晰"眼球逻辑""移动逻辑"等关键概念及其关系的基础上把握作者的观点:从"宽屏"到"竖屏",不仅改写了信息呈现的"物质形式",同时也作为一种"底层装置"改写了信息内容的"生成系统"。

拓展练习

1. 第②段中宽屏所演绎的"空间生产"具体指的是_____。

2. 将以下语段排序填入第②段结尾处,正确的顺序是( )

① 社会公共空间的LED显示屏则出现在商场、站台、楼宇电梯等人流密集的场所,它们作为广告输送的重要端口,仔细打量着每一个"过客",贪婪地接管了行人的眼神……

② 从电视走进客厅的那一天起,家庭空间的权力关系就发生了深刻的变化。电视决定了家庭成员的视觉中心,同时也将客厅推向具有一定社会属性的公共空间。

③ 电影则毫不掩饰自己的目的,它的思路非常清楚,就是带领人们暂时告别日常生活,进入一个光与影的梦幻世界。个人与银幕的相遇,注定意味着一场盛大的消费仪式,而"梦"醒之后,人们再次回到日常生活。

A. ①②③ B. ②③① C. ②①③ D. ③②①

并说明这样排序的原因_____。

3. 能根据文意做出的一项推断是( )

A. 由于"竖屏"的诞生,移动传播时代产生了人机交互的情况。

B. 如果人们离开"宽屏"所驻扎的既定物理空间,那么"媒介生活"可能会宣告终结。

C. "信息端口"的变化,势必会引发深层次的"信息结构"的问题。

D. 对"竖屏"物质性内涵的分析与把握是我们考察其信息和内容生成系统的基础。

4. 根据文本,将以下表格内容填写完整。

	媒介的代表	遵循的逻辑	人与媒介的关系
宽屏时代	电视、电影、LED显示屏	(1)_____	(3)_____
竖屏时代	手机	(2)_____	(4)_____

5. 评析以下语段作为材料论证第⑤段画线句观点是否恰当。

在电影《骇客帝国》中,尼奥不断地穿梭于真实空间和虚拟空间,但空间切换存在一个物理"接口"——电话亭。身体只有抵达电话亭这一特定的空间场所,尼奥才能完成空间转场,进而从"一个世界"进入"另一个世界"。然而,"竖屏"时代的赛博格身体,永远在线,但又可以在瞬间消失得无影无踪,不露痕迹。

1. 空间本身生产(结构、关系重构);空间事物生产;权力关系生产

2. B;

这样的排序呼应第②段开头电视、电影、LED显示屏作为宽屏媒介代表出场的顺序,且讨论的范围从个人、家庭到社会,由近及远,逐渐延展,符合人们普遍的认知规律。

3. D

4. (1) 人体工学逻辑;(2) 移动传播逻辑;(3) 静态、暂时、不稳定;(4) 永久、超越、自由、流动性

5. 我认为材料不够恰当。第⑤段画线句作者表达的观点是相比于"横屏","竖屏"能够解放人的身体,具有超越、自由和流动性。材料的前半段以电影中的主人公必须通过物理接口才能穿越真实空间和虚拟空间来具体、形象地解释"横屏"的局限性(必须有既定的物理空间)。但后半句并未将"竖屏"时代下人与媒介的关系和特点阐释清楚,只说了身体在消失与存在之间的任意切换,不够完整、准确。

博物馆的跨媒介传播研究(节选)

李 竞

① 媒介融合概念由美国马萨诸塞州理工大学的普尔教授提出,指各种媒介呈现多功能一体化的趋势。媒介融合早期主要是电视、广播、杂志间的相互渗透,数字技术兴起后,媒介融合的广度不断拓展,传统媒体和新兴媒体的**边界开始模糊**,不同信息在同一平台整合传播,实现了集约化、数字化、多元化的信息生产。此时,信息内容在不同的媒介之间传播,并在传播过程中融合与发展。由此,跨媒介传播重塑了

285

信息的传播渠道和内容,在数字浪潮下备受关注。

② 以博物馆为代表的文化产业是跨媒介传播的重要实践领域,并在近几年取得了一定成绩。如故宫博物院启动数字化转型,通过建立新媒体平台、探索影像创作、开发文创产品、IP跨界营销,开启了新时代博物馆传播"社交媒体+文化品牌+电子商务"的新路径。中央电视台首播的文博综艺节目《国家宝藏》,通过联合故宫博物院、上海博物馆等9家国家级重点博物馆,以实景演绎文物历史的方式带领观众感受博物馆的魅力。<u>正是跨媒介传播的推动,博物馆获得了前所未有的关注,为我国博物馆的发展打开了新纪元。</u>

③ 跨媒介传播打破了博物馆的场地和时间受限,受众借助虚拟网络可以无时无刻了解博物馆知识,并获得全景式、沉浸式、交互式的博物馆体验。过去,博物馆的传播主要同知名纸媒、地方电视台合作,内容以专业图文介绍、长视频记录为主。新媒体则为受众提供了视觉化、网络化、交互化、便捷化的传播形式,以及海量、创新、丰富的传播内容。借助新媒体,博物馆巩固了传统受众,并收获了广大的网络受众。2021年,丝绸之路数字博物馆上线,来自中国、英国、美国、俄罗斯等18个国家,包括中国的敦煌研究院、丝绸博物馆,海外的大英博物馆、美国芝加哥艺术博物馆、俄罗斯国家历史博物馆等博物馆的优质资源全部以数字方式呈现,为博物馆的多路径传播提供了新的范式。

④ 博物馆是文化资源的集大成者,长期以来形成了高高在上的形象,而跨媒介传播降低了信息表达的难度,驱动博物馆主动策划受众易接受、更青睐的内容元素,在严肃文本基础上寻找契合通俗话语的元素,通过漫画、社区问答、短视频直播、游戏H5页面等形式创造更新颖的传播内容。早在2018年,7家国家一级博物馆就已入驻抖音平台,联合平台推出了"博物馆抖音创意视频大赛"。原本静默在展台上"肃穆而立"的国宝文物在视频中配合抖音旋律翩翩起舞,生动的形象充分激发了受众的新鲜感和参与感。随后,博物馆投身抖音直播,以实景呈现、名人讲解、网友互动等方式拉近其与受众间的距离,用浅显直白的语言向受众普及知识,推广文化。抖音发布的首份博物馆数据报告显示,截至2021年5月,抖音平台上博物馆相关视频数量超过3 389万条,播放723亿次,获赞量近21亿。未来,博物馆的传播内容将同人工智能结合,受众可自主选择或定制传播内容,博物馆的文化传播将达到"千人千面"的传播效果。

⑤ 著名学者苏东海指出,如果不强化博物馆教育本身的个性,博物馆教育始终只能淹没在大教育系统的共性之中,显现不了博物馆教育在大教育系统中应有的独特价值和地位。博物馆的教育功能必须围绕具体实物展开,这也成为博物馆传播过程中的一大难题。跨媒介传播有效增加了传播媒介,并在新旧媒介融合过程中强调"以人为本",让人在观察、触摸、体验、感受实物介质的过程中了解文物背后的深刻内涵和历史底蕴,从而充分发挥博物馆的教育功能。

⑥ 随着人们物质生活日益充裕,高质量的精神文化需求将开启新一轮的文化产业大升级。博物馆具有深层选择性、文化共享性以及不可替代性,是面向公众的文化服务机构,推动博物馆传播将是文化产业大升级的有效遵循。博物馆只有进一步发挥跨媒介传播的优势,把实体传播和媒体传播相结合,才能持续输出更高水平的精神文化服务。

(摘编自李竞《博物馆的跨媒介传播研究》,《出版广角》2022年第2期)

知识卡片

本文选自《出版广角》2022年第2期,作者李竞供职于遵义师范学院人文与传媒学院。近年来,各大博物馆凭借多样的传播方式和丰富的文化体验,热度不断攀升。三星堆博物馆于1997年10月建成开放,是中国一座现代化的专题性遗址博物馆。它立足于古蜀文化,从传播渠道、传播内容、传播受众三个方面改善,为博物馆的跨媒介传播提供了有益启示。

阅读指津

《博物馆的跨媒介传播研究》一文从博物馆跨媒介传播的积极意义、三星堆博物馆跨媒介传播的具体方式、博物馆跨媒介传播的提升策略等多个方面论证如今的博物馆传播不再局限于"以物为媒、以人为媒",复合媒介的应用成为传播力提升的有效途径。而选文则侧重跨媒介通过打破时空限制,增加场馆传播力;传播内容融合,激发受众想象力;创新"物育"模式,强化场馆教育力,对于读者理解媒介融合在博物馆领域的应用和影响具有启示作用。

拓展练习

1. 第①段中"边界开始模糊"指的是_____。
2. 能根据文意做出的一项推断是(　　)
A. 新媒体不仅能够优化传播的形式,还能优化传播的内容。
B. 博物馆借助新媒体,可以有效巩固与传统受众之间的关系。
C. 博物馆作为文化资源的集大成者,长期以来给人一种生涩呆板的形象。
D. 博物馆教育始终无法在大教育系统中凸显独特的价值和地位。
3. 依据第②段内容,分析画线部分的推理是否成立?
4. 简析第③段和第④段中数字的作用。
5. 概括本文的行文思路。

参考答案

1. 传统媒体和新兴媒体出现了逐渐融合、互相渗透、整合传播的情况

2. A

3. 不成立。第②段首先运用举例论证,通过一系列故宫博物院的跨媒介传播运用的成功实例,论证了跨媒介是博物馆新的发展路径,又举出《国家宝藏》节目的实景演绎形式为例,论证了跨媒介能带来全新的博物馆体验方式。但是,该段忽略了对跨媒介的实效的论证,未能体现跨媒介传播对观众感受的具体影响,其举例虽典型但不客观、不具体,忽略了对其它要素的分析,归因过于简单。

4. 通过列举一系列的数字,作者更直观地表明了2018—2021近三年中博物馆借助跨媒介的迅速发展,辐射区域之广,视频数量众多,获得大众关注和认可,取得了不错的效果。一系列数字具体确切,具有真实性。通过例证很好地呼应本段开头的观点:在跨媒介的帮助下,博物馆改变了原本刻板印象,使得内容更容易被受众接受和青睐。

5. 首先,作者介绍了媒介融合的起源与概念,指出跨媒介传播重塑了信息的传播渠道和内容,在数字浪潮下备受关注。接着,作者通过引入一系列文化产业发展实例,将话题引至博物馆,指出以博物馆为代表的文化产业是跨媒介传播的重要实践领域。随后通过举例论证,分别论证了跨媒介传播能够打破时空限制,增加场馆传播力;能够传播内容融合,激发受众想象力;能够创新"物育"模式,强化场馆教育力。并最终得出结论:博物馆只有进一步发挥跨媒介传播的优势,才能持续输出更高水平的精神文化服务。

选文三

新媒体背景下的当代文学批评

材料一:

① 新媒体将当代文学批评实践的主体队伍重新格式化,使其以社区的方式聚合。就如麦克卢汉曾经预言的,信息化社会不仅使世界变成了一个鸡犬之声相闻的地球村,而且也将由于信息的使用频率及广泛传播形成各种超越空间距离、民族差异的崭新的虚拟部落,信息会使得人群"**重新部落化**"。当代文学批评在新媒体的发言者有这样几大"部落":其一为纸质文学期刊的编辑;其二为作家本人;其三为来自于高校、社科院、文联等系统专业的文学批评家。

② 新媒体没有发挥效用之前,这些批评实践主体是散在的、隐身的、异构的,互联网的开放性、全球性、即时性、互动性、低成本等诸多特点决定了它能直接联通作者、读者、编辑、评论家和每一个人,满足他们发表和观看的欲望。当代文学批评主体在新媒体表征下的社区化,优点即在于它的凝聚力,由于社交软件的低门槛使用策略,各大网站已成为不同群体汇聚内部声音的重要场所,可以将有大致相同审美趣味及水准的人扭结在一起交流心得。

③ 文学批评社区目前发展的弱项则在于它还没能建立起各自的纲领,社区本身缺少严格意义上的"**把关人**",没有人可以确切地掌握某一批评议题的持续时间、用户参与度、批评者的成长程度等对网站或公众号发展极为必要的关节点。

(摘编自刘巍《新媒体与当代文学批评之新变》,《文艺争鸣》2018 年第 12 期)

材料二:

① 伴随互联网技术的发展,数字媒介打破了传统文本的线性生产、传播和评价过程,进一步改变了写作、评论和阅读的经典形态,文艺活动全面打破**精英话语垄断**。从网络文学作品批评现状来看,批评主体实际上由职业批评家、网站编辑和独立评论人三部分构成。

② 职业批评家接受的是传统经典文学鉴赏和评价的正统学术训练,在网络文艺诞生之初即对其持有雅俗之辨的先验偏见。学院派批评家关注文学批评的学理探讨,在长期浸淫学术训练过程中形成的专业素养和艺术鉴赏能力,与网络文学作品存在着龃龉寡合的**先天窒碍**。此外,职业批评家也包括传统文学期刊的编辑,尽管这一群体普遍认可文学批评需要与时俱进,但很难及时做出调整来应对网络文学批评阵地缩水的挑战。

③ 网站编辑是网络文学批评流程之中最为前端的把关人。文学网站是绝大多数网络文学作品发布和流播的第一渠道,专职的网站编辑负有对上传的作品进行审核、建议修改以及筛选推荐等职责。其在角色上类似于传统出版机构的专业编辑,但出发点和工作重心与后者大相径庭。在网络文学通行的审查制度规约之下,网站编辑的筛查重点在于剔除触犯法律或道德底线的作品,并且时刻以大众读者这一服务对象为优先,对作品的艺术水准和思想内容褒贬则在其次,把关作品的专业素养也难与出版编辑同日而语。

④ 独立评论人的出现受网络文学的技术发展影响较大。受惠于移动技术和社交媒介的蓬勃发展,文学批评的发声平台和渠道更为多元,以自媒体和大众媒体为主要阵地的独立评论人不断崭露头角,激

活了互联网文艺评论的生态环境。但是,独立评论人受点击率、转发率乃至植入广告等经济利益驱动不在少数,或为迎合读者发表低级趣味及媚俗内容,其评论亦多蜻蜓点水,在"去中心化"的同时容易导致扁平化的评论倾向,甚至是流于炒作和恶性竞争,遑论对网络文学创作起到积极引导的推动影响。

(摘编自史霄鸿《新媒体书评人与网络文学批评机制的有效构建》,《出版参考》2018年第3期)

知识卡片

《新媒体与当代文学批评之新变》选自《文艺争鸣》2018年第12期,作者刘巍系辽宁大学文学院博士生导师,代表论著有《文学批评的应许与期许》等,主持国家社科基金项目"新媒体与当代文学的批评实践研究"等。《新媒体书评人与网络文学批评机制的有效构建》选自《出版参考》2018年第3期。

阅读指津

两篇选文都围绕"新媒体背景下的当代文学批评"这个话题展开,但侧重却有所不同。材料一从"当代文学批评主体在新媒体表征下的社区化"这一现状出发,客观分析其明显优势与发展弱项。材料二则主要在网络文学批评的范畴内进行探讨,围绕三类网络文学批评的主体对象,分析其特征和影响。在阅读过程中,建议读者既要关注两则材料在论述上的共性和差异,也要把握材料内各部分间的逻辑关联。

拓展练习

1. 材料二第①段中的"精英话语垄断"指的是_____。

2. 以下对于原文中加点关键词的理解和分析,错误的一项是(　　)

A. 重新部落化:信息化社会中新媒体使得相似审美趣味及水准的人聚合在一起形成团体。

B. 把关人:负有对作品进行审核、建议修改以及筛选推荐等职责的人。

C. 先天窒碍:学院派批评家在长期学术训练中形成的专业素养和艺术鉴赏能力与网络文学作品存在显著差异,因此具有阻碍和困难。

D. 去中心化:文学批评的发声平台和渠道更为多元,激活了互联网文艺评论的生态环境,独立评论人都可以发表自己的见解。

3. 以下作为材料一第①段的补充材料,最不恰当的一项是(　　)

A. 《文学评论》每一期都有"编后记",是刊物编辑对该期内容进行的总结和提炼,从中我们可以感受到编者初衷理念、评价标准,点评字字珠玑、一针见血。

B. 迟子建的《群山之巅》发表在2015年第1期的《收获》上,同年的香港书展上她发表了《文学的山河》的演讲,分享了她几年来的创作历程。

C. 许多著名的文学评论家现在都利用微博、微信朋友圈来发表评论文章,有理论的高度,有文字的质感,也有着庞大的接受群体。

D. 学校文学社团组织开展《红楼梦》读书论坛,定期推选各年级"读书达人"分享自己的阅读体会和经验。

4. 能根据材料二做出的一项推断是(　　)

A. 职业批评家对网络文学作品的批评都带有先验偏见。

B. 网络编辑与专业编辑在角色、出发点、工作重心和专业素养上基本相同。

C. 独立评论人往往受经济利益驱动,因而他们的出现对网络文学作品批评的发展不利。

D. 与职业批评家不同,网络编辑与独立评论人的网络文艺批评更易受制于特定读者的影响。

5. 材料一和材料二都讨论了新媒体对当代文学批评的影响,但论证思路又存在明显差异,请对此加以概括和分析。

参考答案

1. 在文艺活动中,只有专业人士参与并发表意见的局面
2. B
3. D
4. D
5. 材料一:先指出新媒体使得当代文学批评实践的主体聚合为三大群体,接着分析新媒体的作用就在于其凝聚力,但目前发展的弱项在于还没建立起各自的纲领。

材料二:先提出当下网络文学作品批评的三部分主体,继而依次分析职业批评家、网站编辑和独立评论人对于网络文学创作的积极作用和显著问题。

材料一和材料二都谈及了当代文学批评的主体及其分类,但有详略之分。另外,材料一由表及里、层层深入;材料二采用总分结构,展开横向论述。

选文四

① 雅乐文化由来已久,在中国历史上有着极为重要的价值和意义。形成于西周初年的古代雅乐体系,来自统治阶级制礼作乐的生活文化。后因诸侯国之间的战乱,周王朝苦心建立的礼乐制度"礼崩乐坏",但雅乐音声并非消亡。作为一种民族音乐文化的**根基**,在历朝历代被不断补充与丰富,作为皇家重要仪式的组成部分而被记载留存下来。

② 近年来,雅乐文化在沉睡中被唤醒。"新雅乐"的诞生,秉承了"中正和平之性,翩翩君子之风"的儒家哲学思想,以具象的文化形态体现出典雅、淡雅、优雅、雅正的审美诉求,并将"以礼塑身,以乐兴国"作为终极艺术使命。"新雅乐"在艺术创作视野中严格遵循着中国古典文化的精粹所在,用音声与舞蹈重温昔日的良辰美景。

③ 首先,古典诗词文化与乐舞文化在"新雅乐"中得到了良好的传承与创新拓展。《礼记·乐记》有云:"诗,言其志也;歌,咏其声也;舞,动其容也"。在古典雅乐的精神指向中,"诗、乐、舞"三位一体,密不可分。这也使古典文集《诗经》和《楚辞》中收录的文本大多可以入乐表演。当代"新雅乐"受其启发,曾由作曲家林海依古词填曲创作《关雎》,将那美好的"窈窕淑女,君子好逑"诗文重现于世,追忆周代社会风俗景象。

④ 其次,书法与水墨是中国传统文化中浓重的一笔,在墨色与笔法交织的明暗之间,东方哲学的机趣被写意勾勒,并留给世人参悟领会。"新雅乐"的艺术创意敏锐察觉到这一文化要素,在《墨香》和《青衣》等舞蹈的编创中,舞者一袭素色衣裙,甩着长长的水袖,以优雅的舞姿在行云流水间诠释着书法独到的抑扬顿挫之感。

⑤ 此外,茶文化也是"新雅乐"所钟情的表达对象。中国茶道缘起于唐代,在宋代盛行。一杯清茶中

显示出古人"廉、美、和、敬"的品格与情操。"新雅乐"以此为灵感,编创出乐曲作品《茶香》。现代感十足的编曲方式用古琴和钟磬等古乐配器奏出,在歌声与音乐旋律的交相辉映中感悟中国茶道的"天人合一"。

⑥从唱腔特性来看,古人曾形容雅乐之声"余音绕梁,三日而不绝"。又有《乐记·师乙篇》中讲到的"倨中矩,句中勾,累累乎端如贯珠"。当代歌者经过科学的发声系统训练,在演唱能力方面驾轻就熟,针对古典雅乐对于歌唱审美的要求,在声音塑造上体现出"圆、润、糯"的特点。借鉴了传统戏曲中的"水磨腔",将吟唱的技术方式巧妙植入,体现出与中国古典美学如出一辙的含蓄、柔美、空灵、醇厚。

⑦从传承的角度来看,"新雅乐"抛弃了礼乐制度在政治和思想层面的捆绑之后,将所有精力都投入到对意境美的追求上。通过艺术舞台上的演绎,表达出在思想层面对诸子百家文化精神的吸纳,并将琴、棋、书、画融入到音乐形态之中。萃取传统文化中最具魅力的点睛之笔,经过当代艺术的"二度创作",将古今连接在一线,展示出生生不息的民族气节。

⑧"新雅乐"在当代的逆流而上,说明传统音乐并非濒临衰亡,而是没有找到触动当代大众审美觉醒的关键点。"新雅乐"作为一种传播文化的优质载体,其鲜明的文化特征钩沉历史,浓缩精华,将"形式美"与"内涵美"融会贯通,传递着"以礼修身,以乐感人"的优秀品格。

(摘编自罗丽《"新雅乐":是重现,更是重生》,《光明日报》2019年11月17日)

知识卡片

本文选自《光明日报》2019年11月17日,作者罗丽系曲阜师范大学音乐学院副教授。雅乐,即古代帝王祭祀天地、祖先及朝贺、宴享等大典所用的正乐,儒家以为它的音乐"中正和平",歌词"典雅纯正",故称之为"雅乐"。雅乐是周代统治阶级礼乐制度的重要组成部分,用充满仪式感的音乐舞蹈来彰显至高无上的王权。但随着春秋战国诸侯鼎立,雅乐逐渐淡出社会生活。而作为民族音乐文化的根基,雅乐在历朝历代被不断补充与丰富。在21世纪的今天,雅乐文化在沉睡中被唤醒,历经追溯、复原、创新、重塑,"新雅乐"现象蔚然成风。

阅读指津

"新雅乐"在艺术创作视野中严格遵循着中国古典文化的精粹,用音声与舞蹈重温昔日的良辰美景。在节选文本中,作者分段阐述"新雅乐"不仅传承中华正统的儒家思想哲学,而且将中国古典诗词、书画、传统茶文化等都融入到音乐形态之中,让文化遗产得以传承与弘扬。从而有力揭示"新雅乐"重生的根本原因是其内外兼美的特质。

拓展练习

1. 第①段中的加点词"根基"指的是_____。
2. 下列关于原文内容的理解和分析,不正确的一项是(   )

A. 第③段中,作者通过古今雅乐的对比强调二者之间传承与创新的关系。

B. 第④段中,作者通过举例具体呈现了雅乐文化与书法、水墨相得益彰的图景。

C. 第⑥段中的引用,足以让读者感受到雅乐演唱时气息连贯、以美至归的特点。

D. 作者以诗词、书法和茶文化为典型代表,由此体现新雅乐对传统文化的萃取。

3. 不能根据文意做出的一项推断是( )

A. 新雅乐的哲学思想、审美诉求等是其在当今社会中得到延续和发展的基础。

B. 尽管周王朝的礼乐制度"礼崩乐坏",但雅乐并没有因此而彻底消亡。

C. 新雅乐融合了诗词文化、书法文化,也必然能将中国其它传统文化一一唤醒。

D. 新雅乐摆脱了礼乐制度中的束缚,追求意境美,使古典诗乐文化焕然重生。

4. 学校将组织开展"新雅乐"文艺汇演,以下最不可能出现在节目单上的是( )

A. 歌曲《蒹葭》　　B. 功夫茶道表演　　C. 舞蹈《唐宫夜宴》　　D. 配乐唱诵《九歌》

5. 阅读以下语段,结合全文分析"新雅乐"从"重现"走向"重生"的原因。

子谓《韶》:"尽美矣,又尽善也。"谓《武》:"尽美矣,未尽善也。"——《论语·八佾》

参考答案

1. 古代雅乐体系是民族音乐的源头,也为新雅乐的诞生奠定了坚实的基础

2. A

3. C

4. B

5. 孔子认为:仁德的内容就是善,而好的表现形式就是美,如果能将艺术的内容和形式完美地结合起来,就是尽善尽美。而"新雅乐"就在内容上秉承了儒家哲学思想,严格遵循古典文化精粹;在形式上融合多种传统表现形式,体现清雅的审美诉求。基于"新雅乐"美善合一、内外兼修的特点,在当代文化浪潮中掀起一片与众不同的涟漪。

(陈　硕)

现当代文学

一 青春激昂

选文一

我的梦,我的青春!
郁达夫

① 在我们家的左面,住有一家砍砍柴,卖卖菜,人家死人或娶亲,去帮帮忙跑跑腿的人家。他们的一族,男女老小的人数很多很多,而住的那一间屋,却只比牛栏马槽大了一点。他们家里的顶小的一位苗裔年纪比我大一岁,名字叫阿千,冬天穿的是同伞似的一堆破絮,夏天,大半身是光光地裸着的;因而皮肤黝黑,臂膀粗大,脸上也像是落地之后,只洗了一次的样子。他虽只比我大了一岁,但是跟了他们屋里的大人,茶店酒馆日日去上,婚丧的人家,也老在进出;打起架吵起嘴来,尤其勇猛。我每天见他从我们的门口走过,心里老在羡慕,以为他又上茶店酒馆去了,我要到什么时候,才可以同他一样的和大人去夹在一道呢!而他的出去和回来,不管是在清早或深夜,我总没有一次不注意到的,因为他的喉音很大,有时候一边走着,一边在绝叫着和大人谈天,若只他一个人的时候哩,总在噜苏地唱戏。

② 有一天春天的早晨,母亲上父亲的坟头去扫墓去了,祖母也一清早上了一座远在三四里路外的庙里去念佛。翠花在灶下收拾早餐的碗筷,我只一个人立在门口,看有淡云浮着的青天。忽而阿千唱着戏,背着钩刀和小扁担绳索之类,从他的家里出来,看了我的那种没精打采的神气,他就立了下来和我谈天,并且说:"鹳山后面的盘龙山上,映山红开得多着哩;并且还有乌米饭(是一种小黑果子),彤管子(也是一种刺果),刺莓等等,你跟了我来罢,我可以采一大堆给你。你们奶奶,不也在北面山脚下的真觉寺里念佛么?等我砍好了柴,我就可以送你上寺里去吃饭去。"

③ 阿千本来是我所崇拜的英雄,现在一听到了这一个提议,自然是心里急跳了起来,两只脚便也很轻松地跟他出发了,并且还只怕翠花要出来阻挠,跑路跑得比平时只有得快些。出了弄堂,向东沿着江,一口气跑出了县城之后,天地宽广起来了,我的对于这一次冒险的惊惧之心就马上被大自然的威力所压倒。这样问问,那样谈谈,阿千真像是一部小小的自然界的百科大辞典。

④ 麦已经长得有好几尺高了,麦田里的桑树,也都发出了绒样的叶芽。晴天里舒叔叔的一声飞鸣过去的,是老鹰在觅食;树枝头吱吱喳喳,似在打架又像是在谈天的,大半是麻雀之类;远处的竹林丛里,既有抑扬,又带余韵,在那里歌唱的,才是深山的画眉。

⑤ 上山的路旁,一拳一拳像小孩子的拳头似的小草,长得很多;拳的左右上下,满长着了些绛黄的绒

毛,仿佛是野生的虫类,我起初看了,只在害怕,走路的时候,若遇到一丛,总要绕一个弯,让开它们,但阿千却笑起来了,他说:"这是薇蕨,摘了去,把下面的粗干切了,炒起来吃,味道是很好的哩!"

⑥渐走渐高了,山上的青红杂色,迷乱了我的眼目。日光直射在山坡上,从草木泥土里蒸发出来的一种气息,使我呼吸感到了困难,阿千也走得热起来了,把他的一件破夹袄一脱,丢向了地下。教我在一块大石上坐下息着,他一个人穿了一件小衫唱着戏去砍柴采野果去了;我回身立在石上,向大江一看,又深深地深深地得到了一种新的惊异。

⑦这世界真大呀!那宽广的水面!那澄碧的天空,那些上下的船只,究竟是从哪里来,上哪里去的呢?

⑧我一个人立在半山的大石上,近看看有一层阳炎在颤动着的绿野桑田,远看看天和水以及淡淡的青山,渐听得阿千的唱戏声音幽下去远下去了,心里就莫名其妙的起了一种渴望与愁思。我要到什么时候才能大起来呢?我要到什么时候才可以到这像在天边似的远处去呢?到了天边,那么我的家呢?我的家里的人呢?同时感到了对远处的遥念与对乡井的离愁,眼角里便自然而然地涌出了热泪。到后来,脑子也昏乱了,眼睛也模糊了,我只呆呆的立在那块大石上的太阳里做幻梦。我梦见有一只揩擦得很洁净的船,船上面张着了一面很大很饱满的白帆,我和祖母母亲翠花阿千等都在船上,吃着东西,唱着戏,顺流下去,到了一处不相识的地方。我又梦见城里的茶店酒馆,都搬上山来了,我和阿千便在这山上的酒馆里大喝大嚷,旁边的许多大人,都在那里惊奇仰视。

⑨这一种接连不断的白日之梦,不知做了多少时候,阿千却背了一捆小小的草柴,和一包刺莓映山红乌米饭之类的野果,回到我立在那里的大石边来了。他脱下了小衫,光着了脊肋,那些野果就系包在他的小衫里面的。

⑩他提议说,时候不早了,他还要砍一捆柴,且让我们吃着野果,先从山腰走向后山去罢,因为前山的草柴,已经被人砍完,第二捆不容易采刮拢来了。

⑪慢慢地走到了山后,山下的那个真觉寺的钟鼓声音,早就从春空里传送到了我们的耳边,并且一条青烟,也刚从寺后的厨房里透出了屋顶。向寺里看了一眼,阿千就放下了那捆柴,对我说:"他们在烧中饭了,大约离吃饭的时候也不很远,我还是先送你到寺里去罢!"

⑫我们到了寺里,祖母和许多同伴者的念佛婆婆,都张大了眼睛,惊异了起来。阿千走后,她们就开始问我这一次冒险的经过,我也感到了一种得意,将如何出城,如何和阿千上山采集野果的情形,说得格外的详细。后来坐上桌去吃饭的时候,有一位老婆婆问我:"你大了,打算去做些什么?"我就毫不迟疑地回答她说:"我愿意去砍柴!"

⑬故乡的茶店酒馆,到现在还在风行热闹,而这一位茶店酒馆里的小英雄,初次带我上山去冒险的阿千,却在一年涨大水的时候,喝醉了酒,淹死了。<u>他们的家族,也一个个地死的死,散的散,现在没有生存者了;他们的那一座牛栏似的房屋,已经换过了两三个主人。</u>时间是不饶人的,盛衰起灭也绝对地无常的:阿千之死,同时也带去了我的梦,我的青春!

(有删改)

知识卡片

本文是郁达夫的自传散文之一。郁达夫(1896年—1945年),原名郁文,中国现代作家。1921年他和郭沫若、成仿吾等人组织成立创造社,后主编《创造季刊》。代表作有《沉沦》《春风沉醉的晚上》《故都的秋》《迟桂花》等。1935年,郁达夫应当时流行的小品杂志《人世间》之约,写了一组自传,从出生写到赴日本留学时期,篇名依次叫《悲剧的出生》《我的梦,我的青春》《书塾与学堂》《水样的春愁》《远一程,再远一程》《孤独者》《大风圈外》《海上》。在文学创作之余,郁达夫还积极参加抗日救国活动,写了大量战斗性强的政论、短评和诗词。1938年他应新加坡《星洲日报》邀请,前往新加坡参加抗日宣传工作。1945年郁达夫被日军宪兵杀害于苏门答腊岛。

阅读指津

郁达夫的小说和散文常带有"自叙传"的色彩,即在描写和记叙之间,穿插大量内心独白,来抒发真挚的个人情感。郁达夫的创作往往是笔随情走,作品的情感基调常是忧郁感伤的,对自然景物、事物的描绘也常融入主观情感,形成独树一帜的创作风格。《我的梦,我的青春》写的是郁达夫进学堂前七八岁时的童年经历,抒发对青春、人生、故乡的感慨。阅读时可以注意品味作品中描绘的人物、景物的细节之处,把握作者复杂细腻的情感,并读出情感背后的生命体悟和哲思。

拓展练习

1. 以第④⑤段为例,赏析本文语言运用上的特点。
2. 第⑧段通过描写"我"奇特的梦,展现出"我"怎样的内心世界?请结合文本加以分析。
3. 赏析小说结尾处画波浪线句的情感内涵。
4. 散文首尾都写了阿千族人和他们的房屋,请结合第①⑬段的画线句,从构思角度分析其作用。

参考答案

1. 语言自然活泼,富有童趣,如将画眉鸣叫比拟为歌唱,将植物绒毛比喻为野生虫类,生动表现出"我"对于自然的好奇和对陌生植物的恐惧心理。多用拟声词和叠词,如"舒叔叔""吱吱喳喳",生动地展现多种鸟类的鸣叫声。既有口语用词,如阿千的话语"很好的哩","抑扬""余韵"等词语又富有诗意。

2. 梦中的大帆船体现出我对于探索新世界的渴望。梦中我和家人和阿千都在一起,可见"我"对身边人充满了爱和依恋。"城里的茶馆"搬到了山上,这是我对于贫穷落后的家乡能早日发展得像城市一样的愿望。梦中我和阿千的大嚷引来大人的仰视,反映出我急切盼望长大,拥有如阿千般的勇敢性格的心理。

3. 阿千是作者童年心目中的英雄,他带领"我"走出封闭的家,在美好广阔的新世界冒险。阿千的死让作者美好的童年幻梦被残酷的现实击碎,这一句有对阿千的死的无限痛惜;有对自己青春不再的感伤;有成年后的"我"对世事难料和生命无常的无力。

4. 开头描写族人多和房屋破陋,表现了阿千一家艰苦的生活,侧面写出阿千小小年纪就要负担生活的不容易,凸显了他能拥有乐观坚韧品格的可贵。结尾处提及族人离散、房屋易主的悲惨结局,首尾呼应,曾经的热闹与现在的败落形成鲜明反差,更加深了作者对于阿千悲剧命运和人事无常的感慨。

选文二

战 士

孙 犁

那年冬天,我住在一个叫石桥的小村子。村子前面有一条河,搭上了一个草桥。天气好的时候,从桥上走过,常看见有些村妇淘菜;有些军队上的小鬼,打破冰层捉小沙鱼,手冻得像胡萝卜,还是兴高采烈地喊着:

这个冬季,我有几次是通过这个小桥,到河对岸镇上,去买猪肉吃。掌柜是一个残疾军人,打伤了右臂和左腿。这铺子,是他几个残疾弟兄合股开的合作社。

第一次,我向他买了一个腰花和一块猪肝。他摆荡着左腿用左手给我切好了。一般的山里的猪肉是弄得粗糙的,猪很小就杀了,皮上还带着毛,涂上刺眼的颜色,煮的时候不放盐。当我称赞他的肉有味道和干净的时候,他透露聪明的笑着,两排洁白的牙齿,一个嘴角往上翘起来,肉也多给了我一些。

第二次,我去是一个雪天,我多烫了一壶小酒。这天,多了一个伙计:伤了胯骨,两条腿都软了。

三个人围着火谈起来。

伙计不爱说话。我们说起和他没有关系的话来,他就只是笑笑。有时也插进一两句,就像新开刃的刀子一样。谈到他们受伤,掌柜望着伙计说:

"先还是他把我背到担架上去,我们是一班,我是他的班长。那次追击敌人,我们拼命追,指导员喊,叫防御着身子,我们只是追,不肯放走一个敌人!"

"那样有意思的生活不会有了。"

伙计说了一句,用力吹着火,火照进他的眼,眼珠好像浮在火里。掌柜还是笑着,对伙计说:

"又来了,"他转过头来对我,"他沉不住气哩,同志。那时,我倒下了,他把我往后背了几十步,又赶上去,被最后的一个敌人打穿了胯。他直到现在,还想再干干呢!"

伙计干脆地说:

"怨我们的医道不行么!"

"怎样?"我问他。

"不能换上一副胯骨吗,如能那样,我今天还在队伍里。难道我能剥一辈子猪吗?"

"小心你的眼!"掌柜停止了笑对伙计警戒着,使我吃了一惊。

"他整天焦躁不能上火线,眼睛已经有毛病了。"

我安慰他说,人民和国家记着他的功劳,打走敌人,我们有好日子过。

"什么好的生活比得上冲锋陷阵呢?"他沉默了。

第三次我去,正赶上他两个抬了一筐肉要去赶集,我已经是熟人了,掌柜的对伏在锅上的一个女人说:

"照顾这位同志吃吧。新出锅的,对不起,我不照应了。"

那个女子个子很矮,衣服上涂着油垢和小孩尿,正在肉皮上抹糖色。我坐在他们的炕上,炕头上睡着一个孩子,放着一个火盆。

女人多话,有些泼。她对我说,她是掌柜的老婆,掌柜的从一百里以外的家里把她接来,她有些抱怨,说他不中用,得她来帮忙。

我对她讲,她丈夫的伤,是天下最大的光荣记号,她应该好好帮他做事。这不是一个十分妥当的女人。临完,她和我搅缠着一毛钱,说我多吃了一毛钱的肉。我没办法,照数给了她,但正色说:

"我不在于这一毛钱,可是我和你丈夫是很好的朋友和同志,他回来,你不要说,你和我因为一毛钱搅缠了半天吧!"

这都是一年前的事了。第四次我去,是今年冬季战斗结束以后。一天黄昏,我又去看他们,他们却搬走了,遇见一个村干部,他和我说起了那个伙计,他说:

"那才算个战士!反'扫荡'开始了,我们的队伍已经准备在附近作战,我派了人去抬他们,因为他们不能上山过岭。那个伙计不走,他对去抬他的民兵们说:你们不配合子弟兵作战吗?民兵们说:配合呀!他大声喊:好!那你们抬我到山头上去吧,我要指挥你们!民兵们都劝他,他说不能因为抬一个残废的人耽误几个有战斗力的,他对民兵们讲:你们不知道我吗?我可以指挥你们!我可以打枪,也可以扔手榴弹,我只是不会跑罢了。民兵们拗他不过,就真的带好一切武器,把他抬到敌人过路的山头上去。你看,结果就打了一个漂亮的伏击战。"

临别他说:

"你要找他们,到城南庄去吧,他们的肉铺比以前红火多了!"

一九四一年于平山
(选自《白洋淀纪事》)

知识卡片

本文选自《白洋淀纪事》,作者孙犁(1913年—2002年),原名孙树勋,河北安平人,中国现当代小说家、散文家,被誉为"文学大师、杰出报人、卓越编辑"。1944年孙犁赴延安,并在抗日战争时期从事宣传工作。20世纪40年代发表的文集《白洋淀纪事》和50年代创作的中篇小说《铁木前传》、长篇小说《风云初记》均是其代表作。其中最著名当属《白洋淀纪事》中的短篇小说《荷花淀》。小说运用革命浪漫主义手法,淡化情节,抒情味浓,将朴素清新的泥土气息与淡雅疏朗的诗情画意完美结合,在革命战争题材的作品中自成一派,被文艺界称为"荷花淀派"。"荷花淀派"的主要作家还有刘绍棠、从维熙、韩映山等。

阅读指津

孙犁擅长通过对话和细腻的心理描写塑造人物。在阅读时不仅可以关注作者的叙事策略,更应深入到人物对话的机理中,品味作家塑造人物的细腻笔触,理解这位不同寻常的"战士"形象的独特之处。此外,孙犁的创作理念是"从创造一朵花的形象到一个人的形象,再扩大起来,要创造一个时代的、社会的形象"。战士的身上刻有时代的印记,联系时代背景可以让我们对人物形象的理解更深刻,进一步把握作者的创作意旨。

拓展练习

1. 赏析文中画线句的表达效果。
2. 人物对话中,伙计的寥寥几句展现了他丰富的内心世界,请加以分析。
3. 有人认为应该删去小说中有关"掌柜的老婆"的情节,你认同吗?
4. 本文和课文《百合花》都以"我"为叙事者,请比较分析两篇小说中"我"的作用的异同。

参考答案

1. 画线句将伙计的言语比喻为"新开刃的刀子",生动形象地体现了伙计语言的干脆有力和其坚韧果敢的性格。"新开刃的刀子"可使读者联想到伙计作为战士时使用的"刀枪"和作为屠夫使用的"刀",喻体贴合人物身份,富有生活气息和表现力。

2. "那样有意思的生活不会有了""什么好的生活比得上冲锋陷阵呢?"表现出伙计对再上战场的渴望。"怨我们的医道不行么!"表现出伙计对伤病无法被治愈的焦躁。"难道我能剥一辈子猪吗?"表现出伙计对当下屠夫生活的失落和不甘。"不能换上一副胯骨吗,如能那样,我今天还在队伍里。"表现出伙计重新归队的信念和对伤病的无畏。

3. 不认同。小说对掌柜的老婆的塑造,体现了人物邋遢、泼辣、小气的特点,与上文店主的干净、寡言、大度形成对比。通过对掌柜的真实而琐碎的家庭生活的揭示,凸显出作者对残疾战士谋生活不易的体恤和对他们自尊自强品格的敬意。这部分也为小说情节增添了波澜。

4. 同:两篇小说中"我"都既是叙事者,也是故事的参与者,推动了小说情节的发展;都借助"我"的视角,增强叙事的抒情性——《战士》中"我"对伙计敬佩赞扬,《百合花》中"我"对年轻的通讯员牺牲感到痛惜。异:《战士》中"我"的叙述巧妙地串联几次对话,将几个不同时空的故事片段链接在一起,叙事灵活自由。《百合花》中"我"是小通讯员和新媳妇之间的联系纽带,"我"带有女性特征的细微观察,使小通讯员和新媳妇的形象更具感染力。

选文三

没有纽扣的红衬衫(节选)

铁 凝

铺在林荫道上的树影就像一架走不到头的梯子,我一步步地攀登着。如果不是有人喊我,我一定会走到尽头。但是有人喊我了。我停住脚步,发现面前站着的是韦婉。她是我妹妹安然的班主任,我的小学同学。小学分手后我们再没有见过面。她头发有意无意地向高处蓬松着,穿一条碎花尼龙绸连衣裙,领口开得很低。我想到小时候她可不是这样,腰带经常耷拉在外面,引起男生的哄笑。

"没想到在这儿碰见。你在等人吧?"我和她站了个对面,问她。

"啊。"她显得热情地答应了一声,"早就听说你抽回来了,你看咱们整天谁也见不着谁的面。你也等人?"

"不,我一个人出来走走。"我说。

接着就是有问有答地把小学时的同学都扼要地谈论了一遍,然后把话题转到安然身上。现在要是不谈谈她的学生安然,我们一定会愣在这里的。

"安然在班里表现怎么样?"我问。

"怎么说呢,其实我是准备专门去家里和你谈谈的。"韦婉语气郑重,像是在模仿着我们哪位老师的神情。"她很聪明,也很用功。就是……"

当然我等的就是这个"就是"。

"用形容成人的话来说,就是群众关系不怎么好。"

"她爱讽刺人。"我试探着。

"怎么说呢?"这似乎是她新添的口头语,"安静,你作为安然的姐姐,作为我的老同学,应该协助安然把路子走正。"

"你是说安然她……"我的心一阵紧跳。小时候我从来都是把老师的话作为金科玉律的,韦婉又让我回到了那个年代。

"也许我用词严重了一些,但消防知识里有句话叫'防患于未燃'。"

"到底怎么啦?"我有些沉不住气了。

"怎么说呢？安然除了唱歌讽刺同学，最近还有……怎么说呢，比如……"韦婉说到这里顿了一下，我又在等待那个"比如"了，"比如她总和一个叫刘冬虎的男生在一起。还有，过去她挺朴素，现在也打扮起来。上星期她好像穿了一件大红衬衫，对了，没有扣子，背后带一条拉链。"

"那是……新买的。"我差点说出那是我给她买的。

"对，问题就在这儿。"韦婉正要说下去，但她要等的人来了，一个呆板的方脸青年。

韦婉忘了给我介绍，我们谁也不便和谁打招呼。一刹那，韦婉像忘记了我的存在，丢下我就走。碎花连衣裙和一件"特丽灵"衬衫保持着一定距离，在树下一闪一闪。

难道她真认为那件没有纽扣的红衬衫刺眼吗？它真能和"问题"这样的字眼连在一起吗？

我顺林荫路往回走着，路灯夹杂在高大的杨树里，把树干上那些眼睛模样的疤痕照得很清楚。我在"众目睽睽"下，继续走自己的路。

人要是真能按照自己的意志走自己的路，那是一件多么艰难的事啊。它显得荒诞可笑，却又其乐无穷。

拿我爸爸来说，他就是一直在走自己的路，尽管老是像个醉鬼（他不喝酒）一样跌跌撞撞。他是风景、静物画家，但有些年，他的画连省美展都通不过。

他的画面上不常有人，没有甩开膀子开山的队伍，没有站在棉田里用手背擦汗的大嫂，许多画甚至连标志新农村的拖拉机、高压线都没有。有的是北方深秋棕红色的大山，明丽、爽朗的蓝天，缠绵、散漫的河滩、流水，缠绕在山腰间的毛茸茸的小路，和那随风战栗的羽毛扇似的小白杨……

可我有时也希望爸爸的画应时一些，也许那会一下改变他的处境。

"爸爸，您不妨画一些说明性较强的东西。"

爸爸不说话。

安然不知什么时候凑了过来。她举起一支油画笔，站在我们面前，神气活现地说："我，作为一个画家，一辈子要用自己的眼睛，自己的。"她显然是在替爸爸说话。

或许是爸爸那一幅幅叫人激动、叫人想跳想唱的画面滋养了安然的灵魂，或许还有别的什么，我注意到安然最近爱照镜子，过去她可不这样。有一天，我发现她躺在床上，面朝墙，正抽抽搭搭地哭。

"喂，你笑什么？"我故意冲她说反话。这招儿很灵，她真的破涕为笑了。

"我早就知道你们都拿我当男孩子看，其实我是个女的，女的！"她笑了一下，就又变得严肃了。

我也严肃地说："过去，我对你是有点儿——有点儿男女不分。现在，我觉得你是个完完全全的女孩儿，是个挺不错的女孩儿！"

她的脾气属"雷阵雨""茅草火"之类。不过，她后来讲的两句话叫我久久难忘。她说："现在我怕别人说我像男孩儿，人们可千万别永远拿我当男孩子看。"她的语气十分郑重，她的眼睛里流过一丝很少见的淡淡的忧愁。我想起那个以被人称"铁姑娘""假小子"为荣的年代……

随着年龄的增长，安然对美有了新的认识，有了新的渴望。生活在向她微笑，青春正朝她奔涌过来，她的身体在发育，她的年轻的胸脯正悄悄地膨胀。我的安然，难道她的代名词能是"永远的夹克衫"么？

我去南方出差，给她买回了一件红衬衫，一件没有纽扣、带一条纤巧的银色拉链的红衬衫。

"我真漂亮！"她穿上衬衫，毫不掩饰地举着胳膊向爸爸、妈妈和我宣布。我一向敬佩她的坦率，也许正是这些毫无顾忌的坦率，使我仍然觉得她像个小男孩儿。

可谁能想到，安然的班主任韦婉竟一本正经地提醒我要"防患于未燃"呢。燃烧的"燃"！也许，韦婉真的从这件火红的衬衫里看到了火,想到了消防队。但当我再次想到这件衬衫时,为什么也像真的看到了火这个怪物?看来火又要把安然今年的"三好生"希望给烧掉了吧。不知是想到了这点,还是因为走进了漆黑的楼道,我的心突然一沉。

<u>我摸着黑,熟练地绕过重重障碍走上楼梯</u>,关于是不是要和安然谈话的事,竟一点儿也没有想。

(有删改)

知识卡片

小说作者铁凝是中国当代女作家,是继茅盾、巴金后中国作家协会第三任主席。1975年开始发表文学作品,主要著作有长篇小说《玫瑰门》《大浴女》《笨花》等4部,中、短篇小说《哦,香雪》《第十二夜》《没有纽扣的红衬衫》《对面》《永远有多远》等100余篇、部,以及散文、随笔等共400余万字。作品曾6次获包括"鲁迅文学奖"在内的国家级文学奖。铁凝善于用细腻的笔触描写人性细微处的变化,从中反映人们的理想与追求、矛盾与痛苦。铁凝用文字"奋力挤进生活的深部"去窥见生活"丰饶的景象"。她认为文学的意义就是要"不断唤起生命的生机"。

阅读指津

《没有纽扣的红衬衫》是铁凝1983年发表于《十月》杂志的作品,也是中国当代文学史上的名篇。曾获"第三届全国优秀中篇小说奖"和"《十月》创刊35周年最具影响力作品奖"。小说曾被改编电影《红衣少女》,获得金鸡奖最佳故事片奖。作品充满昂扬的青春气息,记录了16岁女中学生安然面临的自我与现实的矛盾。借助安然"一辈子用自己的眼睛"看生活的目光,打量着变革时代的社会和人生,揭示了一系列重要的问题:老一代希望青年做怎样的人?青年人自己应该做怎样的人?人应该如何真诚地面对自己?拥有自主观念和独立思维的青年为什么在现实中屡屡碰壁?本篇节选自小说的第4、5节,记叙了这件"没有纽扣的红衬衫"的来历,在阅读过程中应重在理解这一意象的独特象征性和背后的反思意味。

拓展练习

1. 分析小说中安然的形象特点。
2. 文中画波浪线处对爸爸画作内容的描写有何用意?
3. 文中几处画横线的部分都写到了关于"行路"的内容,请从构思角度分析其作用。
4. 赏析"没有纽扣的红衬衫"这一意象的丰富象征义。

参考答案

1. 安然脾气急躁,性格真诚坦率、自信自尊。她身上体现了16岁女中学生典型的心理特征:对美和新事物的渴望,对于他人评价自己"假小子"的身份认知的困惑。

2. 爸爸的画上没有"标志性的新农村的拖拉机、高压线",不依附和迎合时代的主流价值走向,揭示上文"他的画连省美展都通不过"的原因,也引出下文"我"对于爸爸作画的建议。画中自然优美的景物,体现了爸爸对于艺术本真的坚守。这些画作也滋养了"我"和安然的灵魂,培养了安然独特的看世界的方式和对美的追求。

3. 文中几次有关行路的描写充满象征意味。开头"我"在走不到头的"林荫道"上攀登和结尾走上

"重重障碍的楼梯",首尾呼应,都象征着"我"在充满矛盾的思想中艰难探索、寻求答案的过程。小说写到"我"行路时感到"众目睽睽",也象征着遍布禁锢个性的陈旧思想的外在环境的不友好,进而引出作者关于"人按照自己意志行路"的深刻思考,丰富小说主题,启人深思。

4. "没有纽扣"表明衬衫款式新颖,"红衬衫"的颜色则是个性张扬的体现,"没有纽扣的红衬衫"象征着安然的个性与青春美。但这却成为班主任韦婉眼中不朴素,不走正路,有品德问题的证物。作者围绕这件衬衫,设置了几组矛盾冲突,将作品的思想内涵推向深处:安静与老同学韦婉之间的价值观冲突;安然被他人称为"假小子"的困惑和穿上衬衫后"我真漂亮"的自信之间的情绪冲突;"红衬衫"和"夹克衫"所反映的新旧时期思想观念与女性性别身份认识的冲突。

(柳怡汀)

二　人与自然

寂　寞

[美] 梭　罗

① 这是一个愉快的傍晚，全身只有一个感觉，每一个毛孔中都浸润着喜悦。我在大自然里以奇异的自由姿态来去，成了她自己的一部分。我只穿衬衫，沿着硬石的湖岸走，天气虽然寒冷，多云又多风，也没有特别分心的事，那时天气对我异常合适。牛蛙鸣叫，邀来黑夜，夜鹰的乐音乘着吹起涟漪的风从湖上传来。摇曳的赤杨和白杨，激起我的情感使我几乎不能呼吸了；然而像湖水一样，我的宁静只有涟漪而没有激荡。和如镜的湖面一样，晚风吹起来的微波是谈不上什么风暴的。虽然天色黑了，风还在森林中吹着，咆哮着，波浪还在拍岸，某一些动物还在用它们的乐音催眠着另外的那些，宁静不可能是绝对的。最凶狠的野兽并没有宁静，现在正找寻它们的牺牲品；狐狸，臭鼬，兔子，也正漫游在原野上，在森林中，它们却没有恐惧，它们是大自然的看守者，——是连接一个个生气勃勃的白昼的链环。

② 等我回到家里，发现已有访客来过，他们还留下了名片呢，不是一束花，便是一个常春树的花环，或用铅笔写在黄色的胡桃叶或者木片上的一个名字。不常进入森林的人常把森林中的小玩意儿一路上拿在手里玩，有时故意，有时偶然，把它们留下了。有一位剥下了柳树皮，做成一个戒指，丢在我桌上。在我出门时有没有客人来过，我总能知道，不是树枝或青草弯倒，便是有了鞋印，一般说，从他们留下的微小痕迹里我还可以猜出他们的年龄、性别和性格；有的掉下了花朵，有的抓来一把草，又扔掉，甚至还有一直带到半英里外的铁路边才扔下的呢。

③ 最接近我的邻居在一英里外，看不到什么房子，除非登上那半里之外的小山山顶去望，才能望见一点儿房屋。我的地平线全给森林包围起来，专供我自个享受，极目远望只能望见那在湖的一端经过的铁路和在湖的另一端沿着山林的公路边上的篱笆。大体说来，我居住的地方，寂寞得跟生活在大草原上一样。可以说，我有我自己的太阳、月亮和星星，我有一个完全属于我自己的小世界。

④ 从没有一个人在晚上经过我的屋子，或叩我的门，我仿佛是人类中的第一个人或最后一个人；除非在春天里，隔了很长久的时候，有人从村里来钓鳘鱼，——在瓦尔登湖中，很显然他们能钓到的只是他们自己的多种多样的性格，而钩子只能钩到黑夜而已——他们立刻都撤走了，常常是鱼篓很轻地撤退的，又把"世界留给黑夜和我"，而黑夜的核心是从没有被任何人类的邻舍污染过的。

⑤ 然而我有时经历到，在任何大自然的事物中，都能找出最甜蜜温柔，最天真和鼓舞人的伴侣，即使是对于愤世嫉俗的可怜人和最最忧悒的人也一样。只要生活在大自然之间而还有五官的话，便不可能有很阴郁的忧虑。对于健全而无邪的耳朵，暴风雨还真是伊奥勒斯的音乐呢。什么也不能正当地迫使单纯而勇敢的人产生庸俗的伤感。当我享受着四季的友爱时，我相信，任什么也不能使生活成为我沉重的负担。

⑥ 今天佳雨洒在我的豆子上，使我在屋里待了整天，这雨既不使我沮丧，也不使我抑郁，对于我可是好得很呢。虽然它使我不能够锄地，但比我锄地更有价值。如果雨下得太久，使地里的种子，低地的土豆烂掉，它对高地的草还是有好处的，既然它对高地的草很好，它对我也是很好的了。有时，我把自己和别人作比较，好像我比别人更得诸神的宠爱，比我应得的似乎还多呢；好像我有一张证书和保单在他们手上，别人却没有，因此我受到了特别的引导和保护。我并没有自称自赞，可是如果可能的话，倒是他们称赞了我。

⑦ 我从不觉得寂寞，也一点不受寂寞之感的压迫，只有一次，在我进了森林数星期后，我怀疑了一个小时，不知宁静而健康的生活是否应当有些近邻，独处似乎不很愉快。同时，我却觉得我的情绪有些失常了，但我似乎也预知我会恢复到正常的。当这些思想占据我的时候，温和的雨丝飘洒下来，我突然感觉到能跟大自然做伴是如此甜蜜如此受惠，就在这滴答滴答的雨声中，我屋子周围的每一个声音和景象都有着无穷尽无边际的友爱，一下子这个支持我的气氛把我想象中的有邻居方便一点的思潮压下去了，从此之后，我就没有再想到过邻居这回事。每一支小小松针都富于同情心地胀大起来，成了我的朋友。

⑧ 我明显地感到这里存在着我的同类，虽然我是在一般所谓凄惨荒凉的处境中，然则那最接近于我的血统，并最富于人性的却并不是一个人或一个村民，从今后再也不会有什么地方会使我觉得陌生的了。

(节选自梭罗《瓦尔登湖》，上海译文出版社2013年版，有删改)

知识卡片

本文选自《瓦尔登湖》，作者梭罗（1817年—1862年），美国超验主义作家。本书共由18篇散文组成，记录了梭罗1845年至1847年独居瓦尔登湖畔两年多时间内的所见、所闻和所思。作者在四季循环更替当中，感受着大自然给人的澄净空气的同时，也对19世纪上半叶美国的工业化进程展开了反思：人们一味追求物质财富，无限度向大自然索取，失去了精神追求。故而本书可以为现代社会的人们提供一种新的生活方式的样板，帮助人们进一步认识"人与自然"的关系。

阅读指津

《瓦尔登湖》作为随笔散文，在抒情中带有很强的哲思，文章的展开主要是以作者思绪的自由联想为序，在联想中又不乏抒情，可以说是情理交融之作。在阅读中，读者不妨跟着梭罗的思绪，体验第一人称视角下自我与瓦尔登湖的融合，透过"我"的感官、语言、情感感受自然之美。

拓展练习

1. 本文开篇写了多种自然物的活动，请分析这样写的好处。
2. 第④段中画线句的语言很巧妙，请加以赏析。

3. 本文为何以"寂寞"为题？请从构思角度加以分析。

4. 苏轼在《赤壁赋》中写道："唯江上之清风，与山间之明月，耳得之而为声，目遇之而成色，取之无禁，用之不竭，是造物者之无尽藏也，而吾与子之所共适。"对比文中第⑤段，分析苏轼和梭罗对自然的情感态度的相似之处。

1. 文章开头写眼前的牛蛙鸣叫、夜莺的乐音、摇曳的白杨都让作者深切地感受到所处环境的宁静；再联想到远处捕食的猛兽，以动衬静、由实到虚；充分展现了作者此刻融入自然，成为大自然的一部分而感到喜悦；文章以对大自然的观察和体验起笔，使下文对"寂寞"的思考顺理成章。

2. "钓"与"钩"的运用，巧妙地贴合情境，化虚为实，写出垂钓者来到瓦尔登湖是无法取得物质上的收获的，只能在静谧的自然中找回自己的天性。这与下文中的"鱼篓很轻地撤退"，把"世界留给黑夜和我"相呼应。

3. 以"寂寞"为情感线索选择、组织材料。从体验自然环境的喜悦、享受独处空间的自由，继而到自然对独处情绪的慰藉，作者不断地丰富寂寞的内涵，由自然环境到主观上的心境，笔触由实入虚，写出作者对寂寞的独特体验与深刻思考，情感不断丰厚。

4. 第⑤段中梭罗直接表达了自然界拥有强大的鼓舞人心的力量，只要保持着单纯勇敢的健全心性就能够享有自然的友爱，从中表达出自然带给人面对生活的信心。苏轼在《赤壁赋》中也同样表达了江山风月都是自然界无穷无尽的宝藏，为作者与友人共同享受，从中展现作者身处逆境的豁达超脱。二者同样表达了自然界对于人的积极意义，也强调了人超越世俗地主动亲近自然、享受自然的积极态度。

星星缀满我的脸

傅　菲

① 三楼有一个露台，多数的前半夜，我在这里度过。有一阵子很想在露台种植物，我从山里挖来禾雀藤、菖蒲、栀子花、牵牛、双色菊、络石，做了装泥的木箱，最后还是作罢。没有任何东西可以替代头顶上的星星——只要把头扬起来，任何姿势看星星，都是很美的。

② 每一个夜晚的星空，都不一样。无论我们仰望星空有多凝神专注，都不可穿透它。——是啊，星空比我们的想象更广博更浩渺。它繁乱而有序，驳杂而纯粹，璀璨而孤独。星星如碎冰，在瓦蓝幕布中，耀眼又冰寒。

③ 每天洗漱之后，我把茶桌摆在露台上，拿出本地土茶，从水井里提一桶山泉水，烧水泡茶。四周的山峦黛青，即使星光暗淡，山峦也蒙上稀稀的白纱。草木的呼吸也是静谧的。木盅滚热，土茶涩涩的香气也是静谧的。油蛉的吟唱也是静谧的。星光落在粟米黄的茶桌上，木纹依稀。香椿树叶在颤动，嗦嗦嗦，似风的翅膀掠过水面。星光也落在我手上——一双近乎僵硬的手，已多年失去心理学意义，限于搬运、挖掘，而不知道拥抱相逢和握手相别。星光也落在星光里，彼此交织，形成更密更白的星光。星光最后落在薄薄的鬓发上，如白霜。

④ 在提井水的时候，我伏在井栏上，星光一圈圈落在井水里。星光凝结，珍珠的模样，晃到眼里，成

了星星。天空是圆的,箍在水面上,松松垮垮,印出水的皱纹。星星似漂浮物,但看起来,星星一直在下沉,飘摇着下沉,却永远沉不了水底。星星是最轻的一种东西,比沙粒还轻,如棉花,吸饱水分,发涨,散出絮状。星星也是最重的东西,从亘古的远方瞬间跑来,它奔跑的速度比我眨眼还快,它的脚步不带灰尘,也不带声响,它跑的时候,紧紧拽着整个星空。我把木桶扔进井里,咕咚一声,提水上来,顺带提上一个木桶圈大的星空。星空是什么形态的呢?不知道。星空是无限小的镜像也是无限大的镜像。无数无限小的镜像组成了无限大的镜像。一滴露水有星空,一面镜子有星空,一个玻璃瓶有星空,一口井有星空,一座湖泊有星空,一片汪洋有星空。我抬起头,亮星点点,星空覆盖了辽阔的大地。

⑤ 星空暂时保管在我木桶里。我从木桶里舀水上来烧。我听到星星在水壶里拉响了停泊时的汽笛,呜——呜——呜——,我喝下一口土茶,星光便流进了我五脏六腑。夜露微凉,靠在露台木栏杆上,我微微仰起头,光瀑在奔涌。星光只在夜深人静时奔涌而来,没有声音没有气味,它和思念具有相同的气质。

⑥ 看一看夜空,是我们的哲学课。即使是微雨之夜,虽大多漆黑,但不是浓黑,仍有薄光透射出来。薄光是天空的自然之光。天空也不是空无一物,有孤星斗转。孤星高悬,明明灭灭,如火柴盒里的萤火虫。"看见孤星,我便觉得人生不能轻易坠落。"我给远方的朋友发了一条短信息。豆亮的星,给了黑夜完整的平衡。

⑦ 我很想知道这个答案:星星是从哪儿来的?去哪儿呢?我从不认为,星星定格在银河中某个位置。所有的星辰都张起了帆,夜夜航行。它们是颗粒状的船。没有人知道它们来自哪儿,又去往何方。它们带有自己的河流,带有自己的季风。我们看到的时候,它们正好停泊在遥远的港口,我们只是它们的彼岸。无数的河流汇集在一起,有了海洋——我们瓦蓝的苍穹,帆影宛如繁花。

⑧ 也会去野外走走,星光会洗去我们身上的尘埃。山野寂静,星光如瀑,虫吟唧唧。我们可以听见草木匀细的呼吸——星夜如此珍贵。我们忘记"日暮途远,人间何世"之沉郁,忘记"譬如朝露,去日苦多"之悲凉,忘记"桃之夭夭,灼灼其华"之欣喜。屋外便是一条破旧的机耕道,有八米宽。芒草扬着紫白的花。路,银白。沙子在脚下沙沙作响。若是晚秋,芒花已随风而去,矮山冈略显哀黄和穆然。山冈侧边的浦溪河露出河水的反光。再过去几块稻田,便是散落的村舍。扇形的村舍,若隐若现。大雁从北向南而飞。"人"字形的雁阵,有序齐整。呱呱呱的叫声,响彻大地。

⑨ 我在很多地方生活过,也习惯独处。尤其近年,我几乎不去应酬无谓的人。像一个老人一样生活。我也常怀疑自己,是不是已进入暮年。不是的。人,最终要摆脱浮华,摆脱喧嚣,安放自己的内心。内心如我的露台,星光淋漓。

⑩ 夜色温柔。星空下,你会想起谁?

⑪ 会想起生火做饭的人。会想起给花浇水的人。会想起把门打开又关上的人。会想起在雪中紧紧拥吻的人。会想起不回信的人。

⑫ 我会想起你。我微微仰起头,闭上眼睛,星星便缀满了我的脸。

(节选自傅菲《星星缀满我的脸》,广西师范大学出版社2020年版,有删改)

知识卡片

本文选自《深山已晚》,作者是江西作家傅菲,南方乡村研究者,自然伦理探究者。本书是作家深入武夷山北部余脉荣华山和浙闽群山等原始大山区,客居一年多,和大自然亲密相处中创作的散文集。共收录了36篇散文,书写了山中的星辰、落日、下雪、暴雨等奇妙的自然景象,淋漓地书写着作者的心灵世界,

也引领了国内自然文学的新风尚：有情、有趣、有思、有美、有灵。可以为"人与自然"主题单元学习提供新的阅读体验。

阅读指津

傅菲的自然文学创作，注重自然的精神底色，注重自然道德，尊重自然，信奉天人合一的自然观。同时，作家惯于以富有诗性的笔触去写所见所闻，努力达到哲学的境界。诗性与哲思，是作家追求的品质。故而，在阅读作家的散文作品时，需要跟着作家的语言节奏，调动自身的感官体验，还原作家笔下的世界，并紧紧抓住文中富有哲理意味的语句，加以品读，感知作家所要表达的哲学思考。

拓展练习

1. 作者在第④段中描写了井口下的星光极具诗意，请加以赏析。
2. 文章第⑧段连续引用诗词，有何作用？
3. 结合文章标题，赏析文中"微微仰起头"这一细节描写的妙处。
4. 评析本文所表达的思想的意义。

参考答案

1. 作者运用俯视的视角，以珍珠为喻，描绘出星光落在井水中凝结成的耀眼的光点，反射到人的眼中，就仿佛天上的星星。同时，将圆形井口下的水面想象成天空被籀在水面上，而星光在水面上漂浮晃动的状态也给人一种视觉上的错觉，极具想象力，给人一种宁静诗意的审美体验。

2. 作者连续引用诗句凝练地表达出星光可以洗去人们在现实生活中的沉郁、悲凉、欣喜，从而让人们重归于自然与平静的心境中。多个诗句不仅增添了文章诗意深邃的意境，拓宽文章的表现空间，也侧面体现出这些尘世的情感是亘古不变的，唯有恒久的自然与星空可以给予人慰藉。

3. "微微仰起头"写出了作者观赏星空时自然从容的姿态，呼应了标题"星星缀满我的脸"，将作者的主动迎接与星光慷慨的赠予相统一，人与自然有机融合，天人合一，营造出一种静谧深邃的氛围。

4. 本文描写了星空下静谧深邃的山野生活，表达了作者对星空、对自然的喜爱，以及广博浩渺的星空带给人的关于孤独的哲学思考。这对我们如何理解人与自然、人与自我的关系有着启示作用：人，在自然之中可以看清自我，从而摆脱浮华、摆脱喧嚣，安放自己的内心。

选文三

树会记住许多事（节选）

刘亮程

① 如果我们忘了在这地方生活了多少年，只要锯开一棵树，数数上面的圈就大致清楚了。

② 树会记住许多事。

③ 其它东西也记事，却不可靠。譬如路，会丢掉人的脚印，会分叉，把人引向歧途。人本身又会遗忘许多人和事。当人真的遗忘了那些人和事，人能去问谁呢。

④ 问风。

⑤风从不记得那年秋天顺风走远的那个人。也不会在意它刮到天上飘远的一块红头巾,最后落到哪里。风在哪停住,哪就会落下一堆东西。我们丢掉后找不见的东西,大都让风挪移了位置。有些多少年后被另一场相反的风刮回来,面目全非躺在墙根,像做了一场梦。有些在昏天暗地的大风中飘过村子,越走越远,再也回不到村里。

⑥树从不胡乱走动。几十年、上百年前的那棵榆树,还在老地方站着。我们走了又回来,担心墙会倒塌、房顶被风掀翻卷走、人和牲畜四散迷失。我们把家安在大树底下,房前屋后栽许多树让它快快长大。

⑦树是一场朝天刮的风,刮得慢极了。能看见那些枝叶挨挨挤挤向天上涌,都踏出了路,走出了各种声音。在人的一辈子里,人能看见一场风刮到头,停住。像一辆奔跑的马车,甩掉轮子,车体散架,货物坠落一地,最后马扑倒在尘土里,伸脖子喘几口粗气,然后死去。谁也看不见马车夫在哪里。

⑧风刮到头是一场风的空。

⑨树在天地间丢了东西。

⑩我们到地下去找,我们向天上去找。

⑪树的根和干朝相反方向走了,它们分手的地方坐着我们一家人。父亲背靠树干,母亲坐在小板凳上,儿女们蹲在地上或木头上。刚吃过饭,还要喝一碗水。水喝完还要再坐一阵。院门半开着,能看见路上过来过去的几个人、几头牛。也不知树根在地下找到什么。我们天天往树上看,似乎看见那些忙碌的枝枝叶叶没找见什么。

⑫找到了它或许会喊,把走远的树根喊回来。

⑬我们到土里去找,我们在地上找。

⑭我们家要是一棵树,我们也会像一棵树一样:伸出所有的枝枝叶叶去找,伸到空中一把一把抓那些多得没人要的阳光和雨,捉那些闲得发腻的云,还有鸟叫和虫鸣,抓回来再一把一把扔掉。不是我要找的,不是的。

⑮多少年之后我才知道,我们真正要找的,再也找不回来的,是此时此刻的全部生活。它消失了,又正在被遗忘。

⑯那根躺在墙根的干木头是否已将它昔年的繁枝茂叶全部遗忘。我走了,我会记起一生中更加细微的生活情景,我会找到早年落到地上没看见的一根针,记起早年贪玩没留意的半句话、一个眼神。当我回过头去,我对生存便有了更加细微的热爱与耐心。

⑰如果我忘了些什么,匆忙中疏忽了曾经落在头顶的一滴雨、掠过耳畔的一缕风,院子里那棵老榆树就会提醒我。有一棵大榆树靠在背上(就像父亲那时靠着它一样),天地间还有哪些事情想不清楚呢。

⑱我八岁那年,母亲随手挂在树枝上的一个筐,已经随树长得够不着。我十一岁那年秋天,父亲从地里捡回一捆麦子,放在地上怕鸡叼吃,就顺手夹在树杈上。这个树杈也已将那捆麦子举过房顶,举到了半空中。这期间我们似乎远离了生活,再没顾上拿下那个筐,取下那捆麦子。它一年一年缓缓升向天空的时候我们似乎从没看见。

⑲现在那捆原本金黄的麦子已经发灰,麦穗早被鸟啄空。那个筐里或许盛着半筐干红辣皮、几个苞谷棒子,筐沿满是斑白鸟粪,估计里面早已空空的了。

⑳我们竟然有过这样富裕漫长的年月,让一棵树举着沉甸甸的一捆麦子和半篮干红辣皮,一直举过房顶,举到半空喂鸟吃。

㉑ "我们早就富裕得把好东西往天上扔了。"

㉒ 许多年后的一个早春,午后,树还没长出叶子。我们一家人坐在树下喝苞谷糊糊。白面在一个月前就吃完了。苞谷面也余下不多,下午饭只能喝点糊糊。喝完了碗还端着,要愣愣地坐好一会儿,似乎饭没吃完,还应该再吃点什么,却什么都没有了。一家人像在想着什么,又像啥都不想,脑子空空地呆坐着。

㉓ 大哥仰着头,说了那句话。

㉔ 我们全仰起头,这才看见夹在树杈上的一捆麦子和挂在树枝上的那个筐。

㉕ 如果树也忘了那些事,它便早早地变成了一根干木头……

(选自刘亮程《风中的院门:刘亮程经典散文》,山东文艺出版社2020年版,有删改)

知识卡片

本文作者刘亮程,新疆作家协会主席,被誉为"20世纪中国最后一位散文家"和"乡村哲学家"。该书精选刘亮程散文代表作五十余篇,其中《对一朵花微笑》《我改变的事物》《今生今世的证据》等多次入选语文教材。读者可从其朴实苍劲的文字和温暖苍凉的意境中,体会作家对故乡、对世界的深情,收获对自然与生命的深切体悟。

阅读指津

刘亮程的散文,文笔朴实理智、充满哲思又不刻板。阅读散文时,要品味看似平常的事物中蕴含着的深层意义,体会字里行间中作家对现代个体精神困境的忧虑,对现代都市文明的深入反思,对精神家园的无限追忆与向往。特别是作品中流露出来的传统朴素的"天人合一"的生态理念、对大自然的热爱与尊重、悲天悯人的道德关怀具有令人深省的现实意义。

拓展练习

1. 第⑦段中对树的描写很有特色,请加以赏析。
2. 第⑳段中"竟然"一词包含着丰富的情感,请加以分析。
3. 文中多次提到"找",分析其在构思中的作用。
4. 班刊中有"寻根"和"自然"两个专栏,你认为这篇文章应该编入哪个专栏?请说明理由(150字左右)。

参考答案

1. 作者运用拟人手法,"挨挨挤挤""涌"形象化地描绘出树的枝叶不断向上生长的旺盛生命力,同时,将枝叶向不同方向生长的姿态,巧妙地比作"踏出了路,走出了各种声音",化视觉为听觉,展现了树的生命逐渐丰盈的特点,富有哲理意味,引人回味。

2. "竟然"一词表达出了作者在记起儿时物资丰裕生活的难以置信,与下文中一家人陷入困顿形成对比,从而表达出时过境迁、物是人非的伤感,透露出些许苦涩。

3. 文中借由"找"串联起作者生命中被遗忘的重要的记忆。从一家人坐在树下吃饭的情景,可见其找寻的是浓厚的、无法割舍的亲情;再到生活中平凡而悠闲的生活的描写,找寻的是温暖细微的生活印记;再到对过去那段岁月的感叹与苦涩中,流露出时间流逝、物是人非的伤感,但又隐含着坚韧向上的生命追求。作者以"找"字呼应标题中的"记住",不断丰富了记忆之于生命的重要意义。

4. 示例一：我认为应编入"自然"专栏。作者笔下的事物都是具有生命力的，尤其是树的成长到干枯，暗含生命必然走向衰亡的自然规律。树的"记住"归根到底是人的记住，人与树和谐统一，树是人的生命的提示者，文章通过树传达了对生活、自然、生命的深刻理解，所以应编入"自然"专栏。

示例二：我认为应编入"寻根"专栏。文中通过树所记住的事，大多是早年的生活场景：一家人树下吃饭、早年的生活细节、儿时的富裕漫长的年月……无不唤醒了作者对即将被遗忘的这地方的记忆。尤其是文末对过去那段岁月的感叹，流露出时间流逝、物是人非的伤感，适合于"寻根"的主题。

(梁生霞)

三 观察与批判

选文一

法律门前

〔奥地利〕卡夫卡

① 在法律门前,站着一个卫士。一个农村来的男人走上去请求进入法律之门。但是卫士说,现在还不能允许他进去。那男人想了想,问是否以后可以进去。

② 卫士说:"那倒有可能,但现在不行。"

③ 看到法律之门像往常一样敞开着,而且卫士也走到一边去了,于是那男人弯下腰,想看看门内的世界。这一切被卫士看见了,就笑着说:"如果它那么吸引你,那你倒是试试冲破我的禁锢进去呀,但是请记住,我很强大,而且我只是最小的一个卫士。每道门都有卫士,而且一个比一个强大,那第三个卫士就连我也不敢看他一眼。"

④ 困难如此之大是那农村男人始料未及的,他以为法律之门对任何人在任何时候都是敞开的,但是现在当他仔细观察了那穿着皮大衣的卫士,看见他那尖尖的鼻子、黑而稀疏的鞑靼式的长胡子,就决定还是等下去为好,直到获准进去为止。那卫士递给他一只小板凳,让他在门旁边坐下。

⑤ 他坐在那里日复一日,年复一年,做了很多尝试想进去,并不厌其烦地请求卫士放行。卫士只是漫不经心地听着,又问他家乡的情况以及许多事情。他这样不痛不痒地提问着,俨然一个大人物似的,而最后却总是说还不能允许他进去。那男人为这次旅行做了充分的准备,现在他用一切值钱的东西来贿赂卫士。卫士虽然接受了所有贿赂,但却说:"我接受礼物只是为了使你不致产生失去了什么的错觉。"

⑥ 多年过去了,这期间,那男人几乎是目不转睛地观察着卫士,他忘记了其他卫士的存在,似乎这第一个卫士是他进入法律之门的唯一障碍。他咒骂这倒霉的遭遇。

⑦ 开始几年,他的举止还无所顾忌,说话嗓门高大,后来日渐衰老,就只有咕咕哝哝、自言自语了。他变得很幼稚,由于长年观察卫士,所以连他皮衣领子上的跳蚤也熟识了,于是他也请求它们帮忙,以改变卫士的态度。最后他目光黯淡,搞不清楚是四周真的一片黑暗呢,还是他的眼睛出了毛病。不过他现在在黑暗中发现了一丝亮光,它顽强地透过法律之门照射出来。现在他命在旦夕,临死之前,过去的所有经历在他的脑海里聚成了一个问题,这个问题他至今还没有向卫士提出。他示意卫士过来,因为他身体

僵硬,已经不能站起来。

⑧ 两个人身高的变化使那男人相形见绌,矮了一截,所以卫士必须深深地弯下腰,然后问道:"现在你究竟还想知道什么?"又说,"你太贪得无厌。"那男人说:"大家不是都想了解法律是什么吗?为什么多年以来除了我再无别人要求进入法律之门?"卫士发现那男人已行将就木,为了能触动他失灵的听觉器官,就吼叫着对他说:"<u>其实其他任何人都不允许从这里进去,因为此门只为你一人所开。现在我要关门走人了。</u>"

(节选自卡夫卡《审判》,有删改)

知识卡片

《法律门前》是卡夫卡的小说《审判》中提到的一个故事。弗兰茨·卡夫卡(1883年—1924年),生于奥地利(当时属奥匈帝国)首府布拉格的一个犹太商人家庭,是20世纪德文小说家。

卡夫卡生活和创作活动的主要时期是在第一次世界大战前后,家庭因素与社会环境,造成了他与社会与他人的多层隔绝,使得卡夫卡终生生活在痛苦与孤独之中。而社会的腐败,奥匈帝国的强暴专制,政治矛盾与民族矛盾的双重困扰,人民生活的贫穷困苦,经济的衰败,这一切更加深了敏感抑郁的卡夫卡内心的苦闷。于是,时时萦绕着他的社会的陌生感,孤独感与恐惧感,成了他创作的永恒主题。

卡夫卡的小说常采用寓言体,揭示了一种荒诞的充满非理性色彩的景象,个人式的、忧郁的、孤独的情绪,多运用象征式的手法。后世的许多现代主义文学流派如"荒诞派戏剧"、法国的"新小说"等都把卡夫卡奉为自己的鼻祖。

阅读指津

德国文艺批评家龚特尔·安德尔这样评价卡夫卡:"作为犹太人,他在创作《变形记》时,由于沉重的肉体和精神上的压迫,使人失去了自己的本质,异化为非人。"它描述了人与人之间的这种孤独感与陌生感,即人与人之间,竞争激化、感情淡化、关系恶化,也就是说这种关系既荒谬又难以沟通。推销员一觉醒来发现自己变成甲虫……三次努力试图与亲人以及外界交流失败后,等待他的只有死亡。由此看人类人性的完善。

我们是否可以用学习《变形记》的方法去阅读《法律门前》呢?只不过这里讲的不是"人与人"之间的关系,而是"人与法"之间的关系。卡夫卡曾在一篇文章中谈到法律问题,他说:法律是少数"统治我们的贵族的秘密"之一,他深信"这些古老的法律被严格地遵守着,但是,依照人们不知道的法律而让人统治着,这毕竟是一件令人痛苦的事"。那么,文中的"法"究竟是什么呢?

拓展练习

1. 小说以《法律门前》为题,这里的"门"有何含义?请加以分析。
2. 小说塑造了怎样的卫士和乡下人形象,作者是如何塑造的,有何意图?请结合文章加以分析。
3. 本文结尾的画线句有何含义?并赏析其艺术效果。
4. 有人说:"卡夫卡的创作多运用象征隐喻的意象构筑方式,以之实现外在具体形象与内在隐喻的对立统一。"请结合文章,谈谈你的看法。

参考答案

1. 小说中的"门"在文中是一种象征，表面看是卫士阻止乡下人进去的一个障碍，而深层意义则指资本主义社会普通人想要追寻公理和正义而不可逾越的障碍（或者是资本主义制度里，统治机构的缩影、化身）。

2. 作品主要通过对比手法的运用，比如卫士站着守护法律之门，乡下人弯下腰想看个究竟，这实则也是两种社会势力的对比；并且主要运用了语言描写、心理描写来塑造人物形象；塑造了一个呆板、固执、威严，拥有权利却不知道变通，一直想欺骗、吓退他人的人物形象，也可以说，守门人代表法律的守护者和执行者，他可以成为来访者的障碍，也可以成为传话者。另一方面塑造了一个忠厚老实、怯懦、守旧、胆小的乡下人形象。二者形成对比，这说明"法律"拒绝的恰恰是那些不懂法律的外行人，流露出作者对统治阶级、官僚制度、法律的冷酷和虚伪的评判，以及对小人物的同情。

3. 画线句是卫士在法律门前的男人生命即将终结/行将就木时吼叫着对他说的话，揭示了法律之门的真相；男人进入法律之门是他的正当权利，但他最终未能进入法律之门，这样的结局出人意料，引人深思；这也是对乡下人苦守一生的讽刺，讽刺了乡下人的怯懦、守旧、妥协，增强了小说的讽刺性，突出了小说的悲剧性；呼应了前文，深化了主旨，引发读者思考。

4. 《法律门前》主要以离奇荒诞的情节来表现作家对社会现实的感受，情节的荒诞表现了社会的荒诞，寓言意义的本身在于它的隐喻意，小说中出现的人物、情节，或多或少地可以从现实生活中找到它的影子或原型。

（1）象征色彩的环境：开头"法律门前站着一名卫士"，其反讽色彩浓烈。法律是神圣不可侵犯的，卫士本是捍卫法律的人，但小说中卫士千百般阻挠乡下人进入法律之门，也就是阻止乡下人行使法律的权利，阴暗、虚伪的面目暴露无遗。小说所描述的都与其正面隐含的意思背道而驰，这样反讽的环境，让读者从中对虚无、无法触及的法律产生更加强烈的认识。

（2）中心人物的隐喻：小说中心人物——卫士与乡下人。乡下人单纯幼稚、老实忠厚，而乡下人背后所隐喻的是那些生活在社会底层，不懂法律，畏惧权贵的人。卫士的这些丑态，隐喻的是那些滥用职权，贪赃枉法的社会公职人员的形象。

（3）小说整体的象征：小说揭示了近代西方法治社会的一个现象：法律虽然很系统很全面地被人们制定出来，但资本主义社会，法律更多的是为资产阶级服务，身处社会底层的人民，虽然表面上都被赋予了法的权利，但真正行使起来却困难重重，人的阶级差异性赤裸裸地暴露出来。

选文二

苦 恼
[俄] 契诃夫

① 我的烦恼向谁去诉说？……

② 暮色昏暗。大片的湿雪绕着刚点亮的街灯懒洋洋地飘飞，落在房顶、马背、肩膀、帽子上，积成又软又薄的一层。车夫约纳·波塔波夫周身雪白，像是一个幽灵。他在赶车座位上坐着，一动也不动，身子往前伛着，伛到了活人的身子所能伛到的最大限度。即使有一大堆雪倒在他身上，仿佛他也会觉得不必

把身上的雪抖掉似的……他那匹小母马也是一身白,也是一动都不动。它那呆呆不动的姿势、它那瘦骨棱棱的身架、它那棍子般直挺挺的腿,使它活像那种花一个戈比就能买到的马形蜜糖饼干。

③ "赶车的,到维堡区去!"约纳听见了喊声,猛地哆嗦一下,从粘着雪花的睫毛里望出去,看见一个军人,穿一件带风帽的军大衣。

④ "到维堡区去!"军人又喊了一遍,"你睡着了还是怎么的?到维堡区去!"

⑤ 为了表示同意,约纳就抖动一下缰绳。那匹瘦马也伸长脖子,弯起它那像棍子一样的腿,迟疑地离开原地走动起来了。

⑥ "你往哪儿闯,鬼东西!"约纳立刻听见那一团团川流不息的黑影当中发出了喊叫声。"你连赶车都不会!靠右走!"军人生气地说。

⑦ 一个赶轿式马车的车夫破口大骂,一个行人恶狠狠地瞪他一眼。约纳在赶车座位上局促不安,像是坐在针尖上似的,往两旁撑开胳膊肘,不住转动眼珠。他回过头去瞧着乘客,努动他的嘴唇。他分明想要说话,然而从他的喉咙里却没有吐出一个字来,只发出"咝咝"的声音。

⑧ "什么?"军人问。

⑨ 约纳撇着嘴苦笑一下,嗓子眼用一下劲,这才沙哑地说出口:"老爷,那个,我的儿子……这个星期死了。"

⑩ "哦!他是害什么病死的?"

⑪ 约纳掉转整个身子朝着乘客说:"谁知道呢,多半是得了热病吧……他在医院里躺了三天就死了……这是上帝的旨意哟。"

⑫ "你拐弯啊,魔鬼!"黑地里发出了喊叫声,"你瞎了眼还是怎么的,老狗!用眼睛瞧着!"

⑬ "赶你的车吧,赶你的车吧……"乘客说,"照这样,明天也到不了。快点走!"

⑭ 后来他有好几次回过头去看他的乘客,可是乘客闭上眼睛,分明不愿意再听了。他把乘客拉到维堡区以后,就把雪橇赶到一家饭馆旁边停下来,坐在赶车座位上伛下腰,又不动了……

⑮ "赶车的,到警察桥去!"那个驼子用破锣般的声音说,"一共三个人。二十戈比!"

⑯ 约纳抖动缰绳,吧哒嘴唇。二十戈比的价钱是不公道的,然而他顾不上讲价了。那几个青年人就互相推搡着,嘴里骂声不绝,走到雪橇跟前,三个人做出了决定:应该让驼子站着,因为他最矮。

⑰ "好,走吧!"驼子站在那儿,用破锣般的嗓音说,对着约纳的后脑壳喷气。

⑱ 约纳感到他背后驼子的扭动的身子和颤动的声音。他听见那些骂他的话,看到这几个人,孤单的感觉就逐渐从他的胸中消散了。驼子骂个不停,诌出一长串稀奇古怪的骂人话。约纳不住地回过头去看他们。

⑲ 正好他们的谈话短暂地停顿一下,他就再次回过头去,嘟嘟哝哝说:"我的……那个……我的儿子这个星期死了!"

⑳ "大家都要死的……"驼子咳了一阵,擦擦嘴唇,叹口气说,"得了,你赶车吧,你赶车吧!诸位先生,照这样的走法我再也受不住了!他什么时候才会把我们拉到呢?"

㉑ 约纳回转身,想讲一讲他儿子是怎样死的,可是这时候驼子轻松地呼出一口气,声明说,谢天谢地,他们终于到了。

㉒ 约纳收下二十戈比以后,久久地看着那几个游荡的人的背影。他又孤身一人了,寂静又向他侵袭过来。

㉓ 他的苦恼刚淡忘了不久,如今重又出现,更有力地撕扯他的胸膛。约纳的眼睛不安而痛苦地打量街道两旁川流不息的人群:在这成千上万的人当中有没有一个人愿意听他倾诉衷曲呢?

㉔ 他受不住了。"回大车店去"他想,"回大车店去!"

㉕ 那匹瘦马仿佛领会了他的想法,就小跑起来。大约过了一个半钟头,约纳已经在一个肮脏的大火炉旁边坐着了。炉台上,地板上,长凳上,人们鼾声四起。"连买燕麦的钱都还没挣到呢,一个人要是会料理自己的事……让自己吃得饱饱的,自己的马也吃得饱饱的……"他想。墙角上有人站起来,带着睡意嗽一嗽喉咙,往水桶那边走去。

㉖ "你是想喝水吧?"约纳问。

㉗ "是啊,想喝水!"

㉘ "那就痛痛快快地喝吧。我呢,老弟,我的儿子死了……"

㉙ 约纳看一下他的话产生了什么影响,可是一点影响也没看见。那个青年人已经盖好被子,连头蒙上,睡着了。

㉚ 老人就叹气,搔他的身子。如同那个青年人渴望喝水一样,他渴望说话。

㉛ 他穿上衣服,走到马房里,他的马就站在那儿。"你在吃草吗?"约纳问他的马说,看见了它的发亮的眼睛,"好,吃吧。既然买燕麦的钱没有挣到,那咱们就吃草好了……我已经太老,不能赶车了……该由我的儿子来赶车才对,他才是个地道的马车夫……只要他活着就好了……"约纳沉默了一忽儿,继续说:"我的小母马……约内奇不在了……比方说,你现在有个小驹子,忽然,这个小驹子去世了……你不是要伤心吗?"

㉜ 那匹瘦马嚼着草料,听着,向它主人的手上呵气。

㉝ 约纳讲得入了迷,就把他心里的话统统对它讲了……

(选自《契诃夫短篇小说选》,有删改)

知识卡片

《苦恼》是俄国作家、戏剧家安东·巴甫洛维奇·契诃夫的短篇小说,发表于 1886 年。契诃夫(1860 年—1904 年),出生于破产商人家庭,早年边做家庭教师,边求学。1884 年毕业于莫斯科大学医学系。学生时代即开始以"契洪特"的笔名写作诙谐小品和幽默短篇小说。有逗趣取乐、投合时俗的平庸之作,也有暴露黑暗、针砭社会的佳作,如《小公务员之死》《变色龙》等。1886 年后,他思想剧变,锐意反映人生,描摹世态,创作风格日趋成熟,写作了许多脍炙人口的短篇小说,如《凡卡》《草原》《第六病室》等。契诃夫的小说言简意赅,冷峻客观,独树一帜。他与莫泊桑、欧·亨利齐名,被认为是世界上最有影响力的短篇小说家之一。

阅读指津

作家笔下创造出来的世界、塑造出来的人物和他所处的时代背景代、生活经历等都息息相关,所以要读懂这篇文章,我们要了解这一时期俄国的社会状况。

19 世纪 80 年代,俄国正处于沙皇统治下的黑暗时期。契诃夫的青少年时代是在贫困中度过的,因此他对下层人民生活的苦难和不幸深有体会。基于此,我们就不难去思考:马车夫约纳苦恼的是什么?是什么造成了他的苦恼?这苦恼背后又反映了什么呢?作者为何要写一个小人物的苦恼?将这一系列问题都解决后,你便会豁然开朗。

拓展练习

1. 小说第②段画线句子为环境描写,请分析其用意。
2. 小说的结尾约纳竟然向马儿诉说自己的苦恼,你认为这样安排合理吗?为什么?
3. 约纳与《祝福》中的祥林嫂都不停向人倾诉自身的悲惨遭遇,但二者又同中有异,请加以分析。
4. 有人说,这篇小说的主题是"心灵隔膜",也有人说是"自我异化",你怎么看?

(注:卢梭将文明人与自然人进行对比,认为当代社会中所谓的文明人是异化后的自然人。)

参考答案

1. 小说开篇描绘了一幅阴冷昏暗的雪夜车马图,营造了阴冷昏暗/寒冷悲苦/凄苦的氛围;既写实又富有寓意,体现了约纳为了生计,不得不伫立在风雪之中,苦苦等待生意,表现其地位低下、命运悲惨的小人物身份;衬托出主人公在茫茫人海中的孤独、凄凉、痛苦的心境;也为车夫约纳的悲惨故事作了铺垫;小说将马车夫置于风雪之夜,也暗示了当时社会人与人之间的冷漠。

2. 合理。约纳想分别向军人、三个年轻人、年轻车夫诉说他的苦恼:儿子在这个星期死了,但是,几次三番都被乘客的神情无情/冷漠地拒绝后,他越发的孤独和痛苦,他内心的苦闷已经到了极致,这种迫切想要被倾听的心理再也压抑不住,最后只好走进马棚,对马诉说。作者将"人与人"的关系与"人与马"的关系相对比,他人不理解和同情他,马儿却会安静听他诉说,鲜明对比中揭示出社会的黑暗,人与人关系的冷漠、自私。

3. 约纳与《祝福》中的祥林嫂都是社会底层的小人物,都丧失了自己的孩子,都不停向人倾诉自身的悲惨遭遇,但约纳的诉苦是"无人围观",而祥林嫂的诉苦开始是"被围观";作者借约纳表现出社会下层小人物悲惨无援的处境和苦恼孤寂的心态,强烈地揭示出沙皇俄国黑暗的统治下人与人关系的自私、冷漠;而祝福通过描述祥林嫂悲惨的一生,表现了作者对受压迫妇女的同情以及对封建思想封建礼教的无情揭露。也阐述了像文中的"我"一样的启蒙知识分子,对当时人们自私自利以及世态炎凉的这一社会现状的无动于衷和不知所措;二者同样都有批判现实,震撼人心的作用。

4. 示例一:认为主题是"心灵隔膜"。

军官、三位年轻人和年轻车夫对待约纳的态度集中体现的是小人物之间的心灵隔膜问题。他们虽然有的和约纳不是一个阶层、有的和约纳处于同一社会阶层,但是他们的共同点是对约纳的心灵之门是关闭的。契诃夫笔下的匆忙过客、赶路的人和小人物,其特殊意义在于借"没有人理会别人的苦"来揭示人心的隔膜和现实的冷漠。

示例二:认为主题是"自我异化"。

约纳正是这样一个背离自己自然本性状态、不断自我异化的一个"文明人"的代表。他受限于人类社会中的种种规则制度,丧失了属于自己的独立人格,并渴望通过他人的意见寻求自我的精神解脱。这种人格不能独立、对他人情感上的依附状态,正是卢梭中的"人的自我异化"。

我认为,小说用了以小见大的手法,用一件发生在社会底层的微不足道的小事,表现出社会下层小人物悲惨无援的处境和苦恼孤寂的心态,强烈地渲染出沙皇俄国的世态炎凉,反映出当时社会的黑暗和人与人关系的自私、冷漠。

选文三

示 众

鲁 迅

① 首善之区的西城的一条马路上,这时候什么扰攘也没有。火焰焰的太阳虽然还未直照,但路上的沙土仿佛已是闪烁地生光;酷热满和在空气里面,到处发挥着盛夏的威力。许多狗都拖出舌头来,连树上的乌老鸦也张着嘴喘气,——但是,自然也有例外的。远处隐隐有两个铜盏相击的声音,使人忆起酸梅汤,依稀感到凉意,可是那懒懒的单调的金属音的间作,却使那寂静更其深远了。

② 只有脚步声,车夫默默地前奔,似乎想赶紧逃出头上的烈日。

③ "热的包子咧!刚出屉的……。"

④ 十一二岁的胖孩子,细着眼睛,歪了嘴在路旁的店门前叫喊。声音已经嘶嗄了,还带些睡意,如给夏天的长日催眠。他旁边的破旧桌子上,就有二三十个馒头包子,毫无热气,冷冷地坐着。

⑤ "荷阿!馒头包子咧,热的……。"

⑥ 像用力掷在墙上而反拨过来的皮球一般,他忽然飞在马路的那边了。在电杆旁,和他对面,正向着马路,其时也站定了两个人:一个是淡黄制服的挂刀的面黄肌瘦的巡警,手里牵着绳头,绳的那头就拴在别一个穿蓝布大衫上罩白背心的男人的臂膊上。这男人戴一顶新草帽,帽檐四面下垂,遮住了眼睛的一带。但胖孩子身体矮,仰起脸来看时,却正撞见这人的眼睛了。那眼睛也似乎正在看他的脑壳。他连忙顺下眼,去看白背心,只见背心上一行一行地写着些大大小小的什么字。

⑦ 刹时间,也就围满了大半圈的看客。待到增加了秃头的老头子之后,空缺已经不多,而立刻又被一个赤膊的红鼻子胖大汉补满了。这胖子过于横阔,占了两人的地位,所以续到的便只能屈在第二层,从前面的两个脖子之间伸进脑袋去。

⑧ 秃头站在白背心的略略正对面,弯了腰,去研究背心上的文字,终于读起来:

⑨ "嗡,都,哼,八,而……"

⑩ 胖孩子却看见那白背心正研究着这发亮的秃头,他也便跟着去研究,就只见满头光油油的,耳朵左近还有一片灰白色的头发,此外也不见得有怎样新奇。但是后面的一个抱着孩子的老妈子却想乘机挤进来了;秃头怕失了位置,连忙站直。

⑪ "他,犯了什么事啦?……"

⑫ 大家都愕然看时,是一个工人似的粗人,正在低声下气地请教那秃头老头子。

⑬ 秃头不作声,单是睁起了眼睛看定他。他被看得顺下眼光去,过一会再看时,秃头还是睁起了眼睛看定他,而且别的人也似乎都睁了眼睛看定他。他于是仿佛自己就犯了罪似的局促起来,终至于慢慢退后,溜出去了。秃头又去看白背心的新草帽了。

⑭ 忽然,就有暴雷似的一击,连横阔的胖大汉也不免向前一踉跄。同时,从他肩膊上伸出一只胖得不相上下的臂膊来,展开五指,啪的一声正打在胖孩子的脸颊上。

⑮ "好快活!你妈的……"同时,胖大汉后面就有一个弥勒佛似的更圆的胖脸这么说。

⑯ 胖孩子也跟踉了四五步,但是没有倒,一手按着脸颊,旋转身,就想从胖大汉的腿旁的空隙间钻出去。胖大汉赶忙站稳,并且将屁股一歪,塞住了空隙,恨恨地问道:

⑰ "什么？"

⑱ 胖孩子就像小鼠子落在捕机里似的，仓皇了一会，忽然推开他，冲出去了。

⑲ "吓，这孩子……。"总有五六个人都这样说。

⑳ 待到重归平静，胖大汉再看白背心的脸的时候，却见白背心正在仰面看他的胸脯；他慌忙低头也看自己的胸脯时，只见两乳之间的洼下的坑里有一片汗，他于是用手掌拂去了这些汗。

㉑ 然而形势似乎总不甚太平了。抱着小孩的老妈子因为在骚扰时四顾，没有留意，头上梳着的喜鹊尾巴似的"苏州俏"便碰了站在旁边的车夫的鼻梁。车夫一推，却正推在孩子上；孩子就扭转身去，向着圈外，嚷着要回去了。老妈子先也略略一踉跄，但便即站定，旋转孩子来使他正对白背心，一手指点着，说道：

㉒ "阿，阿，看呀！多么好看哪！……"

㉓ "好！"

㉔ 什么地方忽有几个人同声喝彩。都知道该有什么事情起来了，一切头便全数回转去。连巡警和他牵着的犯人也都有些摇动了。

㉕ "刚出屉的包子咧！荷阿，热的……。"

㉖ 路对面是胖孩子歪着头，瞌睡似的长呼；路上是车夫们默默地前奔，似乎想赶紧逃出头上的烈日。大家都几乎失望了，幸而放出眼光去四处搜索，终于在相距十多家的路上，发现了一辆洋车停放着，一个车夫正在爬起来。

㉗ 圆阵立刻散开，都错错落落地走过去。胖大汉走不到一半，就歇在路边的槐树下。车上的坐客依然坐着，车夫已经完全爬起，但还在摩自己的膝踝。周围有五六个人笑嘻嘻地看他们。

㉘ "成么？"车夫要来拉车时，坐客便问。

㉙ 他只点点头，拉了车就走；大家就惘惘然目送他。起先还知道那一辆是曾经跌倒的车，后来被别的车一混，知不清了。

㉚ 马路上就很清闲，有几只狗伸出了舌头喘气；胖大汉就在槐阴下看那很快地一起一落的狗肚皮。

㉛ 老妈子抱了孩子从屋檐阴下蹩过去了。胖孩子歪着头，挤细了眼睛，拖长声音，瞌睡地叫喊——

㉜ "热的包子咧！荷阿。刚出屉的……"

一九二五年三月一八日

（有删改）

知识卡片

《示众》是现代文学家鲁迅创作的短篇小说，作于 1925 年 3 月，正值北洋军政府统治的时期，发表于同年 4 月《语丝》周刊上，后被收录在小说集《彷徨》中。

鲁迅(1881 年—1936 年)，原名周树人，浙江绍兴人，中国现代文学家、思想家、革命家。他出生于一个没落的封建家庭。1902 年，鲁迅东渡日本学医，当他目睹国人的愚昧和麻木不仁时，毅然决定弃医从文，用文笔来唤醒国人的灵魂。1918 年，第一次用笔名"鲁迅"发表了中国现代文学史上第一篇白话小说《狂人日记》，奠定了新文化运动的基石，从此开始了创作生涯。五四运动前后，鲁迅参加《新青年》杂志的工作，站到了反帝反封建的新文化运动的最前沿，并先后完成了《呐喊》《彷徨》《野草》《朝花夕拾》《华盖集》等著作。

阅读指津

关于"看客",鲁迅在《藤野先生》和《阿Q正传》中都做过描述:一是看外国人枪毙中国人,一是看中国人枪毙中国人。时间、地点不同,但是看客和被看者都是中国人,且看客们的麻木不仁也是相同的。"看客心态"是中国传统社会留给中国人的一笔巨大"遗产",是中国国民最普遍的心态之一,鲁迅不仅在散文、杂文、书信、演讲、回忆录中不断地探讨它、批判它,更是在本文中用了整篇文章来讨论它。我们在阅读本文时,既要看到与之前"看客"的同,也要发现和思考本文呈现"看客"的异。

拓展练习

1. 小说第①段画线句在文中有何作用?
2. 作者以"示众"为标题,有何寓意?
3. 本文的人物形象塑造很独特,请结合文章内容进行赏析。
4. 钱理群评价道:"像《示众》这样的小说,在打破既定的小说规范的同时,也在创造新的小说范式。"对此,你怎么看?请联系全文,加以分析。

参考答案

1. 小说开篇交代了故事发生的地点"首善之区的西城的一条马路上";画线句为环境描写,描写了炎热/闷热/酷热难耐的天气;并用"狗拖出舌头"和"乌老鸦张着嘴喘气"来烘托天气的炎热/闷热;营造了一种炎炎夏日下低沉/无聊的气氛;为下文"示众"的出现,众人的围观做铺垫;和小说结尾的环境描写相呼应,也暗示了"看客"背后人们的无聊和精神上的空缺。

2. "示众"文中指一个巡警拉着一个犯人到大街上公开让人观看,其间出现了各色人围观;"示众"又指"看和被看"即"示和被示"。开始是众人看犯人,后来变成犯人看众人,再后来是众人之间互看,形成了一种"看"和"被看"的关系。这是作者对中国人生存方式和人与人之间关系的揭示。

3. 《示众》和以往小说塑造典型人物形象不同,塑造的是人物的"群像";小说人物虽多,却没有一个主要人物,作者塑造了一群人、一个日常生活的横切面;小说中人物的性格特征都是模糊不清的,作者着力展示人物"共性",重在表现看客们精神世界的空虚、无聊和内心的麻木、愚昧;看客心态集中体现了中国国民劣根性的一面,也揭露了在没有民主和自由的国度里民众"看与被看"的可怜又可悲的生存状态。

4. 小说将人物形象"符号化","打破既定的小说规范";小说塑造的是"群像",反映的是人物的"共性";《示众》中主要使用外视角去观察整个故事,用笔看似冷静,但从冷静的叙写中,却能深深体验到作者对看客们的批判和深恶痛绝,使文章的主旨揭示更加意味深长。体现鲁迅"在创造新的小说范式"。

(王莉瑞)

四　苦难与复兴

选文一

喜　事

西　戎

① 这几天，小秀真高兴，脸颊红润润的。一碰到人，别人还不觉得怎样，她便把黑缎子似的头发一甩，忍不住咧开嘴笑了。

② "嗳哟！有了喜，高兴得嘴都抿不住哩！"村里和小秀同辈的妇女们，见了面这样开着小秀的玩笑。

③ 小秀真是有了喜，再过两天，就要同互助组里海娃结婚啦。这是年轻人一生中头一件喜事，为什么不高兴呢？再说人家小秀和海娃，两个人是"自由"的对象，没有点点不满意处，自然更该乐啦！

④ 小秀的喜事，村里谁都说和往日不同了。小秀从前也见过村里女子们出嫁，前两天就饭不吃，门不出，坐在炕角里哭鼻子，想象着自己未来的生活，和没有见过一次面的陌生的丈夫，心里感到恐惧和不安。这种心情，在小秀是半点也没有的。还在半个月以前，小秀就和海娃商量好结婚要做的衣服，要买的东西，海娃进城全置办回来了：蓝花布、红花布、条儿布、红毛衣、洋袜子，样样都叫小秀满意。海娃知道小秀爱讲卫生，爱学习，还特别多买了一块香胰子、一个小日记本，送给小秀。小秀呢？也早加工缝了一件西式衬衫，一个"时兴"挂包送给了海娃。这几天，小秀约了她的几个伙伴，一面赶缝嫁衣，顺便就又讲起她和海娃来了。小秀一点不封建，她讲她同她妈妈闹斗争。原来在不久以前，东土村有一家，差了两个媒人来说媒，她妈答应下了，小秀不依，向她提出抗议说："旧社会把妇女当牲口卖，这在新社会不能啦，没有经我同意，就是不成！"她妈说："你懂下个甚么？人家几辈子的好人家，人家的孩子也挺好。"

⑤ "谁见过？"小秀白了她妈一眼，"双方没感情，我不爱！"

⑥ 就这样，小秀拒绝了她妈妈的意见，根据自己要求的条件，挑上了海娃。他年轻，青年团员。

⑦ 海娃呢？也爱小秀。两个人的条件，自然是在一块谈过了，都同意，才向家里提出来的。

⑧ 海娃爹来找小秀妈妈探话了："你大婶，你看海娃和小秀……你是个甚么意见呢？"

⑨ "唉！怕不好吧！外人听见了会说闲话！"

⑩ "嗳噫！"海娃爹偏了一下头，"如今这世道你不看，可不是从前啦！这个好嘛！孩子们自己给自己'自由'，将来没埋怨，闹生产呀，过日子呀，人家能合到一块。看从前，花上银钱孩子们还不如意，今天打

319

架,明天动武,根本是砂面捏窝窝,就团不到一垯嘛,咳,为父母的跟上尽是生气!"

⑪"呵!也真是!"小秀妈想起自己年轻时候的痛苦,动摇了。

⑫"如今这是年轻人的世界,干甚都要新脑筋,咱们这老脑筋,人家说'顽固''封建',依我看,也是正月里卖门神——过时货啦,由他们年轻人去吧!"

⑬小秀妈妈想了想海娃,虽然相貌黑些,倒是个挺好后生,也还如意。便正式征求小秀的意见:"海娃你满意的,可是脸黑呀!"

⑭"黑怕甚么?"小秀驳斥着她妈妈,"又不贴在墙上当画看!"

⑮老婆婆叫女儿驳倒了,发着感慨:"如今这世道,就是好活了你们这一把子年轻人!"

⑯"对嘛!妇女要解放,就是为的这个嘛!"

⑰小秀妈妈无话可答了。

⑱正月十五,这是海娃和小秀结婚的日子,没有请先生,也不测八字,是他两个选择的。因为刚过了年,全村都在闹红火,吃好的,能好好高兴几天。

⑲真是个好天气,太阳红燉燉的。海娃家的黄土院打扫得净光,门口贴了一副大红对子:

男人耕种做模范

妇女纺织当英雄

⑳院子里,一片新气象。

㉑傍晌午,鞭炮"噼噼啪啪"响,秧歌队的锣鼓就震天价敲打起来。这时,海娃穿了一身深蓝布棉袄棉裤,束了一根宽皮带,洋袜子新鞋,头上戴一顶狐皮的带檐帽,脸也洗得挺干净,俊堂堂的。胸前戴一朵大红花,五角星的毛主席像牌牌,挂在红花上面。小秀穿戴也一崭新,花格裤,海青色袄,头上扎着雪白的羊肚毛巾,俊旦旦的脸盘,和胸膛上戴的红花一样,格外惹人喜欢。

㉒两面旗飘在前面,中间是秧歌队的人打着锣鼓,吹着笙管,最后在簇拥的人群中,海娃和小秀手拉着手,随上走。人们唱着,笑着,乐器奏着,一直在村子里绕了一个大圈圈,又返回到院子里布棚下面,正式举行结婚仪式。看热闹的人把院子挤满了,简直水泄不通。连窗台上也爬满了小孩。

㉓爱说话的生贵子当司仪,扯起亮嗓子刚喊了一声:"注意!"那边秧歌队的胡琴,便拉开了"割韭菜"调儿,声音悠扬悦耳得很。

㉔"向父母行礼!"生贵子又喊了。海娃和小秀同时转过身,海娃拉开腿,正准备磕头,小秀一把拉住了他。这时东墙角一群妇女叫起来:"磕嘛!跪下磕嘛!"村主任突然从人堆里挤出来招着手喊:"吵死人啦,老婆老婆,赛过打锣,这新式结婚是鞠躬嘛!"海娃和小秀便向坐在正面椅子上的海娃爹、小秀妈鞠了一躬。接着生贵子又喊:"向来宾行礼!""男女互相行礼!"海娃和小秀站成了对脸,两人互相看了一眼,都羞得低下了头,周围人群里,霎时爆发出一阵掌声笑声,好像看戏喝彩一样。

㉕礼罢,村主任出来讲话了。这是个最爱逗笑的人,今天请他讲这场喜事,更该引人发笑了。他一开口便说:"在场的青年团、妇联会、婆姨女子少先队,今天海娃和小秀,是自由结婚,这就是咱新社会的结婚。旧社会里,婚姻不合理,受媒人的骗,谁也见不了谁,花上银钱,还不知道是哑子、是麻子、是拐子、是爬子,到结了婚,两口都不如意,今天吵,明天闹,你看糟糕不糟糕?你们说那日子怎能过好呢?"他讲到这里,突然向西墙角招手大呼:"嗳,老婆婆们,你们有经验,我讲的对呀不对?"全场子人都哄然大笑了。留辫子的女子们特别感兴趣,笑得格外响,村主任扭回头来说:"你们别憨笑,我说的全是实话,你们可不要上媒人的当,长大了自己好好'自由'个好对象!"这一说,女子们都羞了,往人后面钻。

㉖ 忽然,年轻小伙子们拍起手来,欢迎新郎新娘讲话。先是海娃出来,红着脸说:"我很高兴……"他笑了,笑得没讲下去,跑回去了。

㉗ 小秀大方地站出来,说:"我们是自由结婚,自己愿意!"说了两句,旁边有人鼓了掌,小秀也羞得用手巾遮住脸,退回去。

㉘ 天黑,摆开了酒席。

㉙ 吃饭的时候,小秀妈、海娃爹同村里的些老年人,在一张桌上吃喜酒。有一个感慨着今天的喜事,对海娃爹和小秀妈说:

㉚ "你们今天好大的喜事呀,我活了这么大年纪也没经过,又红火,又省事!"

㉛ "看人家如今这多好,"又一个老婆婆羡慕地说,"我那闺女早知道能这样,也寻不了死!"说着,伤心地拧了一把鼻涕,哭了。

㉜ 黑夜,村里的一群小孩子,偷偷爬到新郎和新娘子的窗台上听房,听了一会,跑回来笑着对大人们说:

㉝ "听了老大半夜,新媳妇和新女婿还逗笑哩……哈哈……"

1948年正月

(选自严家炎选编《中国现代各流派小说选》,北京大学出版社1986年版)

知识卡片

西戎(1922年—2001年),原名席诚正,生于山西省蒲县西坡村,解放前的作品有短篇小说《喜事》和长篇小说《吕梁英雄传》(与马烽合作),解放后代表作有短篇小说《赖大嫂》。和赵树理一样,西戎也属于"山药蛋派"的重要代表,也以写农村题材见长。

抗日战争时期,西戎曾在保德县和《晋绥大众报》社工作,他努力走近农民,尽力去了解和熟悉他们的生活,竭力学习群众的语言和表达方式,尝试着用大众喜爱的艺术样式写通俗作品,比如快板、大鼓词、小故事等。这些扎实而深入的生活实践和创作活动,有力地助推着西戎逐渐成为自觉追求民族化、大众化、通俗化艺术样式的作家。

阅读指津

这篇小说选取了解放区农村中小秀和海娃两人自由恋爱而结婚的故事,事件的时间主要聚焦在结婚当天,事件单纯简洁,主线清晰明了,人物要而不繁,然而细读下来,又会觉得简约不简单,简短有余韵。作者在叙述小秀恋爱和结婚主线故事时,也穿插着她见过的旧式婚姻的不幸、她对媒妁之言的抗争,还有海娃爸的控诉、小秀妈的感慨、村主任的讲话、老婆婆的羡慕和哭泣,这一处处细密的针线,就把原本单薄的事件逐渐变得厚重而坚实了,也使文中略显生硬的"自由""妇女解放"等宏大词汇获得了充分的支持,小说主旨思想的表达也更加鲜明有力。

同时,人物语言契合人物身份,对话中,口语、俗语、方言的使用,富于个性化,带有地域烙印和时代色彩,爽利鲜活,非常精彩。

拓展练习

1. 第④段中作者多次运用插叙,请分析其作用。

2. "山药蛋派"小说语言通俗活泼,请结合⑧～⑫段海娃爹和小秀妈妈的对话予以分析。

3. 小说结尾写孩子偷偷听房,请赏析其表达效果。

4. 西戎曾感慨:"在这样一个几千年来所未有的农民翻身的翻天覆地的斗争中,使自己真正认识了劳动人民的伟大,认识了阶级斗争的本质,认识了农民,认识了农村。"请结合西戎的感慨,评析本文表达的思想意义。

参考答案

1. 第①段先插叙之前村中女子出嫁前由于不知道丈夫的具体情形而恐惧哭泣,再插叙小秀和海娃商量并置办好结婚用品,最后插叙小秀为自由恋爱与母亲发生的抗争,这些插叙或衬托或正面描绘小秀自由婚姻的幸福,也塑造了她敢于反抗、追求幸福婚姻的形象特点。

2. 方言、俗语和歇后语与严肃庄重词汇的杂糅融合,如"干甚""砂面捏窝窝,就团不到一垯""正月里卖门神——过时货",与"顽固""封建""自由",既有浓郁地方生活气息,又有独特的时代特色;灵活运用语气词,如"啦""嘛""呵"等,形象地再现两人说话的口吻语调。整体而言,这就形成了通俗活泼的语言特点,而这又符合两人的身份和口吻。

3. 通过黑夜中一群孩子偷偷爬上窗台听房,以及笑着对大人汇报结果,刻画出孩子的活泼调皮,也借助孩子的视角观察到夫妻二人的逗笑,侧面(含蓄地)写出小秀和海娃幸福的婚姻生活,给读者留下更多回味咀嚼的思考空间。

4. 本文表达了对解放区农村年轻人敢于反抗封建包办婚姻,追求自由婚姻、幸福生活的赞美,歌颂了解放区农村正在经历翻天覆地的崭新变化。可见农村和农民并非落后的代名词,他们完全值得追求并拥有更加美好的生活。当前,我们应用先进而科学的价值观念和切实实践,引导广大农民过上健康美好的生活。

选文二

亡人逸事

孙 犁

一

① 旧式婚姻,过去叫作"天作之合",是非常偶然的。据亡妻言,她十九岁那年,夏季一个下雨天,她父亲在临街的梢门洞里闲坐,从东面来了两个妇女,是说媒为业的,被雨淋湿了衣服。她父亲认识其中的一个,就让她们到梢门下避避雨再走,随便问道:

② "给谁家说亲去来?"

③ "东头崔家。"

④ "给哪村说的?"

⑤ "东辽城。崔家的姑娘不大般配,恐怕成不了。"

⑥ "男方是怎么个人家?"

⑦ 媒人简单介绍了一下,就笑着问:

⑧ "你家二姑娘怎样? 不愿意寻吧?"

⑨ "怎么不愿意。你们就去给说说吧,我也打听打听。"她父亲回答得很爽快。

⑩ 就这样,经过媒人来回跑了几趟,亲事竟然说成了。结婚以后,她跟我学认字,我们的洞房喜联横批,就是"天作之合"四个字。她点头笑着说:

⑪ "真不假,什么事都是天定的。假如不是下雨,我就到不了你家里来!"

二

⑫ 虽然是封建婚姻,第一次见面却是在结婚之前。订婚后,她们村里唱大戏,我正好放假在家里。她们村有我的一个远房姑姑,特意来叫我去看戏,说是可以相相媳妇。开戏的那天,我去了,姑姑在戏台下等我。她拉着我的手,走到一条长板凳跟前。板凳上,并排站着三个大姑娘,都穿得花枝招展,留着大辫子。姑姑叫着我的名字,说:

⑬ "你就在这里看吧,散了戏,我来叫你家去吃饭。"

⑭ 姑姑的话还没有说完,我看见站在板凳中间的那个姑娘,用力盯了我一眼,从板凳上跳下来,走到照棚外面,钻进了一辆轿车。那时姑娘们出来看戏,虽在本村,也是套车送到台下,然后再搬着带来的板凳,到照棚下面看戏的。

⑮ 结婚以后,姑姑总是拿这件事和她开玩笑,她也总是说姑姑会出坏道儿。

⑯ 她礼教观念很重。结婚已经好多年,有一次我路过她家,想叫她跟我一同回家去。她严肃地说:

⑰ "你明天叫车来接我吧,我不能这样跟着你走。"我只好一个人走了。

三

⑱ 她在娘家,因为是小闺女,娇惯一些,从小只会做些针线活,没有下场下地劳动过。到了我们家,我母亲好下地劳动,尤其好打早起,麦秋两季,听见鸡叫,就叫起她来做饭。又没个钟表,有时饭做熟了,天还不亮。她颇以为苦。回到娘家,曾向她父亲哭诉。她父亲问:

⑲ "婆婆叫你早起,她也起来吗?"

⑳ "她比我起得更早。还说心疼我,让我多睡了会儿哩!"

㉑ "那你还哭什么呢?"

㉒ 我母亲知道她没有力气,常对她说:

㉓ "人的力气是使出来的,要抻懒筋。"

㉔ 有一天,母亲带她到场院去摘北瓜,摘了满满一大筐。母亲问她:

㉕ "试试,看你背得动吗?"

㉖ 她弯下腰,挎好筐系猛一立,因为北瓜太重,把她弄了个后仰,沾了满身土,北瓜也滚了满地。她站起来哭了。母亲倒笑了,自己把北瓜一个个捡起来,背到家里去了。

㉗ 我们那村庄,自古以来兴织布,她不会。后来孩子多了,穿衣困难,她就下决心学。从纺线到织布,都学会了。<u>我从外面回来,看到她两个大拇指,都因为推机杼,顶得变了形,又粗、又短,指甲也短了</u>。

㉘ 后来,因为闹日本,家境越来越不好,我又不在家,她带着孩子们下场下地。到了集日,自己去卖线卖布。有时和大女儿轮换着背上二斗高粱,走三里路,到集上去粜卖。从来没有对我叫过苦。

㉙ 几个孩子,也都是她在战争的年月里,一手拉扯成人长大的。农村少医药,我们十二岁的长子,竟以盲肠炎不治死亡。每逢孩子发烧,她总是整夜抱着,来回在炕上走。在她生前,我曾对孩子们说:

㉚ "我对你们,没负什么责任。母亲把你们弄大,可不容易,你们应该记着。"

四

㉛一位老朋友、老邻居,近几年来,屡次建议我写写"大嫂"。因为他觉得她待我太好,帮助太大了。老朋友说:

㉜"她在生活上,对你的照顾,自不待言。在文字工作上的帮助,我看也不小。可以看出,你曾多次借用她的形象,写进你的小说。至于语言,你自己承认,她是你的第二源泉。当然,她瞑目之时,冰连地结,人事皆非,言念必不及此,别人也不会做此要求。但目前情况不同,文章一事,除重大题材外,也允许记些私事。你年事已高,如果仓促有所不讳,你不觉得是个遗憾吗?"

㉝我唯唯,但一直拖延着没有写。这是因为,虽然我们结婚很早,但正像古人常说的:相聚之日少,分离之日多;欢乐之时少,相对愁叹之时多耳。我们的青春,在战争年代中抛掷了。以后,家庭及我,又多遭变故,直至最后她的死亡。我衰年多病,实在不愿再去回顾这些。但目前也出现一些异象:过去,青春两地,一别数年,求一梦而不可得。今老年孤处,四壁生寒,却几乎每晚梦见她,想摆脱也做不到。按照迷信的说法,这可能是地下相会之期,已经不远了。因此,选择一些不太使人感伤的断片,记述如上。已散见于其他文字中者,不再重复。就是这样的文字,我也写不下去了。

㉞我们结婚四十年,我有许多事情,对不起她,可以说她没有一件事情是对不起我的。在夫妻的情分上,我做得很差。正因为如此,她对我们之间的恩爱,记忆很深。我在北平当小职员时,曾经买过两丈花布,直接寄至她家。临终之前,她还向我提起这一件小事,问道:

㉟"你那时为什么把布寄到我娘家去啊?"

㊱我说:

㊲"为的是叫你做衣服方便呀!"

㊳她闭上眼睛,久病的脸上,展现了一丝幸福的笑容。

1982年2月12日晚
(选自孙犁《孙犁作品精选》,长江文艺出版社2019年版)

知识卡片

《亡人逸事》的作者孙犁,是著名的乡土文学流派"荷花淀派"的开创者,代表作品有《风云初记》《铁木前传》《白洋淀纪事》,他的小说《荷花淀》收录进高中语文教材。铁凝曾深受孙犁的鼓励和提携,她如此评价孙犁:"这位作家独树一帜的价值,将在以后的岁月中越发显现出来,孙犁先生对年轻一代作家的影响和渗透力,是不会消失的,不会泯灭的,相反,它将会随着时间的流逝,而更加凸显出来。"值得一提的是,孙犁的《荷花淀》、铁凝的《哦,香雪》都属于诗化小说,而鲁迅是中国现代诗化小说的开创者,以其《故乡》《社戏》为代表,其后沈从文的《边城》、茹志鹃的《百合花》、汪曾祺的《受戒》也都属于诗化小说的范畴。

阅读指津

《亡人逸事》共有四节,依照时间顺序,由偶然撮合,再私下相会,到婚后生活,最后临终遗言,写出亡妻的若干事情。而每一节又包含若干小事,也依照时间顺序,有条不紊,娓娓道来。这种俄罗斯套娃式的结构,使诸多事件都获得了合理的安排,繁而有序,枝干叶片,也都生气勃勃。

文章的语言素朴平实,好像经过山泉淘洗的青石碧草,洁净又清新,写对话,绘人物,热腾腾的生活气息扑面而来,让人可亲可近。作者情感的表达较为克制,都压在较为冷静客观的叙述中了,然而材料的选择组织,典型内容的安排,又能使读者从纸页背后读出夫妻诚挚厚重的情感。这篇文章可以与《项脊轩志》相参照,其选材构思、叙事抒情、语言运用,都有异曲同工之妙。

拓展练习

1. 本文记载了很多妻子生前的事情,但层次清晰,条理井然,请以第二部分为例予以分析。
2. 请赏析第㉗段划线句的细节描写。
3. 第㉛和㉜两段写老朋友建议我写妻子,结合两段内容,分析其作用。
4. 有评论者认为孙犁的语言"朴素、含蓄、抒情,使它能准确地刻画生动的人物形象",如果你赞同这种观点,请以第㉞～㊳段为例予以分析。

参考答案

1. 第二部分共写了三件事,先详写订婚后的"我"和妻子初次见面,再一笔带过婚后姑姑与妻子的玩笑,再略写路过妻家时,妻子坚持要"我"用车接才回家。三件事按照时间先后顺序,都紧紧围绕妻子封建保守展开,详略得当,有机配合。

2. 画线句借"我"的视角,写出妻子两个拇指因为推机杼而变了形,指甲也变短了,侧面写出妻子劳动之艰辛繁重,饱含着妻子对家人的关爱,体现了她坚毅刚强的品质,表达了"我"对妻子的感激和心疼,也呼应了上文妻子一开始不会织布,后来为了孩子而开始学。

3. 通过老友的话语,侧面写出妻子对"我"的生活和工作帮助极大,指出"我"要写妻子的合理性、必要性和迫切性,也自然地交代了"我"写妻子的一些背景,结构上引出下文分析"我"先前为何没写,现在却写的原因。

4. 无论是叙述性的语言,还是人物对话,都使用日常话语,平实质朴,妻子的问话是喜悦的追问,但喜悦隐在话语中,而"我"的回答直白干脆,但饱含体贴关爱,最后一节妻子"闭上眼睛""展现了一丝幸福的笑容",用极为精简含蓄的语言,刻画出妻子的满足和幸福。

选文三

草

王愿坚

① 二班长杨光从昏迷中醒过来的时候,天已经放亮了。他欠起身子,四下里打量着、回想着,好半天才弄明白:自己是躺在湿漉漉的草地里。

② 昨天,也就是过草地的第四天,快要宿营的时候,连长把他叫了去,要他们班赶前到右前方一个小高地上,担任警戒。他们赶到了指定地点,看好哨位,搭好帐篷,天已经黑下来了。就是他,动手去解决吃饭的问题。他提着把刺刀,围着山丘转了半天,才找到了一小把水芹菜和牛耳大黄。正发愁呢,忽然看到小溪边上有一丛野菜,颜色青翠,叶子肥嫩。他兴冲冲地砍了一捆拿回来,倒进那半截"美孚"油桶里,煮了满满一"锅"。

③ 谁知道,问题就发生在这些野菜上了:换第三班岗的时间还不到,哨兵就捂着肚子回来,把他叫醒了。他起来一看,班里同志们有的口吐白沫,有的肚子痛得满地打滚,有的舌头都僵了。倒是他和党小组

长因为先尽其他同志吃,自己吃得不多,症状还轻些。于是两人分工,一个留下警戒和照顾同志们,一个向上级报告。就这样,他摸黑冲进了烂草地;开始是跑,然后是走,最后体力实在支持不住了,就在地上爬。爬着,爬着,不知什么时候昏过去了。

④ 当一切都回想起来了以后,他的心像火燎一样焦灼了,他用步枪支撑着,挣扎着站起来,跟跟跄跄地走上了一个山包。

⑤ 这时,太阳冒红了,浓烟似的雾气正在消散。他观察着,计算着,判断着方位。看来,离开班哨位置已经是10里开外了,可是看不到连、营部队宿营地的影子。显然是夜里慌乱中迷失了方向。不行,得赶快找部队去,救同志们的性命要紧呵!

⑥ 他正要举步,忽然薄雾里传来了人声。人声渐渐近了,人影也显现出来,是一支小队伍。走在前面的是几个徒手的军人,后面是一副担架。

⑦ 他急忙迎上几步,看得更清楚了:前面一个人的挎包上还有一个红色的十字。

⑧ "好,同志们有救了!"他狂喜地喊道。跑是没有力气了。他索性把枪往怀里一抱,就地横倒身躯,沿着山坡滚下山去。

⑨ 就在他滚到山包下停住的时候,正好赶在了那支小队伍的前头。

⑩ 人群和担架都停下了。背红十字挎包的人飞步跑来,弯腰扶起他,关切地问道:"同志,你怎么啦?"

⑪ 杨光定了定神,把事情讲了讲。末了,他紧紧抓住了那人的挎包,恳求道:"医生同志,快去吧!晚了,人就没救啦!"

⑫ 医生看看背后的担架,又看看杨光,为难地摇摇头:"同志,我们还有紧急任务!"

⑬ "什么任务能比救人还要紧?"

⑭ 医生指着担架:"我们也是要救人哪!"

⑮ 杨光这才看清楚,担架上躺着一个人。一床灰色的旧棉毯严严地盖在上面。

⑯ "那边的同志很危险!"杨光焦急地叫起来。他伸开手拦住了路口,大声道:"你不去,我就不放你走!"

⑰ 担架响了一声,毯子动了一下。

⑱ 医生有点愠怒地看了杨光一眼:"你这个同志,有话不会小点声说?你知道吗?这是……"他压低了声音,说出了那个全军都敬爱的人的名字,然后解释地说道:"他病得很厉害哪,昨天开了一夜的会,刚才又发起高烧,人都昏迷了。"

⑲ "什么,周副主席?"杨光立时惊住了。对于这位敬爱的首长,杨光不但知道,还曾亲眼看见过。在遵义战役之前,这位首长曾经亲自到他们团作过战斗动员。在部队开上去围攻会理的时候,连队在路边休息,他也曾亲眼看见周副主席和毛主席、朱总司令一道,跟战士们亲切交谈。可是,现在竟然病倒在草地上。而他,却在首长赶去卫生部救治的路上,拦住了他的担架……他惶惑地望着担架,一时竟不知如何是好了。

⑳ 就在这时,毯子被掀开了,周副主席缓慢地欠起了身,朝着杨光招了招手。

㉑ 杨光不安地走过去。他深情地注视着那张熟悉的脸,却不由得大吃一惊:由于疾病的折磨,这位首长面容变化多大呵!他觉得心头像刀在搅,眼睛一阵酸涩,竟然连敬礼也忘了。

㉒ 周副主席显然刚从昏迷中醒来。他费了好大的劲,才把身躯往担架边上移开了些,然后,拉住杨

光的衣角,把他拽到担架空出的半边坐下来。

㉓ 靠着警卫员的扶持,周副主席在担架上半坐起来。他慢慢抚摸着杨光那湿漉漉的衣服,又摸了摸杨光的额头,亲切地说道:"这么说,你们是吃了有毒的野菜?"

㉔ "是。"杨光点了点头。

㉕ "那种野菜是什么样子呢?"

㉖ "这就是。"杨光从怀里掏出一棵野菜,为了便于医生救治他临走时带上了它。

㉗ 周副主席接过野菜,仔细端详着。野菜已经蔫巴了,但样子可以看得出来:有点像野蒜苗,一层暗红色的薄皮包着白色的根根,上面挑着四片互生的叶子。看过以后,不知是由于疲累还是怎的,他倚在警卫员的肩头,仰起了头,眼里浮上了异常的严肃的神情。

㉘ 杨光担心地看着周副主席,他弄不明白:首长为什么对这棵野菜这么关心。他刚想劝首长休息,周副主席又问了:"这野菜,多半是长在什么地方呢?"

㉙ 杨光想了想:"在背阴靠水的地方。"

㉚ "味道呢?你记得吗?"

㉛ 杨光摇了摇头。因为是煮熟了吃的,没有尝过。

㉜ 周副主席又举起那棵野菜看了看,慢慢地把它放进嘴里。医生惊呼着扑过来,野菜已经被咬下了一点。

㉝ 周副主席那干裂的嘴唇闭住了,浓密的胡须不停地抖动着,一双浓眉渐渐皱紧了。嚼了一阵,吐掉了残渣,他把那棵野菜还给杨光,嘱咐道:"你记着,刚进嘴的时候,有点涩,越嚼越苦。"

㉞ 杨光又点了点头。周副主席把声音提高了些,用命令的语气讲话了。他的命令是非常明确的:要医生马上按杨光指出的方向,去救治中了毒的战士们。他又要担架抬上杨光,用最快的速度赶到总部去报告。他的命令又是十分具体的:他要求总部根据杨光他们的经验,马上给部队下发一个切勿食用有毒野菜的通报,在通报上,要画上有毒野菜的图形,加上详细的说明,而且,最好是附上标本。

㉟ 一个年轻的卫生员,还在听到谈论有毒野菜的时候,就在路旁打开了挎包,把满满一挎包沿路采来的野菜倒出来,一棵棵翻拣、检查着。这会,听到了首长下达的命令,惊慌地叫起来:"那……你呢?"

㊱ "你们扶我走一会儿嘛!"

㊲ 医生走过来,劝说道:"你的病情很重啊!"

㊳ 周副主席微笑着伸出了一个指头,又摊开了手掌:"看,是一个多呢还是五个、或者上万个多呢?"

㊴ 谁也想不出更好的做法了。而争辩是没有用的。一时,全都默不作声了。只有晨风吹过荒漠的草地,撕掠着青草,发出索索的声响。

㊵ 卫生员抽噎了两声,突然抓起一把野菜,光火道:"都是蒋介石这卖国贼,逼着我们走草地,逼得我们吃草!"

㊶ "吃草。嗯,说得好啊!"周副主席严肃地点了点头,"革命斗争,需要我们吃草,我们就去吃它。而且,我们还要好好总结经验,把草吃得好一些!"

㊷ 稍稍喘息了一下,他又说下去:"应该感谢这些阶级兄弟,他们用生命和健康为全军换来了经验。也要记住这些草!"他的话更温和了,语气里透着深深的感情:"等你们长大了,就会想起这些草,懂得这些草;就会看到,我们正是因为吃草吃得强大了,吃得胜利了!"

㊸ 这些话，从那瘦弱的身躯里，从那干裂的嘴唇里发出来，又慢，又轻，可是，它却像沉雷一样隆隆地滚过草地，滚过周围几个红军战士的胸膛。

㊹ 杨光激动地听着。就在这一霎，他觉得自己变得强大了、有力了，这力量足足能一气走出草地，他向着周副主席深情地举手敬礼，然后，那紧握着野菜的手猛地一挥、转身向总部所在的方向跑去。

㊺ 医生向卫生员嘱咐了句什么，也紧抓着那个红十字挎包，向另一个方向跑去。

㊻ 周副主席望着两个人渐渐远去的背影，耳边传来警卫员的话音。话是对着小卫生员说的："……看你说的，为革命嘛，我们吃的是草，流的是血，可我们比那些花天酒地的阶级敌人高尚得多、也强大得多呀！……"

㊼ 周副主席那浓浓的胡须绽开来，宽慰地笑了，他笑得那么爽朗、那么开心。自从患病以来，他还是头一次笑得这么痛快。

1977 年 5 月 31 日

（选自王愿坚《王愿坚小说选》，中国青年出版社 2009 年版）

知识卡片

王愿坚（1929 年—1991 年），山东诸城市相州镇七村人，著名作家和电影编剧，代表作品有《党费》《七根火柴》《草》《闪闪的红星》等。虽然没有亲历过大革命、长征等重要的历史事件，也没直接参与重大的战争，但他通过担任战地记者和编辑期间辛勤地查阅文献、采访调研、实地考察等方式，弥补了不足，这使他对描写的对象、对人物的思想感情都有深切的感受和准确的把握。王愿坚的小说叙述清晰单纯，更近于常见的故事形态。

阅读指津

王愿坚曾说："我们今天走着的这条幸福的路，正是这些革命前辈用生命和鲜血给铺成的；他们身上的那种崇高的思想品质，就是留给我们这一代人最宝贵的精神财富。"这番话既可以理解为是他创作小说的重要动力，也可以成为解读他众多小说作品思想主题的关键钥匙。王愿坚小说创作更注重于以小见大，通过描绘较为典型的小事件，如本文中周副主席试吃毒草，通过对周恩来富有代表性的语言、动作等方面的雕琢刻画，进而凸显出周恩来宝贵的精神品质。而杨光、卫生员、警卫员这些人物也从不同侧面为周恩来人物形象的塑造发挥了作用。

拓展练习

1. 本文以"草"作为标题，联系全文，请分析其作用。
2. 赏析第②③段插叙的效果。
3. 赏析第㊻段警卫员话语的表达效果。
4. 评析本文所表现的思想意义。

参考答案

1. 暗示故事发生的背景和环境，是红军长征过草地时；草是贯串小说的重要线索，全文围绕红军吃草中毒而展开；周副主席亲吃毒草品出草的味道，准确提醒全军，塑造了他大无畏的形象；红军吃草也表达了将士艰苦朴素、英勇无畏的革命精神。

2. 补充了故事发生的背景，红军过草地时断粮，因误食毒草而严重中毒，中毒较轻的"我"前去求援，因体力不支而摔倒昏迷在草地上，插叙使故事波澜有致、内容也更加完整。

3. 警卫员在看似反驳卫生员的话语中，通过与国民党花天酒地奢靡生活的对比，更突出表达了对红军艰苦朴素、英勇无畏的高尚品质的赞美，塑造了警卫员明辨是非、立场坚定的形象，也侧面衬托周副主席高尚的革命精神。

4. 本文表现了周恩来英勇无畏、舍己为人的高尚革命精神，表达了对老一辈革命家的赞美和崇敬。老一辈的身先士卒、舍己为人、不忘初心的革命精神，在今天仍然值得我们继承和发展。尤其是当个体利益与集体利益发生矛盾时，我们不能只从个体利益出发，应兼顾集体大局。

(张华中)

五　困境与超越

选文一

一条绳索

[秘鲁] 弗朗西斯科·埃斯卡特

① 胡安发现了一条从天上垂下来的绳索。

② 那条长得令人难以置信的绳索一直往上延伸，延伸，直至消失在冬日的云层里，胡安一边看着它，一边想身边没有人会相信他看到的这一幕。

③ "这孩子太孤独，出现幻觉了。"听到胡安的故事，他姑姑会这么说。"应该带他去看心理医生！"最后她会得出这样的结论。

④ 于是胡安一直跑回了家，看见他爸爸正坐在门口的那段老树干上。"有一条绳子从天上垂下来！"胡安喊道。

⑤ 父亲沉默地看了他一眼，好像胡安说的是一种奇怪的无法理解的方言。

⑥ 痛恨没有人认真地对待这件事，然而他已经习惯了，人们总是把他当成一个小孩子，尽管他都快十岁了，在大草原上可以骑着自行车到处来去。

⑦ "爸爸，你得看看，我发现的那条绳子非常粗大，我一个人没法把它运回家。"胡安试着用父亲的语言表达，想让他别再像平时那样用轻蔑的表情看着自己。"你还得洗洗脸，奶奶讨厌看见你这样浑身上下脏兮兮的。"父亲回答说。

⑧ "请您跟我来一下吧，爸爸，就一会儿。"胡安哀求道。

⑨ 但这仍是徒劳，父亲不喜欢胡安求他玩耍，就像不喜欢玩耍本身，于是那孩子决定再次消失，重新向发现那条绳索的地方跑去。

⑩ 他很快又看到了它，在大草原中央，纹丝不动，风吹拂着，但那条绳索仍定定地悬在那里，并不是绷紧了，只是静静的。胡安看了它一会儿，又向天上望去，寻找一种解释，但是同样一无所获，这时他想到直到现在他还没有碰过那条绳索，就决定碰碰看，好证明那是真实的，而不仅仅是一种幻觉，或是海市蜃楼，就像那些在沙漠里迷路的旅行者所看到的。

⑪ 胡安重新看了一下绳索，决定走过去。但因为某种原因，他又想起了搂着绳索渴死的旅行者，不敢向前走一步。考虑了几秒钟后，他吸了一口气，向前迈出了第一步，然后，又一步，又一步，直到剩下不

到一米的距离,他伸出胳膊,用指尖轻轻地碰了一下绳索。"很软。"他想。

⑫ 胡安决定拉一下那条绳索。他用双手抓住绳索,使劲向下一拉,但是什么也没发生,绳索顶住了他的全部力量,于是他决定全身吊上去,他助跑,牢牢地搂着绳索纵身一跳,就像一个九岁的人猿泰山一样吊在了绳索上。

⑬ 胡安想起了一个小孩和三颗菜豆的故事,那个小孩在自己家院子里种下了三颗菜豆,最后菜豆长成了一棵巨大的爬蔓植物,一直长到了天上,那孩子顺着它爬上去,在顶端发现了一座城堡,里面满是财宝。但是真的是菜豆吗?菜豆不会长成爬蔓植物呀。真是个奇怪的故事……

⑭ 胡安学校的作业本上总是写满了老师的评语,说他是个非常不专心的孩子,喜欢在课堂上想入非非。现在胡安可给了所有那些老师一个理由了,在他眼前出现了一条悬空的神奇的绳索。"我应该爬上去,我得看看这是什么。"他这样想着,开始攀着绳索向上爬。

⑮ 胡安爬到了十米高的时候,就害怕得不敢继续了,但是也没有勇气松开手,于是就停在了那里,不知道该怎么办,他的小手很疼,胳膊开始颤抖,他决定慢慢地滑到地面上去,然后从家里随便找个人来,让他看看这条绳索。但是他刚准备动一下,就感到绳索开始下降。

⑯ 他又停下来,想等绳索稳住以后再从容地滑下来,但是突然,砰!绳索猛地往下顿,胡安大叫一声,手抓得死死的,等他睁开眼睛,发现自己还吊在绳索上,但是好像降了一米;又是砰的一声,绳索又一次下滑,但是他还不想松开手,他已经吓得不会动了,突然,从很高的地方传来一声:砰……胡安一下子掉在了地面上,绳索开始往他身上落,好像终于从固定它的地方松开了。

⑰ 绳索不停地往胡安身上落,他弓起身子,但是他无法站起来,这样过了一个多小时,绳索还在不停地下落,把胡安埋在里面形成了一座小山;胡安绝望地挪动着胳膊,这时他感到绳索湿透了……他终于从里面钻了出来,一溜烟跑回了家,那时下午茶的时间早过去了。

⑱ 父母不想听胡安解释,他到家的时候天已经黑了,开始下着细雨;一顿惩罚后,他上楼回到自己的房间,透过窗户看着雨,无法讲述自己的奇遇。第二天他起得很早回到那个地方,但是雨下了一整夜,整个大草原都淹了,家人不让他出门,父母还在生气,他那关于悬空的绳索的谎言让他们更加恼火。

⑲ 雨不停地下了三天三夜,胡安的父母决定停止度假回城去;胡安无法回到发现绳索的地方,全家人都监视着他,同时全家人都受够了那场绵绵不绝的雨。似乎所有人都认为他是那场雨的罪魁祸首……

⑳ 在绳索落地的地方,大雨形成了一个湖;随着时间的流逝,湖带来了植物,植物引来了动物,大草原变成了一个山谷;七十年后,那个被称为"拉坎提亚"的山谷里的湖成了当地河鳟最多的地方。最近一次我去那里,一边和孩子们在湖里游玩,一边与好几个钓鱼爱好者和渔夫一起钓着河鳟。但是一些东西引起了我的注意,湖里的所有小艇上只有一个人没有在垂钓,那是一个老人,他看着沁凉的湖水,似乎在思念着什么,看了他好一会儿,我禁不住好奇心驱使,上前问他在找什么。

㉑ "我的绳索。"他回答道。

知识卡片

魔幻现实主义这一文学样式具有与众不同的鲜明的特征,它将新闻报道般的写实与神奇的幻想结合起来,采用模糊化技巧和神话模式,表现现实的历史文化与现实生活。魔幻现实主义的创作原则是"变幻想为现实而不失其真实"。不管作品采用什么样的"魔幻""神奇"手段,它的最终目的还是为了反映现实。同时魔幻现实主义和传统现实主义小说最根本的区别,就在于表现手法的"魔幻"性,这是魔幻现实主义的又一显著特征。

阅读指津

这是一篇带有魔幻现实主义色彩的短篇小说，通篇散发着浓郁的象征和寓言气质。它通过少年胡安随父母在乡下奶奶家度假时偶然发现天空悬绳的故事，呈现了童年的奇遇对人生的重大影响。

阅读这篇文章，可以结合课内学习《百年孤独（节选）》的经验，关注作品"魔幻"的表现手法，以及作品究竟反映了哪些"现实"。作品反映的"现实"对于当下又存在哪些影响。

拓展练习

1. 文章第⑬段有什么作用。
2. 文章第⑳~㉑段叙事视角与上文有所差异，试赏析这样做的好处。
3. 全文围绕胡安对于"一条绳索"的情感变化展开，试分析文章这样组材的作用。
4. 评析本文思想意义。

参考答案

1. 文章第⑬段记叙了胡安回想起曾经一个小孩和三颗菜豆的故事，表现了胡安充满童真、富有想象力的人物形象，为后文胡安爬上绳索的行为作铺垫，推动了小说情节发展。

2. 小说①~⑳段用第三人称视角叙述了胡安九岁时偶遇一条绳索的经历，以全知全能的视角进行叙述，有助于作者通过刻画角色心理来推进故事发展，塑造人物形象。在本文中，通过对于胡安心理活动的描写展现胡安童年时对于外部世界的探索与好奇。小说⑳~㉑段用第一人称视角叙述"我"在湖边遇到 79 岁的胡安，仍在寻找他的绳索，一方面体现文章一生都应保持对于外部世界进行探索的主旨，另一方面"我"的第一视角使得故事显得真实，具有魔幻现实主义色彩。

3. 本文首先叙述了胡安对绳子感到好奇，但不被家里人理解。接着写了自己寻找绳子的奇特经历，结尾叙述了 70 年以后胡安仍在寻找他的绳索，表现 70 年以来胡安仍然充满好奇的精神与探索的欲望，探索不仅出于童年的好奇心，更是贯穿一生的追求。

4. 文章叙述了胡安 9 岁时偶遇绳索，探索绳索，70 年后仍在寻找自己的绳索。作者通过这一故事，说明探索不仅出于童年的好奇心，更是贯穿一生的追求。对于当下的我们具有借鉴意义，我们应该像胡安一样，始终保持自己探索世界的愿望与热情。

选文二

复活（节选）

[俄] 托尔斯泰

① 为了上诉的事，聂赫留朵夫第二次探监。

② 带着老婆子托付的玛丝洛娃走到门口，还没有看见典狱长，聂赫留朵夫却看见她了。她脸色红红的，精神抖擞地跟着看守走来，摇头晃脑，不住地微笑着。<u>她一看见典狱长，脸上现出惊惶的神色盯住他，但立刻镇定下来，大胆而快乐地向聂赫留朵夫打招呼。</u>

③"您好!"她拖长声音说,脸上挂着微笑,使劲握了握他的手,这跟上次大不一样。

④"喏,我给您带来了状子,您来签个字。"聂赫留朵夫说,对她今天见到他时表现出来的那副活泼样子,感到有点奇怪。

⑤"行,签个字也行。干什么都行。"她眯缝着一只眼睛,笑嘻嘻地说。

⑥她拿起笔,用心在墨水缸里蘸了蘸,抖掉一滴墨水,写上自己的名字。

⑦"没有别的事了?"她问,忽而望望聂赫留朵夫,忽而望望典狱长,随后把笔插在墨水缸里,接着又放在纸上。

⑧"我有些话要跟您说。"聂赫留朵夫说。

⑨"好,您说吧。"她说,忽然像是想起了什么心事,脸色变得严肃了。

⑩典狱长站起来,走了出去,屋子里剩下聂赫留朵夫和玛丝洛娃两个人。

⑪他把臂肘搁在桌上,身子凑近她。这样说话就不会让那个坐在窗台上的看守听见,而只让她一个人听见。他说:

⑫"要是这个状子不管用,那就去告御状。凡是办得到的事,我们都要去办。"

⑬"唉,要是当初有个好律师就好了……"她打断他的话说。"我那个辩护人是个十足的笨蛋。他老是对我说肉麻话。"她说着笑了,"要是当初人家知道我跟您认识,情况就会大不相同了。可现在呢?他们总是把人家都看成小偷。"

⑭"她今天好怪。"聂赫留朵夫想,刚要说出他的心事,却又被她抢在前头了。

⑮"我还有一件事要跟您说。我们那儿有个老婆子,人品挺好。说实在的,大家都弄不懂是怎么搞的,这样一个顶刮刮的老婆子,竟然也叫她坐牢,不但她坐牢,连她儿子也一起坐牢。大家都知道他们没犯罪,可是有人控告他们放火,他们就坐了牢。她呀,说实在的,知道我跟您认识。"玛丝洛娃一面说,一面转动脑袋,不时瞟聂赫留朵夫一眼,"她就说:'你跟他说一声,让他把我儿子叫出来,我儿子会原原本本讲给他听的。'那老婆子叫明肖娃。怎么样,您能办一办吗?说实在的,她真是个顶刮刮的老婆子,分明是受了冤枉。好人儿,您就给她帮个忙吧。"玛丝洛娃说,对他瞧瞧,又垂下眼睛笑笑。

⑯"好的,我来办,我先去了解一下,"聂赫留朵夫说,对她的态度那么随便,越来越感到惊奇。"但我自己有事要跟您谈谈。您还记得我那次对您说的话吗?"他说。

⑰"您说了好多话。上次您说了些什么呀?"玛丝洛娃一面说,一面不停地微笑,脑袋一会儿转到这边,一会儿转到那边。

⑱"我说过,我来是为了求您的饶恕。"聂赫留朵夫说。

⑲"嘿,何必呢,老是饶恕饶恕的,用不着来那一套……"

⑳"我说过我要赎我的罪,"聂赫留朵夫继续说,"我决定跟您结婚。"

㉑玛丝洛娃脸上顿时现出恐惧的神色。她那双斜睨的眼睛发呆了,又像在瞧他,又像不在瞧他。

㉒"这又是为什么呀?"玛丝洛娃愤愤地皱起眉头说。

㉓"我觉得我应该在上帝面前这样做。"

㉔"怎么又弄出个上帝来了?您说的话总是不对头。上帝?什么上帝?咳,当初您要是记得上帝就好了。"她说了这些话,又张开嘴,但没有再说下去。

㉕聂赫留朵夫这时闻到她嘴里有一股强烈的酒味,才明白她激动的原因。

㉖"您安静点儿。"他说。

㉗"我可用不着安静。你以为我醉了吗?我是有点儿醉,但我明白我在说什么,"玛丝洛娃突然急急地说,脸涨得通红,"我是个苦役犯,是个……您是老爷,是公爵,你不用来跟我惹麻烦,免得辱没你的身份。还是找你那些公爵小姐去吧,我的价钱是一张红票子。"

㉘"不管你说得怎样尖刻,也说不出我心里是什么滋味,"聂赫留朵夫浑身哆嗦,低声说,"你不会懂得,我觉得我对你犯了多大的罪!……"

㉙"'我觉得犯了多大的罪……'"玛丝洛娃恶狠狠地学着他的腔调说,"当初你并没有感觉到,却塞给我一百卢布。瞧,这就是你出的价钱……"

㉚"我知道,我知道!"聂赫留朵夫说。"如今我决定再也不离开你了,"他重复说,"我说到一定做到。"

㉛"可我敢说,你做不到!"玛丝洛娃说着,大声笑起来。

㉜"卡秋莎!"聂赫留朵夫一面说,一面摸摸她的手。

㉝"你给我走开!我是个苦役犯,你是位公爵,你到这儿来干什么?"她尖声叫道,气得脸都变色了,从他的手里抽出手来。"你想利用我来拯救你自己,"玛丝洛娃继续说,迫不及待地把一肚子怨气都发泄出来。"你今世利用我作乐,来世还想利用我来拯救你自己!我讨厌你,讨厌你那副眼镜,讨厌你这个又肥又丑的嘴脸。走,你给我走!"她霍地站起来,嚷道。

㉞聂赫留朵夫站在她前面,不知道该怎么办才好。"你不相信我。"他说。

㉟"您说您想结婚,这永远办不到。我宁可上吊!这就是我要对您说的。"

㊱"我还是要为你出力。"

㊲"哼,那是您的事。我什么也不需要您帮忙。我对您说的是实话,"玛丝洛娃说,"唉,我当初为什么没死掉哇?"她说到这里伤心得痛哭起来。

㊳聂赫留朵夫说不出话,玛丝洛娃的眼泪也引得他哭起来。

㊴玛丝洛娃抬起眼睛,对他瞧了一眼,仿佛感到惊奇似的,接着用头巾擦擦脸颊上的眼泪。

㊵这时看守又走过来,提醒他们该分手了。玛丝洛娃站起来。

㊶"您今天有点激动。要是可能,我明天再来。您考虑考虑吧。"聂赫留朵夫说。

㊷玛丝洛娃一句话也没有回答,也没有对他瞧一眼,就跟着看守走出去。

㊸"嘿,姑娘,这下子你可要走运了。"玛丝洛娃回到牢房里,柯拉勃列娃就对她说。"看样子,他被你迷住了。趁他来找你,你别错过机会。他会把你救出去的。有钱人什么事都有办法。"

㊹"怎么样,我的事你提了没有?"那个老婆子问。

㊺玛丝洛娃没有回答同伴们的话,却在板铺上躺下来。她那双斜睨的眼睛呆呆地望着墙角。她就这样一直躺到傍晚。她的内心展开了痛苦的活动。聂赫留朵夫那番话使她回到了那个她无法理解而对之满怀仇恨的世界。她在受尽了折磨后离开了那地方。现在她已经无法把往事搁在一边,浑浑噩噩地过日子,而要清醒地生活下去又实在太痛苦了。到傍晚,她就又买了些酒,跟同伴们一起痛饮起来。

知识卡片

《复活》是俄国作家列夫·托尔斯泰(1828年—1910年)创作的长篇小说。该书取材于一件真实事件,主要描写男主人公聂赫留朵夫引诱姑妈家女仆玛丝洛娃,使她怀孕并被赶出家门。后来,她沦为妓女,因被指控谋财害命而受审判。男主人公以陪审员的身份出庭,见到从前被他引诱的女人,深受良心谴责。他为她奔走申冤,并请求同她结婚,以赎回自己的罪过。上诉失败后,他陪她流放西伯利亚。他的行为感动了她,使她重新爱他。但为了不损害他的名誉和地位,她最终没有和他结婚而同一个革命者结为伉俪。

阅读指津

课文节选了聂赫留朵夫第一次探监玛丝洛娃的情节,这篇文章节选了第二次探监的具体情节。在阅读本文时,可以借鉴课文学习的经验,关注角色对话中对于人物形象、人物内心世界、整本书情节等等的体现。同时需要关注到从聂赫留朵夫第一次探监,到第二次探监的过程中,男女主人公的"复活"过程。

拓展练习

1. 赏析文章第⑮段是如何刻画玛斯洛娃的形象的。

2. 文中多次对玛斯洛娃神态的变化进行刻画,文中已通过加点词语标明,试分析这些神态变化对于人物形象塑造有何作用。

3. 文章第⑬段有什么作用?请作简要分析。

4. 教材选文记录了聂赫留朵夫第一次探监的情形,本文记录了第二次探监的情形,试分析玛丝洛娃在两次探监中对聂赫留朵夫的态度,探究玛丝洛娃是否"复活"。

参考答案

1. 第⑮段运用语言描写,写出了玛斯洛娃请求聂赫留朵夫帮助她的狱友,"您""好人儿"等语言展现了玛斯洛娃对于聂赫留朵夫的谄媚,同时也展现了玛斯洛娃内心善良,开始"复活";运用神态描写,如"不时瞟聂赫留朵夫一眼""又垂下眼睛笑笑",展现了玛斯洛娃此时内心的慌乱和矛盾。

2. 玛斯洛娃提出好律师的作用和聂赫留朵夫的帮助,表现出玛斯洛娃为了帮助狱友而讨好聂赫留朵夫,承接上文聂赫留朵夫提出的"帮她继续告状"的话,为下文希望聂赫留朵夫帮老婆子一事做铺垫。揭露社会权贵当道、底层人备受欺凌的社会现实。

3. 玛斯洛娃"笑嘻嘻地说"体现她作为底层人,请求聂赫留朵夫办事时卑微、谄媚的姿态。"脸色变得严肃了"反映玛斯洛娃意识到聂赫留朵夫后面的所作所为会揭开自己曾经的伤痛而感到挣扎。"恐惧"体现玛斯洛娃对于聂赫留朵夫提出"结婚"感到震惊,对聂赫留朵夫弥补罪过的方式感到愤怒。作者通过对于主人公神态变化的刻画,体现人物情感的转变,由此呈现了玛斯洛娃走向"复活"的过程。

4. 第一次探监时,玛丝洛娃对想要赎罪的聂赫留朵夫,表现出不屑与冷淡,通过魅惑他渴望从他的身上赚钱,可见玛斯洛娃完全没有"复活"的意识;第二次探监时,面对聂赫留朵夫想用"复活"来赎罪,她害怕痛苦的过去再次折磨她,她用愤怒抗拒着,并在事后感到痛苦,可见玛斯洛娃直面自己过去的苦痛,开始了"复活"的过程。

选文三

没有被斗败的人(节选)

[美]海明威

① 公牛追着帆布,刚冲了一半,就停了下来。它又采取守势。曼纽尔拿着剑和红巾,朝它走去。曼

纽尔在它面前挥动红巾。公牛就是不冲。

②曼纽尔侧身朝着公牛，顺着下垂的剑锋瞄准地方。公牛一动不动。仿佛站在那儿死掉了，再也不能向前冲似的。

③曼纽尔踮起脚尖，顺着钢剑瞄准，猛扎下去。

④又是一下冲撞，他只觉得自己给猛的一下顶了回来，重重地摔倒在沙地上。牛在他上面。曼纽尔躺在那儿，像死了似的，头伏在胳臂上，牛在抵他。抵他的背，抵他那埋在沙土里的脸。牛角抵穿他的一个袖子，牛把袖子扯了下来。曼纽尔把袖子给挑了起来甩掉了，牛便去追披风。

⑤曼纽尔爬起身，找到剑和红巾，用拇指试了试剑头，跑到围栏那儿去换一把剑。牛站在那儿，在一场搏斗以后，又变得迟钝和发呆了。

⑥曼纽尔拿着红巾朝它走去，挥动红巾。牛没有反应。他在牛嘴跟前把红巾从右到左，从左到右地摆动。牛用眼睛盯着红巾，身子跟着红巾转动，可是它不冲。

⑦曼纽尔着急了。除了走过去，没别的办法。又快又准。他侧着身子挨近公牛，把红巾横在身前猛地一扑。他把剑扎下去的时候，身子往左一闪避开牛角。公牛打他身边冲过去，剑飞到了空中，在弧光灯下闪闪发光，带着红把儿掉在了沙地上。

⑧曼纽尔跑过去，捡起剑。剑折弯了，他把它放在膝头上扳扳直。

⑨他朝牛奔过去。他从手里拿着披风站在那儿的埃尔南德斯面前经过。

⑩"它全身都是骨头。"那小伙子说。

⑪曼纽尔点点头，一边擦擦脸。他把血污的手帕放进口袋。

⑫公牛就在那儿。它现在离围栏很近。该死的牛。也许它真的全身都是骨头。也许没什么地方可以让剑扎进去。没地方？他偏要扎进去让他们瞧瞧。

⑬他挥动着红巾试了试，公牛不动。曼纽尔像剁肉似的把红巾在公牛面前一前一后地挥动着。还是一动不动。

⑭他收起红巾，拔出剑，侧身往牛身上扎下去。他感到他把剑插进去的时候，剑弯了，他用全身力量压在上面，剑飞到了空中，翻了个身掉进观众当中。剑弹出去的时候，曼纽尔身子一闪，躲开了牛角。

⑮黑地里扔来的第一批坐垫没打中他。接着，有一个打中他的脸，他那血污的脸朝观众看看。坐垫纷纷扔下来，散落在沙地上。有人从附近扔来一个空的香槟酒瓶。它打在曼纽尔的脚上。他站在那儿望着扔东西来的暗处。接着从空中呼的一声飞来一样东西，擦过他身边，曼纽尔俯身把它捡起来。那是他的剑。他把剑放在膝头上扳扳直，然后拿着它向观众挥了挥。

⑯"谢谢你们，"他说，"谢谢你们。"

⑰呸，这些讨厌的杂种！讨厌的杂种！他跑的时候，脚底下给一个坐垫绊了一下。公牛就在那儿。跟以前一样。好吧，你这讨厌的、可恶的杂种！

⑱曼纽尔把红巾在公牛的黑嘴跟前挥动着。

⑲牛一动不动。

⑳你不动！好！他跨前一步把杆子的尖头塞进公牛的潮湿的嘴。

㉑他往回跳的时候，公牛扑到他身上，他在一个坐垫上绊了一下，就在这时候，他感到牛角抵进了他的身子，抵进了他的腰部。他双手抓住牛角，像骑马似的往后退，紧紧抓住那个地方。牛把他甩开，他脱

身了。他就一动不动地躺着。这没关系。牛走开了。

㉒ 他站起身来，咳嗽着，感到好像粉身碎骨，死掉了似的。这些讨厌的杂种！

㉓ "把剑给我，"他大声叫道，"把那东西给我。"

㉔ 埃尔南德斯拿着红巾和剑过来。

㉕ 他用胳臂搂着他。

㉖ "上医务所去吧，老兄，"他说，"别做傻瓜了。"

㉗ "走开，"曼纽尔说，"该死的，给我走开。"

㉘ 他挣脱了身子。埃尔南德斯耸耸肩膀。曼纽尔朝公牛奔去。

㉙ 公牛站在那儿，庞大而且站得很稳。

㉚ 好吧，你这杂种！曼纽尔把剑从红巾中抽出来，用同样的动作瞄准，扑到牛身上去。他觉得剑一路扎下去。一直扎到其护圈。四个手指和他的拇指都伸进了牛的身子，鲜血热乎乎地涌到他的指关节上。

㉛ 牛踉踉跄跄似乎要倒下，接着他站到了地上。他望着，公牛先是慢慢地向一边倒翻在地；接着突然就四脚朝天了。

㉜ 然后他向观众挥手，他的手刚给牛血暖得热乎乎的。

㉝ 好吧，你们这些杂种！他要说些什么，可是他咳嗽起来。又热又闷。他低头望望红巾。他得过去向主席行礼。该死的主席！他坐了下来，望着什么。那是公牛。它四脚朝天，粗大的舌头伸了出来。他挣扎着站起来，又开始咳嗽了。有人过来，扶他站直。

㉞ 他们抬着他，穿过场子到医务所去。医生和两个穿白衣服的人正等着他。他们把他放在手术台上，给他剪开衬衣。曼纽尔觉得很疲乏。他整个胸腔感到发烧。他咳嗽起来，他们把一样东西放在他嘴跟前。人人都十分忙碌。

㉟ 一道电灯光照着他的眼睛。他把眼睛闭上了。他听到有人踏着很重的脚步上楼来。然后他就听不见了。然后听见远远的声音。那是观众发出的声音。医生朝他笑笑。雷塔纳在那儿。

㊱ "你好，雷塔纳！"曼纽尔说。他听不见他的声音。雷塔纳朝他笑笑，对他说了些什么。曼纽尔听不见。

㊲ 让这手术台见鬼去吧！他以前在许多手术台上躺过。他不会死。要死的话，会有一个神父在场。

㊳ 舒里托对他说了些什么。举着剪刀。

㊴ 对了，他们要剪掉他的辫子。他们要剪掉他的小辫子。就按曾经约定的那样，若今晚表现不好，就剪掉辫子，不再做斗牛士。

㊵ 曼纽尔在手术台上坐了起来。医生气愤地往后退了一步。有人抓住他，扶着他。"你不能干这样的事，舒里托。"他说。

㊶ 舒里托的声音他突然听见了，听清楚了。

㊷ "我干得好，"曼纽尔说，"我只是不走运罢了。"

㊸ 曼纽尔又躺了下来。他们在他脸上放了一样什么东西。那东西很熟悉。他深深地吸着。他感到很疲乏。他非常、非常疲乏。他们把那东西从他脸上拿开。

㊹ "我干得好，"曼纽尔有气无力地说，"我干得出色。"曼纽尔张开眼睛，望望舒里托。要舒里托表示同意。"当然，"舒里托说，"你干得出色。"

㊺ 医生的助手把个圆锥形的东西罩在曼纽尔脸上，他深深地吸着。舒里托手足无措地站着，看看。

知识卡片

《没有被斗败的人》讲述了一个不服输的斗牛士曼纽尔的故事。在喧嚣的夜晚中,看台上坐满了兴奋的看客。曼纽尔毫无畏惧地面对可能的死亡,在勇猛的斗牛面前冷静地展现自己的技术和勇敢。作者通过简洁的文字,将这些惊险激烈的斗牛场面,为尊严和荣誉而拼搏的老斗牛士的坚强形象呈现在我们面前。

阅读指津

课文《老人与海(节选)》与《没有被斗败的人》都刻画了一个硬汉形象。在阅读时需要关注海明威将曲折的情节内化至人物内心世界,从而呈现情节的跌宕起伏以及人物"硬汉"形象的独特手法。同时,需要关注海明威笔下的"硬汉"形象具有怎样的共同点与不同点。

拓展练习

1. 文章⑰~㉒段对于曼纽尔内心世界的刻画有何作用?
2. 小说使用多种叙述人称,试分析这样叙事的作用。
3. 结合文章内容,谈谈你对"没有被斗败的人"这个题目的理解。
4. 试分析《老人与海》中桑迪亚哥和本文中曼纽尔人物形象的异同。

参考答案

1. ⑰~㉒段的心理描写具体刻画了曼纽尔在与公牛搏斗中对于公牛的反复咒骂和蔑视,通过心理描写,展现了曼纽尔面对挫折和他人的蔑视,具有强大的内心世界,和永不服输的硬汉精神。

2. 作者通过第三人称,客观展示曼纽尔与公牛搏斗的惊心动魄的场面,突出人物独自面对困难,决不言弃的精神。同时通过第二人称,展现主人公在与公牛搏斗时的情感变化。通过不同的叙述人称,第三人称与第二人称相交替,既客观冷静地再现了故事,又拉近了读者与文本的距离。

3. 文中的曼纽尔和牛搏斗,即使身负重伤也从未放弃,凸显出内心的硬气和坚韧。首先标题指的是文中曼纽尔没有被牛击败,在反复地跌倒站起中战胜了苦难。此外,标题同时指文中的曼纽尔面对观众的蔑视,具有强大的精神力量,而不会被任何困难所击倒。

4. 两者都具有硬汉精神,坚韧不服输。桑地亚哥是一个捕鱼的老人,他内敛沉稳,面对困境时通过坚韧和毅力来克服困难。曼纽尔是一个斗牛士,他极具攻击性和反抗意识,在斗牛场上用他的野性和狂热渡过难关。

(秦超乾)

六　自我和自由

选文一

轻轻地来与轻轻地走

史铁生

① 现在我常有这样的感觉：死神就坐在门外的过道里，坐在幽暗处，凡人看不到的地方，一夜一夜耐心地等我。不知什么时候它就会站起来，对我说：嘿，走吧。我想那必是不由分说。不管是什么时候，我想我大概仍会觉得有些仓促，但不会犹豫，不会拖延。

② "轻轻地我走了，正如我轻轻地来"——我说过，徐志摩这句诗未必牵涉生死，但在我看，却是对生死最恰当的态度，作为墓志铭真是再好也没有。

③ 死，从来不是一次性完成的。陈村有一回对我说：人是一点一点死去的，先是这儿，再是那儿，一步一步终于完成。他说得很平静，我漫不经心地附和，我们都已经活得不那么在意死了。

④ 这就是说，我正在轻轻地走，灵魂正在离开这个残损不堪的躯壳，一步步告别着这个世界。这样的时候，不知别人会怎样想，我则尤其想起轻轻地来的神秘。比如想起清晨、晌午和傍晚变幻的阳光，想起一方蓝天，一个安静的小院，一团扑面而来的柔和的风，风中仿佛从来就有着母亲和奶奶轻声的呼唤……不知道别人是否也会像我一样，由衷地惊讶：往日呢？往日的一切都到哪儿去了？

⑤ 生命的开端最是玄妙，完全的无中生有。好没影儿的忽然你就进入了一种情况，一种情况引出另一种情况，顺理成章天衣无缝，一来二去便连接出一个现实世界。真的很像电影，虚无的银幕上，比如说忽然就有了一个蹲在草丛里玩耍的孩子，太阳照耀他，照耀着远山、近树和草丛中的一条小路。然后孩子玩腻了，沿小路瞒跚地往回走，于是又引出小路尽头的一座房子，门前正在张望他的母亲，埋头于烟斗或报纸的父亲，引出一个家，随后引出一个世界。孩子只是跟随这一系列情况走，有些一闪即逝，有些便成为不可更改的历史，以及不可更改的历史的原因。这样，终于有一天孩子会想起开端的玄妙：无缘无故，正如先哲所言——人是被抛到这个世界上来的。

⑥ 其实，说"好没影儿的忽然你就进入了一种情况"和"人是被抛到这个世界上来的"，这两句话都有毛病，在"进入情况"之前并没有你，在"被抛到这世界上来"之前也无所谓人。——不过这应该是哲学家的题目。

⑦ 对我而言，开端，是北京的一个普通四合院。我站在炕上，扶着窗台，透过玻璃看它。屋里有些昏暗，窗外阳光明媚。近处是一排绿油油的榆树矮墙，越过榆树矮墙，远处有两棵大枣树，枣树枯黑的枝条镶嵌进蓝天，枣树下是四周静静的窗廊。——与世界最初的相见就是这样，简单，但印象深刻。复杂的世界尚在远方，或者，它就蹲在那往后的时间四周窃笑，看一个幼稚的生命慢慢睁开眼睛，萌生着欲望。

⑧ 梦是什么？回忆，是怎么一回事？

⑨ 倘若在五十光年之外有一架倍数足够大的望远镜，有一个观察点，料必那些情景便依然如故，那条小街，小街上空的鸽群，两个无名的僧人，蜻蜓翅膀上的闪光和那个痴迷的孩子，还有天空中美妙的声音，便一如既往。如果那望远镜以光的速度继续跟随，那个孩子便永远都站在那条小街上，痴迷地眺望。要是那望远镜停下来，停在五十光年之外的某个地方，我的一生就会依次重现，五十年的历史便将从头上演。

⑩ 真是神奇。很可能，生和死都不过取决于观察，取决于观察的远与近。比如，当一颗距离我们数十万光年的星星实际早已熄灭，它却正在我们的视野里度着它的青年时光。

⑪ 时间限制了我们，习惯限制了我们，谣言般的舆论让我们陷于实际，让我们在白昼的魔法中闭目塞听不敢妄为。白昼是一种魔法，一种符咒，让僵死的规则畅行无阻，让实际消磨掉神奇。所有的人都在白昼的魔法之下扮演着紧张、呆板的角色，一切言谈举止一切思绪与梦想，都仿佛被预设的程序所圈定。

⑫ 因而我盼望夜晚，盼望黑夜，盼望寂静中自由的到来。

⑬ 甚至盼望站到死中，去看生。

⑭ 我的躯体早已被固定在床上，固定在轮椅中，但我的心魂常在黑夜出行，脱离开残废的躯壳，脱离白昼的魔法，脱离实际，在尘嚣稍息的夜的世界里游逛，听所有的梦者诉说，看所有放弃了尘世角色的游魂在夜的天空和旷野中揭开另一种戏剧。风，四处游走，串联起夜的消息，从沉睡的窗口到沉睡的窗口，去探望被白昼忽略了的心情。另一种世界，蓬蓬勃勃，夜的声音无比辽阔。是呀，那才是写作啊。至于文学，我说过我跟它好像不大沾边儿，我一心向往的只是这自由的夜行，去到一切心魂的由衷的所在。

(选自史铁生《记忆与印象》，北京出版社 2004 年版)

知识卡片

本文选自《记忆与印象》，作者史铁生(1951年—2010年)，是一位"用生命书写"的中国作家、散文家。年轻时残废了双腿的史铁生，通过写作找到了自己的出路，用写作获得对生命的救赎。本书收录了史铁生对自己往昔的回忆，情感真挚，可以从细腻的文字中品味他在孤独中对生命的哲思和命运的关怀。

阅读指津

散文作品承载着作者"个性化"的情思与生命体验，史铁生的散文更是他对自我生命的充分观照。本文以"轻轻地"来形容生命的开始和终结，流露出虽不能四处行走，却拥有能够神游于世界的自由的生命观。阅读时可以关注他与自我的对话，关注散文中所截取的回忆片段以及琐碎的细节，以捕捉作者蕴含在其中的独特而开放的生命哲思。

拓展练习

1. 第⑦段的画波浪线的句子是作者叙述自己的生命开端画面,有同学在读的过程中圈出了一些词语,请你品味这些语词的妙处。

2. 标题"轻轻地来和轻轻地走"是作者对徐志摩诗句的化用,请结合你对作者的了解和本文内容分析标题蕴含的丰富内涵。

3. 有学者认为"史铁生的散文虽然充满了强烈的困难意识,但又处处激荡着一种奋发向上的精神力量",结合文本,请谈谈你对这一看法的体会(不少于100字)。

参考答案

1. 这一段选取了"玻璃""榆树矮墙"等意象,通过这几个意象的组织与连接,平实而准确地叙述出了作者生命开端的四合院与外界世界之间的层层阻隔。而"窗廊"是由枯黑的枣树枝干与天空共同建构的,以暗喻的方式生动地再现作者生理上的纯粹的困境。但作者始终是以"站""扶""透过""越过"等动作向外张望,流露出作者对外部世界的向往。

2. 作者认为生命的开端是简单、安静以及"无中生有"的,而离开则是一步步告别的过程,在简单和缓中开启人生的旅程最终逐渐将所得所感留存于这个世界,两个"轻轻地"恰好展现出了这种过程感。"轻轻地"不仅是对"来"和"走"的形容,更是"我"和这个世界相遇、相处以及告别的方式。传递出了作者对生命、生活所秉承的体验和开放的态度。

3. 示例:史铁生散文的困难意识来源于他对物理意义上的束缚的敏感,这与他残疾人的身份紧密相关。但同时,由于外在环境与条件的束缚,恰好提升了史铁生对自然与日常生活中细微事物带来的美好的感知能力。在本文中,他不断书写街道、微风、蜻蜓等可能被忽略的生活细节,在最平凡处寻找到了治愈的力量。这是其精神力量的源泉之一。另外,他在自己身体被局限的人生中通过思考,通过对时空、人的命运和生死的拷问获得了生命的厚度与纯度,例如,在文中,他认为生死取决于观察以及观察的远与近,并以数个光年以外的星星为例启迪我们不必局限于短暂的时光之中。

选文二

一双长丝袜

[美]凯特·肖邦   译者:张妍/李华云

① 一天,年轻的索莫斯太太意外拥有了十五美元,这对她来说是一大笔钱。这笔钱把她破旧的零钱包塞得鼓鼓的,让她觉得无比珍贵,也想起自己好几年没有享受过了。

② 如何利用这笔钱成了萦绕在她脑海中的问题。有那么一两天她看起来像梦游一般,其实她在专心致志地思考和计算。她不想仓促行事,以免事后后悔。夜深人静的时候,她清醒地躺在床上,在脑海里反复斟酌。在她看来,一个合适而明智的用钱计划愈见清晰。

③ 一两美元应该加到珍妮的买鞋费用当中,以确保鞋子比以往更耐穿。她会买几匹细棉布给男孩子们还有珍妮和玛格做衬衫。她原本打算用娴熟的技巧补缀衣服,让大一点的孩子凑合着穿。玛格需要一件新睡衣。她在商店的橱窗看到过一些漂亮的样式,价格相当便宜。剩下的钱足够用来买新长袜,每

人两双。这样的话有一阵子就可以省去许多织补的麻烦啦！她还会给男孩子们买军帽,给女孩子们买水手帽。她的孩子们在人生中可以有一次看起来生气勃勃、漂漂亮亮、焕然一新,这个图景令她激动不已,满怀期待地整宿未睡。

④ 邻居们有时候会谈起"美好的往昔",年轻的索莫斯太太在还没嫁人之前也曾有过。她自己却不会沉浸在这种病态的回想中。她没有时间,没有一丁点儿的时间去怀念过去。当下的需要占用了她身体的全部机能。未来的图景有时候像模糊、憔悴的怪物令她恐惧,而幸运的是明天从未到来。

⑤ 索莫斯太太是那种了解特价商品的价值的人。她可以站好几小时一步一步地挪近她想买的正在折本出售的东西。如果需要,她可以在人群中推搡着前进;她学会了抓取一件商品,抓住,然后以坚持不懈的决心和毅力抓紧,直到轮到她付账。不管她要等多久,皆是如此。但是那天索莫斯太太有一点虚弱和疲惫。她已经匆匆吃过一顿简单的午饭——不！当她回过头想想,在等孩子们吃饱饭、收拾好饭桌,以及准备去购物这段时间,事实上她完完全全忘记吃午饭了！

⑥ 她坐在较为清静的柜台前的一把旋转椅上,想要集中一点力量和勇气来挤进急切围堵在衬衫衣料和花纹细布柜台边的人群。软弱无力的感觉向她袭来,整个人仿佛被抽空一般。她漫无目的地把手摊在柜台上。她没戴手套。慢慢地她感到自己的手碰到了什么光滑的东西,感觉很舒服。她朝下看,看到了手下面的一堆长丝袜。旁边的一个布告显示这些长丝袜从两美元五十美分降到了一美元九十八美分;一个年轻的小姐站在柜台后,问她想不想看看这些丝袜。索莫斯太太笑了,仿佛售货小姐在问她想不想看看钻石王冠,并且相信她最后一定会买下来一样。但是她继续触摸这些柔软闪耀的奢侈品——现在用两只手,把长丝袜拿起来,瞧着它们闪闪发光的样子,感觉它们犹如蛇一般在她的手指间滑行。

⑦ 两朵兴奋的红晕突然出现在她苍白的脸颊上。她抬头看售货小姐。

⑧ "请问这有八码半的丝袜吗？"

⑨ 这有许许多多的八码半的丝袜。事实上,这是最普遍的码数。这边有双淡蓝色的,那里有些淡紫色的,有些全黑的和各种不同深浅的棕黄色的和灰色的丝袜。索莫斯太太挑中了一双黑色丝袜,长时间地端详它们。她假装在检查丝袜的质地,售货小姐向她保证质量绝对可靠。

⑩ "一美元九十八美分,"索莫斯太太若有所思地说。"好吧,我要这双。"她递给售货小姐一张五美元钞票,然后等着找钱还有打包好的丝袜。多么小的一包丝袜！它一下子就淹没在她破旧的购物袋深处。

⑪ 索莫斯太太之后并没有朝特价商品柜台走去,而是坐电梯到了上一层楼的女士等候室。在一个隐蔽的小角落里,她把穿着的长棉袜脱去,换上了刚买的长丝袜。她没有作任何心理斗争或者规劝自己,也没有试图解释她这么做的动机好让自己心安理得。她根本都没有在思考。她现在仿佛从令人疲乏的繁重工作中解脱出来,任机械的冲动指引自己的行为,卸下责任,得到暂时的释放。

⑫ 丝绸的触感是多么好啊！她想靠在有坐垫的椅子上,好好享受一下丝绸奢侈的触感。她坐了好一会儿。接着她穿上鞋子,将长棉袜卷好,塞到包里。之后她径直走到卖鞋的区域,找了个地坐下来。

⑬ 索莫斯太太要求苛刻。售货员无法理解她;他不能把她的长丝袜和鞋子搭配起来,而且她太难取悦了。她拉起自己的裙子,将脚转到一边,当她往下看自己光亮的尖头靴时她的头转到另一边。索莫斯太太的脚和脚踝看起来十分美丽。她没有意识到这些是属于她的,是她身体的一部分。她想要一种绝妙的时髦的搭配,于是她告诉那个服务她的年轻小伙,只要她得到想要的,她不在乎多花一两美元。

⑭ 走在十字路口,她还尽可能地提起她的裙子。她的袜子使她的仪态奇迹般地大为改观。这给她

一种安全感,一种属于穿着考究的上层阶级的归属感。

⑮在回家的电缆车上,一个有着锐利眼睛的男人坐在她的对面,似乎很喜欢研究她苍白的小脸。他不知道如何解释他所看到的。事实上,他什么也没看到——除非他有魔力,能够察觉到索莫斯太太内心一种强烈的愿望,一种深切的渴望,那就是电缆车永远不会停,带着她一直一直走下去。

(节选自凯特·肖邦《一小时的故事:凯特·肖邦短篇小说集》,中信出版社2016年版,有删改)

知识卡片

作者凯特·肖邦被誉为"美国女权主义文学创作的先驱之一"。作为女性作家,她的作品笔触细腻,关注女性在传统婚姻与自我精神独立之间所面临的两难困境,引发对女性自我觉醒的思考。

阅读指津

小说以刻画典型人物为中心。本文中索莫斯太太是典型的家庭主妇形象,通过她购物前后的转变,反映女性被社会伦理压抑和束缚的生存状态。读者可以关注小说中对人物心理的描绘,以及小说选材和构思,体会其揭示的典型问题。

拓展练习

1. 请赏析第④段人物的"反常"之处对人物形象塑造的作用。
2. 第⑫段内容在构思上具有独特作用,请作简要分析。
3. 有同学认为小说对长丝袜的描写含有作者的批驳之意。对此你是否认同,请说说你的看法。
4. 小说的结尾出现了一位陌生男性的注视,联系这一"锐利眼睛"男子的出现,探究小说的主旨。

参考答案

1. 索莫斯太太的反常之处在于进入婚姻后的她认为邻居们对美好过去的回忆是一种"病态"的回想;因为她无暇顾及回忆过去,全部时间都花在家庭上,与第③段她预备将十五美元花费在孩子身上的计划相照应;这种反常的看法凸显出她是一位负责尽职、牺牲自我的母亲,而作为个体,却缺乏自我意识。

2. 第⑫段交代索莫斯太太购买长丝袜后的行为:她没有前往往常的特价商品台,而是脱下了象征家庭责任的"棉丝袜"换上象征自我的"长丝袜";而第⑬段她有意识地前往卖鞋区域为自己消费;与前文索莫斯太太"为家庭而活"形成对比。从无意识的"机械冲动"到有意识的选择,展现了人物自我觉醒的过程,突出小说的主旨。

3. 示例:我认同,小说描写"长丝袜"时用到的是"奢侈品""奢侈的触感""上层阶级的归属感",索莫斯太太是被这些特征所诱惑吸引的。可见,女性短暂的自我实现和满足并非出于理性,而是物质的诱惑,女性仍然缺乏真正的自我。

4. 结尾处索莫斯太太期望回家的电车永远不停,这是她对自我满足的渴望和对现实的逃避与挣扎。而作者借助"锐利眼睛"男子对索莫斯太太的审视,描写男子对索莫斯太太渴望的无解,预示着男权社会对女性的规范和束缚,揭示女性追求自我实现的束缚和压抑。

山月记

[日本] 中岛敦

① 陇西有李征,乃博学才颖之士。然其性狷介,颇为自恃。耽好诗作,不与人交,宁为死后流芳百世之诗家,不做长年屈膝高官之下吏。数年后,李征贫困潦倒,为妻儿衣食折腰,屈节再东行赴任一方官吏。旧时同窗已官居高位,昔日视为愚物不屑交往之流,今时却只得对其言听计从,想当年一方才俊李征,心中自尊遭受践踏之深不难想象。某日夜半,李征惊起,脸色骤变,跳下床榻夜奔而去,再未复还。

② 此后李征下落再无人知晓。

③ 翌年,监察御史陈郡袁傪奉诏使岭南,路宿商於之地。将动身时,岂料驿站小吏曰:"道有虎暴而食人,非昼而莫敢进,宜稍待静候。"袁傪自恃随从守卫众多,即动身出行。众人借残月微光穿行于林中草地,果见一猛虎于草木丛中飞跃而出。眼见猛虎将要扑至袁傪,却忽地一翻身,又匿于方才那草木丛中。众人随后听闻丛中传来人声,反复自语道"好险、好险"。袁傪闻其声竟似曾相识,喊道:"闻此声,得非故友李征?"原来袁傪与李征同年进士及第,乃李征少数友朋中最为亲近者。

④ 一时间草木丛没了动静,只不时传出隐隐啜泣。不久,只闻一低沉人声应道:"在下正是陇西李征。"

⑤ 袁傪登时忘却恐惧,下马行至草丛旁畅叙久违阔别之情,又询问为何不现身相见。李征话语如是答道:"如今我乃异类之身,必使君心生畏惧厌恶之情。只是今日与故人不期而遇,君可愿与昔日好友李征、与我一语?"

⑥ 袁傪对此超乎常理之异象竟坦然接受,丝毫未生诧异之心。袁傪问起李征缘何变为今日模样。草丛中传出人声如是答道——

⑦ 距今约一年前,出行途中夜宿汝水畔,一觉醒来忽觉屋外有人唤己姓名。应声而出,听闻夜色中有声音频频召唤,不觉间追随而去。待天色稍明,至山间溪边观察水中倒影,才知己化作虎尔。起初我不信眼前所见,后不得已而自觉一切并非梦寐,先是茫然,继而惶恐。我随即想到求死。彼时恰逢一野兔奔走而过,见此情形我心中人性霎时间烟消云散。而心中人性复苏之时,已是满口兔血,周围兔毛四散。此后,每日里必有数个时辰心中人性得以复还。可如往昔般驱使人语,亦可咏诵经典章句。以人性之心审度为虎时种种残虐行径,回顾自身命运,最是羞愧、恐慌、愤恨。实在惶恐!无需几日,我心中人性,恐尽数埋葬于兽性之中而不复存。趁人性尚未消灭殆尽,我还有一事相求。

⑧ 袁傪一行人屏气凝神,听草丛中人声阵阵,甚是诧异。那声音继续道——

⑨ 别无他求。在下本欲成为诗人名扬天下。昔日数百首诗作,自也不为世人所知。其中数十首,至今尚可记诵,请君为我记录流传。诗作巧拙虽不自知,但在下一生执着于此,为其倾尽所有,到头来倘不能使一字半句传于后世,实在死不瞑目。

⑩ 袁傪当即令部下执笔逐字记录。李征所吟长短诗作共约三十篇,听者无不感慨作者非凡才华。袁傪赞叹之余,另有所感:若论角立杰出,诗作在某些地方还有所欠缺。

⑪ 李征将昔日旧作吟诵完毕,忽而话锋一转,自嘲般说道——

⑫ 事到如今,我落得如此凄惨下场,竟还时而梦见己之诗集置于长安风流人士案头,实在羞愧。阁

下尽可嘲笑,笑我做诗人不成,竟成了虎。

⑬ <u>彼时,残月冷照,白露漫地,冷风萦绕林间,诉拂晓将近。</u>在场众人早已忘却眼前异状,肃然起敬,悲叹诗人之不幸。李征又发声道——

⑭ 方才我道不知为何遭此命数,细想之下亦非全无头绪。当初为人,我竭力避免交游。众人皆道我倨傲不恭、妄自尊大。众人却不知,此实为近乎羞耻之心理。妄想以诗成名,却不愿求师访友,切磋琢磨;又不愿违背心意,与世俗之人为伍。此皆因自卑怯懦之自尊心与妄自尊大之羞耻心所致。我深怕自己本非美玉,固又不敢加以刻苦琢磨,却又半信自己是块美玉,固又不肯庸庸碌碌,与瓦砾为伍。日渐避世离俗,心中自卑怯懦之自尊终在愤懑与羞怒中愈发张狂。耗损己身,苦妻子,伤友朋,终令己外形变化至此,使之相符于内在。今我化作老虎,方才领悟个中道理。每每想至此处,仍感胸中灼烧,悔恨不已。

⑮ <u>四下浓厚夜色逐渐淡去。报晓号角回荡林间,声声哀切,却不知从何处来。</u>

⑯ "恕在下必须告辞。不得已而陷入沉醉之时将至矣。"李征道,"临别之前还有一事相求,事关在下妻儿。君若自南回,但云我已死。万不可言今日事。若能悯其孤弱,劳烦给予关照。"

⑰ 语毕,草丛中恸哭不止。袁傪听闻,含泪应允,许诺必将了却李征心愿。只听得李征又变回方才自嘲语气道——倘若我是人,本该首先恳求此事。

⑱ 李征言罢又提醒袁傪,自岭南回程时莫再路过此地,唯恐届时或已心神迷醉无法自持,不识故人而加害之。袁傪面向草丛,恳挚告别,转而上马。又听闻草丛中传出声响,宛如悲伤啜泣不能自已。袁傪亦再三回望草丛,挥泪启程。

⑲ 行至山岗上,众人回顾林间草地。忽有一虎由草丛飞腾而出,盘踞道中,眼望众人。月轮已然苍白朦胧,只见那虎仰天咆哮两三声,随即又跃入草丛,再未现身。

(节选自中岛敦《山月记》,中华书局 2013 年版,有删改)

知识卡片

作者中岛敦(1909 年—1942 年)是日本现代主义文学奠基人,其作品具有浓郁的现代主义色彩。他出生于汉学研究氛围浓厚的家庭之中,自幼便大量接触中国古代文学典籍,具备汉字阅读和书写能力。他的作品中含有大量的中国元素,创造了形形色色的中国古代人物形象,折射出他对中国古代文学的独到洞见和自我投射。《山月记》是其处女作兼代表作,取材于唐代传奇《人虎传》,并对原本进行改写。本文发表于 1942 年,正是日本军国主义横行的时代,当时作家的创作自由处于被压制的状态。

阅读指津

本文是以唐代传奇《人虎传》为底本进行改写的"翻案小说",因此读者在阅读时要注意作者对原本的改写,通过探究作者改写意图进而把握作者对生命和生活本质的思考。同时,小说中的描写细腻,人物的独白交织自然环境的渲染,塑造了血肉丰满的人物,赋予"人变虎"的变形失意又不乏诗意的悲剧色彩。

拓展练习

1. 赏析李征向友人自我独白前的两处画波浪线的环境描写的作用。
2. 文中变成虎的李征一共哭了三次,分别是为何而哭?哪一次"最精彩"?请说明理由。
3. 有学生比对原本唐传奇《人虎传》进行阅读,发现了《山月记》分别在叙事、人物、称谓三方面有一定的改写,并将结果初步整理在表格中。对原文本的改写绝不是毫无意义的,邀你补充表格的填写,探究其中一处改写背后作者的意图。

《人虎传》:"陇西李征,皇族子,家于虢略。微少博学,善属文。弱冠从州府贡焉,时号名士。天宝十载春于尚书右丞杨没榜下登进士第。后数年,调补江南尉。征性疏逸,恃才倨傲,不能屈迹卑僚。尝郁郁不乐。每同舍会,既酣,顾谓其群官曰:'生乃与君等为伍耶!'其僚佐咸嫉之。及谢秩,则退归闭门,不与人通者近岁余。"

	《山月记》	《人虎传》	意　图
人物 李征对诗歌的执着程度	(1)(必答)	微少博学,善属文	(2)(选答)
叙事 李征向友人委托的顺序	代录诗稿→照料妻儿	照料妻儿→代录诗稿	(3)(选答)
称谓 小说中对李征的代称	李征道;人声道	虎曰	(4)(选答)

补充资料:《人虎传》中李征变虎反映因果报应思想。
资料来源:郭勇《自我解体的悲歌——中岛敦〈山月记〉论》,发表于《外国文学研究》。

4.《山月记》中李征由人变为虎是一次"变形",我们曾经学习过《促织》《变形记》,在这两篇文本中作者也不约而同地采取了"变形"的手法。有学生打算从主题这个维度出发,将三篇与"变形"有关的文本合为一个专题进行学习,请你给这个专题命名,并结合知识卡片和文本内容阐释命名理由(不少于100字)。

```
学习专题:_____
文本:_____
```

参考答案

1. 第一处以"残月""白露""冷风"渲染出凄清、悲凉的氛围,以此烘托出李征凄惨的遭遇与现状以及其诗歌不为人所知的落魄之情。第二处以夜色褪去、报晓号角的哀切声推动了情节的进一步发展,以此衬托支撑了李征的自我反思,李征在自白中进行了自我剖析(自尊心与羞耻心),深化了作品的主题。

2. 第一次是为自己已经变为猛虎却还能被故友认出后的触动而哭;第二次是为自己以前拖累妻儿,如今已无法再与妻儿团聚并无法照拂妻儿而愧疚以及牵挂而哭;第三次既有为自己遭遇的慨叹而哭,又有对自己即将逐渐趋虎离人,人性将逐渐消失殆尽而哭。第一次最精彩(他乡遇故知的真挚之情);第二次最精彩(亲情的羁绊与牵挂,李征变为猛虎后对亲人的想念而不能相见的不得已更打动人心,更能引起共情);第三次最精彩(这里的痛哭不仅是李征在为自己的遭遇而哭,也可以引起读者反思并反观自己,这里的哭更有教育意义与思想深度)。

3. (1)耽好诗作,不与人交,宁为死后流芳百世之诗家,不做长年屈膝高官之下吏;(2)改写除了强调李征的博学外,还突出了他对自己诗歌的定位以及他对外部环境的看法,以此为后文李征的自剖反思埋下伏笔;(3)《人虎传》首先交代照料妻儿,凸显了李征人性的一部分;而改写后则弱化了其人性的一部分,增强了其兽性。更符合《山月记》的主题;(4)用李征道与人声道区分出了李征的人性(剖析自己,托管妻儿)与兽性部分(首先惦记自己的诗作)。

4. 示例:我会将这个学习专题命名为"荒诞的变形,悲凉的现实"。三个文本都通过变形达到对现实困境的揭示:《促织》以"人变虫"的曲折情节展现了封建社会皇权至上,人与虫的命运紧密联系。《变形记》则通过"人变虫"后社会家庭的变形揭示现代人生活的困境。《山月记》是人因焦虑到极致而成为了虎。

(周　隽)

七 时代镜像

选文一

人的高歌

冯 至

① 大家游西山回来，坐在滇池的船上，回望西山的峭壁，总不免要把那峭壁上凿出来的龙门作为谈话的资料。

② "这峭壁上一段小小的工程，比起云冈、敦煌等地的石窟来，真是小巫见大巫了"，M君这样说。

③ C君，略微知道一些昆明的掌故，听了这话，不以为然，他说道："不能这样比。你要知道，像云冈，像敦煌，以及河南的龙门，多半是从南北朝开端，经过隋唐，一直到宋时，还在那儿开凿，那是几世纪内，千万只手的成绩。而这里的龙门规模虽然小，却是一个人左手持凿，右手持锤，只是两只手一点一点地凿成的——"

④ M君不回答，C君回转头来，望着山腰上的三清阁继续说：

⑤ "在乾隆年间有一个石匠，他姓吴，他在没有正式工作的时候，也离不开他的凿和锤，他在昆明城内或四郊到处走着，看见路上或桥上有什么残败的地方，就施展开他手里的工具，加以修补。一天，他正在西郊修补一座小石桥，对面来了一个人，用手指着那峭壁向他说，你看那巉岩，那上边有一座石室，从三清阁到石室是没有道路的，人们只在岩石边架上一条铁索。人在铁索上走着，稍一不慎，便会跌落到湖里。况且铁索如今也朽败不堪了，你为什么不一劳永逸，因山就势，开凿出一条石路呢？

⑥ "那石匠听了，望着西山的峭壁，心中就从岩石里盘算出一条宛宛转转，高下不平的小路。不久，他开始了他的工作：左手持凿，右手持锤，不顾寒暑，不管风天或雨天，日日和那顽固的岩石搏斗。他不受任何人的帮助，十多年如一日，终于完成了我们方才登临过的那条石路。这十多年的工夫，是单调的，除却一凿一锤从早到晚的声音外，恐怕连话都没有说的机会。

⑦ "现在逛西山的人，没有一个不到那里去玩一玩眺望湖景。就艺术来看，它当然抵不住云冈的任何一个石窟，但它的开凿人的意志是值得我们钦佩的！尤其是因为他在刚凿成的那一年便死去了。"

⑧ M君听了这段话，也不敢再小看这段工程了，只是说了一句："这类的故事，恐怕当时在云冈，在敦煌也少不了吧。"

⑨这时同游的友人里有一位T君,显着很沉默,当大家正在唏嘘赞叹的时刻,他说:"我望着这湖水总爱想到海,方才我听完这段不言不语、与岩石搏斗的故事,不知怎么想起一个和海水有关系的人了。

⑩"我的原籍是一片碱地,不用说五谷不能生长,就是院子里想种一点花草,都必须到天津去取些泥土放在花盆里栽。粮食必须到外处去运,所以往营口的那条航线就成了那一带居民的生命线了。在这线上有一块只有两三个渔村的荒岛,附近的礁石最多,遇风暴或浓雾时最容易迷失方向,远处也许有比这里更凶险的地方,但是人们死在这里的最多。——在许多年前,也许是我祖母的儿童时代,有一只船跟平素一样在一个风平浪静的早晨从大沽口起锚出发了。走了两三天,正在这荒岛的附近,海上起了暴风,这只船触在礁上沉没了。其中有一个人,在垂死的时候遇了救,被另一只船载到营口。

⑪"这人在垂死的时候遇了救,觉得仿佛又换了一个生命一般,同时想到那无情的礁石和全船将沉时恐怖的情况以及自己临死时的心情,刹那间就决定了一件事:在那荒岛上为什么不建筑起一座灯塔呢?

⑫"从此他就飘流在营口一带。他在他的家乡成了一个传说中的人物:有的说他死在海里了,有的说他遇了救不知流落在什么地方,有的说在营口街上被同乡看见过,好像成为乞丐。他本人呢,却像是化缘的和尚一般,到处请求布施,说是要在一座荒岛上建设一座灯塔。

⑬"陆地上的人很少有人想到海。谁听他这样荒唐的话呢?他用尽种种的言辞,翻来覆去地想使人相信他所说的不是谎话。有的是相信了,但大半的人以为他不是个疯子,便是个骗子。一天一天地过去,所募到的钱距离他所希望的数目还太远,他想,在他未死前完成这件事,他不能不想出一种残酷的方法。就是把自己的手指用布缠起,浸上菜油,在不肯施舍的人们的面前,把那块缠在手指的油布用火点燃,让火慢慢地燃到指尖。最后等到他的钱够建筑一座灯塔时,他的十指几乎都烧到了。他在营口出重资雇了几位泥水匠,率领着他们到了那只有两三个渔村的荒岛,开始了他们建塔的工作。

⑭"建塔的人从此就天天在那塔上走上走下,在雾里,在风雨里,在海上的黄昏里,燃起一点比长庚星的光大不了多少的橙黄色的灯光。船上的人们望着这点光,分辨得出方向,他们怀着感谢的心情,以为是岛上有什么仙人出现,在怜悯他们。

⑮"那人后来衰老得不成样子,但是他认为他是不能死的,因为塔上的灯光一天也不能缺少。据说,一天他病势很重了,他勉强爬到塔顶,燃着了灯,再也走不下来,他就望着那盏灯光,永久地闭上了眼睛。当时的海上起了很大的风涛……"

⑯我们的船在湖上慢慢地走着,大家倾听T君的这段话,在T君刚一闭口的时候,C君说出他的感想:

⑰"方才我说完那段石工的故事,M先生曾经说,这类的故事,恐怕当时在云冈,在敦煌也少不了吧。我这时也觉得,在深山,在大海,在许多穷乡僻壤,也总少不了与这建塔者类似的故事。人间实在有些无名的人,躲开一切的热闹,独自作出来一些足以与自然抗衡的事业。"

一九四二年,写于昆明
(选自冯至《山水》,北京出版社2019年版,有删改)

《人的高歌》写于1942年,于1947年收录于由上海文化生活出版社出版的冯至散文集《山水》。冯至(1905年—1993年)是我国著名的文学家、翻译家、诗人,曾翻译歌德、海涅、里尔克、尼采等德国文学巨匠

与哲学家的作品。他的贡献不仅是将外国文学作品翻译到中国,更是通过翻译参与了现代汉语的构建。鲁迅先生评价冯至先生为"中国最杰出的抒情诗人";《光明日报》称其为"'学贯中西'的一代大师,更是中国德语文学翻译与研究的先行者和奠基人"。

阅读指津

散文集《山水》并不书写一般意义上的游记。冯至受到德国浪漫主义影响,笔下没有丝毫对于山水自然的猎奇之心,而是一种异化后的复归。现代科学技术极大地影响了我们对于自然的感知和体验,如何重新获取"知觉",并对这种新的"知觉"加以辨识是冯至先生力图做到的。我们可以通过这个角度再次审视《人的高歌》这篇文本,兴许会体味出别样的意味。

拓展练习

1. "这类的故事,恐怕当时在云冈,在敦煌也少不了吧"一句曾在文中先后出现两次,简要说明这样写的作用。

2. 本篇散文由多组对话的方式构成,请赏析这样写的妙处。

3. 分析文章标题"人的高歌"的含义。

4. 冯至先生曾经说:"无论在多么暗淡的时刻,《山水》中的风景和人物都在我的面前闪着微光,使我生长,使我忍耐。"请结合本文谈谈你对这句话的理解。

参考答案

1. 这句话第一次出现在第⑧段,M君虽已意识到开凿不易,但仍认为这并不是什么稀奇的故事,因为"不少",所以并没有什么可称道的;第二次出现是在文本末尾,C君复述了M君的话,一方面认可了M君话里的前提,即这是无数的、普遍的故事,另一方面,肯定了开凿者与建塔者们的价值和其身而为人的精神。同一句话先后出现两次,能引起读者的重视;两次出现,话语的所指不同,使得文章读来有所起伏;也在比较中,更为深入地展现作者自身的观点与价值判断,即与自然抗衡的人类精神是值得赞美的。

2. 本篇散文由M君C君和T君三人的对话构成。C君讲述了一位石匠的故事,T君由此想到了一位造塔者,两者都是在穷乡僻壤与大自然抗衡的无名者。M君起初并不能理解其中蕴含的精神与价值。作者从文本中隐去,通过人物之口传达了作者的价值观。这样写更能引起读者的深思;思考的过程通过人物的对话进行推进,在观点的表达上更具思辨的力量,使读者更易信服。

3. 全文通过对话的形式,讲述了两位身处穷乡僻壤与自然抗衡的无名者的故事。文本花费大量的笔触描绘抗争过程的艰难与人类面对大自然时的脆弱、渺小与无力。但越是如此,便越见他们对那份事业的坚持。人面对大自然,他的处境是"低"的,但姿态是高昂的。标题中的"高"与实际处境的卑微形成剧烈的反差,给读者造成冲击。因而,两个故事也并非个例,而是代表了"人类"精神。且"高歌"一词中的"歌"也传达了积极乐观的态度。

4. 本文描绘了石匠与建塔者与自然抗衡的艰难过程。自然和风景并不是用来观赏的,而是抗争的对象,人在抗争的过程中,人性获得完满。作者看待这些风景和人,都带着人性的"微光",人在自然面前是渺小的,但依旧努力发光;这些故事和人,给予读者力量,让我们忍受当下暂时的恶劣情况,在抗争中朝着人性的完满发展与生长。

 选文二

商州初录

贾平凹

① 这本小书是写商州的。为商州写书,我一直处在慌恐之中,早在七八年前构思它的时候,就有过这样那样的担心。因为大凡天下流传的地理之书,多记载的是出名人的名地,人以地传,地以人传。而商州从未出现过一个武官骁将,比如霸王,一经《史记》写出,楚地便谁个不晓?但乌骓马出自商州黑龙潭里,虽能"追风逐日",毕竟是胯下之物、喑哑牲口,便无人知道了。也未有过倾国倾城佳人,米脂有貂蝉,马嵬死玉环,商州处处只是有着桃花,从没见到有一年半载的"羞而不发",也终是于世默默,天下无闻。搜遍全州,可怜得连一座像样的山也不曾有,虽离西岳华山最近,但山在关中地面,可望而不可得,有话说:在华山上不慎失足,"要寻尸首,山南商州",可此等忌讳之事,商州人谁肯提起?截至目前,中央委员会里是没有商州人的。二十世纪三十年代,这一带出了个打游击的司令巩德芳,领着上千人马,在商州城里九进八出,威风不减陕北的刘志丹,如今他的部下有在北京干事的,有在西安省城干事的,他应是个了不起的人物了,可惜偏偏在战争中就死了。二十世纪八十年代以来,姚雪垠先生著的《李自成》风靡于世,那就写的是闯王在商州的活动,但先生如椽之笔写尽军营战事,着墨商州地方的极少,世人仍是只看热闹,哪里管得地理风情?可贺可喜的是近几年商州出了一种葡萄甜酒,畅销全国,商州人以此得意外面世界从此可知商州了,却酒到外地,少数人一看牌子:"丹江牌",脑子里立即浮起东北牡丹江来,何等悲哀之事!而又是多数人喝酒从不看标签下的地方小字,何况杯酒下肚,醉眼朦胧,谁能看清小字,谁看清了又专要记在心里?

② 我曾经查过商州十八本地方志,本本都有记载:商州者,商鞅封地也。这便是足见商州历史悠久,并非荒洪蛮夷之地的证据吧!如果和商州人聊起来,他们津津乐道的还是这点,说丹江边上便有这么一山,并不高峻,山岬纵横,正呈现一个"商"字,以此山脚下有一个镇落,从远古至今一直叫"商镇"不改。还说,在明、清、延至民国初年,通往八百里秦川有四大关隘,北是金锁关,东是潼关,西是大散关,南是武关;武关便在商州。一条丹江水从秦岭东坡发源,一路东南而去,经商县,丹凤,商南,又以丹凤为中,北是洛南,南是山阳,西是柞水、镇安,七个县匀匀撒开。距离相等,势如士勺星斗,从河南、湖北、湖南、川、云、贵的商人入关,三千里山路,惟有这武关通行,而商州人去南阳担水烟,去汉中贩丝绵,去江西运细瓷,也都是由水路到汉口。龙驹寨便是红极一时的水旱大码头。那年月,日日夜夜,商州七县的山货全都转运而来,龙驹寨就有四十六家叫得响的货栈,运出去的是木耳、花椒、天麻、党参、核桃、板栗、柿饼、生漆、木材、竹器,运回来的是食盐、碱面、布匹、丝棉、锅碗、陶瓷、烟卷、火纸、硝磺。但是,历史是多么荣耀,先业是多么昭著,一切"俱往矣"!如今的商州,陕西人去过的甚少,全国人知道的更少。陕西的区域通称陕南、陕北、关中;关中指秦岭以北,陕南指安康、汉中;商州西部,北就有亘绵的秦岭,东是伏牛山,南是大巴山;四面三山,这块不规不则的地面,常常就全然被疏忽了,遗忘了。

③ 正是久久被疏忽了,遗忘了,外面的世界愈是城市兴起,交通发达,工业跃进,市面繁华,旅游一日兴似一日,商州便愈是显得古老,落后,撑不上时代的步伐。但亦正如此,这块地方因此而保持了自己特有的神秘。日今世界,人们想尽一切办法以人的需要来进行电气化、自动化、机械化,但这种人工化的发展往往使人又失去了单纯、清静,而这块地方便显出它的难得处了。我曾呼吁:外来的游客,国内的游客为什么不到商州去啊?!那里虽然还没有通上火车,但山之灵光,水之秀气定会使你不知汽车的颠簸,一

351

到那里,你就会失声叫好,真正会感觉到这里的一切似乎是天地自然的有心安排,是如同地下的文物一样而特意要保留下来的胜景!

④ 就在更多的人被这个地方吸引的时候,自然又会听到各种各样对商州的议论了。有人说那里是天下最贫困的地方,山是青石,水是湍急,屋檐沟傍河而筑,地分挂山坡,耕犁牛不能打转。但有人又说那里是绝好的国家自然公园,土里长树,石上也长树,山有多高,水就有多高。有山洼,就有人家,白云在村头停驻,山鸡和家鸡同群。屋后是扶疏的青竹,门前是妖妖的山桃,再是木桩篱笆,再是青石碾盘,拾级而下,便有溪有流,遇石翻雪浪,无石抖绿绸。水中又有鱼,大不足斤半,小可许二指,鲦、鲫、鲤、鲇,不用垂钓,用盆儿往外泼水,便可收获。有人说那里苦焦,人一年到头吃不上一顿白麦馍馍,红白喜事,席面上红萝卜上,白萝卜下,逢着大年,家家乐得蒸馍,却还是一斗白麦细粉,五升白包谷粗面,掺和而蒸,以谁家馍炸裂甚者为佳。一年四季,五谷为六,瓜菜为四,尤其到了冬日,各家以八斗大瓮窝一瓮浆水酸菜,窖一窖红薯,苦一棚白菜,一个冬天也便过去了。更有那"商州炒面客"之说,说是二三月青黄不接,没有一家不吃稻糠拌柿子晒干磨成的炒面,涩不可下咽,粗不能局出。但又会有人说,那里不论到任何地方,只要有水,掬之则甜,若发生口渴,随时见着有长猪耳朵草的地方,用手掘掘,便可见一洼清泉,白日倒影白云,夜晚可见明月,冬喝不塞牙,夏饮肚不疼,所以商州人没有喝开水的习惯,亦没有喝茶水的嗜好,关中人讲究喝茶,那里水尽是盐碱质的。还说水不仅甘甜,可贵的是水土硬,生长的粮食耐磨耐吃,虽一天三顿包谷糊汤,却比关中人吃馍馍还能耐饥。陕北人称小米为命粮,但陕北小米养女不养男,商州人称包谷糊汤为命饭,男的也养,女的也养,久吃不厌,愈吃愈香,连出门在外工作的,不论在北京、上海,不论做何等官职,也不曾有被"洋"化了的而忘却这种饭谱。

⑤ 更奇怪的是商州人在年轻时,是会有人跑出山来,到关中泾阳、三原、高陵,或河南灵宝、三门峡去谋生定居,但一过四十,就又都纷纷退回,也有一些姑娘到山外寻家,但也都少不了离婚逃回,长则六年七年,少则三月便罢,两月就了。

⑥ 众说不一,说者或者亲身经历,或者推测猜度,听者却要是非不能分辨了,反更加对商州神秘起来了。用什么语言可以说清商州是个什么地方呢?这是我七八年来迟迟不能写出这本书的原因。我虽然土生土长在那里,那里的一丛柏树下还有我的祖坟,还有双亲高堂,还有众亲广戚,我虽然涂抹了不少文章,但真正要写出这个地方,似乎中国的三千个方块字拼成的形容词是太少了,太少了,我只能这么说:这个地方是多么好啊!

(选自贾平凹《商州初录》,安徽文艺出版社2013年版,有删改)

知识卡片

本文是贾平凹"商州系列"的第一篇,获得首届《钟山》文学奖。这一系列作品奠定了贾平凹早期的文学创作成就,具有较强的可读性和文学价值。该系列对陕西的风俗人情描摹独到,既是描绘土地的历史,同时也是写人的历史。在阅读时,同学们应注意感受作家淳朴粗粝、独具一格的语言风格。

阅读指津

陈思和教授在《中国当代文学史教程》中曾这样评价道:"贾平凹更为突出的创作特色,还在于他通过描绘秦汉文化环境中特有的生存方式和风土人情,展现出来自民间的美好人情,以一种清新、淳朴的笔调营造出了一个特别具有诗情画意美感的艺术世界。"同学们在阅读时应注意感受作者对商州特有的"寻根"之情。

拓展练习

1. 赏析第④段画线句的表现力。
2. 关注本文第⑥段加点字,赏析作者表达的妙处。
3. 有人说《商州初录》之后,我们对商州的认知中或许就不仅仅是商州自身了,商州是贾平凹的商州,是个"美丽、富饶而充满着野情野味的神秘地方"。现在商州将打造自己的城市旅游节以吸引更多的游客,请结合全文为商州写一篇城市介绍。

参考答案

1. 画线句在内容上从商州一年四季丰富的应季吃食入手,描绘当地生活的富足美满。语言形式上整散结合,读起来有韵律感,有娓娓道来之感。
2. 第⑥段的加点字,为副词与逻辑关联词;"虽然"一词后接着三个"还有",用以说明作者与这片土地联结之深和熟悉程度,即便基于这些作者仿佛"近乡情怯"还是说不出更多的言语。这种时候说不出比说得出情感来得更强烈。这些副词与逻辑连接词的使用使得情感的表达上更显起伏,抒发之意更为浓烈,更能引起读者的共鸣。
3. 略。

选文三

白　光

鲁　迅

①　陈士成看过县考的榜,回到家里的时候,已经是下午了。他去得本很早,一见榜,便先在这上面寻陈字。陈字也不少,似乎也都争先恐后的跳进他眼睛里来,然而接着的却全不是士成这两个字。他于是重新再在十二张榜的圆图里细细地搜寻,看的人全已散尽了,而陈士成在榜上终于没有见,单站在试院的照壁的面前。

②　凉风虽然拂拂地吹动他斑白的短发,初冬的太阳却还是很温和的来晒他。但他似乎被太阳晒得头晕了,脸色越加变成灰白,从劳乏的红肿的两眼里,发出古怪的闪光。这时他其实早已不看到什么墙上的榜文了,只见有许多乌黑的圆圈,在眼前泛泛的游走。

③　隽了秀才,上省去乡试,一径联捷上去,……绅士们既然千方百计的来攀亲,人们又都像看见神明似的敬畏,深悔先前的轻薄,发昏,……赶走了租住在自己破宅门里的杂姓——那是不劳说赶,自己就搬的,——屋宇全新了,门口是旗竿和扁额,……要清高可以做京官,否则不如谋外放。……他平日安排停当的前程,这时候又像受潮的糖塔一般,刹时倒塌,只剩下一堆碎片了。他不自觉的旋转了觉得涣散了身躯,惘惘的走向归家的路。

④　他刚到自己的房门口,七个学童便一齐放开喉咙,吱的念起书来。他大吃一惊,耳朵边似乎敲了一声磬,只见七个头拖了小辫子在眼前幌,幌得满房,黑圈子也夹着跳舞。他坐下了,他们送上晚课来,脸上都显出小觑他的神色。

⑤ "回去罢。"他迟疑了片时,这才悲惨的说。

⑥ 他们胡乱的包了书包,挟着,一溜烟跑走了。

⑦ 陈士成还看见许多小头夹着黑圆圈在眼前跳舞,有时杂乱,有时也摆成异样的阵图,然而渐渐的减少了,模胡了。

⑧ "这回又完了!"

⑨ 他大吃一惊,直跳起来,分明就在耳边的话,回过头去却并没有什么人,仿佛又听得嗡的敲了一声磬,自己的嘴也说道:

⑩ "这回又完了!"

⑪ <u>他忽而举起一只手来,屈指计数着想,十一,十三回,连今年是十六回,竟没有一个考官懂得文章,有眼无珠,也是可怜的事,便不由嘻嘻的失了笑。然而他愤然了,蓦地从书包布底下抽出誊真的制艺和试帖来,拿着往外走,刚近房门,却看见满眼都明亮,连一群鸡也正在笑他,便禁不住心头突突的狂跳,只好缩回里面了。</u>

⑫ 他又就了坐,眼光格外的闪烁;他目睹着许多东西,然而很模胡,——<u>是倒塌了的糖塔一般的前程躺在他面前</u>,这前程又只是广大起来,阻住了他的一切路。

⑬ 别家的炊烟早消歇了,碗筷也洗过了,而陈士成还不去做饭。寓在这里的杂姓是知道老例的,凡遇到县考的年头,看见发榜后的这样的眼光,不如及早关了门,不要多管事。最先就绝了人声,接着是陆续的熄了灯火,独有月亮,却缓缓的出现在寒夜的空中。

⑭ 空中青碧到如一片海,略有些浮云,仿佛有谁将粉笔洗在笔洗里似的摇曳。月亮对着陈士成注下寒冷的光波来,当初也不过像是一面新磨的铁镜罢了,而这镜却诡秘的照透了陈士成的全身,就在他身上映出铁的月亮的影。

⑮ 他还在房外的院子里徘徊,眼里颇清静了,四近也寂静。但这寂静忽又无端的纷扰起来,他耳边又确凿听到急促的低声说:

⑯ "左弯右弯……"

⑰ 他耸然了,倾耳听时,那声音却又提高的复述道:

⑱ "右弯!"

⑲ 他记得了。这院子,是他家还未如此凋零的时候,一到夏天的夜间,夜夜和他的祖母在此纳凉的院子。那时他不过十岁有零的孩子,躺在竹榻上,祖母便坐在榻旁边,讲给他有趣的故事听。伊说是曾经听得伊的祖母说,陈氏的祖宗是巨富的,这屋子便是祖基,祖宗埋着无数的银子,有福气的子孙一定会得到的罢,然而至今还没有现。至于处所,那是藏在一个谜语的中间:

⑳ "左弯右弯,前走后走,量金量银不论斗。"

㉑ 对于这谜语,陈士成便在平时,本也常常暗地里加以揣测的,可惜大抵刚以为可以通,却又立刻觉得不合了。有一回,他确有把握,知道这是在租给唐家的房底下的了,然而总没有前去发掘的勇气;过了几时,可又觉得太不相像了。至于他自己房子里的几个掘过的旧痕迹,那却全是先前几回下第以后的发了怔忡的举动,后来自己一看到,也还感到惭愧而且羞人。

㉒ 但今天铁的光罩住了陈士成,又软软的来劝他了,他或者偶一迟疑,便给他正经的证明,又加上阴森的催逼,使他不得不又向自己的房里转过眼光去。

㉓ 白光如一柄白团扇,摇摇摆摆的闪起在他房里了。

㉔"也终于在这里!"

㉕他说着,狮子似的赶快走进那房里去,但跨进里面的时候,便不见了白光的影踪,只有荠苍苍的一间旧房,和几个破书桌都没在昏暗里。他爽然的站着,慢慢的再定睛,然而白光却分明的又起来了,这回更广大,比硫黄火更白净,比朝雾更霏微,而且便在靠东墙的一张书桌下。

㉖陈士成狮子似的奔到门后边,伸手去摸锄头,撞着一条黑影。他不知怎的有些怕了,张惶的点了灯,看锄头无非倚着。他移开桌子,用锄头一气掘起四块大方砖,蹲身一看,照例是黄澄澄的细沙,揎了袖爬开细沙,便露出下面的黑土来。他极小心的,幽静的,一锄一锄往下掘,然而深夜究竟太寂静了,尖铁触土的声音,总是钝重的不肯瞒人的发响。

㉗土坑深到二尺多了,并不见有瓮口,陈士成正心焦,一声脆响,颇震得手腕痛,锄尖碰到什么坚硬的东西了;他急忙抛下锄头,摸索着看时,一块大方砖在下面。他的心抖得很厉害,聚精会神的挖起那方砖来,下面也满是先前一样的黑土,爬松了许多土,下面似乎还无穷。但忽而又触着坚硬的小东西了,圆的,大约是一个锈铜钱;此外也还有几片破碎的磁片。

㉘陈士成心里仿佛觉得空虚了,浑身流汗,急躁的只爬搔;这其间,心在空中一抖动,又触着一种古怪的小东西了,这似乎约略有些马掌形的,但触手很松脆。他又聚精会神的挖起那东西来,谨慎的撮着,就灯光下仔细看时,那东西斑斑剥剥的像是烂骨头,上面还带着一排零落不全的牙齿。他已经悟到这许是下巴骨了,而那下巴骨也便在他手里索索的动弹起来,而且笑吟吟的显出笑影,终于听得他开口道:

㉙"这回又完了!"

㉚他栗然的发了大冷,同时也放了手,下巴骨轻飘飘的回到坑底里不多久,他也就逃到院子里了。他偷看房里面,灯火如此辉煌,下巴骨如此嘲笑,异乎寻常的怕人,便再不敢向那边看。他躲在远处的檐下的阴影里,觉得较为安全了;但在这平安中,忽而耳朵边又听得窃窃的低声说:

㉛"这里没有……到山里去……"

㉜陈士成似乎记得白天在街上也曾听得有人说这种话,他不待再听完,已经恍然大悟了。他突然仰面向天,月亮已向西高峰这方面隐去,远想离城三十五里的西高峰正在眼前,朝笋一般黑魆魆的挺立着,周围便放出浩大闪烁的白光来。

㉝而且这白光又远远的就在前面了。

㉞"是的,到山里去!"

㉟他决定的想,惨然的奔出去了。几回的开门之后,门里面便再不闻一些声息。灯火结了大灯花照着空屋和坑洞,毕毕剥剥的炸了几声之后,便渐渐的缩小以至于无有,那是残油已经烧尽了。

㊱"开城门来——"

㊲含着大希望的恐怖的悲声,游丝似的在西关门前的黎明中,战战兢兢的叫喊。

㊳第二天的日中,有人在离西门十五里的万流湖里看见一个浮尸,当即传扬开去,终于传到地保的耳朵里了,便叫乡下人捞将上来。那是一个男尸,五十多岁,"身中面白无须",浑身也没有什么衣裤。或者说这就是陈士成。但邻居懒得去看,也并无尸亲认领,于是经县委员相验之后,便由地保埋了。至于死因,那当然是没有问题的,剥取死尸的衣服本来是常有的事,够不上疑心到谋害去;而且仵作也证明是生前的落水,因为他确凿曾在水底里挣命,所以十个指甲里都满嵌着河底泥。

一九二二年六月

(选自《鲁迅全集》第一卷,北京日报出版社2014年版)

知识卡片

当代学者吴中杰曾这样评论本篇作品:"作品重在心理描写,是一篇很有特色的心理小说。它对人物的心理描写不是静止的,而是与情节的进展相结合,心理活动牵制着行动,行动进一步推动心理活动,两者相辅相成,结合得很好。"阅读本篇作品时,应关注主人公内心世界与外部客观世界的落差,体会其中的荒诞与悲凉。

阅读指津

封建社会,科举是底层知识分子谋求出路的唯一正途。考生须先参加县考,再经府考,之后由院试通过,才能成为一名秀才。鲁迅所居住的绍兴是人才之邦,竞争十分激烈。放榜时为了便于公示,每五十名考取者的姓名被写成一个圆图。鲁迅与周作人也曾参加会稽县考。本文便是基于此背景下的创作。

拓展练习

1. "倒塌的糖塔"这一喻体在文中一共出现了两次,请说明这样写的好处。
2. 第⑪段画线句展现了主人公丰富的心理变化,试分析这样写的作用。
3. 结合全文,阐释本文标题"白光"的内涵。
4. 试将本篇结尾与《孔乙己》结尾作比较,说说二者的共性。

自此以后,又长久没有看见孔乙己。到了年关,掌柜取下粉板说,"孔乙己还欠十九个钱呢!"到第二年的端午,又说,"孔乙己还欠十九个钱呢!"到中秋可是没有说,再到年关也没有看见他。

我到现在终于没有见——大约孔乙己的确死了。

参考答案

1. 糖本是甜蜜的事物,糖塔是甜蜜的事物的堆积——是主人公幻想的一系列的前程。而这一切由于科举落榜而落空("倒塌")。"倒塌的糖塔"这一喻体形象地道出了科举许诺给当时的知识分子的幻象,动态地展现了幻想落空的景象,以及由此带来的主人公内心的绝望。并且,取材于作者身边熟悉的事物,准确而形象,辛辣且带有讽刺意味。

2. 他先是历数自己落榜的次数,"竟"字表示意外之情,意外的不是自己无能落榜,而是自己的文章没有得到考官的赏识,进而觉得对方可怜而嘲笑;继而愤怒,要出门理论;出门看见了月亮与鸡,有一丝清醒,便又退缩了。这一系列心理变化暗示了主人公在自我的臆想与现实之间的反复横跳,展现了科举制度带给人精神上的摧残。为后文不切实际的行为做铺垫。

3. 白光首先是月亮散发的光芒;其次是主人公因发疯而看见的虚幻的光芒;再者,是旧时迷信中所言,深埋地下的财宝会发出的光芒。三种"白光"在文中交织出现,伴随并推动了主人公由疯癫到死亡的全过程。使得小说结构更为紧密;也增强了情节的合理性与说服力。

4. 两位主人公在结尾的命运都是死亡;叙述者都是用推测的口吻道出死亡的事实;他人对于主人公的死亡都是漠不关心的态度。作者以一个社会边缘个体的零落命运控诉了当时社会的弊病。

(夏晓潇)

八　良知与悲悯

选文一

良知未泯

[美] 欧·亨利

① 黑斯廷斯·比彻姆·莫利穿过联邦广场，怜悯地瞅着成百个懒洋洋地靠在公园长椅上的人。这批混杂的人，他暗忖道，男人们满脸胡子茬，像牲口一样呆头呆脑；女人们害羞地扭动着身体，两条腿悬在卵石铺的人行道上有四英寸高，一会儿交叉，一会儿又分开。

② 黑斯廷斯·比彻姆·莫利衣着整洁仔细。那是他的出身和教养形成的本能。我们看不到人的内心，只看到他浆熨得笔挺的衬衫前胸；因此，我们只能说说他的言行。

③ 莫利口袋里一分钱都没有，但他怜悯地笑看着那百来个脏脏的不幸的人，他们口袋里空空如也，当黎明的阳光染黄广场西面的高楼大厦时，他们的口袋仍旧空空如也。那时候，莫利会有足够的钱。以前日落的时候，他口袋空了，日出的时候，又鼓了起来。

④ 他首先到麦迪逊路那儿一位牧师的家里，递交了一封据说是印第安纳州牧师团写的介绍信。这封信，加上可以乱真的、汇款迟迟未到的故事，替他弄到了五元钱。

⑤ 从牧师家出来刚走了二十步，一个白脸胖子举起红色的拳头，拦住了他的去路，胖子的嗓音响得像是暗礁上的打钟浮标，嚷嚷着要他归还一笔旧账。

⑥ "啊，伯格曼老兄，"莫利甜言蜜语地说，"幸会幸会，我正要去你那儿还你钱。我姑妈的汇款今天早上才到。地址错了，耽误了事。咱们到街角的酒馆里去，结结账。见到你真高兴。省得我多跑路。"

⑦ 四杯酒下肚，安抚了激动的伯格曼。莫利手里有钱，口气就不一样，即使罗思柴尔德的贷款也可以宽限。他身无分文时，虚张声势的调门就低一点，但是很少有人能辨出这种音高的差异。

⑧ "你明天去我那儿还钱好啦，莫利先生，"伯格曼说，"我在街上朝你嚷嚷真对不起。不过你三个月没有照面了。祝你健康！"

⑨ 莫利苍白光洁的脸上带着坏笑走开了。这个轻信的、喝了酒就心软的德国人使他好笑。今后他要避开第二十九街。他没有想到伯格曼回家时走这条路。

⑩ 往北走了两个街口后，莫利在一座幽暗的房子门前站停，用特殊的节奏敲了几下。装有防盗链的

门打开一条六英寸宽的缝,缝里露出非洲保安的傲慢的黑脸。莫利给放了进去。

⑪ 在三层楼一间烟雾缭绕、空气混浊的屋子里,他在轮盘赌的台子旁边待了十分钟。然后下了楼,被那个神气活现的非洲人放了出来,五元的资本只剩下四角丁当响的银币。他在街角上逗留片刻,拿不定主意要去哪里。

⑫ 街对面有一家灯火通明的药房,柜台上的散装苏打汽水的德国银容器和玻璃杯闪闪发光。一个五岁左右的男孩正朝药房走去,由于年龄增长而获得的重大差事使他自视甚高。他手里紧紧捏着些什么,惟恐人家不知道似的露出得意的神色。

⑬ 莫利和蔼可亲地叫住了他。

⑭ "你叫我吗?"孩子说,"妈妈派我去药房。她给我一块钱买瓶药水。"

⑮ "哟,哟,哟!"莫利说,"你成了大人,能替妈妈做事了。我得陪我的小大人一起去,免得他被车撞了。我们顺便还可以买些巧克力。他要巧克力呢还是要柠檬糖?"

⑯ 莫利牵着孩子的手进了药房。他把包着钱的药方递过去。

⑰ "纯水一品脱,"他对药剂师说,"氯化钠十谷。配成溶剂。别宰我,我知道克罗顿水库里全部氧化氢的加仑数,另一种成分,我吃煮土豆的时候老是用来洒一点。"

⑱ "一毛五分钱,"药剂师配好药方,眨眨眼睛说,"看来你懂药物学。通常的价钱是一元。"

⑲ "那是蒙傻瓜的。"莫利笑着说。

⑳ 他小心地把包好的瓶子搁在孩子怀里,陪他走到街角上,把八毛五分钱放进自己的口袋,那是他的化学知识给他带来的增值。

㉑ "注意来往车辆,孩子。"他快活地对那个小受害人说。

㉒ 两辆有轨电车突然从相反的方向朝孩子开来。莫利冲到电车中间,揪住孩子的脖子,不让他受惊乱跑。然后过了马路,叫那个受了骗还挺高兴的、手上给意大利人水果摊上的廉价糖果弄得黏乎乎的孩子回家。

㉓ 莫利进了一家餐馆,要了一份牛腰肉和一品脱不太贵的葡萄酒。他暗暗发笑,但笑得那么真诚,以致侍者认为他一定有什么好消息。

㉔ "哦,没有,"莫利说,他难得同别人攀谈,"没有什么好消息。我只是想起一件有趣的事。你知道在各种各样的交易中,哪三种人最容易上当吗?"

㉕ "当然知道,"侍者望着莫利打得十分精致的领带结,琢磨着可能得到多少小费,"八月份南方绸缎呢绒店来的采购员,斯塔腾岛来的度蜜月的夫妇,还有——"

㉖ "错了!"莫利快活地咯咯笑着说,"答案是男人、女人和小孩。世界上——就说纽约和长岛的度夏人游泳的距离之内吧——到处都是愣头青。这块牛腰排多烤两分钟就合适了,弗兰索瓦。"

㉗ "假如你认为火候不到,"侍者说,"我——"

㉘ 莫利举起手反对——有点自认晦气地反对。

㉙ "就这么凑合着吃吧,"他宽容地说,"现在给我来点冰镇的鲜葡萄酒和一小杯咖啡。"

㉚ 莫利悠闲地出来,站在市里两条交通要道的交叉处。他口袋里只剩孤零零的一毛钱,自信而讥嘲的眼睛含笑看着经过他身边的人流。他必须在人流中撒网打鱼,维持他下一步生活的需要。淡泊的艾扎克·沃尔顿的自信和关于鱼饵的知识够不上他的一半。

㉛ 四个快活的人——两男两女——欢呼着朝他跑来。他们刚参加了一个宴会——前两个星期他上

哪儿去了？——碰到他真运气！他们围住他——他一定要跟他们一起去玩——特拉拉拉——等等，说个没完。

㉜ 帽子上的白色羽毛垂到肩头的一个女的扯扯他的袖管，朝她的同伴使了一个胜利的眼色，仿佛在说"看我怎么使他就范"，然后像女王似的发出邀请。

㉝ "你们无法想象，"莫利伤感地说，"我不得不谢绝你们的盛情，有多么遗憾。不过我的一个朋友，纽约游艇俱乐部的卡拉瑟斯，约我等在这里，他八点钟开车来接我。"

㉞ 白色羽毛朝后一甩，那四个人像围着弧光灯飞舞的小虫似的嬉闹着走了。

㉟ 莫利站在那儿摆弄口袋里的一角银币，暗自好笑。

㊱ "'门面'，"他低声说，"起作用的是'门面'。它是王牌。男人、女人、小孩都上当了——伪造的介绍信、盐水的谎言——统统都上当了。"

㊲ 杂乱的马车和电车中间冒出一个长着稀疏的灰胡子、衣服不合身、拿着一把大雨伞的老头，跑上人行道，停在莫利面前。

㊳ "劳驾，"他说，"我向你打听一个人，你知不知道这里有个叫所罗门·斯马瑟斯的人？他是我的儿子，我从埃伦维尔来看他。我把他住处的街道和门牌号的纸条弄丢了。"

㊴ "我不知道，先生，"莫利眯缝着眼睛，掩饰眼里的喜悦，"你最好去警察局问问。"

㊵ "警察局！"老头说，"我去警察局干吗？我只是来看看我的儿子。他写信告诉我，他住在一幢五层楼的房子里。假如你知道有谁叫那个名字——"

㊶ "我对你说我不知道，"莫利冷冷地说，"我不认识姓斯米瑟斯的人，我劝你去问——"

㊷ "斯马瑟斯，不是斯米瑟斯，"老头抱有希望地说，"长得很壮实，沙黄色的皮肤，二十九岁，缺了两颗门牙，身高五英尺左右——"

㊸ "哦，斯马瑟斯！"莫利喊道，"索尔·斯马瑟斯？他就住在我的隔壁。我刚才以为你说的是'斯米瑟斯'呢。"

㊹ 莫利掏出表来看看。表是不可缺少的东西。花一元钱就能买到。宁肯少吃两顿饭，也不能不花九毛八分钱买一块表——按照钟表制造商的说法，火车是凭钟表运行的。

㊺ "长岛的主教，"莫利说，"约我八点钟在这里见面，然后和我一起在鱼狗俱乐部吃晚饭。可是我不能把我朋友索尔·斯马瑟斯的爸爸一个人扔在街上不管。凭圣徒斯威辛的名义起誓，斯马瑟斯先生，我们这些华尔街上的人事情可多呢！真够累的！你过来时我正要穿到街对面，去喝一杯加雪利酒的姜啤。斯马瑟斯先生，千万让我带你去索尔家。不过我们乘车之前，希望你和我先去喝一点。"

㊻ <u>一小时后，莫利坐在麦迪逊广场一张清静的长椅上，嘴里衔着一支两角五分的雪茄，上衣的里袋多了一百四十元皱皱巴巴的钞票。他感到满足、轻松，讽刺而富于哲理地望着浮云掩映的月亮。一个低着头、衣衫褴褛的老人坐在长椅的另一端。</u>

㊼ 不一会儿，老人挪动了一下，看看长椅上的同伴。他从外表上似乎看出莫利不像是通常在长椅上过夜的人。

㊽ "好心的先生，"他带着哭音说，"你能不能施舍一角甚至几分钱给一个——"

㊾ 莫利给了他一元钱，打断了他那老一套的哀诉。

㊿ "上帝保佑你！"老人说，"我一直想找个工作——"

㉛ "工作！"莫里大笑说，"朋友，你真傻。毫无疑问，世界对于你像是一块不毛的岩石，但是你必须像

亚伦一样,用你的木杖敲打它。那样才会有比清水更好的东西源源不断地流出来。世界就是这个样子。我有求于世界的,它都给我。"

㊾"那是上帝保佑你,"老人说,"我只知道工作。可是现在找不到了。"

㊽"我得回家了,"莫利站起来扣好上衣说,"我待在这里只是抽支烟。希望你找到工作。"

㊾"但愿你今晚行了好,能得到好报。"老人说。

㊿"哦,"莫利说,"你的祝愿已经实现了。我心满意足。我觉得好运像狗一样跟着我。我今晚要到广场对面那家灯火辉煌的旅馆去过夜。今晚月光把城市照得多么明亮。我觉得谁都不会像我这样享受月光和诸如此类的小乐趣。好吧,祝你晚安。"

㊾莫利走到街角上,准备穿过马路去旅馆。他仰天缓缓吐出雪茄烟雾。他朝一个路过的警察亲切地点点头,警察向他敬了一个礼。是啊,月亮多好呀。

㊼时钟敲九下时,一个刚成年的姑娘站在街角上等电车开来。她像是放了工或者给什么事耽误了似的匆匆赶回家去。她的眼睛清澈纯洁,穿着朴素的白色衣服,一心等车,没有东张西望。

㊽莫利认识她。八年前,他们是同桌的同学。他们之间没有什么感情——只是天真岁月的友情而已。

㊾但是他拐到小街上一个僻静的角落,把突然发烧的脸贴在灯柱的冷铁上,含混地说:

⓺"天哪!我不如死了的好。"

知识卡片

欧·亨利(1862年—1910年),原名威廉·西德尼·波特,美国短篇小说家、美国现代短篇小说创始人,曾被评论界誉为美国现代短篇小说之父。他出生于美国北卡罗来纳州格林斯波罗镇一个医师家庭。其主要作品有《麦琪的礼物》《警察与赞美诗》《最后一片叶子》《二十年后》等。

阅读指津

《良心未泯》是欧·亨利的名篇佳作。小说主人公莫利身无分文,为了弄来钱财,他招摇撞骗。第一次用伪造的文件及迟到汇款的理由骗到了五美元。第二次利用孩童的天真,以帮助小孩买药的借口骗到了一美元。第三次他又骗取了前来探望儿子的老人的一百四十美元。种种行为皆表明莫利是个冷漠自私之人,但小说的最后,当莫利看到八年前的同学,回想起自己纯真的学生时代,愧疚、后悔之情油然而生。

拓展练习

1. 简析①~③段的作用。
2. 全文运用第三人称叙述故事,有何表达效果。
3. 赏析第㊻段画线句的语言特色。
4. 结合小说,分析作者是如何体现文章的标题"良知未泯"的。

参考答案

1. (1)第①段和第③段交代了小说发生的社会背景:底层人民生活的艰难、贫穷、困苦;(2)第②自然段描绘了一个外表打扮精致的主人公,与下文中四个年轻人邀请莫利的情节相呼应,揭示当下社会看重"外表"而忽视"内里"的爱慕虚荣风气;(3)贫穷困苦的社会环境形成莫利贪婪、冷漠、自私的性格,但即使在这样的背景下,莫利人性中仍然存在良知悲悯,更显其珍贵。

2. (1)更加客观、直接、全面地展现故事情节,如牧师、小男孩、老人、同学不断推动故事情节的发展,一波三折;(2)更好地表现人物的情感、心理和思想,使人物的形象更加鲜明、生动,如"自信而讥嘲的眼睛含笑看着经过他身边的人流"表明莫利是"诈骗惯犯"才会如此自信,体现人性中的恶。

3. (1)运用细节描写,"皱皱巴巴"既表现出老人的贫困,为了寻找儿子的艰辛,同时也衬托出莫利人性中的"恶";(2)运用动词,"衔"展现莫利得到钱财后的满足、愉悦、悠闲;(3)"讽刺而富于哲理"运用心理描写,对比艰辛寻找儿子的老人和周遭的口袋空空"肮脏不幸的人",莫利不费吹灰之力便获得钱财,内心嘲讽他们的无能。"富于哲理"褒词贬用,莫利为获得钱财洋洋得意,但实际上这样的行为卑鄙无耻;(4)"低着头、衣衫褴褛"的老人正处于困境,与莫利形成鲜明的对比,反衬莫利人性中的阴暗卑鄙。

4. (1)莫利在帮助小男孩时,虽有行骗之举,但良知并未完全消失,当有轨电车冲向男孩时,莫利保护了他;(2)莫利在长椅上遇到一位找工作的老人,正因为出于内心的悲悯情怀和良知,给予老人施舍;(3)莫利遇到八年前的同学,他回忆起纯真的学生时代,那时的他不似现如今的贪婪、冷漠,这一反思愧疚也体现出了"良知未泯"这一主题。

选文二

三 毛

韩少功

① 这头牛叫"三毛",性子最烈,全马桥只有志煌治得住它。人们说它不是牛婆生下来的,是从岩石里蹦出来的,就像《西游记》里的孙猴子。不是什么牛,其实是一块岩头。志煌是岩匠,管住这块岩头是顺理成章的事。这种说法被人们普遍接受。

② 在我的印象里,志煌的牛功夫确实好,鞭子从不着牛身,一天犁田下来,身上也可以干干净净,泥巴点子都没有一个,不像是从田里上来的,倒像是衣冠楚楚走亲戚回来的。他犁过的田里,翻卷的黑泥就如一页页的书,光滑发亮,细腻柔润,均匀整齐,温气蒸腾,给人一气呵成、行云流水、收放自如、神形兼备的感觉,不忍触动、不忍破坏的感觉。

③ 有一次我看见他犁到最后一圈了,前面仍有一个小小的死角,眼看只能遗憾地舍弃。我没料到他突然柳鞭爆甩,大喝一声,手抄犁把偏斜着一抖,死角眨眼之间居然乖乖地也翻了过来。让人难以置信。我可以作证,那个死角不是犁翻的。我只能相信,他已经具备了一种神力,一种无形的气势通过他的手掌贯注整个铁犁,从雪亮的犁尖向前迸发,在深深的泥土里跃跃勃动和扩散。在某些特殊的时刻,他可以犁不到力到,力不到气到,气不到意到,任何遥远的死角要它翻它就翻。

④ 在我的印象里,他不大信赖贪玩的看牛崽,总是要亲自放牛,到远远的地方,寻找干净水和合口味的草,安顿了牛以后再来打发自己。因此他常常收工最晚,成为山坡上一个孤独的黑点,在熊熊燃烧着绛紫色的天幕上有时移动,有时静止,在满天飞腾着的火云里播下似有似无的牛铃铃声。

⑤ 春上的一天,世间万物都在萌动,在暖暖的阳光下流动着声音和色彩,分泌出空气中隐隐的不安。志煌赶着三毛下田,突然,三毛全身颤抖了一下,眼光发直,拖着犁向前狂跑,踩得泥水哗哗哗溅起一片些

起彼伏的水帘。

⑥ 志煌措手不及。他总算看清楚了,三毛的目标是路上一个红点。事后才知道,那是邻村的一个婆娘路过,穿一件红花袄子。

⑦ 牛对红色最敏感,常常表现出攻击性,没有什么奇怪。奇怪的是,从来在志煌手里服服贴贴的三毛,这一天疯了一般,不管主人如何叫骂,统统充耳不闻。不一会,那边传来女人薄薄的尖叫。

⑧ 傍晚的时分,确切的消息从公社卫生院传回马桥,那婆娘的八字还大。保住命,但三毛把她挑起来甩向空中,摔断了她右腿一根骨头,脑袋栽地时又造成了什么脑震荡。

⑨ 志煌没有到卫生院去,一个人担着半截牛绳,坐在路边发呆。三毛在不远处怯怯地吃着草。他从落霞里走回村,把三毛系在村口的枫树下,从家里找来半盆黄豆塞到三毛的嘴边。三毛大概明白了什么,朝着他跪了下来,眼里流出了浑浊的眼泪。他已经取来了粗粗的麻索。挽成圈,分别套住了畜生的四只脚。又有一杆长长的斧头握在手里。

⑩ 村里的牛群纷纷发出了不安的叫声,与一浪一浪的回音融汇在一起,在山谷里激荡。夕阳突然之间黯淡下去。

⑪ 他守在三毛的前面,一直等着它把黄豆吃完。几个妇人围了上来,有复查的娘,兆青的娘,仲琪婆娘。她们揪着鼻子,眼圈有些发红。她们对志煌说,造孽造孽,你就恕过它这一回算了。她们又对三毛说,事到如今,你也怪不得别人。某年某月,你斗伤了张家坊的一次牛,你有不有错?某年某月,你斗死了龙家滩的一头牛,你知不知罪?有一回,你差点一脚踢死了万玉他的娃崽,早就该杀你的。最气人的是另一回,你黄豆也吃了,鸡蛋也吃了,还是懒,不肯背犁套,就算背上了,四五个人打你,你也不走半步,只差没拿轿子来抬你,招人嫌么。

⑫ 她们一一历数三毛的历史污点,最后说,你苦也苦到头了,安心地去吧,也莫怪我们马桥的人心狠,也是没办法的事情呵。

⑬ 复查的娘还眼泪汪汪地说,早走也是走,晚走也是走,你没看见洪老板比你苦得多,死的时候犁套都没有解。

⑭ 三毛还是流着眼泪。

⑮ 志煌脸上没有任何表情,终于提着斧子走近了它——沉闷的声音。

⑯ 牛的脑袋炸开了一条血沟,接着是第二条,第三条……当血雾喷得尺多高的时候,牛还是没有反抗,甚至没有叫喊,仍然是跪着的姿态。最后,它晃了一下,向一侧偏倒,终于沉沉地垮下去,如泥墙委地。它的脚尽力地伸了几下,整个身子直挺挺地横躺在地,比平时显得拉长了许多。平时不大容易看到的浅灰色肚皮完全暴露。血红的脑袋一阵阵剧烈地抽搐,黑亮亮的眼睛一直睁大看盯住人们,盯着面前一身鲜血的志煌。

⑰ 复查他娘对志煌说:"造孽呵,你喊一喊它吧。"

⑱ 志煌喊了一声:"三毛。"

⑲ 牛的目光一颤。

⑳ 志煌又喊了一声:"三毛。"

㉑ 宽大的牛眼皮终于落下去了,身子也慢慢停止了抽搐。

㉒ 整整一个夜晚,志煌就坐在这双不再打开的眼睛面前。

(有删改)

知识卡片

韩少功,1953年出生于湖南长沙,现当代作家,寻根文学的代表人物之一。主要作品有短篇小说《西望茅草地》,中篇小说《爸爸爸》,散文《完美的假定》,长篇小说《马桥词典》等。另有译作《不能承受的生命之轻》《恍然录》等。曾获得鲁迅文学奖,还曾获颁法国文化部"法兰西艺术与文学骑士勋章"。

阅读指津

《三毛》这篇文章选自韩少功的《马桥词典》,岩匠志煌凭借自己的牛功夫,成为全村唯一一个能够治理"三毛"的人。他与"三毛"本来相互依赖,却因"三毛"撞伤了村民,酿成大祸,最终在审视"三毛"和人命之间做出忍痛杀掉"三毛"的选择。虽是杀戮行为,却体现出志煌对牛的不舍,对普通生命的尊重,更是对人和生命安全的重视。这头牛所做出的行径虽十恶不赦,最终也被宰杀,但读完却不觉得大快人心,反而久久不能平静,皆是因为人性中对生命的尊重,对万物的悲悯之情。

拓展练习

1. 第⑤段和第⑩画线部分的环境描写有什么作用?请结合具体内容加以分析。
2. 有人认为文章第⑯段到第㉒段可以删去,没必要详细描写志煌杀"三毛"的具体情节。你认同吗?请说说你的看法。
3. 本文多用对比的手法,请找出三处并具体分析。
4. 评析本文所表达的思想意义。

参考答案

1. (1)第⑤段环境描写展现一片祥和的画面,但实际上已存在"不安"的气息,为下文志煌杀"三毛"的情节做铺垫,埋下伏笔;(2)第⑩段环境描写村里牛群的叫声和突然暗淡的夕阳,渲染了悲凉的气氛,烘托人物沉重的心情。

2. 不认同。(1)第⑯段详细展现志煌杀三毛的画面,与上文第⑨段三毛撞伤村民后志煌拿出绳子、斧头做出杀三毛的准备情节相照应;(2)有利于塑造志煌的人物形象,表现出志煌对人生命安全的重视,也表现他不舍却又无可奈何的心理;(3)强化悲剧色彩,突出主旨。三毛死前不瞑目,志煌唤它才安心离去,既展现他们之间深厚的感情,又表现出作者浓烈的生命意识与悲悯情怀。

3. (1)志煌能够治理三毛与别人无法驾驭它形成对比,表现志煌的牛功夫好以及三毛对志煌的服从;(2)志煌平日放牛晚归时"熊熊燃烧着绛紫色的天幕""满天飞腾着的火云"的场景与杀牛前"夕阳突然之间暗淡下去"的画面形成对比,表现杀三毛时的凄凉悲痛;(3)杀三毛前,复查的娘"眼泪汪汪"与志煌"脸上没有任何表情"形成对比,表现志煌隐藏在内心的下定决心后的坚决以及沉痛之情。

4. (1)本文展现志煌和村人对牛的尊重与关爱,对生命的敬重和对安全的重视。志煌杀牛前的犹豫不舍与沉痛传达出作者对大自然万物生命的关注和悲悯之情;(2)对我们理解生命意识和悲悯情怀具有启示作用。生活中,我们应当尊重一切生命,以悲悯情怀关注社会。

悲悯生命

毕淑敏

① 科技发展了,现代人读的是电子读物,乘的是波音飞机。作家,比以前不好当。你能看到的书,他人也能看到。你能参观的自然景点异域风光,别人也许去过得更早更多。从前的诗人,骑一小毛驴,走啊走,四蹄就踏出一首千古绝唱。现代你就是跨着登月火箭,也是干抓一把火山灰阑珊归来。

② 也许是不自信,我基本上不写游记,不写历史,不写我的时代以外的故事。我将笔触更多地剖向我所生长的土壤,目光关注危机四伏的世界。

③ 写作长篇小说,是一个作家的光荣与梦想(绝无贬低专写短篇小说的大师的意思)。几年前,当我决定开始写作生平第一部长篇小说的时候,具体写什么内容,一时拿不定主意。经过多年储备,很有几份材料,是可以写成长篇小说的。它们像一些元宵的胚芽,小而很有棱角地站在我的糯米面箩里,召唤着我,期待着我均匀地摇动它们。让它们身上包裹更丰富的米粉,缓缓地膨胀起来,丰满起来,变得洁白而蓬松,渐渐趋近成品。

④ 委实有些决定不下。想写这个,那个又在诱惑。放下这个,又觉得于心不忍。后来我很坚决地对自己说,既然对我来说,哪个都敝帚自珍,就想一想更广大的人更迫切需要什么。我是一个视责任为天职的人。这样一比较,对于毒品的痛恨和有关生命的哲学思考,就凸显出来。也许是我做过多年医生的经历,同病人携手与死亡斗争,我无法容忍任何一丝对生命的漠视与欺骗。也许是我在海拔5 000米的藏北高原当兵的十几年生涯,使我痛感生命是那样宝贵与短暂,发誓永远珍爱保卫这单向的航程。

⑤ 一位屡戒屡吸的女孩对我说,她是因为好奇加无知,才染上毒瘾的。我说,报上不是经常宣传吗,你为何置若罔闻?她说,我们不看报。看了也不信。如果你能写一部非常好看的小说,让更多的人早点读到,也许可以救命。

⑥ 我不相信文学有那么大的效力,就像我当医生的时候,不相信医学可以战胜死亡。但生命本身,就是明知不可为而为之的悲壮过程。我要用我手中的笔,与生命对话。

⑦ 整个《红处方》①的写作,是离开北京,在我母亲家完成的。有朋友问,你写作此书的时候,是否非常痛苦与沉重?我说,不是。当我做好准备进入写作状态时,基本上心平气和。我知道要走到哪里去,何地迂回,何地直插,胸中大体有数。长篇小说是马拉松跑,如果边设计边施工,顿挫无序,是无法完成整体设计的。

⑧ 每天早晨按时起床,稍许锻炼后,开始劳作,像一个赶早拾粪的老农。母亲为我做好了饭,我不吃,她也不吃。在这样的督促下,我顿顿准时吃得盆光碗净,好像幼儿园的小朋友。大约三个月后,初稿完成了。我把它养在电脑里,不去看,也不去想。又大约三个月后,最初的痕迹渐渐稀薄,再把初稿调出。陌生使人严格。看自己的东西,好像是看别人的东西,眼光沉冷起来,发现了许多破绽。能补的补,能缝的缝,当然最主要的是删节。删节真是个好帮手,能使弱处藏匿,主旨分明。

⑨ 书出版后,很多电视台来联系改编电视剧的事,前后大约有几十家吧。天津电视台的导演和制片人,往返多次,同我谈他们对小说的理解,我被他们的诚意所感动。说,那我就把《红处方》托付给你们了,希望你们郑重地把这件事做好。我想表达对生命的悲悯与救赎。

【注释】

①《红处方》小说讲述的是一场与毒品的特殊战争。

知识卡片

毕淑敏,1952年出生于新疆伊宁,既是一名医生,又是著名作家,曾获得当代文学奖、青年文学奖、解放军文艺奖等。著有处女作《昆仑殇》,长篇小说《红处方》《拯救乳房》,散文《婚姻鞋》等。毕淑敏的文学作品主要反映女性命运的思考,疾病的书写和生命伦理的探究。

阅读指津

毕淑敏曾说,"但凡我写出的或未写出的,肯定与生命相关。我无法不尊重生命"。由于独特的人生经历,无论是毕淑敏的医学作品,还是关注小人物生活的作品,都离不开对死亡的描写和对生命意义的追问。这篇散文是毕淑敏的自述,交代了《红处方》作品产生的背景,更反映了她对于"悲悯生命"的理解。

拓展练习

1. 简析第⑤段的作用。
2. 本文语言富有特色,请结合具体内容赏析。
3. 分析标题"悲悯生命"的含义。
4. 文章末尾讲述了《红处方》被改编成电视剧的过程,简析其用意。

参考答案

1.(1)过渡段,承上启下,承接上文"对于毒品的痛恨和有关生命的哲学思考",为下文作者要用文学与生命对话作铺垫;(2)第⑤段描写了"我"与吸毒女孩的交流。作者能够关注现实和生命,正是因为她是一个视责任为天职的人;也因为她是一名医生,无法容忍对生命的漠视;也因为她曾是一名军人,痛感生命的宝贵和短暂。

2.(1)语言富有哲理性,引人深思。例如第⑥段"生命本身,就是明知不可为而为之的悲壮过程"是作为医生的作者对生命的体悟,要战胜苦难、热爱生命。例如"我要用我手中的笔,与生命对话"是作为文学家的作者用悲悯的情怀呼唤人们对生命的尊重和热爱。(2)语言富有文学性,生动形象。如第③段"它们像一些元宵的胚芽……渐渐趋近成品"运用比喻、拟人的手法,生动形象地展现作者将材料汇聚凝结成作品的过程,表达作者对写作的执著。(3)语言简洁明了却富有震撼力,如第⑨段"希望你们郑重地把这件事做好,我想表达对生命的悲悯与救赎"语言直截了当不加修饰,却字字有声。"郑重""想""悲悯""救赎"四个词饱含深情,表达作者对生命的尊重和热爱。

3.(1)作为医生,作者曾同病人携手与死亡斗争,关注的是社会现实和普通百姓,展现的是作者对人类生命本体的珍惜和关爱,呼吁人们不可挥霍生命、放弃生命,应当善待生命;(2)作为文学家,作者致力于用宽厚的笔触、仁爱之心、悲悯的人文情怀去书写众生,体悟生命的真谛,展现对生命的救赎。

4.(1)"前后几十家"电视台来访,作者始终没有答应,最终天津电视台"往返多次",作者才将《红处方》"托付"于他们。表明作者对《红处方》作品的重视,更表明其对生命的尊重和慎重;(2)呼应标题,凸显主旨,进一步深化主题:以悲悯之情怀关爱人类、尊重生命、热爱世界。

(黄 瑶)

古诗词

一　羁旅思乡

选文一

岁暮自桐庐归钱塘[①]

（宋）潘　阆

久客见华发，孤棹桐庐归。
新月无朗照，落日有余晖。
渔浦风水急，龙山烟火微。
时闻沙上雁，一一背人飞。

（选自《宋诗鉴赏辞典》，缪钺等撰，上海辞书出版社 2015 年版）

【注释】

① 桐庐归钱塘：东北方向而行。

知识卡片

这是一首宋人潘阆所作的五言律诗，写自己久居他乡后终于可以从桐庐返回钱塘，描绘了江南水乡冬季独具特色的暮江图景，渺远飘逸，暗含无限幽思。潘阆（？—1009年），字梦空，自号逍遥子，大名（今属河北）人，一说广陵人（今江苏扬州）人，曾寓居钱塘十载，对钱塘充满第二故乡的深情。

阅读指津

诗歌首联"久客见华发，孤棹桐庐归"写羁旅之客已见头上白发，孤身乘船自桐庐返乡。一叶扁舟、一个归人、一片殷切的思乡之心，此中寂寞、孤独与欣喜杂陈纸上。颔联"新月无朗照，落日有余晖"展现的是诗人在日暮时分舟中所见的光景，一弯月牙悄悄升起，而天边彩霞还绚丽壮阔，遥相映衬着漫漫江水，这一画面足以慰藉旅人疲累的身心。这两句对仗工稳，又清新自然、富有理趣。颈联"渔浦风水急，龙山烟火微"转而从自然之景写到烟火之气，渔浦边上聚集了很多渔舟，吹来阵阵晚风，暮潮也渐渐兴起。江的对岸是龙山一带，在暮色微茫中升起了微微炊烟，闪亮着点点灯火。尾联"时闻沙上雁，一一背人飞"，写到诗人在泊舟之后，耳边环绕着沙洲上大雁的鸣叫之声，这是它们的告别之音。它们惯于在草木摇落的"岁暮"时节，排成一行行的队伍，飞回温暖的南方。"背人"二字，让人尤感凄凉，不仅显示出

"物犹如此,人何以堪"的意味,诗人与大雁相悖的行程(诗人自桐庐归钱塘是东北方向而行),更强烈地反衬出思归之情。这两句写到所见之景、所闻之声,视听结合、动静相衬、绘声绘色,与首联的"归"字遥相呼应。

这首诗,思致清远、格调自然,刘攽《中山诗话》说:"潘阆诗有唐人风格,仆谓此诗,不减刘长卿。"刘长卿诗句如"离人正惆怅,断月愁婵娟""石横晚濑急,水落寒沙广",皆与此诗相近。

拓展练习

1. 下列关于本诗的说法不正确的一项是( )
   A. 本诗押韵四处 B. 本诗两联对仗
   C. 本诗是五言古体 D. 本诗借景抒情

2. 下列对本诗的赏析不正确的一项是( )
   A. 首联即表达了诗人久居他乡的惆怅与思归之情。
   B. 诗歌描绘了江南水乡冬季独具特色的暮江晚景。
   C. 诗歌写景动静结合、虚实相生,自然而有情趣。
   D. 诗歌以"归"字为全篇诗眼,情感贯穿始终。

3. 结合全诗,赏析最后一联的表达作用。

参考答案

1. C
2. C
3. 最后一联以景结情、寓情于景,写到诗人听到大雁鸣叫的声音,看着它们一一向南飞去,"大雁"南飞的意象和"背人飞"与诗人行程方向相悖的暗示,都更强烈反衬出诗人的思乡心切和羁旅的孤单凄凉。同时尾联与题目和首联中的"归"字呼应,再次深化诗歌"思归"的主题。

选文二

寒食寄郑起侍郎

(宋)杨徽之

清明时节^①出郊原,寂寂山城柳映门。
水隔淡烟修竹寺,路经疏雨落花村。
天寒酒薄^②难成醉,地迥^③楼高易断魂。
回首故山千里外,别离心绪向谁言?

(选自《宋诗鉴赏辞典》,缪钺等撰,上海辞书出版社2015年版)

【注释】

① 清明时节:寒食节后两日为清明节,故寒食、清明常并举。郊原:郊外原野。古代风俗,寒食、清明要踏青扫墓,出郊春游。② 酒薄:酒味淡薄。③ 迥(jiǒng):远。

知识卡片

本诗是宋人杨徽之的一首七言律诗,与当时同被贬官的友人郑起互诉衷肠。写自己寒食时节出郊寻春,登高怀远,眺望千里之外,更生思乡离别之愁。杨徽之(921年—1000年),字仲猷,建州浦城(今福建浦城)人。五代后周至北宋时期大臣、藏书家、诗人。

阅读指津

首联"清明时节出郊原,寂寂山城柳映门",写诗人在寒食节后两天的清明节上,走到郊野寻觅春天。此时虽见家家门前插柳过节,但"山城"空寂无人、安静冷落,可以想见诗人难以被慰藉的惆怅。颔联"水隔淡烟修竹寺,路经疏雨落花村"景色凄清唯美,写出烟雾迷蒙中的佛寺和疏雨淅沥里的落花村。一远一近、一朦胧一清新,色调淡雅和谐,笔触错落有致。同写寒食清明,让人想到柳永《木兰花慢》词:"拆桐花烂漫,乍疏雨,洗清明,正艳杏烧林,湘桃绣野,芳景如屏。"

颈联即景抒情,"天寒酒薄难成醉,地迥楼高易断魂"情绪强烈,愁肠百结,诗人想借酒消愁却因酒味淡薄而难以得醉以自失自忘,想登高怀远却平添了身处贬地离家千里的断魂哀伤。据说宋太宗很欣赏杨徽之的诗,特地挑出十联写于屏风,其中就有这一联。尾联"回首故山千里外,别离心绪向谁言?"以问句作结,满腔的离愁别绪、故园之思、贬谪之痛和孤独之苦都喷涌而出,表面看起来好似对友人也难以理解的埋怨,实则是表达对挚友杨起的想念,如果你在身边,我又怎会无人分享这别离心绪呢?

李颀《古今诗话》引文莹语:"杨公必以天池皓露涤笔于冰瓯雪碗中,则方与公诗神骨相副。"可见杨徽之笔意的自然流转与清新脱俗。

拓展练习

1. 从体裁上看,本作品属于( )
   A. 律诗　　　　　B. 小令　　　　　C. 古体诗　　　　　D. 曲子词

2. 下列对本诗理解不正确的一项是( )
   A. 从诗歌题目看,本诗是诗人寒食时节写给郑起的。
   B. "出郊原"写出清明节踏青扫墓、出郊春游的习俗。
   C. 颔联写景色调淡雅、风物凄清,寄寓诗人的愁思。
   D. "别离心绪向谁言"表达因友人不理解自己而感到孤苦。

3. 扣住"难成醉""易断魂",并结合全诗,分析诗人所表达的感情。

参考答案

1. A

2. D

3. 首联、颔联写诗人清明节去踏春的所见所感,山城空寂景色凄清,烘托出诗人的孤独哀伤。颈联即景抒情,写诗人想要一醉方休以求解脱,结果因为酒味淡薄而"难成醉",反多了一份无奈,写出山城(贬谪)生活的不如人意;登高望远,更加发现离家甚远,平添了归家无望的愁苦,有了思乡不得归的"断肠"哀痛;从题目和尾联看,诗人与友人分离,远隔天涯,别离心绪也无处诉说,更多了一层哀愁。

选文三

虞美人·天涯也有江南信

宜州①见梅作

(宋)黄庭坚

天涯也有江南信,梅破知春近。
夜阑风细得香迟,不道晓来开遍向南枝②。
玉台弄粉花应妒,飘到眉心住③。
平生个里愿杯深④,去国十年老尽少年心。

(选自《黄庭坚诗集注》,任渊、史容等注,中华书局2017年版)

【注释】

① 宜州:今广西壮族自治区河池市宜州区一带。② 开遍向南枝:南枝由于向着太阳,故先开放。③ 飘到眉心住:宋武帝女寿阳公主人日卧于含章殿下。梅花落于公主额上,成五出花,拂之不去。词中意谓由于群花的妒忌,梅花无地可立,只好移到美人的眉心停住。④ 愿杯深:尽兴喝酒。

知识卡片

本词的作者是北宋著名文学家、书法家、江西诗派的开山之祖黄庭坚。黄庭坚(1045年—1105年),字鲁直,号山谷道人,晚号涪翁,洪州分宁(今江西省九江市修水县)人。崇宁二年十二月(1103),黄庭坚在荆州作《承天塔院记》,竟被转运判官摘得数句,"以为幸灾谤国",以罪犯身份被编录管制到广西宜州,遭受了宋代对文人最严厉的惩治。第二年,他作了这首词,距离他从绍圣元年(1094)初次被贬,已经整整十年。

阅读指津

"天涯也有江南信,梅破知春近",宜州距离京城数千里,说是"天涯"不算夸张。在这里竟然能见到江南的梅花,词人的惊喜不言而喻,一个"破"字尽得炼字之妙。梅花初绽的讯息,不仅给词人带来春意,更带来家乡"江南"的慰藉。"夜阑风细得香迟,不道晓来开遍向南枝",这两句进一步解释了这种惊喜的来源,可见睡前词人已经在冬日晚风中闻得一丝暗香,没想到早晨醒来就看见向阳的枝头梅花已经开遍。虽然还不是满树的盛放,却让人感到新鲜和喜悦。

"玉台弄粉花应妒,飘到眉心住"涉及一个典故,《太平御览》云:"宋武帝女寿阳公主某日卧于含章殿檐下。梅花落公主额上,成五出花,拂之不去。"黄庭坚这里用此典,我们可以想象一位被贬老人的忘怀得失,联想到少女以梅试妆的娇羞喜悦,暗伏下文的"少年心",这是何等浪漫的情趣!同时也暗示了词人爱梅如梅的高洁品性,得到了群花的忌妒。赏梅之喜,怎能不喝酒助兴呢?"平生个里愿杯深,去国十年老尽少年心",转而写出词人十年被贬的沧桑与慨叹。遥想当年,也爱把酒喝个够,而现在垂垂老矣,少年之心被无涯的贬谪之苦和如火中烧的疾病之身消磨殆"尽",大概只能苦中作乐而不能饮酒纵情了。

天涯与江南,垂老与少年,梅花与群花,十年贬谪之苦与朝花夕拾的惊喜,不知不觉的多层对比,让我们看到一个久经贬谪、垂垂老矣却能苦中作乐的旷达快意的词人形象。

拓展练习

1. 本作品适合收录于(   )
   A. 《律诗菁华》　　　　　　　　　　　B. 《诗余选集》
   C. 《乐府诗选》　　　　　　　　　　　D. 《古诗集粹》

2. 下列对本作品的写作特点分析不正确的一项是(   )
   A. 寓情于景物之中　　　　　　　　　B. 含蓄而不失自然
   C. 对比和炼字兼用　　　　　　　　　D. 全篇写贬谪之悲

3. 本作品"见梅"而作，整篇围绕梅花写出作者跌宕的心情，试分析。

参考答案

1. B
2. D
3. 上阕写出词人在贬所惊喜地看到梅花初绽，夜深时只是在晚风中闻得梅香，清晨起来才发现梅花已开遍向阳的枝头，带来家乡的音讯；下阕用典，写到梅花妆的典故，暗示了词人以花自比的高洁旷达与被群花妒忌的无奈，在少年纵情饮酒与十年贬谪老矣的对比中，又写出年华易逝的慨叹。

选文四

【甲】

凭阑人·金陵道中

（元）乔　吉

瘦马驮诗天一涯，倦鸟呼愁村数家。扑头飞柳花，与人添鬓华。

【乙】

凭阑人·江夜

（元）张可久

江水澄澄江月明，江上何人搊①玉筝？隔江和泪听，满江长叹声②。

（选自《元曲三百首鉴赏辞典》，隋树森等撰，上海辞书出版社2006年版）

【注释】
① 搊(chōu)：拨动，弹拨。② 长叹声：江涛汹涌，像是被筝声勾起的深沉的叹息。

知识卡片

两首小令的作者分别是乔吉和张可久，同为元朝有名的散曲大家，并称为"曲中李杜""双璧"。乔吉(约1280年—1345年)，字梦符，号笙鹤翁，又号惺惺道人。太原(今属山西)人，一生怀才不遇；张可久(约1270年—约1350年)，一说名伯远，字可久，号小山(《尧山堂外纪》)，也仕途失意。这两首小令的曲牌名都是凭阑人,两首小令皆用短短二十四字写出了深沉的意韵与令人潸然的景致。

阅读指津

甲曲首句是"瘦马驮诗天一涯",此句一出,立刻让人想到马致远的"古道西风瘦马,夕阳西下,断肠人在天涯"。骑着瘦马、驮着诗书、人在天涯,大概如同李贺、孟郊,也是郁郁不得志的清癯文人吧?"倦鸟呼愁村数家",更让人心生凄凉,"倦"鸟已然是作者移情于景,但这"倦"鸟却也能归家,人不如鸟的悲苦跃然纸上。"扑头飞柳花,与人添鬓华",这两句点出暮春时节,游子恋乡已然百感交集,不懂事的柳絮纷飞,落在作者的头发上,更增添了许多白发。此处不直言年龄,却点出岁月蹉跎的凄苦,将羁旅之愁写得刻骨铭心。从瘦马到天涯,从倦鸟到村家,从柳花到鬓华……可谓点点成线,绝妙自然。

乙曲描写月夜于江上听筝,意境更加淡远空灵,情致也更加委婉缠绵。"江水澄澄江月明",第一句写出水月映照,澄明空灵的景象,烘托了幽静渺远的气氛。第二句"江上何人搊玉筝"发起疑问,月色中,不知是谁弹起玉筝?打破四周的寂寥,引人驻足聆听。听筝人果然潸然泪下,"隔江和泪"多么让人感动和哀伤。这种不期而遇,如同白居易与琵琶女的相遇,是心有灵犀者之间的惺惺相惜。最后一句转而写江涛澒洞,如同"满江长叹声",连江水都被筝声勾起了深沉的叹息。筝音的凄婉动听、听筝人的哀伤孤独,可见一斑。与《琵琶行》相比,这首小令限于容量,对具体信息都付之阙如,唯独留下这无端而来的筝音和无端流下的泪水,更加超妙空灵,引人遐思。

拓展练习

1. 从体裁上看,两首作品均属于( )

A. 律诗   B. 小令   C. 古体诗   D. 曲子词

2. 下列对两首作品的分析正确的一项是( )

A. 甲描绘的是初春景象,描写了飞鸟、柳树与花。

B. 甲塑造了孤寂老者形象,浪迹天涯且满头斑白。

C. 乙让人想到《琵琶行》,同是江天月夜不期而闻。

D. 乙景水月映照,空灵明净,烘托宁谧美好气氛。

3. 两首作品皆只有四句,却言简意深,分别塑造了天涯羁旅客和江夜听筝人的形象,试概括两个形象的特点,并比较形象塑造的手法。

参考答案

1. B

2. C

3. 天涯羁旅客的特点是骑着瘦马、驮着诗文、风尘仆仆,非常疲倦和忧愁;江夜听筝人隔江闻曲转而泪下,可见是对音乐敏感且忧伤哀愁的。从形象塑造的手法看,两首曲通过"瘦马""倦鸟""柳花""筝声""满江长叹"等意象,渲染了悲凉凄清的环境,烘托出主人公的忧伤哀愁。不同之处在于,甲中暗含对比,人不如鸟,倦鸟犹能归家,浪子只在天涯;乙中听筝人虽闻曲落泪,但与弹筝人能惺惺相惜,聊以慰藉。甲有直接描写,如天涯羁旅客的坐骑、行李、霜鬓等,乙中听筝人的形象是模糊的,没有直接描写。

(魏春露)

二 即景抒怀

选文一

郊行值雪

（南北朝）庾信

风云俱惨惨，原野共茫茫。
雪花开六出①，冰珠映九光②。
还如驱玉马，暂似猎银獐。
阵云全不动，寒山无物香。
薛君一狐白③，唐侯两骍骊④。
寒关日欲暮，披雪上河梁。

（选自《山水诗歌鉴赏辞典》，中国旅游出版社1989年10月版）

【注释】

① 六出：花分瓣叫出，雪花六角，因而称六出。② 九光：汉武帝宫内的九光之灯，这里借喻雪光的明亮。③ 薛君一狐白：薛君，即战国时齐国公子孟尝君。孟尝君有一件举世无双的雪白狐裘。④ 唐侯两骍骊：春秋末期唐国国君唐成公有两匹洁白的骍骊马，号称唐国的传国之宝。

知识卡片

庾信（513年—581年），南北朝时期文学家。其父庾肩吾为南朝梁中书令，庾信自幼随父亲出入于萧纲的宫廷，后与徐陵一起任萧纲的东宫学士。后来庾信奉命出使西魏，因梁被西魏所灭，被迫长期留居北方为官，北周代魏后，庾信官位显赫，被尊为文坛宗师，但是他深切思念故土，为自己在敌国为官而深感羞愧，因不得自由而怨愤。本诗描绘了庾信在城郊见到的雪景以及感受，想象丰富而奇特。

阅读指津

作者起笔先描写远景，抬眼看去，只见辽阔黑暗、风云惨淡的天空和白茫茫一片的原野，两者又自然形成对比，衬托出大雪覆盖下原野的洁白，突出雪势之大。接着细致描绘眼前飘舞的雪花和夹杂着的冰珠,雪花六瓣,片片分明,冰珠映射出九光之灯的光芒,表明雪光的明亮。随后,作者展开了更加丰富奇特的想象,漫天大雪就像洁白的玉马在天空中奔驰,又像被人们围猎的毛色洁白的银獐在原野上狂奔,一片动态的美丽雪景展现在读者眼前。

接下去,作者描绘了风停之后的美丽雪景。天上的乌云全然不动,山峰被大雪覆盖,透不出一点点的香味,天地之间仿佛一下子处于静态之中。这时作者又展开了丰富的想象,眼前的天地洁白一色,犹如孟尝君洁白的狐裘,又仿佛唐成公的两匹骐骥马一样洁白。这里描写的虽是静景,但是读者完全可以借此想象出先前的雪势之大。最后一句话点题——正在郊外行走中遇上了这场大雪,此刻天色已晚,不能贪恋这美丽的雪景,披着满身的雪花继续行路。

1. 以下在图书馆可以快速查阅到本诗的一本书是(　　)
A.《律诗选注一百首》　　　　　　　B.《诗余精华注译评》
C.《格律诗译注百八篇》　　　　　　D.《古体诗精讲一百首》
2. 以下对本诗的判断最不合适的一项是(　　)
A. 想象奇特　　　B. 对比衬托　　　C. 化动为静　　　D. 比喻生动
3. 简要分析作者是如何描写雪景的。

1. D
2. C
3. 作者先从远景写起,用黑暗惨淡的天空对比衬托出大雪覆盖下原野的洁白,从而突出雪势之大。接着描写细节,突出雪花六瓣和冰珠映射出的光芒,表明雪光的明亮。随后运用比喻,漫天大雪就像奔跑的玉马和银獐,突出动态的雪景。最后写风停后的静态雪景,大雪覆盖下的山峰透不出一丝香味,天地洁白一色,犹如孟尝君的雪白狐裘,又像唐成公洁白的骐骥马,想象奇特。

选文二

宿湖中①

（唐）白居易

水天向晚碧沉沉,树影霞光重迭深。
浸月冷波千顷练,苞霜新橘万株金。
幸无案牍何妨醉,纵有笙歌不废②吟。
十只画船何处宿？洞庭山脚太湖心。

（选自《山水诗歌鉴赏辞典》,中国旅游出版社1989年版）

【注释】
① 湖中:此处的湖,是指苏州太湖。 ② 废:停止。

知识卡片

在唐代,朝廷诏令苏州刺史每年将太湖中洞庭山的东山和西山所产的橘,作为贡品送进宫中。唐敬宗宝历元年(825)春天,白居易任苏州刺史,这年秋天,白居易到洞庭山上督察采摘贡橘,太湖的景色给他留下了深刻的印象,于是写了五首诗记录此事,这是其中的一首。

阅读指津

这首诗从一天繁忙的采摘活动结束后写起。首联从远处着笔,描写傍晚时分水天相接、暮色沉沉,树影和晚霞交相辉映的绚烂美景;颔联写月出之景,清冷的月光映照在广阔的湖面之上,水面犹如千顷白练,经霜的橘子色泽金黄,万株橘树犹如镀上了金色。诗人用鲜艳的色彩展现了秋天的太湖独特的美,从而传达出喜悦之情。

后两联主要抒情。颈联直接流露出没有公务烦神的喜悦,于是开怀畅饮,在一片笙歌中吟诗作对,何其畅快!尾联紧承上一句的"笙歌",展现"十只画船"的盛大热闹场面,又回扣标题,诗人夜宿湖中,将进一步沉浸在优美的太湖夜色之中,给读者留下了无限的想象空间。

作者精准抓住了太湖景色的特点,前两联写景,景中藏情,后两联抒情,情中见景。全诗情景交融,自然流畅,是即景抒怀的典范之作。

拓展练习

1. 按体裁分,可以跟本诗在同一分类目录下查找到的作品是(　　)

A. 曹操《短歌行》

B. 杜甫《登高》

C. 李白《梦游天姥吟留别》

D. 陶渊明《归园田居》

2. 下列对本诗的分析和理解不正确的一项是(　　)

A. 前两联白描写景,色彩对比中透露出淡淡的忧伤。

B. 中间两联对仗工整,显示出诗人娴熟的语言技巧。

C. 全诗景中藏情,情中见景,写景抒情间转接自然。

D. 本诗语言平实,自然流畅,体现白诗的一贯风格。

3. 本诗颔联"浸月冷波千顷练,苞霜新橘万株金"向来为人称道,请就此作简要分析。

参考答案

1. B

2. A

3. "浸月冷波千顷练,苞霜新橘万株金"摹写月出之景,清冷的月光映照在广阔的湖面之上,水面犹如千顷白练,从触觉和视觉上突出诗人的细微感受;远处经霜的橘子色泽金黄,万株橘树犹如镀上了金色,想象奇特,突出了此时此地景色的鲜明特征。一"白"一"黄",作者用鲜艳的色彩展现了秋天的太湖独特的美,表达此刻的喜悦之情。

选文三

半山春晚即事
（北宋）王安石

春风取花去，酬我以清阴。

翳翳陂路静，交交①园屋深。

床敷②每小息，杖屦或幽寻。

唯有北山③鸟，经过遗好音。

（选自《宋诗鉴赏辞典》，上海辞书出版社，1987年版）

【注释】

① 交交：树枝交互覆盖的样子。② 床敷：安置坐具。③ 北山：即钟山。南朝时周颙曾隐居于此。王安石有《思北山》等诗，表达隐逸心境。

知识卡片

半山，位于现在的江苏江宁，由县东门到钟山，此处恰好是一半路程，故称"半山"。北宋政治家、文学家王安石在变法失败后，晚年退居江宁，建造半山园，自号半山。这首诗描写了半山园生活环境的幽静美丽，可以看出王安石隐退生活的一个侧面。

阅读指津

开头两句运用拟人手法，把春天的景色写活了。时值晚春，百花凋谢，常人不免有惜春忧伤之感，作者却说春风虽将百花"取"走，却又带来了清凉的树荫，一"取"一"酬"，作者内心的喜悦不言而明。接着承一二句具体描摹"清阴"之态，"翳翳"形容树木茂盛、树荫浓郁，"交交"形容树枝交互覆盖的样子，一片生机勃勃，同时展现出树荫深处小路蜿蜒曲折、房屋隐约可见的幽静画面。五六两句自然引出房屋主人的形象，主要刻画了"床敷""杖屦"两个日常生活片段，或是安置坐具休息，或是扶杖漫步山路，或静或动，展现诗人闲适安宁、怡然自得的心境。最后两句写北山鸟从此经过，留下了清脆悦耳的"好音"，既是以声衬静，进一步凸显此时此地的静谧之景，又暗含南朝周颙曾隐居于此的典故，应有言外之意。变法失败之后，王安石退居半山园，内心世界是复杂的，晚清学者高步瀛的《唐宋诗举要》称其为"寓感愤于冲夷之中，令人不觉"。

拓展练习

1. 直接点明标题中"春晚"二字的诗句是_____。

2. 对本诗赏析不恰当的一项是（ ）

A. 起首二句寥寥十字，摹尽春色的变化，显示了一幅绿肥红瘦的景象。

B. 三、四句由"清阴"展开，其中"翳翳"、"交交"显出自然之生意。

C. 五、六句截取两个生活片段，一静一动，刻画出半山园主人的风神。

D. 最后两句写北山鸟掠飞而过，留下一片好音，意境阔大，韵味悠长。

3. 结合诗意,从"情景关系"的角度对本诗作简要赏析。

1. 春风取花去
2. D
3. 结合具体诗句和词语进行分析,景色描述,景色特点(欣欣喜人、富有生意),情景交融,借景抒情,作者感情(闲适安宁、怡然自得)和积极的人生态度。

选文四

_____·沧浪亭
（北宋）苏舜钦

潇洒太湖岸,淡伫洞庭山。鱼龙隐处,烟雾深锁渺弥①间。方念陶朱张翰②,忽有扁舟急桨,撇浪载鲈还。落日暴风雨,归路绕汀湾。

丈夫志,当景盛,耻疏闲。壮年何事憔悴,华发改朱颜？拟借寒潭垂钓,又恐鸥鸟相猜③,不肯傍青纶④。刺棹穿芦荻,无语看波澜。

(选自《宋词鉴赏辞典》,商务印书馆2018年版)

【注释】

① 渺弥：湖水浩大弥漫无际的样子。② 陶朱：即春秋时期越国范蠡,辅佐勾践灭吴后,鉴于勾践难于共富贵,于是弃官离越从商,后世称"陶朱公"。张翰：字季鹰,苏州人,见秋风起,因思故乡莼菜、鲈鱼而弃官回乡。③ 鸥鸟相猜：据《列子·黄帝》篇记载,有人与鸥鸟亲近,但当他怀有不正当心术后,鸥鸟便不信任他,飞离很远。这里反其意而用之,借鸥鸟指别有用心的人。④ 青纶：青丝织成的印绶,常用于代指为官身份。

知识卡片

苏舜钦(1008年—1048年),字子美。政治上倾向于范仲淹为首的改革派,曾任大理评事、集贤校理、监进奏院,但是由于他"位虽卑,数上疏论朝廷大事,敢道人之所难言"(欧阳修《湖州长史苏君墓志铭》),遭诬陷打击,罢居苏州。苏舜钦在苏州购买了一处废弃却很幽静的花园,"买水石,作沧浪亭",现为苏州园林中历史最为悠久的古代园林,其名取意于"沧浪之水清兮,可以濯吾缨；沧浪之水浊兮,可以濯吾足"。闲居苏州沧浪亭期间,苏舜钦"日益读书""而时发其愤懑于歌诗"。其诗与梅尧臣齐名,风格轩昂奔放,亦工散文,有《苏学士集》。

阅读指津

本词是苏舜钦居苏州沧浪亭游太湖时的抒愤之作,通过写景、怀古、明志、抒愤,寄托了自己的身世之感,表达了壮志难酬的情怀。

上阕从太湖景色写起,先粗笔描摹太湖岸和洞庭山的景色,接着实写湖上烟雾弥漫,鱼龙不见踪影,"隐"和"锁"透露出作者怀才不遇的苦闷之情。随后自然联想到与太湖有关的两个历史人物,可是范蠡和张翰是主动弃官隐身而退,自己胸怀大志却被迫闲居苏州。最后两句又从怀古回到眼前之景,也暗喻了人生道路和仕途的崎岖不平。

下阕起句直抒胸臆,大丈夫胸怀大志,正值年富力强,耻于闲居。随后故意发问,壮年之际为什么面容憔悴,头发花白?词人心中难以抑制的不平之气跃然纸上。然而现实残酷,只能"寒潭垂钓"以求自我安慰,可是别有用心之人依然不依不饶。最后两句发出无奈的呼喊:既然如此,不如归隐江湖静观这世上的纷争吧!

拓展练习

1. 文学社准备编辑一本《宋词精华》,如果按照"词牌名"分类,那么本词应该归为( )条目之下。
   A. 念奴娇　　　　　B. 水调歌头　　　　　C. 沁园春　　　　　D. 声声慢
2. 以下对本词的理解不正确的一项是( )
   A. 上阕从写景起笔,开头四句是对太湖景物的总摄。
   B. 上阕借与自己遭遇相同的典故隐隐透露愤恨之情。
   C. 上阕写景由静到动,为下阕直接抒情作充分铺垫。
   D. 下阕开头三个短句直抒胸臆,宣泄内心愤激之情。
3. 词人是如何抒发"耻疏闲"情感的?

参考答案

1. B
2. B
3. 词人通过写景、怀古、明志、抒愤,寄托了自己的身世之感,表达了壮志难酬的情怀。上阕从写景起笔,总写太湖景物,先总体勾勒太湖岸和洞庭山,接着实写湖上弥漫的烟雾,使湖中鱼龙不见踪影,寄托了词人内心的苦闷:自己也如深隐的鱼龙一般,不得施展抱负,透露怀才不遇的愤懑之情。随后想到与太湖有关的两位古人范蠡和张翰,毕竟自己与他们的起因不同,聊作自我安慰。最后两句又回到眼前景物,暗喻人生的曲折。下阕开头连用三个短句,直抒胸臆,表明自己的雄心壮志,抒发内心的愤激之情。"何事"二字反问,突出正值壮年而壮志难酬、报国无门之苦。最后一句借景抒情,表面说隐居,实则饱含愤世嫉俗的无奈。

选文五

[双调]折桂令·毗陵①晚眺

(元)乔 吉

江南倦客登临。多少豪雄,几许消沉。今日何堪,买田阳羡②,挂剑长林③。
霞缕烂谁家昼锦④?月钩横故国丹心。窗影灯深,磷火青青,山鬼暗暗。

(选自《元曲鉴赏辞典》,中国妇女出版社 1988 年版)

【注释】

① 毗陵:县名,今江苏省常州市武进区。② 阳羡:县名,故城在今江苏省宜兴市南,与毗陵相邻。苏

轼曾"卜居阳羡",此处作者以追慕苏轼自诩。③ 挂剑长林:一种说法是指《史记·吴太伯世家》"季札挂剑"的故事,后用"挂剑长林"比喻心许亡友、生死不变的意思。另一种说法是指晋朝许逊出任旌阳县令,后弃官投身道门,最后修炼成仙,曾在建昌县冷水观前的松树挂剑。④ 昼锦:衣锦还乡之意。据《史记·项羽本纪》,项羽曾说:"富贵不归故乡,如衣锦夜行。"

知识卡片

乔吉(约1280年—1345年),元代杂剧家,太原人,长期寓居杭州,一生怀才不遇,生活漂泊,在杂剧、散曲创作上卓有成就。这首小令是乔吉客游毗陵时所写,抒发了毗陵晚眺时怀古伤今、自叹飘零的哀伤之情。

阅读指津

作者起笔以"江南倦客"自称,道出了一个长期漂泊在外、身心俱疲之人的多少心酸苦楚!"登临"是抒情的起点,也引出了"晚眺"。正是"登临""晚眺"之举才会触景生情,不禁想到历史上多少英雄豪杰,如今也已消沉。看似借此安慰不得志的杰出人物,实际上是对自己一生潦倒的自我安慰。作者随后用了两个典故,想到自己远不如这两个历史人物,至今又情何以堪!接着视线回到眼前,晚霞灿烂引起了对富贵人家衣锦还乡的联想,而自己至今都不能衣锦还乡,偏偏天上的钩月还触发了自己对故乡的无限思念,内心哀伤更进一层。最后视线转向远处,渲染出阴冷凄清的夜色,以景结情,忧伤之情溢于纸上。

拓展练习

1. 下列与"折桂令"不属于同一类的一项是(　　)
   A. 山坡羊　　　　B. 寿阳曲　　　　C. 天净沙　　　　D. 踏莎行

2. 以下对本曲的理解不正确的一项是(　　)
   A. 作者登临时触景生情,生发了无限感慨。　　B. 作者借助典故含蓄地表达了自己的心志。
   C. 写景视角在由远到近、由低到高中变化。　　D. 本曲调子低沉,情感压抑,而意境幽森。

3. 结合全曲内容,分析首句"倦"字的内涵。

参考答案

1. D

2. C

3. "倦"字既表明作者在外漂泊的时间之久、地域之广,同时也透露出一种身心俱疲的辛酸苦楚。作者登临时触景生情,发出"多少豪雄,几许消沉"的感慨,表面是为不得志的杰出人物打抱不平,实则是抒发自己一生潦倒的苦闷之情。而自己与古人相比又远远不如,不禁身心俱疲。接着写晚眺情景,触发了作者对故乡的无限深情。随着时间的推移,最后作者由仰观天宇转入俯视大地,由"灯深"到"磷火",渲染出凄清阴森的境界,作者晚眺时间之久、心情之倦,尽在不言中。

(韩立春)

三 赠友送别

选文一

赠傅都曹别

（南北朝）鲍 照

轻鸿戏江潭，孤雁集洲沚。
邂逅两相亲，缘念共无已。
风雨好东西，一隔顿万里。
追忆栖宿时，声容满心耳。
落日川渚寒，愁云绕天起。
短翮不能翔，徘徊烟雾里。

知识卡片

鲍照（约414年—466年）南朝宋文学家，字明远。26岁时曾谒见临川王刘义庆，毛遂自荐，初不得重视，后终得赏识，获封临川国侍郎，后来也做过太学博士、中书舍人之类的官。后因宫廷内部斗争，死于乱兵之中。他与谢灵运、颜延之合称"元嘉三大家"。本诗是鲍照赠朋友诗中的代表作。这首赠别诗，以轻鸿喻傅都曹，借孤雁以自指，表达诗人对朋友的留恋与怀念之情。

阅读指津

本诗以轻鸿喻傅都曹，借孤雁以自指。通篇用"比"，使得本诗有着浓郁的乐府民歌气息。

全诗十二句，每四句一节，共三节。前四句追述以前的相遇和友好情谊；中间四句叙述当前的分手和惜别之情；最后四句则是预想离别后自己的孤单和寂寞。从构思看，无大的起伏波澜，然而感情深挚，尤其一腔孤愤之情难掩。

品读此诗可留意以"鸿"喻傅都曹，以"雁"自喻，这般设喻之妙。鸿鹄象征清高，凫雁则迹近微贱，扬傅而抑己。一则高翔邀戏，一则独自幽栖。两相对照，颇有深意。

谢灵运写情，多从内心矛盾曲折处进行峭硬的刻画，不深思冥索不易体会；而鲍照则多以自然平淡出之，仿佛古人说的"有若无，实若虚"。但鲍诗写情多发自肺腑，稍加咀嚼，便回味无穷。品读此诗，应体会诗人写情时不露痕迹的深切。

 拓展练习

1. 此诗与下列哪首诗的体裁不一致(　　)
A.《蜀相》　　　　B.《短歌行》　　　　C.《琵琶行》　　　　D.《蜀道难》

2. 下列对本诗的理解不正确的一项是(　　)

A. 本诗通篇用"比"体,虽是文人作家所写的古诗,却有着浓郁的乐府民歌气息。

B. "轻鸿"四句写与傅都曹志趣相交,"风雨"四句,写两人分手惜别时情景。"落日"四句,设想别后离愁。

C. 本诗从结构看,跌宕起伏,全诗在戛然而止之中有着情韵不匮的余味。

D. 最后四句,乍看全是景语,实则句句抒情。以雁之不能高翔远引喻己之窘迫局促,找不到出路的彷徨失措。

3. 鲍照写情多以自然平淡出之,然由于发自肺腑,稍加咀嚼,便回味无穷。请结合本诗加以分析。

 参考答案

1. A

2. C

3. 如全诗以"鸿"喻傅都曹,以"雁"自喻。鸿鹄象征清高,凫雁则迹近微贱,扬傅而抑己。这两句看似客观描述,实已两相对照,说明彼此命运若云泥之别。然而二人邂逅,却又过从甚密,两两相亲。表面上似平铺直叙,实则隐含转折。"缘念共无已"则又深入一层。缘分无终尽,思念亦无终尽。这两句写双方情谊深厚,却以极平淡之笔出之,仿佛毫不着力。

"追忆"二句设想别后回忆当初同在一处"栖宿"之时,则"心耳"之间充满了彼此的"声容"。这里流露了别后的思念之情。全从侧面虚写,文势虽小有跌宕,仍不显得着力。但反复咏叹,自会觉得一往情深。

 选文二

奉济驿重送严公四韵

(唐) 杜　甫

远送从此别,青山空复情。
几时杯重把,昨夜月同行。
列郡①讴歌惜,三朝出入荣。
江村②独归处,寂寞养残生。

【注释】

① 列郡:严武此行所经过的郡县。② 江村:指成都浣花溪边的草堂。

知识卡片

唐代宗宝应元年(762)七月,召西川节度使、成都尹严武入朝议政。当时安史之乱尚未平息,吐蕃虎

视眈眈。西川与吐蕃接壤,严武骁勇善战,吐蕃人怕他。那么严武一旦离开成都,吐蕃就会乘机犯边。其次,杜甫寓居成都草堂期间,曾任严武幕僚,深得严武关怀。对于这样一位防御吐蕃的战将、情投意合的朋友的离任,杜甫是万分不舍的。他给严武送行,从成都启程,向北送出二百多里,直到绵州以北的奉济驿,才依依诀别,写成这首五律以表心声。

阅读指津

梁启超称杜甫为"情圣"。他说:"像情感这么热烈的杜工部,他的作品,自然是刺激性极强,近于哭叫人生目的的那一路,是三板一眼的哭出来,节节含着真美。"诗主性情,性情是诗的生命根基。从这首《奉济驿重送严公四韵》,要读出这个特质。

其次,把握杜甫律诗的章法。一般杜诗四联的布局符合"起、承、转、合"的思路。首联陡发感叹,为全诗定下惜别的基调。颔联承接首联,并且把首联的意思进行拓展。既然挽留不住,就自然想到离别之后的事。颈联由前四句写离情别绪转为写严武的功德,暗中交代离情别绪产生之原因。尾联以叙事收结情感,"江村独归处,寂寞养残生",想象与朋友诀别之后自己的寂寞,把作者的情感推到极致。

这首诗语言质朴含情,章法谨严有度,平直中有奇致,浅易中见沉郁,情真意挚,凄楚感人。

拓展练习

1. 根据诗意,请给诗歌另取一个标题:_____(五字以内)

2. 下列对本诗的赏析不正确的一项是(　　)

A. "远送从此别,青山空复情"一句和李白的"青山横北郭,白水绕东城"一句意境相似。

B. "几时杯重把,昨夜月同行"一句移情于月,诗人以乐事写忧愁,越是写此时之乐,就越能加重离别的不忍。

C. 颔联字面上不再写惜别,而是暗中交代作者的离情别绪何以如此浓重,这样一位镇蜀大将离任而去,蜀地的安危问题,将重重地压在杜甫和蜀地人们的心头。

D. 最后两句直接抒写诗人送别后的心境。"江村独归处,寂寞养残生。"流露出诗人送别知己后倍觉晚景凄凉之感。

3. 杜甫写诗擅长平中见奇,请结合本诗前四句进行分析。

参考答案

1. 略

2. A

3. 示例:以上四句倒装,增添了诗的情趣韵致。首联如果把"青山"一句提到前面,就会显得感情唐突,使人不知所云;颔联如果把"昨夜"一句放在前面,便会显得直白而缺少情致。现在次序一倒,就奇曲多趣了。这正是此诗平中见奇的地方。还可以从炼字角度,鉴赏"青山空复情"的"空"字。("空"更把这种感情推进一层。"空"字既是写实,又是写意。王命在身,严武不得停留,则此情已属徒然。而一旦盛情落空,就会掀起更大的感情波澜。所以,这个"空"字是包含着作者深重的叹息的。)还可以从乐事写哀情的角度分析。

选文三

云阳馆与韩绅宿别

（唐）司空曙

故人江海别，几度隔山川。
乍见翻①疑梦，相悲各问年②。
孤灯寒照雨，深竹暗浮烟。
更有明朝恨，离杯③惜共传。

【注释】
① 翻：反而。② 年：年时光景。③ 离杯：饯别的酒。

知识卡片

大历十二年（777）秋，京兆府一带连下大雨，京兆府下辖的云阳县（即泾阳县）灾情严重，司空曙当时任右拾遗，去云阳考察灾情，住在云阳驿站的客舍。恰巧故友韩绅卿在泾阳任县令，也在察看灾情，两人已20多年未相见。能在云阳旅馆遇到老友韩绅卿，诗人惊喜万分，恍如做梦，又感慨伤悲。

阅读指津

这是首惜别诗。诗写乍见又别之情，不胜黯然。诗一开端由上次别离说起，接着写此次相会，然后写叙谈，最后写惜别。行文波潮曲折，富有情致。

这首诗以第二联出名。"乍见翻疑梦，相悲各问年"两句道尽战乱年代人们特有的情态。类似如戴叔伦《客舍与故人偶集》"还作江南会，翻疑梦里逢"，崔峒《喜逢妻弟郑损因送入京》"为经多载别，欲问小时名"，李益《喜见外弟又言别》"十年离乱后，长大一相逢。问姓惊初见，称名忆旧容"。读此诗须对这经典情态细加咀嚼。

诗的第三联富有动人情味。孤灯、寒雨、浮烟、湿竹，诗人以此景渲染伤别的气氛。其中的"孤""寒""湿""暗""浮"诸字，不仅渲染映衬出诗人悲凉暗淡的心情，也象征着人事的浮游不定。古人论诗以景物描写为虚，以抒情言事为实，讲究虚实相生，以获得含蓄不尽的效果。近体诗字数不多，如果句句写实，所能表达的内容极为有限，只有以虚济实，虚实相生，才能用有限的文字传达丰富的意蕴。品读此诗，须对此有所领会。

拓展练习

1. 以下评价适用于本诗的是（　　）
   A. 清雅淡远　　　B. 含蓄委婉　　　C. 沉郁惆怅　　　D. 平淡质朴

2. 下列理解错误的一项是（　　）
   A. 诗一开端由上次别离说起，接着写此次相会，然后写叙谈，最后写惜别，波潮曲折，富有情致。
   B. "乍见翻疑梦，相悲各问年"乃久别重逢之绝唱，与李益的"问姓惊初见，称名忆旧容"有异曲同工之妙。

C. "孤""寒""深""暗""浮"诸字,不仅渲染映衬出诗人悲凉暗淡的心情,也象征着人事的浮游不定。

D. 结处劝饮离杯,诗人以豪迈之气鼓舞友人,用一"更"字点明了将恨留在明天。

3. 颈联接写深夜在馆中叙谈的情景。诗人避实就虚,只以景象渲染映衬,以景寓情。请对此句加以赏析。

参考答案

1. C

2. D

3. 夜深雨止,在黯淡的灯光下,幽暗的竹丛湿气弥漫,如烟似雾。这惝恍迷离的景象是诗人心境的外化。颈联不直接写情叙事,而是用景物描写来间接地表达人物的情感、营造环境的氛围,选择适当的意象来象征或暗示某种情意。这种寓情于景、情景交融写法的好处是,不直接写两人的叙谈,反而给读者留下了更丰富的想象余地。安置两句景物描写,不仅增加了背景、环境的刻画,更间接地烘托、渲染出人物的心理氛围,其表现力胜过直接叙事。

选文四

送严士元

(唐) 刘长卿

春风倚棹阖闾城,水国春寒阴复晴。
细雨湿衣看不见,闲花落地听无声。
日斜江上孤帆影,草绿湖南万里情。
东道若逢相识问,青袍今已误儒生。

知识卡片

本诗诗题一作《别严士元》。严士元是吴(今江苏苏州)人,曾官员外郎。此诗作于唐肃宗至德三年(758)初,由诗中"春风""春寒"句可知,时属冬末春初。由诗末"青袍今已误儒生"句,可知作者处于遭贬而郁郁不得志之时。诗人与友人当时在苏州偶然重逢,短暂晤言后,严士元就要去湖南。刘长卿作此诗赠别。

阅读指津

此诗运用的是常见的以景传情、情景交融的送别诗写作模式。诗人就送别时所见物象落笔,其背景是水国和江上,具体景物有春风、细雨、闲花、孤帆等。诗人将送别之情置于江南早春阴雨不定的特殊季节,自然给离情增添了一层淡淡的忧伤。全诗以写景为主,间以抒情,而景物描写中,又有虚实相生之状,富有灵动变幻之美。借此抒发的情感,主要有离别的不舍以及对自己前程的不满。

方东树云:"文房诗多兴在象外,专以此求之,则成句皆有余味不尽之妙矣。"(《昭昧詹言》卷一八)因而品读此诗,还要能读出象外之意、弦外之音。

拓展练习

1. 下列诗歌和本诗题材相同的一项是(　　)

A.《燕歌行》　　　　B.《李凭箜篌引》　　　C.《淮上与友人别》　　　D.《登快阁》

2. 以下对本诗的理解错误的一项是(　　)

A. 首联交代送别的时间、地点与环境。"春寒"指早春时节,"阆闾""水国"指地点,"阴复晴"指天气终于好转。

B. 颔联中诗人着意写了对于"细雨"与"闲花"的独特感受。说明他和友人话别时专注投入,对周遭没有觉察,体现了离别的难舍之情。

C. 颈联中"日斜"句是虚景,描写日暮时分友人孤舟渐行渐远隐隐约约的帆影。"草绿"句是实景,表达友人对自己的思念。

D. 本诗的整体环境幽静清冷,"春风""细雨""闲花""日斜""草绿",诗人以此反衬出内心的不平静与忧郁。

3. "东道若逢相识问,青袍今已误儒生。"分析作者在此句中流露的心声。

参考答案

1. C

2. C

3. 尾联嘱托友人如果有人问起诗人的景况,就告诉他们说,自己原本理想的前程已被残酷的现实耽误了。读书人本当胸怀壮志,以匡世济国为己任,可如今诗人仅是一袭青衿,官微职卑,满腹经纶无以施展,仕途坎坷,前程渺茫。对此诗人既有对自己的责备又有对社会的不满。同时在对自己怀才不遇的感慨中也隐含了对友人的善意劝勉。

(胡　琴)

四 咏史怀古

选文一

＿＿＿＿·洛阳怀古

（宋）秦 观

梅英疏淡，冰澌①溶泄，东风暗换年华。金谷②俊游，铜驼③巷陌，新晴细履平沙。长记误随车④。正絮翻蝶舞，芳思交加。柳下桃蹊，乱分春色到人家。

西园夜饮鸣笳。有华灯碍月，飞盖⑤妨花。兰苑未空，行人渐老，重来是事堪嗟！烟暝酒旗斜。但倚楼极目，时见栖鸦。无奈归心，暗随流水到天涯。

（选自杨世明笺注《秦观词笺注》，中华书局2021年版）

【注释】

① 冰澌：冰块消融。② 金谷：西晋石崇别墅，洛阳名园。③ 铜驼：洛阳铜驼巷。④ 误随车：指少年子弟信马闲游，却不觉错误跟随在别家女子车后，常指由此导致的少男少女邂逅。⑤ 飞盖：飞驰车辆上的伞盖。

知识卡片

本词作者秦观（1049年—1100年），字少游，一字太虚，号淮海居士，别号邗沟居士，北宋人。秦观少从苏轼游，与黄庭坚、晁补之、张耒合称"苏门四学士"。元丰八年进士。元祐初，因苏轼荐，任太学博士，继而迭遭贬谪，仕途坎坷。秦观为北宋婉约派重要代表作家，词多写恋情和身世之感，语工而入律，情韵兼胜，哀艳动人，虽为苏轼学生，但词风不学东坡，独创一格，有"古之伤心人"之称，以秀丽含蓄取胜，擅写细腻幽微之境。著作有《淮海词》。

阅读指津

本词名为"洛阳怀古"，但是和一般的古城怀古诗词不同，作者并非从洛阳城的历史和英雄入手，而是选取了自己在洛阳城生活的旧事作为"怀古"的切入点，以怀古的视角抒写个人身世之感。本词可和教材必修下册王安石《桂枝香·金陵怀古》进行文本对读，同为以古城为背景的怀古词，表现手法有共同之处，但是风格和情感却大不相同。秦观曾在洛阳生活过一段时期，这年早春，词人旧地重游，人事沧桑带给他深深的触动,使他油然而生怀旧之情。此词以早春典型的变化起笔,"东风暗换年华",暗含时间流逝、年华不再之意。上阕回忆洛阳往昔生活,词人在繁花似锦的春天中尽情享受轻松浪漫的闲游。下阕以回忆灯火璀璨、车水马龙的西园夜宴起笔,如今故地重游,自己却已年老,暗合上阕"暗换年华",针脚细密。最后以景衬情,一腔无可奈何只得暗随流水去往天涯。今昔交错,虚实交融,不仅追怀过去的游乐生活,还隐含作者的政治失意之慨,含蓄委婉。

拓展练习

1. 本词的词牌应为(   )

A. 望海潮　　　　　B. 念奴娇　　　　　C. 声声慢　　　　　D. 水调歌头

2. 请联系教材王安石《桂枝香·金陵怀古》,和本词对读,下列选项正确的一项是(   )

A. 两首词的写景都有色彩的对照和空间的变化。

B. 两首词都有对古城繁华场面的怀想。

C. 秦词的风格含蓄委婉,细腻深沉;而王词则是开阔绵邈,旷远壮丽。

D. 两首词都通过今昔对比,既有对于城市历史的感慨,也深寓个人身世之感。

3. 本词和《桂枝香·金陵怀古》词的下阕都运用了虚实结合的手法表达感情,但是同中有异,请具体分析。

参考答案

1. A

2. D

3. 两首词都有回忆,都用旧事和现今进行今昔对比,从而引发感慨。

相异之处:秦词下阕主要从个人身世角度切入,追忆西园夜饮,属于虚写,烘托出夜宴愉快热闹的气氛,"兰苑"句转入现实,行人重来已是年老,和之前对比,把过去写得越热闹,就愈发衬出现在的凄凉、寂寞,现实只余嗟叹。虚实对照,抒发诗人对于人事沧桑无可奈何的感慨,使得情感表达更为细腻委婉。

王词从整个宏观历史的角度切入,高屋建瓴,气象开阔,以"念往昔"领起,转入虚写,追忆六朝亡国悲剧,表达出深沉的历史感慨,六朝旧事已随流水而去,自然转入现实,眼前只有寒烟、衰草,衬托出萧瑟的气氛。"至今商女"三句,勾连眼前所见和历史,虚实结合,时空交错,暗含对当今统治者的警告,要吸取六朝旧事教训。

选文二

水调歌头·多景楼[①]

(宋)陆　游

江左占形胜,最数古徐州[②]。连山如画,佳处缥缈著危楼。鼓角临风悲壮,烽火连空明灭,往事忆孙刘。千里曜戈甲,万灶[③]宿貔貅[④]。

露沾草,风落木,岁方秋。使君宏放,谈笑洗尽古今愁。不见襄阳登览,磨灭游人无数,遗恨黯难收。

叔子⑤独千载,名与汉江⑥流。

(选自钱仲联、马亚中主编《陆游全词校注·放翁词校注卷上》,浙江古籍出版社 2015 年版)

【注释】

① 多景楼位于镇江北固山。② 徐州:指镇江。东晋南渡,置侨州侨郡,曾以徐州治镇江,故镇江又称徐州或南徐州。③ 灶:军中炊灶,指代营垒。④ 貔貅:猛兽,喻指勇猛战士。⑤ 叔子:西晋大将羊祜,字叔子,镇守襄阳十年,曾登临兴悲。⑥ 汉江:汉水,流经襄阳。

知识卡片

陆游(1125 年—1210 年),字务观,号放翁,越州山阴人。南宋文学家、史学家、爱国诗人。陆游一生因坚持抗金,屡遭主和派排斥,后因"嘲咏风月"被罢官归居故里,留绝笔《示儿》。陆游具有多方面文学才能,尤以诗的成就为最。陆游词集豪放婉约于一身,有不少词写得清丽缠绵;而有些词或寄寓着高超的襟怀,或慷慨雄浑,风格与苏辛比较接近。有《剑南诗稿》。京口、徐州均为镇江古称。镇江古来一直是军事要塞,陆游时任镇江府通判,陪同镇江知府方兹登多景楼游宴,写下此词。当时金兵踞淮北,镇江为江防前线。

阅读指津

陆游此词,爱国之情激荡。上阕写词人登楼远眺,大好江山形势险要、景色壮丽,场面壮阔,气象豪雄,自然联想到此地的历史风云人物。下片起始用风露草木点明季节时令,从江山历史过渡到了现实的生活情景,也就是镇江知府方滋主持的这次游赏盛会,作者称赞方使君宏放谈笑,神采飞扬;"不见"二字,引领最后五句,一气贯通,直至终篇,呼应上文的"孙刘",又写到了另一位功业显赫的历史人物——羊祜。作者借羊祜劝勉方滋,希望他能像羊祜那样,为渡江北伐做好部署,建万世之奇勋,垂名千载,寄予一片希望。同为镇江怀古,同有对于此地英雄人物的缅怀,此词可与教材中辛弃疾《永遇乐·登京口北固亭怀古》对读。

拓展练习

1. 本词作者陆游,号_____。

2. 对本词理解不正确的一项是( )

A. 开头"江左"四句,从地理和历史的角度突出镇江的军事要塞作用。

B. "鼓角"三句,从视觉和听觉角度立体刻画登楼所见之战争景象,并以此为联结点,自然联想到三国旧事,用典妥帖高妙,和眼前风景浑融一体。

C. "使君宏放"两句抒写词人自己登楼,气度宏放,在登览怀古中谈笑自如,胸襟阔达。

D. 全词由史及人,字里行间透露出强烈的爱国热情。

3. 以下为教材中《弃疾永遇乐·京口北固亭怀古》的上阕,请联系本词,回答问题。

千古江山,英雄无觅孙仲谋处。舞榭歌台,风流总被雨打风吹去。斜阳草树,寻常巷陌,人道寄奴曾住。<u>想当年,金戈铁马,气吞万里如虎。</u>

追忆英雄人物事迹是咏史怀古词的常见手法,请从这个角度,分析两首词画线句表达感情的异同。

参考答案

1. 放翁
2. C
3. 相同之处:两首词的画线句都追忆英雄人物,联系现实,都有对英雄人物功业的赞赏和追慕。

不同之处:《水调歌头》用西晋大将羊祜镇守襄阳,名留千古的典故,借以勉励方知府,希望他能像羊祜一样,做好抗金准备,建立不世功勋,也蕴含了作者的抗金之志和爱国热情。《永遇乐》画线句追忆宋武帝刘裕当年征伐天下,有气吞万里的气势,但是现在旧居却已是凄清荒凉的寻常巷陌了,今昔对比,历史消磨了英雄人物的丰功伟绩,有世事沧桑之感,感慨深重,也对比自己遭遇,暗含壮志难酬之感。

选文三

于阗采花

(唐)李 白

于阗①采花人②,自言花相似。
明妃一朝西入胡,胡中美女多羞死。
乃知汉地多名姝,胡中无花可方比。
<u>丹青③能令丑者妍,无盐④翻在深宫里。</u>
<u>自古妒蛾眉,胡沙埋皓齿。</u>

(选自(清)彭定求等编《全唐诗》卷二十六,中华书局1960年版)

【注释】

① 于阗:汉代西域古国。故址在今新疆和田一带。这里泛指塞外胡地。② 采花人:此谓为国君选美之人。③ 丹青:谓画师毛延寿因王昭君不肯贿赂宫廷画师,而被画师怀恨在心,故意画丑。④ 无盐:无盐,古代著名丑女,即战国时齐宣王后钟离春。

明妃曲

(宋)王安石

明妃初出汉宫时,泪湿春风鬓脚垂。
低徊顾影无颜色,尚得君王不自持。
<u>归来却怪丹青手,入眼平生几曾有。</u>
<u>意态由来画不成,当时枉杀毛延寿。</u>
一去心知更不归,可怜着尽汉宫衣。
寄声欲问塞南事,只有年年鸿雁飞。
家人万里传消息,好在毡城①莫相忆。
<u>君不见咫尺长门闭阿娇②,人生失意无南北。</u>

(选自刘成国点校《王安石文集》第一册卷第四,中华书局2021年版)

【注释】

① 毡城：此指匈奴王宫。游牧民族以毡为帐篷。② 咫尺长门闭阿娇：咫尺，极言其近。长门闭阿娇，西汉武帝曾将陈皇后幽禁长门宫。

知识卡片

李白，字太白，号青莲居士，唐朝伟大的浪漫主义诗人。性格爽朗大方，诗作浪漫潇洒，就其开创意义及艺术成就而言，享有极为崇高的地位，后世誉为"诗仙"，与诗圣杜甫并称"李杜"。著有《李太白集》。《于阗采花》当作于唐玄宗天宝三载，李白被谗见疏，被玄宗"赐金还山"，离开长安。因心情苦闷，故有此牢骚不平之作。

王安石，字介甫，号半山。北宋时期政治家、文学家、思想家、改革家。熙宁二年，被宋神宗升为参知政事，次年拜相，主持变法。因守旧派反对，仕途屡次沉浮。元祐元年，新法皆废，王安石郁然病逝于钟山。谥号"文"，世称王文公。在文学上，王安石具有突出成就。其散文名列"唐宋八大家"；其诗擅长于说理，诗风含蓄深沉、深婉不迫，在北宋诗坛自成一家，世称"王荆公体"；其咏怀吊古词，意境空阔苍茫，形象淡远纯朴。有《临川集》。

阅读指津

第一首《于阗采花》引汉元帝时宫女王昭君的故事为喻，借美人遭嫉、埋没胡沙，丑女受宠、立为后妃，媸妍颠倒的现象，喻有才之士遭嫉贬斥，无能之辈反被重用。全诗可分两段。前六句叙事，用铺垫的手法写明妃的美貌。后四句议论，指出媸妍颠倒的不合理现象，情感愤慨，隐含太白自叹遭谗被斥。

第二首《明妃曲》开篇通过人物神态、动作、细节描写，加以君王反应侧面衬托，突出王昭君的美貌。随后作者一反传统，提出"枉杀毛延寿"，昭君之绝代之姿，本身就非画师可传达。昭君在塞外，依旧一心向汉，看上去是悲剧，但本诗直击本质，有力指出无论是在汉地还是在胡地，宫廷女子都无法摆脱悲剧。本诗在历代以昭君出塞为主题的咏史怀古诗中独出机杼，体现出作者深刻的思想性。

拓展练习

1. 最可能同时收录这两首诗的作品是（　　）
A.《唐宋诗词精选》　　B.《历代律诗集萃》　　C.《边塞诗选》　　D.《古体诗汇编》

2. 两首诗歌都运用的手法不包括（　　）
A. 用典　　　　B. 对比　　　　C. 烘托　　　　D. 比喻

3. 两首诗对于明妃的遭遇有不同的看法，你更认同哪首诗？请从情感表达的角度，结合画线句具体分析。

参考答案

1. D
2. D
3. 示例一：认同李诗。李诗谴责了区区画师就可以使美女变丑，丑女反而得以留在宫中，诗人借此对比，突出了妍丑不分、黑白倒置的现象，自古以来像昭君一样的美女都只落得埋骨胡沙的下场。以此作比,作者批判选才时贤愚不分、人才易遭到小人妒忌而被埋没的黑暗、不公的现象,犀利深刻,愤慨不平之情强烈。而相比之下,王诗只是指出了无论是胡地还是汉宫,女子都被幽闭、失去自由的共同悲剧,情感表达没有李诗来得深刻,所以我觉得李诗更好。

示例二:认同王诗。王诗一反传统,认为昭君的悲剧不能怪丹青手,美女神韵本就不是画作能够传达的。"人生失意无南北"更是点出了昭君悲剧的根源,用汉代陈阿娇被幽闭长门宫的典故,指出无论是出塞还是留汉,都是一样成为君王的附庸,失去自由,画师毛延寿只是表层原因,由点及面,指出了从南到北、自古以来宫廷女子共同的悲剧,议论新奇而深刻,蕴含深重无比的历史感慨。而李诗只是停留在指责画师的表面,借此指出了贤才被埋没的现象,主要寄托了个人不得志的愤慨,王诗则情感表达更为宏大深厚。

(徐婷育)

五　咏物言志

选文一

促　织

（宋）王安石

金屏翠幔①与秋宜,得此年年醉不知。
只向贫家促机杼,几家能有一絇②丝。

（选自王兆鹏、黄崇浩选编《王安石集》,凤凰出版社2014年版）

【注释】

① 金屏翠幔,言豪富人家居室奢华。② 一絇(qú)：一缕,形容丝很少。

知识卡片

王安石(1021年—1086年),字介甫,晚年自号半山老人。抚州临川(今江西)人。宋仁宗庆历二年(1042)进士,任淮南节度判官。嘉祐三年(1058)上万言书《上仁宗皇帝言事书》,提出变法主张。神宗熙宁二年(1069)王安石出任参知政事,次年又任宰相,行新法。开始了历史上有名的"熙宁变法"以期富国强兵。遭保守派反对,熙宁七年(1074)罢相,复位后又于熙宁九年罢相,退居江宁(今江苏南京),封荆国公,世称王荆公。王安石是一位著名的政治家,又是一位杰出的文学家,其文雄健峭拔,为"唐宋八大家"之一。诗遒劲清新,成就最高。今存《王临川集》《临川集拾遗》传世。《促织》大致作于"熙宁变法"前。

阅读指津

蟋蟀供养于富豪人家,一到秋季更是无比活跃。平日优游无度,年年沉醉其中却不知如此优越生活之所来。它们发出如织布的声音,好像是在催促穷苦人家赶紧制寒衣,但不知"贫家"哪怕是一缕细丝也没有了啊！读懂本诗,需要理解"促织""金屏翠幔"等比喻义,更要与当时的社会现实以及王安石的政治理想相结合。

拓展练习

1. 下列诗歌选集中,可能收录本诗的一项是(　　　)

A.《古诗纪》　　　　B.《宋诗钞》　　　　C.《乐府雅词》　　　　D.《乐府诗集》

2. 以下对本诗风格评价贴切的一项是(　　)

A. 凄凉哀怨　　　　B. 清婉秀丽　　　　C. 婉而多讽　　　　D. 质朴刚健

3. 同为写促织,试析蒲松龄《促织》与本诗在写作意图上的异同。

参考答案

1. B

2. C

3. 小说《促织》通过描写成名一家因征促织的不幸遭遇,表达了对底层人民辛酸悲苦生活的同情,揭露并批判当时官贪吏虐的黑暗现实。王安石写促织养尊处优,实则讽刺鞭挞官僚地主严征暴敛、不恤民力,同样表达对下层劳动人民的深切同情。不同之处在于,王安石作为有政治抱负的改革者,他更是咏物议政,针对社会弊端,为其变法而张目。

选文二

蝉

(唐)李商隐

本以高难饱,徒劳恨费声。
五更疏欲断,一树碧无情。
薄宦梗犹泛①,故园芜已平。
烦君最相警,我亦举家清。

(选自俞平伯等著《唐诗鉴赏辞典》,上海辞书出版社2013年版)

【注释】

① 梗犹泛:形容生活漂泊不定。

知识卡片

李商隐(约813年—858年),字义山,号玉谿生,怀州河内(今河南沁阳)人。开成进士,曾任县尉、秘书郎和东川节度使判官等职。因受牛李党争影响,被人排挤,潦倒终身。擅长律、绝,富于文采,具有独特风格,然有用典太多、意旨隐晦之病。有《李义山诗集》。这首诗作于大中五年(851),当时李商隐正在东川节度使柳仲郢的帐下当幕僚。

阅读指津

蝉栖息在高树上,餐风饮露,本来就难得一饱,无论发出怎样的哀鸣声,也只是徒劳。蝉鸣声到了五更天亮时,已经稀疏得快断绝了,而它所寄寓的这棵大树却依旧碧绿苍润,毫不动情。无奈我只是个四处漂泊的小官吏,只想回到家乡收拾杂草丛生的田园。真是劳烦了你(蝉)最常提醒我,原来我一家人同你一样清苦。诗歌前两联写蝉,后两联写诗人,阅读时仔细揣摩两者间的联系,结合诗人身世遭遇,如此才能体会诗人体物抒情、曲折尽义的艺术手法与风格。

拓展练习

1. 以下对本诗风格评价不贴切的一项是(　　)
   A. 凄楚悲怆　　　B. 曲折哀婉　　　C. 幽冷奇艳　　　D. 深情绵邈
2. 下列关于本诗说法不正确的一项是(　　)
   A. 首联写蝉声之声嘶力竭是为了表现环境的幽静。
   B. 颔联以树的无情来衬托蝉不被理解的悲凉处境。
   C. 颈联"平"可理解为田地已平整,诗人想回去经营。
   D. 尾联诗人用拟人手法与蝉对话,视蝉为知己。
3. 本诗多用虚词,如"本""徒""欲""最""亦"等,结合全诗,赏析其表达效果。

参考答案

1. C
2. A
3. 首联"本"字写蝉因居高处而难食饱,道其生存之起始状态便是极其艰苦的,才致使它发声求变,"徒"字表其行为毫无意义,更加深蝉困苦无奈之情。颔联"欲"字言蝉声微弱将绝,却又无物可待,细致入微地写出蝉绝望的心理,意境悲凉凄怆。颈联"犹"字表诗人自伤身世漂泊,毫无变化,无奈悲苦,"已"字是说田园荒芜,极表归乡之急切。尾联"最""亦"两字将蝉与诗人联系在一起,引发共鸣,抒发诗人虽一生不遇、清贫至苦,也要保有高洁的情操。全诗使用虚词,起到了增强抒情、深化意境及寄寓旨味的效果。

选文三

听百舌鸟①

(唐) 王　维

上兰门外草萋萋,未央宫②中花里栖。

亦有相随过御苑,不知若个③向金堤。

入春解作千般语,拂曙能先百鸟啼。

万户千门应觉晓,建章何必听鸣鸡。

(选自孟繁森编著《咏物诗注析》,山西教育出版社 2004 年版)

【注释】

① 百舌鸟:乌鸫,嘴细长而侧扁,翅膀长而平,善走,叫的声音好听。② 未央宫:与后文的建章,都是汉代长安的宫殿名。③ 若个:哪个。

知识卡片

王维(701年—761年),字摩诘,原籍太原祁(今山西祁县)人,从他父亲起,寄籍蒲州(今山西永济西)。唐玄宗开元进士。累官至给事中。安史之乱,曾受伪职,乱平后,责授太子中允。最后官至尚书右丞,世称王右丞。擅长诗画,苏轼称他"诗中有画,画中有诗"。有《王右丞集》。开元二十五年(737),王维

393

奉命以监察御史的身份出使边塞,担任凉州河西节度幕判官。王维此次出塞,名义上是察访军情,实则是被排挤出朝廷。此诗可能写于出塞前。

阅读指津

上兰门外是一片草木茂盛的景象,百舌鸟似乎是因为善鸣而受帝王欣赏,所以能够在未央宫的花丛中栖息。有时百舌鸟相互伴随着飞到皇家园林,有时也不知道要飞向哪处河堤。春天一到,百舌鸟就能模仿百鸟的叫声,天刚亮,它就先于百鸟啼鸣。此时,千家万户应该都知道天亮了,因此建章宫根本不必再听鸡鸣报晓。本诗前六句初读似乎是对百舌鸟有赞美之意,读者需要细心体会最后两句的深意,尤其是"何必"两字。同时联系写作背景,理解百舌鸟与报晓雄鸡背后的比喻义,对于准确理解诗人的思想情感及写作意图也至关重要。

拓展练习

1. 在《红楼梦》"香菱学诗"中香菱与林黛玉讨论了王维的五律诗歌(　　)
　A.《山居秋暝》　　　B.《使至塞上》　　　C.《相思》　　　D.《送元二使安西》

2. 以下对本诗理解不正确的一项是(　　)
　A. 首联写百舌鸟栖居之所,言其安适惬意。
　B. 颔联写百舌鸟活动范围广,言其自由无拘。
　C. 颈联写百舌鸟善仿百鸟声,言其灵巧神性。
　D. 尾联写百舌鸟报晓及时,言其忠诚勤恳。

3. 王维,生性较懦弱,加之仕途不顺,故逃逸于佛禅之间,人称"诗佛"。但有人认为本诗一反常态,有抨击政敌,抒发愤懑之意。结合诗歌内容,谈谈你是否认同这个观点。

参考答案

1. B

2. D

3. 认同。王维诗歌常表现优美的山水田园和恬适宁静的心情,与他笃诚奉佛的思想有关。本诗虽然未提政治一字,但借物喻人也甚是明显。本用以报晓的雄鸡被弃用,比喻贤士不得其位,不受当权者器重;善鸣得宠的百灵鸟比喻花言巧语的小人。诗人借二者的不同待遇来表达自己的愤懑。因此,本诗确实暗含诗人抨击政敌、讽刺小人之意,虽温和委婉,相较诗人大部分作品而言的确不同,已属难得。

选文四

折剑头

（唐）白居易

拾得折剑头,不知折之由。
一握①青蛇尾,数寸碧峰头。

疑是斩鲸鲵,不然刺蛟虬。

缺落泥土中,委弃无人收。

我有鄙介②性,好刚不好柔。

勿轻直折剑,犹胜曲全钩。

(选自孟繁森编著《咏物诗注析》,山西教育出版社2004年版)

【注释】

① 握:量词,一拳的长度。② 鄙介:质朴耿直。

知识卡片

白居易(772年—846年),字乐天,晚号香山居士,原籍太原,后迁居下邽(今陕西渭南北)。唐德宗贞元十六年(800)进士,授秘书省校书郎。元和中,历任翰林学士、左拾遗、左赞善大夫。因上表要求严缉刺死宰相武元衡的凶手,贬江州司马。长庆间任杭州刺史,宝历初任苏州刺史,官至刑部尚书。倡导新乐府运动,诗文与元稹齐名,世称"元白"。有《白氏长庆集》。本诗写于贞元十八年(802)至元和十年(815)间,白居易入仕之初,虽满怀激情,却也初尝宦海苦涩,充满疑虑、不满和矛盾。

阅读指津

偶然拾到一截折断的剑头,却不知它折断的缘由。它像是只有一拳长度的青蛇尾巴,又好似才几寸长的碧绿色山峰之尖。我怀疑(折断之由)是因为斩杀鲸鲵,又或者是因为刺杀蛟虬所致。这段剑头落入泥土之中,被抛弃而无人问津。我生性质朴耿直,喜好刚正不好柔顺。(因此)不要看轻这因刚直而折断的剑,它远胜那弯曲不断的铁钩。白居易诗风平实通俗,阅读本诗基本没有语义上的障碍,故而我们更应该从诗人就物写物的感性维度上升到理性的深刻启迪来理解这首诗。

拓展练习

1. 本诗中没有用到的写作手法是(   )

A. 托物言志　　　　B. 类比联想　　　　C. 巧用典故　　　　D. 虚实结合

2. 下列关于本诗说法正确的一项是(   )

A. 诗人对剑头折断之因的推断十分准确。

B. 诗人运用了周处除蛟龙的典故。

C. 诗人因折剑头而意识到刚正勇毅的重要性。

D. 本诗所表达的人生志向符合儒家学说。

3. 结合课内某位历史人物的经历,评论诗人"勿轻直折剑,犹胜曲全钩"所言说的人生价值观。

参考答案

1. C

2. D

3. "勿轻"两句表达了诗人对折剑头宁折不弯的赞美,也体现了诗人鄙弃委曲求全,崇尚刚正耿介的人生价值观。如苏武十九年身陷匈奴,无论威逼利诱,始终威武不屈,充满浩然正气。为人或曲或直本无绝对褒贬,但在关乎民族大义时,为人者应当有苏武那般杀身成仁、舍身取义的抉择和勇气。

选文五

踏莎行·杨柳回塘

（宋）贺 铸

杨柳回塘,鸳鸯别浦。绿萍涨断莲舟路。断无蜂蝶慕幽香,红衣脱尽芳心苦①。

返照②迎潮,行云带雨。依依似与骚人语。当年不肯嫁春风,无端却被秋风误。

（选自史杰鹏编著《宋词三百首正宗》,华夏出版社 2014 年版）

【注释】

① 芳心苦:指莲心有苦味。② 返照:夕阳的回光。

知识卡片

贺铸(1052 年—1125 年),字方回,号庆湖遗老,卫州(今河南汲县)人。宋太祖贺皇后五代族孙。宋哲宗时任泗州、太平州通判等职。北宋尚文抑武,贺铸是武官而非进士出身,很难得到朝廷赏识重任。晚年退居苏、常。其词情思缠绵,善于锤炼字句,时或沉郁挺拔,豪爽峻迈。有《庆湖遗老诗集》《东山词》传世。

阅读指津

杨柳在池塘边的岸上,鸳鸯在溪口游憩。水中浮萍疯长,挡住了来采莲的小船。蜂蝶虽能飞,却也断然没有慕香而来的意思,只落得花瓣凋败,花心甚苦的结局。落日余晖返照在荡漾的水波之上,迎接着由浦口流入的潮水。天空的流云,带着一阵或几点微雨洒向荷塘。荷花在晚风中轻轻摇曳,似乎是在满怀情感地向骚人雅士倾诉心境。荷花盛开在夏季,自然也不会与百花在春天争奇斗艳。然而秋风起,红花落尽,芳华消逝。本词写荷花(莲花),多用比喻、拟人、双关等修辞,阅读时也要结合词人身世来体会其中的自寓。

拓展练习

1. 应是本词词眼的一项是(　　)

A. 别　　　　B. 断　　　　C. 苦　　　　D. 误

2. 下列关于本词说法不正确的一项是(　　)

A. "断无"句比"绿萍"句更显荷花之落寞。

B. "返照"两句营造出了一种清新明丽的意境。

C. "当年"句化用了韩偓"死恨物情无会处,莲花不肯嫁东风。"

D. 全词以物喻人,用笔曲折,委婉动人。

3. 结合全词,具体分析本词通体以荷花为比所寄寓的情感。

参考答案

1. C

2. B

3. 全词以荷花作比,情感婉转而丰富。上片写荷花不见采,不招蜂蝶爱慕,自比有才而不见用,品德高洁而不受上官青睐的孤独与落寞。红花凋败,莲心苦味,自比空怀才德而不彰的痛苦与愤懑。下片以荷花不嫁东风,比女子不轻易嫁人,更是自比不愿趋附时俗,孤傲之至。最后,借荷花因秋风而芳华消逝,喻词人一生沉沦不济的遭遇,充满了悔恨与怨嗟。

(郁　青)

六 山水田园

选文一

题大禹寺义公禅房

(唐)孟浩然

义公习禅寂,结宇依空林。
户外一峰秀,阶前众壑深。
夕阳连雨足,空翠落庭阴。
看取莲花①净,方知不染心。

【注释】

① 莲花:佛家语,即青莲,具有清净香洁,不染纤尘的品质,用以比喻佛眼,所谓菩萨"目如广大青莲花"(《法华妙音品》)。

知识卡片

《题大禹寺义公禅房》是唐代诗人孟浩然创作的一首五言律诗,既是题赞诗,也是山水诗。孟浩然(689年—740年),襄州襄阳人,世称孟襄阳。终身未仕,又称孟山人。早年在仕途困顿、痛苦失望后,仍能自重,不媚俗世,隐居鹿门山。孟浩然与王维并称"王孟"。诗风清淡,长于写景,多反映山水田园和隐逸、行旅等内容,在艺术上有独特造诣。

阅读指津

诗歌抒写了义公超尘脱俗、心洁如莲的美好品质。前两联描绘出禅房周围寂静、淡雅的环境,烘托了义公的潜心修禅、清心寡欲。颈联写天气变化时禅房的别样景观。尾联点明义公品行高洁如莲花一尘不染,表达了诗人对义公纯洁心境的感叹与赞美。

全诗以突出"清净"为主,由景清写到心净,层层递进,相互照应,笔致疏淡,意境清远,用语明朗轻快,词采清雅秀丽。

拓展练习

1. 下列拟编纂的诗歌选集中,不适宜收录本诗的一项是(　　)
A.《唐代近体诗选》　　　　　　　　B.《唐代题赞诗选》
C.《唐代乐府诗选》　　　　　　　　D.《唐代山水诗选》
2. 对本诗赏析不恰当的一项是(　　)
A. "依空林"点出禅房的背景,自如地转向中间两联描写禅房前景。
B. "一峰秀"是开门望见之景,以一座挺拔秀美的山峰来比喻义公。
C. "落庭阴"描绘雨后一派空翠的水汽飘落在禅房庭上,和润阴凉。
D. "方知"一笔道破,说明作者中间两联写景是写人,赞景以赞人。
3. 全诗是怎样表现作者的情感的?请结合具体诗句加以赏析。

参考答案

1. C
2. B
3. 示例:作者在前三联中,通过描写义公禅房"依空林""一峰秀""众壑深""夕阳连雨"以及"空翠""庭阴"等环境,渲染高雅深邃的山水环境,衬托出义公的清德高风,深情赞美了这位虔诚的和尚;而在尾联当中,运用"莲花"之喻,直接赞美义公具有佛眼般清净的眼界和一尘不染的胸襟,同时,也寄托了作者自己的隐逸情怀。

选文二

堂　成

（唐）杜　甫

背郭堂成荫白茅,缘江路熟俯青郊。
桤林碍日吟风叶,笼竹和烟滴露梢。
暂止飞乌将数子,频来语燕定新巢。
旁人错比扬雄宅,懒惰无心作《解嘲》①。

【注释】

①《解嘲》：西汉文学家扬雄所作的一篇赋,针对历史,展开评说,抒发愤懑之情与落拓之志。

知识卡片

《堂成》是唐代伟大诗人杜甫创作的一首七律。杜甫（712年—770年）,字子美,自号少陵野老,世称杜少陵。天宝年间来到长安,仕进无门,困顿十年,才获得右卫率府胄曹参军的小职。安史乱起,他流亡颠沛,为叛军所俘;脱险后授官左拾遗。后又弃官西行,入蜀定居成都,一度在剑南节度使严武幕中任检校工部员外郎,故又有杜拾遗、杜工部之称。晚年举家东迁,途中留滞夔州二年,出三峡,漂泊鄂、湘一带,贫病而卒。

阅读指津

诗歌抒发了诗人眼见草堂景物和定居草堂的心情。首联从环境背景勾勒出草堂的方位;中间两联写草堂本身之景,通过自然景色表现诗人历尽战乱之后新居初定时的生活和心情;尾联说有人把草堂错比成扬雄宅,作者表示自己并不像扬雄。诚如前人所言"结意闷闷,调笑自遣,意况深沉"(《唐诗镜》)。全诗语言精练,一气呵成,关合巧妙,不见痕迹。

拓展练习

1. 下列各组词语不符合对仗要求的一项是( )

   A. 第一、二句中的"背郭"与"缘江"　　B. 第三、四句中的"碍日"与"和烟"

   C. 第五、六句中的"将数子"与"定新巢"　　D. 第七、八句中的"扬雄宅"与"作《解嘲》"

2. 对本诗理解分析不正确的一项是( )

   A. 首联从环境背景勾勒出草堂的方位。　　B. 颔联借桤木林和修竹丛写草堂清幽。

   C. 颈联运用比兴手法来体会禽鸟动态。　　D. 尾联直接抒发宦途不顺的愤懑之情。

3. 全诗是怎样表现作者情感的?请结合具体诗句加以分析。

参考答案

1. D

2. D

3. 示例:"桤林碍日""笼竹和烟"写出草堂的清幽;"吟风叶""滴露梢"写景物声响极微。以此衬托出诗人生活的宁静,足以领略、欣赏这些草堂景物,体现出诗人新居初定时喜悦的心情。又以乌飞燕语、携子定巢比喻自己一家人有安身之所,流露出欢欣之态;不过,以一个"暂"字微微透露出自己不免有彷徨忧伤之感,毕竟草堂不是投老之乡。加之尾联自陈草堂不能与扬雄宅相提并论,也懒于发《解嘲》式的牢骚,验证了这种复杂而微妙的矛盾心理。

选文三

寄全椒山中道士

(唐)韦应物

今朝郡斋冷,忽念山中客。
涧底束荆薪,归来煮白石。
欲持一瓢酒,远慰风雨夕。
落叶满空山,何处寻行迹?

知识卡片

韦应物(约737年—792年),唐代诗人。少年时以三卫郎为玄宗近侍,出入宫闱,扈从游幸。后为滁州和江州刺史、左司郎中、苏州刺史,故世称韦江州、韦左司或韦苏州。其诗以写田园风物著名,语言简淡。与王维、孟浩然、柳宗元并称"王孟韦柳"。

阅读指津

诗歌抒写一个秋风秋雨的晚上,诗人怀念山中的一位道士,想携酒去安慰老友又无从寻觅的惆怅之情,寄托了诗人深挚的情愫和淡远的情趣。全诗语言简洁,平淡无奇,然感情跳荡反复,形象鲜明自然,情味幽远。

拓展练习

1. 从体裁上看,本作品属于(　　)
   A. 古体诗　　　　　B. 近体诗　　　　　C. 歌行　　　　　D. 诗余
2. 以下对本诗风格评价贴切的一项是(　　)
   A. 朴素自然　　　　B. 清雅委婉　　　　C. 空灵蕴藉　　　　D. 恬淡宁谧
3. 本诗的复杂情感是通过与形象的配合表现出来的,请结合具体诗句加以分析。

参考答案

1. A
2. C
3. 示例:首联通过"郡斋冷"表现出诗人在郡斋中的寂寞。"束荆薪""煮白石"展现了山中道人的艰苦修炼的形象。"欲持""远慰"则是一种感情抒发,表现出诗人对老友的思念之情。"落叶""空山"描绘了秋气萧森、满山落叶、全无人迹的深山形象。这些形象和情感串联起来,构成了情韵深长的意境,耐人寻味。

选文四

己酉山行书所见

(宋)辛弃疾

松冈避暑,茅檐避雨,闲去闲来几度?醉扶怪石看飞泉,又却是、前回醒处。

东家娶妇,西家归女,灯火门前笑语。酿成千顷稻花香,夜夜费、一天风露。

知识卡片

这首词作于宋孝宗淳熙十六年己酉(1189),是一首以农村生活为背景的抒情小词。作者当时五十岁,罢官后正在江西上饶家居。这座上饶新居,筑于城西北一里许的带湖之滨,登楼可以远眺灵山一带的山冈,所以作者把自己的楼屋起名为集山楼(后改名雪楼)。

阅读指津

上片淡笔,清幽自乐;下片浓墨,欢腾鼎沸。反映了作者超脱、美好的感情;情景交融,相互衬托,使词的意境显得十分清新旷逸。暨南大学艾治平教授说:"这首词上片并非只是闲情逸趣的表现,它隐含着被迫纵情山水的身世之痛。而在写乡俗中却又表现出他所受到的欢乐的感染。这一个辛弃疾是真实的。"

401

拓展练习

1. 这首词的词牌应该是(　　)
   A. 沁园春　　　　B. 念奴娇　　　　C. 望海潮　　　　D. 鹊桥仙
2. 对本词理解分析恰当的一项是(　　)
A. "松冈"句总写词人在隐居之所游览、栖息的情况,闲适之情毕现。
B. "醉扶"句特写具体某日醉酒一事,表现词人热爱自然的愉快心情。
C. "东家"句展现农民婚嫁的欢乐、热闹的场面,冲淡了赋闲的感伤。
D. "酿成"句展现农民稻谷丰收在望,衬托出要尽数交给官府的悲苦。
3. 本词抒发了怎样的所见所感?请结合具体内容加以分析。

参考答案

1. D
2. C
3. 示例:"松冈"句总写词人在隐居之所游览、栖息的情形,两个"闲"字,对词人而言,是很可伤的。因为他不是贪"闲"而是怕"闲"的人,"闲"是被迫的,亦即无用武之地。"醉扶"句特写具体某日醉酒一事,"醉"和"闲"一样,都是被迫而致,郑重写它,是为了表现英雄失路之痛,对朝政失望之悲。"东家"句展现农民婚嫁的欢乐、热闹的场面,冲淡了赋闲的感伤,使全词出现了与农民同乐的热闹气氛。"酿成"句更写出为农民的稻谷丰收在望而喜悦欣慰,使自己暂时忘记处境,把整个身心投入到对农民的爱和关心中。

(周佳俊)

七 边塞军旅

选文一

后出塞五首(其二)

（唐）杜 甫

朝进东门营，暮上河阳桥。
落日照大旗，马鸣风萧萧。
平沙列万幕，部伍各见招。
中天悬明月，令严夜寂寥。
悲笳数声动，壮士惨不骄。
借问大将谁，恐是霍嫖姚。

知识卡片

《后出塞》是乐府旧题，属鼓吹曲辞中的横吹曲。唐玄宗天宝末年，安禄山尚未叛唐之前，常常妄开边衅，以功邀宠。唐玄宗因好大喜功，过宠安禄山，形成了养虎遗患的局面。安禄山志骄气横，随时准备杀向长安，一场浩劫即将发生。为了揭露安禄山的真实面目，告诫君王，杜甫写下《后出塞》五首，借用一个投军边塞而又脱身归来的战士的自述，表现了当时有些人从渴望到边塞建功立业到幻想破灭的历程，深刻反映了唐王朝岌岌可危的局势，向执政者敲响警钟。

阅读指津

诗歌以一个入伍新兵的视角，描绘出征军旅紧张的行军生活和严明的军纪，读起来给人一种清新畅达的感受。诗人以写实的手法、洗炼的笔触勾画了日暮、傍黑、月夜三幅军旅生活画面，最后以新兵的叹问和猜度收尾全诗。这一点睛之笔为全诗注入了不尽的余味！

拓展练习

1. 出版社准备编辑一套古代文学作品选，可以收录本作品的一书是(　　)
A.《乐府诗选》　　　B.《古诗菁华》　　　C.《诗余选集》　　　D.《律诗集粹》

2. 对本诗理解分析不正确的一项是(　　)

A. "朝进东门营,暮上河阳桥"交代新兵入伍的时间、地点以及出征去向。

B. "落日照大旗,马鸣风萧萧"写夕阳和战旗相辉映,风声与马嘶相交织。

C. "平沙列万幕,部伍各见招"展示出千军万马的壮阔气势以及整备有素。

D. "借问大将谁,恐是霍嫖姚"透露出新兵慑于军令森严,恐怕统帅严苛。

3. 古人评价本诗:"其时、其境、其情,真横槊间意,复欲一语似此,千古不可得。"请结合具体内容加以分析。

1. B

2. D

3. 示例:作者以时间推移为顺序,在起二句作了必要的交代之后,依次画出日暮、傍晚、月夜三幅军旅生活的图景。三幅画都用速写的画法,粗笔勾勒出威严雄壮的军容气势。而且三幅画都以边地旷野为背景,通过选取各具典型特征的景物,分别描摹了出征大军的三个场面:暮野行军图体现军势的凛然和庄严;沙地宿营图体现军容的壮阔和整肃;月夜静营图体现军纪的森严和气氛的悲壮。最后用新兵不可自抑的叹问和想象收尾。全诗层次井然,步步相生;写景叙意,有声有色。

选文二

送李副使赴碛西官军

(唐)岑　参

火山六月应更热,赤亭道口行人绝。
知君惯度祁连城,岂能愁见轮台月。
脱鞍暂入酒家垆,送君万里西击胡。
功名只向马上取,真是英雄一丈夫。

《送李副使赴碛西官军》是唐代诗人岑参的作品。岑参(715年—770年),天宝进士,曾随高仙芝到安西、武威,后又往来于北庭、轮台间。官至嘉州(今四川乐山)刺史,因此世称"岑嘉州"。其诗长于七言歌行。所作题材广泛,善于描绘塞上风光和战争景象;气势豪迈,情辞慷慨,语言变化自如。与高适齐名,并称"高岑",同为盛唐边塞诗派的代表。

作为一首送别诗,既不写惜别的深情,也不写边塞的艰苦,而是热情鼓励友人赴军中参战。全诗熔叙事、抒情、议论于一炉,语言通俗,声调悠扬,韵律活泼,节奏有致,字里行间使人感到热血澎湃,显示出一种豪迈的气势。

拓展练习

1. 从体裁上看,本作品属于( )
   A. 古体诗　　　　　B. 近体诗　　　　　C. 歌行　　　　　D. 诗余
2. 以下对本诗风格评价贴切的一项是( )
   A. 沉郁顿挫　　　　B. 奇丽瑰秀　　　　C. 雄健高昂　　　　D. 悲壮苍凉
3. 本诗熔叙事、抒情、议论于一炉,突破一般送别诗的窠臼。请结合全诗加以赏析。

参考答案

1. A
2. C
3. 示例:诗的开头两句点名时令,叙写李副使出塞途中必经火山、赤亭,烘托出他不畏艰苦,毅然应命前行的豪迈气概。三、四句明写李副使不平凡的经历,激励他一往无前;又以"岂能"反问,暗示他久历沙场,已把乡愁抛诸脑后。五、六两句是招呼、劝说的口气,挽留李副使脱鞍稍驻,暂入酒家,饮酒话别。作者越过一般送别诗多诉依依不舍之情的藩篱,直接提出此次西行"击胡"的使命,化惆怅为豪放,开拓了新的意境。末两句直抒胸臆,表达观点:功名请向戎马沙场上求取,这才是一个真正的大丈夫。这两句将诗情推向高潮,英雄豪气使后世多少读者为之激动振奋。

选文三

出塞作

(唐) 王　维

居延城外猎天骄①,白草连天野火烧。
暮云空碛②时驱马,秋日平原好射雕。
护羌校尉朝乘障,破虏将军③夜渡辽。
玉靶角弓珠勒马,汉家将赐霍嫖姚④。

【注释】

① 天骄:原为匈奴自称,这里借称吐蕃。② 碛:沙漠。③ 护羌校尉、破虏将军:汉代武官名,这里借指唐军将士。④ 霍嫖姚:汉代嫖姚校尉霍去病,这里借指河西节度副大使崔希逸。

知识卡片

《出塞作》是唐代诗人王维所作的一首边塞诗。诗歌的原注说:"时为御史监察塞上作。"开元二十五年(737),河西节度副大使崔希逸在青海战败吐蕃,王维以监察御史的身份,奉使出塞宣慰,诗歌就写在此时。

阅读指津

诗歌运用对比写法,前四句写敌人的勇悍和嚣张气焰,意在反衬大唐守边将士不畏强敌,敢于战斗,敢于胜利的精神。后四句借用"护羌校尉刀""破辽将军""霍嫖姚"等典故比喻将能卒勇,比直接描写更能

405

启发读者,更有余味之感。诚如清人方东树在《唐宋诗举要》中所评:"前四句目验天骄之盛,后四句侈陈中国之武,写得兴高采烈,如火如锦,乃称题。收赐有功得体。浑颢流转,一气喷薄,而自然有首尾起结章法,其气若江海之浮天。"

拓展练习

1. 本诗共有几个字押韵,正确的一项是(　　)
   A. 两个　　　　　　B. 三个　　　　　　C. 四个　　　　　　D. 五个
2. 对本诗赏析不正确的一项是(　　)
   A. 首联写吐蕃打猎情形,渲染边关紧急局势。　　B. 颔联写唐军勇猛强悍,为下文御敌做铺垫。
   C. 颈联对仗工整,表现唐军昂扬奋发的士气。　　D. 尾联点出赏功慰军的题旨,收束颇为得体。
3. 结合具体内容,从虚实结合的角度赏析本诗。

参考答案

1. D
2. B
3. 示例:首联、颔联刻画形象,写边境纷扰、战火将起的形势,有声有色,是实写;颈联、尾联写唐军对此进行军事部署,是虚写。颈联对军事行动本身未做具体描写,只是选取具有典型意义的事物,作概括而又形象的叙说,取得了词约义丰的艺术效果。尾联写劳军,衬托唐军的英勇与胜利的来之不易。全诗以实衬虚,表达诗人对唐军将士的赞美。

选文四

入　塞

（宋）曹　勋

仆持节朔庭,自燕山向北,部落以三分为率,南人居其二。闻南使过,骈肩引颈,气哽不得语,但泣数行下,或以慨叹,仆每为挥涕悼见也。因作《出、入塞》纪其事,用示有志节,悯国难者云。

妾在靖康初,胡尘蒙京师。

城陷撞军入,掠去随胡儿。

忽闻南使过,羞顶毳①羊皮。

立向最高处,图见汉官仪。

数日望回骑,荐②致临风悲。

出　塞

（宋）曹　勋

闻道南使归,路从城中去。

岂如车上瓶③,犹挂归去路。

引首恐过尽,马疾忽无处。

吞声送百感,南望泪如雨。

【注释】

① 羖:黑色的公羊。② 荐:再次。③ 车上瓶:车上挂瓶,内盛油膏,供润滑车轴之用。

知识卡片

《入塞》是南宋诗人曹勋创作的一首五言古诗。南宋绍兴十二年(1142)岁末,曹勋奉命出使金国,眼见宋朝遗民听到南宋使臣经过,都聚在一起观看,呜咽流泪,他心中十分感慨伤心,作了《入塞》诗。靖康元年(1126),曹勋与宋徽宗一起被金兵押解北上,受徽宗半臂绢书,自燕山逃归。建炎元年(1127)秋,至南京(今河南商丘)向宋高宗上御衣书,请求召募敢死之士,由海路北上营救徽宗。当权者不听,被黜。绍兴十一年(1141),宋金和议成,充当报谢副使出使金国,劝金人归还徽宗灵柩。十四年、二十九年又两次使金。

阅读指津

诗歌用第一人称写,选取陷身金房的一位妇女的经历及行事,表现广大金统治区宋遗民不屈服金人统治,渴望得到解放、脱离苦海的心情。清人赵翼题元好问《遗山集》有"国家不幸诗家幸"句,曹勋就是如此。他原无诗名,因见家国沦陷,人民受难,心中愤愤难安,故能把亲身经历提炼出这样一组好诗来。全诗写得充满抑郁,凄凉感人,可以与后来的范成大出使金国所写的《州桥》等诗媲美,也是以这类内容为主题的爱国诗篇中较早的一首。

拓展练习

1. 下列关于这两首诗的体裁表述正确的一项是(　　)

A.《入塞》是近体诗,《出塞》是古体诗。

B.《入塞》是古体诗,《出塞》是近体诗。

C. 这两首诗都是近体诗。

D. 这两首诗都是古体诗。

2. 以下对本诗风格评价贴切的一项是(　　)

A. 雄壮激昂　　　　B. 哀伤凄婉　　　　C. 雄健豪迈　　　　D. 悲壮苍凉

3. 结合两首诗,对诗人塑造的"妾"的形象加以赏析。

参考答案

1. D

2. B

3. 这两首诗,诗人都借被掳女子之口,道出当时敌占区人民的羞愤之情、凄凉之况。《入塞》写遗民迎接宋使初入金国时的情状。《入塞》先交代"妾"的身世,是在靖康之变中被金人掳去的;再写成为金人之房后,生活方式被迫改变,但一听宋使来到,不禁顿感羞惭;被掳女子站在高处,兴奋地迎接宋使,从中可以看出当时遗民争迎宋使的热烈景象。《出塞》紧接《入塞》,写愁送宋使归国的情状。先写被掳女子情真意切,四处打听宋使的归程,转而羡慕车上的油瓶可以返回南方,而自己依然沦落异地,无比心酸。最后写宋使去后的涕泣之状。这两首诗真实、细致地反映了北方人民强烈的故国之情,诗也写得深婉感人。

选文五

秋波媚

七月十六日晚登高兴亭望长安南山

(宋) 陆 游

秋到边城角声哀,烽火照高台。悲歌击筑,凭高酹酒,此兴悠哉!

多情谁似南山月,特地暮云开。灞桥烟柳,曲江池馆,应待人来。

知识卡片

《秋波媚》作于宋孝宗乾道八年(1172)秋季,高兴亭在南郑市城外。《剑南诗稿》卷五十四《重九无菊有感》自注:"高兴亭在南郑子城西北。"对着正北方的大散关和正东面的南山。南山即终南山,横亘陕西南部,主峰在长安南。当时词人一展夙愿,来到前线。《宋史·陆游传》:"王炎宣抚川陕,辟为干办公事。游为炎陈进取之策,以经略中原,必自长安始,取长安必自陇右始。"秋日,词人与幕友身着戎装,来到高兴亭,登高远眺,这是宋金交界不远的地方,峰峦如聚,波涛如怒,雄关莽野,气势非凡。词人抗敌志气高涨,喝酒助兴,舞剑抒怀,壮怀激烈,写下了这首词。

阅读指津

这首词想象丰富,写不能见到之长安、灞桥、曲江,正借以表达强烈的思念。用典稳当,写荆轲、高渐离之事,正借以表达驱除金国贵族决心之坚定。善于拟人,使下片委婉幽雅,使全词兼有阳刚与阴柔结合之美。夏承焘《论陆游词》评曰:"他写这种寤寐不忘中原的大感慨,不必号呼叫嚣为剑拔弩张之态,称心而言,自然深至动人,在诸家之外,却自有其特色。"

拓展练习

1. 依据题材,本诗不能归入下列哪一个类别( )

   A. 边塞类   B. 状景类   C. 送别类   D. 登临类

2. 对上阕理解正确的一项是( )

   A. "哀"是指忧郁哀愁的基调。

   B. "悲"是指慷慨悲壮的旋律。

   C. "兴"是指收复无望的心情。

   D. "悠"是指借酒消愁的态度。

3. 本词不同于一般的南宋爱国词作,情调昂扬,气氛乐观,请结合下阕加以赏析。

参考答案

1. C

2. B

3. 示例：下阕以想象、拟人的手法，描绘上至"明月""暮云"下至"烟柳""池馆"，都在期待宋军收复失地、胜利归来的情景，暗示作者所主张的抗金战争的前景，充满乐观的气氛和胜利在望的情绪，具有明显的浪漫主义情调，这在南宋爱国词作当中是很少见的。

（周佳俊）

八　爱情婚姻

选文一

断肠诗哭亡姬乔氏

（清）李　渔

各事纷纷一笔销，安心蓬户伴渔樵。
赠予宛转情千缕，偿汝零星泪一瓢。
偕老愿终来世约，独栖甘度可怜宵。
休言再觅同心侣，岂复人间有二乔！

知识卡片

这是清代著名戏曲家李渔悼念亡姬的七言律诗。七言律诗，是中国传统诗歌的一种体裁，简称七律，属于近体诗范畴。起源于南朝齐永明时沈约等讲究声律、对偶的新体诗，至初唐沈佺期、宋之问等进一步发展定型，至盛唐杜甫手中成熟。七言律诗格律严密，每两句为一联，共四联，分首联、颔联、颈联和尾联，中间两联要求对仗，结构上也要求做到起承转合。代表作品有崔颢的《黄鹤楼》、杜甫的《登高》等。

阅读指津

李渔(1611年—1680年)，号笠翁，明末清初文学家、戏剧家、戏剧理论家，著有戏曲论著《闲情偶寄》。入清后，无意仕进，从事著述和指导戏剧演出。李渔曾设家戏班，至各地演出，从而积累了丰富的戏曲创作、演出经验，创立了较为完善的戏剧理论体系。乔氏，名复生，山西人，出身贫家。她富有艺术天才，是李渔戏班中最重要的旦角。十三岁，即跟李渔为姬妾，两人情好甚笃。十九岁，因产后失调而病故。李渔悲痛不已，作《断肠诗》二十首以哭之，此为其中的第五首。

拓展练习

1. 对这首诗歌的艺术风格判断正确的一项是（　　）
A. 豪放刚健　　　　B. 婉约含蓄　　　　C. 质朴无华　　　　D. 清新自然
2. 对本诗理解不正确的一项是（　　）

A. 首联反映了世人对乔氏突然亡故所产生的悲痛欲绝的强烈感情。

B. 颔联运用对仗,"情千缕"和"泪一瓢"还形成了数量上的对比,体现了诗人对亡姬的深切怀念和感激。

C. 颈联中"偕老愿终来世约"营造了丰富的联想空间,让人联想到乔氏生前对诗人不舍死别而期待来生相约相守。

D. 尾联中,诗人运用"二乔"典故,与杜牧《赤壁》诗中的"东风不与周郎便,铜雀春深锁二乔"的语意相似,是赞颂乔氏的美貌。

3. 赏析是诗人如何抒发情感的?

1. C

2. D

3. 示例:诗人直抒胸臆,用"各事纷纷一笔销,安心蓬户伴渔樵"写出自己万念俱灰、孤寂无聊,这种情感都源自对乔氏去世的悲痛;运用数量词来抒发情感的强烈,如"情千缕"表现乔氏对诗人情感的深厚,"泪一瓢"则表现了诗人对乔氏的思念与感激;使用对比修辞突出今昔对比,"偕老"与"独栖"的对比,使人感受到诗人在回忆往昔中更加孤独可怜的境况。巧用典故,与首联呼应,抒发自己对乔氏的至爱之情,其他人无可替代。整首诗情感真诚醇厚,深邃隽永。

内人生日

(清)吴嘉纪

潦倒丘园二十秋,亲炊葵藿慰余愁。
绝无暇日临青镜,频过凶年到白头。
海气荒凉门有燕,溪光摇荡屋如舟。
不能沽酒持相祝,依旧归来向尔谋。

吴嘉纪(1618年—1684年),字宾贤,号野人,别号陋轩,东台安丰人。自七世祖吴汝宁时起,家道日衰。少年才思敏捷,州试为第一名秀才。明亡以后,无意仕进,把写诗作为自己的精神寄托。所居处仅有一楹草屋,墙坏顶漏,门户不全,即把住处定名为"陋轩",并以此为号。由于住处四周杂草丛生,路边蓬蒿遍地,加之他很少与人来往,人称其为"野人",于是自署"野人"。古代爱情婚姻诗词总体数量不多,普通百姓的爱情婚姻诗歌在《诗经》和"汉乐府"中保存较多,汉朝以后留存的多是仕宦的知识分子的作品,而这首诗歌即属于汉朝以后不多见的普通百姓的爱情婚姻诗歌作品。

阅读指津

此诗作于顺治十五年(1658),是诗人在妻子生日时写给妻子的贺诗。崇祯十一年(1638),二十一岁的诗人与王睿成亲,至此时已有二十个年头了。这二十年中,他们一直在家乡过着穷困潦倒的生活,而其妻安于贫贱,毫无怨言。每日亲调豆叶野菜维持生计,慰藉他,与他分忧。这首诗歌主要运用了记叙、抒情的表达方式来体现丈夫内心的心理情感。

拓展练习

1. 对这首诗歌赏析不正确的一项是(　　)

A. 首联开头就说自己与妻子生活艰辛,在穷困潦倒中度过了二十个春秋,然而妻子却默默忍受辛苦操持来安慰我,表现了诗人对妻子贤惠的赞颂。

B. 颔联进一步描写生活的艰辛,从"绝无暇日"到"频过凶年",让人感受到普通夫妻在艰难生活中的辛酸苦楚。

C. 颈联将个人情感和身世感触融为一体,"海气荒凉门有燕"写出了门可罗雀的荒凉,因其无意仕进,所以这里也可见出诗人的气节。

D. 尾联中"不能沽酒持相祝",写出了诗人因心情苦闷而不想喝酒。

2. "亲炊葵藿慰余愁""绝无暇日临青镜",和《孔雀东南飞》中的"十三能织素,十四学裁衣,十五弹箜篌,十六诵诗书"一样,都使用了_____的描写方法。

3. 请运用分析、联想等方法,总结一下妻子的形象。

参考答案

1. D

2. 直接描写(或白描)。

3. 诗人家境潦倒,妻子却和自己生活了二十个春秋,操持家务;妻子每天操劳,没有闲暇照镜,可见妻子安于贫困、任劳任怨的形象。这样的生活持续了二十多年,两人到了白头,可见妻子对丈夫的相依相守、不离不弃。诗人自己对此满怀愧疚,可以看出来在诗人心中妻子贤惠可亲、品格高贵。

选文三

遣悲怀三首(其一)

(唐) 元 稹

谢公最小偏怜女,自嫁黔娄百事乖。
顾我无衣搜荩箧,泥他沽酒拔金钗。
野蔬充膳甘长藿,落叶添薪仰古槐。
今日俸钱过十万,与君营奠复营斋。

《遣悲怀三首》是唐代诗人元稹的组诗作品。元稹(779年—831年),字微之,唐朝诗人,与白居易齐名,并称"元白",同为新乐府运动的创始人。其代表作有《菊花》《离思五首》《遣悲怀三首》等。组诗,是指同一诗题、内容互相联系的若干首诗组成的作品。组诗中的每首诗相对完整和独立,但是每首诗与组诗中的其他诗之间又有内在的联系。这种联系可以是主题相同,也可以是内容相关,还可以是空间或时间上的相近。比较著名的有阮籍的《咏怀八十二首》、陶渊明的《饮酒二十首》、杜甫的《秋兴八首》等。

阅读指津

这三首诗重在伤悼作者已故的原配妻子韦丛。第一首诗追忆妻子生前的艰苦处境和夫妻情爱,并抒发自己的抱憾之情;第二首诗紧承上首,描写妻子死后的"百事哀";第三首诗重在自伤。全诗直抒胸臆,朴素自然,以浅近通俗的语言和娓娓动人的描绘,抒写缠绵哀痛的真情,是古代悼亡诗中的佳作。苏轼的《江城子》(十年生死两茫茫)与此有类似之处。

拓展练习

1. 这首诗歌的体裁是_____。
2. 第一首前两句使用典故,以东晋宰相谢安最宠爱的侄女谢道韫来借指韦氏,其作用是什么?
3. 有人评价说,《遣悲怀三首》以"悲"字贯穿始终,请以本诗为例加以分析。

参考答案

1. 律诗(七律)。
2. 赞颂韦氏出身高贵、充满才华;结合第二句诗人以战国时齐国的贫士黔娄自喻,含有对方屈身下嫁的意思,则又有感激之情。
3. 诗人先写妻子出身高贵,下嫁自己,深怀感激;再写妻子和自己安守贫困、体谅自己,充满了深深的感情;最后将往日夫妻相依相守与现在生死相隔形成对比,前事越是深情,而现况越是悲痛;将往日困苦生活与现在"俸钱十万"形成对比,体现了诗人无法报答妻子的痛苦之情。前面的描写为后面的情感迸发蓄势,形成了强大的情感冲击。

选文四

清平乐

(宋)晏　殊

红笺小字,说尽平生意。鸿雁在云鱼在水,惆怅此情难寄。

斜阳独倚西楼,遥山恰对帘钩。人面不知何处,绿波依旧东流。

知识卡片

晏殊(991年—1055年),字同叔,抚州临川县(今属江西抚州)人。北宋政治家、文学家。宋真宗、宋仁宗两朝位居高位。两年后因事罢相。至和元年逝世,谥号"元献",世称"晏元献"。晏殊工诗善文,尤以词的成就最为突出。其词擅长小令,多表现诗酒生活和悠闲情致,语言婉丽,颇受南唐冯延巳的影响,与欧阳修并称"晏欧"。其子晏几道也善词,为婉约派重要代表人物。

阅读指津

《清平乐·红笺小字》是由北宋词人晏殊创作的一首词。词的上片写主人公以书信细诉衷肠,而无处可寄;下片叙倚楼远望,只见青山绿波,不见所思之人。此词用语雅致,语意恳挚,抒情婉曲细腻。词中运用了一些传统文化意象和相关典故,深情含蓄,音韵悠长。

拓展练习

1. "清平乐"是这首词的词牌名,请再列举三个我们学过的其他词牌名。

2. 词的下阕借景抒情,以景结情,请结合词句具体分析。

3. 本词的"人面不知何处,绿波依旧东流"与崔护的"人面不知何处去,桃花依旧笑春风"在情感表达上有何异同?

参考答案

1. "念奴娇""江城子""桂枝香""声声慢"等。

2. 词中"斜阳""遥山""帘钩""绿波"等相对静止的景物,蕴含着词人怀远人而人不知何处的情感。"斜阳"两句借景抒情,斜阳下,独倚孤楼,孤对遥山,遥山兀立,以远山为伴,倍感凄凉,缺少"那人"的寂寞弥漫于开阔的空间。"人面不知何处",曾照倩影的绿波依旧东流,和着绵远的惆怅、悠长的相思。后两句以景结情,淡远舒缓的景中,翻滚的是别离后惆怅的波澜。

3. (1) 相同点:都表达了离人难寻的悲苦。(2) 不同点:崔诗还表达了对往事的美好回忆和好景不常的感慨;本词则表达了青春岁月流逝、欢悦难再的伤怀。

(蓝先俊)

史传类文言文

一 帝 王

选文一

后周太祖郭威

① 帝生三岁,家徙太原。居无何,皇考为燕军所陷,殁于王事。帝未及龆龀,章德太后弃世,姨母楚国夫人韩氏提携鞠养。及长,形神魁壮,趋向奇崛,爱兵好勇,不事田产。

② 契丹入汴,晋帝北迁。帝与苏逢吉、杨邠、史宏肇等劝汉祖建号,以副人望。<u>汉高祖即位晋阳,时百度草创,四方犹梗,经纶缔构,帝有力焉</u>。授权枢密副使、检校司徒。汉高祖至汴,正授枢密副使、检校太保。乾祐元年春,汉高祖不豫,及大渐,与苏逢吉等同受顾命。隐帝嗣位,拜枢密使,加检校太尉。旧制,枢密使未加使相者,不宣麻制,至是宣之,自帝始也。

③ 有顷,河中李守贞据城反,朝廷忧之,诸大臣共议进取之计。史宏肇曰:"守贞,河阳一客司耳,竟何能为?"帝曰:"守贞虽不习戎行然善接英豪得人死力亦劲敌宜审料之。"乃命白文珂、常思率兵攻取。师未至,而赵思绾窃据永兴,王景崇反状亦露,朝廷遣郭从义、王峻讨赵思绾。七月,西面师徒大集,未果进取。其月十三日,制授帝同平章事,即遣西征,以安慰招抚为名,诏西面诸军,并取帝节度。时论以白文珂、常思非守贞之敌,闻帝西行,群情大惬。命白文珂营于河西,帝营于河东。不数日,周设长堑,复筑长连城以迫之。帝在军,居常接宾客,与大将宴语,即褒衣博带;或遇巡城垒,对陈敌,幅巾短后,与众无殊。临矢石,冒锋刃,必以身先,与士伍分甘共苦。稍立功效者,厚其赐与;微有伤痍者,亲为循抚。士无贤不肖,有所陈启,温颜以接,俾尽其情,人之过忤,未尝介意,故君子小人皆思效用。守贞闻之,深以为忧。

④ 二年八月五日,帝自河中班师,其月二十七日入朝。汉帝命升阶抚劳,酌御酒以赐之,锡赉优厚。翌日,汉帝议赏勋,欲兼方镇,帝辞之,乃止。

知识卡片

本文节选自《旧五代史》。《旧五代史》成书于北宋,原名是《五代史》,后人为区别于欧阳修的《新五代史》,便习称《旧五代史》,也称《梁唐晋汉周书》。从公元907年朱温代唐称帝到公元960年北宋王朝建立,中原地区相继出现后梁、后唐、后晋、后汉、后周等五代王朝,中原以外存在过吴、南唐、吴越、楚、闽、南汉、前蜀、后蜀、南平、北汉等十个小国,周边地区还有契丹、吐蕃、渤海、党项、南诏、于阗、东丹等少数民族建立的政权,习惯上称之为"五代十国"。《旧五代史》记载的就是这段历史。书中可参考的史料相当齐

415

备,五代各朝均有实录。

阅读指津

郭威,字文仲,是五代时期后周的开国君主。他出身将门,身材魁梧,勇力过人,被评价为"享国之非长,亦开基之有裕矣"。他虽取国以权谋,但正如王夫之所言,"司马昭、郭威虽逆,而固非朱温之暴,可以理夺者也"。早年加入后唐庄宗李存勖亲军。后协助后汉高祖刘知远称帝,凭借佐命之功,累迁检校司徒、枢密使、天雄军节度使,平定河中,镇守邺城,被后汉隐帝刘承祐猜忌,他发动兵变,攻破开封,推翻后汉隐帝,不久率军抵御契丹,在澶州受部将推戴,广顺元年(951)正月即皇帝位,建立周朝,史称后周。郭威在位期间,崇尚节俭、虚心纳谏、改革弊政,促进北方地区的政治经济形势好转。

本文节选了《旧五代史》所载其称帝之前的重要经历,从中可见其文韬武略。显德元年(954),郭威因病驾崩,享年五十一岁,谥号圣神恭肃文武孝皇帝,庙号太祖,葬于嵩陵。死后由养子郭荣继承皇位。

拓展练习

1. 写出下列加点词在句中的意思。
(1) 以副人望(　　　　)　　　　　　　(2) 人之过忤,未尝介意(　　　　)
2. 结合文意,为下列加点词语选择释义正确的一项。
(1) 即褒衣博带(　　)　　A. 换取　　B. 宽大　　C. 博弈　　D. 取得
(2) 温颜以接,俾尽其情(　　)　　A. 使得　　B. 服从　　C. 小心　　D. 反复
3. 第③段画波浪线部分有四处需加句读,请用"/"把这四处标识出来。
守 贞 虽 不 习 戎 行 然 善 接 英 豪 得 人 死 力 亦 劲 敌 宜 审 料 之
4. 把第①段中画线的句子翻译成现代汉语。
汉高祖即位晋阳,时百度革创,四方犹梗,经纶缔构,帝有力焉。
5. 本文人物形象的塑造颇有特色,请结合第②段分析。
6. 概括第③段李守贞"深以为忧"的原因。

参考答案

1. (1) 符合、相称;(2) 抵触,不顺从
2. (1) B　(2) A
3. 守贞虽不习戎行/然善接英豪/得人死力/亦劲敌/宜审料之
4. 后汉高祖在晋阳即位,当时众多事情开始创建,天下各处还堵塞着,国家事务的筹划开创,郭威是有功劳的。
5. 第2段通过正侧面结合的方法来塑造人物。正面写郭威劝后汉高祖即位,为后汉政权的建立出力,体现郭威识时务、有治理能力、比较忠心。侧面通过朝廷的任命,以及受到特殊待遇,体现郭威的重要。
6. 郭威具有亲和力,跟大将士兵都能拉近关系;身先士卒,作战冲锋在前,与士兵同甘共苦;关爱士兵,给士兵丰厚的赏赐,亲自照顾受伤的士兵;平易近人,对所有人一视同仁,别人触犯他,他也不介意。

选文二

唐霍王李元轨

① 霍王元轨，武德六年始王蜀，与酆、汉二王同封，后徙吴。多材艺，高祖爱之。

② 太宗尝问群臣曰："朕子弟孰贤？"魏征曰："臣愚不尽知其能，唯吴王数与臣言，未尝不自失。"帝曰："朕亦器之，然卿以为前代孰比？"对曰："经学文雅，汉河间、东平也。至孝行，曾、闵不能过。"帝由是遇益厚。诏纳征女为妃。尝从猎，遇群豕，帝使射之，笞不虚彀，豕为尽。帝抚其背曰："尔艺过人，顾今无所施。方天下未定，得若岂不用乎？"

③ 贞观七年，为寿州刺史。高祖崩，去官，毁瘠甚，服除，遂菜食布衣终身，至忌日，辄累昼不食。十年，徙王，历绛、徐、定三州刺史，实封至千户。所至闭阁读书，以吏事委长史、司马。谦慎未尝与物忤。数引见处士刘玄平，为布衣交。或问王所长於玄平，答曰："无长。"问者不解，玄平曰："人有短，所以见长。若王无所不备，吾何以称之。"

④ 突厥寇定州，元轨令开城门，偃旗帜，虏疑，不敢入，夜遁。州人李嘉运潜结贼，诏穷诛支党，元轨以寇近且强人心危但杀嘉运馀无所诘，因自劾。帝喜曰："朕固悔之。非王之明，几失定州矣。"

⑤ 元轨每朝，数上疏陈得失，多所禆正，帝尊重之，有大事，常密驿咨逮。帝崩，与侍中刘齐贤同知山陵事。元轨淹练故事，齐贤叹曰："是非吾等及已！"进司徒，出为襄、青二州刺史。越王败，坐尝通谋，徙黔州，槛车载至陈仓，薨。

知识卡片

本文选自《新唐书》，是宋祁、欧阳修、范镇、吕夏卿等合撰的一部记载唐朝历史的纪传体史书，属"二十四史"之一。五代时期就曾有《唐书》（即《旧唐书》）编成，但宋仁宗认为《旧唐书》"纪次无法，详略失中，文采不明，事实零落"，庆历四年（1044）下诏重修。前后参预其事的有宋敏求、范镇、欧阳修、宋祁、吕夏卿、梅尧臣等。总体而言，《列传》部分主要由宋祁负责编写，《志》和《表》分别由范镇、吕夏卿负责编写。最后在欧阳修主持下完成。全书共有225卷，其中包括本纪10卷，志50卷，表15卷，列传150卷。《新唐书》前后修史历经17年，于宋仁宗嘉祐五年（1060）完成。《新唐书》在体例上第一次写出了《兵志》，系统论述唐代府兵等军事制度。这是中国正史体裁史书的一大开创，为《宋史》等所沿袭。

阅读指津

李元轨是唐高祖李渊第十四子，生母为张美人。武德六年（623），封蜀王；武德八年（625），徙封吴王；贞观十年（636），改封霍王。历任寿州、绛州、徐州、定州刺史，指挥抵御突厥进攻。唐高宗去世后，连同侍中刘齐贤负责山陵事务。垂拱元年（685），授司徒、襄青二州刺史。

本文是《新唐书》对其的记载，主要讲述李元轨受到魏征肯定、被太宗激赏为定天下之才、闭门读书、平定定州、为官正直等事件，从多方面写出了李元轨的治世良才。李元轨的品性如文中刘玄平所言"无所不备"，处事成熟，善于审时度势，虽有贤能，却能谦慎。因此，他颇受李渊宠爱，魏征对他的评价更成为一段佳话。垂拱四年（688），李元轨卷入越王李贞叛乱，坐罪流放黔州，路经陈仓而死，赐姓虺氏。神龙元年（705），唐中宗复位后，追复李元轨生前爵位，还复李姓，陪葬于献陵。

拓展练习

1. 写出下列加点词在句中的意思。
(1) 多材艺,高祖爱之(   )   (2) 帝由是遇益厚(   )
2. 结合文意,为下列加点词语选择释义正确的一项。
(1) 毁瘠甚(   )
  A. 自残饿瘦   B. 病重衰弱   C. 哀恸瘦弱   D. 失魂落魄
(2) 谦慎未尝与物忤(   )
  A. 不合   B. 怨恨   C. 攻击   D. 违背
3. 第④段画波浪线部分有三处需加句读,请用"/"把这三处标识出来。
元轨以寇近且强人心危但杀嘉运余无所诘
4. 把第⑤段中画线的句子翻译成现代汉语。
元轨每朝,数上疏陈得失,多所裨正,帝尊重之,有大事,常密驿咨逮。
5. 第②段中,魏征回答李世民的问话明确而得体,请分析。
6. 第③段中,刘玄平评价李元轨"无所不备",结合全文简要分析。

1. (1) 才能;(2) 对待、相待
2. (1) C;(2) A
3. 元轨以寇近且强/人心危/但杀嘉运/余无所诘
4. 李元轨每当上朝,多次上疏陈说朝政得失,有很多纠正补益的地方,皇帝尊敬看重他,在朝廷有大事的时候,经常派人乘驿马下密诏向他咨询。
5. 示例:魏征表达了李元轨是李世民晚辈中最贤能的,又与前代河间王、东平王、曾参、闵损对比,称赞他的博学文雅、孝顺。但首先自谦表示自己不完全理解,也没有正面回答,只是从自己的感受来说,在对比上,也列举的是王和孔子弟子一类的贤人,符合李元轨的身份。表达明确也得体,符合李元轨和自己的臣子身份。
6. 李元轨好读书,多才多艺,孝顺过人,谦虚谨慎,武艺高超,富有智谋,忠诚正直,明习典故。

选文三

明仁宗朱高炽

① 仁宗敬天体道纯诚至德弘文钦武章圣达孝昭皇帝,讳高炽,成祖长子也。母仁孝文皇后,梦冠冕执圭者上谒。寤而生帝。幼端重沉静,言动有经。稍长习射,发无不中。好学问,从儒臣讲论不辍。

② 洪武二十八年,册为燕世子。尝命与秦、晋、周三世子分阅卫士,还独后。问之。对曰:"旦寒甚,俟朝食而后阅,故后。"又命分阅章奏,独取切军民利病者白之。或文字谬误,不以闻。太祖指示之曰:"儿忽之耶?"对曰:"不敢忽,顾小过不足渎天德。"又尝问:"尧、汤时水旱,百姓奚恃?"对曰:"恃圣人有恤民之政。"太祖喜曰:"孙有君人之识矣。"

③ 成祖举兵世子守北平善抚士卒以万人拒李景隆五十万众城赖以全。先是，郡王高煦、高燧俱以慧黠有宠于成祖。而高煦从军有功，宦寺黄俨等复党高燧，阴谋夺嫡，谮世子。会朝廷赐世子书，为离间。世子不启缄，驰上之。而俨先潜报成祖曰："世子与朝廷通，使者至矣。"无何，世子所遣使亦至。成祖发书视之，乃叹曰："几杀吾子。"成祖践阼，以北平为北京，仍命居守。

④ 永乐二年二月，始召至京，立为皇太子。成祖数北征，命之监国，裁决庶政。四方水旱饥馑，辄遣振恤，仁闻大著。而高煦、高燧与其党日伺隙谗构。或问太子："亦知有谗人乎？"曰："不知也，吾知尽子职而已。"

知识卡片

本文选自《明史》。顺治二年(1645)五月，清廷组成《明史》的编纂人员；其后，大学士冯铨、李建泰、范文程、刚林、祁充格为总裁，操办此事。是年五月，由总裁提名副总裁和编纂官，并设收掌官七员，满字誊录十员，汉字誊录三十六员，揭开了清朝官方编纂《明史》的序幕。康熙四年(1665)，重开明史馆，因编纂《清世祖实录》而停止。康熙十八年(1679)，以徐元文为监修，开始编纂明史。于乾隆四年(1739)最后定稿，进呈刊刻。

《明史》是中国历史上官修史书中编纂时间最长的一部。在二十四史中，《明史》以编纂得体、材料翔实、叙事稳妥、行文简洁为史家所称道，是一部水平较高的史书，反映出编者对史料的考订、史料的运用、对史事的贯通、对语言的驾驭能力都达到较高的水平。其卷数在二十四史中仅次于《宋史》，其编纂时间之久、用力之勤、记述之完善则是大大超过了以前诸史。《明史》虽有一些曲笔隐讳之处，但仍得到后世史家广泛的好评。赵翼在《廿二史札记》卷三十一中说："近代诸史自欧阳公《五代史》外，《辽史》简略，《宋史》繁芜，《元史》草率，惟《金史》行文雅洁，叙事简括，稍为可观，然未有如《明史》之完善者。"

阅读指津

明仁宗朱高炽(1378年—1425年)，明朝第四位皇帝，年号洪熙。明成祖永乐皇帝长子，母仁孝文皇后徐氏为开国元勋徐达之女。本文主要记载了朱高炽少年时因行政能力强为祖父所称赞、设法阻止反间计等事件，仁宗在年轻时积累了丰富的治理经验，即位后又能勤政爱民，对祖父朱元璋、父亲朱棣两位皇帝制造的冤案有所纠正；对老百姓的治理，也是大行宽政。因此，朝野上下都对这位新皇帝大加赞赏，认为是真正的太平天子。可惜，仁宗在位时间较短，仅有九个月，令人叹息。

拓展练习

1. 写出下列加点词在句中的意思。
(1) 好学问，从儒臣讲论不辍(　　　　)　　(2) 世子不启缄，驰上之(　　　　)

2. 结合文意，为下列加点词语选择释义正确的一项。
(1) 成祖践阼(　　)　　A. 掌权　　B. 踏足　　C. 改革　　D. 登基
(2) 与其党日伺隙谗构(　　)　　A. 编造　　B. 构陷　　C. 勾结　　D. 作乱

3. 第③段画波浪线部分有四处需加句读，请用"/"把这四处标识出来。
成祖举兵世子守北平善抚士卒以万人拒李景隆五十万众城赖以全

4. 把第①段中画线的句子翻译成现代汉语。

幼端重沉静,言动有经。稍长习射,发无不中。

5. 第③段是如何刻画朱高炽形象的?试分析之。

6. 朱元璋称赞朱高炽"有君人之识",请结合全文简要分析。

参考答案

1. (1) 停止、舍弃;(2) 派人骑快马

2. (1) D;(2) B

3. 成祖举兵/世子守北平/善抚士卒/以万人拒李景隆五十万众/城赖以全

4. 朱高炽幼年就沉稳庄重,一举一动符合经典要求。稍微大一些学习射箭,没有不射中的。

5. 首先正面描写朱高炽留守北平以一万人抵抗五十万敌人,体现其有作战能力。接着通过典型事例,写黄俨等人通过离间计打算废除朱高炽,而他没有打开伪造的书信而急忙派人把信件送给皇上,体现其智谋。

6. 朱元璋称赞朱高炽有做皇帝的见识,是因为等待卫士吃了早饭再检阅、在阅读章奏的时候选择切中军民利弊的上报、不纠结于文字上的小错误、指出百姓在水旱之灾的时候依赖圣人体恤百姓的政策。体现了朱高炽的仁爱之德。从全文来看,朱高炽好学守礼、智谋过人、忠诚大度,确实有皇帝需要具备的品质。

(张 翔)

二 酷 吏

选文一

张汤传

① 张汤,杜陵人也。父为长安丞,出,汤为儿守舍。还,鼠盗肉,父怒,笞汤。汤掘熏得鼠及余肉,劾鼠掠治,传爰书①,讯鞫②论报,并取鼠与肉,具狱磔③堂下。父见之,视文辞如老狱吏,大惊,遂使书狱。

② 父死后,汤为长安吏。周阳侯为诸卿时,尝系长安,汤倾身事之。及出为侯,大与汤交,遍见贵人。汤给事内史,为宁成掾,以汤为无害,言大府,调茂陵尉,治方中。

③ 武安侯为丞相,征汤为史,荐补侍御史。治陈皇后巫蛊狱,深竟党与,上以为能,迁太史大夫。与赵禹共定诸律令,务在深文,拘守职之吏。已而禹至少府,汤为廷尉,两人交欢,兄事禹。禹志在奉公孤立,而汤舞知以御人。始为小吏,干没,与长安富贾田甲、鱼翁叔之属交私。及列九卿,收接天下名士大夫,己内心虽不合,然阳浮道与之。

④ 是时,上方乡文学,汤决大狱,欲傅古义,乃请博士弟子治《尚书》、《春秋》,补廷尉史,平亭疑法。奏谳疑必奏先为上分别其原上所是受而著谳法廷尉絜令扬主之明。奏事即谴,汤摧谢,乡上意所便,必引正监掾史贤者,曰:"固为臣议,如上责臣,臣弗用,愚抵此。"罪常释。间即奏事,上善之,曰:"臣非知为此奏,乃监、掾、史某所为。"其欲荐吏,扬人之善、解人之过如此。所治即上意所欲罪,予监吏深刻者;即上意所欲释,予监吏轻平者。所治即豪,必舞文巧诋;即下户羸弱,时口言"虽文致法,上裁察。"于是往往释汤所言。汤至于大吏,内行修,交通宾客饮食,于故人子弟为吏及贫昆弟,调护之尤厚,其造请诸公,不避寒暑。是以汤虽文深意忌不专平,然得此声誉。而深刻吏多为爪牙用者,依于文学之士。丞相弘数称其美。

⑤ 及治淮南、衡山、江都反狱,皆穷根本。严助、伍被,上欲释之,汤争曰:"伍被本造反谋,而助亲幸出入禁闼,腹心之臣,乃交私诸侯如此,弗诛,后不可治。"上可论之。

⑥ 其治狱所巧排大臣自以为功,多此类。繇是益尊任,迁御史大夫。

【注释】

① 爰(yuán)书:古代记录囚犯供辞的文书。② 讯鞫:审讯。③ 磔:磔刑是古代一种酷刑,割肉离骨,断肢体,再割断咽喉。

知识卡片

班固(32年—92年),字孟坚,扶风安陵(今陕西咸阳东北)人。东汉大臣、史学家、文学家,与司马迁并称"班马"。

《汉书》又称《前汉书》,由我国东汉时期的历史学家班固编撰,是中国第一部纪传体断代史,"二十四史"之一。《汉书》是继《史记》之后我国古代又一部重要史书,与《史记》《后汉书》《三国志》并称为"前四史"。

阅读指津

张汤一般被认为是汉代酷吏之祖,在汉武帝时期的政坛掀起一波又一波狂潮。节选部分从小时候"审问老鼠"切入,让人很容易想到秦吏李斯的老鼠哲学。"陈皇后案"是张汤初入政坛打响的第一枪。卫子夫独霸后宫,陈皇后失宠,张汤审此案,一连牵连千人,充分划分局势,陈皇后彻底失去势力。武帝从中看出了此人必能按照他的意愿为他所用,张汤的处女秀不可谓不成功、不精彩。

拓展练习

1. 写出下列加点词在句中的意思。
   (1) 深竟党与(　　　)　　　　　　(2) 然阳浮道与之(　　　)

2. 下列各句中,加点词意义和用法都相同的一项是(　　　)
   A. 而汤舞知以御人　　　　　　作《师说》以贻之
   B. 乃请博士弟子治《尚书》《春秋》　　今君乃亡赵走燕
   C. 于故人子弟为吏及贫昆弟　　　赵尝五战于秦
   D. 丞相弘数称其美　　　　　　其皆出于此乎

3. 第④段画波浪线部分有四处需加句读,请用"/"把这四处标识出来。
奏谳疑必奏先为上分别其原上所是受而著谳法廷尉挈令扬主之明

4. 把第③段的画线句翻译成现代汉语。
禹志在奉公孤立,而汤舞知以御人。始为小吏,干没,与长安富贾田甲、鱼翁叔之属交私。

5. 以下六句话分别编为四组,全部属于张汤为官处世圆滑世故的一项是(　　　)
① 汤为廷尉,两人交欢　② 已内心虽不合,然阳浮道与之　③ 所治即上意所欲罪,予监吏深刻者
④ 汤至于大吏,内行修　⑤ 其造请诸公,不避寒暑
   A. ①②⑤　　　　B. ②③⑤　　　　C. ③④⑤　　　　D. ②③④

6. 分析张汤是如何一步步博取汉武帝的信任的。

参考答案

1. (1) 追究;(2) 通"佯",假装

2. A

3. 奏谳疑/必奏先为上分别其原/上所是/受而著谳法廷尉挈令/扬主之明

4. 赵禹廉洁奉公守法为人孤僻,张汤喜欢玩弄智谋来驾驭别人。他起初当上小官,投机取利,跟长

安富商田甲、鱼翁叔之辈暗中勾结。

5. B

6. 治陈皇后巫蛊,揣迎上意;春秋断狱,契合皇帝舆论取向;以皇帝的标准为原则取舍官吏;广结人脉,树立口碑。

选文二

杜周传

① 杜周,南阳杜衍人也。义纵为南阳太守,以周为爪牙,荐之张汤,为廷尉史。使案边失亡,所论杀甚多。奏事中意,任用,与减宣更为中丞者十余岁。

② 周少言重迟,而内深次骨。宣为左内史,周为廷尉,其治大抵放张汤,而善候司。上所欲挤者,因而陷之;上所欲释,久系待问而微见其冤状。客有谓周曰:"君为天下决平,不循三尺法①,专以人主意指为狱,狱者固如是乎?"周曰:"三尺安出哉?前主所是著为律,后主所是疏为令;当时为是,何古之法乎!"

③ 至周为廷尉,诏狱亦益多矣。二千石系者新故相因,不减百余人。郡吏大府举之廷尉,一岁至千余章。章大者连逮证案数百,小者数十人;远者数千里,近者数百里。会狱,吏因责如章告劾,不服,以掠笞②定之。于是闻有逮证,皆亡匿。狱久者至更数赦十余岁而相告言,大氐尽诋以不道,以上廷尉及中都官,诏狱逮至六七万人,吏所增加十有余万。

④ 周中废,后为执金吾③,逐捕桑弘羊④、卫皇后昆弟子刻深,上以为尽力无私,迁为御史大夫。

⑤ 始周为廷史,有一马,及久任事,列三公,而两子夹河为郡守,家訾累巨万矣。治皆酷暴甚于王温舒等矣,唯少子延年行宽厚云。

【注释】

① 三尺法:法律写在三尺长(实为二尺四寸)的竹简上,故以"三尺法"代称法律。② 掠笞:笞:刑具,竹板、木板。掠:打。③ 执金吾:汉武帝太初元年改中尉为执金吾。杜周于天汉二年(前99)担任金吾。④ 桑弘羊:汉昭帝元凤元年(前78)桑弘羊死于燕王旦事件中。此处所言非指桑弘羊本人事,实为其亲属之事。

知识卡片

杜周(?—公元前95年),字长孺,西汉南阳郡杜衍县(今河南南阳市卧龙区)人。西汉大臣,杜延年的父亲。出身南阳(义纵)郡吏,甚有能名。推荐给廷尉史张汤,授御史。受命查办沿边郡县因匈奴侵扰而损失的人畜、甲兵、仓廪问题。他在查办过程中,严格追究造成损失的责任。执法严峻,奏事称旨,得到汉武帝的赏识,加以重用,累迁廷尉、御史大夫。太始二年(前95),病死。

阅读指津

杜周是张汤之后另一位活跃在汉朝政坛上的酷吏,文章开篇就写了他的执政风格"放张汤"。"上所欲挤者,因而陷之;上所欲释,久系待问而微见其冤状。"与《张汤传》如出一辙,交代了酷吏是非不分的执法原则,一切以皇帝的好恶为唯一准绳。因而审视酷吏,我们可以看到一种病态的双向政治。一方面,酷吏通过逆迎上意,为自己博得平步青云的官位晋升通道。另一方面,汉武帝也通过大量任用、安插酷吏,实现对政坛无孔不入的清洗。迁豪强、伐匈奴、杀异见,这些政策的落实没有酷吏很难实现。

拓展练习

1. 写出下列加点词在句中的意思。
   (1) 所论杀甚多(   )   (2) 而内深次骨(   )
2. 把第③段的画线句翻译成现代汉语。

狱久者至更数赦十余岁而相告言,大氏尽诋以不道,以上廷尉及中都官,诏狱逮至六七万人,吏所增加十有余万。

3. 下列各组句子中,直接表明杜周酷吏本色的一组是(   )
   A. 至周为廷尉,诏狱亦益多矣。   诏狱,吏因责如章告劾,不服,以笞掠定之。
   B. 大都尽诋以不道以上。   其皆治暴酷甚于王温舒等矣。
   C. 捕治桑弘羊、卫皇后昆弟子刻深。   使案边失亡,所论杀甚众。
   D. 其治与宣相放,然重迟,外宽,内深次骨。 其治大放张汤而善候伺。
4. 请结合《张汤传》,分析杜周身为酷吏,与张汤执法的异同。

参考答案

1. (1) 判罪;(2) 刻薄
2. 案件拖得久的,甚至经过几次赦免,十多年后还会被告发,大多数都以大逆不道以上的罪名加以诬陷。廷尉及中都官奉诏办案所逮捕的人多达六七万,属官所捕又要增加十多万。
3. C
4. 同:执法严苛、揣摩圣意,以汉武帝旨意作为执法标准;牵连数人,小事化大;异:面对冤案,通过持续施加刑罚定刑。

选文三

王温舒传

① 王温舒,阳陵人也。少时椎埋①为奸。已而试县亭长,数废。数为吏,以治狱至廷尉史。事张汤,迁为御史,督盗贼,杀伤甚多。稍迁至广平都尉,择郡中豪敢往吏十余人为爪牙,皆把其阴重罪,而纵使督盗贼,快其意所欲得。此人虽有百罪,弗法;即有避回,夷之,亦灭宗。以故齐赵之郊盗不敢近广平,广平声为道不拾遗。上闻,迁为河内太守。

② 素居广平时,皆知河内豪奸之家。及往,以九月至,令郡具私马五十匹,为驿自河内至长安,部吏如居广平时方略,捕郡中豪猾,相连坐千余家。上书请,大者至族,小者乃死,家尽没入偿臧。奏行不过二日,得可,事论报,至流血十余里。河内皆怪其奏,以为神速。尽十二月,郡中无犬吠之盗。其颇不得,失之旁郡,追求,会春,温舒顿足汉曰:"嗟乎,令冬月益展一月,足吾事矣!"其好杀行威不爱人如此。

③ 上闻之,以为能,迁为中尉。其治复放河内,徙请召猜祸吏与从事,河内则杨皆、麻戊,关中扬赣、成信等。义纵为内史,惮之,未敢恣治。及纵死,张汤败后,徙为廷尉。而尹齐为中尉坐法抵罪,温舒复为

中尉。为人少文,居它惛惛不辩,至于中尉则心开。素习关中俗,知豪恶吏,豪恶吏尽复为用。吏苛察,淫恶少年,投缿购告言奸,置伯落长,以收司奸。温舒多谄,善事有势者;即无势,视之如奴。有势家,虽有奸如山,弗犯;无势,虽贵戚,必侵辱。舞文巧诋下户之猾,以焄②大豪。其治中尉如此。奸猾穷治大氐尽靡烂狱中行论无出者其爪牙吏虎而冠。于是中尉部中中猾以下皆伏,有势者为游声誉,称治。数岁,其吏多以权贵富。

④ 温舒击东越还,议有不中意,坐以法免。是时,上方欲作通天台而未有人,温舒请复中尉脱卒,得数万人作。上说,拜为少府。徙右内史,治如其故,奸邪少禁。坐法失官,复为右辅,行中尉,如故操。

⑤ 岁余,会宛军③发,诏征豪吏。温舒匿其吏华成,及人有变告温舒受员骑钱,它奸利事,罪至族,自杀。其时,两弟及两婚家亦各自坐它罪而族。光禄勋徐自为曰:"悲夫!夫古有三族,而王温舒罪至同时而五族乎!"温舒死,家累千金。

【注释】
① 椎埋:盗墓。② 焄:同"熏",以火烟熏炙。此指胁迫。③ 宛军:指讨伐大宛的军队。

知识卡片

王温舒(生卒年不详),阳陵(今陕西省咸阳西)人,西汉武帝时酷吏。王温舒早年做过亭长,后以廷尉史事奉张汤而升任御史,因督责盗贼,杀伤甚多而迁广平都尉。

阅读指津

文章开头出现了常用的成语"道不拾遗",王温舒治理广平看似政绩突出,达到了无人犯罪的程度,治安效果良好。然而"重罪""灭宗"等血淋淋的字眼提醒我们,他的政绩竟然都是靠重压和杀戮完成的。

为了完成指标,营造业绩,王温舒采取的措施只有大开杀戒,而汉武帝却还觉得他才能突出,给他更大的舞台和更多的机会。上万人成了刀下之鬼,"流血十余里"。真是尸积如山,血流成河。这对那些横行乡里的豪强地主来说,是咎由自取,但对大多数被无辜牵连的平民百姓而言,真是血海奇冤。经过这番刑杀,也收到了在广平那样的效果。

拓展练习

1. 写出下列加点词在句中的意思。
(1) 而尹齐为中尉坐法抵罪(　　　　　)　　(2) 居它惛惛不辩(　　　　　)
2. 第③段画波浪线部分有三处需加句读,请用"/"把这三处标识出来。
奸 猾 穷 治 大 氐 尽 靡 烂 狱 中 行 论 无 出 者 其 爪 牙 吏 虎 而 冠
3. 把第①段中的画线句翻译成现代汉语。
稍迁至广平都尉,择郡中豪敢往吏十余人为爪牙,皆把其阴重罪,而纵使督盗贼,快其意所欲得。
4. 下列各组句子中,全都表明王温舒阴险狠辣的一组是(　　　)
① 少时椎埋为奸　② 皆把其阴重罪,而纵使督盗贼　③ 令冬月益展一月,卒吾事矣　④ 即无势者,视之如奴　⑤ 舞文巧诋下户之猾,以焄大豪　⑥ 奸猾穷治,大抵尽靡烂狱中,行论无出者
A. ①②③⑤　　B. ②③④⑥　　C. ②③⑤⑥　　D. ①③④⑤
5. 下列对原文有关内容的概括和分析,不正确的一项是(　　　)

A. 王温舒所治郡县少有偷盗之事,显出安定之态。盗贼不敢出入他所管辖的地区,他的做法强化了当地的治安,这也成为了他不断晋升的一个原因。

B. 王温舒为人心思缜密,治政有独特的方法。其对豪奸之家以及自己手下的情况了如指掌,以暴制暴,威逼加以杀伐,既聚敛了大量钱财,又使自己获得了好名声。

C. 王温舒为官心狠手辣,但也忠于职守。当一些奸豪之人逃到他郡,他都尽力追捕归案。在自己不能按时完成任务时,他深怀憾恨。

D. 王温舒善于谄上欺下,舞文弄墨。其惩处奸豪标准不一,歪曲法律条文诋毁奸猾的平民,以达到威迫大的豪强的目的。

6. 文章是如何塑造凶狠的酷吏形象的?请结合具体语句加以分析。

参考答案

1. (1) 犯了……法;(2) 精神昏暗、神志不清

2. 奸猾穷治/大氐尽靡烂狱中/行论无出者/其爪牙吏虎而冠

3. (王温舒)逐渐升为广平都尉。他选择郡中豪放勇敢的十余人做得力帮手,掌握他们每个人的隐秘的重大罪行,而放手让他们去督捕盗贼,满足他们的欲求。

4. C

5. C

6. 正面描写,"郡中豪猾,相连坐千余家。上书请,大者至族,小者乃死,家尽没入偿臧。奏行不过二日,得可,事论报,至流血十余里"。其中注重案件的审理结果,尤其会用数字直接展现案件的血腥,酷吏手段的残忍。侧面描写,"以故齐赵之郊盗不敢近广平,广平声为道不拾遗""中尉部中中猾以下皆伏,有势者为游声誉,称治"等,通过其他人的反应表现出酷吏之刻深。

(熊玥仪)

三 良 吏

选文一

① 任延字长孙，南阳宛人也。年十二，为诸生，学于长安，明《诗》、《易》、《春秋》，显名太学，学中号为"任圣童"。值仓卒①，避兵之陇西。

② 更始元年，以延为大司马属，拜会稽都尉。时年十九，迎官惊其壮。及到，静泊无为，唯先遣馈礼祠延陵季子②。时，天下新定，道路未通，避乱江南者皆未还中土，会稽颇称多士。延到，皆聘请高行如董子仪、严子陵等，敬待以师友之礼。掾吏贫者，辄分奉禄以赈给之。省诸卒，令耕公田，以周穷急。每时行县，辄使慰勉孝子，就餐饭之。

③ 建武初，延上书愿乞骸骨，归拜王庭。诏征为九真③太守。光武引见，赐马杂缯，令妻子留洛阳。九真俗以射猎为业，不知牛耕，民常告籴④交阯，每致困乏。延乃令铸作田器，教之垦辟。田畴岁岁开广，百姓充给。又骆越之民无嫁娶礼法，各因淫好，无适对匹，不识父子之性，夫妇之道。延乃移书属县，各使男年二十至五十，女年十五至四十，皆以年齿相配。其贫无礼娉，令长吏以下各省奉禄以赈助之。同时相娶者二千余人。是岁风雨顺节，谷稼丰衍。其产子者，始知种姓。咸曰："使我有是子者，任君也。"多名子为"任"。

④ 延视事四年，征诣洛阳，以病稽留，左转睢阳令，九真吏人生为立祠。拜武威太守⑤，帝亲见，戒之曰："善事上官，无失名誉。"延对曰："臣闻忠臣不私，私臣不忠。履正奉公，臣子之节。上下雷同，非陛下之福。善事上官，臣不敢奉诏。"帝叹息曰："卿言是也。"

⑤ 既之武威，时将兵长史田绀，郡之大姓，其子弟宾客为人暴害。延收绀系之，父子宾客伏法者五六人。绀少子尚乃聚会轻薄数百人，自号将军，夜来攻郡。延即发兵破之。自是威行境内，吏民累息⑥。

⑥ 郡北当匈奴，南接种羌，民畏寇抄，多废田业。延到，选集武略之士千人，明其赏罚，令将杂种胡骑休屠黄石屯据要害，其有警急，逆击追讨。虏恒多残伤，遂绝不敢出。河西旧少雨泽，乃为置水官吏，修理沟渠，皆蒙其利。又造立校官，自掾史子孙，皆令诣学受业，复其徭役。章句既通，悉显拔荣进之。郡遂有儒雅之士。后坐擅诛羌不先上，左转召陵令。显宗即位，拜颍川太守。永平二年，征会辟雍，因以为河内太守。视事九年，病卒。

【注释】

① 值仓卒：正值兵荒马乱之时。② 延陵季子：即季札，春秋时吴王寿梦第四子，称"公子札"，是传为避王位"弃其室而耕"常州武进焦溪的舜过山下，人称"延陵季子"。季札不仅品德高尚，而且是具有远见

427

卓识的政治家和外交家。③ 九真：在今天的越南北部。④ 籴：买进粮食。⑤ 武威：位于今甘肃省中部。⑥ 累息：因恐惧而不敢喘息。

知识卡片

《后汉书》为南朝宋时期历史学家范晔编撰的纪传体史书，属"二十四史"之一。《后汉书》与《史记》《汉书》《三国志》合称"前四史"。全书分十纪、八十列传和八志，主要记述了上起东汉的汉光武帝建武元年(25)，下至汉献帝建安二十五年(220)，共195年的史事。《后汉书》大部分沿袭《史记》《汉书》的现成体例，但在成书过程中，范晔根据汉朝东汉时期一代历史的具体特点，则又有所创新，有所变动。《后汉书》结构严谨，编排有序。其进步性体现在勇于暴露黑暗政治，同情和歌颂正义的行为，一方面揭露鱼肉人民的权贵，另一方面又表彰那些刚强正直、不畏强暴的中下层人士。

阅读指津

范晔，字蔚宗，顺阳郡顺阳县(今河南省淅川县李官桥镇)人。南朝宋时期著名史学家、文学家、官员。东晋安北将军范汪曾孙、豫章太守范宁之孙、侍中范泰之子。

范晔出身顺阳范氏，博览群书。元熙二年(420)，宋武帝刘裕即位后，出任冠军(刘义康)长史，迁秘书丞、新蔡太守；元嘉九年(432)，得罪司徒刘义康，贬为宣城太守，开始撰写《后汉书》，加号宁朔将军。元嘉十七年(440)，投靠始兴王刘浚，历任徐州长史、南下邳太守、左卫将军、太子詹事。元嘉二十二年(445)，拥戴彭城王刘义康即位，事败被杀，时年四十八岁。其一生才华横溢，史学成就突出。著作《后汉书》，博采众书，结构严谨、属词丽密，与《史记》《汉书》《三国志》并称"前四史"。

拓展练习

1. 写出下列加点词在句中的意思。
   (1) 避兵之陇西(　　　　)　　　　(2) 拜会稽都尉(　　　　)
2. 为下列句子中的加点词选择正确的义项。
   (1) 以周穷急(　　) A. 周围　B. 周长　C. 周游　D. 接济
   (2) 多名子为"任"(　　) A. 数量词　B. 命名　C. 名字　D. 名目
3. 把第④段画线的句子翻译成现代汉语。
   帝亲见，戒之曰："善事上官，无失名誉。"
4. 第⑥段画波浪线部分有三处需加句读，请用"/"把这三处标识出来。
   郡 北 当 匈 奴 南 接 种 羌 民 畏 寇 抄 多 废 田 业
5. 第④段中写到任延离任九真，当地人为他"立祠"，请分析他们这样做的原因。
6. 分析任延在武威施政与在九真的异同之处。

参考答案

1. (1) 躲避；(2) 授予官职
2. (1) D；(2) B
3. 皇帝亲自接见任延，告诫他说："好好地侍奉上官，不要损害自己的名誉。"

4. 郡北当匈奴/南接种羌/民畏寇抄/多废田业

5. 因为任延刚到九真,这里还是一片未开发的地方,百姓蒙昧。他一方面从经济上安排生产,使当地民族有产可依,一方面从文化入手,制定礼法,开展教化。故百姓对其为政十分认可。

6. 武威地处与匈奴交接之地,和九真不同,有巨大的军事压力,所以任延增加使用了相对更强力的手段,维护稳定。而与九真之地同样,他指导生产安排,开展教育教化,使得"郡遂有儒雅之士"。

选文二

① 邓攸,字伯道,平阳襄陵人也。攸七岁丧父,寻丧母及祖母,居丧九年,以孝致称。清和平简,贞正寡欲。少孤,与弟同居。初,祖父殷有赐官,敕攸受之。后太守劝攸去王官,欲举为孝廉,攸曰:"先人所赐,不可改也。"尝诣镇军贾混,混以人讼事示攸,使决之。攸不视,曰:"孔子称听讼吾犹人也,必也使无讼乎!"混奇之,以女妻焉。

② 永嘉末,没于石勒①。然勒宿忌诸官长二千石②,闻攸在营,驰召,将杀之。攸至门,门干乃攸为郎时干③,识攸,攸求纸笔作辞。干候勒和悦,致之。勒重其辞,乃勿杀。

③ 至新郑,投李矩④。三年,将去,而矩不听。荀组⑤以为陈郡、汝南太守,愍帝征为尚书左丞、长水校尉,皆不果就。后密舍矩去,投荀组于许昌,矩深恨焉,久之,乃送家属还攸。攸与刁协、周𫖮⑥素厚,遂至江东。元帝以攸为太子中庶子。时吴郡阙守,人多欲之,帝以授攸。攸载米之郡,俸禄无所受,唯饮吴水而已。时郡中大饥,攸表振贷,未报,乃辄开仓救之。台遣散骑常侍桓彝、虞斐慰劳饥人,观听善不,乃劾攸以擅出谷。俄而有诏原之。攸在郡刑政清明,百姓欢悦,为中兴良守。后称疾去职。郡常有送迎钱数百万,攸去郡,不受一钱。百姓数千人留牵攸船不得进攸乃小停夜中发去。吴人歌之曰:"纥如打五鼓,鸡鸣天欲曙。邓侯挽不留,谢令推不去。"百姓诣台乞留一岁,不听。拜侍中。岁余,转吏部尚书。蔬食弊衣,周急振乏。性谦和,善与人交,宾无贵贱,待之若一,而颇敬媚权贵。

④ 永昌中,代周𫖮为护军将军。太宁二年,王敦反,明帝密谋起兵,乃迁攸为会稽太守。初,王敦伐都之后,中外兵数每月言之于敦。攸已出在家,不复知护军事,有恶攸者,诬攸尚白敦兵数。帝闻而未之信,转攸为太常。时帝南郊,攸病不能从。车驾过攸问疾,攸力病出拜。有司奏攸不堪行郊而拜道左,坐免。攸每有进退,无喜愠之色。久之,迁尚书右仆射。咸和元年卒,赠光禄大夫,加金章紫绶,祠以少年。

【注释】

① 没于石勒:被石勒所俘虏。石勒:十六国时期后赵开国皇帝,建立后赵,灭亡前赵,南掠晋土,北侵代国,推动后赵成为北方地区最强的国家。石勒喜欢儒家文化,减租缓刑,开办学校,核定户籍,重新制定度量衡,促进了北方经济发展。② 这句话说的是石勒一向厌恶身居高位的官员,当时的邓攸已经是河东太守。③ 干:小吏。④ 李矩:晋朝官员、将领。勇猛刚毅,颇多谋略,心有大志。抵抗前赵入侵,保护晋愍帝,拜荥阳太守。打败刘畅与石勒,加封冠军将军。率军平定叛乱,消灭贼寇,并屡次击败前赵军队。⑤ 荀组:夷雅有才识,洛阳失陷,晋怀帝被俘。荀组推举琅琊王司马睿为盟主,在兄长荀藩死后迁任司空,封临颍县公。⑥ 刁协、周𫖮:刁协辅佐司马睿建立东晋,历任左仆射、尚书令,参与制定朝廷的典章制度。后又与刘隗推行"刻碎之政",抑制门阀势力,维护皇权,引起士族的不满。周𫖮少有声誉,身负雅望盛名,清正廉洁。因时常酒醉,不理俗务,有"三日仆射"之称。相关典故有"我不杀伯仁,伯仁因我而死"。

知识卡片

《晋书》是中国的"二十四史"之一,唐代房玄龄等人合著,作者共二十一人。该书记载的历史上起于东汉末年司马懿早年,下至东晋恭帝元熙二年(420)刘裕废晋帝自立,以宋代晋。同时还以"载记"形式,记述了十六国政权的状况。中国自唐太宗时开始设馆修史;修成六部正史;《晋书》便是其中的第一部。在唐朝以前,即有十八家晋史传世,而实际上则多达二十余家,其中沈约、郑忠、庾铣三家晋书已亡佚外,其余都还存在。当时唐太宗认为这些晋史有种种缺陷,且"制作虽多,未能尽善",便于贞观二十年(646)下诏修《晋书》,唐太宗在《修晋书诏》有言:"大矣哉,盖史籍之为用也。"

阅读指津

《晋书》同二十五史中的其他各史相比,有四个特点:作者的众多、体例的创新、补旧史之不足、记载完备。唐之前的各晋史,或仅记西晋一朝史事,或虽兼记两晋史事,但对十六国史事则无专门记述。《晋书》问世后,"言晋史者,皆弃其旧本,竞从新撰",说明它在当时和后世都受到人们的重视。当然,《晋书》也有明显的缺点,这突出地表现在它记述了一些神怪故事和小说材料,而这些是不应被当作历史来看待的。我们在阅读《晋书》的时候,必须注意到这一点。

拓展练习

1. 写出下列加点词在句中的意思。
 (1) 寻丧母及祖母(　　　　)　　　　(2) 而矩不听(　　　　)
2. 为下列句子中的加点词选择正确的义项。
 (1) 攸表振贷(　　　)　　A. 表示　　B. 表面上　　C. 表兄　　D. 上表
 (2) 诬攸尚白敦兵数(　　　)　　A. 敦伦　　B. 不懂　　C. 深厚　　D. 诚恳
3. 把第③段画线的句子翻译成现代汉语。
 攸载米之郡,俸禄无所受,唯饮吴水而已。
4. 第③段画波浪线部分有三处需加句读,请用"/"把这三处标识出来。
 百姓数千人留牵攸船不得进攸乃小停夜中发去
5. 邓攸在吴地的施政获得了百姓的认可,吴地百姓为了挽留他做了哪些事情?
6. 结合具体事例,说说邓攸的性格品质。

参考答案

1. (1) 不久;(2) 听从
2. (1) D;(2) B
3. 邓攸用车装着大米前往吴郡,朝廷给的俸禄没有接受,只喝了吴地的水罢了。
4. 百姓数千人留牵攸/船不得进/攸乃小停/夜中发去
5. 一是牵船不进,不让邓攸的船离开。二是作歌称赞,传播他的美名。三是向上官请求留任一年。
6. 示例:孝,不改祖父的赐官。自信,石勒要杀他,他还主动上门,相信自己能够说服石勒改变心意。

廉洁，治理吴地时拒绝贿赂。

选文三

① 袁滋，字德深，陈郡汝南人也。弱岁强学，以外兄道州刺史元结有重名，往来依焉。每读书，玄解旨奥，结甚重之。无何，黜陟使赵赞以处士荐，授试校书郎。何士干镇武昌，辟为从事，累官詹事府司直。部有邑长，下吏诬以盗金，滋察其冤，竟出之。御史中丞韦绍闻之，荐为侍御史，转工部员外郎。

② 贞元十九年，韦皋始通西南蛮夷，酋长异牟寻贡琛①请使，朝廷方命抚谕，选郎吏可行者，皆以西南遐远惮之。滋独不辞德宗甚嘉之以本官兼御史中丞持节充入南诏使。未行，迁祠部郎中，使如故。来年夏，使还，擢为谏议大夫。俄拜尚书右丞，知吏部选事。出为华州刺史、兼御史中丞、潼关防御使、镇国军使。以宽易清简为政。百姓有至自他境者，皆给地以居，名其居曰义合里。专以慈惠为本，人甚爱之。然百姓有过犯者，皆纵而不理。擒盗辄舍，或以物偿之。征拜金吾卫大将军，耆耋鳏寡②遮道不得进。杨于陵代其任，宣言谓百姓曰："于陵不敢易袁公之政。"然后罗拜而诀。

③ 上始监国，与杜黄裳俱为相，拜中书侍郎、平章事。会韦皋殁，刘辟拥兵擅命，滋持节安抚。行及中路，拜检校吏部尚书、平章事、剑南西川节度使，百姓立生祠祷之。征拜户部尚书，连为荆襄二帅，改彰义军节度、随唐邓申光等州观察使。逆贼吴元济与官军对垒者数年，滋竟以淹留无功，贬抚州刺史。未几，迁湖南观察使卒，年七十，赠太子少保。

④ 滋工篆籀书③，雅有古法。因使行，著《云南记》五卷。尝读刘晖《悲甘陵赋》，叹其褒善惩恶虽失《春秋》之旨，然其文不可废，因著《甘陵赋后序》。

【注释】
① 异牟寻：酋长名。贡琛，进献珍宝。② 耆耋：年龄长的人。鳏：无妻的男子。寡：无夫的女子。③ 工篆籀书：工于篆书、籀文等书法。籀：先秦的文书。中国春秋战国时流行于秦国的一种字体，与石鼓文皆为大篆的典型代表。

知识卡片

《旧唐书》属于史类文学作品，成书于后晋开运二年（945），共200卷，包括《本纪》20卷、《志》30卷、《列传》150卷。作品原名《唐书》，宋祁、欧阳修等所编著《新唐书》问世后，才改称《旧唐书》。《旧唐书》的修撰离唐朝灭亡时间不远，资料来源比较丰富。署名后晋刘昫等撰，实为后晋赵莹主持编修。被列为"二十四史"之一。

阅读指津

《旧唐书》修成后的第二年，北方契丹即对后晋大举进攻，造成了开封及河南州县数百里内杳无人烟的惨状，公私损失都很严重，史籍遭劫自也难免。因此修成的《旧唐书》，在保存史料方面，是有很大积极意义的。《旧唐书》的作者去唐不远，有条件接触到大量的唐代史料，所以能在短短的四年多时间里修成这样一部二百卷的大书。

拓展练习

1. 写出下列加点词在句中的意思。

(1) 累官詹事府司直（　　　　　）　　　　　　（2) 滋独不辞（　　　　　）

2. 为下列句子中的加点词选择正确的义项。

(1) 然后罗拜而诀（　　）　　A. 召请　　B. 像网一样　　C. 陈列　　D. 围绕

(2) 滋竟以淹留无功（　　）　　A. 埋没　　B. 长久　　C. 留守　　D. 淹没

3. 把第①段画线的句子翻译成现代汉语。

部有邑长，下吏诬以盗金，滋察其冤，竟出之。

4. 第②段画波浪线部分有三处需加句读，请用"/"把这三处标识出来。

滋独不辞德宗甚嘉之以本官兼御史中丞持节充入南诏使

5. 袁滋的"良"在文中具体体现为哪些事情？

6. 请分析选文是如何使用侧面描写塑造人物形象的。

参考答案

1. (1) 多次；(2) 推辞

2. (1) D；(2) B

3. 他部署里有一个邑长，被一个小吏诬陷盗窃银子，袁滋察明了他的冤情，最终把他解脱了出来。

4. 滋独不辞/德宗甚嘉之/以本官兼御史中丞/持节充入南诏使

5. "良"表现为多个方面：一是公正，他在担任詹事府司直时，发现有官吏受到委屈，秉公执法。二是勇于担责，没有人愿意出使抚慰少数民族，他主动自荐，完美完成任务。三是关爱百姓，在治理地方期间，赢得百姓好评，不舍得让他离任。

6. 一是百姓从多地赶来，不舍得让他离任。二是通过杨于陵的话，保证不改变袁的施政方略，侧面表现了他的政治能力。三是百姓自发建立生祠，可见其得民心。以上从多方面的侧面描写，塑造了袁滋良吏的人物形象。

选文四

① 吴履，字德基，兰溪人。少受业于闻人①梦吉，通《春秋》诸史。李文忠镇浙东，聘为郡学正。久之，举于朝，授南康丞。南康俗悍，谓丞儒也，易之。居数月，摘发奸伏如老狱吏，则皆大惊，相率敛迹。履乃改崇宽大②，与民休息。知县周以中巡视田野，为部民所詈③。捕之不获，怒，尽絷④其乡邻。履阅狱问故，立释之，乃白以中。以中益怒，曰："丞慢我。"履曰："犯公者一人耳，其邻何罪？今系者众，而捕未已，急且有变，奈何？"以中意乃解。邑有淫祠，每祀辄有蛇出户，民指为神。履缚巫责之，沉神像于江，淫祠遂绝。为丞六年，百姓爱之。

② 迁安化知县。大姓易氏保险自守⑤，江阴侯吴良将击之，召履计事。履曰："易氏逃死耳，非反也，招之当来。不来，诛未晚。"良从之，易氏果至。良欲籍农故为兵者，民大恐。履曰："世清矣，民安于农。请籍其愿为兵者，不愿，可勿强。"迁潍州知州。山东兵常以牛羊代秋税，履与民计曰："牛羊有死瘠患，不若输粟便。⑥"他日上官令民送牛羊之陕西他县民多破家潍民独完。会改州为县，召履还，潍民皆涕泣奔送。履遂乞骸骨归。

③ 是时河内丞廖钦并以廉能称。居八年，调吴江，后坐事谪戍。久之，以老病放归。道河内，河内民竞持羊酒为寿，且遗之缣，须臾衰⑦数百匹。钦固辞不得，一夕遁去。

④ 他若兴化丞周舟以绩最，特擢吏部主事。民争乞留，乃遣还之。归安丞高彬、曹县主簿刘郁、衡山主簿纪惟正、沾化典史杜濩皆坐事，以部民乞宥，复其官，而惟正立擢陕西参议。其后州县之佐贰知名者，在仁、宣时则易州判官张友闻、寿州判官许敏、许州判官王通、灵璧丞田诚、安平丞耿福缘、嘉定丞戴肃、大名丞贺祯、昌邑主簿刘整、襄垣主簿乔育、贵池典史黄金兰、深泽典史高闻；英、景时则养利判官汪浩、泰州判官王思旻、上海丞张祯、吴江丞王懋本、历城丞熊观、黔阳主簿古初、云南南安州琅井巡检李保。或超迁，或迁任，皆因部民请云。

【注释】

① 闻人：社会上很有名望的人。② 改崇宽大：改变政策变为宽松大度。③ 罟（ɡǔ）：网。④ 絷：用绳子拴捆。这里指拘禁。⑤ 保险自守：据守险地自我守护。⑥ "牛羊有死瘠患，不若输粟便"：意思是用牛羊交税，容易导致牛羊死亡患病，不如交纳粮食方便。⑦ 衺：取出。

知识卡片

《明史》是二十四史中的最后一部，共332卷，包括本纪24卷，志75卷，列传220卷，表13卷。它是一部纪传体断代史，记载了自明太祖朱元璋洪武元年（1368）至明思宗朱由检崇祯十七年（1644）间共276年的历史。清朝顺治二年（1645）设立明史馆，编纂《明史》，因国家初创，诸事丛杂，未能全面开展。在二十四史中，《明史》以编纂得体、材料翔实、叙事稳妥、行文简洁为史家所称道，是一部水平较高的史书。这反映出编者对史料的考订和运用、对史事的贯通、对语言的驾驭能力都达到较高的水平。

阅读指津

"循吏"最早出自司马迁撰《史记·循吏列传》，他认为"循吏"乃"奉法（职）循理之吏"。司马迁记载"循吏"事迹，对他们的为政特点有具体的表述，体现了他所主张的为政宽厚仁德，反对威严苛酷的吏治思想。后代正史沿用《史记》体例而设置《循吏传》（或变言为"良吏""良政""能吏"），对司马迁的吏治思想有继承，也有引申发挥。历代史家的所作所为，为我们探讨古代吏治和官德文明，提供了宝贵的文献史料和思想资源。

拓展练习

1. 写出下列加点词在句中的意思。

（1）摘发奸伏如老狱吏（　　　　　） （2）固辞不得（　　　　　）

2. 为下列句子中的加点词选择正确的义项。

（1）谓丞儒也，易之（　　）

A. 认为容易　　　B. 改变　　　C. 周易　　　D. 轻视

（2）邑有淫祠（　　）

A. 野外的祠庙　　B. 不在祀典的祠庙　　C. 过多的祠庙　　D. 淫乱的祠庙

3. 把第②段画线的句子翻译成现代汉语。

世清矣，民安于农。请籍其愿为兵者，不愿，可勿强。

4. 第②段画波浪线部分有三处需加句读，请用"/"把这三处标识出来。

他日上官令民送牛羊之陕西他县民多破家潍民独完

5. 说说传记这一文体中详略得当的写作手法的独特性。

6. 根据本文内容,述说《明史》中"循吏"的特点。

参考答案

1. (1)揭发;(2)坚持

2. (1)D;(2)B

3. 世事清明,老百姓安心务农。登记招收愿当兵的,不愿也不要勉强。

4. 他日/上官令民送牛羊之陕西/他县民多破家/潍民独完

5. 传记文体可以写一人或几个人,而本文是写一类人。选文详略得当,详写吴履因地制宜,先制豪强,再宽政养民,绝淫祠,安抚易氏等事件,完整地塑造了人物。而之后简写廖钦、周舟二人故事,最后罗列一系列人名,虽有姓名无事迹,但可以从前三人的情况推演。这也是传记这一文体中详略得当的写作手法的独特性。

6. "循"的本意是遵守、依照、沿袭,文中的任务都依循为民执政的思想,可以说为百姓谋了福利,办了实事。"吏"指官吏,也可以特指没有官阶的小吏。本文中提到的人物,官阶都不高,属于基层小官吏。这也是《明史》记载的一个选材特色,与早期的"良吏""循吏"并不完全一致。

(程夕琦)

四 列 女

 选文一

班昭与蔡文姬①

① 扶风曹世叔妻者,同郡班彪②之女也,名昭,字惠班,一名姬。博学高才。帝数召入宫,令皇后诸贵人师事焉,号曰大家。及邓太后③临朝,与闻政事。

② 永初中,太后兄大将军邓骘以母忧,上书乞身,太后不欲许,以问昭。昭因上疏曰:"伏惟皇太后陛下,躬盛德之美,隆唐虞之政,辟四门而开四聪,采狂夫之瞽言,纳刍荛之谋虑。妾昭得以愚朽,身当盛明,敢不披露肝胆,以效万一。妾闻谦让之风,德莫大焉,故典坟述美,神祇降福。昔夷齐去国,天下服其廉高;太伯违邠,孔子称为三让。所以光昭令德,扬名于后者也。《论语》曰:'能以礼让为国,于从政乎何有。'由是言之,推让之诚,其致远矣。今四舅深执忠孝,引身自退,而以方垂未静,拒而不许;如后有毫毛加于今日,诚恐推让之名不可再得。缘见逮及,故敢昧死竭其愚情。自知言不足采,以示虫蚁之赤心。"太后从而许之。于是骘等各还里第焉。

③ 陈留董祀妻者,同郡蔡邕④之女也,名琰,字文姬。博学有才辩,又妙于音律。适河东卫仲道。夫亡无子,归宁于家。兴平中,天下丧乱,文姬为胡骑所获,没于南匈奴左贤王,在胡中十二年,生二子。曹操素与邕善,痛其无嗣,乃遣使者以金璧赎之,而重嫁于祀。

④ 祀为屯田都尉,犯法当死,文姬诣曹操请之。时公卿名士及远方使驿坐者满堂,操谓宾客曰:"蔡伯喈女在外,今为诸君见之。"及文姬进,蓬首徒行,叩头请罪,音辞清辩,旨甚酸哀,众皆为改容。操曰:"诚实相矜,然文状已去,奈何?"文姬曰:"明公厩马万匹,虎士成林,何惜疾足一骑,而不济垂死之命乎!"操感其言,乃追原祀罪。

【注释】

① 选自《后汉书》,题目为编者所加,有删改。② 班彪:东汉史学家、文学家。③ 邓太后:汉和帝刘肇的第二任皇后,女性政治家。④ 蔡邕:字伯喈,东汉时期名臣,文学家、书法家。

知识卡片

邓太后的祖父是与东汉开国皇帝光武帝一同打天下的邓禹。她热爱读书、深有学养,六岁时就能欣赏和书写大篆,"十二岁通《诗》《论语》",她的父亲邓训并未加以拦阻,而是"事无大小,辄与详议"。被立

为皇后以后,邓太后始终坚持读书,当时的著名学者班昭受和帝邀请入宫讲学,邓太后就是"学生"之一。文中所讲班昭之事则表明,班昭充当着"顾问"的角色。蔡琰是三国时期著名的女诗人,所作《悲愤诗》是中国诗歌史上第一首自传体的五言长篇叙事诗。

阅读指津

为了读懂古文的主要信息,我们要学会"抓大放小"。如第②段引用的班昭疏原文中,那些难懂的典故,不必强求读透,只求抓出典故所突出的重点,就能理解典故的用途,理解了典故的用途,其具体内容再难,也不会妨碍我们对文章主要内容的理解了。

拓展练习

1. 写出下列加点词在句中的意思。
 (1) 所以光昭令德(   )   (2) 适河东卫仲道(   )
2. 为下列句子中的加点词选择正确的义项。
 (1) 太后兄大将军邓骘以母忧(   )   A. 担忧   B. 祸患   C. 患病   D. 居丧
 (2) 而以方垂未静(   )   A. 边疆   B. 垂危   C. 快要   D. 低下
3. 把第①段画线的句子翻译成现代汉语。
 帝数召入宫,令皇后诸贵人师事焉,号曰大家。及邓太后临朝,与闻政事。
4. 第③段画波浪线部分有三处需加句读,请用"/"把这三处标识出来。
 曹操素与邕善痛其无嗣乃遣使者以金璧赎之而重嫁于祀
5. 本文展现了两位主人公表达观点、说服他人的过程。请结合文章内容,分析在这一过程中两人的言说方式有何不同,并简要概括其原因。

参考答案

1. (1) 美好;(2) 嫁(给)
2. (1) D;(2) A
3. 皇帝多次召班昭进宫,命令皇后及诸位妃子以师礼对待班昭,称她为"大家"。等到邓太后主政的时候,班昭开始参与并了解施政的事务。
4. 曹操素与邕善/痛其无嗣/乃遣使者以金璧赎之/而重嫁于祀
5. 班昭的言说方式比较婉曲含蓄。她先是通过引用典故和名言指出以"推让"之德来治理国政是君主圣明的表现,然后表明若拒绝邓骘的请求,有损推让的德行,从而从反面表达了自己的建议:允许邓骘的请求。蔡琰的言说方式则急迫直白。她一上来就直接申辩,以情动人,被曹操以"文状已去"为由拒绝后,继续加重语气,用"虎士""疾足""垂死之命"这样前后反差强烈的语势,使得曹操答应了她的请求。造成这种不同的原因有:(1) 邓骘之事既不与班昭有直接利害,也不紧急,所以班昭的上书可以缓缓道来。蔡琰所请之事则性命关天,势必急迫;(2) 邓太后向班昭询问,说明她自身也尚未拿定主意,所以班昭大段阐述"推让"的美德给了邓太后的决策以道德理由。蔡琰是在曹操宾客满堂时为夫请命,采取急迫的口气给曹操带来了压力,有利于把事态推向一个和谐圆满的结果。

选文二

慕容垂妻段氏①

① 慕容垂②妻段氏,字元妃,伪右光禄大夫仪之女也。少而婉慧,有志操,常谓妹季妃曰:"我终不作凡人妻。"季妃亦曰:"妹亦不为庸夫妇。"邻人闻而笑之。垂之称燕王,纳元妃为继室,遂有殊宠。伪范阳王德③亦娉季妃焉。姊妹俱为垂、德之妻,卒如其志。垂既僭位,拜为皇后。

② 垂立其子宝为太子也,元妃谓垂曰:"太子姿质雍容,柔而不断,承平则为仁明之主,处难则非济世之雄,陛下托之以大业,妾未见克昌④之美。辽西、高阳二王,陛下儿之贤者,宜择一以树之。赵王麟奸诈负气常有轻太子之心陛下一旦不讳必有难作。此陛下之家事,宜深图之。"垂不纳。宝及麟闻之,深以为恨。其后元妃又言之,垂曰:"汝欲使我为晋献公⑤乎?"元妃泣而退,告季妃曰:"太子不令,群下所知,而主上比吾为骊戎之女,何其苦哉!主上百年之后,太子必亡社稷。范阳王有非常器度,若燕祚未终,其在王乎!"

③ 垂死,宝嗣伪位,遣麟逼元妃曰:"后常谓主上不能嗣守大统,今竟何如?宜早自裁,以全段氏。"元妃怒曰:"汝兄弟尚逼杀母,安能保守社稷!吾岂惜死,念国灭不久耳。"遂自杀。宝议以元妃谋废嫡统,无母后之道,不宜成丧,群下咸以为然。伪中书令眭邃大言于朝曰:"子无废母之义,汉之安思阎后亲废顺帝,犹配飨安皇,先后言虚实尚未可知,宜依阎后故事。"宝从之。其后麟果作乱,宝亦被杀,德复僭称尊号,终如元妃之言。

【注释】

① 选自《晋书》,题目为编者所加。② 慕容垂:十六国时期后燕开国君主。③ 伪范阳王德:慕容德,南燕开国皇帝,慕容垂之弟。④ 克昌:子孙昌大,语出《诗经》。⑤ 晋献公:晋献公宠爱骊姬,骊姬用计离间晋献公与三个儿子的关系,使自己的儿子获立太子,引起祸乱。

知识卡片

本文所述之事发生在十六国时期。慕容垂是"前燕"皇族,因被排挤,投奔"前秦"君主苻坚,"前燕"被"前秦"灭亡。苻坚在淝水之战中大败于东晋后,慕容垂离开"前秦",在众人的推举下自立为"燕王",国号为"燕",史称"后燕"。慕容垂之后,慕容宝在位两年被弑,其后的君主几乎无人善终。"后燕"终因内部叛乱而亡国,被"北燕"取代。在"后燕"逐渐衰落的过程中,其疆域也被切成了南北两部分,慕容垂的弟弟慕容德到南部自称燕王,史称"南燕"。

阅读指津

本文的主人公是一位悲剧性人物,这悲剧自有其时代的根源。读文章时,要注意抓住人物的性格,从其性格特点中,思考悲剧命运的原因;而抓性格,就要抓住人物的描写,尤其是语言描写——史书是事实发生后记录下来的,动作等描写难以传至后世,语言则容易被记诸笔端。除此之外,要想理清人物命运发展的脉络,还需要注意文章中前后照应的内容。

拓展练习

1. 写出下列加点词在句中的意思。

(1) 卒如其志(　　　　)　　　　　　　　　　(2) 今竟何如(　　　　)

2. 为下列句子中的加点词选择正确的义项。

(1) 垂既僭位(　　)　　A. 诞妄,虚伪　　B. 冒用名义　　C. 差失,罪过　　D. 自谦冒昧

(2) 宜深图之(　　)　　A. 绘画　　B. 预料　　C. 谋取　　D. 谋划

3. 把第②段画线的句子翻译成现代汉语。

太子不令,群下所知,而主上比吾为骊戎之女,何其苦哉!

4. 第②段画波浪线部分有三处需加句读,请用"/"把这三处标识出来。

赵 王 麟 奸 诈 负 气 常 有 轻 太 子 之 心 陛 下 一 旦 不 讳 必 有 难 作

5. 阅读第②段,从元妃的角度看,你觉得元妃怎样改进劝说方式,能够更好地达到其劝说的目的?

6. 结合第③段的内容,分析本文塑造了元妃怎样的人物形象。

参考答案

1. (1) 遵从,依照;(2) 终于,到底。

2. (1) B;(2) D

3. 太子德行不佳,这是群臣都知道的,然而皇上将我比作祸乱晋国的骊姬,这多么令人痛苦啊!

4. 赵王麟奸诈负气/常有轻太子之心/陛下一旦不讳/必有难作

5. ① 建议避免直接指责太子的缺点,先将群臣对太子的评价摆出来,试探皇帝的心意,作为下一步劝说的铺垫。② 建议避免直接表明"择辽西、高阳二王之一以树为太子"的说法,而要列出双方的具体表现,让慕容垂自行对比,以取得慕容垂内心的认同。

6. ① 元妃有着铁骨铮铮,刚直不屈的品格。慕容麟逼元妃自杀,元妃不但不畏惧,还继续批评,并进一步指出慕容宝与慕容麟的不孝不义,体现了她的刚强与正直。② 元妃还有见微知著,洞见深远的智慧。元妃早先劝慕容垂废太子宝并预言慕容麟作乱、慕容德继承燕祚,后果应验,足见她头脑睿智,有政治远见。

选文三

清河房爱亲妻崔氏与梓潼太守荀金龙妻刘氏①

① 清河房爱亲妻崔氏者,同郡崔元孙之女也。

② 性严明,有高节,历览书传,多所闻知。亲授子景伯、景光《九经》②义,学行修明,并当世名士。景伯为清河太守,每有疑狱,常先请焉。贝丘人列子不孝,吏欲案之,景伯为之悲伤,入白其母。母曰:"吾闻闻名不如见面,小人未见礼教,何足责哉!但呼其母来,吾与之同居,其子置汝左右,令其见汝事吾,或应自改。"景伯遂召其母,崔氏处之于榻,与之共食。景伯为之温清③。其子侍立堂下,未及旬日,悔过求还。崔氏曰:"此虽颜惭,未知心愧,且可置之。"凡经二十余日,其子叩头流血,其母涕泣乞还,然后听之,终以孝闻。其识度励物如此。竟以寿终。

③ 梓潼太守荀金龙妻刘氏者,平原人也,廷尉少卿刘叔宗之姊也。

④ 宣武时,金龙为郡,带关城戍主。梁人攻围会金龙疾病不堪部分刘遂厉城人修理战具,夜悉登城拒战,百有余日,兵士死伤过半。戍副高景阴图叛逆,刘与城人斩景及其党与数十人。自余将士,分衣减食,劳逸必同,莫不畏而怀之。井在外城,寻为贼陷,城中绝水,渴死者多。刘乃集诸长幼,喻以忠节,遂相

率告诉于天,俱时号叫,俄而澍雨。刘命出公私布绢及至衣服,悬之城内,绞而取水,所有杂器,悉储之。于是人心益固。会益州刺史傅竖眼将至,梁人乃退。竖眼叹异之,具状奏闻。宣武嘉之。正光中,赏其子庆珍平昌县子④,又得二子出身⑤。

【注释】

① 选自《北史》,题目为编者所加。②《九经》:九部儒家经典的合称。③ 温凊(qìng):冬温夏凊的省称。冬天温被使暖,夏天扇席使凉。侍奉父母之礼。④ 县子:爵名。⑤ 出身:入仕之途。

知识卡片

《北史》是记载北朝历史的史书。站在历史发展的角度说,《北史·列女传》的选材有着转折点的意义。从《北史·列女传》始,史家选取《列女传》传中人物的标准开始发生变化,贞节、柔顺、忠孝、大义这类标准开始逐渐占据主导地位,胆识才华类渐渐被史家们所忽视。据列女传序言,李延寿作《北史·列女传》是要为那些"抱信以含真""蹈忠而践义""不以存亡易心""不以盛衰改节"的妇女歌功颂德,使其"佳名彰于既没,徽音传于不朽"。《北史·列女传》取材时的确有"轻才识"的一面,但并未完全忽视"才识"。如本文梓潼太守苟金龙妻刘氏助夫守城的事迹,就是一例。

阅读指津

本文记述两位女主人公的事迹,都是选取了一件事,语言简洁的同时,有许多值得玩味的细节,阅读时要加以揣摩。

拓展练习

1. 写出下列加点词在句中的意思。

(1) 吏欲案之(　　　　)　　　　　　　(2) 小人未见礼教(　　　　)

2. 为下列句子中的加点词选择正确的义项。

(1) 其识度励物如此(　　)　　A. 努力　　B. 鞭策　　C. 振奋　　D. 管理

(2) 莫不畏而怀之(　　)　　A. 怀念　　B. 归向　　C. 安抚　　D. 包容

3. 把第②段画线的句子翻译成现代汉语。

凡经二十余日,其子叩头流血,其母涕泣乞还,然后听之,终以孝闻。

4. 第④段画波浪线部分有三处需加句读,请用"/"把这三处标识出来。

梁人攻围会金龙疾病不堪部分刘遂厉城人修理战具

5. 阅读第②段,请从景伯之母的角度分析其教化能够取得成效的原因。

6. 第④段是围绕刘氏的哪种核心才能来塑造人物形象的?请结合内容加以阐述。

参考答案

1. (1) 查办;(2) 见识,接受。

2. (1) C;(2) B

3. 总共经过了二十多天,那儿子磕头磕到流血,那母亲痛哭流涕请求回家,这样以后刘氏才听凭他们离去,那曾经不孝的儿子最终因为孝顺而广为人知。

4. 梁人攻围/会金龙疾病/不堪部分/刘遂厉城人修理战具

5. ① 抓住了不孝子之所以不孝的原因：没有接受过正确的教导。景伯之母以自身母子之礼为示范，让不孝子学习正确的做法，反思自身的错误。② 能将教化一直贯彻到当事人内心真正领悟，使其彻底改正。景伯之母将教化一直进行到不孝子痛悔、其母痛哭才结束，确保儿子和母亲都认识到了自己的错误，双向一并改进，取得最佳的教化效果。

6. 第④段是围绕刘氏的军事领导才能来塑造人物形象的。① 首先，刘氏在主帅病重时勇挑重担，勉励士众克服重重困难艰苦战斗，体现了身先士卒、力挽狂澜的领导力。② 其次，刘氏能与下属同甘共苦，使将士敬服，发挥了团结军民的领导作用。③ 最后，刘氏面对绝水之患，求得降雨后利用布匹衣物取水存水，既使得战争物资有了保证，也凝固了人心，有解决难题的领导智慧。

 选文四

钜鹿魏溥妻房氏①

① 钜鹿魏溥妻房氏者，慕容垂②贵乡太守常山房湛女也。幼有烈操。

② 年十六而溥遇疾，且卒，顾谓之曰："死不足恨，但痛母老家贫，赤子蒙眇，抱怨于黄垆耳！"房垂泣而对曰："幸承先人余训，出事君子，义在偕老，有志不从，盖其命也。今夫人在堂弱子襁褓顾当以身少相感永深长往之恨。"俄而溥卒。及将大敛，房氏操刀割左耳，投之棺中，仍曰："鬼神有知，相期泉壤。"流血滂然，助丧者哀惧。姑刘氏辍哭谓曰："新妇何至于此？"对曰："新妇少年，不幸早寡，实惧父母未量至情，觊持此自誓耳。"闻知者莫不感怆。

③ 于时，子缉生未十旬，鞠育于后房之内，未尝出门。遂终身不听丝竹，不预座席。缉年十二，房父母仍存，于是归宁③，父兄尚有异议。缉窃闻之，以启其母。房命驾，绐④云他行，因而遂归。其家弗之知也。行数十里，方觉，兄弟来追，房哀叹而不反。其执意如此。

④ 训导一子，有母仪法度。缉所交游，有名胜者，则身具酒馔；有不及己者，辄屏卧不飧，须其悔谢，乃食。善诱严训，类皆如是。年六十五而终。

⑤ 缉子悦为济阴太守，吏民立碑颂德。金紫光禄大夫高闾为其文，序云："祖母房年在弱笄⑤，艰贞守志，秉恭妻之操，著自毁之诚。"又颂曰："爰及处士，遘疾凤凋。伉俪秉志，识茂行高。残形操，誓敦久要。诞兹令胤，幽咸乃昭。"溥未仕而卒，故云处士焉。

【注释】

① 选自《北史》，题目为编者所加。② 慕容垂：十六国时期后燕开国君主。③ 归宁：指已嫁女子回娘家看望父母。④ 绐(dài)：哄骗。⑤ 弱笄(jī)：古代女子年满十五岁始加笄，表示成年。见《礼记·内则》。后因以"弱笄"指女子十五岁。亦指成年之女。

知识卡片

史书中的妇女形象基本是按照男性视角撰述的，所谓的"列女"逐渐为"烈女"取代，且呈现出越来越极端的倾向。到元末修撰的辽、金、宋三史，才智型的女性已几乎不再见诸各自的《列女传》。《辽史》《金史》所记虽为北方少数民族政权，但在妇德的价值观上，或受编纂者史事选择的价值取向影响，其展现的妇女形象已认同了中原汉民族的观念。到了明初修撰的《元史》，妇女的形象更加集中于自

残、自虐、自杀的节烈妇女的范围之内。传中对于毁面、断发、割耳等女性激烈行为欣赏式的描述，使得传中展现的女性形象，显得格外的血色淋漓。进入清代，对于女性贞烈之德的表彰已形成国家制度并纳入到国家职能之中，除了通过以朝廷的名义不断对贞女、节妇旌表门间、设立贞节牌坊，还在史学上建立起一整套记注制度。（参考向燕南《史的回顾与批判：传统历史书写中的女性与传统女性的历史书写》）

阅读指津

阅读本文，要注意琢磨人物形象的复杂之处。这复杂，源于房氏的三个身份：作为妻子，作为子女，作为母亲。作者着力记述、塑造的人物品格，也是紧紧围绕人物的这三个身份来展开的，品格与身份之间的关系值得深入玩味。

拓展练习

1. 写出下列加点词在句中的意思。
   (1) 姑刘氏辍哭谓曰（　　　　　）　　　　(2) 则身具酒馔（　　　　　）
2. 为下列句子中的加点词选择正确的义项。
   (1) 不预座席（　　） A. 参与　　B. 预备　　C. 预先　　D. 享受
   (2) 类皆如是（　　） A. 种类　　B. 相像　　C. 类推　　D. 大都
3. 把第③段画线的句子翻译成现代汉语。
   缉窃闻之，以启其母。房命驾，绐云他行，因而遂归。
4. 第②段画波浪线部分有三处需加句读，请用"/"把这三处标识出来。
   今夫人在堂弱子襁褓顾当以身少相感永深长往之恨
5. 文章用数件事来塑造房氏的人物形象，请阅读全文，结合人物的言行做出你的评价，并简要阐述。

参考答案

1. (1) 停止；(2) 亲自
2. (1) A；(2) D
3. 魏缉偷偷地听说了房氏父兄对房氏归来的想法，把这件事禀告了他母亲。房氏命人驾车马，谎称要去别的地方，因此就回家了。
4. 今夫人在堂/弱子襁褓/顾当以身少相感/永深长往之恨
5. 示例：文中房氏的人物形象，是围绕"烈"来塑造的。其品格杰出之处，令人敬佩；但这品格的表现方式，也足以使人感到惋惜。如房氏在丈夫去世时割耳明志的情节，一方面体现了房氏志向之坚贞，另一方面也说明了社会给守寡女性的压力之大，成见之深。或许除自戕以示人之外，难能有使家人、外人都"放心"的办法了。再如房氏归宁却遭遇父兄"异议"，最终只能以曲言他行、执意返回作结，让我们看到了孤寡女性即便在自己娘家也未必获得足够的温暖与关爱，令人叹息。最后如房氏作为母亲，对孩子的交游作出严格限制，是一位典型的"严母"。这是房氏作为"单身妈妈"的坚决，着实是令人敬佩的。

（王国梁）

五 文 苑

选文一

《李温陵传》(节选)

(明)袁中道

① 李温陵者,名贽①。少举孝廉,后为姚安太守。为守,法令清简,不言而治。久之,厌圭组,遂入鸡足山阅《龙藏》不出。御史刘维奇其节,疏令致仕以归。初与黄安耿子庸善,罢郡遂不归,携妻女客黄安。体素癯,澹于声色,又癖洁,恶近妇人,故虽无子,不置妾婢。后妻女欲归,趣归之。自称"流寓客子"。既无家累,又断俗缘,参求乘理,极其超悟。

② 公气既激昂,行复诡异。人钦其才,畏其笔,始有以幻语闻当事。当事者误信而逐之,而马御史经纶②遂恭迎之于北通州。又会当事者欲刊异端以正文体疏论之遣金吾缇骑逮公。

③ 公病,病中复定所作《易因》,其名曰《九正易因》。常曰:"我得《九正易因》,死快矣。"《易因》成,病转甚。至是逮者至,邸舍匆匆,公以问马公。马公曰:"卫士至。"公力疾起,行数步,大声曰:"是为我也。为我取门片来!"遂卧其上,疾呼曰:"速行!我罪人也,不宜留。"马公愿从。公曰:"逐臣不入城,制也。且君有老父在。"马公曰:"朝廷以先生为妖人,我藏妖人者也。死则俱死耳。终不令先生往而己独留。"马公卒同行。至通州城外,都门之胯阻马公行者纷至,其仆数十人,奉其父命,泣留之。马公不听,竟与公偕。明日,大金吾置讯,侍者掖而入,卧于阶上。金吾曰:"若何以妄著书?"公曰:"罪人著书甚多,具在,于圣教有益无损。"大金吾笑其倔强,狱竟无所置词,大略止回籍耳。久之旨不下,公于狱舍中作诗读书自如。一日,呼侍者剃发。侍者去,遂持刀自割其喉。时马公以事缓,归觐其父,至是闻而伤之,曰:"吾护持不谨,以致于斯也。伤哉!"乃归其骸于通,为之大治冢墓,营佛利云。

(节选自袁中道《珂雪斋集》,上海古籍出版社2007年版)

【注释】

① 李贽,字宏甫,号卓吾,别号温陵居士。明代思想家、文学家,泰州学派一代宗师。② 马经纶,通州人,曾做御史,后因直言被削职回乡。

知识卡片

本文选自《珂雪斋集》。作者袁中道(1570年—1626年),字小修,湖北公安人,明代文学家、官员。其室名为珂雪斋,谓玉与雪以喻洁白,立洁身自好之志。他对自己一生所写的诗文进行了筛选,择"其精警者,合为一集",即为《珂雪斋集》。他是"公安派"领袖之一,与兄长袁宗道、袁宏道并称"三袁"。

阅读指津

李贽是明代思想家、文学家。他具有强烈的反传统理念,对封建社会的男尊女卑、重农抑商、假道学、社会腐败、贪官污吏等现象大加批判,主张"革故鼎新",反对思想禁锢。袁氏三兄弟均与其结交,受其影响。而袁中道对李贽倾慕尤甚,曾多次谒见,求教问学。李贽被朝廷迫害致死后,袁中道冒着风险为李立传,对传主的人品学问、革新精神,倍加尊崇。

拓展练习

1. 写出下列加点词在句中的意思。
 (1) 澹于声色(　　　　) 　　　　(2) 妻女欲归,趣归之(　　　　)
2. 为下列句中加点词选择释义正确的一项。
 (1) 逐臣不入城,制也(　) A. 控制　 B. 限制　 C. 裁决　 D. 制度
 (2) 都门之牍尼马公行者纷至(　) A. 跟随　 B. 阻止　 C. 趋近　 D. 迎接
3. 第②段画波浪线部分有两处需加句读,请用"/"把这两处标识出来。
 又 会 当 事 者 欲 刊 异 端 以 正 文 体 疏 论 之 遣 金 吾 缇 骑 逮 公
4. 把第①段画线句翻译成现代汉语。
 久之,厌圭组,遂入鸡足山阅《龙藏》不出。御史刘维奇其节,疏令致仕以归。
5. 作者为什么在《李温陵传》中花许多笔墨写马经纶和李贽交往的事?请结合具体内容分析。
6. 从文体角度,比较《李温陵传》与《枕中十书序》叙李贽去世一事的差异。

予诘之曰:"尔数部中,谁是最得意者?"卓吾曰:"皆得意也,皆不可忽也。《藏书》,予一生精神所寄也;《焚书》,予一生事迹所寄也;《说书》,予一生学问所寄也。别有十种,约六百余纸,于中或集诸书,或附己意,此予一生神通,游戏三昧所寄也,尚未终册,完当请门下校之。"自是分袂,伊南我北。不数年,卓吾竟以祸殒,惜哉!(选自袁宏道《枕中十书序》)

参考答案

1. (1) 淡泊;(2) 同"促",催促
2. (1) D;(2) B
3. 又会当事者欲刊异端以正文体/疏论之/遣金吾缇骑逮公
4. 时间长了,李先生厌恶官爵/官场,就到鸡足山里看佛经《龙藏》,隐居不出了。御史刘维很佩服李先生的节操,上奏朝廷让他退休回老家。
5. 示例:马经纶是李贽的至交好友,他对李贽生死相随,甚至数十人挽留也依然坚持与李贽同行,侧面印证了李贽的人品和学识之高。而李贽拒绝马经纶一同赴京下狱,也说明他是一个不愿连累朋友、重情重义的人,丰富了李贽的人物形象。
6. 《李温陵传》记叙了李贽被诬陷、逮捕、下狱、自刎的全过程,叙事翔实,通过正面描写李贽言行,辅以马经纶侧面烘托,塑造了刚直不屈、坚持自己学说的学者形象。符合人物传记记录生平、评点人物的写作

意图。《枕中十书序》虽仅用一句话带过李贽去世一事,但"竟""惜哉"也饱含了袁宏道的惋惜之情。因为这是为李贽的枕中十书作序,所以着重写李贽嘱托自己校对十书一事,符合书序的写作内容和写作意图。

选文二

《司马相如列传》(节选)

(西汉)司马迁

① 上读子虚赋而善之,乃召问相如。相如曰:"此乃诸侯之事,未足观也。请为天子游猎赋,赋成奏之。"上许,令尚书给笔札。相如以"子虚",虚言也,为楚称;"乌有先生"者,乌有此事也,为齐难;"无是公"者,无是人也,明天子之义。故空借此三人为辞,以推天子诸侯之苑囿。其卒章归之于节俭,因以风谏。奏之天子,天子大说。

② 相如口吃而善著书。是时天子方好自击熊彘驰逐野兽相如上疏谏之。其辞曰:"今陛下好陵阻险,射猛兽,卒然遇轶材之兽,骇不存之地,犯属车之清尘,舆不及还辕,人不暇施巧,力不得用,枯木朽株尽为害矣。虽万全无患,然本非天子之所宜近也。且夫清道而后行,中路而后驰,犹时有衔橛之变①,而况涉乎蓬蒿,驰乎丘坟,前有利兽之乐而内无存变之意,其为祸也不亦难矣!夫轻万乘之重不以为安,而乐出于万有一危之涂以为娱,臣窃为陛下不取也。盖明者远见于未萌而智者避危于无形,祸固多藏于隐微而发于人之所忽者也。臣愿陛下之留意幸察。"上善之。

③ 太史公曰:春秋推见至隐,易本隐之以显,大雅言王公大人而德逮黎庶,小雅讥小己之得失,其流及上。所以言虽外殊,其合德一也。相如虽多虚辞滥说,然其要归引之节俭,此与诗之风谏何异。

(选自《史记》,中华书局 2019 年版)

【注释】

① 衔橛之变:拉断了马嚼子的事故。

知识卡片

《史记》由西汉史学家司马迁撰写,是我国历史上第一部纪传体通史,记载了上至上古传说中的黄帝时代,下至汉武帝太初四年间,共3 000多年的历史。《史记》被列为"二十四史"之首,对后世史学和文学的发展都产生了深远影响,被鲁迅誉为"史家之绝唱,无韵之《离骚》"。

阅读指津

司马相如(公元前179年—公元前118年),字长卿,西汉文学家、政治家。他是"汉赋四大家"之一,被誉为"赋圣""辞宗"。其代表作有《子虚赋》《上林赋》《大人赋》等。这段选文节选自《司马相如列传》,记叙了武帝读《子虚赋》,大为赞赏,遂召之,以及相如作天子游猎之赋,得任为郎的经历,还节选了司马迁对他的评价。读《史记》既要关注作者的直接评价,如"太史公曰";又要关注其"春秋笔法",即作者在人物生平记叙中暗含的褒贬态度。

拓展练习

1. 写出下列加点词在句中的意思。

(1) 盖明者远见于未萌(　　　　) 　　　　(2) 德逮黎庶(　　　　)
2. 为下列句中加点词选择释义正确的一项。
(1) 明天子之义(　　) 　　A. 圣明的 　　B. 睿智的 　　C. 阐明 　　D. 懂得
(2) 今陛下好陵阻险(　　) 　　A. 山陵 　　B. 攀登 　　C. 陵墓 　　D. 凌驾
3. 第②段画波浪线部分有两处需加句读，请用"/"把这两处标识出来。
是 时 天 子 方 好 自 击 熊 彘 驰 逐 野 兽 相 如 上 疏 谏 之
4. 把第③段画线句翻译成现代汉语。
所以言虽外殊，其合德一也。相如虽多虚辞滥说，然其要归引之节俭，此与诗之风谏何异。
5. 司马迁将司马相如的作品与《春秋》《易经》《诗经》相提并论，你是否认同他的评价？请结合本文内容，阐述理由。
6. 第②段司马相如对天子的劝说很有说服力，请任选一个角度分析。

1. (1) 开始，萌发，发生；(2) 及，到
2. (1) C；(2) B
3. 是时天子方好自击熊彘/驰逐野兽/相如上疏谏之
4. 所以言辞虽然外在表现不同，但它们都一样合乎道德。相如(的文章)虽然多假托的言辞和夸张的说法，但其主旨却归于节俭，这同《诗经》的讽谏之旨有何不同？
5. 我认同司马迁的评价，司马相如的作品与上述经典虽然形式不同，但思想主旨都合于道德。天子好游猎，司马相如就作《子虚赋》，假托虚构的故事和人物，来达到劝谏君王节俭的目的。
6. 示例一：劝说层次：司马相如的劝说层层递进。先假设遇到猛兽的情形，生动描述危急关头可能带来的可怕后果。再做让步，假设最终无患，依然强调天子本就不该以身犯险。再进一步劝说，即使道路平坦也有事故发生的可能，更何况在野外呢？可见外出游猎的危险因素不仅仅有野兽，还有路途的崎岖。最后用警句总结自己的观点，恭敬并坚定地劝谏天子。

示例二：劝说策略：司马相如的劝说进退有度。在提出天子游猎可能遇到"轶材之兽"的危险后，"虽万全无患"一句看似让步，实则以退为进，再以"且夫……而况……"提出野外环境本身也容易引发祸患。再用"臣窃为陛下不取也""臣原陛下之留意幸察"恳切地表达劝谏之意。

示例三：劝说语言：司马相如的劝说语言整散结合。整句如"涉乎蓬蒿，驰乎丘坟，前有利兽之乐而内无存变之意""盖明者远见于未萌而智者避危于无形"等，用格言警句的形式起到劝说效果，具有论辩气势和音韵美。又有散句如"其为祸也不亦难矣""臣窃为陛下不取也""臣原陛下之留意幸察"等，恳切表达劝谏之意，且语言形式富于变化，参差错落。

选文三

【甲】
《陈子昂别传》(节选)
(唐)卢藏用

① 属契丹以营州叛，建安郡王攸宜亲总戎律，特敕子昂参谋帷幕。军次渔阳，前军王孝杰等相次陷

没,三军震慑。子昂进谏,乞分麾下万人以为前驱。建安方求斗士,以子昂素是书生,谢而不纳。<u>子昂体弱多疾,感激忠义,尝欲奋身以答国士。自以官在近侍,又参预军谋,不可见危而惜身苟容。</u>他日,又进谏,言甚切至。建安谢绝之,乃署以军曹,子昂知不合,因箝默下列,但兼掌书记而已。因登蓟北楼,感昔乐生、燕昭之事①,赋诗数首,乃泫然流涕而歌曰:"前不见古人,后不见来者,念天地之悠悠,独怆然而涕下。"时人莫之知也。

②子昂有天下大名而不以矜人,刚断强毅而未尝忤物,好施轻财而不求报。性不饮酒,至于契情会理,兀然而醉。工为文而不好作,其立言措意,在王霸大略而已,时人不之知也。尤重交友之分,意气一合,虽白刃不可夺也。友人赵贞固、凤阁舍人陆馀庆、道人史怀一,皆笃岁寒之交。与藏用游最久,饱于其论,故其事可得而述也。

(选自《全唐文·卷二百三十八》,中华书局1983年版)

【注释】

① 蓟北楼是燕国的故址,燕昭王曾在此招募天下贤士,乐毅受其重用,辅佐振兴燕国。

【乙】

子昂多病,居职不乐。会武攸宜讨契丹,高置幕府,表子昂参谋。次渔阳,前军败,举军震恐,攸宜轻易无将略,子昂谏曰:"陛下发天下兵以属大王,安危成败在此举,安可忽哉?今大王法制不立,如小儿戏。愿审智愚,量勇怯,度众寡,以长攻短,此刷耻之道也。<u>王能听愚计分麾下万人为前驱契丹小丑指日可擒</u>。"攸宜以其儒者,谢不纳。居数日,复进计,攸宜怒,徙署军曹。子昂知不合,不复言。

(选自《新唐书·列传第三十二》,汉语大词典出版社2004年版)

知识卡片

《新唐书》是北宋时期宋祁、欧阳修等合撰的一部记载唐朝历史的纪传体史书,属二十四史之一。五代时期就曾有《唐书》(即《旧唐书》)编成,但宋仁宗认为《旧唐书》"纪次无法,详略失中,文采不明,事实零落",故下诏重修,即为《新唐书》。

阅读指津

别传,人物传记的一种。即在史书中列传以外别立一传,补充记载某人生平遗闻逸事,可以补本传之不足。阅读文章,要注意其文体特点,即使都属史传文,本传与别传、官方记载与私人记录亦有区别。

拓展练习

1. 写出下列加点词在句中的意思。

   (1) 军次渔阳(　　　　) 　　　　(2) 谢而不纳(　　　　)

2. 为下列句中加点词选择释义正确的一项。

   (1) 攸宜亲总戎律(　　) 　　A. 敌情 　　B. 法律 　　C. 军规 　　D. 军务

   (2) 不以矜人(　　) 　　　　A. 怜悯 　　B. 夸耀 　　C. 拘谨 　　D. 崇尚

3. 乙文画线部分有三处需加句读,请用"/"把这三处标识出来。

王能听愚计分麾下万人为前驱契丹小丑指日可擒

4. 把甲文第①段画线句翻译成现代汉语。

子昂体弱多疾,感激忠义,尝欲奋身以答国士。自以官在近侍,又参预军谋,不可见危而惜身苟容。

5. 《旧唐书》《新唐书》中都没有记录陈子昂的交友情况,甲文却补叙于其事迹之后。请从文体特点的角度,分析甲文补叙其交友情况的意图。

6. 甲乙两则材料记述了同一件事,但同中有异,请分析它们在塑造人物形象上的差异。

参考答案

1. (1) 驻扎;(2) 拒绝

2. (1) D;(2) B

3. 王能听愚计/分麾下万人为前驱/契丹小丑/指日可擒

4. 陈子昂身体孱弱经常生病,但是被忠义所激励,曾经想奋力作战来报答国士之遇。他自认为身为近侍的官职,又参与军中谋划,不可以看到危难却爱惜生命苟且活在世上。

5. 《旧唐书》《新唐书》都是正史本传,甲文是友人卢藏用为陈子昂作的别传。别传补充记载传主的生平遗闻逸事,可以补充本传之不足。且此交友情况也表明了作者和传主的关系密切,用以证明别传内容的可信度。

6. 两则材料都记述了陈子昂向武攸宜进谏但被拒绝,最终投闲置散的事。甲文将此事作为陈子昂创作《登幽州台歌》的背景,侧重于塑造一个郁郁不得志的诗人形象。乙文则着重记述他进谏的内容,在全军无措、主帅无谋的情况下,他直言进谏、蔑视敌人,是一个有勇有谋却不得重用的谋士。

选文四

《晋书·文苑·左思传》

① 左思,字太冲,齐国临淄人也。家世儒学。父雍,起小吏,以能擢授殿中侍御史。思小学钟、胡书及鼓琴,并不成。雍谓友人曰:"思所晓解,不及我少时。"思遂感激勤学,兼善阴阳之术。貌寝,口讷,而辞藻壮丽。不好交游,惟以闲居为事。

② 造《齐都赋》,一年乃成。复欲赋三都,会妹芬入宫,移家京师,乃诣著作郎张载,访岷邛①之事。遂构思十年,门庭藩溷②,皆着笔纸,遇得一句,即便疏之。自以所见不博,求为秘书郎。及赋成,时人未之重。思自以其作不谢班张,恐以人废言,安定皇甫谧有高誉,思造而示之。谧称善,为其赋序。张载为注《魏都》,刘逵注《吴》《蜀》而序之曰:"观中古以来为赋者多矣,相如《子虚》擅名于前,班固《两都》理胜其辞,张衡《二京》文过其意。至若此赋,拟议数家,傅辞会义,抑多精致,非夫研核者不能练其旨,非夫博物者不能统其异。世咸贵远而贱近,莫肯用心于明物。"陈留卫权又为思赋作《略解》。自是之后,盛重于时,文多不载。司空张华见而叹曰:"班张之流也。使读之者尽而有余,久而更新。"于是豪贵之家竞相传写,洛阳为之纸贵。

③ 初,陆机入洛,欲为此赋,闻思作之,抚掌而笑,与弟云书曰:"此间有伧父,欲作《三都赋》,须其成,当以覆酒瓮耳。"及思赋出机绝叹伏以为不能加也遂辍笔焉。

(节选自《晋书·列传第六十二》,汉语大词典出版社2004年版)

【注释】
① 岷邛：古代泛指四川省成都地区。② 潘溷：厕所。

知识卡片

左思(约250年—约305年)，字太冲，齐国临淄(今山东淄博)人。西晋文学家。其文学才华很高，却在当时的门阀制度下屡不得志，主要作品有《三都赋》《咏史》《招隐》等。

《晋书》是中国的"二十四史"之一，由唐代房玄龄等人合著。该书记载的历史上起于东汉末年司马懿早年，下至东晋恭帝元熙二年(420年)刘裕废晋帝自立，以宋代晋。同时还以"载记"形式，记述了十六国政权的状况。

阅读指津

史传类文言一般以记述传主生平、塑造人物形象为主要内容。阅读此类文章应关注传主生平事迹、人物形象、塑造人物形象的方法，以及作者对传主的评价。

拓展练习

1. 写出下列加点词在句中的意思。
(1) 以能擢授殿中侍御史(   )   (2) 貌寝(   )

2. 为下列句中加点词选择释义正确的一项。
(1) 思自以其作不谢班张(   )
A. 衰败   B. 逊让   C. 告诉   D. 酬谢
(2) 此间有伧父(   )
A. 粗鄙之人   B. 寒门士子   C. 远方来客   D. 知名作家

3. 第③段画波浪线部分有三处需加句读，请用"/"把这三处标识出来。
及思赋出机绝叹伏以为不能加也遂辍笔焉

4. 把第②段画线句翻译成现代汉语。
刘逵注《吴》《蜀》而序之曰："观中古以来为赋者多矣，相如《子虚》擅名于前，班固《两都》理胜其辞，张衡《二京》文过其意。"

5. 分析第③段补叙陆机之事的作用。

6. 从第①段看来，左思的起点并不高，是哪些品质使他最终成就了"洛阳纸贵"的佳话？请结合文本，分条概述。

参考答案

1. (1) 提拔，擢升；(2) 面貌难看，丑陋
2. (1) B；(2) A
3. 及思赋出/机绝叹伏/以为不能加也/遂辍笔焉
4. 刘逵为《吴都赋》《蜀都赋》做了注释，并为之作序说："观中古以来，作赋的人太多了，司马相如的《子虚赋》在前代享有盛名，班固的《两都赋》道理胜过文辞，张衡的《二京赋》文采超过立意。"

5. 第③段补叙了当初陆机听说左思将写《三都赋》,出言嘲笑,但最终叹服,自愧不如之事。以此侧面衬托左思文学才华之高。

6. ① 父亲不认可他的能力,他就发奋勤学,可见他不服输;② 向著作郎张载请教/请求担任掌管图书典籍的秘书郎一职,可见他勤学好问;③ 苦思十年,随时随地都在写文,可见他潜心创作,刻苦努力;④ 自认为作品不逊色于班、张,可见他有自信;⑤ 担心时人看不起他而忽视他的作品,于是寻找伯乐,说明他对现实有清醒的认识,且能积极应对。

选文五

李梦阳传

① 李梦阳,字献吉,庆阳人。弘治六年举陕西乡试第一,明年成进士,授户部主事。

② 孝宗崩,武宗立,刘瑾等八虎用事,尚书韩文与其僚语及而泣。梦阳进曰:"公大臣,何泣也?"文曰:"奈何?"曰:"比言官劾群奄,阁臣持其章甚力,公诚率诸大臣伏阙争,阁臣必应之,去若辈易耳。"文曰:"善",属梦阳属草。会语泄,文等皆逐去。瑾深憾之,矫旨谪山西布政司经历,勒致仕。既而瑾复撼他事下梦阳狱,将杀之,康海为说瑾,乃免。

③ 瑾诛,起故官,迁江西提学副使。令甲,副使属总督,梦阳与相抗,总督陈金恶之。监司五日会揖巡按御史,梦阳又不往揖,且敕诸生毋谒上官,即谒,长揖毋跪。御史江万实亦恶梦阳。淮王府校与诸生争,梦阳笞校。王怒,奏之,下御史按治。梦阳恐万实右王,讦万实。诏下总督陈金行勘。梦阳伪撰万实劾金疏以激怒金。大理卿召梦阳,羁广信狱。诸生万余为讼冤,不听。劾梦阳陵轹同列,挟制上官,遂以冠带闲住去。

④ 梦阳才思雄骛,卓然以复古自命。弘治时,宰相李东阳主文柄,天下翕然宗之,梦阳独讥其萎弱。倡言文必秦、汉,诗必盛唐,非是者弗道。与景明、祯卿、贡、海、九思、王廷相号七才子,皆卑视一世,而梦阳尤甚。天下推李、何、王、李为四大家,无不争效其体。华州王维桢以为七言律自杜甫以后,善用顿挫倒插之法,惟梦阳一人。而后有讥梦阳诗文者则谓其模拟剽窃得史迁少陵之似而失其真云。

(节选自《明史·列传第一百七十四》,汉语大词典出版社2004年版)

知识卡片

《明史》是二十四史中的最后一部,以编纂得体、材料翔实、叙事稳妥、行文简洁为史家所称道,是一部水平较高的史书。它是一部纪传体断代史,记载了自明太祖朱元璋洪武元年(1368)至明思宗朱由检崇祯十七年(1644)共276年的历史。李梦阳(1473年—1530年),字献吉,号空同子。明代中期文学家,复古派前七子的领袖人物。

阅读指津

本文较客观中立地记述了李梦阳的生平事迹和世人对他的不同评价,启发我们在阅读史传文本时也要多方求证,不片面地看待历史人物或简单贴标签,尽量还原真实历史中立体复杂的人。

拓展练习

1. 写出下列加点词在句中的意思。

(1) 公诚率诸大臣伏阙争（　　　　）　　　　（2）属梦阳属草（　　　　）

2. 为下列句中加点词选择释义正确的一项。

(1) 瑾深憾之（　　）　　A. 遗憾　　　B. 失望　　　C. 怨恨　　　D. 震撼

(2) 天下翕然宗之（　　）　A. 一致地　　B. 顺从地　　C. 突然地　　D. 大量地

3. 第④段画波浪线部分有三处需加句读，请用"/"把这三处标识出来。

而后有讥梦阳诗文者则谓其模拟剽窃得史迁少陵之似而失其真云

4. 把第②段画线句翻译成现代汉语。

既而瑾复摭他事下梦阳狱，将杀之，康海为说瑾，乃免。

5. 李梦阳去世后，弟子私谥文毅。这一谥号是否恰当？请结合本文分析。

6. 我国首部系统性的史学理论专著《史通》认为修史应该"征求异说，采摭群言"，请根据这一理论评价本文。

参考答案

1. (1) 如果；(2) 撰写

2. (1) C；(2) A

3. 而后有讥梦阳诗文者/则谓其模拟剽窃/得史迁少陵之似/而失其真云

4. 不久后刘瑾又挑剔其他的事把李梦阳关入狱中，要杀他，康海替他劝说刘瑾，李梦阳才获免。

5. 示例：恰当。符合"文"的依据：梦阳才思雄鸷，倡导诗文复古/天下推崇、争相模仿他的文体。符合"毅"的依据：不畏权贵，与韩文等人策划除去专权的宦官/不向巡按御史作揖，不媚上官/为维护学生而与权贵抗衡/不随大流，独讥宰相。

6. 示例：《史通》的观点是修史应该搜集不同的说法，采摘各家的观点。第④段既记述了世人对李梦阳的推崇、效仿，王维桢对他七言律诗的极高评价，同时也记录了别人指出他模仿抄袭，只有形似，不得真谛的批评。所以本文符合"征求异说，采摭群言"。

（戚欣怡）

六 武 将

选文一

李 晟

【甲】

① 李晟,字良器,洮州临潭人。世以武力仕,然位不过裨将。晟幼孤,奉母孝。身长六尺。年十八,往事河西王忠嗣,从击吐蕃。悍酋乘城,杀伤士甚众,忠嗣怒,募射者,晟挟一矢殪之,三军欢奋。忠嗣抚其背曰:"万人敌也。"

② 大历初,李抱玉署晟右军将。贼寇灵州,抱玉授以兵五千击之,辞曰:"以众则不足,以谋则多。"乃请千人。由大震关趋临洮屠定秦堡执其帅慕容谷钟虏乃解灵州去。迁开府仪同三司。

③ 建中二年,魏博田悦反,晟为神策先锋,与河东马燧、昭义李抱真合兵攻之。斩杨朝光,晟乘冰度洺水,破悦;又战洹水,悦大败,遂进攻魏。加检校左散骑常侍,兼魏府左司马。朱滔、王武俊围康日知于赵州也,抱真分兵二千戍邢,燧怒,欲班师。晟曰:"奉诏东讨者,吾三帅也。邢,赵比壤,今贼以兵加赵,是邢有昼夜忧,李公分众守之,不为过,公奈何遽引去!"燧悟,释然,即造抱真垒,与交欢。晟建言:"以兵趋定州,与张孝忠合,以图范阳,则武俊等当舍赵。"帝壮之,授御史大夫,又俾神策三将军莫仁擢等隶之。晟自魏引而北,武俊果解去。

④ 晟性疾恶,临下明。每治军,必曰:"某有劳,某长于是。"虽厮养小善,必记姓名,尤恶下为朋党者。

(选自(宋)欧阳修《新唐书·李晟传》,中华书局出版社1975年版)

【乙】

惟天锡成命于我唐,保兹国祚,生此人杰,则西平王李公其是乎?公讳晟,字良器。乾元初,尝客武都,值酋豪以缺守遘乱,杀掠平人。公与所从十数驰而射之,殪其为魁者,余党遂遁。寇所虏获,积如丘山,公一无所取,惟椎牛酾酒,享士而去。邦人感服,具以状闻,特拜左清道率,饰以金紫。

(选自(唐)柳公权《柳公权书李晟碑》,三秦出版社1992年版)

材料甲作者欧阳修,北宋政治家、文学家,参与合修《新唐书》,并独撰《新五代史》,又编《集古录》,有《欧阳文忠集》传世。

材料乙作者裴度,唐代中期名相,辅佐唐宪宗实现"元和中兴"。他重用李光颜、李愬(李晟子)等名将,被时人比作郭子仪。

《李晟碑》,全称《唐故太尉兼中书令西平郡王赠太师李公神道碑铭并序》,唐代名相裴度撰文,柳公权书并篆额。镌立于唐文宗大和三年(829)。碑现存于西安高陵博物馆内。

阅读指津

注意对于碑传墓表人物传记类文本和史传类文本叙事的区别,需要从叙述语言和手法上加以区分,要求叙事角度、手法与事例相契合。

史传类文本叙事中发挥想象,描写人物,具体生动形象,且手法多样;碑传墓表文本叙事以表彰为主,突出碑主功绩,简要概括史实,寓褒贬于客观叙述。

拓展练习

1. 写出下列加点词在句中的意思。
   (1) 贼寇灵州(　　　　)　　　　　　(2) 保兹国祚(　　　　)

2. 为下列加点词语选择释义正确的一项。
   (1) 俾神策三将军莫仁曜等隶之(　　)　A. 附属　B. 跟随　C. 考察　D. 役使
   (2) 晟性疾恶(　　)　　　　　　　　　A. 嫌怨　B. 痛恨　C. 忧虑　D. 妒忌

3. 第②段画波浪线部分有三处需加句读,请用"/"把这三处标识出来。
   由 大 震 趋 临 洮 屠 定 秦 堡 执 其 帅 慕 容 谷 钟 虏 乃 解 灵 州 去

4. 把第③段画线句翻译成现代汉语。
   邢,赵北壤,今贼以兵加赵,是邢有昼夜忧,李公分众守之,不为过,公奈何遽引去!

5. 结合材料甲第③段,推断赵州之围被解的原因。

6. 从叙事特点看,材料乙与材料甲第①段为何不同,请加以分析。

参考答案

1. (1) 侵扰、侵犯;(2) 福分、福运

2. (1) A;(2) B

3. 由大震趋临洮/屠定秦堡/执其帅慕容谷钟/虏乃解灵州去

4. 邢州与赵州相邻,现在叛贼攻打赵州,这样邢州很快也不得安宁,李公分兵守卫,也不算错,您怎么就急着退兵呢?

5. 示例:① 李抱真分兵守邢州,部署周密,让敌寇没有扰乱之机;② 李晟安抚马燧,三将同心;③ 攻敌之所必救,李晟率军要攻打敌方要塞范阳;④ 王武俊等敌寇担心自己腹地被攻打,于是解赵州之围而去。

6. 示例:材料甲第①段和材料乙都叙述了李晟早年在战场上射杀酋豪的事迹。材料甲浓墨重彩描写,写出他在王忠嗣的激励下,挺身而出,射杀悍酋,事后受到王的赞赏。笔力集中,以正面和侧面,多方渲染出传主作战的勇猛。材料乙中,描写简略,不涉及王忠嗣,更强调其个人作用,叙事全面,兼及战后对战利品的态度,在百姓中的影响,以及朝廷的表彰。不同于材料甲这种史传文学,主要是为了表现传主的

452

人物特点,材料乙属于碑传墓表,更重在有意识地表彰碑主的功绩及其忠义,这样叙事更符合碑文的特点。

选文二

陈庆之

(唐)李延年

① 陈庆之,字子云,义兴国山人也。

② 大通元年,隶领军曹仲宗伐涡阳。魏遣常山王元昭等率马步十五万来援,前军至驼涧,去涡阳四十里。庆之欲逆战,韦放以贼之前锋必是轻锐,与战若捷,不足为功,如其不利,沮我军势,兵法所谓以逸待劳,不如勿击。庆之曰:"魏人远来,皆已疲倦,去我既远,必不见疑,及其未集,须挫其气,出其不意,必无不败之理。且闻虏所据营,林木甚盛,必不夜出。诸君若疑惑,庆之请独取之。"于是与麾下二百骑奔击,破其前军,魏人震恐。庆之乃还与诸将连营而进,据涡阳城,与魏军相持。自春至冬,数十百战,师老气衰,魏之援兵复欲筑垒于军后,仲宗等恐腹背受敌,谋欲退师。庆之杖节军门曰:"吾闻置兵死地,乃可求生,须虏大合,然后与战。审欲班师,庆之别有密敕,今日犯者,便依明诏。"仲宗壮其计,乃从之。魏人掎角作十三城庆之衔枚夜出陷其四垒涡阳城主王纬乞降。所余九城,兵甲犹盛,乃陈其俘馘,鼓噪而攻之,遂大奔溃,斩获略尽,涡水咽流。高祖嘉焉,赐庆之手诏曰:"本非将种,又非豪家,觖望风云,以至于此。可深思奇略,善克令终。开朱门而待宾,扬声名于竹帛,岂非大丈夫哉!"

③ 庆之麾下悉著白袍,所向披靡。先是洛阳童谣曰:"名师大将莫自牢,千兵万马避白袍。"自发铚县至于洛阳,十四旬平三十二城,四十七战,所向无前。

④ 庆之性祗慎,衣不纨绮,不好丝竹,射不穿札,马非所便,而善抚军士,能得其死力。

(选自《南史·梁书·陈庆之传》,中华书局 2016 年版)

知识卡片

《南史》记载南朝宋、齐、梁、陈四国 170 年史事,与《北史》为姊妹篇,是由李大师及其子李延寿两代人编撰完成的。《南史》不像别的史书采取编年体,而是把南朝各史的纪传汇合起来,删繁就简,以便阅读。

传主陈庆之虽身体文弱,不擅骑射,但富有谋略,带兵有方,在中外文学中被形容为用兵天才、不败名将。

阅读指津

陈庆之出身寒门,少为梁武帝萧衍随从,选文写大通元年(527),陈庆之联合曹仲宗、韦放攻打北魏涡阳,迫使涡阳城主王纬出降,以及他在洛阳之战后的声誉,文末补叙他的品性,综合来看,陈庆之重谋略,是一位深得众心的儒将。

拓展练习

1. 写出下列加点词在句中的意思。

(1) 庆之欲逆战(　　　　) 　　　　(2) 必不见疑(　　　　)

2. 为下列加点词语选择释义正确的一项。
   (1) 师老气衰(　　)　　A. 油滑　　B. 臃肿　　C. 疲乏　　D. 失利
   (2) 审欲班师(　　)　　A. 知悉　　B. 确实　　C. 明白　　D. 周密

3. 第②段画波浪线部分有三处需加句读,请用"/"把这三处标识出来。
   魏人掎角作十三城庆之衔枚夜出陷其四垒涡阳城主王纬乞降

4. 把第③段画线句翻译成现代汉语。
   庆之性祗慎,衣不纨绮,不好丝竹,射不穿札,马非所便,而善抚军士,能得其死力。

5. 第②段的手诏与第③段的童谣,都是对陈庆之的赞许,请分析其作用。

6. 第②段中陈庆之用不同的说话方式、语气来请战,请分析其不同之处。

参考答案

1. (1) 迎接;(2) 被

2. (1) C;(2) B

3. 魏人掎角作十三城/庆之衔枚夜出/陷其四垒/涡阳城主王纬乞降

4. 陈庆之性情谦恭谨慎,不穿绢绸衣服,不爱听音乐,射箭不能穿过盔甲,骑马也不是他所擅长的,但他善于安抚军士,能得到他们的效死作战。

5. 示例:同是对陈庆之的赞许,第②段的高祖手诏侧重对陈庆之整体赞誉,从其出处、生平赞扬他以平民身份,在风云际会中,以深思奇略,建功立业,赞誉之中不乏笼络和勉励之情。第③段的洛阳童谣,侧重的是对其战功的颂扬,体现民间对其卓越军事才能的誉美之情。

6. 示例:第一次请战,陈庆之面对韦放的畏战情绪,用"必不见疑""必不夜出"等词肯定语气,来分析敌情,指出己方有利条件,又以"请独取之"祈使语气,用缜密分析、果敢决断的方式,极有震撼力。第二次请战,陈庆之以"乃可"提出依据,又以"别有密敕"缓和语气,以经过周详思虑的方式,稳定将领之心,表达坚决之心。

王翦

(宋) 张预

① 王翦者,频阳东乡人也。秦始皇既灭三晋,走燕王,而数破荆师。秦将李信者,年少壮勇,尝以兵数千逐燕太子丹,卒破得丹,始皇以为贤勇。问李信:"吾欲攻取荆,于将军度用几何人而足?"李信曰:"不过用二十万人。"始皇问王翦,曰:"非六十万人不可。"遂使李信及蒙恬将二十万,南伐荆。王翦言不用,因谢病归老于频阳。李信攻平与,蒙恬攻寝,大破荆军。信又攻鄢郢,破之,于是引兵而西,与蒙恬会城父。荆人因随之,三日三夜不顿舍,大破李信军,入两壁,杀七都尉,秦军走。

② 始皇闻之,大怒,自驰如频阳,见谢王翦曰:"寡人以不用将军计,李信果辱秦军。今闻荆兵日进而西,将军虽病,独忍弃寡人乎?"王翦谢曰:"老臣罢病悖乱,唯大王更择贤将。"始皇谢曰:"已矣,将军勿复言其言。"王翦曰:"大王必不得已用臣,非六十万人不可。"始皇曰:"惟听将军计耳。"

③ 王翦行,请美田宅园池甚众,始皇曰:"将军行矣,何忧贫乎?"王翦曰:"为大王将,有功终不得封

侯,故及大王之向臣,臣亦及时以请园池为子孙业耳。"始皇大笑。王翦既至关,使使还请善田者五辈。或曰:"将军之乞贷,亦已甚矣。"王翦曰:"不然。夫秦王怛中而不信人,今空秦国甲士而专委于我,我不多请田宅为子孙业以自坚,顾令秦王坐而疑我矣。"

④ 王翦坚壁而守之,不肯战。荆兵数出挑战,终不出。王翦日休士洗沐,而善饮食抚循之,亲与士卒同食。久之,王翦使人问:"军中戏乎?"对曰:"方投石超距。"于是王翦曰:"士卒可用矣。"荆军数挑战而秦不出,乃引而东。翦因举兵追之,令壮士击,大破荆军,至蕲南,杀其将军项燕。荆兵遂败走,秦因乘胜略定荆地城邑。岁余虏荆王负刍竟平荆地为郡县因南征百越之君。

⑤ 孙子曰:"识众寡之用者胜。"翦谓伐荆当用六十万人。又曰:"谨养勿劳,并气积力。"翦坚壁休士,投石超距而后用是也。

(选自《十七史百将传·王翦传》,哈尔滨出版社2022年版)

作者张预,南宋东光人,字公立,著有《十七史百将传》。张预对孙武推崇备至,认为历代兵者的成败,都与《孙子兵法》所言的战争智慧运用是否得当相契合,于是从五代以前的史书中,选择一百名将帅的传记编了一本《百将传》,每篇末尾都用孙武说的话作为提纲挈领的判句。他所注《孙子兵法》,引用历史上的战例,语言简明扼要,注疏通达。

阅读指津

王翦是秦代名将,他高超的军事才华使其与白起、李牧、廉颇并列为战国四大名将。他一生征战无数,智而不暴、勇而多谋,与其子王贲是秦始皇兼灭六国最主要的战将和功臣。他勇猛与韬略俱备、谋国与谋身皆精,虽功高盖世,但激流勇退,得以善终。选文事例也可窥其谋略于一斑。

拓展练习

1. 写出下列加点词在句中的意思。
(1) 于将军度用几何人而足(　　　　) (2) 自驰如频阳(　　　　)
2. 为下列加点词语选择释义正确的一项。
(1) 老臣罢病悖乱(　　) A. 无能　B. 弱懦　C. 疲困　D. 失败
(2) 故及大王之向臣(　　) A. 迎合　B. 偏爱　C. 袒护　D. 向往
3. 第④段画波浪线部分有三处需加句读,请用"/"把这三处标识出来。
岁 余 虏 荆 王 负 刍 竟 平 荆 地 为 郡 县 因 南 征 百 越 之 君
4. 把第②段画线句翻译成现代汉语。
寡人以不用将军计,李信果辱秦军。今闻荆兵日进而西,将军虽病,独忍弃寡人乎?
5. 人物短评通常采用叙议结合的方式,来表达自己对人物的评价。请结合全文,就王翦的谋略方面,为其写一则人物短评。

1. (1) 估计、思量;(2) 到、前往

2. (1) C;(2) B

3. 岁余/虏荆王负刍/竟平荆地为郡县/因南征百越之君

4. 我因为没采用您的计策,李信果然使秦军蒙受了耻辱。现在听说楚军一天天前进并向西逼近,将军虽然染病,难道忍心抛弃我吗!

5. 王翦用兵与《孙子兵法》所言的战争智慧相契合,首先懂得兵多兵少的不同用法,针对楚荆地广人众,提出至少要60万;其次,休整部队,不使他们过于疲劳,并要保持旺盛士气,积蓄部队战斗力方面,休战、积蓄战力、伺机出击。另外,战前,稳定君主之心,以讨要良田等自污,打消君主对自己的疑虑,使得自己能将在外君命有所不受,能针对战情,采取相应对策。外有君主信任,内能运用兵法智慧,故谋略出众。

选文四

张归霸

(宋)薛居正等

① 张归霸,字正臣,清河人。少倜傥,好兵术。唐乾符中寇盗蜂起归霸率昆弟三人弃家投黄巢颇以勇略闻。中和中,巢领徒走宛丘。时太祖①在汴,奉诏南讨,巢党日窘,归霸昆仲与葛从周等相率来降,寻补宣武军剧职。

② 尝被命以控弦之士五百人伏于壕内,太祖统数百骑稍逼其寨,蔡人果以锐士摩垒来追,归霸发伏兵,掩杀千余人,夺马数十匹,寻奏授检校左散骑常侍②。

③ 文德初,大军临蔡州,贼将萧颢来斫寨,归霸与徐怀玉各以所领兵自东南二扉分出,合势杀贼,蔡人大败。及太祖振众离营,寇尘已息。太祖召至,赏之曰:"昔耿弇不俟光武击张步,言不以贼遗君父,弇之功,尔其二焉。"

④ 大顺中,郭绍宾拔曹州,归霸率兵数千守之。俄而朱瑾统大军自至,归霸与丁会逆击之于金乡,瑾大败,擒贼将宗江等七十余人,曹州以宁。明年,破濮州,生擒刺史邵儒。又佐葛从周与晋军战于洹水,生获克用爱子落落。复与燕人战于内黄,杀仁恭兵三万余众。戎绩超特,居诸将之右,累官至检校左仆射。

⑤ 光化二年,权知邢州事。明年春,李嗣昭以蕃汉五万来寇,归霸坚壁设备,晋军不敢顾其城,遂移军攻洺州,陷焉。时太祖在滑,颇虑邢之失守。及葛从周复洺,嗣昭北遁,归霸出兵袭之,杀二万余众。捷至,赏锡殊等,旋以功奏加检校司空。天祐初,迁莱州刺史,秩满授左卫上将军,又除曹州刺史。其秋,加检校司徒,副刘知俊御邠、凤之寇,败之。

⑥ 太祖受禅,拜右龙虎统军,改左骁卫上将军,充河阳诸军都指挥使。明年夏六月,就除河阳节度使、检校太保,寻加同平章事③。二年秋七月,卒于位。诏赠太傅④。

(选自《旧五代史·后梁》,中华书局出版社2003年版)

【注释】

① 太祖:后梁开国皇帝朱温。② 常侍:皇帝的侍从近臣。③ 同平章事:同中书门下平章事简称,唐代后期及五代位如宰相,任此职者一般另兼职事官衔。④ 太傅:与太师、太保同为古三公,秦汉之后,多为虚职,尊称,以示恩宠。

知识卡片

《旧五代史》按五代各自为书,有梁书、唐书、晋书、汉书、周书各十余卷至五十卷不等。各代的《书》是断代史,《志》则是五代典章制度的通史,《杂传》则记述包括十国在内的各割据政权的情况。

这种编写体例使全书以中原王朝的兴亡为主线,以十国的兴亡和周边民族的起伏为副线,叙述条理清晰,较好地展现了这段历史的面貌。这部书虽名为五代史,实为当时整个五代十国时期各民族的一部断代史。

阅读指津

选文起笔从张归霸的早年投靠黄巢始,重点在效力于后梁太祖后的事迹叙述上。以时间为序,讲述其战蔡州、守曹州、克濮州,以及主持邢州、曹州期间的事迹。他一生戎马倥偬,勇猛好战,战功无数,对战中勇敢机智,因功屡受封赏,最后病死于任上,诏令追赠为太傅。史评其"由介胄而析圭爵,可不谓壮夫欤!"意指张归霸凭军功而获得爵位,实是勇壮之士。

拓展练习

1. 写出下列加点词在句中的意思。
   (1) 太祖统数百骑稍逼其寨(　　　　) 　　　　(2) 居诸将之右(　　　　)
2. 为下列加点词语选择释义正确的一项。
   (1) 副刘知俊御邠、凤之寇(　　) 　A. 副手 　B. 交付 　C. 辅佐 　D. 符合
   (2) 归霸坚壁设备(　　) 　　　　　A. 设下圈套 B. 做好防备 C. 设计周全 D. 设计准备
3. 第①段画波浪线部分有三处需加句读,请用"/"把这三处标识出来。
   唐 乾 符 中 寇 盗 蜂 起 归 霸 率 昆 弟 三 人 弃 家 投 黄 巢 颇 以 勇 略 闻
4. 把第③段画线句译成现代汉语。
   昔耿弇不俟光武击张步,言不以贼遗君父,弇之功,尔其二焉。
5. 小明在阅读中发现,了解古代将领可以通过他的官爵看出其在当朝者心中的能力和作用。从太祖对张归霸的封官授爵,以文中加点句为例,分析太祖对他的认识。

参考答案

1. (1) 随即;(2) 较高的职位
2. (1) C;(2) B
3. 唐乾符中/寇盗蜂起/归霸率昆弟三人弃家投黄巢/颇以勇略闻。
4. 以前耿弇不等光武帝下令就出击张步,说不能将贼寇留给君王,立下耿弇这样的功劳,你大概是第二个啊。
5. 示例:"寻补宣武军剧职",从黄巢军改投太祖部,让他担任军队要职,以示信任,也是肯定其有统军之才;"寻奏授检校左散骑常侍",配合太祖伏击敌军,以"常侍"表彰其骁勇善战,以及亲近之情;"权知邢州事",暂时代理一州之事务,统管军政,寄任于方面大员之期;"就除河阳节度使、检校太保,寻加同平章事",不仅是封疆大吏,更让他参与朝廷政务,兼任宰相之职。在对他的封官授爵中,看出太祖对他的日益信任,以及对他才能发掘越发充分,荣宠日渥。

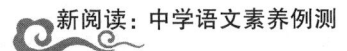

徐怀玉与庞师古

【甲】

① 徐怀玉,本名琮,亳州焦夷县人。少以雄杰自任,随太祖①起军。唐中和末,从至大梁。文德初,同诸军解河阳之围,复从破徐、宿。乾宁中,奏加检校刑部尚书,太祖赐名怀玉。破朱瑾②于金乡南,擒宗江以献,表授金紫光禄大夫、检校右仆射。

② 乾宁四年,庞师古失利于清口,怀玉独完军以退。

③ 天祐三年,授左羽林统军,转右龙虎统军,领六军之士赴泽州。寻为晋军所攻,昼夜冲击,穴地而入,怀玉率亲兵逆杀于隧中,晋军遂退。其秋,晋军大至,已乘其墉,怀玉选亲兵五十余人,拥杀下城。晋军既退,出家财以赏战士。三年,制授廊坊节度使、特进、检校太保,练兵缮壁,人颇安之,加检校太傅。

④ 乾化二年,庶人友珪③既篡立,河中朱友谦拒命,遣兵袭廊州,怀玉无备,寻为河中所掳,囚于公馆。及友珪遣康怀英率师围河中,友谦虑怀玉有变,遂害之。

⑤ 怀玉才气刚勇,临阵未尝折退,平生金疮被体,有战将之名焉。

(选自《旧五代史·后梁·列传十一》,中华书局 2003 年版)

【乙】

太祖乃遣师古与葛从周攻杨行密于淮南。师古自其微时事太祖,为人谨甚,未尝离左右。及为将出兵必受方略以行军中非太祖命不妄动。师古营清口,地势卑,或请就高为栅,师古以非太祖命不听。淮人决水浸之,请者告曰:"淮人决河,上流水至矣!"师古以为摇动士卒,立斩之。已而水至,兵不能战,遂见杀。

(选自欧阳修《新五代史·梁臣传九》,中华书局 2015 年版)

【注释】

① 太祖:后梁开国皇帝朱温。② 朱瑾:晚唐末五代时期将领,天平军节度使朱瑄之弟,多次北犯后梁。③ 庶人友珪:即朱温次子朱友珪,死后被追废为庶人。

《新五代史》是宋代欧阳修编撰的纪传体史书,属二十四史之一。原名《五代史记》,后世为区别于薛居正等官修的五代史,称为新五代史。《新五代史》撰写时,增加了《旧五代史》所未能见到的史料,如《五代会要》《五代史补》等,因此内容更加翔实;但《新五代史》对旧"志"部分大加繁削,则不足为训,故史料价值比《旧五代史》要略逊一筹。而文学成就上,《新五代史》全书风格平易通畅、简洁有力,以及笔削润饰功力的深厚,可与《史记》相媲美。

阅读指津

两则材料,传主为同朝将领,一者被誉、一者被讥。徐怀玉善于战阵,死于内斗之中;庞师古临战拘泥不化,阵亡于战。徐怀玉传中叙述其因战功被皇帝赐名、擢拔、完军于清口、战泽州、死于政乱;后者传中选取的是他指挥的清口之战,以庞师古的愚忠、死守方略,来佐证徐怀玉的善于战阵。

 拓展练习

1. 写出下列加点词在句中的意思。
(1) 寻为晋军所攻(　　　　)　　　　(2) 师古自其微时事太祖(　　　　)

2. 为下列加点词语选择释义正确的一项。
(1) 练兵缮壁(　)　　A. 保养　　B. 整治　　C. 修造　　D. 营建
(2) 平生金疮被体(　)　　A. 覆盖　B. 遍布　C. 施加　D. 蒙受

3. 材料乙中画波浪线部分有三处需加句读,请用"/"把这三处标识出来。

及 为 将 出 兵 必 受 方 略 以 行 军 中 非 太 祖 命 不 妄 动

4. 把第②段画线句翻译成现代汉语。

乾宁四年,庞师古失利于清口,怀玉独完军以退。

5. 请你根据两则材料的相关内容补足以下楹联中的空格。

楹联:英灵逝内斗,刚勇战将称□□;拙诚陷阵中,□□方略号师古。

6. 以下是小明同学结合上文内容针对史传文学的叙事艺术进行的探究梳理,请你帮助他完成下列表格,并就小明这种利用两则相关材料的阅读法,进行评析。

选　文	叙事艺术	艺术效果
材料甲第②段	(1)_____	寄寓情感,发人深思
材料乙	历史事件故事化	(2)_____

(3) 评析:_____。

 参考答案

1. (1) 不久;(2) 卑贱而未显达的时候

2. (1) C;(2) B

3. 及为将出兵/必受方略以行/军中非太祖命/不妄动

4. 乾宁四年,庞师古在清口作战失利,唯独徐怀玉使部队保持完整地撤退回来。

5. 示例:怀玉;拘泥

6. 示例:(1) 叙述中寓褒贬;(2) 情节曲折,引人入胜;

(3) 评析:同一则事迹,在不同史料中有不尽相同的记载表述,这是一种酌古通今,旁推互证的阅读(阅读法的特点)。在对比、品鉴中,材料甲第二段中,以一个"独"字,寓褒贬于叙述中,简洁而有意味;材料乙以故事化的叙述,在矛盾冲突中表现人物,如淮人决水情况下,庞师古对建言的人"立斩之",一个"立"字,不听人言、一意孤行的形象,跃然纸上。而且这种互证阅读,不仅让我们丰富了对材料的认识,更能让我们站在一个较为客观的角度,去发掘、去辨析(阅读法的效果)。

(傅　强)

七 孝 义

选文一

周维城传

（清）张惠言

① 嘉庆元年，余游富阳，知县恽候请余修县志，未及属稿，而恽候奉调，余去富阳。富阳高傅占，君子人也，为余言周维城事甚具，故为之传，以遗后之修志者。

② 周丰，字维城，其先绍兴人也，有资。父曰重章，火灾荡其家，流寓富阳。重章富家子，骤贫，抑郁无聊，益跅弛①不问生产，遂大困，寻死富阳。丰为儿时，当天寒，父中夜自外归，又无所得食，辄引父足怀中以卧。十余岁，父既卒，学贾。晨有老人过肆②，与之语，奇之，立许字以女。丰事母，起坐行步，尝先得其所欲，饮食必亲视，然后进。事虽剧，必时时至母所，视问辄去，去少顷，即又至。母脱有不当意，或端坐不语，丰大惧，皇皇然若无所容，绕膝盘旋，呼"阿母"不已，声悲慕如婴儿。视母颜色怡，乃大喜，又久之，然后退。其子孙逮见者，言其寝将寐，必呼"阿母"；将寤又如之，殆不自觉也。……丰贾致富，有子三人，孙六人，年八十四卒。

③ 丰于乡里，能行其德，有长者行。尝有与同贾者归，丰既资之，已而或检其装，有丰肆中物，以告丰。丰急令如故藏诫勿言其来待之如初。

④ 高傅占言曰：富阳人多称丰能施与好人，然丰尝曰："吾愧吴翁、焦翁。"吴翁者，徽州人，贾于富阳，每岁尽，夜怀金走里巷，见贫家，嘿③置其户中，不使知也。焦翁者，江宁人，挟三百金之富阳贾。时江水暴发，焦急呼渔者，拯一人者与一金。凡数日得若干人，留肆中饮食之，俟之息，资遣之归。三百金立罄。二人者，今以问富阳人，不能知也。丰又尝言："吾生平感妇翁知我。"

⑤ 呜呼，市巷中固不乏士哉！

（选自《茗柯文二编》卷下）

【注释】

① 跅（tuò）弛：放荡，不守规矩。② 肆：店铺。③ 嘿（mò）：悄悄地。

知识卡片

《茗柯文编》，诗词文别集，共五卷，分初编一卷，二编二卷，三编一卷，四编一卷。二编收四十三篇序、

传、墓志铭、记等文字,如《周易别录序》《词选序》《周维城传》《鄂不草堂图记》等。清张惠言撰,为撰者自编,成书于清嘉庆年间。

阅读指津

本文为作者所修县志中的一章,因此作者表现个人的同时也辐射群体。阅读时首先把握主要人物的精神品质,结合事例具体概括分析,而后关注作者记述的视角,从写作意图上整体把握文章内容。

拓展练习

1. 写出下列加点词在句中的意思。
(1) 未及属稿(   )   (2) 寻死富阳(   )
2. 为下列句中加点词选择释义正确的一项。
(1) 火灾荡其家(   )   A. 摇动   B. 毁坏   C. 冲撞   D. 清除
(2) 母脱有不当意(   )   A. 脱离   B. 逃跑   C. 偶尔   D. 轻慢
3. 把第④段画线句翻译成现代汉语。
凡数日得若干人,留肆中饮食之,俟之息,资遣之归。
4. 第③段画波浪线部分有三处需加句读,请用"/"把这三处标识出来。
丰 急 令 如 故 藏 诚 勿 言 其 来 待 之 如 初
5. 分析文章第④段对塑造周维城形象的作用。
6. 周维城为人孝谨,请结合文章第②段进行分析。

参考答案

1. (1) 撰写;(2) 不久
2. (1) B;(2) C
3. (焦翁)前后几天救了若干人,(并)留在店铺中供他们吃喝,等到洪水平息,资助安排他们回家。
4. 丰急令如故藏/诚勿言/其来/待之如初
5. 第④段写了吴翁、焦翁,前者在夜里走街过巷,接济穷人,后者非富阳人,却在发洪水时慷慨解囊,奖励救人者,这两个人却不为世人所知,两人故事由周维城道出,体现周维城对其感佩,表现出其乐于奉献,不计回报的精神来源;从个体到群体,体现出社会风气对周维城品质的影响,使周维城的形象更加丰满。
6. 周维城侍奉母亲尽心尽力,母亲起身、坐下或走路,他常常事先弄明白母亲想要怎样;母亲的饮食他一定要亲眼看过,然后才送到母亲面前;事务虽然繁重,他一定会时时到母亲房里看望问候才离开;母亲倘有不如意,或者坐着不说话,周丰十分害怕,那心神不安的样子像是无处容身,看到母亲的脸色和悦了,才非常欢喜,又待很长时间,然后再退下去;他在世时的子孙们,说他上床将要睡着时,一定会呼唤"阿母",快要醒来时,又会同样呼唤,大概是成了习惯,并不是自觉如此。

选文二

【甲】

① 李密,字令伯,犍为武阳人也,一名虔。父早亡,母何氏醮①。密时年数岁,感恋弥至,烝烝②之性,

遂以成疾。祖母刘氏,躬自抚养,密奉事以孝谨闻。刘氏有疾,则涕泣侧息,未尝解衣,饮膳汤药必先尝后进。有暇则讲学忘疲,而师事谯周,周门人方之游夏③。

② 少仕蜀,为郎。数使吴,有才辩,吴人称之。蜀平,泰始初,诏征为太子洗马。密以祖母年高,无人奉养,遂不应命。乃上疏《陈情表》。

③ 帝览之曰:"士之有名,不虚然哉!"乃停召。后刘终,服阕,复以洗马征至洛。司空张华问之曰:"安乐公④何如?"密曰:"可次齐桓。"华问其故,对曰:"齐桓得管仲而霸,用竖刁而虫沙⑤。安乐公得诸葛亮而抗魏,任黄皓而丧国,是知成败一也。"次问:"孔明言教何碎?"密曰:"昔舜、禹、皋陶相与语,故得简雅;《大诰》与凡人言,宜碎。孔明与言者无己敌,言教是以碎耳。"华善之。

④ 出为温令而憎疾从事尝与人书曰庆父不死鲁难未已。从事白其书司隶,司隶以密在县清慎,弗之劾也。密有才能,常望内转,而朝廷无援,乃迁汉中太守,自以失分怀怨。及赐饯东堂。诏密令赋诗,末章曰:"人亦有言,有因有缘。官无中人,不如归田。明明在上,斯语岂然!"武帝忿之,于是都官从事奏免密官。后卒于家。

(选自《晋书·李密传》)

【注释】

① 醮:改嫁。② 烝烝:热切的样子。③ 游夏:指孔子的学生子游和子夏,他们在文学上皆有很高的造诣。④ 安乐公:刘备之子刘禅。⑤ 虫沙:比喻战死的将士或因战乱而死的人民。此指死亡。

【乙】

① 伏惟圣朝以孝治天下,凡在故老,犹蒙矜育,况臣孤苦,特为尤甚。且臣少仕伪朝,历职郎署,本图宦达,不矜名节。今臣亡国贱俘,至微至陋,过蒙拔擢,宠命优渥,岂敢盘桓,有所希冀。但以刘日薄西山,气息奄奄,人命危浅,朝不虑夕。臣无祖母,无以至今日,祖母无臣,无以终余年。母、孙二人,更相为命,是以区区不能废远。

② 臣密今年四十有四,祖母今年九十有六,是臣尽节于陛下之日长,报养刘之日短也。乌鸟私情,愿乞终养。臣之辛苦,非独蜀之人士及二州牧伯所见明知,皇天后土实所共鉴。愿陛下矜愍愚诚,听臣微志,庶刘侥幸,保卒余年。臣生当陨首,死当结草。臣不胜犬马怖惧之情,谨拜表以闻。

(节选自李密《陈情表》)

知识卡片

《晋书》是二十四史之一,唐房玄龄等人合著,编者共21人。其中监修三人为房玄龄、褚遂良、许敬宗;天文、律历、五行等三志的作者为李淳风;拟订修史体例为敬播。该书同时还以"载记"形式,记述了十六国政权的状况。原有叙例、目录各1卷,帝纪10卷,志20卷,列传70卷,载记30卷,共132卷。后来叙例、目录失传,今存130卷。

《陈情表》作者李密(224年—287年),西晋初年官员,本名李虔,字令伯,犍为武阳(今四川省眉山市彭山区)人。幼年丧父,由祖母抚养成人。孝敬甚笃,名扬乡里。师事学者谯周,博览五经,尤精于《左传》。初仕蜀汉,拜为尚书郎。蜀汉灭亡后,参见晋武帝,召为太子洗马。以祖母年老多病、无人供养,呈递《陈情表》,竭力推辞。历任温县令、汉中太守,坐事免官。太康八年,卒于家中。著有《述理论》十篇,不传世。

阅读指津

两篇文本一为李密传记,一为李密写作的名篇,是课内篇目,两者进行比较阅读,需抓住比较点,即李密的人物形象,前者从具体的事件中来,后者从创作的目的与手法中来,需在课内学习的基础上进行拓展思考。

拓展练习

1. 写出下列加点字在句中的意思。
   (1) 凡在故老,犹蒙矜育(   )   (2) 但以刘日薄西山(   )
2. 为下列句中加点词选择释义正确的一项。
   (1) 周门人方之游夏(   )   A. 正要   B. 方圆   C. 比拟   D. 指责
   (2) 是以区区不能废远(   )   A. 小,少   B. 见识短浅   C. 爱慕,思慕   D. 自称的谦词
3. 下列对文本甲画波浪线部分所加句读正确的一项是(   )
   A. 出为/温令而憎疾/从事尝与人书曰/庆父不死/鲁难未已。
   B. 出为温令/而憎疾从事/尝与人书曰/庆父不死/鲁难未已。
   C. 出为/温令而憎疾从事/尝与人书曰/庆父不死/鲁难未已。
   D. 出为温令/而憎疾从事/尝与人书/曰庆父不死鲁难/未已。
4. 把下列画线句翻译成现代汉语。
   (1) 密有才能,常望内转,而朝廷无援,乃迁汉中太守,自以失分怀怨。
   (2) 今臣亡国贱俘,至微至陋,过蒙拔擢,宠命优渥,岂敢盘桓,有所希冀。
5. 整合材料甲中的信息,概括李密的人物形象。
6. 材料甲中称李密"有才辩",请结合材料乙的具体内容进行说明。

参考答案

1. (1) 怜惜;(2) 迫近
2. (1) C;(2) D
3. B
4. (1) 李密有才能,常盼望转回朝廷做官,可是朝廷中无人作后盾,于是被调到汉中升作太守,他自己因为不如意而心怀怨恨。
   (2) 现在我是一个低贱的亡国俘虏,十分卑微浅陋,受到过分提拔,恩宠优厚,怎敢犹豫不决而有非分的企求。
5. ① 有孝心,祖母刘氏一有病,他就哭泣,侍奉祖母身旁,夜里未曾脱衣/为祖母端饭菜、端汤药,他总要尝过后才让祖母用/因为要侍奉祖母而不赴任,写作《陈情表》;② 好学有才华,一有闲暇就讲学,同门人认为其才华堪比子游、子夏/因其出使吴国,被吴国人认为有才华;③ 有思想见解,对安乐公的为政之道和诸葛亮的说话特征有自己独特的看法;④ 自视清高,因自己有才不受重用而感到愤懑,并且作诗讽刺当朝。
6. 文本乙中李密通过赞美当朝的清明政治,贬低自己表忠心来消除晋武帝的疑虑,并通过"先尽孝后尽忠"的方式表明自己的忠情,以此说服晋武帝停诏,可见其善于言辞有才辩。其中,李密通过抑己扬

彼/使用谦辞、敬辞如"亡国贱俘""至微至陋""愚诚""微志""侥幸""保卒""圣朝"等的方式,赞美晋朝的政治清明,表明自身受诏是"过蒙拔擢,宠命优渥",赢得晋武帝的好感;以对仗的手法,如"臣无祖母,无以至今日,祖母无臣,无以终余年"强调祖母和自己相依为命,别无他法,尽孝的唯一性;运用比喻/比拟,如"乌鸟私情"以乌鸦反哺来表明自己的孝心;运用典故,又如"生当陨首,死当结草",表明自己活着不惜人头落地,死了也要结草衔环以报答君恩的决心,表明自己尽忠的诚意。通过生动的语言表达和情理相融的说理方式,打动晋武帝,可见其才辩。

选文三

康保裔传

① 康保裔,河南洛阳人。祖志忠,讨王都战没。父再遇,从太祖征李筠,又死于兵。保裔在周屡立战功,及再遇阵没,诏以保裔代父职,从石守信破泽州,又从诸将破契丹于石岭关,领登州刺史。寻知代州,移深州,领凉州观察使。

② 真宗即位,召还,以其母老勤养,赐以上尊酒茶米。诏褒之,为高阳关都部署。契丹兵大入,诸将与战于河间,保裔选精锐赴之,会暮,约诘朝合战。迟明,契丹围之数重,左右劝易甲驰突以出,保裔曰:"临难无苟免。"遂决战。二日,杀伤甚众,蹂践尘深二尺,兵尽矢绝,援不至,遂没焉。时车驾驻大名,闻之震悼,废朝二日,赠侍中。以其子继英为六宅使、顺州刺史,继彬为洛苑使。继英等谢曰:"臣父不能决胜而死,陛下不以罪其孥幸矣,臣等顾蒙非常之恩!"因悲涕伏地不能起。上恻然曰:"尔父王事,赠赏之典,所宜加厚。"顾谓左右曰:"保裔父、祖死疆场,身复战没,世有忠节,深可嘉也。"

③ 保裔谨厚好礼,喜宾客,善骑射,弋飞走无不中。尝握矢三十引满以射笴镝相连而坠人服其妙。屡经战阵,身被七十创。贷公钱数十万劳军,没后,亲吏鬻器玩以偿。上知之,乃复厚赐焉。

④ 方保裔及契丹血战,而援兵不至,唯张凝、李重贵率众策应,遇契丹兵交战,保裔为敌所覆,重贵与凝赴援,腹背受敌,自申至寅力战,敌乃退。当时诸将多失部分,独重贵、凝全军还屯,凝议上将士功状,重贵喟然曰:"大将陷没,而吾曹计功,何面目也!"上闻而嘉之。

(选自《宋史·康保裔传》)

知识卡片

《宋史》撰修于元朝末年,全书有本纪47卷,志162卷,表32卷,列传255卷,共计496卷,约500万字,是二十五史中篇幅最庞大的一部官修史书。早在元初,元世祖忽必烈就曾诏修宋史,因体例未定而未能成书。元朝末年,丞相脱脱主张分别撰修宋、辽、金三史,各自独立,这一意见得到元顺帝的同意,于至正三年(1343)三月开局,三史同时修撰。经过两年半时间,至正五年(1345)十月,《宋史》匆匆成书。《宋史》是在原宋《国史》的基础上删削而成的。两宋时期,史官组织完备,雕版印刷术广泛应用,书籍流传和保存都较为便利,积累了大量史料。这就为元修《宋史》提供了良好的基础。但是由于《宋史》修撰者匆匆急就,在史料的裁剪、史实的考订、文字的修饰、全书体例等方面存在不少缺点。

阅读指津

史传类文本阅读时需要依据具体事件,捕捉人物的核心精神。康保裔是北宋著名将领,祖父辈皆为名将,屡立战功,他为人孝谨,奋勇忠义,选文主要呈现的是其血溅瀛洲的经典场景,及其生活的细节。阅读时首先要把握文章对其形象的直接描述,概括核心事件,积累文言常用字词。

拓展练习

1. 写出下列加点词在句中的意思。
(1) 寻知代州(   )   (2) 遂没焉(   )
2. 为下列句中加点词选择释义正确的一项。
(1) 会暮,约诘朝合战(   )   A. 查究   B. 明,翌   C. 整顿   D. 责备
(2) 身被七十创(   )   A. 覆盖   B. 施加   C. 遭受   D. 到达
3. 把第④段画线句翻译成现代汉语。
凝议上将士功状,重贵喟然曰:"大将陷没,而吾曹计功,何面目也!"
4. 第③段画波浪线部分有三处需加句读,请用"/"把这三处标识出来。
尝 握 矢 三 十 引 满 以 射 筈 镝 相 连 而 坠 人 服 其 妙
5. 全文用不少细节体现康保裔的奋身杀敌,请选择其中三处加以分析。
6. 分析第②段两处画线部分对塑造康保裔形象的作用。

参考答案

1. (1) 不久;(2) 通"殁",死
2. (1) B;(2) C
3. 张凝建议上奏将士立功情况的文书,李重贵叹息说:"大将陷敌阵亡,而我们却计算功劳,有什么脸面呢!"
4. 尝握矢三十/引满以射/筈镝相连而坠/人服其妙
5. 康保裔迎战契丹,亲选精锐的士兵参与战斗;被契丹重重围困,手下劝其换掉盔甲骑马突围逃跑,他严词拒绝;打了两天,地下尘土都踩了二尺深,但最后弹尽粮绝,援兵不至;康保裔被敌人包围,李重贵与张凝去救援,却腹背受敌,从申时到寅时全力作战。
6. 两处均为侧面描写。第一处写当时皇帝驻扎在大名,一听到康保裔战死了震惊难过,皇帝两天不上朝,追赠其为侍中,体现康保裔战死沙场引起强烈反响,可见其忠勇;第二处写康保裔之子康继英等奉旨谢恩,克制父丧之哀而不接受恩赐,体现出康氏家族以国家为重、忠义谨厚的品质。

选文四

阴兴传

① 阴兴字君陵,光烈皇后同母弟也。建武二年,为黄门侍郎,守期门仆射,典将武骑,从征伐,平定郡国。兴每从出入,常操持小盖,障翳风雨,躬履涂泥,率先期门。光武所幸之处,辄先入清宫,甚见亲信。与同郡张宗、上谷鲜于裒不相好,知其有用,犹称所长而达之;友人张汜、杜禽与兴厚善,以为华而少实,但私之以财,终不为言。是以世称其忠平。

② 九年,迁侍中,赐爵关内侯。帝后召兴,欲封之,置印绶于前,兴固让曰:"臣未有先登陷阵之功,而

一家数人并蒙爵士,令天下观望,诚为盈溢。臣蒙陛下、贵人①恩泽至厚,富贵已极,不可复加,至诚不愿。"帝嘉兴之让,不夺其志。贵人问其故,兴曰:"贵人不读书记邪?'亢龙有悔',夫外戚家苦不知谦退嫁女欲配侯王取妇眄睨公主愚心实不安也。富贵有极,人当知足,夸奢益为观听所讥。"贵人感其言,深自降挹②,卒不为宗亲求位。十九年,拜卫尉,亦辅导皇太子。二十年夏,帝风眩疾甚,后以兴领侍中,受顾命于云台广室。会疾瘳,召见兴,欲以代吴汉为大司马。兴叩头流涕,固让曰:"臣不敢惜身,诚亏损圣德,不可苟冒。"至诚发中,感动左右,帝遂听之。

③二十三年,卒,时年三十九。兴素与从兄嵩不相能,然敬其咸重。兴疾病,帝亲临,问以政事及群臣能不。兴顿首曰:"臣愚,不足以知之。然伏见议郎席广、谒者阴嵩,并经行明深,逾于公卿。"兴没后,帝思其言,遂擢广为光禄勋,嵩为中郎将。嵩监羽林十余年,以谨敕见幸。明帝即位,拜长乐卫尉,迁执金吾。明帝永平元年诏曰:"故侍中卫尉关内侯兴,典领禁兵,从平天下,当以军功显受封爵,又诸舅比例,应蒙恩泽,兴皆固让,安乎里巷。辅导朕躬,有周昌③之直;在家仁孝,有曾、闵④之行。不幸早卒,朕甚伤之。贤者子孙,宜加优异。封兴子庆为鲖阳侯,庆弟博为隐强侯。"庆卒,子琴嗣。万全卒,子桂嗣。

(选自《后汉书·阴兴传》,有删改)

【注释】

① 贵人:即光武皇后,明帝生母。② 降挹:谦退损抑。③ 周昌:西汉大臣,刘邦欲废太子,他直言谏止。④ 曾、闵:曾皙、闵子骞,皆为孔子弟子,以孝贤著称。

知识卡片

《后汉书》是南朝宋时期历史学家范晔编撰的史类文学作品,属"二十四史"之一。《后汉书》与《史记》《汉书》《三国志》合称"前四史"。《后汉书》中分十纪、八十列传和八志(取自司马彪《续汉书》),全书主要记述了上起东汉的汉光武帝建武元年(25),下至汉献帝建安二十五年(220),共195年的史事。全书结构严谨,编排有序。如八十列传,大体是按照时代的先后进行排列的。最初的三卷为两汉之际的风云人物,其后的九卷是光武时代的宗室王侯和重要将领。

阅读指津

阴兴是东汉初年将领、外戚,光烈皇后阴丽华同母弟。历任黄门侍郎、期门仆射等职,随从光武帝刘秀征伐四方,深受刘秀的信赖。建武九年(33),任侍中,被赐爵关内侯,阴兴坚决推辞。后任卫尉,与执金吾阴识共同辅导太子刘庄。选文围绕阴兴的多次辞让官职与举荐人才展开,阅读时注重分析人物语言,通过其言行体味人物性格。

拓展练习

1. 写出下列加点词在句中的意思。

(1) 典将武骑(　　　　)　　　　(2) 不夺其志(　　　　)

2. 为下列句中加点词选择释义正确的一项。

(1) 但私之以财(　　)　　A. 偏爱　　B. 贿赂　　C. 贪求　　D. 占有

(2) 令天下觖望（　　）　　　　A. 瞻仰　　　B. 察看　　　C. 埋怨　　　D. 接近

3. 把第③段画线句翻译成现代汉语。

故侍中卫尉关内侯兴，典领禁兵，从平天下，当以军功显受封爵，又诸舅比例，应蒙恩泽，兴皆固让，安乎里巷。

4. 第②段画波浪线部分有三处需加句读，请用"/"把这三处标识出来。

夫 外 戚 家 苦 不 知 谦 退 嫁 女 欲 配 侯 王 取 妇 眄 睨 公 主 愚 心 实 不 安 也

5. 第②段中阴兴两次辞让官位，言语恳切，"至诚发中"。请结合具体内容及其表达的方式，分析他是如何打动皇帝和贵人的。

6. 文中多次提到阴兴举荐人才，请结合具体内容进行分析。

参考答案

1. （1）主管，统领；（2）改变

2. （1）B；（2）C

3. 已故的侍中卫尉、关内侯阴兴，统领禁兵，随天子平定天下，应当以军功卓著接受封赏和爵位，同时各位舅父也应按旧例蒙受恩泽，但阴兴都坚决地推让了，他们都安居于街巷之中。

4. 夫外戚家苦不知谦退/嫁女欲配侯王/取妇眄睨公主/愚心实不安也

5. 第一次是阴兴在受封关内侯后，皇帝想要加封，阴兴认为自己没有军功，并且已经恩宠过多，坚决辞让；并以"亢龙有悔"为喻，表明皇族亲属因身份高、出身富贵而受人埋怨，隐晦地提醒贵人不要任人唯亲；第二次皇帝想让其代理大司马，阴兴叩头流涕，用"不敢""诚"等谦辞，言辞恳切。

6. 阴兴推举人才任人唯贤，不避亲不避仇。第①段中阴兴与同郡的张宗、上谷的鲜于裒不相交好，但因为他们的才能而屡次夸赞，使其显达，对于友人张汜、杜禽，却不多言语；第③段中向皇帝推荐自己并不交好的堂兄阴嵩，可见其任人唯贤。

（龚佳丽）

八 隐 逸

选文一

郑遨张荐明传

① 郑遨，字云叟，滑州白马人也。少好学，敏于文辞。唐昭宗时，举进士不中，见天下已乱，有拂衣远去之意，欲携其妻、子与俱隐，其妻不从，遨乃入少室山为道士。其妻数以书劝遨还家，辄投之于火，后闻其妻、子卒，一恸而止。遨与李振故善，振后事梁贵显，欲以禄遨，遨不顾，后振得罪南窜，遨徒步千里往省之，由是闻者益高其行。其后，遨闻华山有五粒松，脂沦入地，千岁化为药，能去三尸，因徙居华阴，欲求之。与道士李道殷、罗隐之友善，世目以为三高士。节度使刘遂凝数以宝货遗之，遨一不受。唐明宗时以左拾遗、晋高祖时以谏议大夫召之，皆不起，即赐号为逍遥先生。天福四年卒，年七十四。

② 遨之节高矣遭乱世不污于荣利至弃妻子不顾而去岂非与世自绝而笃爱其身者欤？然遨好饮酒弈棋，时时为诗章落人间，人间多写以缣素，相赠遗以为宝，至或图写其形，玩于屋壁，其迹虽远而其名愈彰。

③ 与遨同时张荐明者，燕人也。少以儒学游河朔，后去为道士，通老子、庄周之说。高祖召见，问"道家可以治国乎？"对曰："道也者，妙万物而为言，得其极者，尸居衽席之间可以治天地也。"高祖大其言，延入内殿讲《道德经》，拜以为师。荐明闻宫中奉时鼓，曰："陛下闻鼓乎？其声一而已。五音十二律，鼓无一焉，然和之者鼓也。夫一，万事之本也，能守一者可以治天下。"高祖善之，赐号通玄先生，后不知其所终。

（选自《新五代史·一行传第二十二》，有删改）

知识卡片

《新五代史》是北宋欧阳修所撰纪传体史书，属二十四史之一。原名《五代史记》，后世为区别于薛居正等官修的五代史，称为"新五代史"。记载了自后梁开平元年（907）至后周显德七年（960）共53年的历史。《新五代史》是唐宋以后唯一的一部私修正史，欧阳修文采引人入胜，在中国史学史尤其是唐宋以后史学史上具有重要地位。《一行传》是参照《后汉书·独行传》而写的合传。这类传记撷取传主的某一方面的突出表现（一行）立传，而不像对一些重要人物那样详述履历、功业。

阅读指津

阅读《新五代史·一行传》这样的史传作品，要注意应发挥读者"同情之理解"（陈寅恪语）。换言之，

阅读历史人物,不能简单地以当代人的是非观念去评判其是非功过,而应当深入到当时的历史情境之中,以一种"同情之理解"的态度去体味。郑遨、张荐明的一些行为、思想在今天的中学生看来,可能是不可理喻的,但如果置诸特定历史背景中去观照,则会弱化阅读的隔阂,当然,我们也可以目之为古人的局限性。

拓展练习

1. 请解释以下加点字的意思。
   (1) 举进士不中(　　　　)　　　　　　(2) 遨与李振故善(　　　　)
2. 结合文意,为下列句中加点词选择释义正确的一项。
   (1) 高祖大其言(　　) 　A. 认为重要　B. 超过一般　C. 以为虚夸　D. 判定严重
   (2) 其声一而已(　　) 　A. 一种　　　B. 一声　　　C. 应和　　　D. 根本
3. 第②段画波浪线部分有三处需加句读,请用"/"把这三处标识出来。
   遨之节高矣遭乱世不污于荣利至弃妻子不顾而去岂非与世自绝而笃爱其身者欤
4. 把第①段画线句翻译成现代汉语。
   其妻数以书劝遨还家,辄投之于火,后闻其妻、子卒,一恸而止。
5. 第②段写到郑遨"其名愈彰",请分析其原因。
6. 第③段写高祖夸赞张荐明以鼓声说理,可见颇有说服力,请加以分析。

参考答案

1. (1) 考取;(2) 交好
2. (1) A;(2) D
3. 遨之节高矣/遭乱世不污于荣利/至弃妻子不顾而去/岂非与世自绝而笃爱其身者欤
4. 郑遨的妻子多次写信劝说他回家,郑遨便把信扔到火堆里,后来听说他的妻儿都死了,大哭一声便停止了。
5. 郑遨通达超然,不以家人安危为累;不因老友一时显贵而趋之若鹜,也不以得罪窜逃而避若瘟神,待人始终如一;与道士友善,被尊为高士;拒绝朝廷的征召,反被赐号"逍遥先生";好饮善弈,时为诗章,广为流传。
6. 张荐明首先提出鼓声是根本的论点。虽然五音十二律中没有鼓声,但是鼓声能统一众声。由此类比掌握道便可以治国的道理。此外,张荐明因听闻宫中鼓声而就近取譬,形象生动。

选文二

顾炎武传

① 顾炎武,明诸生。见明季多故,讲求经世之学。明南都亡,奉嗣母王氏避兵常熟。昆山令杨永言起义师,炎武从之。鲁王授为兵部司务,事不克,幸而得脱,母遂不食卒,诫炎武弗事二姓。唐王以兵部职方郎召,母丧未赴,遂去家不返。炎武自负用世之略,不得一遂,所至辄小试之。垦田于山东长白山下,畜牧于山西雁门之北、五台之东,累致千金。遍历关塞,四谒孝陵①,六谒思陵②,始卜居陕之华阴。谓"秦人慕经学,重处士,持清议,实他邦所少;而华阴绾毂关河之口③,虽足不出户,亦能见天下之人,闻天下之

事。一旦有警,入山守险,不过十里之遥;若有志四方,则一出关门,亦有建瓴之便"。乃定居焉。

②尝与友人论学云:"百余年来之为学者,往往言心言性,而茫然不得其解也。命与仁,夫子所罕言;性与天道,子贡所未得闻。性命之理,著之《易传》,未尝数以语人。其答问士,则曰'行己有耻'④,其为学,则曰'好古敏求'。其告哀公明善之功,先之以博学。颜子几于圣人,犹曰'博我以文'。自曾子而下,笃实无如子夏,言仁,则曰'博学而笃志、切问而近思'。今之君子则不然,聚宾客门人数十百人,与之言心言性;舍多学而识以求一贯之方,置四海之困穷不言,而讲危微精一⑤;是必其道高于夫子,而其弟子之贤于子贡也。《孟子》一书,言心言性亦谆谆矣,乃至万章、公孙丑、陈代、陈臻、周霄、彭更之所问,与孟子之所答,常在乎出处去就辞受取与之间⑥。是故性也、命也、天也,夫子之所罕言,而今之君子之所恒言也。出处去就辞受取与之辨,孔子、孟子之所恒言,而今之君子之所罕言也。愚所谓圣人之道者如之何?曰'博学于文,行己有耻'。自一身以至于天下国家,皆学之事也。自子臣弟友以至出入往来辞受取与之间,皆有耻之事也。士而不先言耻,则为无本之人;非好古多闻,则为空虚之学。以无本之人,而讲空虚之学,吾见其日从事于圣人,而去之弥远也。"

③康熙十七年,诏举博学鸿儒科,又修《明史》,大臣争荐之,以死自誓。二十一年,卒,年七十。

(选自《清史稿·儒林列传》,有删改)

【注释】

① 孝陵:明太祖朱元璋墓。② 思陵:明毅宗朱由检墓。③ 绾毂(wǎn gǔ):控扼。关河:潼关、黄河。④ 行己有耻:语见《论语·子路》,意思是要以羞恶之心来约束自己的行为。⑤ 危微精一:语见《伪古文尚书·大禹谟》:"人心惟危,道心惟微,惟精惟微,允执厥中。"宋儒把这十六个字称为十六字心传。⑥ "乃至万章"句:万章等人都是孟子的学生,曾分别和孟子讨论出处、去就、辞受、取与之道,即处理出仕不出仕、仕于什么样的人、接不接受诸侯、大夫的爵禄和馈赠等问题的原则。

知识卡片

《清史稿》是中华民国初年由北洋政府设馆编修,记载清朝历史的纪传体历史著作。全书共有536卷,其中本纪25卷,志142卷,表53卷,列传316卷,以纪传为中心。全书包括有清一代的重要历史事件、历史人物,上起1616年清太祖努尔哈赤在赫图阿拉建国称汗,下至1912年宣统退位宣告清朝灭亡,凡296年的历史。

在中国史学史上,纪传体史书记述经师家法及其传授,始自《史记·儒林列传》。《清史稿·儒林列传》上起孙奇逢、黄宗羲、王夫之,下迄王先谦、孙诒让、郑杲,或人自一传,或数人合传,共著录清代学者324人。全传卷首序言先叙自西周以来,历代儒学传衍经过;再述清代经学勃兴,专家孤学,好古敏求,集师儒古道于一身;最后阐发立传宗旨,破除门户之见,专以记述学行为务。《儒林列传》虽有错讹、遗漏,多可商榷,但史源有自,稿出专家,实为上乘之作,于考论一代儒学源流,具有很高的参考价值。

顾炎武(1613年—1682年),明末清初思想家、学者,昆山人。居亭林镇,学者尊称亭林先生。与黄宗羲、王夫之合称"清初三先生",加上唐甄合称明末清初"四大启蒙思想家"。顾炎武论学主张"博学于文","行己有耻"。强调学以经世,自一身以至天下国家之事,都应探究原委,反对明末空谈心性的空疏学风。提出"保天下者,匹夫之贱,与有责焉耳矣"的名言,后人概括为"天下兴亡,匹夫有责"。治学注重实证,研究经学、文字音韵学、历史地理学,为清代乾嘉汉学开启先河。一生著述丰富,著有《日知录》《音学五书》《天下郡国利病书》《肇域志》《亭林诗文集》等书。

阅读指津

文学家、思想家的传记作品,有一个与政治家、军事家不同的特点,即其有关文学作品、哲学思想的内容占到整篇传记的大半甚至更多,像《史记·屈原贾生列传》就是这样。选文以顾炎武的生平事迹为经,与友人论学的内容为纬,这对阅读者的阅读能力提出更高的要求。阅读者不仅要了解顾炎武的生平,更要理解他的思想。在考查中,不论是论证分析题还是论证思路题都会涉及,不可小觑。

拓展练习

1. 请解释以下加点字的意思。

(1) 事不克(　　　　) 　　　　　　　　(2) 而去之弥远也(　　　　)

2. 结合文意,为下列句中加点词选择释义正确的一项。

(1) 置四海之困穷不言(　) 　A. 安放 　B. 搁置 　C. 设立 　D. 舍弃

(2) 诏举博学鸿儒科(　) 　A. 揭发 　B. 提出 　C. 发起 　D. 推荐

3. 第①段画线词语"经世之学"在文中是指_____。

4. 顾炎武为什么会"卜居"(以占卜选择住处)在陕西华阴?

5. 第②段中,作者是如何批判"今之学者"错误的治学之道的?

6. 顾炎武一生讲求"经世之学",当康熙皇帝请他出仕时,他却以死相拒,这么做是否矛盾?结合文章内容,谈谈你的看法。

参考答案

1. (1) 成功;(2) 更加

2. (1) B;(2) D

3. 对当时社会有益的学问。

4. 陕西人崇尚经学,敬重隐士,持论公允;华阴地理位置绝佳,能足不出户,见闻天下人事;时局如果危险,便于入山自守;如果想要建功立业,华阴具有高屋建瓴的便捷。

5. 先否定今之学者言心言性茫然无解;再引用《论语》中孔子、颜回、子夏等先贤的话,阐明儒家先贤罕言命与仁、性与天道,而言博学与有耻;以正反论证今之君子有悖于先贤之道;引用《孟子》阐明孟子与弟子关注现实问题;进一步指出孔孟先贤与今之君子的差异;最后提出自己关于经世致用的具体做法。

6. 示例:不矛盾。顾炎武一生讲求"经世之学"是通过学术研究来实践的。而他的学术研究是对学术、世道有益处的。康熙皇帝请他出仕首先是要顾炎武侍奉异主,这明显违背了顾炎武的做人信念、学术思想,所以顾炎武理所当然地以死相拒。

选文三

八大山人传

(清) 邵长蘅

① 八大山人者,故前明宗室,为诸生,世居南昌。弱冠遭变,弃家遁奉新山中,剃发为僧。不数年,竖

拂①称宗师。住山二十年,从学者常百余人。临川令胡君亦堂闻其名,延之官舍。年余,竟忽忽不自得,遂发狂疾,忽大笑、忽痛哭竟日。一夕,裂其浮屠服,焚之,走还会城。独自徜徉市肆间,常戴布帽,曳长领袍,履穿踵决,拂袖翩跹行。市中儿随观哗笑,人莫识也。其侄某识之,留止其家。久之,疾良已。

② 山人工书法,行楷学大令、鲁公②,能自成家。狂草颇怪伟。亦喜画水墨芭蕉、怪石、花竹及芦雁、汀凫,倏然无画家町畦。人得之,争藏弆以为重。饮酒不能尽二升,然喜饮。贫士或市人屠沽邀山人饮,辄往。往饮辄醉。醉后墨渖淋漓,亦不甚爱惜。<u>数往来城外僧舍雏僧争嬲③之索画至牵袂捉衿山人不拒也</u>。士友或馈遗之,亦不辞。然贵显人欲以数金易一石,不可得。或持绫绢至,直受之曰:"吾以作袜材。"以故贵显人求山人书画,乃反从贫士、山僧、屠沽儿购之。

③ 一日,忽大书"哑"字署其门,自是对人不交一言,然善笑,而喜饮益甚。或招之饮,则缩项抚掌,笑声哑哑然。又喜为藏钩拇阵之戏,赌酒胜则笑哑哑,数负则拳胜者背,笑愈哑哑不可止,醉则往往唏嘘泣下。予客南昌,雅慕山人,属北兰澹公期山人就寺相见,至日,大风雨,予意山人必不出。顷之,澹公驰寸札曰:"山人侵蚤已至。"予惊喜,趣乎筍舆,冒雨行相见,握手熟视大笑。夜宿寺中剪烛谈,山人痒不自禁,辄作手语。<u>势已,乃索笔书几上相酬答,烛见跋,不倦</u>。

④ 赞曰:世多知山人,然竟无知山人者。山人胸次,汩淳郁结,别有不能自解之故,如巨石窒泉,如湿絮之遏火,无可如何,乃忽狂忽瘖④,隐约玩世,而或者目之曰狂士、曰高人,浅之乎知山人也!哀哉!

(选自《青门集》)

【注释】

① 竖拂:原指高僧谈禅说理时竖起拂尘,用以难倒对方。② 大令、鲁公:指东晋王献之和唐朝颜真卿两位书法家。③ 嬲:纠缠。④ 瘖:同"喑",哑。

知识卡片

朱耷是明末清初画家,明朝宗室。号八大山人,又号雪个、个山、人屋、驴屋等,入清后改名道朗,字良月,号破云樵者,江西南昌人。朱耷的绘画以大笔水墨写意著称,并善于泼墨,尤以花鸟画称美于世。在创作上取法自然,笔墨简练,大气磅礴,独具新意,创造了高旷纵横的风格。由于他的特殊身世和所处的时代背景,使他的画作不能像其他画家那样直抒胸臆,而是通过他那晦涩难解的题画诗和那种怪怪奇奇的变形画来表现。比如他所画的鱼和鸟,寥寥数笔,或拉长身子,或紧缩一团,似是而非。特别是那对眼睛,有时是个椭圆形,都不是我们生活中所看到的鱼、鸟的眼睛,生活中鱼、鸟的眼睛都是圆圆的,眼珠子在中央也不会转动。朱耷的鱼、鸟的眼珠子都能转动,有时还会翻白眼瞪人。

阅读指津

私人传记与官修史传不论是在阅读对象,还是写作方法以及语言特点上都是不同的。私人传记一般是写作者受人所托或回忆追录某位与之曾有交往的人而作,事件往往来自亲身经历,聚焦具体而微的事,关注细节描写,主观感情色彩强烈。官修史传则不是为了个人,而是为了国家记录文献,事件可信度高,往往相对抽象,无法关注细节,更像年谱长编,写作者对传主的主观感情色彩也不那么强烈。关于朱耷,这里选取了同时代人邵长蘅的私人传记,并在题目中结合官修史书《清史稿》朱耷的本传,虽然未对两种文体的各方面异同作考查,但做了初步的启发和引导。

拓展练习

1. 请解释以下加点字的意思。
   (1) 忽大笑、忽痛哭竟日（　　　）　　　　(2) 属北兰澹公期山人就寺相见（　　　）

2. 结合文意，为下列句中加点词选择释义正确的一项。
   (1) 倏然无画家町畦（　）　A. 田界　　B. 约束　　C. 威仪　　D. 田地
   (2) 忽大书"哑"字署其门（　）　A. 布置　　B. 委任　　C. 标记　　D. 题字

3. 第②段画波浪线部分有三处需加句读，请用"/"把这三处标识出来。
   数 往 来 城 外 僧 舍 虽 僧 争 嬲 之 索 画 至 牵 袂 捉 衿 山 人 不 拒 也

4. 把第③段画线句翻译成现代汉语。
   势已，乃索笔书几上相酬答，烛见跋，不倦。

5. 据《清史稿》记载："崇祯甲申（明亡）后，（朱耷）号八大山人，尝为僧。其书画题款'八大'二字每联缀，'山人'二字亦然，类'哭'类'笑'，意盖有在。"结合上文，分析"意盖有在"之"意"的内涵。

参考答案

1. (1) 整日；(2) 前往

2. (1) B；(2) D

3. 数往来城外僧舍/虽僧争嬲之索画/至牵袂捉衿/山人不拒也

4. 我们的手语谈话结束，山人竟然要找笔在桌上写字来回答我，直到蜡烛燃尽露出烛根，我们也不知疲倦。

5. 第①段"临川令胡君亦堂闻其名，延之官舍。年余，竟忽忽不自得，遂发狂疾，忽大笑、忽痛哭竟日"交代了朱耷"狂疾"发作是由于在"临川官舍"中"忽忽不自得"造成的，这表明朱耷在性格或行事上与世俗或官府格格不入，无法协调，这是"八大山人"哭笑不得之"意"的一方面体现；此外，第①段关于朱耷作为"故前明宗室"和"弱冠遭变"的生平介绍，以及《清史稿》中"崇祯甲申（明亡）"的时代介绍，也交代了朱耷哭笑不得之"意"体现在时代巨变下个人命运无可奈何的痛苦与虚无之感。

（周佳俊）

论说文言文

一　杂　记

选文一

大雅堂记

（宋）黄庭坚

① 丹棱杨素翁，英伟人也。其在州闾乡党有侠气，不少假借人，然以礼义，不以财力称长雄也。闻余欲尽书杜子美两川夔峡诸诗，刻石藏于蜀中好文喜事之家，素翁粲然①，向余请从事焉。又欲作高屋广楹庥②此石，因请名□。余名之曰大雅堂，而告之曰：

② 由杜子美以来四百余年，斯文委地，文章之士随世所能，杰出时辈未有升子美之堂者，况室家之好耶！余尝欲随欣然会意处，笺以数语，终以汩没③世俗，初不暇给。虽然，子美诗妙处乃在无意为文，夫无意而意已至，非广之以《国风》《雅》《颂》深之以《离骚》《九歌》，安能咀嚼其意味，闯然而入其门耶？故使后生辈自求之，则得之深矣；使后之登大雅堂者，能以余说而求之，则思过半矣。彼喜穿凿者，弃其大旨，取其发兴于所遇林泉、人物、草木、鱼虫，以为物物皆有所托，如世间商度④隐语者，则子美之诗委地矣。素翁可并刻此于大雅堂中。后生可畏，安知无涣然冰释于斯文者乎！

③ 元符三年九月涪翁书。

（选自黄宝华选注《黄庭坚选集》，上海古籍出版社2016年版）

【注释】

① 粲然：笑容灿烂貌。② 庥：庇荫、保护。③ 汩没：本义是"沉浮"，引申为"沉湎"。④ 商度：宋时口语，相当于"揣度""揣测"。

知识卡片

黄庭坚（1045年—1105年），字鲁直，号山谷道人、涪翁，北宋著名文学家、书法家、江西诗派开山之祖。黄庭坚在诗、词、散文、书、画等方面取得很高成就。黄庭坚与张耒、晁补之、秦观都游学于苏轼门下，合称为"苏门四学士"。黄庭坚的诗，被苏轼称为"山谷体"。黄庭坚的书法独树一格，自成一家，他和北宋书法家苏轼、米芾和蔡襄齐名，世称为"宋四家"。在文学界，黄庭坚生前与苏轼齐名，世称"苏黄"。作品有《山谷词》《豫章黄先生文集》等。

阅读指津

据史料记载,宋朝被封为"朝散大夫"的杨素为了提升自己家乡人的文化品位,希望在北宋巴蜀诗坛大力弘扬杜甫雅正的诗风,因此萌发了在自己的家乡修建一座有代表性的建筑的念头。

巧合的是,杨素的想法与作为江西诗派领袖的黄庭坚不谋而合。为此,杨素特意邀请黄庭坚手书杜甫两川夔峡的诗作,并且请来能工巧匠,让他们不遗余力地刻碑三百余方,并在丹棱城南修建标志性建筑,用来珍藏所刻诗石。这座建筑于元符三年(1100)九月九日竣工,黄庭坚亲自将之命名为"大雅堂",并为此特意撰写《大雅堂记》一文,重点不在于记叙大雅堂的建造过程,而在于阐述作者对杜甫诗歌的了解和认识,这也是作者所开创的"江西诗派"的创作主张。

拓展练习

1. 第①段方框处应填入的虚词为(　　)

　A. 焉　　　　　B. 哉　　　　　C. 者　　　　　D. 矣

2. 概括本文的写作意图。

3. 小明参观"大雅堂",在石碑中发现《客至》一诗,体会到黄庭坚对杜甫诗的评价"子美诗妙处乃在无意为文,夫无意而意已至"非常精准,请你代他写一段对这首诗的短评。

【附】

客　至

(唐) 杜　甫

舍南舍北皆春水,但见群鸥日日来。
花径不曾缘客扫,蓬门今始为君开。
盘飧市远无兼味,樽酒家贫只旧醅。
肯与邻翁相对饮,隔篱呼取尽余杯。

参考答案

1. A

2. 示例:①"大雅"是黄庭坚对杜甫诗歌精神的概括:杜诗的好处不在于文字与声律,而在于内在情感与精神的表达顺其自然,随心所欲,这就是"大雅"。② 指点青年学子进入到诗歌创作的正确门径:只有广泛涉猎、深入领悟《诗经》《离骚》这样的作品,才能领略杜诗的"大旨",登上"大雅堂"。

3. 示例:此诗前两句描写居处的景色,清丽疏淡,与山水鸥鸟为伍,显出与世相隔的心境;后六句写有客来访的欣喜以及诚恳待客,呼唤邻翁对饮的场景。全诗自然浑成,把居处景、家常话、故人情等富有情趣的生活场景刻画得细腻逼真,流露诗人诚朴恬淡的情怀和好客的心境。

选文二

市隐斋记

（金）元好问

① 吾友李生为予言："予游长安,舍于娄公所。娄,隐者也,居长安市三十年矣。家有小斋,号曰市隐,往来大夫士多为之赋诗,□欲得君作记。君其以我故为之。"

② 予曰："若知隐乎? 夫隐,自闭之义也。古之人隐于农、于工、于商、于医卜、于屠钓,至于博徒、卖浆、抱关吏、酒家保,无乎不在,非特深山之中,蓬蒿之下,然后为隐。前人所以有大小隐之辨者,谓初机之士,信道未笃,不见可欲,使心不乱,故以山林为小隐;能定能应,不为物诱,出处一致,喧寂两忘,故以朝市为大隐耳。以予观之,小隐于山林,则容或有之,而在朝市者未必皆大隐也。自山人索高价之后,欺松桂而诱云壑者多矣,况朝市乎? 今夫干没氏①之属,胁肩以入市,叠足以登垄断,利嘴长距,争捷求售,以与佣儿贩夫血战于锥刀②之下,悬羊头,卖狗脯,盗跖行,伯夷语,曰'我隐者也'而可乎? 敢问娄之所以隐奈何?"

③ 曰："鬻书以为食,取足而已,不害其为廉;以诗酒游诸公间,取和而已,不害其为高。夫廉与高,固古人所以隐也,子何疑焉?"

④ 予曰："予得之矣,予为子记之。虽然,予于此犹有未满焉者。请以韩伯休之事终其说。伯休卖药都市,药不二价,一女子买药,伯休执价不移。女子怒曰:'子韩伯休邪? 何乃不二价?'乃叹曰:'我本逃名,乃今为儿女子所知!'弃药径去,终身不返。夫娄公固隐者也,而自闭之义,无乃与伯休异乎? 言,身之文也,身将隐,焉用文之? 是求显也。奚以此为哉? 予意大夫士之爱公者强为之名耳,非公意也。君归,试以吾言问之。"

⑤ 贞祐丙子十二月日,河东元某记。

【注释】

① 干没氏：指投机牟利的人。② 锥刀：比喻微末的小利。

 知识卡片

元好问(1190年—1257年),字裕之,号遗山,世称遗山先生。太原秀容(今山西忻州)人。金朝末年至大蒙古国时期文学家、历史学家。元好问是宋金对峙时期北方文学的主要代表、文坛盟主,又是金元之际在文学上承前启后的桥梁,被尊为"北方文雄""一代文宗"。他擅作诗、文、词、曲。其中以诗作成就最高,其"丧乱诗"尤为有名;其词为金代一朝之冠,可与两宋名家媲美;其散曲虽传世不多,但当时影响很大,有倡导之功。有《元遗山先生全集》《中州集》等作品传世。

阅读指津

一篇"记"文通常会记叙斋名之由来,或其所处之环境、条件,或赞美其斋主隐居乐道之美德等等。然而元好问的这篇《市隐斋记》却采取了不同一般的写法。文章集中笔墨论隐居之义,围绕着对隐居之义的正反两方面的阐述而组织全文。乍看起来,文章不符合"记"的体例而更近似于"论",但这也正是作者的匠心独运之处,体现了杂记类散文"形散而神不散"的特点。

1. 第①段方框处应填入的人称代词是（　　）
A. 而　　　　　　B. 乃　　　　　　C. 渠　　　　　　D. 余
2. 梳理第②段的行文思路。
3. 第②段划线句对"干没氏"的描写生动形象，请结合内容加以赏析。
4. 第④段举"韩伯休之事"用意何在？请结合内容具体分析。
5. 有人评价此文"虽是应酬文字，却不作违心之谈；有所讥讽，亦不大声色"。你是否同意这种观点？请加以具体分析。

1. C

2. 首先，作者先为隐居下了定义：隐，自闭之义也。并以此为标准，指出只要符合此标准，隐于各行各业都可以，不必一定在深山老林之中。然后辨析古人"大隐""小隐"的实质。由于隐逸一直被视为高尚的行为，因而为许多人效仿，投机牟利的假隐士也不乏其人，作者笔锋一转，对这一现象大加批驳，表达出强烈的深恶痛绝。最后，作者以"敢问娄之所以隐奈何？"一问，揭穿了娄公行为的矛盾之处。整段先从正面立论，再对现象加以批驳，逻辑严谨，很有说服力。

3. 示例：一系列的动作描写，如胁肩（缩敛肩膀）、叠足（跷着脚）、利嘴长距（张开利嘴、伸出长爪）；场面描写：以与佣儿贩夫血战于锥刀之下（为了一点微末小利和奴仆、贩夫争得头破血流）；语言描写：悬羊头，卖狗脯，盗跖行，伯夷语，曰'我隐者也'等，将这种投机牟利的假隐士们口是心非、欺世盗名的虚伪卑劣的嘴脸刻画得栩栩如生，如在目前。

4. 用汉代韩伯休以不能逃名为耻一事，举例论证"真正的隐是不应当求名的"这个要害问题，一方面是对上一层论证的补充，另一方面也是解答李生的困惑：娄公的行为并不失古之隐者之道，作者为什么要有所怀疑？从而揭穿了娄公行为的矛盾之处，揭开了他的虚伪面纱。论证结构更圆满，论证更有力量。

5. 示例："虽是应酬文字，却不作违心之谈"是指此文虽为应朋友之邀而作，却无客套之词，说理真诚，情感真挚。如按照文体格式，这篇文章应继续"市隐斋"得名之由来，或其所处之环境，或赞美斋主隐居乐道之美德等，但作者却站在客观的角度，集中笔墨从正反两方面论隐居之义，义正词严，很有说服力。"有所讥讽，亦不大声色"是指此文虽对世风有所批评，却也委婉含蓄，体现了"温柔敦厚"的文风。如第②段对"干没氏"的一段描写，生动形象地描绘出当时社会上沽名钓誉、欺世盗名之人的嘴脸，轻松幽默之中表达自己对这一现象的鄙视。文章对娄公也进行了委婉的讽刺，娄公小斋虽称"市隐"，然其主人却怀显达之心，作者并不直言，而是以"敢问娄之所以隐奈何""试以吾言问之"等问句委婉地表达自己的质疑。作者还以"予意大夫士之爱公者强为之名耳，非公意也"一句托词，为娄公留下回旋的余地。

燕喜亭记

（唐）韩　愈

① 太原王弘中①在连州，与学佛人景常、元慧游。异日，从二人者行于其居之后，丘荒之间，上高而

望,得异处焉。斩茅而嘉树列,发石而清泉激,辇粪壤,燔榛翳。却立而视之:出者突然成丘,陷者呀然②成谷,注者为池而缺者为洞,若有鬼神异物阴来相之。自是,弘中与二人者晨往而夕忘归焉,□立屋以避风雨寒暑。

② 既成,愈请名之,其丘曰"竢③德之丘",_____,有竢之道也;其石谷曰"谦受之谷",瀑曰"振鹭之瀑",_____;其土谷曰"黄金之谷",瀑曰"秩秩之瀑",_____;洞曰"寒居之洞",_____;池曰"君子之池",_____;泉之源曰"天泽之泉",_____;合而名之以屋曰"燕喜之亭",取《诗》所谓"鲁侯燕喜"者颂也。

③ 于是州民之老,闻而相与观焉,曰:"吾州之山水名天下,然而无与'燕喜'者比。经营于其侧者相接也,而莫直其地。"凡天作而地藏之以遗其人乎?弘中自吏部郎贬秩而来,次其道途所经,自蓝田入商洛,涉湍、湍,临汉水,升岘首以望方城;出荆门,下岷江,过洞庭,上湘水,行衡山之下;繇郴逾岭,蝯狖所家,鱼龙所宫,极幽遐瑰诡之观,宜其于山水饫④闻而厌见也。今其意乃若不足。传曰:"智者乐水,仁者乐山。"弘中之德,与其所好,可谓协矣。智以谋之,仁以居之,吾知其去是而羽仪⑤于天朝也不远矣。遂刻石以记。

(选自刘真伦、岳珍校注《韩愈文集汇校笺注》(第一册),中华书局2010年版)

【注释】

① 王弘中,即王仲舒,此时从吏部员外郎贬为连州司户参军。② 呀然:裂开的样子。③ 竢,同"俟",等待。④ 饫(yù):饱。⑤ 羽仪:比喻被人尊重,可作为表率。

知识卡片

韩愈(768年—824年),字退之,河阳(今河南晋孟县)人,唐代文学家、哲学家。自谓郡望昌黎,世称"韩昌黎"。贞元年间进士。任刑部侍郎时,曾因上疏谏迎佛骨触怒宪宗,被贬为潮州刺史。后官至吏部侍郎,人称"韩吏部"。卒谥文,又有"韩文公"之称。

韩愈大力提倡儒学,以继承儒家道统自任,开宋明理学家之先声。在文学上,韩愈反对骈文,倡导散文,是唐代古文运动的主要领导人,被列为"唐宋八大家"之首。其文雄奇奔放又曲折变化,其诗常"以文为诗",追求奇险。于山水旅游诗,则另创一派,扩大了创作领域,对后世影响深远。有《韩昌黎集》。

阅读指津

唐德宗贞元十九年(803),王弘中从吏部员外郎贬为连州司户参军。作者与他交往多年,两度为其下属,对他怀敬仰之情,交谊深厚。此时两人同贬于一地(阳山为连州属邑),作者就在阳城为他写了这篇散文。在这篇记中,韩愈记述了燕喜亭周围景物的发现、营造过程以及各景观的命名,步步记来,丝丝入扣,又层层映衬主人君子之德。全文骈散结合,长短参差,善用排比,气势雄浑,可以领略到韩愈散文的另一番天地,与柳宗元的山水游记可以说是珠联璧合。

拓展练习

1. 第①段方框处应填入的虚词为( )

A. 则　　　　　B. 乃　　　　　C. 而　　　　　D. 然

2. 在第②段空格处依次填入下列句子,顺序正确的一项是( )

① 谷言德,瀑言容也;② 谷言容,瀑言德也;③ 蔽于古而显于今;④ 虚以钟其美,盈以出其恶也;⑤ 志其入时也;⑥ 出高而施下也

A. ③①②⑤④⑥   B. ⑤①②⑥③④
C. ⑥②①③④⑤   D. ③②①⑤⑥④

3. 对"经营于其侧者相接也,而莫直其地"一句理解正确的是(   )

A. 在它旁边经营房屋的人接连不断,但没有人到过这块地方。
B. 在它旁边经营房屋的人接连不断,但没有人认识到这块地方的价值。
C. 在它附近经营农业的人接连不断,但没有人到过这块地方。
D. 在它附近经营农业的人接连不断,但没有人认识到这块地方的价值。

4. 赏析第③段划线句中动词的表达效果。

5. 本文以"喜"字结构全文,请结合具体内容分析这种构思的巧妙之处。

参考答案

1. B
2. C
3. B

4. 示例:作者一口气连用"入""涉""临""升""出""下""过""上""行""逾""极"等一系列动词,无一重复,将"弘中自吏部郎贬秩而来,次其道途所经"的山山水水一气列出,既写出弘中一路之上对那些深远、奇伟、怪异的景象,浏览无余,对山光水色,已经听足看饱的丰富经历,又使文章摇曳生姿,灵动活泼。

5. 示例:文章结构严密,丝丝入扣,整篇文章贯穿着一个"喜"字。先是燕喜亭被发现、建设的欣喜与全文相终始。后写作者为燕喜亭的景物命名之喜。再写连州的父老乡亲额手称庆之喜。还写弘中虽贬职到此,却在燕喜亭收获了愉悦和满足。最后写弘中的道德与爱好协和一致,作者预祝他将被朝廷擢拔重用,表率群伦,堪称楷模。"喜"都是因为发现了隐藏着的一个不同寻常的地方,"喜"中隐含着"藏"字,二者相辅相承。

选文四

高思诚咏白堂记

(金) 王若虚

① 有所慕于人者,必有所悦乎其事也。或取其性情德行才能技艺之所长,与夫衣服仪度之如何,以想见其仿佛;甚者,至有易名变姓以自比而同之。此其嗜好趋向,自有合焉而不夺也。

② 吾友高君思诚,茸其所居之堂以为读书之所,择乐天绝句之诗,列之壁间,而榜以"咏白"。盖将日玩诸其目而讽诵诸其口也。

③ 一日,见告曰:"吾平生深慕乐天之为人,而尤爱其诗,故以是云,何如?"

④ 予曰:"人物如乐天,吾复何议?子能于是而存心,其嗜好趋向,亦岂不佳?然慕之者欲其学之,而学之者欲其似之也。慕焉而不学,学焉而不似,亦何取乎其人耶?盖乐天之为人,冲和静退,达理而任命,

不为荣喜,不为穷忧,所谓无入而不自得者。(甲)今子方皇皇干禄之计,求进甚急,而得丧之念,交战于胸中,是未可以乐天论也。乐天之诗,坦白平易,直以写自然之趣,合乎天造,厌乎人意,而不为奇诡以骇末俗之耳目。(乙)子则雕镂粉饰,未免有侈心而驰骋乎其外,是又未可以乐天论也。虽然,其所慕在此者,其所归必在此。子以少年豪迈,如川之方增,而未有涯涘,则其势固有不得不然者,若其加之岁年而博以学,至于心平气定,尽天下之变,而返乎自得之场,则乐天之妙,□□其可同矣。姑俟他日复为子一观而评之。"

知识卡片

王若虚(1174年—1243年),金代文学家,字从之,号慵夫,入元自称滹南遗老。藁城(今属河北石家庄)人,官翰林直学士,金亡不仕。论文主张辞达理顺,论诗提倡晓畅自然的风格,主张写"哀乐之真",反对模拟雕琢,推崇白居易、苏轼。他的观点集中反映在其《诗话》《文辨》著述中。他反对文章一味追求古意,认为"古今互有短长""文章求真是而已"。

阅读指津

作者在诗文创作上极为推崇白居易,他的青年朋友高思诚因同样仰慕白居易的为人和诗文,而将"咏白"作为自己的居所之名,并得意洋洋地告知作者。岂料作者不仅没有像常规"记"体文一般对高思诚的所作所为大肆赞美一番,反而结合自己对白居易和高思诚双方的认识,针对"偶像"的问题发表了一番切中肯綮、鞭辟入里的见解。读罢此文,我们不能不感受到作者真诚坦率的"真"性情。这篇文章正是作者"哀乐之真,发乎性情,此诗之正理也"这一文学主张的成功实践。

拓展练习

1. 第④段方框处应填入的虚词为( )

A. 而后   B. 庶乎   C. 若此   D. 无乃

2. 下列对文章内容理解不正确的一项是( )

A. 第①段列举了仰慕他人的种种表现及其合理性,作者等而下之的安排为:人格品行、技艺所长、服饰仪度、名姓。

B. 高思诚告诉作者自己不仅仰慕白居易的为人,更喜爱白居易的诗,并以此而感到得意。

C. 作者却认为高思诚与白居易差距过大,仰慕白居易有"挂羊头卖狗肉"、附庸风雅之嫌。

D. 这篇文章的特点是坦诚直露,没有丝毫的虚假客套,体现了作者"文章唯求真而已"的创作理念。

3. 有人认为,第④段画线句(甲)(乙)两句话对高思诚的批评过于直白,令人难以接受,不符合人际交往的原则。对此,你有何看法?

4. 作者认为,对于自己所仰慕的人应持"然慕之者欲其学之,而学之者欲其似之也"的态度,对此,你有怎样的认识?

1. B

2. C

3. 示例：① 确实有悖于交际原则。作者直言不讳地指出高思诚为人整天想着升官发财，写诗矫揉造作的毛病，一点不留情面，令人难以接受。而且高思诚因仰慕白居易而将所居之堂命名为"咏白堂"，并向作者请教，作者如此不留情面，容易打击青年人求学的积极性。② 虽然作者直言不讳地指出高思诚为人整天想着升官发财，写诗矫揉造作的毛病，但作者的意图在于：通过比较，让高思诚认识到自己与白居易之间的差距，而只有做到放旷通达、知天任命，才能摒弃杂念而自然为人，抛却做作而自然为诗，这才是对高思诚真正有益的指导。而且，作者对高思诚也有颇多鼓励、期待之词。

4. 示例：作者认为，有了榜样就要去学，学了还要像才行。我以为这个观点是很有启发性的。在现实生活中，很多人仰慕榜样仅仅是停留在仰慕的层面上，不会主动学习榜样身上的优点，进而使自己更完美，这就失去了榜样的价值。有的人学习榜样身上的优点，但学不到位，也没有实现榜样的价值。作者的观点恰恰说到了学习榜样真正的意义所在。

(陶雨婷)

二 书 信

选文一

献秦昭王书

（战国）范　雎

① 范子因王稽入秦，献书昭王曰："臣闻明主莅正①，有功不得不赏，有能者不得不官；劳大者其禄厚，功多者其爵尊，能治众者其官大。故不能者不敢当其职焉，能者亦不得蔽隐②。使以臣之言为可，则行而益利其道；若将弗行，则久留臣无为也。

② 语曰："人主赏所爱，而罚所恶。明主□不然，赏必加于有功，刑必断于有罪。"今臣之胸不足以当椹质③，要不足以待斧钺，岂敢以疑事尝试于王乎？虽以臣为贱而轻辱臣，独不重任臣者之无反复于王前耶？

③ 臣闻周有砥厄，宋有结绿，梁有悬黎，楚有和璞。此四宝者，工之所失也，而为天下名器。然则圣王之所弃者，独不足以厚国家乎？臣闻善厚家者，取之于国；善厚国者，取之于诸侯。天下有明主，则诸侯不得擅厚矣。是何故也？为其凋荣也。良医知病人之死生，圣主明于成败之事，利则行之，害则舍之，疑则少尝之，虽尧、舜、禹、汤复生，弗能改已！

④ 语之至者，臣不敢载之于书；其浅者又不足听也。意者，臣愚而不阖于王心耶！抑其言臣者，将贱而不足听耶！非若是也，则臣之志，愿少赐游观之间，望见足下而入之。"

⑤ 书上，秦王说之，因谢王稽，使人持车召之。

【注释】
① 莅正：执政。② 蔽隐：埋没。③ 当椹质：用作砧板。

知识卡片

《献秦昭王书》是战国时期范雎的一篇书信。同时也是范雎向秦昭王写的一封自荐信。信中先谈论治国的一般道理，再谈人才对国家的重要性，最后表明自己是真心献计，委婉地要求秦昭王接见。文章思想内容鲜明，语言绮丽华茂。颇有战国时期呈现诸侯公文的特色。文章虽是请求秦昭王召见和任用自己的书信，但是信中所提出的思想观点鲜明，说理清晰，比喻恰当，逻辑性严密，说服力强。

阅读指津

这是一封自我荐举的上书。当秦使者王稽把范雎介绍给秦昭王时，并没有引起秦昭王的特别重视，

昭王没有立即召见他。而当时执政的穰侯、华阳君等权贵,为了固宠自保,当然也不可能重用他。在此种困难情况下,范雎毅然决然写了这封上书向秦昭王毛遂自荐。秦昭王读后大悦,果然立即召见了他,经过一番促膝长谈,遂有相见恨晚之感,终于拜范雎为相。

这封信最大的成功之处就是抓住时机,直陈利害。以范雎当时的身份和地位,贸然写这样的信是要担一定风险的,但范雎善于审时度势,十分委婉地批评和暗示秦昭王,既迫使昭王接受了他的主张,又不会为自己招来大祸。通篇虽然语言谦恭,但却显得信心十足,不卑不亢,让人觉得无论地位如何,总不失一个有志之士的品格和心胸,使人油然而生敬意。

拓展练习

1. 可填入第②段方框处的一项是(　　)
   A. 则　　　　　　　B. 盖　　　　　　　C. 之　　　　　　　D. 也
2. 在第①段中,范雎对于明主的特征描述,不正确的一项是(　　)
   A. 有功者赏赐,有能者授官;功劳大者禄厚爵尊,能治众者其官大。
   B. 赏赐必须加在有功劳的人身上,刑罚必须建立在确定有罪的基础上。
   C. 舍弃砥厄,结绿,悬黎,和璞此四宝是为了说明人才能够得到明主的重用。
   D. 明主不会让诸侯独揽利益得到人才,因为他们会分享君王的荣耀形成竞争。
3. 范雎在信中说:"其浅者又不足听也;抑其言臣者,将贱而不足听耶?"又说:"语之至者,臣不敢载之于书。"请推断他究竟想当面和秦王说什么话?
4. 本文思想观点鲜明,说理清晰,请结合第③段分析其写作手法。

参考答案

1. A
2. C

3. 示例:针对秦国当时执政的穰侯、华阳君等权贵,他们为了保证自己的既得利益,当然也不可能重用范雎。在此种难以施展才华的情况下,范雎毅然决然写了这封上书向秦昭王毛遂自荐,并且点明利害关系,使秦王能够收回权力,摒弃权贵擅权架空王权。

4. 示例:书信中运用了对比、比喻、排比等手法。如明主施政不同于庸主施政的对比,"语之至者,臣不敢载之于书"与"其浅者又不足听也"的对比等;至于比喻,如用周、宋、梁、楚四国所有之宝虽然未被良工赏识,但依然是天下异宝这一现象,来比喻被国君所忽视的有才能的人,依然会对国家发挥自己的才能并有所贡献,又如以"良医知病人之死生"来比喻"圣主明于成败之事",更加贴切形象。

选文二

与曹公论盛孝章书

(东汉)孔　融

① 岁月不居①,时节②如流。五十之年,忽焉③已至。公为始满,融又过二。海内知识④,零落殆尽,惟会稽盛孝章尚存。其人困于孙氏,妻孥湮没,单孑独立,孤危愁苦。若使忧能伤人,此子不得复永年矣!

②《春秋传》曰:"诸侯有相灭亡者,桓公不能救,则桓公耻之。"今孝章,实丈夫之雄也,天下谭士,依以扬声,而身不免于幽絷,命不期于旦夕,是吾祖不当复论损益之友,而朱穆所以绝交也。公诚能驰一介之使,加咫尺之书,则孝章可致,友道⑤可弘□。

③ 今之少年,喜谤前辈,或能讥评孝章。孝章要为有天下大名,九牧之人,所共称叹。燕君市骏马之骨,非欲以骋道里⑥,乃当以招绝足⑦也。惟公匡复汉室,宗社将绝,又能正之。正之之术,实须得贤。珠玉无胫而自至者,以人好之也,况贤者之有足乎!昭王筑台,以尊郭隗,隗虽小才,而逢大遇,竟能发明主之至心,故乐毅自魏往,剧辛自赵往,邹衍自齐往。向使郭隗倒悬而王不解,临溺而王不拯,则士亦将高翔远引,莫有北首燕路者矣。凡所称引,自公所知,而复有云者,欲公崇笃斯义也。因表,不悉。

【注释】

① 不居:不停留。② 时节:时光。③ 忽焉:快速的样子。④ 知识:相识的人,朋友。⑤ 友道:朋友交往的准则。⑥ 道里:道路,路途。⑦ 绝足:奔驰神速之足。比喻千里马。

知识卡片

《论盛孝章书》是东汉末文学家孔融写给曹操的一封信。在信中,孔融叙述了好友士盛孝章的危困处境,呼吁曹操对他加以救助。信中引经据典,讲说道理,举了燕昭王招贤纳士的例子。把救助朋友与招揽贤才自然巧妙地结合起来。全文感情真挚,语言恳切,词意委婉动人,十分感人。

阅读指津

这是孔融写给曹操的一封求救信,书信虽有求于曹操,却无卑躬折节之语,而有从容不迫之色。文中从交友之道和为国求贤两个方面展开论述,以情感人,以理服人,以利引人,写得不卑不亢,恳切委婉,生动具体,富有极大的感染力与说服力。孔融与孝章友善,知道他处境危急,所以特地写了这封信,向当时任司空兼车骑将军的曹操求援。曹操看信后,即征孝章为都尉。然而征命未至,孝章已经为孙权所害。孔融与曹操的关系可以说是始合终离的。开始,曹操拥戴献帝,定都许昌,邀请名流,并不断取得军事上的胜利。孔融以为曹操可以辅佐皇帝,振兴汉室。他在此期间,对曹操寄予希望,有所赞扬,并常常推荐人才。后来,曹操专权之势严重,代汉之心明显,这自然使儒家正统人物孔融不能容忍。

拓展练习

1. 可填入第②段方框处的一项是(　　)

A. 者　　　　B. 矣　　　　C. 则　　　　D. 也

2. 对于第②段引用《春秋传》的作用,分析不正确的一项是(　　)

A. 表达出读对于曹操寄予希望,尤其是对曹操常常推荐人才的做法加以赞扬。

B. 以齐桓公为例,希望曹操能够关键时刻施以援手,不要袖手旁观。

C. 劝勉曹操派一位使者,援救盛孝章于危难处境,从而弘扬朋友之道。

D. 引经据典,表现出孔融有求于曹操,有屈身己下之意,意在急于救助友人。

3. 第③段举"乐毅自魏往,剧辛自赵往,邹衍自齐往"的例子想说明什么道理?

4. 孔融从哪两个方面进行论述来说服曹操救助好友士盛孝章于危困处境的?

参考答案

1. B

2. D

3. 示例：叙述了好友士盛孝章的危困处境，呼吁曹操对他加以救助。信中引经据典，讲说道理，举了燕昭王招贤纳士的例子，把救助朋友与招揽贤才自然巧妙地结合起来。

4. 示例：文中从交友之道和为国求贤两个方面展开论述，以情感人，以理服人，以利引人，写得不卑不亢，恳切委婉，具体生动，富有极大的感染力与说服力。

选文三

与博昌①父老书

（唐）骆宾王

① 某月日，骆宾王谨致书於博昌父老：

② 承并无恙，幸甚幸甚。云雨俄别②，风壤异乡。春渚青山，载劳延想；秋天白露，几变光阴。古人云，别易会难，不其然也！

③ 自解携襟袖，一十五年。交臂存亡，略无半在③。张学士④溘从朝露，辟闾公倏掩夜台。故吏门人，多游蒿里⑤；耆年宿德，但见松丘。呜呼！泉壤⑥殊途，幽明永隔⑦。人理危促⑧，天道奚言？感今怀旧，不觉涕之无从□。况过隙不留，藏舟难固⑨。追惟浮生几何？哀缘物兴，事因情感。虽蒙庄一指⑩，殆先觉于劳生；秦佚⑪三号，讵⑫忘情于恒化？噎其泣矣，尚何云哉？

④ 又闻移县就乐安故城。廨宇邑居，咸徙其地；闾里阡陌，徒有其名。荒径三秋，蔓草滋于旧馆；颓墉四望，拱木多于故人。嗟乎！仙鹤来归，辽东之城郭犹是；灵乌代谢，汉南之陵谷已非。

⑤ 昔吾先君，出宰斯邑，清芬虽远，遗爱犹存。延首城池，何心天地？虽则山河四塞，是称无棣之墟；松槚千秋，有切维桑之里。故每怀凤昔，尚想经过。于役不遑，言徒拥。

⑥ 今西成有岁⑬，东户无为⑭。野老清谈，怡然自得；田家浊酒，乐以忘忧。故可洽赏当年，相欢卒岁，宁复惠旧好，追思昔游。所恨跂予望之，经途密迩。仁中衢而空辔，巾下泽而莫因。风月虚心，形留神往；山川在目，室迩人遐。以此怀劳，增其叹息。情不遗旧，书何尽言？

【注释】

① 博昌：旧县名，属青州，故址在今山东省博兴县南二十里。② 云雨俄别：喻天壤之别，十分遥远。③ 略无半在：大概活在世上的已不足一半。④ 张学士：博昌的乡绅。⑤ 多游蒿里：大多已经逝去。蒿里：古代茔墓之所。⑥ 泉壤：阴间阳世。⑦ 幽明永隔：死人与活人永远也不能再见。⑧ 人理危促：人生十分短促。⑨ 藏舟难固：人的生死存亡难以自主，如同把船隐藏起来。⑩ 蒙庄一指：庄子把天地间一切动静之物看做是一根手指。蒙庄：指春秋时期的哲学家庄子，他曾担任过蒙漆园吏，故称蒙庄。⑪ 秦佚：又叫秦失，《庄子》中提到的人物，是老子的朋友。⑫ 讵：岂能。⑬ 西成有岁：秋天的收成甚好。⑭ 东户无为：盛世太平，百姓路不拾遗。

知识卡片

《与博昌父老书》是唐朝诗人骆宾王写给博昌父老乡亲的书信。骆宾王的父亲曾为博昌县令,深得当地百姓的敬重。骆宾王早年也随父在博昌生活多年,视这里为自己的第二故乡。作者在信中怀人叙旧,感时叹逝,抒发了风物不殊而人事皆非的感慨。文章以骈偶为体式,对仗工整,铺张有序,节奏富于变化,用典自然妥帖,情怀真挚,语极恳切。

阅读指津

《与博昌父老书》从开首的"某月日"至"不其然也",是书信中常用的礼貌语言及热情问候之类的话,言词和婉,入情入理,充满了对往事深情的怀念和对长辈们的敬仰之情。从整体而言,这封书信的主体意识是怀旧言情。作者从"自解携襟袖"至"愿言徒拥"等自然小段中,总是怀着浓重的感伤情调追忆往事游踪,抒发别后深沉的怀念之情,触发世事沧桑的感慨。特别是缅怀"一十五年"前的旧友——"张学士瀣从朝露,辟闻公倏掩夜台"。此外,其他"故吏门人","耆年宿德黔者",而今"多游蒿里","但见松丘"了。这里的"朝露""夜台""蒿里""松丘"等,均指死亡与坟墓。由此,进而又生发出对人生短暂的哀叹。从"蒙庄一指"至"讵忘情于怛化"的典故运用中,更可以看出作者对死者所怀有的真挚感情。"老聃死,秦佚吊之,三号而出。"这是作者借生者吊念死者的痛苦心情来表达自己的哀思。总之,上述往事与典故运用,必将引起父老们的追忆而动其心弦,使他们产生出见信如见人的亲切之感,从而收到强烈的艺术效果。

拓展练习

1. 可填入第③段方框处的一项是( )

A. 耳 　　　　B. 矣 　　　　C. 耶 　　　　D. 也

2. 对从开首的"日月"至"不其然也"的分析,不正确的一项是( )

A. 书信中常用的礼貌语言及热情问候之类的话。

B. 充满了对往事深情的怀念和对长辈们的敬仰之情。

C. 从整体而言,这封书信的主体意识是怀旧言情。

D. 秋天白露,几变光阴,点明了深秋的季节,表达悲秋之意。

3. 第③段运用"朝露""夜台""蒿里""松丘"等词语很多,颇具特色,请加以赏析。

4. 作者对博昌父老故旧的情感深沉,并由此产生了人生短暂之感,请结合全文加以分析。

参考答案

1. D

2. D

3. 示例:这里的"朝露""夜台""蒿里""松丘"等,均指死亡与坟墓。作者在文中特别缅怀"一十五年"前的旧友"张学士瀣从朝露,辟闻公倏掩夜台"。此外,其他"故吏门人""耆年宿德黔者",而今"多游蒿里""但见松丘"了。面对此情此景,作者顿觉"涕之无从也"。

4. 示例:作者进而又生发出对人生短暂的哀叹。从"蒙庄一指"至"讵忘情于怛化"的典故运用中,更可以看出作者对死者所怀有的真挚感情。"老聃死,秦佚吊之,三号而出。"这是作者借生者吊念死者的痛苦心情来表达自己的哀思。

选文四

寄从弟正辞书

(唐)李 翱

① 知尔京兆府取解,不得如其所怀,念勿在意。

② 凡人之穷达所遇,亦各有时尔,何独至于贤丈夫而反无其时□?此非吾徒之所忧也。其所忧者何?吾畏之道未能到于古之人尔。其心既自以为到,且无谬,则吾何往而不得所乐?何必与夫时俗之人同得失忧喜,而动于心乎?

③ 借如用汝之所知,分为十焉,用其九学圣人之道,而知其心,使有余以与时世进退俯仰。如可求也,则不啻[①]富且贵矣;如非吾力也,虽尽用其十,只益劳其心矣,安能有所得乎!

④ 汝勿信人号文章为一艺。夫所谓一艺者,乃时世所好之文,或有盛名于近代者是也。其能到古人者,则仁义之辞也,恶得以一艺而名之哉!仲尼、孟轲[②]殁千余年矣,吾不及见其人。吾能知其圣且贤者,以吾读其辞而得之者也。后来者不可期,安知其读吾辞也,而不知吾心之所存乎亦未可诬也。

⑤ 夫性于仁义者,未见其无文也,有文而能到者,吾未见其不力于仁义者也。由仁义而后文者,性也;由文而后仁义者,习也。犹诚明之必相依尔。贵与富,在乎外者也,吾不能知其有无也,非吾求而能至者也。吾何爱而屑屑[③]于其间哉?仁义与文章,生乎内者也,吾知其有也,吾能求而充之者也。吾何惧而不为哉?汝虽性过于人,然而未能浩浩于其心,吾故书其所怀以张汝,且以乐言吾道云尔。

【注释】

① 啻:副词,只,仅。② 仲尼:孔子名丘,字仲尼;孟轲:孟子,名轲,字子舆。③ 屑屑:特意、着意貌。

知识卡片

李翱(772年—841年),唐朝哲学家、文学家,字习之,陇西成纪(今甘肃秦安东)人。贞元年间进士。历任国子博士、庐州刺史、中书舍人、户部侍郎、山东南道节度使等职。谥"文"。曾从韩愈学古文,其文平实流畅,富有感情色彩,是古文运动的参加者。有《李文公集》。

阅读指津

本篇书信的背景是李翱的一个从弟参加科举考试未中。他得知后,写信劝告从弟要正确对待,不可为此而忧虑。因"正辞取京兆解,掾不送,翱故以书勉之"(《唐摭言》卷二)。《四库提要》卷一五〇:"然观《与梁载言书》论文甚详,至《寄从弟正辞书》,谓人号文章为一艺者,乃时世所好之文;其能到古人者,则仁义之词,恶得以一艺名之?"

从弟(堂弟)没有考上进士,李翱于是写了这封信去宽慰他。信中把劝慰与传道巧妙地结合起来,在劝慰中传道,在传道中劝慰。同时作者在信中也谈到了自己的论文主张,即重道轻文的文章观。人世间有些事,的确是可遇而不可求的,"机缘"这东西也非人力所可尽达。只要尽了努力,下过苦功夫,就问心无愧。至于结果,大可不要汲汲于得失,孜孜于名利。能做到这样,无论处逆境还是顺境,皆可心平气和,乐观充实。不过,这种心境,需要是心理健康而又有修养的人才能做到。患得患失,戚戚于功名利禄之辈,难与之说得明白。

拓展练习

1. 可填入第②段方框处的一项是(　　)

A. 耳　　　　　　　B. 矣　　　　　　　C. 哉　　　　　　　D. 也

2. 对本文第②段文意理解,不正确的一项是(　　)

A. 人世间有些事,的确是可遇而不可求的,"机缘"这东西也非人力所可尽达。

B. 不汲汲于得失,孜孜于名利。处逆境还是顺境,皆可心平气和,乐观充实。

C. 只要是竭尽十分的力量,不只是富与贵,包括圣人之道都是可求可得的。

D. 心理健康而又有修养的人才能做到宠辱不惊。至于俗人,难与之说得明白。

3. 文中第④段作者借孔子和孟子的例子想说明什么道理,请加以分析。

4. 本文是李翱劝告从弟要正确对待科考未中,不可为此而忧虑的书信,请结合全文赏析本文的劝说艺术。

参考答案

1. C

2. C

3. 示例:运用举例论证说明了虽然孔子、孟子逝世有一千多年了,我没有能够看到他们本人,我却能够知道他们圣明贤能,这是因为我读了他们的文章后了解到的。点明了那些真正性情仁义的人,我们是能够通过他们的文章得以知晓的,他们的仁义也是可以永远流传的。

4. 示例:首先,作者谈到应该担心的是追求未能达到古人的境界。用其中的九分力量学习圣人的思想,就能懂得圣人的胸怀。其次,那种被看成是一种技艺的文章,都是流俗之人所喜好的文章,或者是在近代有很大虚名的人的文章。而那些真能够达到古人境界的文章,则都是宣扬仁义的文章。最后强调仁义和文章,是内在中产生的,而且确实存在的,应该靠自己的努力获得。层层深入,动之以情,晓之以理。

(高　源)

三 事 理

选文一

与陈伯之书

(南北朝)丘 迟

① 迟顿首陈将军足下无恙①，幸甚幸甚：将军勇冠三军，才为世出，弃燕雀之小志，慕鸿鹄以高翔。昔因机变化，遭遇明主，立功立事，开国称孤。朱轮华毂，拥旄万里，何其壮□！如何一旦为奔亡之虏，闻鸣镝而股战，对穹庐以屈膝，又何劣邪！寻君去就之际，非有他故，直以不能内审诸己，外受流言，沈迷猖蹶，以至于此。圣朝赦罪责功，弃瑕录用，推赤心于天下，安反侧于万物，将军之所知，不假②仆一二谈也。朱鲔喋血于友于，张绣剚刃於爱子，汉主不以为疑，魏君待之若旧，况将军无昔人之罪，而勋重于当世！夫迷途知返，往哲是与③，不远而复，先典攸高。主上屈法申恩，吞舟是漏，将军松柏④不剪，亲戚安居，高台未倾，爱妾尚在，悠悠尔心，亦何可言！今功臣名将，雁行有序，佩紫怀黄，赞帷幄之谋，乘轺建节，奉疆埸之任，并刑马作誓，传之子孙，将军独靦颜借命，驱驰毡裘之长，宁不哀哉！夫以慕容超之强，身送东市，姚泓之盛，面缚西都，故知霜露所均，不育异类，姬汉旧邦，无取杂种。北虏僭盗中原，多历年所，恶积祸盈，理至燋烂，况伪孽昏狡，自相夷戮，部落携离，酋豪猜贰，方当系颈蛮邸，悬首藁街。而将军鱼游于沸鼎之中，燕巢于飞幕之上，不亦惑乎！

② 暮春三月，江南草长，杂花生树，群莺乱飞，见故国之旗鼓，感平生于畴日，抚弦登陴⑤，岂不怆悢？所以廉公之思赵将，吴子之泣西河，人之情也，将军独无情哉？想⑥早励良规，自求多福。当今皇帝盛明，天下安乐，白环西献，楛矢东来，夜郎滇池，解辫请职，朝鲜昌海，蹶角受化，唯北狄野心，倔强沙塞之间，欲延岁月之命耳。中军临川殿下，明德茂亲，揔兹戎重，吊民洛汭，伐罪秦中，若遂不改，方思仆言。聊布往怀，君其详之。丘迟顿首。

(选自清代李兆洛选辑《骈体文钞》，岳麓书社1992年版)

【注释】

① 陈伯之原为南齐大将，降梁后复又投降北魏。梁临川王萧宏率军北伐，陈伯之奉命在寿阳与梁军相抗。得丘迟劝降书，乃于寿阳(今安徽寿县附近)拥兵八千归降。② 不假：不需，不用。③ 往哲是与：以往的贤者赞同这样做。④ 松柏：古人常在坟侧植松柏，以为标记。⑤ 陴：城上女墙。⑥ 想：盼望。

知识卡片

书：一般指书信。秦、汉时，臣僚进呈天子的奏文与亲友往来书信统称为书，后专指亲友来往书信。古代也有把自己写的议论文称为"书"的情况，但这是比较特殊的用法，如唐李翱《复性书》《平赋书》等。

丘迟(464年—508年)，南朝梁文学家。字希范，吴兴乌程(今浙江吴兴人)，初事齐，后入梁，是齐、梁间著名文士。

阅读指津

丘迟在文学史上并不显赫，在当时也非了不起的人物，仅在南梁开国皇帝萧衍手下做一些文字工作。能诗，钟嵘《诗品》谓其诗"如落花依草"，充分肯定其文采，但他的诗流传下来不多，最负盛名的还是《与陈伯之书》。此书一出，陈伯之就复降于梁，此文因而名声更噪，稍后萧统将其选入《文选》，从此千古传诵。文章充分传达了梁王朝对陈伯之的招抚政策，在区区六百余字的篇幅里，通过责之以义，晓之以理，动之以情，诱之以利，威之以力等手段，把陈伯之可能会有的各种顾虑和对立情绪都先行打消，劝其归顺，并有层层深入、婉转委曲而又气势充沛之妙。加上文质兼备，沉思翰藻，确为名篇。

需要注意的是，本文夹杂着明显的种族偏见，对当时北方少数民族政权用了不少侮辱性的字眼，这是时代的局限，不足深责，然亦不可取。

拓展练习

1. 可填入第①段方框处的一项是(　　)

A. 耳　　　　　B. 矣　　　　　C. 耶　　　　　D. 也

2. 下列对文本的分析，不正确的一项是(　　)

A. 信的开头先竭力颂扬陈伯之的军事才干和不凡气度，继而笔锋一转，写其"闻鸣镝而股战，对穹庐以屈膝"的可怜之态，前后形成鲜明对比，指出了陈伯之弃梁投魏的错误。

B. 作者在信中极论梁朝的宽大政策，远引历史上的著名事例，近举陈伯之的切身之事，层层论证，以打消陈伯之的疑惧。

C. 为进一步坚定陈伯之归降决心，作者在信中陈述现实的利害，指出北魏内部相互猜忌、自相残杀的现状，说明陈伯之在北魏如同"鱼游于沸鼎之中，燕巢于飞幕之上"，处境危险。

D. 第②段浓墨重彩写醉人的江南春景，借景抒情，表达了作者对江南大好河山的热爱之情，实际上也表达了作者对陈伯之弃梁奔魏的斥责。

3. 文中画线句向来为人所激赏，试加以分析。

4. 这封劝降书全文贯穿一个"情"字，请结合全文加以分析。

参考答案

1. D

2. D

3. 用白描描摹江南暮春景色，洗练简洁，其中有声有色，有动有静，一"杂"一"乱"，表现出生机盎然的春意。描绘江南美景以激发陈伯之思归之情，以情动之。

4. 文章开头先褒后贬,先肯定陈伯之昔日大功,后斥其背国降敌,对其屈身事虏的处境表达惋惜之情,激发他对现状的不满,挑起回归的念头。以梁朝宽大情怀、恩遇感化消除陈伯之回归的疑虑,坚定其信心。以故国之情,激起陈伯之对故土的思念。以故友之情,忠告他多加考虑。

选文二

原 毁①

（唐）韩 愈

① 古之君子,其责己也重以周,其待人也轻以约。重以周,故不怠;轻以约,故人乐为善。闻古之人有舜者,其为人也,仁义人也。求其所以为舜者,责于己曰:"彼,人也;予,人也。彼能是,而我乃不能是!"早夜以思,去其不如舜者,就其如舜者②。闻古之人有周公者,其为人也,多才与艺人也。求其所以为周公者,责于己曰:"彼,人也;予,人也。彼能是,而我乃不能是!"早夜以思,去其不如周公者,就其如周公者。舜,大圣人也,后世无及焉;周公,大圣人也,后世无及焉。是人也,乃曰:"不如舜,不如周公,吾之病也。"是不亦责于身者重以周乎! 其于人也,曰:"彼人也,能有是,是足为良人矣;能善是,是足为艺人矣。"取其一,不责其二;即其新,不究其旧:恐恐然惟惧其人之不得为善之利。一善易修也,一艺易能也,其于人也,乃曰:"能有是,是亦足矣。"曰:"能善是,是亦足矣。"不亦待于人者轻以约乎?

② 今之君子则不然。其责人也详,其待己也廉③。详,故人难于为善;廉,故自取也少。己未有善,曰:"我善是,是亦足矣。"己未有能,曰:"我能是,是亦足矣。"外以欺于人,内以欺于心,未少有得而止矣,不亦待其身者已廉乎? 其于人也,曰:"彼虽能是,其人不足称也;彼虽善是,其用不足称也。"举其一,不计其十;究其旧,不图其新:恐恐然惟惧其人之有闻④也。是不亦责于人者已详乎? 夫是之谓不以众人待其身,而以圣人望于人,吾未见其尊己也。

③ 虽然,为是者有本有原,怠与忌之谓也。怠者不能修,而忌者畏人修。吾尝试之矣。尝试语于众曰:"某良士,某良士。"其应者,必其人之与也;不然,则其所疏远不与同其利者也;不然,则其畏也。不若是,强者必怒于言,懦者必怒于色矣。又尝语于众曰:"某非良士,某非良士。"其不应者,必其人之与也,不然,则其所疏远不与同其利者也,不然,则其畏也。不若是,强者必说于言,懦者必说于色矣。是故事修而谤兴,德高而毁来。呜呼! 士之处此世,而望名誉之光⑤,道德之行⑥,难已!

④ 将有作于上者,得吾说而存之,其国家可几而理欤!

（选自清代姚鼐纂集《古文辞类纂》,上海古籍出版社1998年版）

【注释】

① 原毁:推原毁谤的由来。② 早夜以思三句:白天黑夜都在思考,去掉那些不如舜的缺点,追求那些合于舜的优点。③ 廉:低,少。④ 闻:名誉,声望。⑤ 光:发扬光大。⑥ 行:实行,贯彻。

知识卡片

原:推原事物本源或本义的文章。"原",即本,是追溯事物由来的意思,后成为一种探究事物本源的文体。韩愈所作《原道》《原性》《原毁》《原人》《原鬼》,即"五原",是一组很有特色的哲学论说文,后人效仿者颇多。

阅读指津

韩愈生活的中唐之世,唐王朝已不复昔日的清明,政治腐败,藩镇割据,社会动荡,而士人间排挤倾轧、拉帮结派、攻讦诽谤之风盛行,韩愈本人就多次遭诽谤,差点丢了性命。本文正是一个正直士大夫挺身而出,针砭时弊,为人、为己所遭受毁谤祸害作不平之鸣。文章从对人、对己两个方面,通过古今社会风气的对比,谴责了当时士人嫉贤妒能的恶劣风气,并推究毁谤滋生的原因,即"怠"和"忌",呼吁统治者须认真重视,纠正这种歪风,国家才有大治的可能。

对比是本文写作上的一大特色。大量运用对比,把相反相对的事物对应起来,可以鲜明地说明问题,增强表达效果。同时,虽连篇对比,但对比的使用既恰切,又变化多态,因而并不呆板累赘,反显纡徐多姿。

拓展练习

1. 文章第一段谈及古之君子责己待人的态度。请梳理文本内容,完成以下表格。

	待 己	待 人
原则	(1) _____	轻以约
效果	(2) _____	(3) _____

2. 以下对文本相关内容的分析不正确的一项是(　　)

A. 文章先分析古之君子责己待人的正确态度,开门见山表达了本文正题,再用对今之君子责人待己态度的描摹,巧妙衬托了正题。

B. 古之君子总是把自己看成舜、周公这样的人,他们认为只有这样一个人才能"名誉之光,道德之行"。

C. 作者曾经以称赞某人和批评某人为试验,结果让他很失望:人们评价一个人不是以实事求是为原则,而是以此人跟自己的关系和利益为标准。

D. 作者对当时社会"事修而谤兴,德高而毁来"很是忧虑,因为这不仅关系到"士之处世,望名誉之光,道德之行"的问题,而且还会影响到国家的治理问题。

3. 本文集中笔墨紧扣"毁"进行剖析说理,试予以说明。

4. 本文是论说名文,明晰透辟,宏辩滔滔,显示了韩愈卓越的论证艺术。试加以赏析。

参考答案

1. (1) 重以周;(2) 不怠;(3) 乐为善

2. A

3. 文章从"古之君子"待人待己的态度写起,暗扣"毁"字:先写"古之君子"严于律己、宽以待人的美德,正是从反面谈"毁",以及"毁"在古代不兴起的缘由,为下文的"今之君子"树立了典范;再通过写"今之君子"的言谈举止处处体现"毁"字,将"毁"的种种表现展现出来。接着明扣"原毁"二字,探究"毁"产生的根源,同时又从自己的现实生活中举例,反映毁风猖獗带来的严重危害。

4. 本文主要采用对比论证：以"古之君子"与"今之君子"对人对己的不同态度作对比，突出"古之君子"的高风和"今之君子"的恶习。将"古之君子"对己对人截然不同的态度作对比，领悟古人不生毁谤的原因，亦即今人毁谤产生的原因。再用假设描摹"今之君子"对人们议论他人的不同反应，生动刻画了他们刻薄自私的嘴脸，加重了针砭时弊的力量。文章语言大量运用排比、对偶句式，显得议论滔滔不绝，增强了文章的气势和说服力。

选文三

朋党论①

（宋）欧阳修

① 臣闻朋党之说，自古有之，惟幸人君辨其君子小人而已。大凡君子与君子以同道为朋，小人与小人以同利为朋，此自然之理也。然臣谓小人无朋，惟君子则有之，其故何哉？小人所好者，禄利也，所贪者财货也。当其同利之时，暂相党引以为朋者，伪也；及其见利而争先，或利尽而交疏，则反相贼害，虽其兄弟亲戚，不能相保。故臣谓小人无朋，其暂为朋者，伪也。君子则不然。所守者道义，所行者忠信，所惜者名节。以之修身，则同道而相益；以之事国，则同心而共济；终始如一，此君子之朋也。故为人君者，但当退小人之伪朋，用君子之真朋，则天下治矣。

② 尧之时，小人共工、驩兜等四人为一朋，君子八元、八恺十六人为一朋。舜佐尧，退四凶小人之朋，而进元、恺君子之朋，尧之天下大治。及舜自为天子，□皋、夔、稷、契等二十二人并列于朝，更相称美，更相推让，凡二十二人为一朋，而舜皆用之，天下亦大治。《书》曰："纣有臣亿万，惟亿万心；周有臣三千，惟一心。"纣之时，亿万人各异心，可谓不为朋矣，然纣以亡国。周武王之臣，三千人为一大朋，而周用以兴。后汉献帝时，尽取天下名士囚禁之，目为党人。及黄巾贼起，汉室大乱，后方悔悟，尽解党人而释之，然已无救矣。唐之晚年，渐起朋党之论。及昭宗时，尽杀朝之名士，或投之黄河，曰："此辈清流，可投浊流。"而唐遂亡矣。

③ 夫前世之主，能使人人异心不为朋，莫如纣；能禁绝善人为朋，莫如汉献帝；能诛戮清流之朋，莫如唐昭宗之世；然皆乱亡其国。更相称美推让而不自疑，莫如舜之二十二臣，舜亦不疑而皆用之。然而后世不诮舜为二十二人朋党所欺，而称舜为聪明之圣者，以能辨君子与小人也。周武之世，举其国之臣三千人共为一朋，自古为朋之多且大，莫如周。然周用此以兴者，善人虽多而不厌也。

④ 夫兴亡治乱之迹②，为人君者，可以鉴矣。

（选自清代姚鼐纂集《古文辞类纂》，上海古籍出版社1998年版）

【注释】

① 朋党论：本文作于北宋庆历三年（1043）。朋党：人们因政治目的相同而结合成的派别或集团。② 迹：指历史事迹。

知识卡片

论：文体名，属于论说文范围。议论古今时世人物，评述经史典籍之作都在"论"的范围内。昭明太子萧统《文选》列有"论"一门。

欧阳修（1007年—1072年）北宋文学家、史学家。字永叔，自号醉翁、六一居士。庐陵（今江西吉安人）。天圣八年举进士甲科，历任翰林学士、枢密副使、参知政事，卒谥文忠。主张文章应"明道"致用，提倡朴素平易、切合实用的文风,为北宋中期诗文革新运动首领,其散文简明畅达,抒情委婉,为"唐宋八大家"之一。有《欧阳文忠集》传世。

阅读指津

欧阳修写此文是为范仲淹、富弼、韩琦等被保守派诬陷为"朋党"的庆历诸贤辩护。清人储欣评曰"小人无朋一语,开辟鸿濛,自公而前未之闻也",赞其观点精警,出人意料。在封建时代,帝王为维护其统治,最怕臣下结派成党,所以,攻击对方是朋党常常是陷害别人极有效的手段。欧阳修要驳斥对方的诬陷,就应否认己方是朋党。而此文却不仅不否认对方污蔑的罪名,反而理直气壮地承认并要求皇帝信用他们,理由则是基于客观上朋党存在的现实,反复申说朋党的君子、小人之别,小人无朋,君子才能有朋,最后归为人君应辨君子小人,用君子之朋。其识见之远、论证之有力,超迈一般的朋党之说。

拓展练习

1. 可填入第②段方框处的词语是( )

   A. 故   B. 殆   C. 则   D. 而

2. 下列各句对文章的阐述,不正确的一项是( )

   A. 从文中可见,欧阳修并不反对朋党,但提倡君子之朋,反对小人之朋。

   B. 第②段广泛列举史实,既与开头"朋党之说,自古有之"遥相呼应,也是对上文结论"退小人之伪朋,用君子之真朋,则天下治矣"的有力补充论证。

   C. 欧阳修从君王用人的角度出发,把朋党问题和国家兴亡相联系,使文章有了更宽广的心胸视野和更深刻的思想内涵。

   D. 就创作风格而言,全文论点明确,有理有据,语言古朴平实,排除六朝以来雕琢文风,不事排偶,流畅自然。

3. 下列各项中,不属于本文写法上特点的一项是( )

   A. 正反对比   B. 事理结合   C. 逐层批驳   D. 首尾呼应

4. 清代吴楚材等认为本文"援古事以证辨,反复曲畅,婉切近人",试加以分析。

参考答案

1. D

2. D

3. C

4. 本文在第②段和第③段通过精选尧、舜、纣、周武、汉献、唐昭的历史事例,先按时代顺序依次说明,再按论据性质:纣、汉献、唐昭为反面论据,尧、舜、周武是正面论据,正反对比,反复论证,有力地论证了"为人君者,但当退小人之伪朋,用君子之真朋,则天下治矣"的观点。在对比论证中多处运用转折句式,不仅突出了对比的效果,且使激愤的谴责趋于舒缓,使文章既明白晓畅,又委婉而耐人寻味。多处运用排比句式,如第③段连用五个"莫如",语言整齐而有气势,使说理具有酣畅淋漓的抒情性。

选文四

日喻赠吴彦律

(宋) 苏 轼

① 生而眇者①不识日,问之有目者。或告之曰:"日之状如铜槃。"扣槃而得其声,他日闻钟,以为日也。或告之曰:"日之光如烛。"扪烛而得其形,他日揣籥,以为日也。

② 日之与钟、籥亦远矣,而眇者不知其异,以其未尝见而求之人也。道之难见也甚于日,而人之未达也,无以异于眇。达者告之,虽有巧譬善导,亦无以过于槃与烛也。自槃而之钟,自烛而之籥,转而相②之,岂有既③乎?□世之言道者,或即其所见而名之,或莫之见而意之,皆求道之过也。然则道卒不可求与?苏子曰:道可致而不可求。何谓致?孙武曰:"善战者致人,不致于人。"孔子曰:"百工居肆,以成其事,君子学以致其道。"莫之求而自至,斯以为致也与!

③ 南方多没人④,日与水居也,七岁而能涉,十岁而能浮,十五而能浮没矣。夫没者岂苟然哉?必将有得于水之道者。日与水居,则十五而得其道;生不识水,则虽壮,见舟而畏之。故北方之勇者,问于没人,而求其所以没,以其言试之河,未有不溺者也。故凡不学而务求道,皆北方之学没者也。

④ 昔者以声律取士,士杂学而不志于道;今也以经术取士,士知求道而不务学。渤海吴君彦律⑤,有志于学者也,方求举于礼部,作《日喻》以告之。

(选自清代姚鼐纂集《古文辞类纂》,上海古籍出版社1998年版)

【注释】

① 眇者:盲人。② 相:形容。③ 既:尽。④ 没人:指能潜水之人。⑤ 吴彦律:名琯,时任徐州监酒正字。

知识卡片

苏轼(1037年—1101年)北宋文学家、书画家。字子瞻,号东坡居士。眉山(今属四川)人。嘉祐进士,年少成名,但一生多遭贬谪,曾自云"问汝平生功业,黄州惠州儋州"。学识渊博,博学多才,散文纵横奔放,诗飘逸不群,词开豪放一派,又擅长书法、绘画,有多方面成就。与父苏洵、弟苏辙同列"唐宋八大家",卒后追谥"文忠"。有《苏文忠公全集》传世。

阅读指津

明代茅坤在《唐宋八大家文钞·宋大家苏文忠公文钞》中评此文"如佛家参禅",意为本文虽是一篇说理散文,但其特色在于不是采用一般的直接说理的方法,而是间接地通篇设喻,通俗易懂、形象鲜明,让读者在故事中得到感染,道理也就自现了。所以,文中将四个作为譬喻的事例写得详细而生动,只在文章的最后点明作者写作此篇的目的,即为了防止空读求"道"而不重视实践的风气。真正直接议论的部分极简练,仅以"道可致而不可求""学以致其道"两句表明观点,画龙点睛,余韵让读者自己去回味。故清人沈德潜谓其"妙悟全得《庄子》",此言得之。

拓展练习

1. 可填入第②段方框处的词语是( )

A. 故　　　　B. 而　　　　C. 则　　　　D. 且

2. 下列对原文有关内容的分析和概括,不正确的一项是(　　)

　　A. 文章第①段告诉人们只靠片面地拾取零碎的知识而对事物缺乏系统全面的了解,难免犯错误。

　　B. 作者认为"达者"的"告知",终究是间接、片面的,不能使人对道的本质有全面的认识。

　　C. 作者指出"昔""今"之士对待"道"的错误态度和不足,肯定吴彦律的"有志于学",劝勉吴彦律下功夫读书。

　　D. 第③段中作者认为由于"没人"不断地锻炼积累,最终成了潜水弄潮的好手,而北方之勇则因为受"没人"的欺骗而葬身水中。

3. 下列各项中,不属于本文写法上特点的一项是(　　)

　　A. 通篇设喻　　　B. 正反对比　　　C. 骈散结合　　　D. 引用言论

4. 结合全文,阐明你对第②段中"道可致而不可求"这句话的理解。

5. 第③段的论述在第②段的基础上推进了一层,请加以分析。

参考答案

1. D

2. D

3. C

4. 由第①段用"眇者不识日"而以盘、烛喻日,最终谬以千里为喻,说明没有直接体验、认识,靠间接"听之""认之"是不可能有正确认识的道理,求道亦然。这句话里"致"和"求"都有"追求"的意思,由前文可知这里的"致"指日积月累,循序渐进,水到渠成,学至而道自致;而"求"是指不经过"学"的强求,一种靠捷径、投机取巧的追求。又引用孙子和孔子的话,强调"致"的主动性。这种主动性不是主动求取,而是强调掌握规律、积累经验从而得心应手,让道理自然获得。所以,这句话的意思是:道可以循序渐进,自然获得,而不可以不学而强求。

5. 第②段论述了"道可致而不可求",即"道"只能在亲自的实践中领会和掌握。第③段在此基础上进一步深入,围绕"学以致其道"阐述注重从实践中学习的重要性,只有长期努力,逐步深入,才能达到"致"的程度。

(董　志)

四 史 论

选文一

贾谊论

(宋)苏 轼

① 非才之难,所以自用者实难。惜□! 贾生,王者之佐,而不能自用其才也。

② 夫君子之所取者远,则必有所待;所就者大,则必有所忍。古之贤人,皆负可致之才,而卒不能行其万一者,未必皆其时君之罪,或者其自取也。

③ 愚观贾生之论,如其所言,虽三代何以远过? 得君如汉文,犹且以不用死。然则是天下无尧、舜,终不可有所为耶? 仲尼圣人,历试于天下,苟非大无道之国,皆欲勉强扶持,庶几一日得行其道。将之荆,先之以冉有,申之以子夏。君子之欲得其君,如此其勤也。孟子去齐,三宿而后出昼,犹曰:"王其庶几召我。"君子之不忍弃其君,如此其厚也。公孙丑问曰:"夫子何为不豫?"孟子曰:"方今天下,舍我其谁哉? 而吾何为不豫?"君子之爱其身,如此其至也。夫如此而不用,然后知天下果不足与有为,而可以无憾矣。若贾生者,非汉文之不能用生,生之不能用汉文也。

④ 夫绛侯亲握天子玺而授之文帝,灌婴连兵数十万,以决刘、吕之雌雄,又皆高帝之旧将,此其君臣相得之分,岂特父子骨肉手足哉? 贾生,洛阳之少年。欲使其一朝之间,尽弃其旧而谋其新,亦已难矣。为贾生者,上得其君,下得其大臣,如绛、灌之属,优游浸渍而深交之,使天子不疑,大臣不忌,然后举天下而唯吾之所欲为,不过十年,可以得志。安有立谈之间,而遽为人"痛哭"哉! 观其过湘,为赋以吊屈原,萦纡郁闷,趯然有远举之志。其后以自伤哭泣,至于夭绝。是亦不善处穷者也。夫谋之一不见用,则安知终不复用也? 不知默默以待其变,而自残至此。呜呼! 贾生志大而量小,才有余而识不足也。

⑤ 古之人,有高世之才,必有遗俗之累。是故非聪明睿智不惑之主,则不能全其用。古今称苻坚得王猛于草茅之中,一朝尽斥去其旧臣,而与之谋。彼其匹夫略有天下之半,其以此哉! 愚深悲生之志,故备论之。亦使人君得如贾生之臣,则知其有狷介之操,一不见用,则忧伤病沮,不能复振。而为贾生者,亦谨其所发哉!

贾谊有位至公卿之才,政论文章《治安策》《过秦论》《论积贮疏》说理透彻,可见其治国方略;以怀才不遇之哀,上追屈原之悲,写下名篇《吊屈原赋》《鹏鸟赋》,更是中国文人身遭困厄时叹惋、寄托与怀想的对

象。司马迁将屈贾合传,同感惋惜;班固认为"谊亦天年早终,虽不至公卿,未为不遇也"。欧阳修《贾谊不至公卿论》则认为"贾谊不遇,文帝远贤"。

阅读指津

本文作者认为:"贾生王者之佐,而不能自用其才也。"有时,古代的贤明人物都具备了可以成就大事的才能,最终却连万分之一都实施不了,则不一定都是当时君上的过失,有时候倒是他咎由自取——不能待,不能忍。同时"贾生志大而量小,才有余而识不足",这正是贾谊不能"自用其才"的原因。文章在艺术上也有独到之处。一是章法多变。全文凡三断语,一步紧似一步,直说得贾生无可置辩。二是气势奔放。全文通过排比句如"君子之所取者远,则必有所待;所就者大,则必有所忍",对句如"非汉文之不用生,生之不能用汉文也"等句式的灵活运用,不仅构成了句式和音节的整齐谐和之美,而且形成了一种难以阻遏的气势,使得内容表达得更为周备,精到,增强了梳理的力量。三是感情炽热。尽管是一篇史论,行文以议论为经纬,但发论并不干涩,而于字里行间发抒出感慨悲惜情绪,感叹词与它类语气词的交迭运用,使这篇议论文又不乏抒情散文的宛转曲折、一歌三叹的隽永之美,使人百读不厌。

拓展练习

1. 可填入第①段方框处的一项是(　　)
A. 也　　　　B. 矣　　　　C. 乎　　　　D. 焉

2. 分析第③④段是如何更进一层说理的。

3. 分析第⑤段作者援引"苻坚得王猛"事例的意图。

4. 阅读李商隐的《贾生》,你会发现历史上人们对于贾谊"才不得用"的原因看法不一,你认同哪一种观点?请说明理由。

贾　生

（唐）李商隐

宣室求贤访逐臣,贾生才调更无伦。

可怜夜半虚前席,不问苍生问鬼神。

参考答案

1. C

2. 示例:第③段举史例说明贤人与帝王之间的关系,对分论点进行论证,是"所待""所忍"的具体化。由"不能自用其才"引申为"或者其自取也",再引申为"生之不能用汉文也",论点逐层推进。第④段紧承上文,以当时历史背景出发,说明汉文帝不用贾谊的客观原因,情同骨肉的开国功臣和初出茅庐的洛阳少年,通过对比为汉文帝的决定做出强而有力的支持。而贾谊在政治失意后,郁郁寡欢、自伤自怜,不能够趁此修养其身,最后失意而终,得出"志大而量小,有余而识不足"的结论。

3. 第④段,以王猛之例,略责汉文帝未能使贾谊淋漓尽致发挥才能,并引申评论君主当惜才而用,臣子该谨慎一己之作为;同时由汉文帝与贾谊的君臣关系,引申发挥天下君臣之道。

4. 示例一：我认同苏轼所言，贾谊得不到重用是因不能"自用其才"，"不善处穷"，不会等待时机，不能忍耐；气量狭小；见识不足。因为一个人的成功除了外界支撑外主要是自我在困境中的意志品质。

示例二：我认为"才不得用"的原因如李商隐所言是因汉文帝不能识贤，任贤，只虔诚地求神问仙，荒于政事，不顾民生。因为一个真正的领导者应让人尽其才，而非让人才静待时机。

选文二

伍子胥论

（清）姚 鼐

① 昔者尝怪乐毅之于燕，伍子胥之于吴，皆以受任于先君之时，及至嗣子弃之，于是毅遂超然远引，而子胥乃恋恋不去，终以谏死于吴。若是之不同何也？盖古所谓忠臣之行，必度其心之所安而后为，非以苟托于名义以自居而遂可□。

② 今夫毅之仕燕也，所任者，军旅之事耳，惠王死而兵权夺，毅虽留，固无可为矣。当伍子胥困屈楚、郑之郊，飘摇江海之间，结吴光于草野之际①，一旦摄吴国而乘之，卒以君臣相倚，报父仇而成君之名于天下。其与吴相得如父子手足，员虽乌集起事②，而其实与世胄同国休戚者等。吾意阖庐之死也，必以吴托之子胥，子胥亦必慨然任而不辞。子胥之心，方以为受先君之恩，寄社稷之重，思尽其辅弼之任，虽播弃而不忍自疏。而不料夫差之终愎不悛，遂泯绝其身而莫之复省也。

③ 设令子胥于骤谏不用之时，即引身去国，人亦谁得而议之？而乐毅之书至谓"子胥不知主之不同量"，是其行固不免为天下之所讥，而子胥终不肯以彼易此者，盖彼徒以求其心之慊然而无憾者，夫岂以行事求白于众多之口也哉！

(有删改)

识卡片

伍子胥的故事在《左传》《国语》和《史记》中都有记载，展现了伍子胥有识有谋、赤胆忠心、结局悲惨的特点，不同的是，《左传》偏足智多谋的形象，《国语》偏忠贞刚烈、爱国为民的形象，《史记》偏忍辱发奋的复仇形象，这主要是因为先秦时期侧重表现伍子胥尽忠为臣的形象，而汉代以孝治天下，血亲复仇思想盛行，轻生重气、崇尚名节的侠义精神深入人心，加上司马迁受个人遭遇的影响，后世许多文人也颇多渲染。伍子胥的人生充满传奇色彩，曲折复杂，其悲剧命运令人低回叹惋。

阅读指津

本文选自《惜抱轩诗文集》，在本文中，作者探讨了伍子胥晚年因劝谏吴王夫差而不被重用引恨而死的原因。为了论证其观点，作者主要援引了乐毅在燕国不得志时超然而去的史实，和伍子胥在吴国恋恋不舍，进谏而死的史实形成鲜明的对比，表现了与吴王情同手足的伍子胥，勇于承担国家社稷的重担，突出了伍子胥宁死不屈的忠义精神。

拓展练习

1. 可填入第①段方框处的一项是（　　　）

A. 也　　　　　B. 矣　　　　　C. 乎　　　　　D. 焉

2. 本文第①段中伍子胥"终以谏死于吴"的主要原因是＿＿＿＿＿＿＿＿＿＿。

3. 根据第②段推断伍子胥谏吴以死时的想法。

4. 结合《屈原列传》分析二者都不被重用引恨而死的异同并给一结论。

1. A

2. 伍子胥作为忠诚于吴国的老臣，追求的是内心的安宁和平静，因此反复劝谏吴王夫差灭越，不是假托忠义的虚伪之人。

3. 伍子胥依仗吴王阖庐的帮助，伐楚报仇，雪耻成名；伍子胥在阖庐临死之时临危受命，尽心尽力地辅佐夫差，即使夫差刚愎自用，他也不忍心放弃吴国而去，宁肯死在吴国。

4. 同：楚国在两个转折期间都受到了来自外部的强有力的刺激；伍子胥与屈原都为谗言所害。

不同：两人的处境与反应是不同的。伍子胥因投奔新兴国家而曾主政吴国，施展谋略得心应手，建功立业轰轰烈烈，不愧为刚烈丈夫。屈原因家道衰败而始终未曾主政，长期郁郁不得志，有才而无功，终成为狷介之士。造成这一结果的重要原因，大概就是个人时运与际遇下的君臣关系不同。

王安石论

（清）方孝标

① 王安石以新法佐宋神宗治天下，而是非相乘，卒至于乱。说者谓靖康、建炎之祸，皆由所为，故追论之，若其奸有浮于章惇、蔡京者。□，此曲士之论也。

② 说者曰：祖宗之法，不当变也。夫祖宗之法，诚不当变。然宋之祖宗，与三代之君何如？以三代之法，不能无弊，而有忠、质、文之变。宋之祖宗，岂有万世不变之法哉？且庆历之初，杜、范诸公已有欲变之者矣。后此又数十年，弊当更甚。当时如吕正献、苏文忠辈，亦尝欲变之矣。向使安石能待其学之既成，而后出图天下之事，视其可变者变之，不可变者因之。有功则已不尸，无功则又集天下之公议，精思而熟讲之，安见变法之非至理哉？而惜其不能待，故无成也。呜呼，成败岂足论人哉！

③ 说者又曰：志太高也。夫以汉文帝、唐太宗为不足法，而望其君为尧、舜，诚高矣。夫人臣事君而不举其至高者以为责，岂忠乎？

④ 说者又曰：听用非人也。夫以当世元臣故老、正士贤人，皆环向而立，而无一人之助，小人遂乘其孤而阴用之，岂安石之心哉？程子曰："新法之行，我辈有以激之。"洵定论也。

⑤ 然则宜何等乎？曰：安石有治天下之才，而未知治天下之道；虽有乱天下之迹，而实无乱天下之心。诸君子特以其据位之久，得君之专，而史意气高远，议论诪肆，虽竭天下之才智以攻之而不能摧，辩之而不能屈，故积其攻之辩之之气以出之正，而元祐之诛求；又积其不能摧不能屈之气以出之邪，而为绍圣之报复；宋之为宋不支矣。呜呼！此岂一人之罪哉！

⑥ 吾常见范增之事项籍，不用而愤悁以死，谓其弊在居家好奇计耳。霍光之受天任也，不学无术，后世讥之。夫计与术，皆不得已而用之者也。人以为奇，我以为常，乃善耳。术者，亦必本乎学也。苟无其

学,斯无其术。安石虽非不学之流,而实有好奇之志,故亦适成其无术耳。然则安石者,乃范增、霍光之等也,若章惇、蔡京,小人之尤,岂其伦哉?吾不忍以安石之贤而见诬如此,故为一言。

(有删改)

知识卡片

王安石变法是北宋神宗时以王安石为首的改革派的一次政治改革。变法自熙宁二年(1069)始至元丰八年(1085)宋神宗去世结束,故亦称熙宁变法。王安石变法以发展生产,富国强兵,挽救宋朝政治危机为目的,以"理财""整军"为中心,是中国古代史上继商鞅变法之后又一次规模巨大的政治变革运动。王安石变法增加了政府财政收入,推进了军队建设,但由于用人不力及执行出现偏差,变法也带来一些负面效果,加之朝廷"新旧党争",使得王安石变法受到不少朝臣的非议。王安石被迫在七年、九年两次辞去相位。其后,在神宗支持下,新法仍基本推行。元丰八年(1085)神宗死,子哲宗即位,起用司马光为相,新法除置将法外,全部被废。

阅读指津

此文是一篇典型的驳论文。文章采用总分结构,先驳后立,思路清晰;驳论时,条分缕析,有理有据,分析到位;文末以范增、霍光相映衬,表达自己对于辅佐君王而又不得志者的痛惜和对其缺漏之处的指陈。表现出对罔顾背景、实情而一味指责王安石的人言论偏颇的"不忍",亦流露出作者对王安石追求"好奇之志"的遗憾。

纵观全文,作者认为王安石变法是一种客观必然;变法失败,亦是诸多因素酿成,众反对者亦有责任;一味指责甚至诬陷王安石,自非公允;王安石有瑕疵,但瑕不掩瑜。

拓展练习

1. 在本文第①段方框处填写一字,并说明理由。
2. 梳理文章"说者"的观点,用自己的话概述作者的反驳。

	观 点	反 驳
说者1	祖宗之法,不当变也。	(1)
说者2	志太高也。	(2)
说者3	听用非人也。	(3)

3. 对第⑥段中例举范增、霍光事例的理解不正确的一项是( )

A. 例举这两位在历史上都是掷地有声的人与王安石形成类比。

B. 这两位或多或少追求奇技和权术,结果都是弄巧成拙。

C. 章惇、蔡京这两位小人形成对比,突出了王安石的人品。

D. 王安石也似这两位一样有追求奇功的想法,缺少治国之术。

4. 结合全文,对本文的论证过程作简要评析。

 参考答案

1. 嘻,叹词,此处表示斥责之意。

2. (1) 变法可能是最好的治国之道;(2) 臣子侍奉皇上应该举出最高的标准作为自己的责任;(3) 推行新法实际上朝廷上下人人都负有责任,非用人所致。

3. C

4. 本文开篇树立靶子：评论者认为国家的祸乱都根源于王安石的变法,作者认为这是"曲士之论"然后展开了驳论,作者既援引上古经典案例,又时时联系当时的时代背景;既承认王安石变法失败致大宋衰颓,也有他自身的认识不成熟就匆忙变法的主观原因,也探讨导致变法失败的诸多客观原因;既不为王安石推诿过错,又深析众多反对者应承担的责任,文章层层推进,深得思辨之妙,分析到位,令人信服。

(童明辉)

五 序 跋

选文一

读韩愈所著《毛颖传》后题

(唐) 柳宗元

① 自吾居夷,不与中州人通书。有来南者,时言韩愈为《毛颖传》,不能举其辞,而独大笑以为怪,而吾久不克见。杨子诲之来,始持其书,索而读之,若捕龙蛇,搏虎豹,急与之角而力不敢暇,信韩子之怪于文也。世之模拟窜窃,取青媲白,肥皮厚肉,柔筋脆骨,而以为辞者之读之也,其大笑固宜。

② 且世人笑之也,不以其俳②乎?□俳又非圣人之所弃者。《诗》曰:"善戏谑兮,不为虐兮。"《太史公书》有《滑稽列传》,皆取乎有益于世者也。故学者终日讨说答问,呻吟习复,应对进退,掬溜播洒,则罢愈而废乱,故有"息焉游焉"之说。不学操缦③,不能安弦。有所拘者,有所纵也。大羹玄酒,体节之荐,味之至者。而又设以奇异小虫、水草、楂梨、橘柚,苦咸酸辛,虽蜇吻裂鼻,缩舌涩齿,而咸有笃好之者。文王之昌蒲菹,屈到之芰,曾晳之羊枣④,然后尽天下之奇味以足于口。独文异呼?韩子之为也,亦将弛焉而不为虐欤!息焉游焉而有所纵欤!尽六艺之奇味以足其口欤!而不若是,则韩子之辞,若壅大川焉,其必决而放诸陆,不可以不陈也。

③ 且凡古今是非六艺百家,大细穿穴用而不遗者,毛颖⑤之功也。韩子穷古书,好斯文,嘉颖之能尽其意,故奋而为之传,以发其郁积,而学者得以励,其有益于世欤!是其言也,固与异世者语,而贪常嗜琐者,犹咕咕然动其喙。彼亦甚劳矣乎!

(选自《柳宗元文集》第二册,中华书局 1979 年版)

【注释】

① 杨子诲之:杨诲之,柳宗元的妻弟。② 俳:滑稽。③ 操缦:操弄琴弦,调琴。④ "文王"三句:文王喜欢吃昌蒲菹,屈到喜欢吃菱角,曾晳喜爱吃羊枣。蒲菹,草名,根部可入药。芰,菱角。羊枣,黑紫色,小而圆。⑤ 毛颖:指毛笔。

知识卡片

柳宗元(773年—819年),字子厚,唐代文学家、哲学家、散文家和思想家。世称"柳河东""河东先生"。柳宗元与韩愈共同倡导唐代古文运动,一生留诗文作品达600余篇,其文的成就大于诗。骈文有近百篇,散文论说性强,笔锋犀利,讽刺辛辣。游记写景状物,多所寄托,被推为"游记之祖"。

《毛颖传》是韩愈的作品,这篇文章构思新颖奇特,作者选取众所熟知的毛笔作为主角,用拟人化手法为毛笔作传,通过毛颖被皇帝重用与抛弃的过程,讽刺统治者的寡恩。对于这篇文章的文体,后世历来有两种看法:一种认为是史传体寓言,一种认为是传奇体小说。清代顾炎武以为"比于稗官之属"(《日知录·古人不为人立传》);鲁迅先生则把它归类于"幻设为文""以寓言为本"。作者在文中多用双关语、谐音语,使文章读来幽默诙谐,妙趣横生。《毛颖传》问世之初,正统文人无不讥笑其怪,连与韩愈交往甚厚的一些人也对此文大不以为然。在讥评四起之时,柳宗元却积极响应,为之辩护,在《读韩愈所著〈毛颖传〉后题》一文中表现了不苟合时俗的态度,表达了迥异凡流的精见卓识。

阅读指津

作者先在本文中谈及众人读韩愈这篇文章,"不能举其辞,而独大笑以为怪"的现象,并进而写了自己的阅读感受。柳宗元对此文青睐有加,在文中从多方面为柳宗元此文声辩。最后,作者点明韩文创作旨归,并对于"贪常嗜琐者",进行了尖锐辛辣的批评讽刺,从而拨正世俗偏见。就序文的思想内容而言,精警杰出,深邃透辟,表现了柳宗元的开拓创新精神。在语言上,典正简洁,劲健有力。文章在发表自己看法时,巧取比喻,并运用多种论证手法,犹如抽丝剥笋,引人深思,令人信服。

拓展练习

1. 可填入第②段方框中的一项是( )
A. 且　　　　　B. 而　　　　　C. 况　　　　　D. 则

2. 下列对文章第①段内容理解不正确的一项是( )

A. 柳宗元在文章开篇先叙述了得见韩愈《毛颖传》的始末。

B. 作者用比喻的手法肯定了韩愈《毛颖传》的艺术感染力。

C. 作者认为《毛颖传》写得比较奇特,大家读不懂也是正常的。

D. 作者嘲讽了取笑《毛颖传》的人,指出他们只会欣赏格调不高的俗文。

3. 分析第②段画线句的论证方法。

4. 作者为韩愈的《毛颖传》声辩,提出了哪些理由?

参考答案

1. B

2. C

3. 运用了引证和例证的方法。诗经中说"开玩笑并不会伤人",史记中也有《滑稽列传》的事实,说明先贤们认可"俳谐",以此证明《毛颖传》完全符合圣人之道,有益于事,批驳了世人以俳笑之的做法。

4. 《毛颖传》的"俳谐"的特点并不违反"圣人之道";《毛颖传》的幽默的特点在教育后进时,有解倦提神的效用;人们对文学作品的需求是多方位的,《毛颖传》满足了不同人的不同爱好;作者在文中抒发了胸中郁结,读者因之得到激励,对社会是有裨益的。

选文二

《新五代史·一行传》序

（宋）欧阳修

① 呜呼！五代之乱极矣，传所谓"天地闭，贤人隐"之时欤！当此之时，臣弑其君，子弑其父，而缙绅之士安其禄而立其朝，充然无复廉耻之色者，皆是也。吾以谓自古忠臣义士多出于乱世，而怪当时可道者何少也！岂果无其人哉？虽曰干戈兴，学校废而礼义衰，风俗隳坏，至于如此；然自古天下未尝无人也。吾意必有洁身自负之士，嫉世远去而不可见者。自古材贤，有韫①于中而不见于外，或穷居陋巷，委身草莽，虽颜子之行，不遇仲尼而名不彰，况世变多故而君子道消之时乎？吾又以谓必有负材能、修节义而沉沦于下，泯没而无闻者。求之传记，而乱世崩离，文字残缺，不可复得，然仅得者，四五人而已。

② 处乎山林而群麋鹿，虽不足以为中道，然____食人之禄，俛②首而包羞，孰若无愧于心，放身而自得。吾得二人焉，曰郑遨、张荐明。

③ 势利不屈其心，去就不违其义，吾得一人焉，曰石昂。

④ 苟利于君，以忠获罪而何必自明；有至死而不言者，此古之义士也。吾得一人焉，曰程福赟。

⑤ 五代之乱，君不君，臣不臣，父不父，子不子，至于兄弟、夫妇，人伦之际，无不大坏，而天理几乎其灭矣。于此之时，能以孝弟③自修于一乡而风行于天下者，犹或有之，然其事迹不著而无可纪次，独其名氏或因见于书者，吾亦不敢没。而其略可录者，吾得一人焉，曰李自伦。

⑥ 作《一行传》。

（选自《古文鉴赏辞典》下册，上海辞书出版社1997年版）

【注释】

① 韫：藏。② 俛（fǔ）：同"俯"。③ 弟：同"悌"。

知识卡片

欧阳修领导了北宋诗文革新运动，提倡复兴古文，奠定了平易流畅的宋文基调，开创了一代文风，名列"唐宋八大家"之一。除了文学方面，欧阳修在史学方面也有很大贡献，《新五代史》就是欧阳修撰写的纪传体史书，属二十四史之一。这部史书上尊孔子，依照《春秋》的微言大义而多存褒贬，总结历史经验和政治教训，立意比《旧五代史》更为深刻。并且因欧阳修以文学见长，所以，新史较之于旧史，文笔极佳，叙事简明，行文高洁，备受后人推崇。

阅读指津

《一行传》是参照《后汉书·独行传》而写的合传。这类传纪撷取传主的某一方面的突出表现（一行）立传，而不像对一些重要人物那样详述功业官历。本篇序中叙述了欧阳修写这篇传的缘由，简要介绍了传中的主要人物。这篇文章，于四个传主的安排煞费苦心，叙述的方式也富于变化。在行文方面，欧阳修善于把感情融合于叙事、议论之中。叙述、评议和感喟交织在一起，回环往复，一唱三叹，令读者有悠然不尽、回味无穷的感受。桐城派古文家刘大櫆评此序"慨叹淋漓，风神萧飒"，实际上这正是欧公叙事之文深得太史公笔法神理的典型作品。

拓展练习

1. 可填入第②段横线处的一项是（　　）
   A. 则　　　　B. 与其　　　　C. 孰与　　　　D. 所以

2. 根据文章内容推断，下列哪一项不属于《一行传》内容（　　）

   A. 唐昭宗时，举进士不中，见天下已乱，有拂衣远去之意，欲携其妻、子与俱隐，其妻不从，遂及入少室山为道士。唐明宗时以左拾遗、晋高祖时以谏议大夫召之，皆不起，即赐号为逍遥先生。

   B. 昂以公事至府上谒，赞者以彦朗讳"石"，更其姓曰"右"。昂趋于庭，仰责彦朗曰："内侍奈何以私害公！昂姓'石'，非'右'也。"彦朗大怒，拂衣起去，昂即趋出。

   C. 福赟以为契丹且大至，而天子在军，京师虚空，不宜以小故动摇人听，因匿其事不以闻。军将李殷位次福赟下，利其去而代之，因诬福赟与乱者同谋，不然何以不奏。出帝下福赟狱，人皆以为冤，福赟终不自辨以见杀。

   D. 伦少为军卒，末帝即位，迁濮州刺史，又徙澶州刺史。伦为人骁勇有力，能跣足履棘行百步。持一铁枪，骑而驰突，奋疾如飞，而佗人莫能举也，军中号铁枪。

3. 分析第①段的行文思路。

4. 文章②～⑤段，对四位传主叙述的方式富于变化，请试作分析。

参考答案

1. B

2. D

3. 首先感叹五代之乱极，引用"天地闭，贤人隐"指出社会黑暗，贤人潜隐不用于世，并列举了混乱的表现。然后指出乱世应多有忠臣义士的规律，由此质疑五代的忠义之士少。接着通过反问的方式，提出应有洁身自负之人，但不易发现。并通过古代例子证明自己看法。最后写世乱事湮，搜求人物事迹立传之难，仅得"四五人而已"。

4. 叙述郑遨、张荐明，采用先抑后扬的手法。先说他们"处乎山林而群麋鹿"不足为"中道"，后用"虽"字，为下文的表扬伏线，把这两人和文章开头那些无所作为，安享俸禄污泥廉耻之色的官员做对照，表扬他们的高洁品行；叙述石昂就用"势利不屈其心，去就不违其义"十二个字概括其主要精神；叙述程福赟时，先写"忠"，在当时已非常难得，进而引出其以忠获罪，至死不言的特点；叙述李自伦时先介绍时代背景之乱，再引出此人，以显示其在此环境下能保持孝悌的不易。

选文三

江邻几文集序

（宋）欧阳修

① 余窃不自揆①，少习为铭章，因得论次当世贤士大夫功行，自明道、景祐以来，名卿巨公，往往见于余文矣。至于朋友故旧，平居握手笑言，意气伟然，可谓一时之盛；而方从其游，遽哭其死，遂铭其藏②者，是可叹也。盖自尹师鲁之亡，逮今二十五年之间，相继而殁，为之铭者，至二十人，又有余不及铭，与虽铭

而非交且旧者,皆不与焉。呜呼!何其多也!不独善人君子难得易失,而交游零落如此,反顾身世死生盛衰之际,又可悲夫!而其间又有不幸罹忧患,触网罗,至困厄流离以死,与夫仕宦连蹇,志不获伸而殁,独其文章尚见于世者,则又可哀也欤!然则虽其残篇断稿,犹为可惜,况其可以垂世而行远也!故余于圣俞、子美之殁既已铭其圹③,又类集其文而序之,其言尤感切而殷勤者,以此____。

②陈留江君邻几,常与圣俞、子美游,而又与圣俞同时以卒。余既志而铭之,后十有五年,来守淮西,又于其家得其文集而序之。邻几,毅然仁厚君子也。虽知名于时,仕宦久而不进,晚而朝廷方将用之,未及而卒。其学问通博,文辞雅正深粹,而论议多所发明,诗尤清淡闲肆可喜。然其文亦自行于世矣,固不待余言以为轻重。而余特区区于是者,盖发于有感而云然。

③熙宁四年三月日,六一居士序。

(选自《唐宋八大家鉴赏辞典》,北岳文艺出版社1989年版)

【注释】
① 自揆:审度,自己估量。② 藏:入土,指埋棺出葬。③ 圹:墓穴。

知识卡片

江休复,字邻几,北宋开封陈留人,他的生平相关记录不多。通过诗文与史料所载信息可知,江邻几为庆历文人集团成员之一,与梅尧臣等人交往密切。梅尧臣的不少诗文中都提及江邻几,并且不少诗题更出现与江氏同为某事的表述。欧阳修曾为他写过《江邻几墓志铭》。

阅读指津

林纾论述文章起笔说:"总言之,领脉不宜过远,远则入题煞费周章。"但于文章大手笔,则不受这样的限制。本文开头并不是任意写来,而是根据文章的内容和作文的目的精心构思的,但极自然,毫无做作的痕迹。这种从远处起笔的开头,为下文埋设伏笔,行文渐渐逼近主题,最后点出此序之言是"发于有感"的写法,作者的思想没有强人之意,情韵极美,读来亲切动人,富有感染的力量,而且也摆脱了一般写序黏滞于文集的作品和作者而就事论事的局限,丰富了文章的思想内涵。此外,这篇文集序用强烈的抒情手法通贯全篇,不仅使层层叠进的复杂结构转接自然,如行云流水,而且使文章极有韵致,可以移情。

拓展练习

1. 可填入第①段横线处的一项是(   )

A. 耳   B. 哉   C. 乎   D. 也

2. 对文章理解不正确的一项是(   )

A. 文章开头一般讲究开门见山,但本文开篇却没有触到作序一事,而是匠心独运,别出机杼,自有一种委婉曲折的艺术效果。

B. 江邻几"学问通博、文辞雅正深粹,而议论多所发明,诗尤清淡闲肆可喜"。这些均与开头"当世贤士大夫功行"的内容相呼应。

C. 本文写到江邻几和他的文集,篇幅不长,却概括性很强,其中提到邻几为人仁厚,学问广博,但一生都没有做官。

D. 结尾"余特区区于是者,盖发于有感而云然",能体味出无穷的言外之意,这篇序不是仅为写江邻几而写江邻几的。

3. 简析本文行文思路。

4. 刘大櫆评价本文:"情韵之类,欧公独擅千古,此篇尤甚。"请以此分析第①段中的情感。

参考答案

1. D

2. C

3. 先写自己少习为铭章,为名卿巨公和朋友故旧写墓志的事。然后总结25年间,自己先后为20位友人写了墓志铭。接着转到梅圣俞和苏子美这些人的文章可以垂世而行远,因此不仅为他们写铭,也为他们写序。最后引出与梅圣俞和苏子美交好的江邻几,并进一步介绍他的生平、为人及为文特点。

3. 作者为故友离世,自己为其写墓志铭而感叹生命无常;又为自己失去众多朋友,知交零落而伤感;当写到善人君子皆困厄流离、志不获伸而死时,表达对正直的知识分子的同情,也暗含对那种扼杀人才的社会现实的谴责。第一段中"是可叹也!""呜呼!何其多也!""又可悲夫!""则又可哀也欤!"之类的词句,不断加强感叹的色彩,造成一种痛惜苍凉、感人肺腑的效果。

选文四

《东京梦华录》序

(宋)孟元老

① 仆从先人宦游南北。崇宁癸未到京师①,卜居于州西金梁桥西夹道之南。渐次长立,正当辇毂之下②,太平日久,人物繁阜。垂髫之童,但习鼓舞;斑白之老,不识干戈。时节相次,各有观赏:灯宵月夕,雪际花时,乞巧登高,教池游苑。举目则青楼画阁,绣户珠帘。雕车竞驻于天街,宝马争驰于御路。金翠耀目,罗绮飘香。新声巧笑于柳陌花衢,按管调弦于茶坊酒肆。八荒争凑,万国咸通。集四海之珍奇,皆归市易;会寰区之异味,悉在庖厨。花光满路,何限春游;箫管喧空,几家夜宴。伎巧则惊人耳目,侈奢则长人精神。瞻天表则元夕教池,拜郊孟享③,频观公主下降,皇子纳妃。修造则创建明堂,冶铸则立成鼎鼐。观妓籍则府曹衙罢,内省宴回;看变化则举子唱名,武人换授。仆数十年烂赏叠游,莫知厌足。

② 一旦兵火,靖康丙午之明年,出京南来,避地江左,情绪牢落,渐入桑榆④。暗想当年,节物风流,人情和美,但成怅恨。近与亲戚会面,谈及曩昔,后生往往妄生不然。仆恐浸久,论其风俗者失于事实,诚为可惜。谨省记编次成集,庶几开卷得睹当时之盛。古人有梦游华胥之国,其乐无涯者。仆今追念,回首怅然,岂非华胥之梦觉哉?目之曰"梦华录"。然以京师之浩穰⑤,及有未尝经从处,得之于人,不无遗阙,倘遇乡党宿德,补缀周备,不胜幸甚。此录语言鄙俚,不以文饰者,盖欲上下通晓尔,观者幸详焉。

③ 绍兴丁卯岁除日幽兰居士孟元老序。

(选自《东京梦华录》,中华书局2020年版)

【注释】

① 京师:首都。此指汴京。② 辇毂之下:指京城,犹言在皇帝车驾之下。③ "瞻天表"二句:瞻,瞻仰。天表,皇帝的面容。该书卷六《十六日》条记:"十六日车驾不出,自进早膳讫,登门,乐作,卷帘,御座临轩,宣万姓。先到门下者,犹得瞻见天表。"拜郊,到郊外拜天帝。孟享,犹言首享,指郊天。④ 桑榆:指

晚年。⑤ 浩穰：人众多的样子。浩：大。穰：盛。

知识卡片

本文是孟元老为自己的书《东京梦华录》写的序。孟元老号幽兰居士，北宋东京开封府（今河南开封）人，生平不详，现在仅能据其自撰的《东京梦华录》序言以及《宋会要辑稿》等材料，了解其生平大概。《东京梦华录》所记大多是宋徽宗崇宁到宣和年间，北宋都城东京的情况。这本书涵盖内容极其广泛，与同时代的画家张择端所作的《清明上河图》一样，为我们描绘了这一历史时期居住在东京的上至王公贵族、下及庶民百姓的日常生活情景，是研究北宋都市社会生活、经济文化的一部极其重要的历史文献。

阅读指津

本篇序文对书名"梦华"做了解释，并对该书的缘起做了说明，表面上看属于序文一般通例，是备忘录，但实际上有着作者深衷曲意。明人毛晋认为"幽兰居士华胥一梦，直以当麦秀黍离之歌"。序文对全书内容作了提纲挈领的概括，所有描述的种种，在书中有具体体现；作者不是纯然罗列现象，而是满含情感地回顾，布满愁云惨雾，奏出半是依恋半是挽歌的凄清曲，形成了全文概括性和情感性结合的特征。

拓展练习

1. 文章第①段提到了京城可观赏的节日，以下哪个选项中的节日没有被提及？（　　）
A. 元宵节　　　　　B. 端午节　　　　　C. 七夕节　　　　　D. 重阳节

2. 本文中对书名"梦华"做了解释，下列哪一项说法是正确的？（　　）
A. 梦华是古人梦游华胥之国的传说，作者读来其乐趣无限，而作者回忆东京时种种欢乐场景，如梦游华胥，回味无穷。
B. 梦华是指作者曾经梦游华胥国，乐趣无限，作者觉得东京的生活犹如一场美梦，如今追忆，让人回味怅然。
C. 梦华是指作者曾梦游华胥国，乐趣无限，作者追忆曾经在东京的欢乐时光，犹如从梦游华胥中醒来，内心惆怅。
D. 梦华是指古人梦游华胥之国而乐趣无限的传说，作者追忆在东京的欢乐情景，犹如梦游华胥，如今繁华不再，内心怅然。

3. 有人认为第①段对东京景象的描写颇有"赋"的特点，你认同吗？请结合内容作分析。
4. 结合全文，简析作者创作《梦华录》的意图。

参考答案

1. B
2. D
3. 第①段描写衣食住行皆有，声色视听兼备，浓艳斑斓，辞藻艳丽；句式多用骈句，以四字结构为主，又间以对称性长句。铺陈东京的繁华景象，的确有赋的特点。如作者描写所见时用"举目"统领，"楼""阁""户""帘"，以"青""画""绣""珠"加以修饰，增添了感官印象性和色彩感。用"天街""御路""柳陌""花衢""茶坊""酒肆"，涵括了当时汴梁城的所有领域，既有图景描述，如"竞驻于天街""争驰于御路"，又有色彩点缀,如"金翠耀目",还有声响渲染:"新声巧笑""按管调弦"。

4. 追忆记录北宋都城东京开封曾经的城市景象;使后人得以了解曾经的京师真实的风土人情,繁华盛况;表达对往昔生活的无限眷恋,对国家灭亡的伤感;表达对长久偏安一隅现实的不满。

选文五

《本草纲目》序

(明) 王世贞

① 纪①称:望龙光知古剑;觇宝气辨明珠。故萍实商羊②,非天明③莫洞。厥后博物称华④,辨字称康⑤,析宝玉称猗顿,亦仅仅晨星耳。

② 楚蕲阳李君东璧,一日过予弇山园谒予,留饮数日。予观其人,睟然貌也,癯然身也,津津然谭议也,真北斗以南一人。解其装,无长物,有《本草纲目》数十卷。谓予曰:"时珍,荆楚鄙人也,幼多羸疾,质成钝椎,长耽典籍,若啖蔗饴。遂渔猎群书,搜罗百氏,凡子史经传,声韵农圃,医卜星相,乐府诸家,稍有得处辄著有数言。古有《本草》一书,自炎皇及汉、梁、唐、宋,下迨国朝,注解群氏旧矣。第其中舛缪差讹遗漏,不可枚数,乃敢奋编摩之志,僭纂述之权。岁历三十稔,书考八百余家,稿凡三易。复者芟之,阙者辑之,讹者绳之。旧本一千五百一十八种,今增药三百七十四种,分为一十六部,著成五十二卷,虽非集成,亦粗大备,僭名曰《本草纲目》。愿乞一言,以托不朽。"

③ 予开卷细玩,每药标正名为纲,附释名为目,正始也。次以集解、辨疑、正误,详其土产形状也。次以气味、主治、附方,著其体用也。上自坟典,下及传奇,凡有相关,靡不备采。如入金谷之园,种色夺目;如登龙君之宫,宝藏悉陈;如对冰壶玉鉴,毛发可指数也。博而不繁,详而有要,综核究竟,直窥渊海。兹岂仅以医书觏哉?实性理之精微,格物之《通典》,帝王之秘箓,臣民之重宝也。李君用心嘉惠何勤哉!噫,碔玉莫剖,朱紫相倾⑥,弊也久矣。故辨专车之骨,必俟鲁儒;博支机之石,必访卖卜。予方著《弇州卮言》,恚博古如《丹铅卮言》后乏人也,何幸睹兹集哉!兹集也,藏之深山石室无当,盍锲之,以共天下后世味《太玄》如子云⑦者。

④ 时万历岁庚寅春上元日,弇州山人、凤洲王世贞拜撰。

(选自《本草纲目》,北京联合出版公司 2015 年版)

【注释】

① 纪:古籍记录。② 萍实商羊:萍实,一种大而圆的果实,祥瑞之物;商羊,一种传说中的鸟。③ 天明:天才。④ 华:西晋的张华,强记博识,广学多闻,著有《博物志》十卷。⑤ 康:指魏晋名士嵇康,善认古字。⑥ 碔玉:似玉的美石;朱紫相倾:朱色和紫色相排斥,喻真假优劣相混。⑦《太玄》如子云:西汉学者扬雄(字子云)模仿《周易》作《太玄经》。

知识卡片

王世贞(1526年—1590年),字元美,号凤洲,又号弇州山人,江苏太仓人,明代著名文人。嘉靖二十六年(1547)进士,官至南京刑部尚书。以诗文名于世,工书法,兼善画为。王世贞曾与李攀龙共主文坛,李攀龙死后独主文坛二十余年,在当时影响极大。他主张文必秦汉,诗必盛唐,倡导复古摹拟,与李攀龙、徐中行、梁有誉、宗臣、谢榛、吴国伦合称"后七子"。

李时珍(1518年—1593年),字东璧,晚年自号濒湖山人,湖北蕲州人。他的《本草纲目》承前启后,是中国十六世纪药学成就之大成,被国外学者誉为中国之百科全书。本书首次采用纲目体系为药物分类,开创了历代本草著作之先河。

《本草纲目》全书近一百九十万字,刊刻工程浩大,而当时李时珍还仅仅是个默默无闻的郎中,因此找不到愿意将其出版的书商。于是他找到当时文坛领袖王世贞,有了大儒王世贞的序文,南京书商胡承龙答应承印《本草纲目》,核对和刻印工作用了整整四年时间。万历二十四年(1596),也就是李时珍去世后的第三年,《本草纲目》终于在南京出版500套,史称"金陵本"。李时珍至死没能看到《本草纲目》问世,这自然是一种不幸。但是,因为有了王世贞的序,《本草纲目》最终免于胎死腹中的命运,这又何尝不是不幸中的万幸。

阅读指津

王世贞的序言促成了《本草纲目》的刊印发行,而且加速了《本草纲目》的广泛流行,成为了解该书内容不可或缺的一部分。本文条理清晰,对李时珍的《本草纲目》有极高的评价。文章先以感慨起,继而通过记述李时珍的话,简明地介绍了《本草纲目》的写作原因,写作过程和书的概貌,最后发表了自己的读后感,高度评价了这本书的学术价值,并指出了这本书刊行的必要。这篇序文也极富有艺术性,运用多种修辞手法,文采飞扬,是本文显著的特色。

拓展练习

1. 分析第①段在文中的作用。

2. 对第②段的分析,不正确的一项是(　　)

A. 作者回忆李时珍拜谒之事,描写李时珍面貌润泽而有光彩,清瘦而有精神,聪慧健谈,使作者产生了不凡的感受。

B. 李时珍谦恭自陈,耽于典籍,遍读群书。以独身之力,勘正《本草》,苦心孤诣,三十年如一日发愤著书,三易其稿。

C. 李时珍提到,古就有《本草》这本书,自炎帝神农氏开始,注解这本书的人很多,但鲜有人能够注意到这本书内容的错漏。

D. 李时珍在旧本基础上增加了374种药,分为16部,成52卷,起名《本草纲目》。请王世贞写序,想借此扩大书的影响。

3. 结合第③段划线内容,分析作者是如何评价《本草纲目》的。

参考答案

1. 第①段铺陈设喻。先从识剑、辨珠,博物、辨字、析玉等罗列了见识广博之人,进而用比喻感慨这些博物之士寥若晨星,人才难得。以此引出下文对李时珍的人品与学识的盛情称赞。

2. C

3. 作者先用三组比喻,称赞《本草纲目》收录的内容丰富,价值巨大,条理清晰。再用四句话总结,肯定这部作品内容广博,繁简精当,主次鲜明,思想深刻,然后用反问句的形式指出《本草纲目》不仅仅是一部医书,并用排比句进一步赞誉《本草纲目》性理精微,是博物之书,文化价值极高。

(张洛绮)

六　赠　序

选文一

送王秀才①序

（唐）韩　愈

① 吾常以为孔子之道大而能博，门弟子②不能遍观而尽识□，故学焉而皆得其性之所近。其后离散分处诸侯之国，又各以所能授弟子，源远而末益分。

② 盖子夏之学，其后有田子方；子方之后，流而为庄周③。故周之书，喜称子方之为人。荀卿之书，语圣人必曰孔子、子弓④。子弓之事业不传，惟太史公书《弟子传》有姓名字，曰馯子弓。子弓受《易》于商瞿。孟轲师子思，子思之学盖出曾子。自孔子没，群弟子莫不有书，独孟轲氏之传得其宗，故吾少而乐观焉。

③ 太原王埙示余所为文，好举孟子之所道者。与之言，信悦孟子，而屡赞其文辞。<u>夫沿河而下，苟不止，虽有迟疾，必至于海。如不得其道也，虽疾不止，终莫幸而至焉</u>。故学者必慎其所道。道于杨、墨、老、庄、佛之学，而欲之圣人之道，犹航断港绝潢，以望至于海也。故求观圣人之道，必自孟子始。今埙之所由，既几于知道，如又得其船与楫，知沿而不止，呜呼，其可量也哉！

【注释】

① 王秀才：即下文中的王埙，太原人。② 门弟子：此指及门弟子，即授业弟子。古人亲授业者为弟子，转而相授者称门人。③ "盖子夏之学"二句：谓田子方继承了子夏的学说。此说根据《史记·儒林列传》。④ 子弓：姓馯（hán）名臂，字子弓。

知识卡片

这是韩愈写给太原书生王埙的一篇赠序。韩愈在28岁至36岁间一心钻研儒学，倡导复兴儒学和古文运动，写下不少阐述儒学理论和儒家道统的文章。很多读书人受其理论和思想的影响而投奔到他门下，人称"韩门弟子"，这些弟子成为他以复兴儒学为内容的古文运动的骨干力量和社会基础。这篇序勉励王埙沿着正确的道路学习儒学，表达了韩愈对一位青年学子的殷切期望，感情真挚，气势博大。

阅读指津

文章开头直接就儒家学说的传承问题展开讨论，既说明自己自幼喜欢学习孟子的原因，又借此向世

人宣布自己所学习、所继承并发扬的是儒学的正统,从而也看出他捍卫儒学并以儒学正统继承人自居的心理,为下文张本。议论脉络清晰,文理缜密,语言精练,斩截有力。阅读时要注意把握段落的关键句,明确段落之间的关系。文末段落表明了韩愈对儒家学说和其他学说的态度,阅读时要理解此段落的逻辑层次,品读具体语句的论证方法,体会韩愈语言的感染力。

拓展练习

1. 可填入第①段方框处的虚词是(　　)
A. 矣　　　　　　　B. 焉　　　　　　　C. 也　　　　　　　D. 尔

2. 下列对本文的内容理解分析不正确的一项是(　　)
A. 从可以推测文中的王秀才王埙与韩愈志同而道合,这是韩愈给他写这篇赠序的思想基础。
B. 王埙在文中表达了对孟子的学说心悦诚服,这正是王埙得到韩愈肯定和赞赏的原因。
C. 文章用比喻的方式,形象地说明杨、墨、老、庄、佛之学虽不同于圣人之道,但也有其独特的价值和意义。
D. 全文气势博大,勉励王埙沿着正确的道路学习儒学,并对他寄予厚望。

3. 请从论证手法的角度鉴赏第③段画波浪线的句子。

4. 这篇文章是赠王埙的序文,但并不从王埙落笔,甚至关于王埙的生平事迹只字未提,联系下面二则材料,请分析作者这样写的意图。

材料一　唐荆川曰:此是立主意之文,而紧要全在"好举孟子之所道者"一句。

材料二　茅鹿门曰:通篇以孟子作主,是退之立自己门户,故其文有雄视一世气。

参考答案

1. C

2. C

3. 文中画线句采用比喻论证的手法,以行船作比喻,以此生动形象地说明学者一定要慎重选择所取的道路,道路正确,不论速度如何,也一定能到达最终的目的地;反之,如果一开始方向便偏离,那么即便急速行进,最终也只会南辕北辙。通过比喻论证,将深奥的道理浅显化,同时也增加了议论的趣味性、说服力和感染力。

4. 材料一与材料二都表达了本文的主旨是韩愈借序来表明自己尊崇儒道的立场。这篇文章是赠王埙的序文,但并不从王埙落笔,而是从"孔子之道,大而能博"说起,主要原因是因为序文虽然是写给王埙的,但其真正的目的是为了弘扬儒学,明辨儒学正宗,告诫后世学者应如何选择未来的路。所以先从孔子的学说博大精深说起。接着条分缕析,阐述孔子殁后,庄周、荀卿、孟子三家的师承关系。最后表明孟子得其真传,是儒学正宗,应该尊崇其学说。

选文二

赠黎安二生序

(宋)曾　巩

① 赵郡苏轼,予之同年①友也。自蜀以书至京师遗予,称蜀之士曰黎生、安生者。既而黎生携其文数

十万言,安生携其文亦数千言,辱②以顾予。读其文,诚闳壮隽伟,善反复驰骋,穷尽事理;而其材力之放纵,若不可极者也。二生固可谓魁奇特起之士,而苏君固可谓善知人者也。

② 顷之,黎生补③江陵府司法参军,将行,请予言以为赠。予曰:"予之知生,既得之于心矣,乃将以言相求于外邪?"黎生曰:"生与安生之学于斯文,里之人皆笑以为迂阔④。今求子之言,盖将解惑于里人。"予闻之,自顾而笑。

③ 夫世之迂阔,孰有甚于予乎? 知信乎古,而不知合乎世;知志乎道⑤,而不知同乎俗;此予所以困于今而不自知也。世之迂阔,孰有甚于予乎? 今生之迂,特以文不近俗,迂之小者耳,患为笑于里之人;若予之迂大矣,使生持吾言而归,且重得罪,庸讵⑥止于笑乎? 然则若予之于生,将何言□? 谓予之迂为善,则其患若此;谓为不善,则有以合乎世,必违乎古,有以同乎俗,必离乎道矣。生其无急于解里人之惑,则于是焉,必能择而取之。

④ 遂书以赠二生,并示苏君以为何如也。

【注释】

① 同年:同年中考的人。曾巩和苏轼都是宋仁宗嘉祐二年进士。② 辱:谦词。这里是屈尊的意思。③ 补:充任。④ 迂阔:迂远而不切实际。⑤ 道:指圣人之道,即儒家学说。⑥ 庸讵(jù):岂,难道,怎么。

知识卡片

曾巩,字子固,世称"南丰先生"。嘉祐二年(1057)进士。北宋政治家、散文家,"唐宋八大家"之一。本文写于治平四年(1067),是曾巩撰写给好友苏轼推荐两位青年的赠序。安生和黎生一同学习古文运动所批判的骈文,曾巩读了他们二人带来的文章,有所感慨,又因不久后,黎生补任江陵府司法参军。故曾巩应黎生、安生之请,写了这篇著名的文章。曾巩针对他们提出的写作古文遭人讥笑之事,进行了委婉的劝诫,鼓励他们不要因他人的看法而放弃自己的创作原则,要有坚定的信心走自己的路。

阅读指津

本文在写法上的突出特点是层层递进,阅读时应理清每一层次的主要内容。首段叙述黎、安的来历,写此篇序实为友苏轼来信引荐之故;第二段继由黎生之口,提出了黎安二生被人讥笑"迂阔"的看法,以自己虽长期受世人嘲笑,却绝不苟合世俗的态度,鼓励二生应坚持自己的道路;第三段照应前文,从正面写赠言之意,以"迂"字为中心深入论述,通过几个问句看似自嘲,实则颇具信心地肯定自己所选之道。

拓展练习

1. 可填入第③段方框处的虚词是( )

   A. 也　　　　B. 与　　　　C. 哉　　　　D. 焉

2. 下列对本文的内容理解分析不正确的一项是( )

A. 本文是曾巩撰写给同年好友苏轼的推荐两位青年黎生和安生的赠序。

B. 曾巩针对黎生提出的写作古文遭到时人非议讥笑一事,直接告诫黎、安二生不要因怕被嘲笑而放弃自己的原则。

C. 对于黎安二生的困惑,曾巩劝他们不要急于解除同乡的疑惑,这样,必定能够选择而取其正确的途径。

D. 文章篇幅短但内容丰厚,曾巩用看似自嘲的口吻,实则在肯定自己"迂阔"的人生态度。

3. 文章围绕"迂阔"二字展开论述,请分别从黎生与曾巩的角度,谈谈他们对"迂阔"的认识。

4. 《古文观止》按云:"文之近俗者,必非文也。故里人皆笑,则其文必佳。子固借迂阔二字,曲曲引二生入道。读之觉文章生气,去圣贤名教不远。"请结合文章内容,谈谈曾巩是如何"曲曲引二生入道"的。

1. C

2. B

3. 黎生:被世人讥笑为"迂阔",内心失落,急于解除同乡人对自己的不良看法,心有困惑,欲从曾巩处寻得答案。曾巩:认为黎安二生所谓的"迂阔"与自己相比,实在不值一提。表达自己虽长期受世人嘲笑,却绝不苟合世俗,劝诫二生无需急于消解他人的误解,要坚定地走自己的路。

4. 本文通篇以"里人笑为迂阔"一句步步展开,首先表明写此篇序的缘由是因友苏轼推荐黎安二生;接着写到了黎安二生因以"里之人皆笑,以为迂阔"求教于曾巩,望"赠序"以"解惑"。曾巩认为"迂阔"虽为求古道的障碍,但于己却不值一提,以"过来人"的身份劝慰二生无需困扰,最后从正面写赠言之意。全文透过"迂阔"二字,既体现了"赠序"中前辈对晚辈的谆谆教诲,又围绕主题将内心万千概况化为婉转诙谐之语。

太息送秦少章^①

(宋) 苏 轼

孔北海与曹公论盛孝章云^②:"孝章,实丈夫之雄者也,游谈之士,依以成声……今之少年,喜谤前辈,或讥评孝章;孝章要为有天下重名,九牧^③之人,所共称叹。"吾读至此,未尝不废书太息也曰:嗟乎!英伟奇逸之士,不容于世俗也久□。虽然,自今观之,孔北海、盛孝章犹在世,而向之讥评者,与草木同腐久矣。昔吾举进士,试于礼部。欧阳文忠公见吾文曰:"此我辈人也,吾当避之。"方是时,士以割裂为文,聚而见讪,且讪公者,所在成市,曾未数年,忽焉若潦水之归壑,无复见一人者,此岂复待后世哉!今吾衰老废学,自视缺然,而天下之士不吾弃,以为可以与于斯文者,犹以文忠公之故也。张文潜、秦少游,此两人者,士之超逸绝尘者也,非独吾云尔。二三子亦自以为莫及也,士骇于所未闻,不能无异同,故纷纷之言,常及吾与二三子,吾策之审矣,士如良金美玉,市有定价,岂可以爱憎口舌贵贱之欤?少游之弟少章,复从吾游,不及期年,而论议日新,若将施于用者,欲归省其亲,且不忍去。呜呼!子行矣。归而求诸兄,吾何加焉!作《太息》一篇,以饯其行,使藏于家,三年,然后出之。

【注释】

① 秦少章:名觏,秦观弟,亦苏轼门人。② 孔北海:名融,字文举,后汉鲁(今山东曲阜)人。曹公:即曹操。盛孝章:名宪,会稽人。③ 九牧:《周官·秋官·掌交》注"九牧,九州之牧"。此指当时之"州牧"。

《太息送秦少章》是苏轼为友人所写的一篇赠序。秦少章名觏,字少章,扬州高邮(今江苏省高邮市)

515

人,北宋著名"婉约派"词人秦观(即秦少游)之弟。本文虽是苏东坡为朋友秦少章所写的临别赠言,但实际上是一篇议论散文。作者在这里勉励后学要豁达开朗,不要计较别人的毁誉,并对当时社会上那种文士互相倾轧,任意讥讪、毁谤别人的不良风气进行了严厉抨击。

阅读指津

文章由孔融的文章《与曹公论盛孝章书》写起,由此表示出苏轼对孔北海、盛孝章这些大才的崇拜以及对那些"喜谤前辈"的庸人们的鄙视。接着,写到了对自己有知遇之恩的欧阳修,字里行间充满对恩师的感激之情。又由欧阳修说到了他自己的学生张耒与秦观,苏轼认为他们作为人才却遭到诽谤,借由自己学生的遭遇表达了对这种社会风气的不屑。最后表达了对秦观之弟秦少章的勉励,文章条理清晰,结构谨严,循序渐进,篇幅虽短,但具有很强的说服力。

拓展练习

1. 可填入方框处的虚词是(　　)
   A. 也　　　　　　B. 矣　　　　　　C. 哉　　　　　　D. 耶
2. 作为一篇赠序,苏轼对秦少章进行了勉励,请概述勉励的内容。
3. 本文虽仅四百余字,但内涵丰富,具有很强的说服力,举例分析文章的"说服力"体现在何处?
4. 本文题为《太息送秦少章》,太息,即叹息。结合文章具体内容,分析苏轼为何而"太息"?

参考答案

1. B

2. 苏轼在少年英才秦少章(同时是自己的弟子秦少游的弟弟)临行前写了此篇序文,对其劝勉,对其怀才不遇的际遇表示安慰,向其说明一时的毁誉本不足凭,虽暂处晦而必不为物所掩的道理。

3. (1)文章具有很强的说服力,例如先由东汉时的孔北海的《与曹公论盛孝章书》谈起,说明虽然"今之少年,喜谤前辈""讥评孝章",然而"孔北海、盛孝章犹在世",而那些讥评他们的人却"与草木同腐久矣"。(2)再如用当年欧阳修改革科举制度遭到围攻的事例,说明有才学的人受到攻击诋毁不足为怪。(3)又如用自己同张文潜、秦少游遭受讽刺、议论的事,说明当时社会上喜谤贤士的不良风气,最后由此引出"士如良金美玉,市有定价,岂可以爱憎口舌贵贱之"的论点。

4. "太息"的原因主要有以下几点:(1)苏轼认为秦少章年少有才,与自己有交往且学问长进颇大,认为其未来前途光明,然而秦少章即将归乡省亲,作者对他离开略感遗憾。(2)对自己曾与弟子张耒、秦观遭受讽刺、议论的事,叹息当时社会上喜谤贤士的不良风气。(3)感慨对于自己有知遇之恩的欧阳修,也受到当时一些士子的围攻,又想到自己疼爱的弟子张耒、秦观被嫉贤妒能,内心有所不平。

选文四

送张闲中序

(清)刘大櫆

① 河流自昔为中国患。禹疏九河,过家门不入,而东南巨野①无溃冒淹没之害者,七百七十余年。周

定王时,河徙砾溪,九河故道,浸以湮灭。自是之后,秦穿漕渠,而汉时河决酸枣、瓠子、馆陶,泛溢淮、泗、兖、豫、梁、楚诸郡,历魏、晋、唐、宋、元、明,数千百载,迄无宁岁。

② 皇帝御极之元年,命山东按察使齐苏勒总督河务。吾友张君若矩,以通判河上事,效奔走淮水之南。乃畚②乃筑,共职维勤,险阻艰虞,罔敢或避。河督称其能,以荐于天子,使署理究之泇河。四年冬,题补入觐③。而是时,河水自河南陕州至江南之宿迁,千有馀里,清可照烛须眉者,凡月馀日不变。可以见太平有道,元首股肱④,联为一体,至治翔洽,感格幽冥,天心协而符瑞见,至于此也。

③ 张君既入觐,卒判泇河,将归其官廨⑤。于是吾徒凤与张君有兄弟之好者,各为歌诗以送之。

【注释】

① 巨野:泽名。② 畚:盛土的器具,作动词用。③ 题补:呈报补缺,即由候补改为实授。入觐:入朝朝见皇帝。④ 元首:指君。股肱:指臣。⑤ 廨(xiè):官署。

知识卡片

张闲中是桐城人。作者刘大櫆曾在其家教书。张闲中任职于河南,文章作为一篇赠序,却先言古代的河患,后文又特别写了当世的"河清",有赞美圣主的意味。

阅读指津

读者在阅读时要明确文章的论述层次,先从古代水患开始讲起,再叙述当代河水治理情况,最后表达赠序之意。理解作者通过此文赞美当世圣主的写作意图。

拓展练习

1. 文章第①段为什么要从历史上的河患开始写起?

2. 从句式的角度赏析第②段的画线句。

3. 作为一篇赠序,本文对张闲中着墨甚少,却用大量篇幅写了当时的河水治理情况。请分析本文的写作意图。

参考答案

1. 第①段先总述中国水患由来已久,再罗列从大禹治水以来,各朝各代都遭受水患侵袭,终年没有宁日,以此为下文作者好友张君治理有方做铺垫,更以此来称赞当世圣主的治理英明。

2. 画线句描述了河水经过张君治理以后清澈通透,通过多个四字短语,表明了河水治理的功效,更以此赞誉太平盛世,君臣一心,社会安定祥和的局面。句式上短促有力,通过整齐的句式更深切表达了作者内心对圣主的钦佩。

3. 示例:本文为作者对即将入京朝见天子的好友张君的祝福,但实际上祝福之意在文末才显现。文章先写中国自古以来都饱受水患困扰,接着写到自己的好友张君被委以治水重任,历经险阻、排除万难,最终治水有功。再由此写到因为君主圣明,臣子忠诚,君臣一心才有了当今太平盛世。文章为赠序,既是对张君即将入京表达祝愿,更表达了对圣主由衷的赞美。

(赵 翀)

七 政 论

选文一

论积贮疏

(汉)贾 谊

① 管子曰:"仓廪实而知礼节。"民不足而可治者,自古迄今,未之尝闻。古之人曰:"一夫不耕,或受之饥;一女不织,或受之寒。"生之有时,而用之亡度,则物力必屈。古之治天下,至纤至悉也,故其畜积足恃。今背本而趋末,食者甚众,是天下之大残也;淫侈之俗日日以长,是天下之大贼也。残贼公行,莫之或止;大命将泛,莫之振救。生之者甚少而靡之者甚多,天下财产何得不蹶?汉之为汉,几四十年矣,公私之积,犹可哀痛。失时不雨,民且狼顾,岁恶不入,请卖爵子,既闻耳矣,安有为天下阽危者若是而上不惊者?

② 世之有饥穰,天之行也,禹、汤被之□。即不幸有方二三千里之旱,国胡以相恤?卒然边境有急,数十百万之众,国胡以馈之?兵旱相乘,天下大屈,有勇力者聚徒而衡击,罢夫羸老易子而咬其骨。政治未毕通也,远方之能疑者,并举而争起矣。乃骇而图之,岂将有及乎?

③ 夫积贮者,天下之大命也。苟粟多而财有余,何为而不成?以攻则取,以守则固,以战则胜。怀敌附远,何招而不至?今驱民而归之农,皆著于本,使天下各食其力,末技游食之民,转而缘南亩,则畜积足而人乐其所矣。可以为富安天下,而直为此廪廪也?窃为陛下惜之!

《论积贮疏》选自《汉书·食货志》,是贾谊23岁时给汉文帝刘恒的一篇奏章,建议重视农业生产,以增加积贮。贾谊是一个有远见卓识的政治家和文学家,他从缓和阶级矛盾、巩固封建统治的立场出发,敢于正视现实,揭露时弊。他在"文景之治"的背后看到严重的社会危机,这在他向文帝上的《论积贮疏》中做了大胆的揭露,并提出他的改革政治的主张。

阅读指津

选文围绕"积贮"的论题,从正反两面逐层深入地论证中心论点。第一段通过古今对比,对中心论点进行有力的论证。第二段则从反面进一步论证积贮的重要。第三段水到渠成地归纳出"夫积贮者,天下之大命也"的中心论点,并从正面更深入一层论证积贮的重要意义。作者引古证今,理论结合实际,进行正反对照,并以确凿的论据、严密的逻辑,层层深入进行论证,把道理说得清楚透彻,有条不紊,令人信服。

拓展练习

1. 可填入第②段方框处的一项是(　　)
A. 耳　　　　　　B. 矣　　　　　　C. 耶　　　　　　D. 也

2. 对第①段论证的分析,不正确的一项是(　　)
A. 引用管仲的著名观点论证积贮的重要性,具有很强的说服力。
B. 引用古话阐明生产有时限,消费无限度,社会财富就会匮乏。
C. 对比古今治天下的方法来论证积贮将会影响国家的长治久安。
D. 假设论证遇到灾年,百姓就会铤而走险,朝廷就要卖官鬻爵。

3. 评析本文的论证思路。

4. 作者认为"夫积贮者,天下之大命也",请加以评析。

参考答案

1. B

2. D

3. 示例:第①段作者先从正面入手,引证古人的言论,说明积贮、生产与国计民生的密切关系。接着作者笔锋一转,由此及彼,以古照今,一针见血地指出汉王朝积贮甚少的危险局面。第②段又从反面论证了不事积贮的危害。第③段作者再从正面论述了积贮之利。本文紧扣中心论点,从正反两个方面进行论证,条理清楚,层层深入,有极强的逻辑力量。

4. 示例:本文以积贮为中心,论述了"积贮者,天下之大命"的思想,这在历史上是有进步意义的。虽然作者主观上是为了维护封建统治,但他主张发展农业生产,增加积贮,安定人民生活,也是符合人民利益的。

选文二

秦楚之际月表序

(西汉)司马迁

① 太史公读秦楚之际,曰:初作难,发于陈涉;虐戾灭秦,自项氏;拨乱诛暴,平定海内,卒践帝祚,成于汉家。五年之间,号令三嬗,自生民以来,未始有受命若斯之亟也。

② 昔虞、夏□兴,积善累功数十年,德洽百姓,摄行政事,考之于天,然后在位。汤、武之王,乃由契、后稷修仁行义十余世,不期而会孟津八百诸侯,犹以为未可,其后乃放弑。秦起襄公,章于文、缪、献、孝之后,稍以蚕食六国,百有余载,至始皇乃能并冠带之伦。以德若彼,用力如此,盖一统若斯之难也。

③ 秦既称帝,患兵革不休,以有诸侯也,于是无尺土之封,堕坏名城,销锋镝,锄豪杰,维万世之安。然王迹①之兴,起于闾巷,合从讨伐,轶于三代,向秦之禁,适足以资贤者为驱除难耳,故愤发其所,为天下雄,安在无土不王?此乃传之所谓大圣②乎?岂非天哉,岂非天哉!非大圣孰能当此受命而帝者乎?

【注释】

① 王迹:王者创业的功绩,功业可见者曰迹。② 大圣:至圣,指道德高尚完备的人。

知识卡片

《秦楚之际月表》收录在《史记》中,"表"是司马迁在《史记》中创立的一种史书体例,是以表格的形式表现某一时期的史事、人物的。"秦楚之际"是指秦二世在位时期和项羽统治时期。这段时间虽短,但事件变化多端。按月来记述这段历史,故称为"月表"。

阅读指津

选文是司马迁在《秦楚之际月表》前面所写的序言,概括了秦楚之际政治形势的特点:即陈涉发难、项羽灭秦、刘邦称帝,而这些又都是在短促的时间内发生的。文章回顾了历史上一些帝王统一天下的艰难历程,分析了秦楚之际"号令三嬗",而汉高祖终于称帝的原因,结论有独到之处。

拓展练习

1. 可填入第②段方框处的虚词是( )
   A. 也　　　　B. 者　　　　C. 之　　　　D. 其

2. 对第①段的理解不正确的一项是( )
   A. 太史公认为陈涉起义是推翻暴秦的基础。　　B. 太史公指出项羽由于残暴不仁失去天下。
   C. 太史公肯定刘邦诛乱暴和平天下的功绩。　　D. 太史公感慨五年内政权更替频繁很罕见。

3. 分析第②段中列举虞、夏、商、周、秦五朝事例的作用。

4. 结合《鸿门宴》,评析作者在文中对汉之所以得天下的看法。

参考答案

1. C

2. B

3. 示例:第②段简述虞、夏、商、周、秦五朝一统天下的过程,举例论证即便凭借德与力,一统天下仍漫长且艰难的论点,形象直观。也与第①段的论点——汉朝得天下之速前所未有作对比(对照)。

4. 示例:作者在文中提出汉朝得天下是因为天意(或统治者是道德高尚完备的人)的看法。在秦楚之际,王者创业的功绩起于民间,而非诸侯;没有武器,就揭竿而起;合纵讨伐,声势之大、发展之速超过三代。这些历史事实使作者不得不说这是天意,这有一定的合理性。而在《鸿门宴》中,作者通过刻画项羽妇人之仁的性格弱点、任人唯亲的用人失误,与刘邦杀伐果决的性格优势、任人唯贤的用人策略,指出在历史潮流中人的重要作用。反观本文的看法,强调没有土地却能称王的难度,忽略人的重要作用,还托词"天"与"大圣",则不难发现其中的局限性。

选文三

桐叶封弟辨

(唐)柳宗元

① 古之传者有言,成王以桐叶与小弱弟戏曰:"以封汝。"周公入贺。王曰:"戏□。"周公曰:"天子不

可戏。"乃封小弱弟于唐。

② 吾意不然。王之弟当封邪？周公宜以时言于王，不待其戏而贺以成之也。不当封邪？周公乃成其不中之戏，以地以人，与小弱者为之主，其得为圣乎？且周公以王之言不可苟焉而已，必从而成之邪？设有不幸，王以桐叶戏妇寺，亦将举而从之乎？凡王者之德，在行之何若。设未得其当，虽十易之不为病；要于其当，不可使易也。而况以其戏乎？若戏而必行之，是周公教王遂过也。

③ 吾意周公辅成王，宜以道，从容优乐，要归之大中而已，必不逢其失而为之辞。又不当束缚之，驰骤之，使若牛马然，急则败矣。且家人父子尚不能以此自克，况号为君臣者邪！是直小丈夫缺缺者之事，非周公所宜用，故不可信。

④ 或曰："封唐叔，史佚[1]成之。"

【注释】

[1] 史佚：周初史官。清人姚范说："封唐叔事，《吕览·重言篇》以为周公，《说苑·君道篇》采之。若《史记·晋世家》则以为史佚。"

知识卡片

《桐叶封弟辨》是唐代柳宗元的一篇议论文。永贞革新失败后，柳宗元致力于阅读古今史书，对历史和现实问题进行深入的思考，辨其误，指其失，选文就是当时所创作的。通过评论"桐叶封弟"这个故事，批评了所谓"天子无戏言"的谬说，表达了柳宗元对"君权神授"的怀疑和否定。柳宗元还用桐叶封妇人和宦官的假设，影射了唐朝宦官专权的腐败政治，表达了革新朝政的愿望。

阅读指津

选文第一段叙事，第二段反驳，三、四两段断案。先以"当封""不当封"二意夹击，然后把"天子不可戏"五字痛加反驳，一层进一层，一语紧一语。清人林云铭在《古文析义》中说："篇中计五驳，文凡七转，笔笔锋刃，无坚不破，是辩文中第一篇文字。"第二段"周公宜以时言于王"，是从"贺"字对面看出；"以地以人"是从"小弱"着眼。第三段的"妇寺"一语，又是从"弟"字上想出。第四段仅从"周公"二字看出。虽段段都写周公，妙在能从首段中字字勘出破绽，又能从破绽处发出正理。

拓展练习

1. 可填入第①段方框处的一项是（　　）

A. 耳　　　　B. 矣　　　　C. 耶　　　　D. 也

2. 下列选项中，适宜用来评价本文的一项是（　　）

A. 此篇文字，一段好似一段。大抵作文须留好意思在后。（吕祖谦）

B. 篇中计五驳，文凡七转，笔笔锋刃，无坚不破，是辨体中第一篇文字。（林云铭）

C. 一层进一层，一语紧一语，笔端有锋，无坚不破。（沈德潜）

D. 作论纵横放恣，如柳州此篇，前后无敌矣。（浦起龙）

3. 第②③段都围绕桐叶封弟非周公促成这个观点展开论证，但各有特点，请从内容和写法的角度加以赏析。

4. 有人认为第④段脱离文章的主体部分，实属画蛇添足，对此你怎么看？

参考答案

1. D
2. D
3. 从内容上看,各有所侧重;从写法上看,又各有所异,第②段紧扣史载的内容,通过层层推论,以设问、反问的句式,从情理上说明桐叶封弟非周公促成。第③段以正面阐述君臣关系为主,以对比、比喻的修辞方法,从逻辑上肯定桐叶封弟非周公促成,前后两段,相得益彰,既深化文章的内容,又显得丰富多彩。
4. 示例:第④段表明桐叶封弟到底是谁人促成,历史上的记载、史家的看法不尽一致,从而也证明作者自己的推论并非无稽之谈。更为重要的是,对历史上的不同记载作者没有深究,没有肯定是非曲直,因为史官之于记史,无非是忠于自己的职守而已,因历史条件及个人因素的限制,总会有出入,乃至谬误,作者跳脱出史料的局限,而论述明君的威望在于行道,贤臣的职分在于指出君主的过失,并以道来辅佐他。由此可知作者只不过借辨伪历史记载来阐述自己以道治国、以德论君的政治主张。

选文四

进戒疏

（宋）王安石

① 臣某昧死再拜上疏皇帝陛下：臣窃以为陛下既终亮阴①,考之于经,则群臣进戒之时,而臣待罪近司,职当先事有言者也。

② 窃闻孔子论为邦,先放郑声,而后曰"远佞人"。仲虺称汤之德,先不迩声色,不殖货利,而后曰"用人惟己"。盖以谓不淫耳目于声色玩好之物,然后能精于用志;能精于用志,然后能明于见理;能明于见理,然后能知人;能知人,然后佞人可得而远。忠臣良士与有道之君子,类进于时,有以自竭,则法度之行,风俗之成,甚易也。若夫人主虽有过人之材,而不能早自戒于耳目之欲,至于过差,以乱其心之所思,则用志不精;用志不精,则见理不明;见理不明,则邪说诐行,必窥间乘殆而作,则其至于危乱也□难□!

③ 伏惟陛下即位以来,未有声色玩好之过闻于外;然孔子圣人之盛,尚自以为七十而后敢从心所欲也。今陛下以鼎盛之春秋,而享天下之大奉,所以惑移耳目者为不少矣!则臣之所豫虑,而陛下之所深戒,宜在于此。

④ 天之生圣人之材甚吝,而人之值圣人之时甚难。天既以圣人之材付陛下,则人亦将望圣人之泽于此时。伏惟陛下自爱以成德,而自强以赴功,使后世不失圣人之名,而天下皆蒙陛下之泽,则岂非可愿之事哉? 臣愚不胜拳拳,惟陛下恕其狂妄,而幸赐省察。

【注释】

① 亮阴:帝王居丧。既终亮阴是指宋神宗为宋英宗服丧期满。这一年是北宋熙宁二年(1069),王安石被宋神宗任命为参知政事,初行新法。

知识卡片

北宋熙宁二年(1069),初即位的宋神宗赵顼励精图治,以广开言路而"考之于经典",征之于群臣。一时百官纷纷上表,献计献策。王安石的《进戒疏》便是呈奉于此时的一篇奏疏。其文意深辞切,析理透彻;

谨严得体,运笔委婉,素为后世所称道。

阅读指津

全文以顶真格式,遵循奏疏文体的程序与规范,除首尾条理,肃恭节文之外,另作三段分述条陈。作者运笔围绕为人君者当应节制"耳目之欲"和"自重自爱以成德"两个方面,或引证,或对比,或启发。奏疏生动而委婉,体现了王安石立志于"改易更革",寄望于新君的慨然大志和拳拳忠忱。行文得体典雅,颇见奏疏文之精妙。

拓展练习

1. 可填入第②段方框处的一项是(　　)

A. 亦……矣　　　　B. 盖……也　　　　C. 宁……耶　　　　D. 岂……哉

2. 下列各项中,不属于第②段写法特点的一项是(　　)

A. 引经据典　　　　B. 顶真连缀　　　　C. 正反对比　　　　D. 欲扬先抑

3.《孟子》曰:"大臣者,格君心之非者也。"清人沈德潜评价本文:"颇得大臣格心之义。"请结合第③段评价作者的"格心之义"。

4. 概括本文的写作意图。

参考答案

1. D

2. D

3. 作者先称神宗即位以来"未有声色玩好之过闻于外",语气委婉,使赵顼易于接受。同时又引述孔子的话"七十而从心所欲,不逾矩"(《论语·为政》)作对比,论证"臣之所豫虑""君之所深戒"的"宜在于此"。文字亲切、诚挚、深沉,既有近臣"职当先"的职责,更有鲜明的针对性,使作者的殷切期待、拳拳忠忱溢于言表。

4. 示例:在神宗居丧期满后,作者响应皇帝的号召,为治国理政建言献策;首先劝诫皇帝应当节制"耳目之欲",远离佞幸小人;同时鼓励皇帝"自重自爱以成德";此外,作者还将变法的希望寄托在皇帝身上,对皇帝表达了殷切期望和拳拳忠忱。

(周佳俊)

八 传状碑志

选文一

自为墓志铭

(明)张 岱

① 蜀人①张岱,陶庵其号也。少为纨绔子弟,极爱繁华,好精舍,好美婢,好娈童,好鲜衣,好美食,好骏马,好华灯,好烟火,好梨园,好鼓吹,好古董,好花鸟,兼以茶淫橘虐,书蠹诗魔,劳碌半生,皆成梦幻。年至五十,国破家亡,避迹山居,所存者,破床碎几、折鼎病琴,与残书数帙、缺砚一方_____。布衣蔬食,常至断炊。回首二十年前,真如隔世。

② 常自评之,有七不可解:向以韦布②而上拟公侯,今以世家而下同乞丐,如此则贵贱紊矣,不可解一;产不及中人,而欲齐驱金谷,世颇多捷径,而独株守於陵,如此则贫富舛矣,不可解二;以书生而践戎马之场,以将军而翻文章之府,如此则文武错矣,不可解三;上陪玉帝而不诣,下陪悲田院乞儿而不骄,如此则尊卑溷矣,不可解四;弱则唾面而肯自干,强则单骑而能赴敌,如此则宽猛背矣,不可解五;争利夺名,甘居人后,观场游戏,肯让人先,如此缓急谬矣,不可解六;博弈樗蒲,则不知胜负,啜茶尝水,则能辨渑淄,如此则智愚杂矣,不可解七。有此七不可解,自且不解,安望人解?故称之以富贵人可,称之以贫贱人亦可;称之以智慧人可,称之以愚蠢人亦可;称之以强项人可,称之以柔弱人亦可;称之以卞急人可,称之以懒散人亦可。学书不成,学剑不成,学节义不成,学文章不成,学仙、学佛、学农、学圃俱不成。任世人呼之为败子,为废物,为顽民,为钝秀才,为瞌睡汉,为死老魅也已矣。

③ 初字宗子,人称石公,即字石公。好著书,其所成者,有《石匮书》《张氏家谱》《义烈传》《琅嬛文集》《明易》《大易用》《史阙》《四书遇》《梦忆》《说铃》《昌谷解》《快园道古》《傒囊十集》《西湖梦寻》《一卷冰雪文》行世。生于万历丁酉八月二十五日卯时,鲁国相大涤翁之树子③也,母曰陶宜人。幼多痰疾,养于外大母马太夫人者十年。外太祖云谷公宦两广,藏生牛黄丸,盈数簏④,自余囡地以至十有六岁,食尽之而痰疾始瘳。六岁时,大父雨若翁携余之武林,遇眉公先生跨一角鹿,为钱塘游客,对大父曰:"闻文孙善属对,吾面试之。"指屏上《李白骑鲸图》曰:"太白骑鲸,采石江边捞夜月。"余应曰:"眉公跨鹿,钱塘县里打秋风。"眉公大笑,起跃曰:"那得灵隽若此!吾小友也。"欲进余以千秋之业,岂料余之一事无成也哉!

④ 甲申以后,悠悠忽忽,既不能觅死,又不能聊生,白发婆娑,犹视息人世。恐一旦溘先朝露,与草木同腐,因思古人如王无功、陶靖节、徐文长⑤皆自作墓铭,余亦效颦为之。甫构思,觉人与文俱不佳,辍笔

者再。虽然,第言吾之癖错,则亦可传也已。曾营生圹于项王里之鸡头山,友人李研斋⑥题其圹曰:"呜呼,有明著述鸿儒陶庵张长公之圹。"伯鸾高士,家近要离,余故有取于项里也。明年,年跻七十,死与葬其日月尚不知也,故不书。

⑤ 铭曰:穷石崇,斗金谷。盲卞和,献荆玉。老廉颇,战涿鹿。赝龙门,开史局。馋东坡,饿孤竹⑦。五羖大夫,焉能自鬻⑧?空学陶潜,枉希梅福⑨。必也寻三外野人⑩,方晓我之衷曲。

(选自《琅嬛文集》)

【注释】

① 蜀人:张岱祖籍为四川绵竹,故称"蜀人"。② 韦布:韦带布衣,寒素之服,未仕之服。③ 树子:古代诸侯立为世子的嫡子,即树。泛指嫡子。④ 簏:竹篾、柳条等编的盛物器。一般为圆筒形,较高,类似竹篓或箩筐。⑤ 王无功:隋朝人王绩,字无功,绛州龙门人。性简放,嗜酒,作《醉乡记》。陶靖节:陶渊明,世称靖节先生。徐文长:明代文人徐渭,字文长。⑥ 李研斋:李长祥,字研斋,四川达州人。崇祯进士,福王时任监察御史。鲁王监国,加右佥都御史,曾与张煌言等联合抗清,事败,亡命广东。晚岁迁居江苏常州。⑦ 饿孤竹:伯夷、叔齐为商末孤竹君之二子,武王灭商后,二人逃至首阳山,不食周粟而死。⑧ 五羖(gǔ)大夫:即百里奚,原为虞大夫,虞亡时被晋俘去,又亡楚。秦穆公以五张牡黑羊皮赎之,用为大夫,称"五羖大夫"。羖,黑色公羊。焉肯自鬻(yù):不肯出卖自己,隐含不降清朝之意。⑨ 梅福:字子真,九江人。王莽专政,弃妻子去,传以为仙。又传人有见梅福于会稽者。⑩ 三外野人:郑思肖,字忆翁,号所南,又号三外野人。宋亡,隐居苏州,极爱赵宋故国。擅画墨兰、墨竹。

知识卡片

《自为墓志铭》是明末清初文学家、史学家张岱为自己所写的一篇墓志铭。

张岱出身仕宦家庭,早年患有痰疾而长住外祖父陶允嘉家养病,因聪颖善对而被舅父陶崇道称为"今之江淹",提出过"若以有诗句之画作画,画不能佳;以有诗意之诗为诗,诗必不妙"等观点;于天启年间和崇祯初年悠游自在,创作了许多诗文。明亡后,避兵灾于剡中,于兵灾结束后隐居四明山中,坚守贫困,潜心著述,著有《陶庵梦忆》和《石匮书》等;康熙四年(1665)撰写《自为墓志铭》,向死而生;后约于康熙二十八年(1689)与世长辞,享年约九十三岁,逝后被安葬于山阴项里。

阅读指津

墓志铭,是古代文体的一种,通常分为两部分:前一部分是序文,记叙死者世系、名字、爵位及生平事迹等称为"志";后一部分是"铭",多用韵文,表示对死者的悼念和赞颂。明代徐师曾在《文体明辨序说》中说:"按志者,记也;铭者,名也。"

墓志铭,一般是传主亡故之后,其家属请托著名文学家或官员为之撰写的。或者就请死者的知心朋友撰写。自行撰写墓志铭的人,古往今来,极少极少,只有陶渊明、徐渭等极有限的几位。在封建社会中,一直被认为是玩世不恭的行为。阅读《自为墓志铭》可以从这一点出发并联系作者的身世背景去思考,作者为何要"自为"墓志铭。

拓展练习

1. 可填入第①段横线处的一项是(　　)

A. 耳　　　　　　B. 也与　　　　　　C. 而已　　　　　　D. 乎哉

2. 以下对文意的理解不正确的一项是(　　)

A. 文章首段写了二十年间,一位贵胄公子的嗜好与精神寄托,以及落魄后的惨状,作者将其全盘托出,十分的坦率。

B. 第二段写张岱经常反问自己,觉得有七桩事是难以明白的。这"七不可解"可以说是张岱在"天崩地裂"的明清之际,从豪门公子变成穷汉的慨叹。

C. 整篇文章只记载了一件故事的始末,即第三段中他在六岁时和陈眉公的那一次巧遇,作者认为自己"少为纨绔子弟",自觉有愧于陈眉公的期望,认为自己"一事无成也哉"。

D. 第四段中,作者认为只有寻找三外野人郑思肖那样的隐士,才能知晓自己难以吐露的情怀。

3. 作者为何要"自为"墓志铭,请结合全文加以分析。

参考答案

1. C

2. C

3. 张岱活到六十九岁,在古代也算高寿了,他对人寿已没有更多奢望;尤其令他欣慰的是,《石匮书》这部先人遗命所托、自己性命所寄的巨著终于完成了,其他许多著作也已问世,可谓著作等身。再有,他经历了国破家亡、大起大落的剧变,总算苦熬过来,保持了坚贞不屈的民族气节。这些都使他感到十分欣慰。但是,卓著成就的取得、高风亮节的铸就,又饱含着许多辛酸和血泪,付出巨大牺牲和代价,也包括世人的不理解以及非难、笑骂等等,这又使他感到悲愤和寂寞。但是张岱的骨头铮硬,性格很豁达,对自己所选择道路所持大节并无悔恨,"任世人呼之为败子,为废物,为顽民,为钝秀才,为瞌睡汉,为死老魅",便是对种种非议和笑骂的回答。正是在这种心情支配下,张岱写了《自为墓志铭》,给自己的一生作了"总结"和"鉴定"。

选文二

野庙碑并诗

（唐）陆龟蒙

① 碑者,悲也。古者悬而窆①,用木。后人书之以表其功德,因留之不忍去,碑之名由是而得。自秦汉以降,生而有功德政事者,亦碑之,而又易之以石,失其称矣。余之碑野庙也,非有政事功德可纪,直悲夫甿②竭其力,以奉无名之土木而已____!

② 瓯越间好事鬼,山椒水滨多淫祀③。其庙貌有雄而毅、黟而硕者,则曰将军;有温而愿、晰而少者,则曰某郎;有媪而尊严者,则曰姥;有妇而容艳者,则曰姑。其居处则敞之以庭堂,峻之以陛级。左右老木,攒植森拱,萝茑翳于上,鸱鸮室其间。车马徒隶,丛杂怪状。甿作之,甿怖之,走畏恐后。大者椎④牛;次者击豕,小不下犬鸡鱼菽之荐。牲酒之奠,缺于家可也,缺于神不可也。不朝懈怠,祸亦随作,耄婴畜牧栗栗然。疾病死丧,甿不曰适丁其时耶!而自惑其生,悉归之于神。

③ 虽然,若以古言之,则戾⑤;以今言之,则庶乎神之不足过也。何者?岂不以生能御大灾,捍大患,其死也则血良于生人。无名之土木不当与御灾捍患者为比,是戾于古也明矣。今之雄毅而硕者有之,温

526

愿而少者有之,升阶级坐堂筵耳弦匏口粱肉载车马,拥徒隶者皆是也。解民之悬,清民之暍,未尝怵于胸中。民之当奉者,一日懈怠,则发悍吏,肆淫刑,驱之以就事,较神之祸福,孰为轻重哉? 平居无事,指为贤良,一旦有大夫之忧,当报国之日,则佪挠脆怯⑥,颠踬窜踣⑦,乞为囚虏之不暇。此乃缨弁⑧言语之土木尔,又何责其真土木耶? 故曰:以今言之,则庶乎神之不足过也。

④ 既而为诗,以纪其末:土木其形,窃吾民之酒牲,固无以名;土木其智,窃吾君之禄位,如何可仪! 禄位顾顾,酒牲甚微,神之享也,孰云其非! 视吾之碑,知斯文之孔悲!

(选自陈振鹏、章培恒主编《古文鉴赏辞典》,上海辞书出版社 2014 年版)

【注释】

① 窆(biǎn):下葬。② 甿(méng):农夫。③ 椒:顶。淫祀:不合礼制的祭祀。④ 椎(chuí):杀。⑤ 戾(lì):罪。这里指不合道理。⑥ 佪(huí)挠脆怯:懦弱畏惧。⑦ 颠踬(zhì)窜踣(bó):倾仆逃窜。⑧ 弁(biàn):帽子。

知识卡片

陆龟蒙(? —约 881 年),字鲁望,自号天随子、江湖散人、甫里先生,长洲(今江苏省苏州市)人。他是晚唐时期的文学家、农学家。陆龟蒙与皮日休齐名,人称"皮陆"。在诗歌创作上,有的峭拔险怪,如《和古杉三十韵》,也有诗歌追求平易冲淡的境界,如《自遣诗三十首》。陆龟蒙未能科举中第,早年做过幕僚,因对乱世不满,后隐居松江甫里,以愈加淡泊的心态,冲淡现实的痛苦。陆龟蒙撰写的《耒耜经》是一部专门记述农具的著作,以文人视角撰写古代农史。

阅读指津

陆龟蒙在散文撰写方面,深受韩柳古文运动的影响,效法柳宗元撰写寓言和讽喻性散文,针砭时弊。如代表作《蟹志》,看似议论蟹的生活习性,实为讲述为文治学的道理。再如代表作《记稻鼠》,模仿《诗经·硕鼠》,讽刺官吏对农民的剥削,揭露统治阶层的贪得无厌。

《野庙碑》并非传统意义上的碑文,而是以传统碑文的写法表达杂感。作为农学家,作者自然将目光投向农民。民间野庙丛立,淫祀不断,农民们深信鬼神,甚至到了"缺于家可也,缺于神不可也"的地步。然而,本文并非讽刺百姓,而是借题发挥,揭露晚唐吏治的腐败。

拓展练习

1. 可填入第①段横线处的一项是( )

A. 耳　　　　B. 矣　　　　C. 哉　　　　D. 也

2. 以下对文意的理解不正确的一项是( )

A. 第①段叙述碑的由来和作者为野庙立碑的原因。
B. 第①段作者表达了对百姓盲目为野庙树碑倍感可悲的情感。
C. 第②段叙述百姓供养偶像时生怕祭礼疏忽受灾遭殃,表现其善良驯服。
D. 第③段由对百姓供养偶像的讽刺转为对腐败朝政的批判。

3. 结合全文,具体分析第①段中"失其称矣"的内涵。

4. 文末采用传统碑文的写法,以韵文收尾,请具体评析尾段的表达效果。

参考答案

1. B
2. C
3. 从首段来看,"失其称矣"可以理解为,原本用来寄托对往生者哀思的木头,现在被换成了石头,做记录政事功德之用。其次我为野庙立碑,也并非为了政事功德,而是讽刺农民倾尽全力供奉神像的社会风气。从全文看,为野庙撰写碑文的真正目的,是为了讽刺那些平时看起来贤良的人,在国家危难之际,却或退缩,或逃跑,或投降,毫无匡扶社稷之志,他们德不配位。

4. 文末用诗歌的形式收束全文,增强了作品的抒情性。诗歌的语言形式,整句为主,句式工整,语气强烈,尽显讽喻之意。贪婪的官员窃取官位,不仅于民于国毫无作为,就像野庙中供奉的神像,安享百姓的供养。作者以形象的比喻,尖锐地扯开晚唐腐败吏治的遮羞布。而面对这样的社会乱象,想到国运式微,作者悲痛不已。文末"知斯文之孔悲!"与开篇"碑者,悲也。"在结构上首尾呼应。本文以碑文的形式撰写,从碑的作用说起,再以民间淫祀借题发挥,揭露晚唐官吏的贪婪残暴。思想深刻,文笔辛辣。

选文三

潮州韩文公庙碑

(宋)苏 轼

① 匹夫而为百世师,一言而为天下法。是皆有以参天地之化,关盛衰之运,其生也有自来,其逝也有所为。

② 自东汉以来,道丧文弊,异端并起,历唐贞观、开元之盛,辅以房、杜、姚、宋而不能救①。独韩文公起布衣,谈笑而麾之,天下靡然从公,复归于正,盖三百年于此矣。文起八代之衰,而道济天下之溺;忠犯人主之怒,而勇夺三军之帅:此岂非参天地,关盛衰,浩然而独存者乎?

③ 盖尝论天人之辨,以谓人无所不至,惟天不容伪。智可以欺王公,不可以欺豚鱼;力可以得天下,不可以得匹夫匹妇之心。故公之精诚,能开衡山之云②,而不能回宪宗之惑;能驯鳄鱼之暴,而不能弭皇甫镈、李逢吉之谤③;能信于南海之民④,庙食百世,而不能使其身一日安于朝廷之上。盖公之所能者天也,其所不能者人也。

④ 始潮人未知学,公命进士赵德为之师。自是潮之士,皆笃于文行,延及齐民,至于今,号称易治。信乎孔子之言,"君子学道则爱人,小人学道则易使"也。潮人之事公也,饮食必祭,水旱疾疫,凡有求必祷焉。而庙在刺史公堂之后民以出入为艰前太守欲请诸朝作新庙不果。元祐五年,朝散郎王君涤来守是邦。凡所以养士治民者,一以公为师。民既悦服,则出令曰:"愿新公庙者,听!"民欢趋之,卜地于州城之南七里,期年而庙成。

⑤ 或曰:"公去国万里,而谪于潮,不能一岁而归。没而有知,其不眷恋于潮也,审____。"轼曰:"不然!公之神在天下者,如水之在地中,无所往而不在也。而潮人独信之深,思之至,焄蒿凄怆⑤,若或见之。譬如凿井得泉,而曰水专在是,岂理也哉?"元丰七年,诏拜公昌黎伯,故榜曰:"昌黎伯韩文公之庙。"潮人请书其事于石,因作诗以遗之,使歌以祀公。

(选自钟基、李先银、王身钢译注《古文观止》,中华书局2011年版)

【注释】

① 房、杜：房玄龄、杜如晦，是贞观年间的贤相；姚、宋：姚崇、宋璟，是开元年间的贤相。② 开衡山之云：韩愈的《谒衡岳庙遂宿岳寺题门楼》诗中记载，他在被贬潮州的途中，拜谒"衡岳庙"，由于诚心祝祷，原本秋雨连绵的天气，由阴转晴。③ 皇甫镈(bó)，唐宪宗时的宰相；李逢吉，唐穆宗时的宰相。两人均中伤、弹劾过韩愈。④ 由于潮州临近南海，这里南海之民指潮州的百姓。⑤ 语出《礼记·祭义》，焄(xūn)同"熏"，指祭物的香气。蒿(hāo)，蒸发。这里指祭祀。

知识卡片

苏轼，字子瞻，又字和仲，号东坡居士，世称苏东坡。眉州眉山（今四川省眉山市）人。他是北宋中期的文坛领袖，在诗、词、文、书、画等方面均有很高的成就。诗歌创作上，与黄庭坚并称"苏黄"；开创豪放词，与辛弃疾并称"苏辛"；在散文创作上，与欧阳修并称"欧苏"，与其父苏洵、其弟苏辙，并称"三苏"，同列"唐宋八大家"。在书法上，是"宋四家"之一。

宋哲宗元祐七年（1092）潮州（今广东潮安县）知州王涤在重修韩愈庙后，修书请苏轼来撰写碑文，苏轼慨然应允，写成《潮州韩文公庙碑》这一名篇。

阅读指津

这篇碑文既表达了作者对韩愈的崇敬，也表达了潮州百姓对韩愈的颂扬。语言雄健有力，情感真挚深沉。开篇以"匹夫而为百世师，一言而为天下法"起势，虽未直接颂扬，而韩文公伟岸的形象已隐约可见。唐宪宗时期，韩愈直谏《论佛骨表》被贬潮州。唐穆宗时期，韩愈临危受命，以宣慰使身份前往镇州，劝退敌军。其文武兼备、既忠且勇的形象进一步呈现在读者面前。后文简述韩愈被贬潮州后，驱赶鳄鱼、以文教化等造福地方的功绩，及潮州百姓对他的信任与怀念。

拓展练习

1. 可填入第⑤段横线处的一项是（　　）

A. 耶　　　　　B. 矣　　　　　C. 哉　　　　　D. 乎

2. 以下对文意的理解不正确的一项是（　　）

A. 碑记的传统写法以叙事为主，本文则以议论为主。

B. 本文多用对偶、排比的句式，音调铿锵、气势充沛而又感慨良深。

C. 本文列举房玄龄、杜如晦、姚崇、宋璟等贤相，用以衬托韩愈革新除弊之力。

D. 本文列举皇甫镈、李逢吉等人，用以反衬韩愈在地方上的执政才能。

3. 分析第②段中作者如何塑造韩愈的形象。

4. 明代杨慎的《三苏文范》中记载，宋人黄震评价："《韩文公庙碑》，非东坡不能为此，非韩公不足以当此，千古奇观也。"你是否赞同这一评价？

1. B

2. D

3. 首先本段从东汉以来"道丧文弊,异端并起"的学术风气和文坛面貌说起,儒家思想的正统地位经过东汉后的乱世已难以为继,魏晋六朝骈文盛行,文风浮躁衰败。这样的局面连大唐盛世中才能卓著的贤相们都难以拯救。更衬托出韩愈发起古文运动,力挽儒家思想在学术界的地位,一扫空洞浮华的文风的现实意义和历史价值。其次,段中以"谈笑而麾之"的神态描写,正面描写了韩愈卓越的才干,"天下靡然从公"侧面烘托其一呼百应的影响力。最后,作者从文、道、忠、勇四方面盛赞韩愈的成就与精神,有很强的概括性,语势强烈,情感澎湃。

4. 示例:赞同。本文将韩愈放在历史发展的大背景中进行塑造,概括性地介绍了他的卓越成就,及其坎坷的仕途命运。借撰写庙碑,着力刻画潮州百姓对他的怀念与赞颂。经历宦海沉浮,始终不改经世济民之志,竭力为民办实事,改变地方风俗,造福一方百姓。此外,本文第三段苏轼阐发天人之辩。提出结论"盖公之所能者,天也。所不能者,人也"。指出韩愈遭诽谤而不能安身于朝廷,矛头直指朝廷的黑暗腐败。1092年,苏轼已经历了乌台诗案,被贬多地,辗转担任扬州知州。他在为韩愈写碑志的同时,何尝没有联系自身,同时暗含对韩愈屡遭陷害的愤懑之情。

(应雅娟)